HAIKOU YEARBOOK

海口年鉴

1998

海口年鉴编纂委员会

吉林人民出版社

海口市全图

50
20
10
琼州
后海
镇海村
庆龄大道
新海乡政府
雨苍
田罗
式金
新民村
苍龙
昌明
博养村
柴甘
荣山寮
博抚
新海林场
龙头下
文丽
长流镇政府
道益
龙头
传桂
傅生
琼华
海盛
荣山村
新道
登苑
永桂开发区
港澳工业开发区
西线
康安
美德
潭新
丰南乡政府
荣山乡政府
搜南
龙山
迈万
永桂
潭旧
福永
秀英
工业大道
美李
东莲水库
好俗
文森
澄迈县
文明
美鼎
美楠
儒娥
群东
群榜
文凤
扬府村
文甲
龙群
儒森
龙吉
龙凤
龙抚
琼山市
扬花

海峡
白沙门村
海甸开发区
振东区
政府
振
横沟村
新埠岛开发区
三联村
尾村
新埠下村
西坡村
中坡村
新埠上村
新安村
新埠镇
政府
东坡村
外墩村
外坪村
东村
西村
麻锡村
麻余村
林丹村
和平大道
长堤路
和平北路
白龙北路
文明东路
滨海公园
滨海大道
万绿园
市委
市政府
海口公园
省委
省政府
白龙乡政府
海南测绘局
振东区区委
东
下贤村
群上村
中贤村
上贤
新建省政府
新
金贸中路
新华区区委
区政府
海秀中路
龙昆北路
海口机场
海府大道
区
上丹村
下丹村
头丹村
五公祠
秀英区委
秀英区政府
海瑞墓
金牛岭公园
海秀乡政府
红城湖
琼山市委
市政府
马坡村
洋山新村
府城镇
政府
琼台书院
东路新村
滨涯湖开发区
华
龙昆南路
工业大道
琼
下街村
区
金盘工业开发区
疏港大道
水头村
城西乡
政府
头铺村
北冲村
里村
海榆中线
白水塘
同仁村
儒益村
迈仍村
丁村
石塔
玉雅线
高坡村
山
沙上
玉墨
东线高速公路
苍西村
苍峰村
区
大样村
薛村
苍东村
沙坡水库
坡崖村
太平村
市

中共中央政治局常委、全国政协主席李瑞环1997年1月在省、市领导陪同下到万绿园种下常青椰子树

国务院副总理吴邦国在省、市领导陪同下视察椰树集团椰子汁生产线

国务院副总理姜春云在省、市领导陪同下到万绿园植树

1997年5月，国务委员、全国计生委主任彭珮云在省、市领导陪同下到海口市120急救中心视察工作

①海南省迎接香港回归祖国庆祝大会主席台

②海口市连续三次荣获全国双拥模范城荣誉称号，图为挂匾仪式

③第六届海南国际椰子节主会场

④海口的海滩，是市民们夏日消暑的好去处

海口市经济社会发展图表

国内生产总值(亿元)

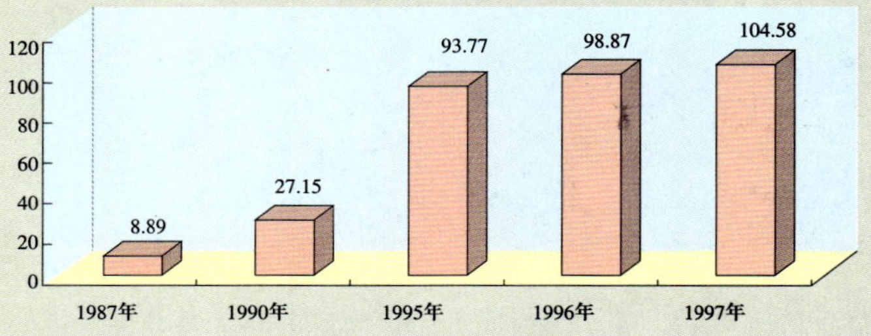

国内生产总值指数(%)
(以1987年为100)

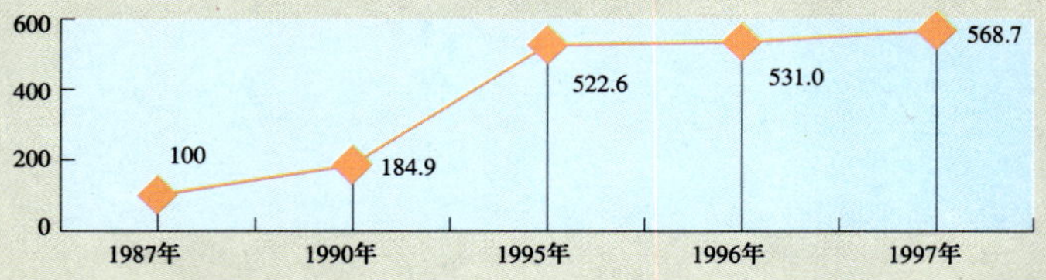

国内生产总值构成(%)

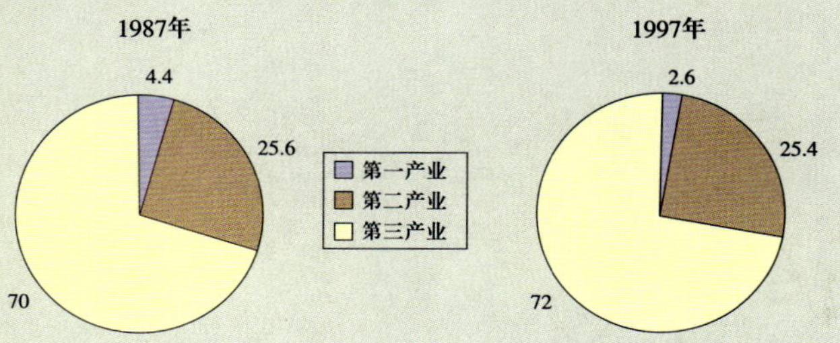

人口出生率、死亡率、自然增长率(‰)

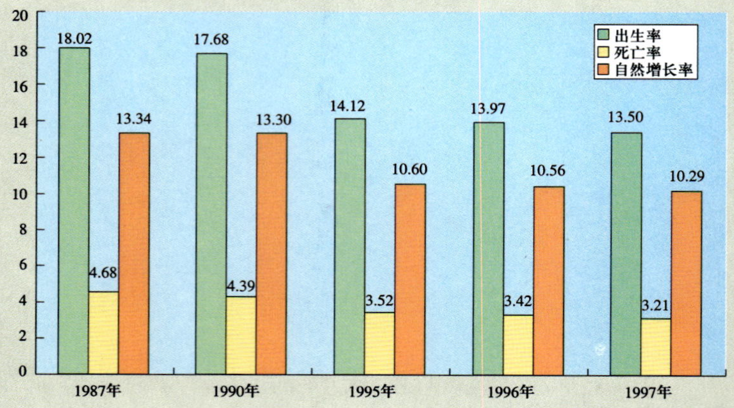

人口(万人)

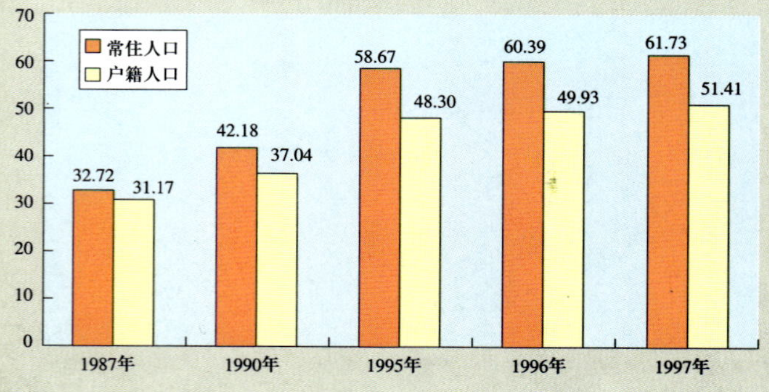

从业人员(万人)

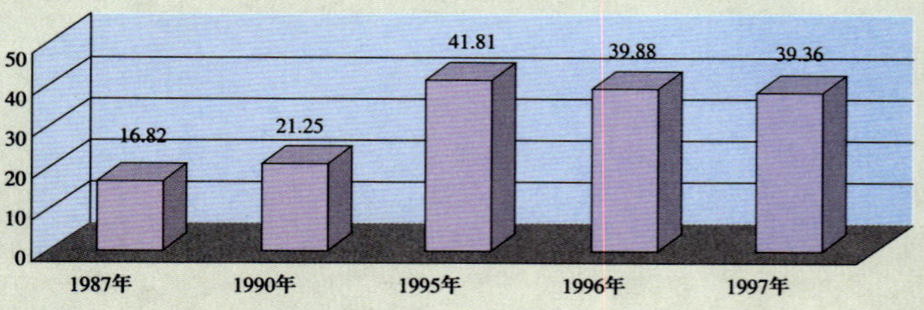

从业人员产业构成(%)

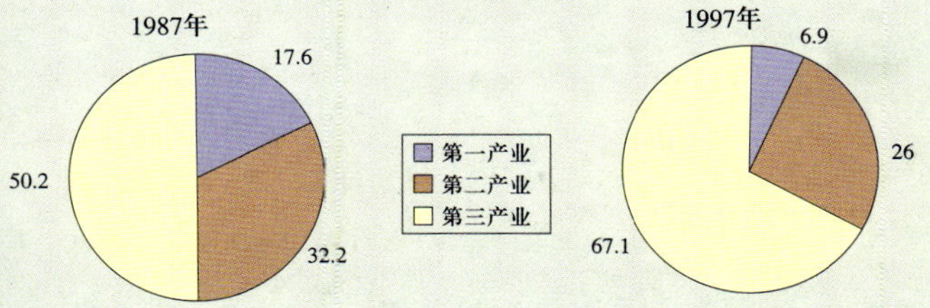

职工工资总额(亿元)

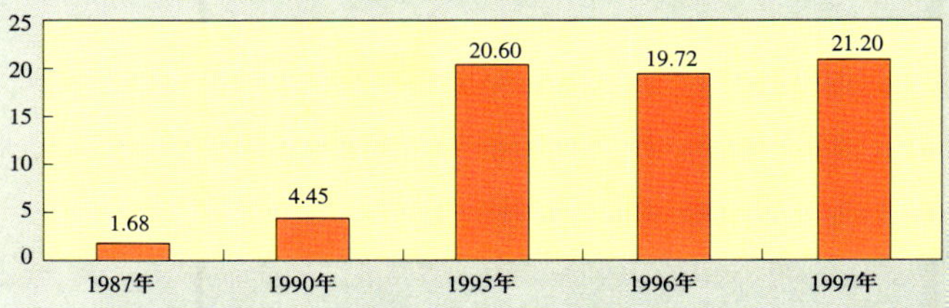

职工年平均工资(元)

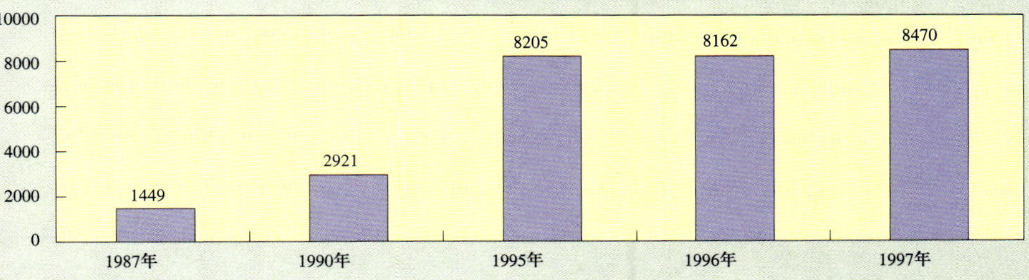

乡及乡以上工业总产值(亿元)
(不变价)

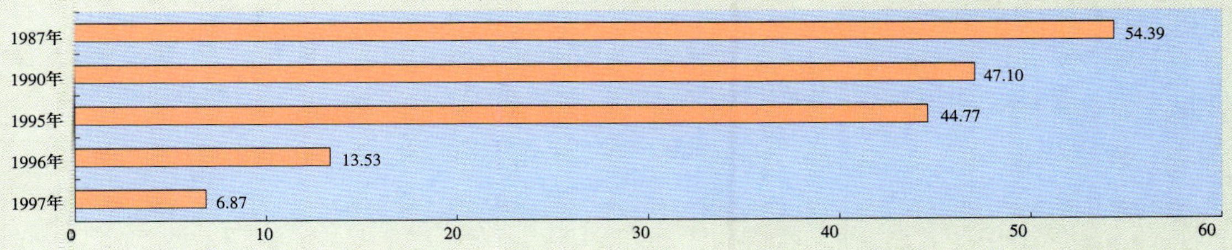

轻重工业构成(%)

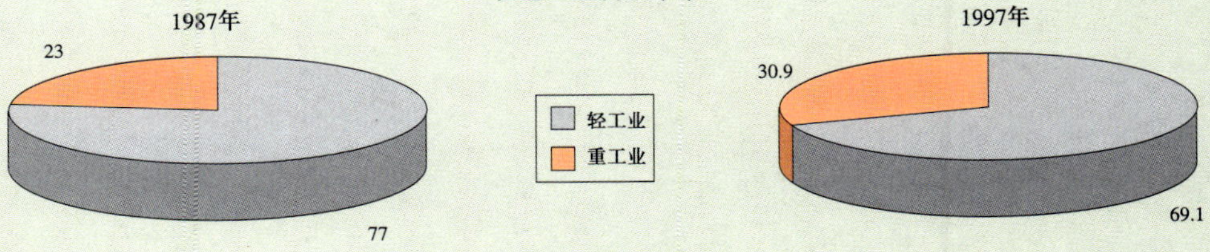

所有制构成(%)

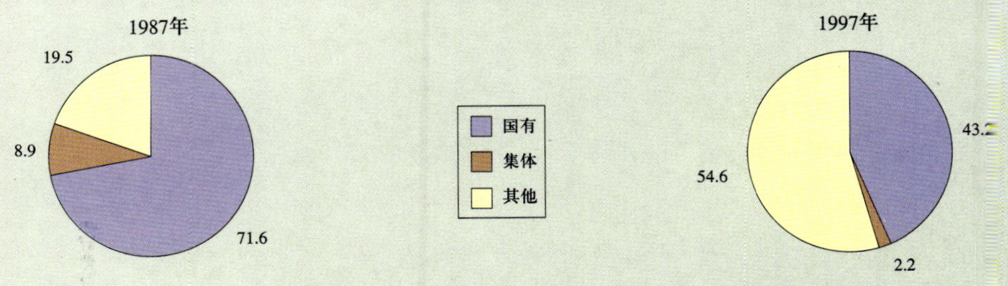

主要工业产品产量

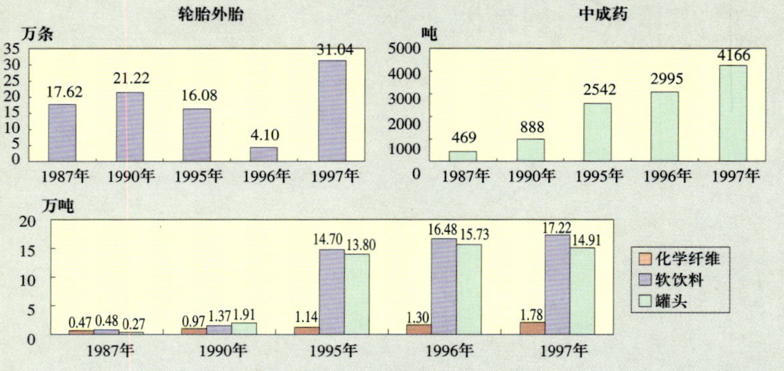

农业总产值(亿元)
(不变价)

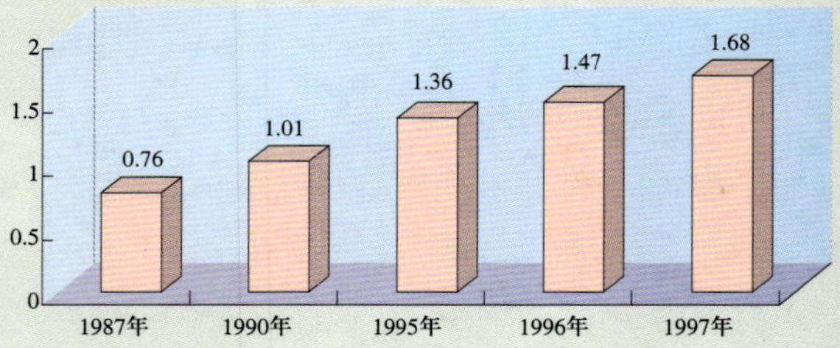

农业总产值构成(%)

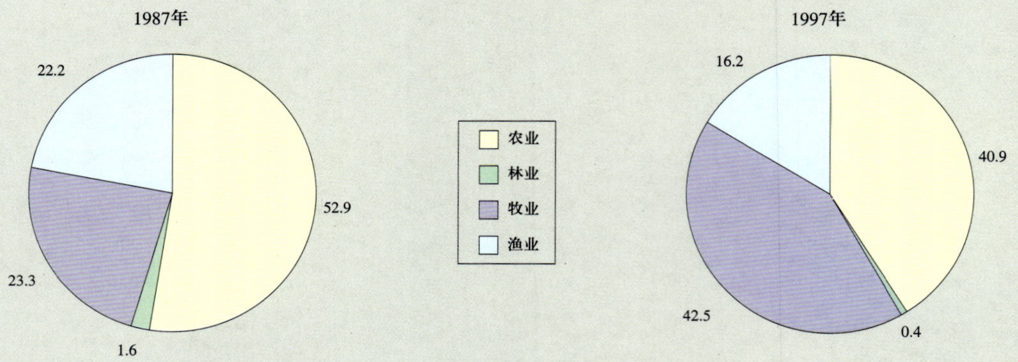

全社会固定资产投资(亿元)

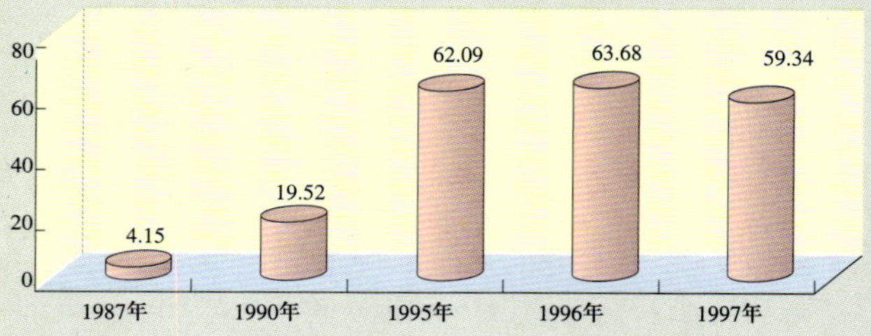

主要农业产品产量(万吨)

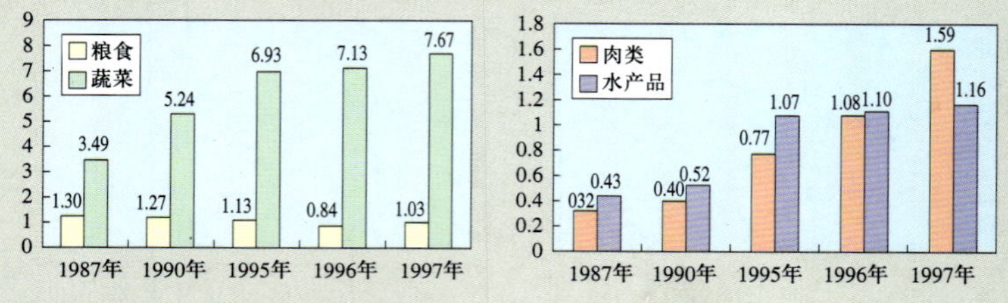

全社会固定资产投资构成(%)

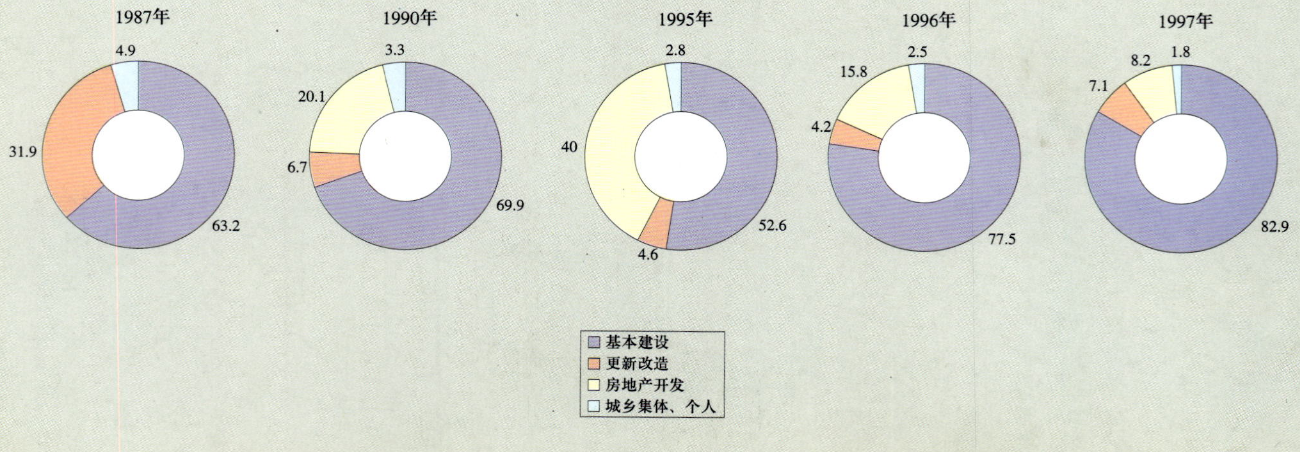

港口货物吞吐量

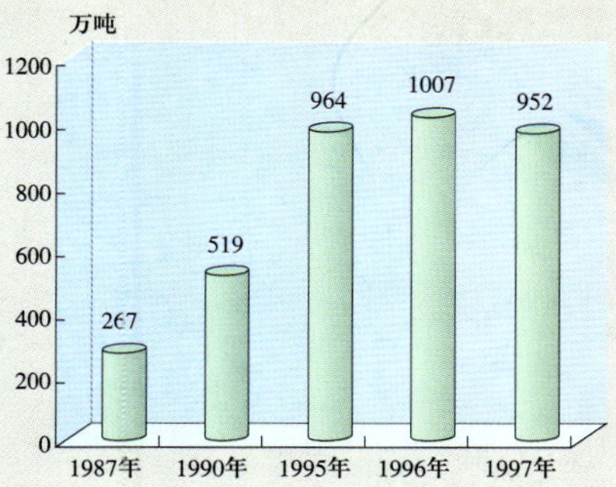

邮电业务总量

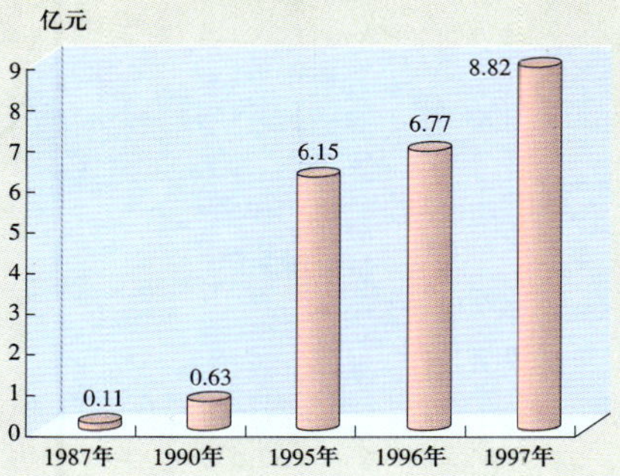

货物周转量和旅客周转量

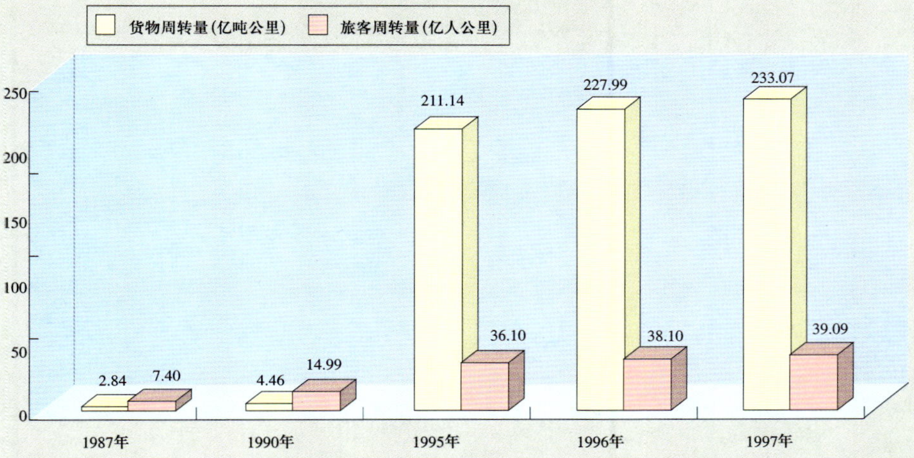

社会消费品零售总额(亿元)

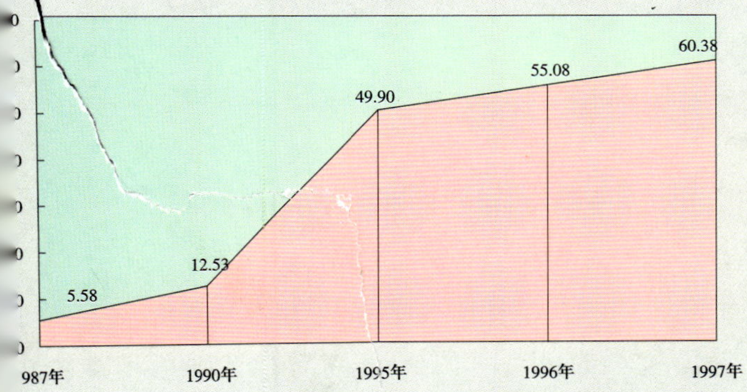

社会消费品零售总额构成(%)

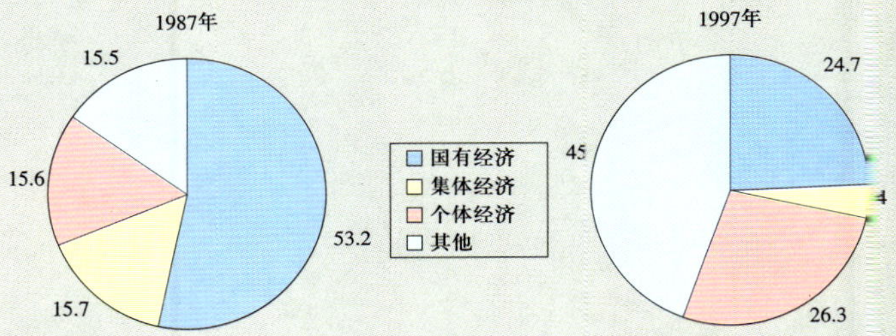

外贸口岸进出口总额(亿美元)

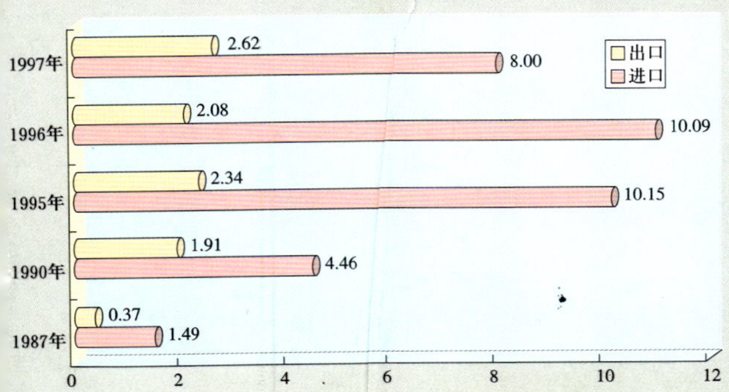

实际利用外资(亿美元)

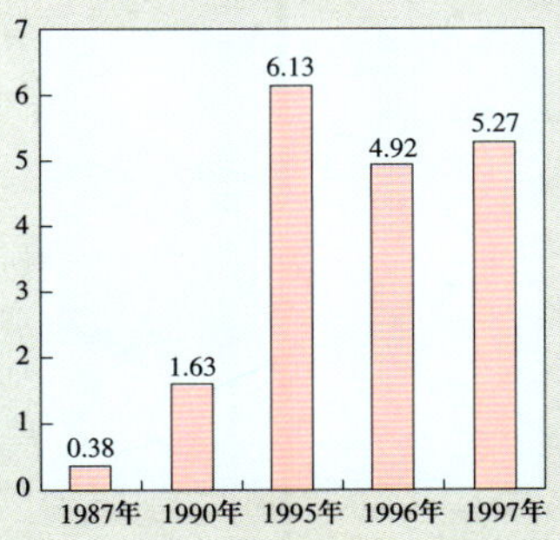

旅游饭店接待境外游客(万人次)

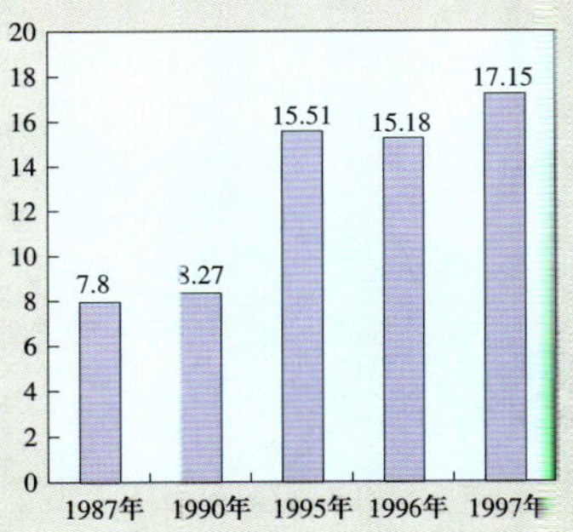

财政收支(亿元)

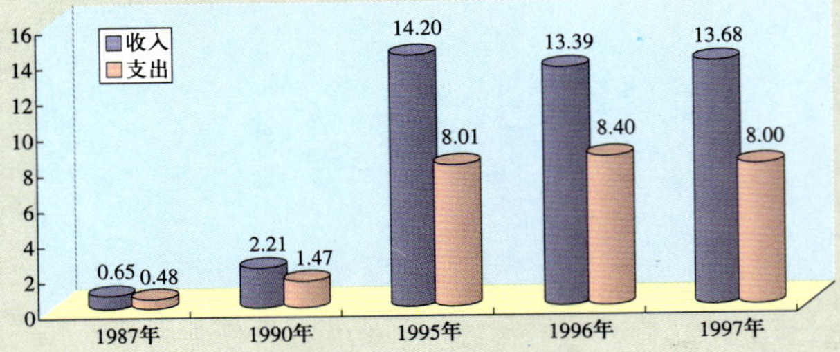

市级国家银行存贷款余额(亿元)

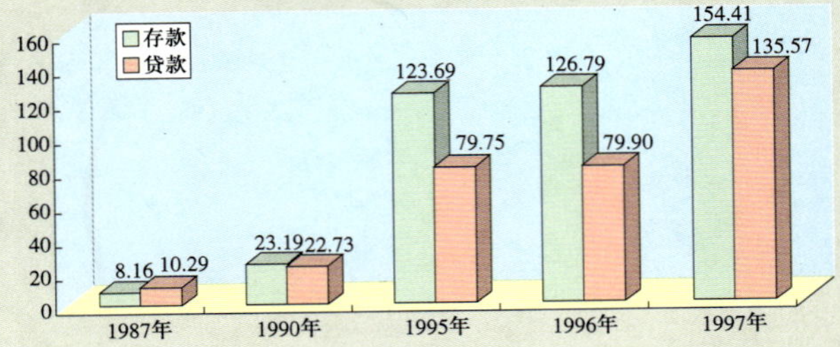

城乡居民储蓄存款余额(亿元)

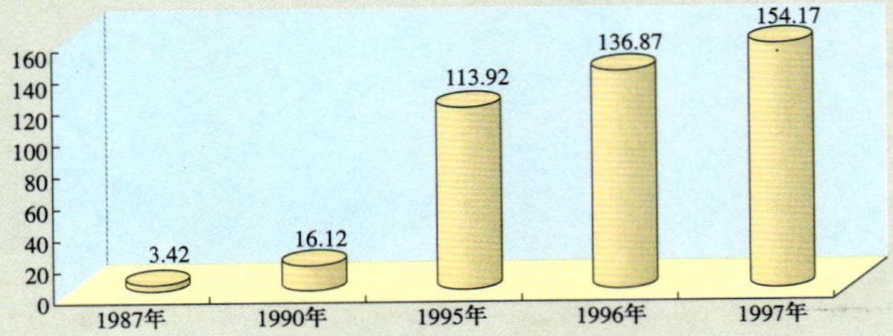

城镇居民人均可支配收入和消费支出(元)

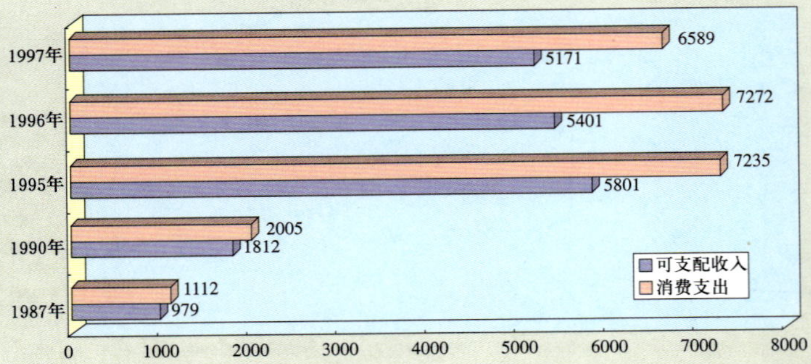

郊区农民人均纯收入和消费支出(元)

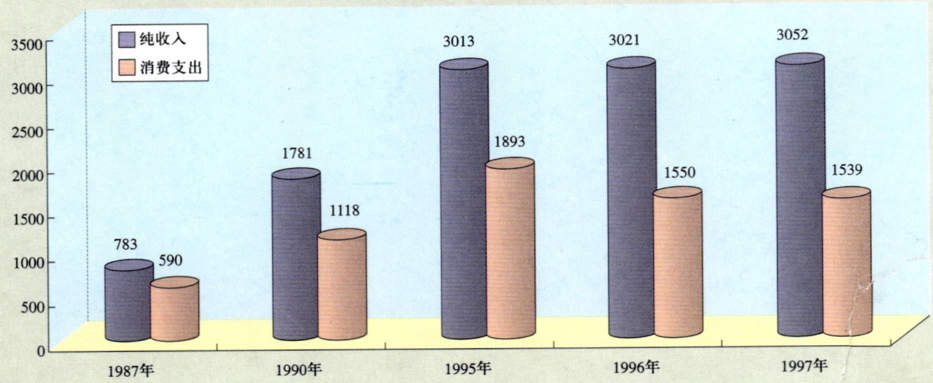

物价上涨幅度(%)
(以1987年为100)

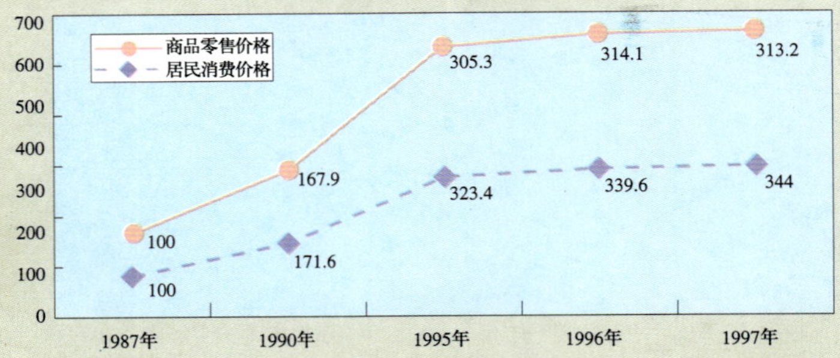

主要食品价格上涨幅度(%)
(以1987年为100)

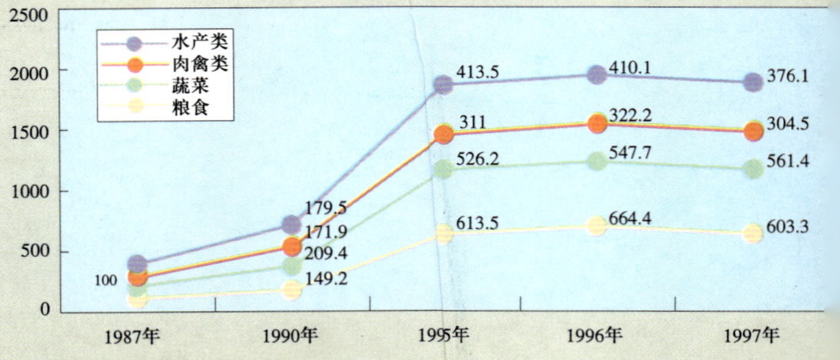

新华区

市委常委、市委宣传部部长谢文明到新华区慰问孤寡老人

副市长吴毓俊到新华区与老区人民促膝谈心

中共海口市新华区委书记赵中社

海口市新华区长曾　武

海口市新华区是海口市所辖三个县级区之一，位于市中心，东接振东区，西邻秀英区，南依琼山市，北临琼州海峡，面积51.3平方公里，下辖城西乡和中山，滨海、大同、新华、海垦等5个街道办事处，52个居委会，16个村委会。常住人口24万。海口市党政机构、金盘工业区、金融贸易区、海口市保税区、椰树集团、“海口八景”中的六景均座落在该区。

1997年，全区国内生产总值完成43.9亿元，按可比价格计算，比上年增长8.5%。其中第一产业增加值增长7.3%，第二产业增加值增长9.9%，第三产业增加值增长7.8%。农业总产值1996万元，增长7.6%；乡镇企业总产值3.3亿元，增长12.6%；工业总产值32.9亿元，增长10.8%；社会消费品零售总额28.3亿元，增长13.8%；全区财政收入4.93亿元，增长6.8%；城市居民人均可支配收入7330元，增长6.8%；农村居民人均纯收入4010元，增长2.6%。

新华区坚持以邓小平理论和党的基本路线为指导，按照“抓住机遇，加快发展，增创特色，提高水平”工作方针，以经济建设为中心，抓好精神文明建设。1997年苍东村和滨海新村分别被授予“全国安全文明示范村”和“全国青年文明社区示范点”的称号。小学毕业会考合格率、优秀率居三区之首，实现了“六连冠”。全省爱国卫生检查评比，本区获地级市区组总分第一。

海口 振

Zhong Don

振东区是海口市三个市辖县级区之一。下辖7个街道办事处，面积45.78平方公里，常住人口24.4万人。振东曾有过灿烂的历史，她拥有海甸、新埠岛两个美丽的岛中之岛，她占据着依江傍海独特的地理优势，古往今来，商贾云集，经贸繁荣，显示了高雅繁荣的都市风采。

振东区各项工作取得了显著成绩，1997年，全区国内生产总值37.9亿元，比上年增长8.7%，工业总值10.15亿元，比上年增长8.6%，农业总产值1.65亿元，比上年增长51.7%，乡镇企业总产值4.4亿元，比上年增长6.2%，社会消费品零售额20.08亿元，比上年增长20.1%，财政收入4.34

区委书记黄成模在区第三次党代会上作工作报告

区委副书记、区长李恩杰在区三届人大一次会议上讲话

区委副书记、区人大常委会主任梁锦武在区三届人大一次会议上讲话

新一届区委常委领导班子成员。自左起苏长文、林雄、王祚銮、梁锦武、黄成模、李恩杰、孙耀东、李蔚春、吴川祝

东区

区委书记黄成模陪同省委副书记、市委书记蔡长松到振东区居委会调研

亿元，比上年增长20.1%，财政收入4.34亿元，比上年增长2.6%。

1997年全市目标责任制评比中，振东区获第一名，实现“六连冠”。在省双拥工作大检查中，区领导规范、机构规范、职工规范、政策规范、活动规范、档案规范荣获省市双拥模范区光荣称号。在全省民政工作交流会上，荣获省社区服务工作先进单位和基层政权建设先进单位，海府街道获全国民政工作全优街道称号；8个居委会被省评为“一级居委会”。在全省爱国卫生大检查中，再次荣获第一，实现爱 国卫生“五连冠”；在市第八届运动会上振东区夺取奖牌、金牌、总分三个第一。

省委常委、纪委书记刘学斌，省委常委、组织部长张德春，市委常委、纪委书记李鸿儒与参加全省农村工作会议的代表到振东区创新村参观“两公开”工作

王法仁市长在区委书记黄成模、区长李恩杰的陪同下，深入基层搞调研

中共海口市秀英区委书记赵子导

海口市秀英区长陈楷

秀 英 区

秀英区位于海口市西部，东起疏港大道，西与澄迈县接壤，南同琼山市相连，北临琼州海峡，是海口市三个县级区之一。下辖长流镇，荣山、丰南、新海、海秀4个乡和海秀、秀英二个街道办事处。常住人口12.21万人。面积147.41平方公里，占全海口市面积的60.28%，境内自然资源丰富：有2000公顷土地可供开发；有15公里长水碧沙白的海岸线；有全省最大的港口—海口港。名胜古迹有：海瑞墓、丘浚墓、汉军开琼渡海登岸处—烈楼嘴、那甲山温泉风景区等。

1997年，全区国内生产总值24.12亿元，比上年增长6.5%，工业总产值24.5亿元，比上年增长7%；农业总产值0.87亿元，比上年增长6.5%；乡镇企业总产值7.3亿元，比上年增长11.5%；第三产业总产值16.75亿元，比上年增长6.3%；社会商品零售额58000万元，比上年增长6.5%；招商引资实际到位资金36449万元，占年计划的104%。全省较大规模的华康生物制药厂等企业在秀英永桂工业开发区落户。

1997年，全区社会主义精神文明建设再上新台阶。“两基达标”工作经省、市检查评审，验收达标，长德小学确立为省级加强青少年思想教育、爱国主义教育的文明学校，海秀乡新村、新海乡新海村为省、市级社会主义新农村榜样。双拥工作成绩显著，分别被省市命名为双拥模范区。民主与法制建设有新发展，社会治安综合治理一年比一年好，发案率比上年下降35%，被市评为达标单位。

秀英区委区政府办公大楼

海口广播电视台

1998年初，海口电视台与海口人民广播电台合并，成立海口广播电视台，对外挂海口市广播电视局。

海口广播电视台为正处级事业机构。敖刚任海口广播电视台台长、海口市广播电视局局长，陈金裕任中共海口广播电视台（局）委员会书记。在电视频道、有线电视频道中保留广告信息中心、新闻部、播出部等部室；广播频道保留了社会生活部、新闻部等部室。海口广播电视台拥有职工300多人。具有专业技术职称96人，其中高级职称10人、中级职称33人，形成了一支门类齐全的广播电视专业技术人才队伍。

电视频道开设《海口新闻》、《看海口》、《娱乐星空》等12个栏目；有线电视频道以家庭娱乐为主，有《生活工作室》、《环球影院》等6个栏目，两频道共播出时间达24小时，自办节目量1037小时／年。广播频道为24小时直播，开设“椰城新闻”、“午夜心桥”、“缘份的天空”等24个栏目。技术设备不断充实加强，拥有摄像机、编辑机、数字非线编辑系统等一批技术较先进的电视设备，电视信号覆盖雷州半岛、海南省东北大部分地区，面积为1.5万平方公里。广播频道技术设备跨入省一流水平的行列。

海口广播电视事业机构的改革在全国省会同行业中属首创，它正以全新面貌和功能齐全的优势开创广播电视事业一片新天地。

海口市城市管理办公室1995年11月29日挂牌成立，1998年6月机构改革并入海口市城市规划管理局。图为全体人员合影

省、市领导看望春节期间坚守执勤岗位的城管队伍

海口市

城市管理监察支队

海口市城市管理监察支队在巩固依法治市综合执法试点路段取得成果的基础上，由粗放突击整治向科学的长效规范管理转轨，在市管33条主干道全面推行路段目标管理岗位责任制，按照“五定”工作制度，层层签订责任状，把管理任务细化、量化，落实到个人，保持市容管理长效、规范。参加建省十周年及椰子节活动的中外游客对海口市整洁有序的市容市貌给予了高度评价，也得到省、市领导的肯定。

局长胡宝经（中）和副局长王美昌（左一）、黄纯华（左三）在一起

海口市水利电力局

在市委、市政府的直接领导下，海口市水利电力局领导班子坚决贯彻执行党的路线、方针、政策，带领全体干部、职工认真学习邓小平理论、学习党的十五大精神，加强两个文明建设。1997年的工作以发挥水利工程效益为中心，促进各项工作全面发展，取得了显著成绩。如完成市南渡江河口左岸海口段初步设计评审；水政工作，广泛深入开展法制宣传教育，严格依法治水。全年没有发现乱凿井滥取水的案例，认真抓好水资源的开发利用，编制出1998年至2000年郊区农村人畜饮水工作计划。水利工程建设，以冬修水利为重点，市投入资金292万元，共投入劳动工日48.22万个，完成土方39.47万立方米，石方2.36万立方米，新建和维修渠道518条，长333.14公里，新建库容29万立方米的水库1座（拜就水库），维修江海堤围8.2公顷。此外，还维修高低压线路5条，长30公里。冬修水利在全省评比中荣获三等奖，连续八年榜上有名。

局领导班子成员，左起为副局长袁运光、副局长王茀彩、局长张其英、副局长陈金容

海口市交通运输局

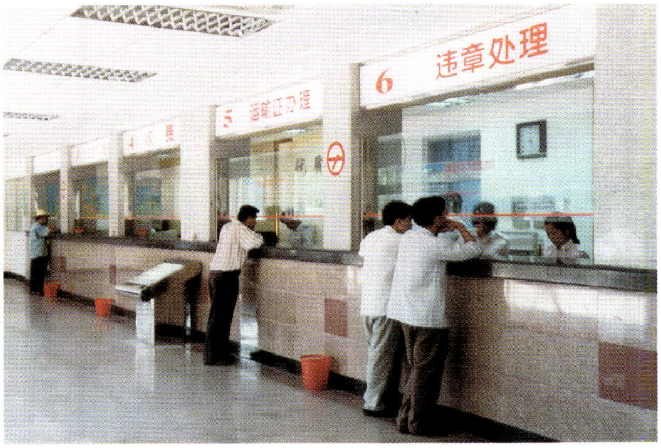

营业大厅

爱国卫生工作研讨会

海口市

爱国卫生运动委员会办公室

省、市领导在爱卫办工作人员陪同下考察乡镇卫生

开展以“创建卫生城市，为了美好生活”为主题的宣传活动

1997年，海口市爱卫会办公室积极贯彻全国、省、市卫生工作会议精神，在市委、市政府的领导下，组织监督，统筹协调各部门履行社会卫生工作职责，狠抓环境综合整治，消灭四害孳生地，巩固了除四害达标成果；开展全民健康教育，居民健康知识及合格率和健康行为形成率分别达到了97%和80%；进行卫生效果评价，组织了历时半年的卫生“佳、差”考核评比活动，提高了单位居民区卫生水平。继续以农村改水改厕为重点，带动环境整治，促进文明村镇建设，特别是下半年全省农村改水改厕现场会议后，5个月建成农村家庭卫生厕所7252间，创造了半年基本完成三年农村家庭改厕计划的壮举。1997年底，全市农村自来水饮用率达到99.35%，是全国农村自来水覆盖率达到85%以上的六个省会市之一；家庭卫生厕所普及率达到95.2%，名列全国前茅。海口市爱卫会办公室1996、1997连续两年被评为海南省先进爱卫办。

海口市教育局领导班子在研究工作，左起为副局长韩美、局长吴开访、副局长陈盈权、副局长张理昌

海口市教育局

海口市教育局是海口市政府对全市教育工作进行行政管理的职能部门。局机关设行政办、党委办、计财办、人事科、体育卫生艺术科、成人职业教育科、纪检室、基础教育科、督导室等9个行政科室，下设教研室、勤工办、电教站、档案馆、设计室、考试中心、保健所等7个直属事业单位，共有工作人员107人。全市拥有各级各类学校139所，其中市属22所，新华、振东、秀英三个区区属学校分别为20所、30所、41所。在各级各类学校中，有小学105所，中学30所（其中完全中学12所、高级中学1所、初级中学30所、民办和其它部门办中小学26所），职业中学3所，职工中专1所，技工学校1所，教师进修学校1所，职业大学1所。全市各级各类学校在校生99017人，在职教职工4831人。此外，全市有幼儿150所，在园儿童18351人；有社会力量办学48所（处）。

海南省教育厅厅长符鸿合（右二），在海口市副市长吴毓俊（左三）、海口市政府副秘书长李仕敦（右三）和市教育局领导的陪同下，到英才学校基地视察

海口市财政局

市财政局局长高荣瑞

海口市财政局牢牢把握“抓住机遇、深化改革、扩大开放、促进发展、保持稳定”的工作大局，认真学习和贯彻党的十五大精神，积极投身于市委、市政府组织开展的“一转变、两提高”的专项整治活动中，继续执行适度从紧的财政政策，不断深化财税改革，积极培育、开辟新财源，严格控制财政支出，努力做好国有资产管理工作，有力地促进海口市国民经济持续、健康、协调发展，取得了一定的成绩。

1997年财政局的全体干部、职工同心同德、艰苦奋斗，扎实地做了以下几项工作：

（一）狠抓征管收入，确保财政收入任务的完成；

（二）整顿分配秩序，严格控制财政支出；

（三）规范预算外资金管理；

（四）拓展国有资产管理新领域，大胆探索国有资产管理新体制；

（五）加强会计事务管理，提高会计工作质量；

（六）精心安排，抓好消化粮食政策性挂帐工作；

（七）加强精神文明建设，推进干部队伍素质的提高。

海口市

土地管理局

市土地局服务窗口以优质的服务赢得了客户的赞誉，图为客户送来锦旗

市土地局已初步实现了办公自动化，图为工作人员运用电脑办理业务

海口市土地管理局成立于1991年8月，是从1987年成立的原国土规划局分设出来的。成立之初只有5个科室，46个职工，随着土地管理事业的发展，机构不断健全，队伍不断壮大。目前下属机构和科室14个，另外还垂直管理8个乡镇土地所，农村管区还聘请了土地监察巡视员34人，现有在职正式职工178人。几年来，该局不断深化土地使用制度改革，建立健全了土地管理法规体系，全面加强了土地基础业务管理和机构内部建设，推动土地管理事业迈上了新台阶。1991年至1997年，共出让国家建设用地648宗，面积2911.597公顷；共办理转让登记866宗，面积737.317公顷；共上缴市财政土地费用29亿元，为市政建设做出了较大的贡献。1994年11月，创办服务窗口后，改善了服务质量，提高了工作效率，加强了廉政建设，受到社会各界的好评。

近年来，市土地局积极深化土地使用制度改革，有力促进了海口市的开发建设，图为从万绿园眺望高楼耸立的金贸区

海口市商贸经济合作局

海口市商贸经济合作局是市政府主管内外贸易和经济合作工作的职能部门。其主要职责是：

1．贯彻执行党和国家有关商品流通和对外贸易工作方针、政策与法规。起草海口市内外贸易工作的地方法规，制定和实施贸易发展规划、计划。

2．按照建立社会主义市场经济体制的要求，会同有关部门搞好国有商贸企业的改革工作。

3．指导协调市场商品的组织与投放，汇总、上报各种业务报表，为促进企业完成各项计划、任务提供服务。按目标合同条款对国有企业法人代表进行考核，兑现奖罚，会同有关部门做好国有企业法人代表的聘任或解聘工作。

4．负责海口市内外贸易行业管理，积极协调帮助解决商贸企业在经营活动中出现的问题和困难。

5．开展市场预测，建立信息网络，提供商情信息服务。

6．协助有关部门搞好关系国计民生重要商品的供需平衡，国内需求同国外市场衔接，检查落实政府指令性商品储备。

7．管理海口市出口商品配额，做好出口许可证的分配发放。

8．负责海口市内外贸系统工作人员的业务培训工作。

9．依法对海口市生猪屠宰、酒类专买和商业网点进行监督管理。

10．制定海口市对外经济合作规划及工作计划，组织项目对外招商、协调各类项目招商洽谈活动。

11．负责对申请利用外国资金贷款项目的审查上报、指导、咨询和协调工作。

12．负责海口市外商投资项目合同、章程的审批和批准证书的发放工作，负责办理外商投资企业的有关权利义务的转让、变更、进口自用物资及出口计划的审批、编报、年检、外商投资企业的统计、"产品出口企业"和"先进技术企业"的考核、确认以及外商投资企业投诉、纠纷、调解和法律服务等工作。

13．负责受理国内各级政府和有关单位申请设立驻海口办事处的审批联络管理工作。

14．负责对外商投资企业和国内投资企业进行协调管理。

15．负责海口市国际经济技术合作业务的综合、计划、协调和管理工作，负责审核并上报海口市对外劳务输出、在国外承包工程、企业在境外设立分支机构、技术出口及申请国际无偿援助等工作。

海口

海华轮胎有限公司

市长王法仁(中)在海口海华轮胎有限公司经理张涌(左一)的陪同下，到生产车间视察

海口海华轮胎有限公司是上海轮胎橡胶（集团）股份有限公司的全资子公司，也是设在海口生产"双钱牌轮胎"、"海华牌轮胎"的主要基地。

海口海华轮胎有限公司地处我国最大的经济特区—海南省海口市，占地12万平方米，拥有先进的F270全密闭式炼胶机及日本双模自动定型硫化机等设备，具有达到世界一流水平的各种检测手段。

公司通过上海轮胎橡胶（集团）股份有限公司集约化管理并委派优秀的工程技术人才及各级管理人员参与生产全过程精心管理，并采用先进的技术工艺，使"双钱牌轮胎"、"海华牌轮胎"的质量完全达到国家A级产品的标准。主要产品有：载重轮胎、轻型载重轮胎、农用轮胎、微型车轮胎等，产品深受广大用户青睐。

海口海华轮胎有限公司将向社会奉献优质的"双钱牌轮胎"、"海华牌轮胎"，以优异的质量信誉取胜于市场，以优秀的售后服务满足于用户。

竭诚欢迎社会各界人士，加强合作，共同发展。

地址：海口市板桥路（文明东路）

电话：(0898)5345065

传真：(0898)5334055

邮编：570203

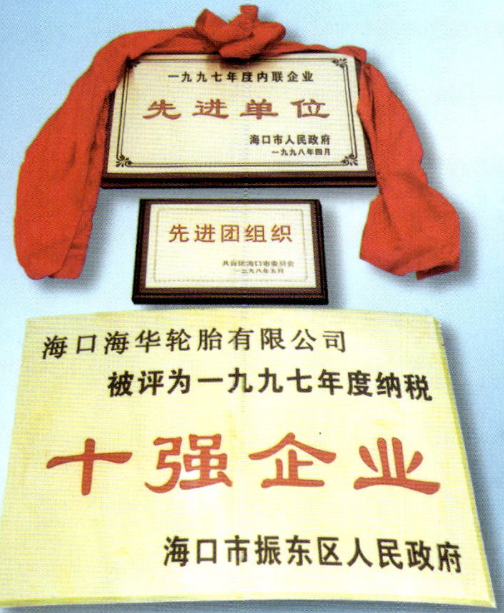

海口海华轮胎有限公司资产重组成立一年来，所获得的部分荣誉

海口食品有限公司肉类联合加工厂

1998年8月29日，海口食品有限责任公司挂牌宣告正式成立。市委副书记余行恭（右五），副市长袁秀梅（右六），市政协副主席、海口农工贸（罗牛山）股份有限公司董事长兼总经理吴伟雄（右七）参加挂牌仪式。左三为海口食品有限责任公司董事长范平岳

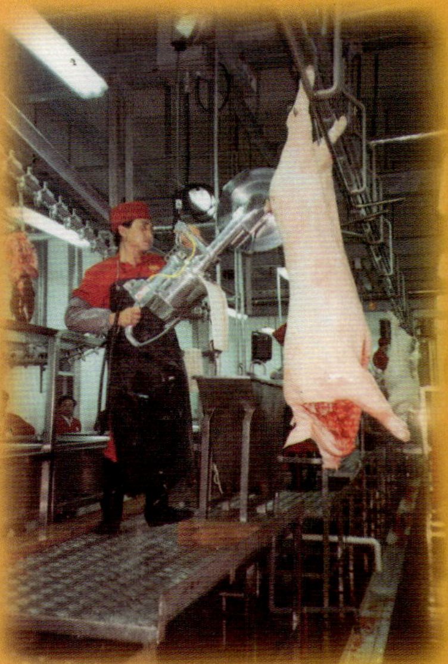

利用丹麦先进屠宰生产线设备，进行生猪屠宰加工

肉联厂引进丹麦先进设备为胴肉猪劈半

海口食品有限公司肉类联合加工厂是罗牛山股份有限公司是利用丹麦政府贷款，引进丹麦先进屠宰加工技术与设备兴办的海南省第一个现代化猪、鸡屠宰加工生产线项目，是海口市“菜篮子”工程重点配套项目，也是创建健康卫生城市的重要项目之一。1998年8月，由罗牛山肉联厂与海口食品总公司联合成立海口食品有限公司，该厂是公司骨干企业，承担海口市生猪定点屠宰任务。肉联厂1998年1月试产，占地面积3.3公顷，总投资9640万元，生产区主要由以下五部分组成：

1、每小时屠宰生猪200头的屠宰生产线和班产10吨的分割肉生产线；

2、每小时屠宰1000只鸡（或450只乳猪）的屠宰加工生产线；

3、总容量1200吨的冷库；

4、日处理量1000立方米的污水处理场；

5、存栏2000头生猪的生猪交易市场。

肉联厂生锗屠宰生产线引进丹麦设备，采用PLC电脑自动程序控制系统，自动控制生产线流速以及烫毛水温、水量，设备出现故障或生产出现异常现象可自动报警、自动保护、自动停机。该生产线还采用国际上通行的同步卫检工艺，即猪的胴体解剖及检验与猪内脏检验相互对应，同速同步进行，由海口市动物防疫检疫站派专人检验，一旦检出病变即可找出相对的内脏或胴体，保证病猪及其内脏不会流入市场。屠宰过程排出的污水达到排放标准后排入市政污水管网。

肉联厂兴建的生猪交易市场已于1998年4月1日正式使用，按照市政府规定，海口市的生猪市场交易集中于该厂进行，肉贩在生意成交后不需将活猪运出场，可直接委托肉联厂代宰和运送猪肉。既省去了运输生猪的麻烦，节省了开支，又保证了猪肉的卫生。

肉联厂不但拥有现代化的屠宰生产线，还拥有一批技术过硬的生产骨干和具有丰富实践经验的机械、电气、制冷、卫检等专业技术人员。生产工人经严格考核和技术培训，掌握了屠宰加工及设备操作技术。目前，工厂拥有各类管理和专业技术人员23人，职工总人数178人。

海口食品有限公司肉联厂将为海口市贯彻落实国务院“定点屠宰、集中检疫、统一纳税、分散经营”的十六字方针，执行《中华人民共和国动物防疫法》和《生猪屠宰管理条例》，确保海口市人民吃上“放心肉”、“卫生肉”奠定坚实的基础。

法人代表、董事长：范平岳

地址：疏港大道118号

电话：0898-8660845

传真：0898-8656945

邮编：570206

17”电信日，海口市电信局职工走上街头为用户提供咨询服务

海口市电信局成功举办了首届职工运动会

海口市电信局认真贯彻全年的工作方针“抓服务，严管理，增能力，促效益，两个文明创新绩”，不断深化企业内部改革，狠抓基础管理，积极转变经营机制和服务观念，牢牢把握市场龙头，堵塞漏洞，消除隐患，为电信事业的不断发展奠定了基础，使企业获得了较好的经济效益和社会效益。

1997年全年业务总量完成7.7亿元，业务收入完成6.74亿元，收支差额3.23亿元，全员劳动生产率56.7万元，创造历史最好水平。1997年海口市电信局的市内电话、移动电话、公用电话、主线普及率居全国省会城市之首，用户服务满意度由原来的全国排名11名上升至第4名。还获得一系列荣誉称号：海口市电信局被授予海南省精神文明建设标兵单位称号；海口市电信局海府营业厅被评为全国服务业33家示范窗口之一；海口市电信局还荣获全国消费者信得过服务企业称号和海南省唯一一家全国实施用户满意工程先进单位。

海口市电信局积极参与扶贫助学工程

局领导班子在一起研究工作，自左至右为工会主席吕忠庆、副局长苏沙沙、局长夏润国，副局长宁波

海口市邮政局邮政礼仪专递为用户提供规范、标准、高雅的各项礼仪服务

海口市邮政局

海口市邮政局发扬“团结、自强、创新、争优”的企业精神，艰苦创业，团结进取，努力夯实海口邮政通信发展的基础，各项工作都取得较好的成绩。

邮政业务发展迅速。1997年全局业务总量完成6138.3万元，比上年增长12.4%。继续保持较快的发展势头。

通信能力不断增强。计算机技术在邮政通信各个环节广泛应用，26个营业窗口实现营业电子化；全市邮政储蓄绿卡微机网点达17间，并实现全国联网通存通兑；ATM自动柜员机已相继在南宝、海府、白坡等营业厅投入运行；自办网点15处，代办所43处；邮筒（信箱）增至136个；报刊零售点达88个；局所平均服务人口达1.04万人，平均服务半径1.14公里，其中市区服务半径0.44公里；市内互寄平函次日投寄率达到98.6%。

通信服务逐步改善。一是坚持普遍服务，把社会效益放在首位，努力为社会各阶层人员提供良好邮政通信服务；二是开展承诺服务，自1993年向社会推出服务承诺以来，不断完善服务承诺内容、时限和违诺处罚规定，为优质服务提供了有力的保障；三是拓展延伸服务，在抓好营业窗口服务的同时，努力抓好“无形服务窗口”建设，主动上门服务。

精神文明建设效果显著。被市委、市政府授予1996－1997年度“精神文明建设先进单位”称号；被省邮电管理局、省邮电工会授予1997年度“双文明建设先进单位”称号；白坡分局被团中央、邮电部授予1996年度“全国青年文明号”称号；1997年10月，被国家体委授予“全国体育先进单位”称号。

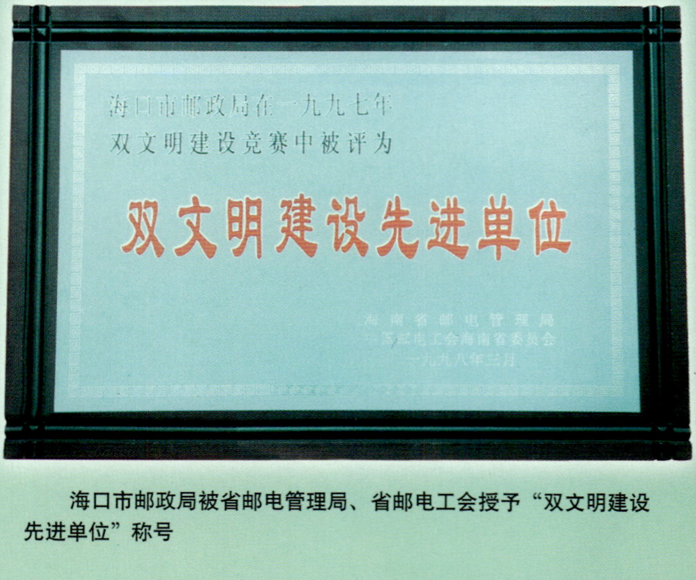

海口市邮政局被省邮电管理局、省邮电工会授予“双文明建设先进单位”称号

每口市房产管理局以促进房地产业健康发展为重点，好房地产业服务为宗旨，积极完善房地产市场机制，规市场行为，加强房产管理的各项工作，取得了显著的成，1997年共办理房屋交易2807宗，交易面积67.2万平米，交易金额17.7亿元，房屋确权10923宗，面积391平方米，办理房屋租赁738宗，办理房屋抵押398宗，押权值11.8亿元。为了推行窗口服务制和社会服务承制，在实行“一条龙”服务的基础上，建起了一个600平方米的海口市房产服务大厅，大厅设置房屋产权登记证、房地产交易、评估、租赁、抵押、房屋档案查阅、务、公证、法律咨询等12个服务窗口，为客户办理房有关业务提供全面配套的服务，大大方便了群众，提高工作效率，受到省、市领导的好评和群众的称赞。1997又被国家建设部评为“全国房地产业管理先进单位”，省建设厅评为“全省房地产业管理先进单位”、“精神文建设示范单位”、“精神文明建设先进单位”。

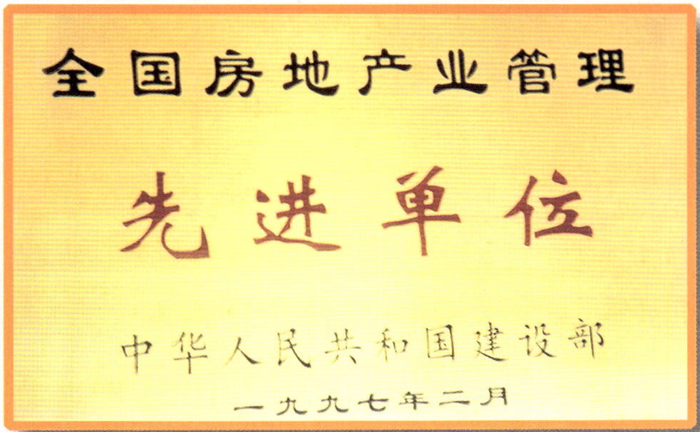

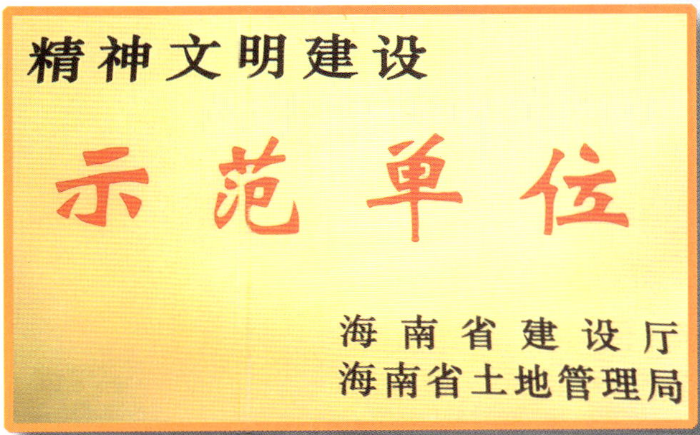

房产服务大厅内景

海口市电信局

副省长吴昌元视察海府营业厅

在'97全国用户满意工程联合推进大会上，国家邮电部副部长林金泉和海口市电信局局长李建国合影留念

海南省高级人民法院亲自上门为海口市电信局送来两块“服务周到，线路畅通”匾牌

海口市努力创建“国家环保模范城市”，坚持依法治市，综合整治城市环境，实施了长达4个月的交通污染(尾气和噪音)专项治理。图为环保部门监测人员在交警配合下检测机动车尾气

海口市环境资源局和教育局密切配合，积极贯彻《中国教育改革与发展纲要》和《全国环境宣传教育行动纲要》，报经市政府批准实施了《海口市中小学校和幼儿园环境保护教育行动纲要》，率先全国各地在小学和幼儿园开设环保常识必修课程。图为由海口市环境资源局和教育局组织环境教育专家编写、由中国环境科学出版社出版发行的《环境保护常识》系列教材发行仪式，国家环保局张坤民副局长到会祝贺并做重要指示

海口市环境宣传教育工作形式多样，内容丰富多彩，对提高广大市民的环境保护意识起到极大的推动作用。图为位于海口市万绿园的市级环境保护教育基地一角

海口市房产管理局

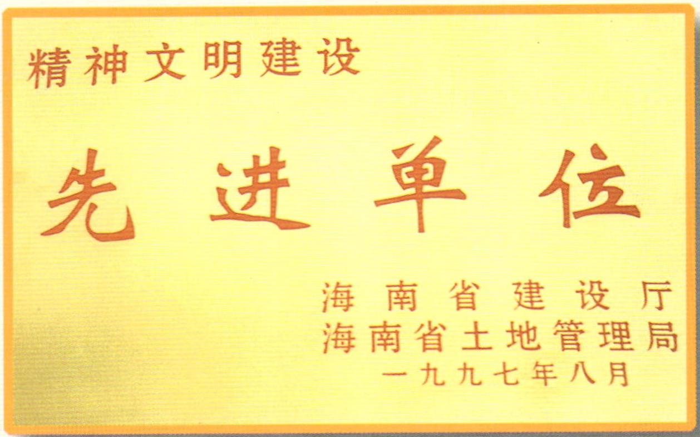
精神文明建设
先进单位
海南省建设厅
海南省土地管理局
一九九七年八月

奖牌

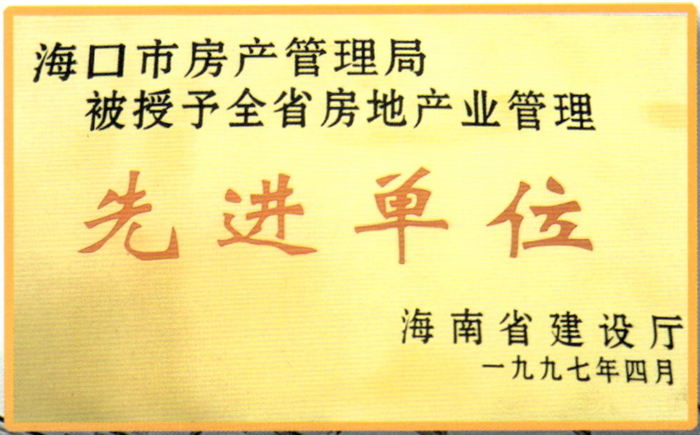
海口市房产管理局
被授予全省房地产业管理
先进单位
海南省建设厅
一九九七年四月

海口房產服務大

海口市工商行政管理局是海口市人民政府主管市场监督管理和行政执法的职能部门。位于海口市新华区海新村495号。内设8个职能科室，4个工商分局，3个专业分局，1个机关服务中心，1个市场物业中心，29个工商所，现有干部职工560人。

随着海南经济特区改革开放和开发建设事业的不断发展，海口市工商行政管理局在建设社会主义市场经济体制和实现两个根本性转变的过程中，充分发挥工商行政管理各项职能作用，坚持严格监督管理，文明执法，提供优良服务，树立良好的工商形象，为维护社会主义市场秩序，促进社会主义市场经济健康发展，推动两个文明建设做出了积极的贡献。

近两年来，海口市工商行政管理局自觉地服从和服务于全党全国工作的大局，以更高的要求，更高的水平，深入开展“公平交易执法年”和“工商形象建设年”活动，不仅提高了监管水平，而且提高了队伍素质，同时进一步规范市场主体行为、市场交易行为和市场监管行为，为建设良好的市场经济秩序，促进海口经济发展和社会进步做出新贡献。

市工商局组织部分个体户和私营企业参加普法学习班

市工商局组织开展禁毒宣传活动

Gong Shang

“3.15”国际消费者权益日期间，组织销毁假冒伪劣产品

海口市环境资源局

海口市多次被国家建设部，国家环保局评为全国环境综合整治“十佳城市”、“优秀城市”，海口市环境资源局也多次受到国家、省、市的表彰和奖励。图为市委副书记、市长王法仁(右二)、副市长郑绍儒在环境资源局听取工作汇报

海口市生态环境质量优良，位居全国前茅。图为国家环保局王玉庆副局长(左一)海南省建设厅厅长夏恩恕(右一)等陪同下视察海口市生态环境建设情况

海口市努力抓好环境综合整治规划，深入贯彻国务院批复的《海口市城市总体规划》，保障城市开发建设与环境保护协调发展。图为中英合作“沿海开放地区环境改良”项目《海口市环境保护行动计划》专项组研究具体落实情况

工业局领导班子成员在研究工作，左三为戴树成局长

海口市
工业经济发展局

局全体干部进行业务学习

海口市工业经济发展局是海口市人民政府主管全市工业的职能部门，担负着规划、指导、协调、监督、服务的职能，对全市工业企业进行宏观管理。其主要职责是：贯彻执行党和国家的有关工业工作的方针、政策和法规，按照省、市工业工作的总体部署，制订并实施本市工业发展规划和年度计划，调整和优化产业结构和产品结构，组织和引导全市工业企业推进技术进步和工业项目建设，研究制订全市工业企业改革总体方案并组织实施，指导工业企业加强内部管理、提高经济效益，负责对全市工业经济运行情况进行分析、监测和预测，协调解决工业生产经营中的重大问题，收集和发布国内外工业经济技术信息，研究制订工业发展有关政策。

在海口工业发展上，我们本着这样的战略指导思想：坚持增量投入为主，扩大增量投入与优化存量相结合的方针，本着”三个立足“，即立足现有工业基础、立足海南特有资源、立足高科技；发挥“五大优势”，即特区政策优势、热带资源优势、海洋资源优势、省会地位优势和科技文化管理优势，实现“两个根本性转变”，注重发展以高科技、高附加值为特征的新兴工业，走结构高度化、外向化的工业发展道路。

1998年工业工作的指导思想是：“二高、三从、一转”。“二高”即以提高工业企业的经济效益和提高海口工业的发展速度为目标。“三从”即着力于国有企业改革，从盘活资本存量中求发展；扩大增量投入，从培育新的工业增长点中求发展，加强管理，从扭亏增盈中求发展。“一转”即转变管理方式，树立服务意识。

为推动海口工业发展，转变政府职能，做好服务工作，全局机关工作人员的理念是：“一切为了企业，一切为了发展”。

海口市工业局所获得的荣誉之一

海口市外事侨务局

海口市外事侨务局局长廖东明

为贯彻中央机构改革精神，市委、市政府1998年6月17日决定调整市政府组成机构和职能配置，外事侨务办公室改为外事侨务局。分别挂外事、侨务局牌子。海口市外事侨务局是海口市人民政府主管全市外事和侨务工作的职能部门，主要职责是贯彻执行国家、省、市有关外事、侨务和引进国外智力工作的方针、政策和法规，管理海口市对外交往、引进国外智力和侨务、港澳事务工作。

建省办大特区，海口市对外交往不断扩大，海口市外事侨务局充分发挥职能作用，大力推动和促进了海口市的改革开放和经济建设。1988-1997年，海口市外事侨务部门共接待来访外宾824批，7807人次。受理因公出国（境）1295个团组，4672人次。与澳大利亚达尔文市、英国柏斯市、法国圣纳泽尔市、美国俄克拉荷马市、坦桑尼亚桑给巴尔市缔结友好城市关系。申请引进外国专家项目80个，引进外国专家263人次，执行出国培训项目15个、344人次，获得国家外专局批准经费资助75万元，无息贷款15万美元。海口市海外联网已扩展到30多个国家和地区，在国外设立了12个对外宣传点。落实政策退还侨房316户，面积100.147平方米，办理接受华人、华侨、港澳同胞捐款折合人民币1800万元。

局领导成员在研究工作，中为局长廖东明，左为副局长张文祥，右为副局长郑荷西

省委副书记、海口市委书记蔡长松会见美国雷诺公司总裁罗杰·雷诺先生

1998年6月，海口市市长王法仁(左二)、副市长黄行光(右一)会见英国柏斯市政厅阿利克塞·默里先生一行

领导班子在研究城市建设工作，右三为局长符史美

海口市
城市建设局

海口市城市建设局(市人防办)，位于海口市 滨海大道75号，是市政府主管城市建设和人民防空的职能部门。该局设有办公室、纪检室、组织人事科、工程科、公用科、市政设施管理科、工程造价审核科、建工科、人防科9个科室，下辖企事业单位28个，全系统干部职工5600人。

1997年，该局围绕建设具有热带风光、滨海特色外向型现代城市的总体目标，提出了抓样板、出精品、上档次的工作思路，全面推进城市建设管理和环境综合整治工作上新台阶。全年共完成投资2.468亿元，实施市政、公用、人防、环境综合项目23个，新建、扩建道路8条，总长18.5公里，改造、新铺供水管5条，总长8695米，新增公共汽车110辆，新建港湾式候车停34个。完成了长堤路、南大桥及周边、海秀东、龙昆北等路段的综合整治，贯通了海口与西线高速公路联通的工业大道西延线，抓紧对污水处理厂、米铺水厂二期工程的建设。该局两个文明建设成绩显著，被市委、市政府评为“一转变，两提高”专项整治工作先进单位，被建设部授予全国市政公用行业行风建设先进单位。

海口市亮丽工程——海秀东路夜景

海口市城市建设局负责改建的长堤路焕然一新

海口市工商行政管理局

市工商局局长陈作武

袁秀梅副市长与市工商局领导班子商讨工作

“3.15”国际消费者权益日期间，市工商局组织开展了一系列宣传活动，该局设立的投诉咨询台，取得较好社会效益

中共海口市企业工作委员会书记邓章英

中共海口市
企业工作委员会

一九九七年，我们在市委的领导下，坚持邓小平理论和党的基本路线，学习贯彻党的十四届六中全会、党的十五大精神和中共中央《关于进一步加强和改进国有企业党的建设工作的通知》及中组部等四单位《关于做好国有企业领导班子考核建设工作的通知》，围绕经济工作，大力加强企业党的建设，努力完成市委市政府交给的各项任务，基本实现了全年工作目标。

一、进一步加强了企业领导班子建设和干部管理工作

二、基层党建工作取得了新的成果

三、纪检监察工作取得了新的成绩

四、加强理论学习及宣传教育，促进企业精神文明建设

五、认真抓好人口管理和计划生育工作

六、“一转变，两提高”专项整治取得了可喜的成效

企业工委领导班子成员在一起研究工作

海口市中级人民法院

海口市中级人民法院成立于1991年6月8日。位于海口市金牛岭上，素有“司法苑中一枝花”之称。

海口中院现设刑一庭、刑二庭、民一庭、民二庭、经一庭、经二庭、行政庭、执行庭、立案庭、审监庭、研究室、办公室、政治处、监察室、法医室、书记官处、法警支队和机关事务管理中心共18个机构，在编人员由建院时的130人增加到171人。

建院六年来，海口中院紧跟海南大特区改革开放和市场经济发展的步伐，一手抓审判，一手抓建设，秉公执法，以维护大特区省会市的社会稳定、经济繁荣和人民幸福为己任，各方面工作取得了长足的发展。

始终坚持以审判为中心，率先实行审判方式改革，大胆推行法院机构改革，建立公正公平、管理科学、运转高效的审判管理体制。目前该院已建立起以审判为鼎身、以书记官处、司法警察支队和机关事务管理中心为鼎足的鼎式审判管理模式。改革使审判职能得到充分发挥，提高了办案效率、办案质量和办案的社会效果。1991年以来，共受理各类案件9159件，结案率由建院初的40%提高到1997年的95.1%，创历史最高水平。

以开展为人民服务的宗旨教育为主要内容，以制度建设为核心，大力加强干部队伍建设，努力建立一支政治强、业务精、廉洁奉公的法官队伍。针对建院时干警少、文化素质低的状况，在大力引进全国法院业务骨干、接收法律院校本科毕业生和研究生的同时，成立教育处，对干警强化教育培训，与有关院校合作，组织了学历教育、专升本教育和法律专业硕士学位研究生班，邀请法学界知名学者来院讲学等多层次教育培训体系。目前，海口中院干警中大专以上文化程度占88.2%。在壮大队伍的同时，不断对干警进行反腐倡廉教育，严肃纪律，强化管理，建立和健全了各种规章制度，并汇编成册。

积极改善大特区省会市的执法条件和投资环境，全面进行各项基础建设。该院目前拥有占地13亩建筑面积17000m²的全国中级法院中一流的新审判办公大楼；初步建立计算机网络，提高了办公自动化水平；成立机关事务管理中心，负责管理后勤保障事务，不断完善生活设施，改善生活条件，为审判提供强有力的后勤保障。

目前，海口中院全体干警正为建设二十一世纪全国一流的中级法院而奋斗。

新一届领导班子。自左至右为何惠楠副院长、许前
长、谢春和副院长、王前生副院长

海口中院积极进行机构改革和人事制度改革。图为
举行中层领导正职聘任竞选动员大会

海口中院在全国率先进行书记官建制改革，成立了书记官处。图为团市委授予该院书记官处“青年文明号”称号

海口中院干警
上街进行法律宣传

海口中院积极参与“严打”专项
斗争，图为该院组织的宣判大会会场

海口中级人民法院审判大楼

丰富多彩的文艺活动

海口市检察院认真贯彻中央和最高人民检察院的指示，把检察机关集中教育整顿作为全年一项突出的任务来抓，采取走出去、请进来的办法，自觉接受人民群众的监督。图为在全市检察机关教育整顿动员大会上副市长、政法委书记郑绍儒作重要讲话

检察长陈大鸿

海口市人民检察院

海口市人民检察院是一个设有13个业务科室、129人的法律监督机关。近几年来，在市委和市人大及上级检察院的领导下，不断开拓进取，先后侦破了一批省内外有影响的大要案，严厉打击了刑事罪犯，各项检察工作都取得了显著的成绩。近两年来，先后建起了电视监视监听指挥中心、电脑室、司法会计室、法医室、文检室、审讯室等，改善了办公条件，大大促进了检察机关的现代化建设。加强“四明”执法活动，内树信心，外树形象，争创一流，涌现出一批先进集体和个人。其中反贪局受最高人民检察院的通令嘉奖，荣立集体一等功；原技术科副科长冯端明被最高人民检察院授予“模范检察干部”称号。有八个科室被省、市评为先进集体。

图为海口市人民检察院反贪污贿赂局干警将携款200余万元潜逃一年多的原工商银行干部吉红丰抓获归案下飞机时的情景

海口市公安局

1. 海口市公安局指挥中心进行科学化指挥，各警种向科技要警力
2. 海口市公安局戒毒所民警热心帮助吸毒人员远离毒品，早日为社会服务
3. 严格执法 热情服务
4. 难逃法网

支队党总支成员在一起研究交通管理工作

加强交通法规宣传工作，提高全民交通安全意识

海口市公安局交通警察支队

海口市公安局交通警察支队成立于1989年底，属海口市公安局副处级单位。下设十二个科、所、队、室。支队除了负责正常的道路交通管理工作外，还负责全市近20万辆机动车、30多万辆非机动车、22万个机动车驾驶员的管理工作。

在上级公安机关和各级党政机关领导的支持下，全体交通民警认真贯彻江总书记“严格执法，热情服务”的指示，在交通管理工作中，兢兢业业，无私奉献，为我市的改革开放、经济建设做出了应有贡献。向科技要警力，向管理要素质，已形成了交警支队的奋斗目标。车辆管理所、事故处理科、违章处理组的工作已经实现了电脑管理。市区道路主要路口，也实现了交通违章电子自动拍摄仪监控，大大减少了各类违章现象，使我市的交通管理工作向科技化迈进了一大步。

文明执勤，纠正违章

向科技要警力。车辆、驾驶员档案、违章处理与事故处理工作实现了电脑管理

省委副书记、市委书记蔡长松给获得市八运会优异成绩的运动队颁奖

海口市 体育局

1997年海口市体育工作在群众体育、竞技体育、体育基础设施建设、对外体育交流等方面都有较好成绩。全年共举办30次大型群众体育表演和竞赛活动，参加队伍310支，参加活动人数达45700人次，全市体育人口达13万多人。全年参加全国各项比赛获金牌11枚，银牌2枚，铜牌3枚；参加全省各项体育竞赛，获得团体总分第一名5个，单项金牌68枚，银牌24枚，铜牌27枚。体育基础设施建设取得较大进程，广场田径场的改造工程和足球场的草场绿化工程按质全部完工并于11月验收交付使用。对外体育交流取得新的进展，全年共组织两个体育代表队分别赴香港和澳大利亚参加比赛和友城运动会，都取得优异成绩。其中，赴澳大利亚参加'97阿拉夫拉运动会，共获得奖牌13枚，其中金牌5枚，银牌3枚，铜牌5枚，海口市是参赛运动员平均获牌最多的代表团。为推动我市群众体育和竞技体育的发展，促进全市两个文明建设，经市委、市政府批准，10月成功地举办海口市第八届运动会。1997年由于我市体育工作成绩显著，被国家体委予全国体育系统先进单位和全国群众体育工作先进集体，'97全民健身宣传周活动先进单位，96—97全国排球联赛最佳赛区贡献奖等多项荣誉称号。

海口市体育局获得的部分荣誉

海口市第八届运动会开幕式

海口市菜篮子工程管理局

海口市菜篮子工程管理局是海口市政府主管菜篮子工作的事业局，主要职责是：贯彻执行党和国家有关菜篮子工程的方针政策和法规，草拟并实施全市菜篮子工程的地方性法规以及发展规划、计划；负责全市菜篮子运作情况综合分析、监测和预测，会同有关部门协调解决菜篮子生产经营的重大问题，同有关部门对菜篮子工程的合理布局进行指导，搞好菜篮子资源的保护和综合利用；指导和组织郊区水果、副食品、蔬菜的生产；建立各种水果、副食品、蔬菜、禽畜、水产品生产基地，协调有关部门搞好有关蔬菜、禽、畜和副食品的生产和经营；协同有关单位建设集贸市场和各类专业批发市场，为菜篮子工程提供交易场所；审批或报批我市有关菜篮子工程建设项目；组织农副产品进出岛和进出口贸易；依法监督我市菜篮子工程用地；负责组织有关部门汇总菜篮子生产、经营情况；承办市政府交办的其他事项。内设六个科室：办公室、计划财务科、基地管理科、市场供应科、技术服务科、市场协调科。

市菜篮子工程管理局领导班子成员在一起商讨工作

菜篮子基地

《海口年鉴》(1998)

海口年鉴

HAIKOU YEARBOOK

海口年鉴编纂委员会
吉林人民出版社

(吉)新登字01号

海口年鉴(1998) 57ooo5

编　　者　海口年鉴编纂委员会
责任编辑　范中华　　**封面设计**　王连河
责任校对　彭大宗　　**版式设计**　王连河

出 版 者　吉林人民出版社
(长春市人民大街124号　邮编 130021)
发 行 者　吉林人民出版社
印 刷 者　东莞有利彩印有限公司

开　　本　889×1194　1/16
印　　张　18.375
插　　页　64
字　　数　702千字
版　　次　1998年11月第1版
印　　次　1998年11月第1次印刷
印　　数　1—2000册

标准书号　ISBN7—206—03083—1/Z・130
定　　价　148.00元

如图书有印装质量问题,请与承印工厂联系。

《海口年鉴》编纂委员会

主　　任：王法仁

副 主 任：符　兴　高锦全　王光兴　冷晓明
郑绍儒　吴毓俊　袁秀梅　唐　凯
黄行光　林道芸　程　鹏　王安任

委　　员：（以姓氏笔画为序）
王英杰　王进才　王家川　王加文　王　雷　冯忠华　冯世祯
冯朝阳　甘春祥　刘庆声　许西茂　杜建能　杜瑞琼　李恩杰
李建国　李福建　吴伟雄　吴开访　吴守勇　吴学宣　吴清桂
吴家荣　何和诚　陆云飞　张德华　张安东　张其英　张学堂
张建军　张梦恩　陈　楷　陈大鸿　陈世鑫　陈江主　陈作武
陈金裕　陈益富　陈运乾　陈振川　陈谟林　周经汉　林北川
林志善　林明鹊　娄东风　施　文　胡泽清　杨玉明　侯新明
高荣瑞　唐苏宁　敖　刚　夏润国　梁承咏　梁家柏　黄毓义
符史英　符史美　曾　武　董宪曾　董葆发　舒素淦　蒙安荣
詹尊南　廖东明　蔡　旭　戴树成

特邀委员：（以姓氏笔画为序）
马文金　马启和　邓昌松　刘玉彬　李局勇　陈　博　陈日进
林玉权　林盛梁　朱炳石　黄耀坤　郭玉民

主　　编：娄东风

副 主 编：彭大宗

责任编辑：（以姓氏笔画为序）
马晓红　卢智斌　叶能勋　史雪颖　邱家彬　吴孙兆　郑齐温
娄东风　洒廷雄　高　萍　黄树权　彭大宗　黎小梅

特约摄影：邱远志　潘正汉

美术设计：王连河

英文目录翻译：赵汉生

编辑说明

一、《海口年鉴》是海口市人民政府主办的地方综合性年鉴。年鉴记载海口市社会经济发展情况，收录年度主要文献及重要材料，为各级党政机关、研究部门、社会经济各界人士及中外投资者了解、认识、研究海口提供全面、系统、准确、翔实的信息资料，并为海口市的未来发展积累史料。《海口年鉴》由海口市人民政府发展研究中心海口年鉴社负责编辑和组织。《海口年鉴》从1995年起，每年出版一部，本年鉴是第四部。

二、《海口年鉴》(1998)主要记载1997年海口市各领域、各部门、各行业、各区的基本情况、重大事件、主要发展变化。

三、本年鉴的编排、栏目设置和内容安排参考、借鉴了部分省市年鉴，同时力求体现海口的地方特色，突出反映海口经济建设的概貌。《海口年鉴》(1998)共设13个部类：特辑、大事记、政治、法制、经济、城市建设管理、社会事业、开发区、城区、社会经济统计资料、文献法规选编、人物、附录。

四、领导人收录范围：市委、市人大、市政府、市政协及其工作部门或所属单位(副处级以上，含副处级)领导人，海口警备区、市检察院、市法院、各民主党派、人民团体领导人，各区三套班子领导人；对1997年领导人的变动情况也予以反映。除特殊情况，领导人只列行政职务。

五、文献部分收录了本年鉴出版当年市人民代表大会会议通过的政府工作报告、计划报告和财政报告，使其与年鉴记载内容相吻合。

六、年鉴采取部类、类目、分目、条目的编辑体例，以不同字体、字号及版式设计区别不同层次。条目一级标题用黑体字加【】号表示。在编辑中尽可能将内容条目化。

七、年鉴中的价值指标，除特殊注明外，均以当年价计算，但与其他年份作比较时，则按可比价格计算。

八、年鉴稿件由各行业主管部门和各区编撰人提供，并经撰稿单位领导审核。文章中的主要数据一律以市统计局提供的"社会经济统计资料"的数字为准。

九、本年鉴的编纂出版得到了海口市党政领导和有关部门及社会各界的大力支持和协助，在此，谨表示衷心感谢。由于编辑出版时间紧迫，加之我们编辑业务水平有限和经验不足，书中缺点、错误在所难免，恳请批评指正。

海口年鉴社

1998年8月

目　　录

法　　制

经　　济

城市建设管理

社会事业

开　发　区

城　　区

社会经济统计资料

文献法规选编

人　　物

附　　录

▲封面题字:曾浩荣
▲封面:海口市政协办公大楼
▲封底:全国文明示范街——海秀东路

CONTENTS

特辑

1/11

在中共海口市委九届一次全体会议上的讲话

蔡 长 松

（1998年4月15日）

同志们：

中国共产党海口市第九次代表大会已经顺利结束，新一届市委及其常委会已经产生。

新一届市委任期五年，是跨世纪的五年。这五年是我市胜利完成本世纪末改革开放和现代化建设任务，并为实现下世纪头十年的宏伟目标打下基础的重要时期，摆在我们面前的任务极其艰巨而光荣，能否把这五年的工作做好，对新一届市委和各级领导干部都是严峻的考验。在这种考验面前，每位市委委员、候补委员，每个党员领导干部，要勇敢地迎接新的挑战和考验，发扬坚韧不拔、奋发有为的精神，以强烈的政治责任感和事业心，满怀信心地带领全市人民谱写海口跨世纪发展的新篇章。为此，我们一开始就要高度重视并切实加强市委的自身建设：

要把市委班子建设成刻苦学习的班子

我们面临的是一个复杂多变的世界，新情况、新问题层出不穷，如何才能正确把握纷纭万象背后的本质，把握住事物变化的客观规律？重要的途径是按照江泽民总书记的教诲刻苦学习，不断提高自己认识问题、分析问题、解决问题的能力。首先，要认真学习马列主义、毛泽东思想，特别是邓小平理论，要完整、准确把握邓小平理论的科学体系，领会其精神实质，提高理论素养。有了较高的理论素养，才能“不畏浮云遮望眼，只缘身在较高层”，也就是通常人们说的站得高，看得远；其次，要学习党和国家的方针、政策及法律、法规。我们的同志都负责着某一方面的工作，要胜任、要做好这方面的工作，最起码的要求是要掌握相应的方针、政策及法律、法规，如其不然，就会出现“以其昏昏，使人昭昭”的情况，就会贻误工作，甚至造成很坏的后果，这方面，前辙之鉴在我市还是不少的。第三，要学习业务知识，学习一些社会科学、自然科学方面的知识，丰富自己的思想，跟上时代发展的步伐，提高自己的理论水平、业务水平、欣赏水平。班子的每一个成员都要有自己的学习计划，要持之以恒，锲而不舍。我相信，只要坚持下去，必定会有很好的收获。总之，在发展社会主义市场经济的过程中，我们面临许多新的问题要解决，但没有现成的答案。办法只有一个，就是学习学习再学习，弄懂了，就结合实际付诸实践，并在实践中不断加以总结和提高。

要把市委班子建设成勤政为民的班子

面对着今后五年我市现代化建设的宏伟蓝图，面对着既有良好的机遇，又有严峻困难的形势，面对着党和人民的重托，我们的干部应该以一种什么样的形象，什么样的姿态出现在全市人民面前？应该是：时刻牢记全心全意为人民服务的宗旨，对光辉灿烂的前途充满信心，具有旺盛的革命斗志，善于抓住机遇，敢于开拓前进，一心一意为人民谋利益。要坚决反对做一天和尚撞一天钟，得过且过，不思进取的态度；坚决反对事不关己，不求有功，但求无过，明哲保身的态度。要象朱镕基总理要求的那样，敢于说真话，敢于得罪人，反对只摘花不种刺，要时刻把人民群众的疾苦记在心上，反对视而不见、充耳不闻，麻木不仁的态度。共产党人要立志做大事，不要立志做大官，树为民新风，讲从政道德。凡是关系到海口改革开放和现代化建设的事，涉及到人民群众利益的事，都要认真过细地去做，都要尽力做好。对人民群众在经济和生活中未解决的实际问题，要寝食难安，有切肤之感，尽一切努力多为群众办实事办好事。只有这样，人民群众才会信任、支持和拥护我们，我们提出的跨世纪奋斗目标才会顺利实现。

要把市委班子建成廉洁自律的班子

“公生明，廉生威”，“壁立千仞，无欲则刚”。这些古话告诉我们，一个领导干部，只有严格廉洁自律，管好自己，管好自己身边的工作人员，管好自己的配偶和子女，才能挺起腰板从政。明代余谦有一首名诗，最后的两句是：“粉身碎骨浑不怕，要留清白在人间”。一个人要修养成一个真正的共产党人，要成就一番事业，要实现我们的奋斗目标，必须严格廉洁自律。只有廉洁自律，才能赢得人民群众的信赖；只有廉洁自律，才能无私无畏，放开手脚工作；只有廉洁自律，一班人、一个单位乃至全市人民才能同心同德，共同奋斗。带头廉洁自律，自觉接受监督，是我们每一个市委委员、候补委员都应该做到的。要始终保持清醒的头脑，切实做到自重、自省、自警、自励。要时时刻刻意识到自己所肩负的重大历史责任，有一种时不我待的紧迫感，有一种无私奉献、奋发向上的良好精神状态，永远保持共产党员的本色。

要把市委班子建设成团结战斗的班子

团结就是力量，这是一句颠扑不破的至理名言。新一届市委班子能不能带领全市人民克服重重困难，实现我们的奋斗目标，关键的一条就在于我们的班子是不是一个团结战斗的班子。上一届市委，团结是比较好的。我们的工作报告中关于过去五年体会中有一条，就是要有一个和衷共济的领导班子。我们这一届市委，要在上届市委团结战斗成果的基础上，更上一层楼。搞好团结，关键的一条是坚持民主集中制。坚持好民主集中制，必须健全集体领导和个人分工负责相结合的制度。主要领导成员要有全局思想和民主作风，要善于集思广益，坚持重大问题集体讨论决定。每个领导成员既要根据集体的决定和分工，切实履行自己的职责，又要关心全局工作，积极参与集体领导，支持主要领导成员的工作。领导成员之间要树立起互相信任、互相谅解、互相支持、互相帮助的风气，做到既讲团结，又讲原则，勇于和善于开展批评与自我批评，任劳任怨地做好工作。要把贯彻民主集中制原则与讲学习、讲政治、讲正气结合起来，形成认真学习的风气，民主讨论的风气，积极探索的风气，求真务实的风气，保持领导班子的良好的精神状态。

要把市委班子建设成求真务实的班子

求真，就是要了解事物的真实情况，把握事物的内部规律；务实，就是要结合实际，扎扎实实地干，力求取得实实在在的效果，使人民群众得到实实在在的利益。全面落实市第九次党代表大会精神，实现海口市未来五年的发展目标，最需要的是求真务实，真抓实干，把抓落实当成一项重要的工作措施，当成一种重要的工作作风，当成是否有强烈事业心和政治责任感来对待。要说实话不要说空话、假话；要干实事，不图盛名，做表面文章；要求实效，不要急功近利，追求轰动效应。市委委员、候补委员，各级领导干部要大兴调查研究之风，深入实际，深入基层，深入群众，了解实情，体察民意，研究新情况，解决新问题，创造性地开展工作。

要把市委班子建设成有所作为的班子

市委工作报告为今后五年确定的目标是十分宏伟的，如果能按预期实现甚至超过目标，我们海口的整体实力，社会各项事业、人民生活水平就会跃上一个新的台阶。我们这一届市委就是要为实现这样的目标而奋斗，就是要有这样的雄心壮志。我们每一个市委成员都要做有所作为的人，所负责的某一方面的事业都要有所发展、有所建树。每个委员不碌碌无为，各自分管的工作不平庸落后，海口的工作就一定会开展得有声有色。党和人民在期待着我们取得新成就，我们一定要给全市人民交上一份满意的答卷。只要这样，我们就一定能胜利结束20世纪，就一定能为下一世纪的发展，开好局，起好步。

同志们，在迈向新世纪的征程中，我们一定要高举邓小平理论伟大旗帜，紧密地团结在以江泽民同志为核心的党中央周围，在省委的领导下，紧紧依靠全市人民，发愤图强，励精图治，为实现市第九次党代会提出的宏伟目标而努力奋斗，用我们的双手描绘出海口美好的明天。

在市十二届人大一次会议闭幕时的讲话

温度生

（1998年4月21日）

各位代表：

海口市第十二届人民代表大会第一次会议，在大会主席团的领导下，经过全体代表的共同努力，已经圆满地完成了预定的各项任务，现在就要闭幕了。

这次会议以邓小平理论和党在社会主义初级阶段的基本路线为指导，认真贯彻党的十五大精神和九届全国人大一次会议精神，全面总结了我市第十一届人大一次会议以来各方面工作的基本实践和成功经验。会议期间，代表们肩负全市人民的重托，以对人民高度负责的精神，认真履行宪法、法律赋予的神圣职责，畅所欲言，共商两个文明建设的大计。会议作出的各项决议、决定，体现了人民的意志，代表了人民的利益。会议审议批准了政府工作报告和其他重要报告，认清了我市当前的形势，确定了今后的任务。会议选举产生了我市新一届国家机构领导人员，为实现跨世纪的任务提供了重要的组织保证。这是一次民主、团结的大会，是一次求实创新、催人奋进的大会。这次会议必将进一步激励和动员全市人民在中共海口市委的领导下，高举邓小平理论的伟大旗帜，团结一致，艰苦奋斗，开拓进取，满怀信心地把我市社会主义现代化建设事业全面推向二十一世纪。

这次会议选举产生了海口市第十二届人民代表大会常务委员会，这是各位代表和全市人民对我们的信任和重托。在这里，我谨代表海口市第十二届人大常委会全体组成人员表示衷心的感谢。我们决不辜负各位代表和全市人民的期望，在今后的五年内，一定紧紧依靠全体代表和全市人民，认真履行宪法、法律赋予的职责，努力把各项工作做好。

过去的五年是我市社会主义现代化事业成就显著的五年。市十一届人大常委会在过去五年的任期中，以改革的精神，通过卓有成效的工作，有力地推进了我市社会主义民主法制建设，特别是加强地方立法工作和监督工作，促进了社会主义市场经济的发展和依法治市。请允许我代表海口市第十二届人大，向李金云主任等市第十一届人大常委会全体组成人员，向市十一届人大全体代表，致于崇高的敬意和衷心的感谢！

各位代表，市十二届人大任期的五年，是跨世纪的五年。党的十五大和九届全国人大一次会议为我国的社会主义现代化建设规划了宏伟的蓝图，刚刚闭幕的中共海口市第九次党代会为我市今后五年经济和社会发展制订了跨世纪的宏伟目标。市十二届人大及其常委会要认真贯彻落实市第九次党代会精神和本次会议的各项决议，在前几届人大工作的基础上，继续加强以依法治市为重点的民主法制建设。一方面要根据海口实际，加快地方立法步伐，提高立法质量，进一步完善我市经济、政治和社会文化等方面的地方性法规，适应我市改革开放、经济建设和社会发展的需要。另一方面要加大监督力度，提高监督实效，保证宪法、法律、行政法规和地方性法规在我市的贯彻实施。要继续通过审议“一府两院”工作报告、组织代表视察和工作评议、干部述职评议、开展执法检查、个案监督、落实执法责任制以及错案和执法过错责任追究制等行之有效的监督形式，进一步加强法律监督和工作监督，坚决纠正有法不依、执法不严、违法不究、贪赃枉法的现象，为我市的经济建设和社会发展提供一个良好的法治环境。

各位代表，国家的一切权力属于人民，人民通过代表大会的形式行使管理国家事务的权力。作为新一届人大代表，全市人民已经把权力委托给了我们。我们要进一步密切同人民群众的联系，自觉接受人民群众的监督，深入了解民情，充分反映民意，广泛集中民智，在市委的领导下，紧紧依靠全市人民，同心协力，努力奋斗，更好地发挥地方国家权力机关的作用，为进一步促进我市经济体制和经济增长方式的根本转变，实现我市经济和社会协调发展，两个文明共同进步作出应有的贡献。谢谢大家！

团结 开拓 务实 廉洁

——在市十二届人大一次会议上的讲话

王法仁

（1998年4月21日）

各位代表：

这次大会选举我担任海口市市长，我对各位代表和全市人民的信任，表示衷心的感谢。我深感所肩负的使命和责任崇高而重大，我一定会恪尽职守，竭尽全力，忠诚地为全市人民服务。

建省办经济特区十年来，在省委、省政府和市委的正确领导下，海口市政府抓住有利时机，依靠全市人民，坚持改革开放的方针，团结一致，艰苦创业，使海口市的国民经济和城市建设进入了历史上发展最快的时期，实现了历史的巨变，海口从一个边陲小城一跃成为"中国城市综合实力五十强"，进入了"中国城市投资环境四十优"行列，获得了全国环境综合整治"优秀城市"和"十佳城市"等殊荣。这些成就，为海口今后的持续发展奠定了坚实的基础；这些实践，为海口今后的改革和发展提供了十分宝贵的经验。本届政府要十分珍视这些来之不易的发展成果，要十分认真地借鉴经过实践检验的成功经验，承先启后，继往开来，开拓前进。借此机会，我谨代表新一届政府，向过去的历届政府及其领导，特别是前任市长曾浩荣同志和上一届政府全体组成人员，对他们卓有成效的工作和突出贡献，表示由衷的敬意和诚挚的感谢！向为海口发展作出了重要贡献的人大代表、政协委员和广大干部群众表示由衷的敬意和诚挚的感谢！

各位代表，第十二届市政府任期的五年，是跨世纪的五年，是告别上个五年，迎来又一个曙光的五年。这五年是我市胜利完成本世纪改革开放和现代化建设任务，并为实现下个世纪头十年宏伟目标起好步、开好局，打下坚实基础的重要时期。今天，党和人民把海口跨世纪改革发展的历史重任交给了本届政府，把海口建设成为具有热带风光、滨海特色的外向型国际性城市的接力棒传到了我们手上。本届政府一定要以高度的责任感和使命感，不畏艰难，肩负起这个光荣而艰巨的历史性任务，决不辜负人民的信任，决不辜负党的重托。

我们一定要坚持高举邓小平理论伟大旗帜，解放思想，实事求是，贯彻落实好党的十五大、省第三次党代会精神，全面贯彻落实市第九次党代会对我市今后五年发展作出的部署。要坚持深化改革、扩大开放，坚定不移地推进两个根本性转变，坚持实施"科教兴市"和可持续发展战略，确保今年经济增长速度和经济效益达到和超过全国平均水平，并进而为顺利地实现今后五年国内生产总值年均增长10％、2002年国内生产总值达200亿元、人均国内生产总值达2.86万元、进入全国发达城市行列的战略目标而奋斗。

我们一定要始终坚持"发展才是硬道理"的思想，横下一条心，使出全身劲，千方百计把海口的经济搞上去。发展经济，提高海口经济发展的速度和质量，是本届政府的首要任务。我们要按照江泽民同志的要求，"抓住机遇而不可丧失机遇，开拓进取而不可因循守旧"，进一步解放思想，放胆发展生产力，不争论姓社姓资，不纠缠公有私有，不计较个人得失，只要能把经济搞上去，就大胆地干。要有"试验区"意识，办事情想问题，都要着眼于加快发展，敢试敢闯，敢于担风险，负责任，打好改革攻坚战。要认真总结改革开放以来的各种经验，坚持"三个有利于"的根本标准，敢于支持在改革与发展中开拓创新的举措，敢于坚持实践证明行之有效的做法，敢于突破束缚生产力发展的旧体制、老办法，开拓海口经济振兴繁荣的新局面。

我们一定要坚持求真务实，真抓实干，使之成为本届政府重要的工作作风、重要的工作思路、重要的工作措施。要始终保持奋发向上的精神状态，坚持实事求是的思想路线，坚决反对形式主义、官僚主义和主观主义，谨防报喜不报忧，谨防弄虚作假、欺上瞒下。要精简会议，精简文件，减少应酬，减少办事环节，杜绝敷衍塞责、推诿扯皮，提高工作效率。要提倡讲实话、办实事、鼓实劲、求实效，力戒浮躁，力戒摆花架子、作表面文章。要集中精力深入实际，脚踏实地，埋头苦干，多干少说，干了再说，一步一个脚印，一件事一件事地把海口的各项工作做好。

我们一定要坚持依法治市、依法行政，积极推动法制化进程。我们要认真履行法律、法规赋予的各项职责，继续依法治市，依法行政。要进一步加强行政执法队伍的管理，教育执法人员树立起崇高的职业道德和敬业精神，秉公执法，维护社会安定和人民的利益。我们要继续实行政务公开，继续实行直接办理制、窗口服务制和社会服务承诺制，健全依法行使权力的有效制约监督机制，提高决策民主化、科学化水平。要自觉接受人大和社会各个方面的监督，实行行政执法责任制、评议考核制和投诉举报制，对贪赃枉法者，坚决严厉惩处。

我们一定要廉洁自律，清清白白为官，堂堂正正做事，淡泊名利，夙夜公心。我们一定要象江泽民同志所说的那样，自重、自省、自警、自励；对各级领导干部要严格要求、严格管理、严格监督；要认真把好自身、家属和身边工作人员三道关口，打破只讲感情不讲原则的庸俗的"关系网"，抵制各种诱惑。要切实抓好政府机关及各部门的廉政工作，深入持久地开展反腐败斗争。要预防为主，标本兼治，打击腐败现象，严惩腐败分子，以廉政建设的实绩取信于人民。

我们一定要牢记全心全意为人民服务的宗旨，恪尽职守，勤政为民。政府的权力是人民赋予的，我们都是人民的公仆。全心全意为人民服务是我们的义务，是我们的根本宗旨。在任何时候我们都要把人民利益放在首位。各项工作都要从人民的利益出发，顺民心，合民意。要把人民群众高兴不高兴、满意不满意、答应不答应，做为我们一切工作的出发点和落脚点。时刻把人民群众的安危冷暖挂在心上，了解群众意见，倾听群众呼声，尽心竭力为他们排忧解难。我们要经常带着经济社会生活中的突出问题，深入基层调查研究，依靠群众，集中群众智慧解决问题。要围绕群众关心的就业、就医、子女就学、住房以及社会环境等问题，坚持每年办几件实事，给群众一个公开的承诺。

我们一定要加强思想作风建设，增强党性观念，提高政府的凝聚力和战斗力。本届政府一定要抓好自身的思想作风建设，要讲学习，讲政治，讲正气，讲纪律，讲大局，讲团结，形成认真学习的风气，民主讨论的风气，积极探索的风气，每一个政府领导成员都要增强党性观念，顾全大局，正确处理全局和局部的关系，立足大局想问题，围绕大局抓工作，服从大局尽职守。要维护和遵守民主集中制的原则，下级服从上级，个人服从组织，少数服从多数，领导成员之间要相互信任、相互理解、相互帮助、相互支持，开展批评和自我批评，增进工作合力。要搞“五湖四海”，要团结一切立志为海口建设大业做贡献的有才有德之士，为海口的建设服务。在用人问题上，要坚持公平、竞争、择优的原则，民主推荐，民主监督，坚决打破地域观念，不以地域划线，招贤纳才，选贤任能，能者上，庸者下，优者进，劣者退。

作为市政府领导集体的一把手，我一定要按照江泽民同志对一把手提出的“坚持原则，把握全局，团结同志，加强修养’的要求去做。要把坚持原则放在第一位；在工作中既要抓主要矛盾，又要善于协调全局，调动各方面的力量和积极性；要胸襟开阔，光明磊落，互相学习、互相尊重；要以理服人，以德服人，把我们这个集体建设成一个团结的集体，战斗的集体。

各位代表！本届政府成立于跨世纪的历史关头，肩负着承先启后，继往开来的历史使命。把海口建设成为一个经济繁荣、环境一流、社会进步、人民幸福的城市，这是上级对我们的要求，也是全市60万人民世代追求向往的美好愿望，本届政府要在任期五年中为实现这一美好前景作出自己应有的贡献。让我们更紧密地团结起来，在省委省政府和市委的正确领导下，振奋精神，同心同德，艰苦奋斗，为实现我市第九次党代会和本届人大提出的宏伟目标而努力奋斗。

谢谢大家。

在中国人民政治协商会议海南省海口市第十届委员会第一次会议闭幕会上的讲话

陈 斌

（1998年4月20日）

各位委员、各位同志：

中国人民政治协商会议海口市第十届一次会议，圆满地完成了各项议程，今天就要闭幕了。

这是一次高举邓小平理论伟大旗帜，认真贯彻中国共产党十五大精神，进一步加强我市各族各界人民大团结大联合，为实现市委、市政府提出的跨世纪宏伟目标而奋斗的会议。会议总结了市政协过去五年的工作，选举了新一届市政协的领导成员，确定了今后的任务，委员们还列席了市十二届人大一次会议，听取并讨论了市政府工作报告和其他各项报告，对我市的改革发展大计提出了许多宝贵的意见和建议。这是世纪之交召开的一次民主、求实、团结、鼓劲的盛会，是一次团结和鼓舞全市各界人士向新的宏伟目标阔步前进的盛会。

感谢委员们的信任，选举我们组成政协海口市第十届委员会常务委员会。新一届常委会一定不辜负大家的期望，兢兢业业，密切配合，努力把工作做好。九届市政协委员有一部分不再担任十届市政协的委员。他们为我市的人民政协事业作出了重要贡献。我们向他们表示崇高的敬意！

刚刚闭幕的中共海口市第九次代表大会，提出了今后五年我市国民经济和社会各项事业发展的奋斗目标和主要任务。这一奋斗目标，适应国内外形势的变化和海口市发展的需要，全面反映和表达了全市人民要求加快改革开放和现代化建设步伐的强烈愿望，它标志着我市改革开放和现代化建设事业将进入一个新的发展阶段。新的形势，新的任务，对我市政协工作提出了新的更高的要求。十届市政协要继续高举邓小平理论的伟大旗帜，高举社会主义和爱国主义两面旗帜，不断巩固和发展爱国统一战线，深入贯彻中共“十五大”精神和中共海口市第九次代表大会精神，始终注意坚持党的领导，自觉服从和服务于国家的大局，坚持在前进中开拓，在开拓中前进，为我市改革开放和社会主义现代化建设作出新的贡献，为推进祖国和平统一大业作出新的贡献，使我市的人民政协工作再迈上一个新的台阶。

一、努力学习邓小平理论，用邓小平人民政协理论指导政协工作。

党的十五大再次重申要“用邓小平理论指导我们整个事业和各项工作”。人民政协工作是党和国家整个事业中重要的一部分。邓小平同志对人民政协工作有一系列重要指示和论述，这些指示和论述是邓小平理论的重要组成部分，是新时期人民政协工作的指南。因此，我们一定要努力学习邓小平理论，用邓小平人民政协理论指导政协工作。我们要通过各种行之有效的形式，认真学习邓小平人民政协理论，深刻领会它的精神实质；要坚持理论联系实际，用邓小平人民政协理论解决政协工作中的实际问题；要坚持实践和发展和观点，在实践过程中结合新情况，勇于探索，使理论不断得到丰富和发展。

二、认真履行主要职能，进一步推进政治协商、民主监督、参政议政的规范化、制度化。

人民政协的主要职能是政治协商和民主监督，组织参加本会的各党派、团体和各族各界人士参政议政。我们要继续深入贯彻落实中共中央[1995]13号文件、《政协全国委员会关于政治协商、民主监督和参政议政的规定》，以及中共海口市委[1995]70号文件精神，扎扎实实地开展政治协商、民主监督、参政议政活动。要坚持对我市大政方针以及政治、经济、文化和社会生活中的重要问题在决策之前进行协商和就决策执行过程中的重要问题进行协商。要进一步加大民主监督力度，积极组织委员参政议政，提高实际效果。要注意总结经验，不断完善各项制度，把各种行之有效的做法和经验逐步用制度的形式确定下来，使“两化”建设在本届政协工作中取得新的发展。

三、积极开展调查研究，为我市两个文明建设献计献策。

调查研究是履行政协职能的一项基本功，也是人民政协的一项经常性的工作。本届政协要积极开展调查研究，为我市两个文明建设献计献策。在开展调研活动中，我们要注意四个环节：一是选题要准。即围绕市委市政府的中心工作，从宏观上和超前性上选择党委和政府尚未决策的问题进行调研。二是力量要强。既要组织政协委员中专家学者参加，又注意同参加政协的单位和党政有关部门共同调研。三是论证要科学。要在深入调查的基础上，进行科学的分析、论证，拿出高质量的调研报告，提出可操作性乃至有预见性的意见和建议。四是反馈要抓实。要注意抓好送到党委和政府的调查报告的情况反馈，努力使政协的各项重要调查报告有着落、有结果。

四、加强自身建设，提高政协队伍的整体和服务水平。

政协委员是政协工作的主体，人民政协的一切成就都离不开委员的智慧和创造。每个政协委员都要认真学习马列主义、毛泽东思想、邓小平理论，努力提高自己的政治思想素质和业务素质，严格要求自己，不图虚名，不辱使命，不负众望，珍惜自己的权力和义务，积极参加政协履行职能的各种活动。

加强自身建设，还要切实加强政协机关的建设，努力提高机关工作人员政治思想素质和业务素质以及服务水平。要结合创建现代文明机关活动，认真组织机关工作人员学习政治和业务，使全体机关工作人员树立起"为政协工作服务，为政协委员服务，为参加政协单位服务"的思想，主动、认真地做好各项服务工作，使政协机关在促进政协工作中起到参谋部、联络部、服务部的作用。

各位委员、各位同志：

市政协十届一次会议的圆满成功，使十届政协工作有了一个良好的开端。我们要乘大会的东风，在中共海口市委的领导下，高举邓小平理论的伟大旗帜，认真履行主要职能，同心同德，群策群力，振奋精神，埋头苦干，为全面完成中共海口市第九次代表大会提出的各项任务而努力奋斗！

谢谢！

1997年海口要览

【海口市概况】 为海南省省会，全省政治、经济、文化中心，交通邮电枢纽。位于北纬19°57′04″～20°05′11″，东经110°10′18″～110°23′05″。地处海南岛北部，北濒琼州海峡。处于热带北缘，属季风性热带气候区。年平均降水量1639毫米，年平均气温23.8°C。以滨海台阶式地貌为主，地势低平，南高北低，现有陆地面积244.55平方公里，海域面积530平方公里。海南岛最长的河流南渡江穿市区而过。全市绿树遍布，植物四季常绿，树木花卉有200多个科，1300多个品种。市区椰子树掩映，素有“椰城”的美称。有人民公园、金牛岭公园、万绿园、滨海公园等园林风景区。滨海沙滩岸线较长，沙细洁白，海水清澈，有假日海滩、白沙门海滩等海滨风景区和游乐区。海口市历史悠久，有五公祠、海瑞墓园、秀英古炮台等历史文物，有中共琼崖特委、李硕勋烈士纪念亭、中山纪念堂等革命文物。海南建省办经济特区以来，海口市加大城市基础设施建设投入，城市功能不断完善，城市面貌日新月异，以遍布全市的新建高楼大厦为主要特征的现代建筑，与传统的普通建筑、骑楼建筑、古典建筑和园林建筑交相辉映，形成浓郁的热带滨海城市特色。1997年底，全市常住人口61.73万人，其中户籍人口51.41万人，近30个民族。1997年，全市完成国内生产总值104.58亿元，依托经济结构的进一步调整，一、二、三产业全面发展。农业增加值2.89亿元，以菜篮子工程为主的城郊型农业进一步发展。工业增加值13.66亿元，工业的主导地位继续加强，工业新项目建设步伐加快，工业老企业改造取得明显成效。第三产业增加值75.16亿元，市场繁荣，物价稳定，全年社会消费品零售总额60.13亿元。通信能力增强，交通运输基础条件进一步改善。全年旅游营业收入12.79亿元，旅游业平稳发展。城市建设、管理和环境保护继续加强，科技、教育、文化、医疗卫生等社会事业协调发展，人民生活质量有所提高，精神文明建设适应城市长远发展的需要。

【“一转变两提高”专项整治】 根据市场经济对机关工作的要求，服从和服务于经济建设，市直机关广泛开展以“进一步转变机关作风，提高工作效率，提高服务质量”为主要内容的专项整治。以推行“直接办理制、窗口服务制、社会服务承诺制”（简称“三制”）为突破口，探索建立具有依法行政、办事公开、管理规范、廉洁高效特征的机关运行机制。对已实行“三制”的单位，认真总结经验，进一步规范、完善和提高；对适合实行“三制”的机关单位，结合实际，积极创造条件，加快推行步伐；对不能直接实行“三制”的机关单位，借鉴“三制”基本作法，完善规章制度，加强内部管理，转变作风，进一步提高工作效率和服务水平。全市实行“三制”的单位达到46家，服务项目由原有65项增加到255项。以整章建制为重点，强化机关内部管理。根据工作的薄弱环节，有针对性地整章建制；根据职能转变要求整章建制；为适应现代管理和市场经济体制要求整章建制；对近年来新建立的效果较好的办法规定，总结提炼形成制度；根据国家颁发的制度结合实际整章建制；学习比照“三制”整章建制。并以人为本，加强思想建设、职业道德建设和业务建设，努力提高干部队伍素质，为专项整治健康发展提供保证。通过专项整治，机关工作纪律进一步严明，工作作风有了较大的转变，工作秩序日趋规范，服务质量和工作效率明显提高，勤政廉政建设不断增强。

【优化企业资本结构】 继续以全国优化资本结构试点城市为契机，实施“鼓励兼并、规范破产、减员增效”，稳妥推进职工再就业，大力调整企业资产存量。罗牛山、管道燃气两家股份公司已成为上市公司；海德、海药两家股份公司转让国有法人股，实现了资产重组；椰树集团进行职工内部持股制改造；市煤气管理总公司改制组建为燃气集团公司；化工、制药、机械、食品等集团公司的组建工作在进行之中；市印刷厂、金鹿公司、蓄电池厂、营养食品厂、家俱厂、海湾工业公司、化工三厂等企业被优势企业兼并；纺织印染厂、橡胶三厂、毛巾厂等三家企业被拍卖；市橡胶一厂、海山织造厂、糖奶厂被法院宣告破产；市橡胶五厂、塑料厂的以产定人减员增效方案已制订。通过优化资本结构，新组建的海华轮胎厂、威特电力有限公司取得了较好的经济效益；海德公司扭转了连续两年亏损的局面，海药公司注入了新的资金和建立起新的管理机制，增强了活力；氧气厂、荣达公司等小企业通过减员增效，也逐步增强了企业的活力。全市共消除不良债务8.03亿元，盘活资产8.1亿元，新增工业投入3.89亿元，消灭亏损企业26户，搞活20户，安置职工6552人。

【重点工程项目建设】 确定31个外引内联重点项目，加强跟踪服务，其中工业项目12个，旅游项目8个，商业网点项目1个，房地产项目2个，利用外国政府贷款项目8个，投资总额2.989亿美元和126.54亿元人民币。累计实际投资折合人民币40.65亿元，年内完成投资约合人民币5.63亿元。已动工或投产项目有19个。年内投产或开业项目6个：由海南亚洲太平洋酿酒有限公司投资6730万美元兴建的年产13万吨啤酒项目；由海南养生堂有限公司投资5000万元人民币兴建的龟鳖丸项目；由海南中富容器有限公司投资1700万元人民币兴建的塑料包装容器厂项目；由海南爱普电子实业公司投资4亿元人民币兴建的热水器模糊控制器厂项目；由韩国大宇集团、韩国东洋锡板工业有限公司与中国有色金属海南公司合资6661万美元兴建的年产10万吨镀锡薄板厂项目；由新加坡客商投资7500万美元兴建的五星级文华大酒店。新开工项目4个：由海南兴业聚酯有限公司投资2.2亿元人民币兴建的“兴业聚脂二期工程”项目；由海口保税区际中药业公司投资1500万美元兴建的海脉素项目；由海南大华实业有限公司投资2.4亿元兴建的多媒体电脑光盘项目；利用丹麦政府贷款兴建的“罗牛山肉联厂”项目。

【第六届海南国际椰子节海口活动】 于4月4日至7日举行。有文体娱乐、旅游观光、经贸招商、植树等活动，共41项。文体活动包括文艺晚会、群众游园、体育竞赛、图片展览、海瑞纪念园剪彩开园等25项。经贸活动中，共签定正式合同5个，投资总额为7650万元人民币，包括金牛岭动物园、美食村、金盘保健药品生产基地、摩托车配件、制衣等项目。开工开业剪彩项目4个：年产量13万吨的海南亚洲太平洋酿酒有限公司啤酒生产线试产，海南养生堂有限公司生产基地落成，海口保税区际中药业有限公司海脉素项目开工以及海南东艺置业有限公司的氧化钴项目开工。'97椰子节海口贸易活动暨商品展示展销招商会贸易成交4949.52万元人民币，出口成交300万美元。汽车拍卖会、房地产专场拍卖会共拍卖成交236.9万元人民币。人才集市，65家用人单位进场设点，求职者5000多人，达成意向的有600多人次。海南省在海口市还举办了第四届全国食品饮料博览会、海南经济技术合作洽谈会、海南名优特产品展销会等。椰子节期间，全市20家宾馆、酒店举行具有海南特色的椰子节风味美食活动；海口地区旅行社有组织接团530个，游客人数2.6万人次。参加椰子节的有来自美国、英国、泰国、日本、新加坡、香港、台湾等国家和地区，以及国内来宾共551人。先后有50多家新闻单位240多名记者参加椰子节活动采访。

【依法治市环境综合整治】 在继续加强对海府路、海秀路、机场西路等重点路段进行整治的基础上，开展了以绿化、美化南大立交桥为中心的城市环境综合整治。对龙昆北路、海秀路进行改造、绿化。扩建改造和平路、龙华路东段、机场路和长生路，高标准、高质量拓宽改造长堤路。在全市开展以治理“乱搭建、乱摆卖、乱张贴”为重点的环境整治活动，突出加强对违章建筑、建筑工地卫生、马路市场、流动摊贩、沿街建筑立面、卫生死角、交通噪音、汽车尾气污染等方面的治理。

【大兴调查研究之风】 围绕经济发展、城市建设与管理、社会各项事业发展等方面问题，市委、市政府主要领导亲自拟题，并组织队伍，亲自带队深入调查研究，了解情况，分析问题，探讨对策，先后写出《海口市“九五”前两年经济形势分析和后三年发展预测》、《我市保税区、开发区情况调查》、《我市街道工作调查》等调查报告及相关文件，为领导决策和制订相关措施提供依据。经济管理部门与其他综合服务部门，根据自身的工作特点，以服务市场经济定位，主动深入企业、深入基层，大兴调查研究之风，探讨推动经济发展和服务经济建设的最佳切入点和结合点，解决实际问题，促进了各方面工作的进一步开展。市政府发展研究中心以十五大精神为指导，认真制定“课题研究计划”，深入基层调查研究，掌握大量第一手资料，共完成30多个研究课题，编发《形势与对策》32期，为市领导和各部门提供了决策依据，引起了社会各方面的重视。

【拓宽融资渠道】 继续把招商引资作为全市的重点工作之一，全年实际利用外资5.03亿美元，积极开展资本经营，大力发展产权市场，利用股份制改造、转让国有股权、企业兼并拍卖等资产重组方式融资，开辟引资新渠道。罗牛山、管道燃气等股份有限公司发行社会公众股，募集到4亿多元资金；海德、海药股份公司通过转让部分国有股权，直接融资1.66亿元；依托企业破产、兼并和改制，新增投入3.89亿元。

（叶能勋）

（责任编辑：彭大宗）

1997年海口市大事记

13/18

1997年海口市大事记

1月

1日

△海口市群众艺术馆落成。新馆高17层，总面积14300平方米，内设训练厅、展览厅、音乐厅、歌舞厅、演剧厅，是一个配套设施基本齐全的多功能综合文化艺术活动大楼。

4日

△省委副书记、市委书记蔡长松到万绿园、金牛岭公园检查工作。他强调：加快绿化工程建设，扩大综合整治成果。

5日

△“八五”国家科技应急攻关项目——“特效净水灵”投入生产。

△“宝宝康”纯净水高科技项目在海口投产，填补我省纯净水产品的空白。

△市委副书记、市政协主席陈斌率考察学习小组赴厦门、福州、三明等地考察学习。主要考察这些城市在城市综合管理、精神文明建设等方面的成功经验。

6日

△全国总工会春节送温暖慰问团到海口开展慰问活动。市委书记蔡长松会见慰问团团长李永海一行。

△海口市琼剧团首次出访新加坡。

10日

△海口市召开经济工作会议，市委书记蔡长松、市长曾浩荣出席会议并作重要讲话。会议强调：继续调整结构，大力培育新的经济增长点，加快经济发展。

15日

△市委召开市直机关专项整治动员大会，会议强调进一步转变机关作风，提高工作效率和服务质量。

△全国双拥模范城(县)命名大会结束，海口市荣获“全国双拥模范城”称号。至此，海口市已连续三次被评为全国双拥模范城。

21日

△海口警备区党委召开第十次全体(扩大)会议。

△市政府召开全体(扩大)会议。会议总结1996年工作，确定1997年政府工作主要目标。

22日

△海口创建“青年文明号”活动取得可喜成果，涌现出国家级文明号集体8个、省市级78个，其中团市委和市电信局荣获全国青年文明号活动优秀组织奖。

24日

△建设部副部长谭庆琏到海口考察城市建设工作。

28日

△省委副书记、市委书记蔡长松，市长曾浩荣等到丰南乡、长流镇慰问困难户。

31日

△在全国住房制度改革工作会议上，海口市被评为“全国住房制度改革先进城市”。

2月

2日

△中共海口市委召开八届六次全体(扩大)会议。

3日

△市领导蔡长松、曾浩荣等与老干部座谈迎新春。

4日

△海口椰海冰淇淋食品厂与澳大利亚北海岸合作公司合作，兴建中澳合作冰淇淋厂。

5日

△海口市举行新春团拜会。

6日

△省委书记、省长阮崇武到海口市人民医院等单位慰问。

14日

△《海口晚报》报道：海口成为全国第四个消除白喉病持续时间长的城市。

18日

△市委、市政府邀请老干部、老红军座谈，共商环境综合整治大计。

24日

△市政协召开第九届委员会第五次会议(28日闭幕)。

26日

△海口市第十一届人民代表大会第五次会议开幕(28日闭幕)。

3月

4日

△海口市出台《精神文明建设联席会议》、《精神文明建设评比》、《精神文明建设领导》、《精神文明建设奖惩》等四项制度。四项制度对精神文明建设的组织、领导、考核、评比、奖惩等作了具体规定。

12日

△海口市开展声势浩大的植树活动。省市领导、三军三警官兵、省直市直各单位干部、企业职工一万多人到工业大道西延线、疏港大道、秀英区丰南乡、11个开发区和万绿园参加植树活动。

20日

△建设部部长侯捷视察海口市政基础设施建设。

21日

△海口召开市优化资本结构协调工作会议，提出“少破产多兼并；规范破产，鼓励兼并；实施减员增效再就业工程”的优化资本结构总原则。

24日

△海口市海秀东路、新华区城西乡苍东村被列为全国精神文明建设示范点。

25日

△海瑞墓、丘浚故居被列为国家文

物保护重点。

31日

△海口椰树集团、力神速溶咖啡厂被列为海南省首批企业专利工作试点企业。

△国家开发银行党组书记、副行长屠由瑞考察海口罗牛山菜篮子工程。

4月

3日

△第六届海南国际椰子节在海口隆重开幕。

4日

△省委书记、省长阮崇武和韩国济州道知事慎久范，在万绿园种树留念。

5日

△第六届海南国际椰子节期间，海口共签约5个项目，投资总额7800万元人民币，投资领域涉及公益事业、药品、摩托车配件、制衣；签订一个意向书，意向投资12亿元人民币，投资项目为新埠岛北部填海工程。

6日

△海口海华轮胎有限公司成立。这是上海轮胎橡胶（集团）股份有限公司1996年协议收购海口轮胎厂后，新设的全资子公司。

△新扩建的海口海瑞纪念园对外开放。

△在'97椰子节海口贸易活动暨商品展示展销招商会上，海口展区国内贸易成交额4949.52万元，出口成交额300万美元。出口成交主要产品为椰树牌天然椰子汁和椰子系列产品及海口橡胶五厂生产的气垫床，主要出口日本、加拿大、意大利、美国和香港市场。

7日

△一项高科技、高附加值项目——氧化钴工程在海口奠基。工程总投资7349万元，主要生产氧化钴和钴盐类产品。

8日

△海口威特电气有限公司成立。

10日

△《海口晚报》报道：海口地下水位首次出现回升，两个采层分别回升3.58米和1.48米，降落漏斗面积缩小73平方公里。

13日

△海口市与四川省达川地区缔结友好关系。

15日

△省委书记、省长阮崇武到海口金盘瓷砖厂、海南海宇镀锡薄板厂、海南亚洲太平洋酿酒有限公司视察。

20日

△国家经贸委副主任俞晓松到海口考察。

28日

国务院特区办主任葛洪升考察海口保税区。

29日

△海口晚报总编辑蔡旭、市电视台台长敖刚、市人民医院院长史克珊获海南省有突出贡献的优秀专家称号。

5月

7日

中共中央政治局委员、国务院副总理姜春云考察海口，并在万绿园植树留念。

8日

△海南现代工业集团有限公司以8000万元的价格收购海口纺织印染厂。

14日

△中央综治委检查组到海口检查工作。检查组对白坡里居委会"三三制"人口管理体制、龙文坊居委会联户联防活动、六庙居委会"以劳养队"巩固群防群治的作法给予充分肯定。

15日

△省委书记、省长阮崇武考察海口安居工程。

16日

△海口召开全市禁毒专项斗争动员大会。大会号召：全市人民立即行动起来，积极开展禁毒专项斗争。

19日

△海南亚洲太平洋酿酒有限公司啤酒厂开业。

20日

△海口椰乡矿泉饮料公司生产的椰乡牌天然矿泉水在全国矿泉水专业会议上，获"全国信得过产品"荣誉称号。

24日

△全国最佳邮票颁奖仪式在海口举行。省市领导杜青林、曾浩荣、李金云等出席开幕式。

28日

△《海口晚报》报道：海口被定为中国儿童发展规划纲要示范市。

6月

3日

△海口十一家工业企业——海南汽车制造厂、椰树集团、海南省饮料食品公司、海德股份有限公司、海南化纤厂、兴业聚酯股份有限公司、海药股份有限公司、海灵制药厂、养生堂药业有限公司、富达磁电实业公司、海口火电股份有限公司产值超亿元。获得产值、税收利润、创汇第一名的分别是椰树集团、椰岛股份公司和海口橡胶五厂。

△海口市机关干部、政法干警、部队官兵、大中小学生和广大市民开展万人上街禁毒宣传活动。省市领导杜青林、陈玉益、李金云、曾浩荣等参加宣传活动。

4日

△省委副书记、省人大常委会主任杜青林，省政协主席陈玉益到海口市金盘瓷砖厂、海南海宇镀锡薄板厂和海南亚洲太平洋酿酒公司等企业考察。

8日

△海口橡胶三厂、海口毛巾厂依法整体拍卖。

9日

△海口市与通什市五指山乡签订《扶贫协议书》，扶贫项目定为该乡的农村社会福利事业。

15日

△省委副书记、市委书记蔡长松率海口健康城市考察团考察德国科隆市和意大利博洛尼亚市圆满归来。

17日

△中共中央政治局委员、书记处书记、国务院副总理吴邦国考察海口罐头厂等企业。

19日

△海南世知印刷工业有限公司挂牌成立。这是由北京市世界知识印刷厂投资控股、与原海口市印刷厂合资组建的大型印刷企业。

24日

△海口市滨海新村、君尧村被定为全国创建"青年文明社区"示范点。

26日

△为迎接香港回归祖国，省委副书

记、市委书记蔡长松、市人大主任李金云等领导及机关党员干部职工到万绿园种"回归树"。

27日

△海口市举行"喜迎香港回归祖国"音乐会。市领导蔡长松、陈斌等出席观看。

28日

△《无限风光在香江——庆香港回归大型摄影展览》在海口开展，共展出图片97幅，反映香港风光、风土人情、城市建设、著名景点等内容。

△海口市举行万人签名迎香港回归活动。

△大型歌舞晚会《迎香港回归，铸爱国之魂》在海口市隆重演出。省市领导阮崇武、杜青林、陈玉益、蔡长松、李金云等出席观看。

7月

2日

△海口市举行新闻界庆祝香港回归座谈会。

4日

△副省长王厚宏考察海口学校建设情况。

7日

△市长曾浩荣到丰南乡现场办公。

8日

△海口市科教兴市实施方案出台。方案确定四项主要任务：一是大力发展高新技术产业，全面实现传统工业的改造；二是推广应用先进的农业技术，促进现代化城郊经济发展；三是努力提高第三产业的科技含量，增强城市综合能力；四是加快科教事业发展，提高全市人民科学文化素质。

△省委书记、省长阮崇武视察南渡江海口段防洪工程。

△海南国泰子午线轮胎厂在海口保税区奠基开工。该项目被列为海南省"八五"重点建设项目，总投资8.7亿元，年生产160万套子午线轮胎。

10日

△市委、市政府决定，从7月12日起在全市范围内开展以全面贯彻实施《海口市环境噪声污染防治办法》和《海口市机动车废气排放管理办法》为主要内容的交通污染专项治理。治理时间为3个月。

17日

△日本输出入银行环保考察团到海口考察世纪大桥项目。

19日

△省委副书记、市委书记蔡长松到人民广场体育场改造扩建、长堤路改造和污水处理工程工地检查工作。

21日

△建设部常务副部长叶如棠率领全国建设工程项目执法监察检查组对海口市建筑行业、建设工程项目的执法监察工作进行检查。

23日

△海口被列为全国劳动预备制度试点城市。

8月

4日

△海口市通过优化资本结构，盘活国有资产存量4.36亿多元，通过企业兼并和改制，新增工业投入1.27亿元，安置职工3082人，消灭亏损企业13个，消除不良债务6.8亿元。

6日

△省委副书记、省人大常委会主任杜青林视察我省最早实行窗口办公制度的海口市土地管理局。

8日

△省委副书记、市委书记蔡长松到市城建局、房产局、交通局、工商局、人劳局等窗口单位检查推行"三制"工作情况。

14日

△省委副书记、常务副省长汪啸风到海口保税区现场办公，强调争创新优势，加快保税区发展。

28日

△海口假日海滩水世界开业迎宾。

△海南佳应食品有限公司成立。这是海南佳应集团有限公司对海口市营养食品厂实施全面兼并后新成立的企业。

9月

8日

△海口召开庆祝'97教师节暨表彰大会。

10日

△市长曾浩荣率慰问团向通什市五指山乡中学捐赠物资。

△海口世纪大桥围海造地工程项目通过评审。

12日

△一项高新技术项目——海南永光彩印有限公司八色彩印项目在海口奠基动工。

17日

△海口市妇幼保健院成为国家级爱婴医院。

18日

△澳大利亚麦格利银行总裁比尔访问海口。

25日

△市委召开常委扩大会议暨理论中心组学习会，继续学习江泽民同志十五大报告精神(26日结束)。

30日

△市长曾浩荣会见澳大利亚客人。

10月

1日

△市委、市政府举行庄严的升国旗仪式。

8月

△省委书记、省长阮崇武视察海口市白沙门水质净化厂工程、长堤路工程、米铺水厂二期扩建工程等市政重点工程建设。

△市十一届人大常委会第27次会议召开。会议审议通过《海口市燃气管理条例》,《海口市基本菜田保护条例决定(草案)》,《海口市消防条约决定(草案)》,《海口市公共场所卫生管理办法的决定(草案)》(10日结束)。

9日

△全国禁毒教育展览海南展区海口首展式在海口体育馆隆重举行。省市领导阮崇武、杜青林、陈玉益、汪啸风、蔡长松、曾浩荣等出席开展仪式。

△省委副书记、市委书记蔡长松到长流镇长生路现场办公。

16日

△全国政协常委考察团到海口考察。

20日

△海口轮胎厂、纺织印染厂、电力成

套设备厂、海口玻璃厂、海口毛巾厂和海口橡胶三厂6家资不抵债企业破产程序终结。

22日

△市委书记蔡长松到海口威特电气有限公司、海南世知印刷股份公司、海南养生堂药业公司和海口氧气公司检查工作。

23日

△长堤路拓宽改造工程竣工通车。

△《海口晚报》报道:全省第一家具有国家级水质检测能力的权威机构——市自来水公司中心化验室获全国文明示范窗口称号。

30日

△海口市与坦桑尼亚联合共和国桑给巴尔市结成友好城市。

31日

△市长曾浩荣到长堤路现场办公,实地审定增建和平桥匝道设计方案和长堤路整体绿化方案。

11月

4日

△省委书记、省长阮崇武到海南养生堂药业公司、海口保税区、罗牛山肉联加工厂、海宇镀锡薄板厂、联华印刷电路板厂、威特电气有限公司视察。

5日

△《海口晚报》报道:海口市规划局被评为全国城市规划行业新技术应用先进单位。

16日

△海口在全市范围内开展以创建国家卫生城市、文明城市和健康城市为目标的机关单位(居民区)卫生考核评比工作,共检查2000个单位。其中27个单位被授予"卫生最佳单位"奖牌,6个单位列最差榜。

12日

△省委副书记、市委书记蔡长松到农垦总局现场办工,强调改造海垦路,带动社区环境综合治理。

18日

△海口市第八届运动会隆重开幕(26日闭幕)。

△海口三家小型国有企业——海口海山织造厂、海口糖奶厂、海口橡胶一厂整体拍卖,分别被海口众兴贸易有限公司、海南荣泰贸易有限公司、海南中原贸易有限公司收购。

14日

△海口市人民医院获"三级甲等"医院称号。

19日

△省委副书记、市委书记蔡长松到海口交易中心检查工作。

5日

△市长曾浩荣到新埠岛开发区现场办公。

△海口椰树精细化工实业有限公司挂牌成立。

26日

△蔡长松书记会见新华社社长郭超人等全国新闻高级专业职务评审委员会委员。

27日

△共青团海口市第十四次代表大会召开(28日闭幕)。

△韩国输出入银行经济协力基金部部长金正准,到海口考察韩国政府贷款治理美舍河项目情况。

12月

8日

△海南华康生物制品研究所和华康制药厂在海口奠基开工。两个项目占地2.7公顷,投资5000万元。

△海口宏益公共汽车有限公司开业。

9日

△市委副书记、市对外友协名誉会长温度生率友协代表团赴英国柏斯市参加友城活动。

11日

△海口市商品展示会在英国柏斯市开幕。

12日

△市领导蔡长松、曾浩荣等到美舍河就整治补水方案进行现场考察。

18日

△市长曾浩荣到东艺置业有限公司、椰树集团第二工业城、新迈药业有限公司、三永制药有限公司和金晓制药厂进行调查,帮助企业解决实际问题。

19日

△《海口晚报》报道:海口被授予"全国无偿献血先进城市"称号。

19日

△《海口市防震减灾十年目标实施方案》出台。

22日

△全省大型热带海洋旅游文化综合性项目——华夏海洋世界项目前期工程开工。

25日

△省委副书记、市委书记蔡长松到龙舌坡市场、美舍河调研,强调大力治理"三乱",实现严格有序的管理。

△海南乳胶实业有限公司挂牌成立。

26日

△省委书记、省长阮崇武到海口市房产局、土地局等"窗口"单位视察。

30日

△《海口市燃气管理条例》出台施行。

△省、市、部队领导阮崇武、杜青林、汪啸风、蔡长松、曾浩荣、周传统等及军警民共2500多人,参加整治美舍河义务劳动。

(史雪颖)

(责任编辑:彭大宗)

政　治

19/49

中国共产党海口市委员会

中共海口市第八届委员会常务委员会

书　　记　蔡长松
副 书 记　曾浩荣　陈　斌　温度生
常　　委　蔡长松　曾浩荣　陈　斌
　　　　　温度生　谭锡煊
　　　　　王绥雄　符　兴　王和平
　　　　　郑绍儒(任职至2月)
　　　　　李鸿儒
　　　　　宋建海(2月起任职)
秘 书 长　郑绍儒(兼,任职至2月)
　　　　　宋建海(兼,2月起任职)
副秘书长　林北川　赵中社　黎义荣

市委工作部门领导人名单

纪委(监察局)
书　　记　李鸿儒
副 书 记　郑其花(兼局长,任职至4月)
　　　　　黄　坚
　　　　　柯景祥(4月起任职)
　　　　　陈庆明(4月起兼局长)
常　　委　张忠忱(任职至4月)
　　　　　蔡　陶
　　　　　潘家昌(1月起任职)
　　　　　莫世富(4月起任职)

市委办公室
主　　任　林北川(兼)
副 主 任　张业茂(任职至3月)
　　　　　熊林盛　李孔康
　　　　　雷　立(1月起任职)
调 研 员　张业茂(3月起任职)
助理调研员　张光发(10月起任职)

组织部
部　长　王绥雄(兼)
副部长　黄毓义　邹富兴
　　　　杨少华(任职至3月)

宣传部
部　　长　符　兴(兼)
副 部 长　陈勤忠　董葆发　陈明海
　　　　　符仕俊
助理调研员　卢风章(3月起任职)

统战部
部　　长　欧良柱(兼)
副 部 长　符史英(兼)　谢雄英(兼)
　　　　　占道文　黄瑞芳(女)
　　　　　刘明权
助理调研员　戚秀萍(女)

政法委员会
书　　记　王和平(兼)
副 书 记　李枝唐　李新富　王绥和
　　　　　张海国(兼,10月起任职)
助理调研员　陈康谢(3月起任职)

体制改革办公室(政策研究室)
主　　任　吴学宣
副 主 任　江佩英(女)
　　　　　邢才安(任职至3月)
　　　　　王加文
助理调研员　杨必良(3月起任职)

市委派出机构领导人名单

市直属机关工作委员会
书　记　王先裕
副书记　黄宏雁　邝道略

市企业工作委员会
书　记　邓章英
副书记　周清杰(任职至1月)　吴坤佳
　　　　陈星光(1月起任职)
　　　　黄行光(兼,任职至4月)
　　　　戴树成(兼,8月起任职)

归口市委工作部门管理单位领导人名单

市委督查室
主　任　陈杰章

保密委员会办公室(保密局)
主任(局长)　张和顺(1月起任职)

信访办公室
主　任　吴清任

老干部局
局　长　王存信(任职至1月)
　　　　农世权(1月起任职)

对外宣传办公室(新闻中心)
主　任　梁容煊

宗教事务局
局　长　韩希元(3月起任职)

台湾事务办公室
主　任　侯多耀

社会治安综合治理委员会办公室
主　任　李新富(兼)
副主任　颜好东　温光寿

市委直属事业单位领导人名单

市委党校
校　长　温度生(兼)
副校长　王修德　冯忠华　占道炳

海口晚报社
总 编 辑　蔡　旭(1月起任职)
副总编辑　杨诗粮　张兰夫　韩东川
　　　　　吉承广(10月起任职)

张国群(10月起任职)

海口电视台
台　长　敖　刚

海口人民广播电台
台　长　陈金裕

党史研究室
主　任　王修德(兼)
副主任　王学孔　梁洪文

综　述

【简述】 1997年,海口市认真贯彻落实党的十四届四中、五中、六中全会和十五大精神,大力调整经济结构,大胆推进各项改革,理顺经济关系,充实经济基础,促进了国民经济发展速度全面回升和经济运行质量的全面提高。依法治市环境综合整治成效明显,机关工作纪律、工作作风有较大转变。党的建设和精神文明建设开创了新局面。

【开展"一转变,两提高"专项整治活动】 为贯彻落实党的十四届六中全会、省委二届五次全会和市委八届五次全会精神,进一步推进机关精神文明建设和勤政廉政建设,市委决定1997年在市直机关中,广泛开展"进一步转变机关作风,提高工作效率,提高服务质量"(简称"一转变,两提高")专项整治活动。通过整治,市直机关逐步形成了高效灵活的运行机制,机关干部的公仆意识不断增强,工作作风大有好转,工作质量、服务效率明显提高,改善了投资软环境,促进了两个文明建设。对此,省委、省政府组织专门调研小组到海口市有关单位进行调查总结经验,充分肯定了海口"一转变,两提高"专项整治活动的成绩,提出向全省进行推广。市委对表现突出的32个单位进行了通报表彰。

【学习贯彻落实党的十五大精神】 9月25日至26日市委召开常委(扩大)会议,学习江泽民同志在十五大上所作的《报告》。省委副书记、市委书记蔡长松作了重要讲话。他指出:学习的目的就是要高举邓小平理论伟大旗帜,进一步解放思想,统一认识,振奋精神,开拓进取;学习重点就是江泽民同志的《报告》,重点抓好市委理论中心组和县处级以上干部的学习;学习方法就是联系实际学,带着问题,分专题一个个地学,学习的过程就是不断发现、研究和解决问题的过程。随后,蔡书记根据大家的发言,联系海口的实际讲了八个方面的问题。一是关于认真学习和领会十五大精神;二是关于对当前形势的看法;三是关于经济稳中求进适度加快发展速度;四是关于加强城市建设和管理,创造良好的投资环境;五是关于继续扩大开放,提高对外开放水平;六是关于促进政治体制改革与民主法制建设;七是关于搞好有中国特色的社会主义文化建设;八是关于继续加强和改善党的领导。全市掀起了结合海口实际,扎扎实实贯彻落实十五大精神的热潮。

(戴富华)

【社会治安综合治理】 1997年,社会治安综合治理以重点治理和普遍防范相结合,以"严打"和加强法制教育相结合,进一步健全社会治安综合治理基层组织,强化治安手段,狠抓各项措施的落实,使全市治安秩序良好,人民群众安全感不断增强,为改革开放和经济建设创造了良好的条件。一是坚持不懈地开展"严打"斗争。根据中央和省委的部署,先后开展了"春季严打"和"禁毒专项斗争"等战役行动,"严打"斗争取得显著战果。1—12月份,全市发生刑事案件2052宗,破获1651宗,破案率为80.5%。其中重特大案件发生1329宗,破获947宗,破案率为71.3%。受理治安案件4827起,查处4814起,查处率为99.7%。与上年相比,刑事案年发案率下降22.4%,其中重大案件发案率下降33.1%,特别是涉枪暴力性案件发案率下降64.5%。一大批影响恶劣、危害严重的大要案相继告破,一批作恶多端、恶贯满盈的要犯纷纷落网,有效地遏制了涉枪犯罪、毒品犯罪和两抢(抢劫、抢夺)案件的发生,促进了治安秩序的好转。在打击经济犯罪活动中,加强了反贪污、贿赂工作,全年受理经济犯罪案件228宗,立案侦查71宗90人,结案56件76人。市、区人民法院认真开展刑事、经济、民事审判以及行政、告申和执行工作,全年受理各类案件4510件,审结4065件,结案率为90.13%,依法判决刑事犯罪和经济犯罪分子930人,在发生法律效力的判决中,判处死刑42人,其中死缓7人,充分发挥了审判机关的职能作用。二是开展创建"安全文明小区"活动。二月初,市委常委会议专门研究创建"安全文明小区"工作,成立"创建"领导小组,制定"创建"实施方案,建立《领导制度》、《联席会议制度》和《检查评比制度》,确定"创建"试点,签订了创建"安全文明小区"责任书。创建活动中,抓了12个试点单位,提出"高标准、严要求、上档次、求突破",要求环境整洁优美,社会风气良好,成为无卖淫嫖娼、无聚众赌博、无涉毒人员的"三无"小区。在试点单位的带动下,全市522个"创建"小区,经检查评比已有104个达标,占全部"创建"小区的20%。三是加强重点治理和对流动人口管理。全市确定了对海府路等15个重点地区和拨南村等8个重点单位进行重点治理,以"严打"斗争开路,公开处理了一批违法犯罪分子,完善群防群治机制,抓好基层组织的整顿建设,健全"村规民约"和各项防范措施,形成打击、防范、建设、教育、管理、改造相结合的综合治理运作机制。重点治理地区和单位的治安面貌有了较大改观,群众安全感得到增强。从区到办事处(乡镇)、居(村)委会成立流动人口和出租屋管理机构,配备管理人员,建立了统一协调的管理体制,狠抓各项管理措施的落实,全市出租屋已办安全许可证的占96.5%,暂住人口已办暂住证的占86.6%,逐步形成出租屋和流动人口管理制度化、规范化的格局。四是认真落实各项治安防范措施。针对潜在的各类不安定因素,采取"及时发现,积极疏导"的方针,使突发性事件得到有效的预防和妥善处理,全市没有发生影响政治稳定的重大事件,保证了各项重大庆典活动的安全。同时,加强人民调解工作,化解各类民间纠纷675宗,调解成功647宗,成功率达95.8%。公安机关以查办大要案件为突破口,严厉查处强迫、组织、容留、介绍妇女卖淫的违法犯罪嫌疑人员和充当保护伞的人员,重点开展打击传播淫秽录像、取缔卖淫嫖娼、查禁毒品、查禁赌博等违法犯罪活动。市公安局在原指挥中心报警系统的基础上,建立"110"报警系统,完善各种接处警制度,理顺"110"与巡警、交警、派出所的关系,合理布置警力,进一步加强社会面控制和提高为民服务的能力,社会各界反映良好。五是狠抓综合治理基层基础建设。区和22个乡镇、街道均建立健全综治委和综治办,各乡镇、街道配齐专抓社会治安综合治理工作的副职。居(村)委会健全了三会(居委会、治保会、调解会)、三组(流动人口管理小组、帮教小组、文化活动小组)、一队(治巡联防队)、一警(管段民警)等基层组织,使基层基础建设得到大力加强,保证了综合治理各项措施在基层的落实。在群防群治工作中,保安队、巡逻队、联防队、护村队、护街队、护厂人、护院队、护校队等各种形式的群防群治队伍有10400人,占全市总人口的1.3%,基本形成了多层次全方位的治安防范体系,在治安工作中发挥了积极的作用。六是进一步加强法制宣传教育工作。认真贯彻中组部、中宣部、司法部《关于组织广大干部学习社会主义法制建设基本知识的通知》精神,广泛开展法制宣传和教育工作。全市先后举办各种专业法骨干培训班45期,参加人数9800人(次),上法制课68场(次),听课人数8470人次,并且利用电视、广播、法制展览等宣传形式进行法制宣传教育,增强了广大公民的法律意识和法制观念,为社会稳定、经济发展创造了良好的法制环境。

(颜好东)

【进一步密切军警民关系】 1997年,海口市军民坚持以党的十四届六中全会和十五大精神为指导,以江泽民总书记"军民团结,共建椰城"的题词为动力,按照全国双拥模范城的六条标准、八个方面的具体要求开展创建双拥模范城活动,进一步密切军警民关系。抓好国防教育,深入推广拥军爱民先进典型,广大干部群众的国防观念和爱国拥军意识进一步强化,使"爱军、学军、拥军、支军"成为全市人民的自觉行动。市领导坚持联系走访制度,下部队了解情况,调查研究,及时妥善处理各项政策法规落实中产生的新问题。春节、"八一"节期间,市委、市政府通过举办春节团拜会、"庆祝建军70周年暨文艺晚会"、军民联欢、慰问部队老干部和伤病员等一系列活动,使军政军民团结的氛围更加浓厚。坚持互办实事,政府部门认真制定和落实拥军政策法规,做好转业复退军人的接收安置和军队离退休干部的安置管理工作,落实好优抚政策,解决军人子女入学入托难问题,积极拓宽随军家属就业门路。驻市部队"驻扎一方,建设一方",在完成训练任务的同时,维护社会治安,带头参加"急、难、险、重"的任务,积极开展军民共建活动,为两个文明建设做出了贡献。认真贯彻《关于加强军警团结,正确和妥善处理军警纠纷的规定》,抓好外出军人军车的管理,加大纠察力度,及时化解军警民矛盾和纠纷,使军政军民关系达到新的团结。1月15日,在北京召开的全国双拥模范城命名表彰大会上,海口市第三次被民政部、解放军总政治部命名为"全国双拥模范城"。

(左　娟)

【做好信访工作,密切党群关系】 1997年,中共中央办公厅、国务院办公厅信访工作检查组对海口市信访工作给予十字评价:重视、主动、深入、细致、显著。年底,经全省按目标管理规定进行全面总结评比,海口市信访办公室总分又名列全省第一,连续十年荣获海南省信访工作先进集体称号。1997年,海口市信访办公室受理群众来信来访共1307件次。其中来信637件,来访670人次。省交办信访案件14宗,办结14宗。自立案件106宗,办结率100%。领导情融信访,心系人民群众。省委副书记、市委书记蔡长松接待一名家里一年有两位亲人身患绝症,生活特别困难的中专生的来访,指定市信访办负责落实就地安排工作。毕业于海南农校的李剑苗很快被吸收到秀英区长流镇政府办公室工作。市委副书记、市长曾浩荣听了生活费已中断两年、被火烧伤的女工唐萍的诉说后,责成市成套设备公司给该女工月发280元生活费的事宜已落实。因工致残6年的市标准件厂工人陈李红经市信访办牵头协调,市保障局按规定发给伤残补助金10928元,并逐月发给伤残抚恤金。双眼失明的许亚风擅长穴位按摩,要求调入海口市福利厂,根据省、市领导的批示,市信访办抓紧督促办理,实现了许亚风的夙愿。退休职工陈德清只身一人住的房屋倒塌后,所在单位以产权非属不予维修,市信访办深入现场核实,多次找市土产公司协调,该公司负责出资修建,陈德清和女儿及孙女已于97年春节前喜回迁。通过受理人民信访,充分发挥信访渠道的作用,为民排忧解难,把党和政府的关怀送到百姓的心上,进一步密切了党和政府同人民群众的关系。

(陈业胜)

【党校工作】 1997年,市委党校举办14期各级干部轮训班和培训班,培训1763人次。其中:处级干部进修班2期,培训94人次;处级干部理论培训班2期,培训381人次;理论骨干学习贯彻十五大精神培训班1期,培训187人次;处级干部学习贯彻十五大精神培训班2期,培训352人次;市直党政机关新录用党的机关工作者和国家公务员初任培训班1期,培训36人次;实施国家公务员制度培训班3期,培训620人次;国家公务员电脑应用能力培训班3期,培训93人次。科研工作取得一定成绩,全年共出版专著2本;在省级以上刊物和研讨会上发表论文2篇,其中一篇论文《精神文明建设是特区经济发展的内在功力》,被领导科学全国第七次研讨会评为优秀论文;在地市级刊物发表论文9篇;出版校刊《海口论坛》2期。

中共海口市委党校现有校园面积3.07公顷,绿地面积11530平方米,绿地率37.9%。校园内绿草如茵,树木葱茏,1997年,被海口市人民政府评为"花园式"单位。1997年末有在编教职员工44人。其中干部、教师32人,占教职工总数的73%。有专业技术人员20人。其中:副研究员1人,副教授5人,讲师11人,馆员1人,助教2人。

(苏志伟)

纪检工作

【简述】 1997年,全市纪检监察工作按照中纪委八次、九次全会的部署,认真落实市委、市政府《关于1997年反腐败工作实施意见》,坚持反腐败三项格局,全面履行纪检监察职能,加大领导干部廉洁自律、查办案件、监督检查和标本兼治工作力度,在"巩固、深化、落实、提高"上下功夫。3月13日召开全市党风廉政建设工作会议,7月12日召开全市纠风工作会议,11月13日召开全市党政机关厉行节约制止奢侈浪费工作会议。深入开展反腐败斗争和党风廉政建设,为两个文明建设提供了有力的政治保障。

【领导干部廉洁自律工作】 全市党政机关副处级以上干部和市属企业单位领导干部770人参加领导班子民主生活会,占应参加人数的96%,对照《中国共产党领导干部廉洁从政若干准则》进行自查自纠,市纪委监察局加强监督检查,领导干部在住房、用车、公务接待、经商、人事等方面存在的问题基本得到整改。重点调查处理18家超标建房单位，立案查处了有违纪行为单位的负责人。全市党政机关公务接待费用比上年下降28%。为加强监督，促进领导干部廉洁自律，市纪委监察局建立了处级干部廉政档案工作，将全市461名处级干部的廉政档案输存电脑。落实《中共中央国务院关于党政机关厉行节约制止奢侈浪费行为的若干规定》精神及市委、市政府《关于贯彻执行中共中央国务院〈关于党政机关厉行节约制止奢侈浪费行为的若干规定〉的实施意见》，经清理整改，全市党政机关缓建办公楼2栋，延缓装修办公楼5栋，取消、压缩会议41个，取消庆典活动3个，取消不合理出国团组4个7人，节约经费16.9万元。对公款安装移动电话和住宅电话进行清理，对电话费用实行限额管理，节约电话通话费230万元，节约经费共计2557.8万元。

【严肃查处违法违纪案件】 坚持把查处违法违纪案件作为反腐败斗争的中心环节来抓，通过加强信访、查办案件和案件审理工作，办案工作取得新的进展。全市纪检监察机关受理信访698件(次)，办结645件(次)；市纪委监察局受理信访522件(次)，办结475件(次)，提供案件线索175件，给予批评教育103人，为212人澄清事实；立案查处各类违纪案件66宗，大要案17宗，追回赃款赃物计人民币148.41万元，挽回经济损失165.41万元。共审理案件47件，处理违纪党员干部54人，其中，党纪处分19人，政纪处分35人，处级干部6人，科级干部7人，一般党员干部42人。

【纠风专项治理】 按照中央、省的部署，结合本市实际，先后开展减轻农民负担、制止中小学乱收费、减轻企业负担、清理预算外资金、整顿建筑市场、旅游市场、党政机关经商办企业、农村征地款管理使用等纠风专项治理。为企业减轻负担约3000万元；清退中小学乱收费35791.21元；查明预算外资金应纳入财政预算的6133.9万元，已上缴5147万元；应纳入财经专户管理的9189万元，已上交8384万元，各种罚没收入1105.1万元，已上缴国库110.7万元，党政机关所办企业应脱钩的140家已正式脱钩134家；收缴违章建筑项目罚款10万元，督促15个违章项目进行罚款、补办手续；取消无经营资格旅游公司、旅行社102家；基本查清1988年以来各村社征地1009宗，共计5559.7亩，实收征地款19.94亿元以及征地款管理使用情况，并采取有效措施解决征地款管理使用中管理混乱、公款私存等问题。

【反腐倡廉教育和制度建设】 制定《1997年海口市纪检监察宣教工作意见》发给各单位，部署反腐倡廉宣教工作。根据市委批转的市纪委、市委组织部、宣传部《关于开展“三讲”教育月活动的意见》，7月、8月、9月三个月，组织全市各单位开展以“讲学习、讲政治、讲正气”为主要内容的党性党风党纪教育。全市共购买《纪检监察法规选编》10500册，2300多名副科以上干部参加了六部法规学习考试，采取通读原著，举办培训班、报告会、演讲比赛、正反典型教育、电化教育、知识竞赛等多种形式进行教育，增强了党员干部的遵纪守法观念，提高了党员干部反腐倡廉的自觉性。为从源头上遏制腐败，积极探索和推广加强党风廉政建设的治本之道，协助市委在全市推广直接办理制、窗口服务制、社会服务承诺制，已有46个单位255个项目实行“三制”。有关单位通过推行“三制”，提高了办事效率，转变了工作作风，促进了党风廉政建设。

(李小华)

组织工作

【简述】 1997年，组织工作坚持以邓小平理论和党的基本路线为指导，按照市委八届七次全会和年初全市组织工作会议的部署，全面加强各级组织建设和领导班子建设，继续推进干部人事制度改革，为全市各项建设事业和改革开放提供坚实的组织保证。

【基层党组织建设】 1997年是农村基层组织三年整建工作的最后一年，在前两年整建的基础上，继续加大力度，下发了《关于进一步做好农村后进支部整顿工作的通知》和《关于我市贯彻全国农村基层组织建设工作座谈会精神的意见》，对14个尚需整顿的农村支部继续整顿，对其中5个后进支部进行了重点整顿。19个后进支部经整顿已全部进入二类支部，全市消灭了集体经济“空壳村”。下半年，又抽调14名骨干下区，指导全市各乡镇党委班子进行整建工作，全面完成了农村基层组织整顿和建设三年工作任务，并通过了省委组织部的检查验收，评价较高。继续推进企业党建工作，强化企业领导班子建设，市里组成6个工作组分两批对36个国有大中型企业领导班子进行了为期两个月的考核整顿工作，组织企业工委、市直机关工委对全市155个中小型企业领导班子进行了考核整顿，针对优化资本结构中出现的新情况，出台了《对破产、重组的国有企业党员管理的规定》，受到中组部的肯定。机关党建工作以“一转变两提高”为主要内容，取得明显成效。

【党员教育和发展】 发挥市、区、乡、村四级党员电教网络的作用，定期组织党员集中进行理想、宗旨、党纪政纪、三讲、市场经济知识和农村实用致富技术等教育，与市电视台合作举办《椰城党建》栏目。组织全市16000多名党员进行“双学”知识答比竞赛。十五大召开后，组织全市10000多名党员参加全国“学习党的十五大文件知识竞赛”活动。在党员管理方面，对全市离退党员情况进行一次普查，为探索离退休党员实行居民区属地管理奠定了基础。“七一”前夕，向50年以上党龄的老党员颁发了荣誉证书。认真贯彻落实《中国共产党发展党员工作细则》和全市发展党员工作会议精神，全年发展党员616名，党员队伍素质不断提高。圆满完成了十五大、省第三次党代会代表的推荐和选举工作。

【领导班子建设】 以党校为阵地，举办6期处级领导干部进修班和理论培训班，参训干部829人次；选送28名处以上领导参加省委党校的理论培训学习；会同市科协、司法局举办现代科技知识讲座4次，法律知识讲座3次，听课的处级领导达1700人次；在全市党组织中开展“三讲”、“党性党风”、“艰苦奋斗”、“党纪政纪”系列教育活动。为转变工作作风，组织市直机关和处级以上领导干部分别在基层建立机关工作联系点46个，领导干部挂钩服务点75个，为基层解决了一批实际问题。为加强对领导干部的管理与监督，组成12个考核组对全市处级领导班子及其成员1996年度工作进行了考核，督促各级领导班子过好一年两次的民主生活会，增强各级领导班子贯彻执行民主集中制原则的自觉性。按照德才兼备原则和“四化”方针，调整任用副处以上领导干部165人，选送8名科级优秀干部到基层挂职，安置团职转业干部31人。领导班子的结构不断优化，素质不断提高。

【干部人事制度改革】 探索适应市场经济体制的选人用人新机制，按照“公开、平等、竞争、择优”的原则，对《海口晚报》副总编、市城建总公司总经理和一批中学校长等20个职位的领导干部人选进行了公开选拔，使一批优秀人才脱颖而出，产生良好的社会效果。会同市人劳局对市党政机关29个党的机关工作者和公务员职位进行了公开招录。同时做好党群机关、人大和政协机关及各民主党派参照过渡工作，共审批过渡294人。

【知识分子工作】 发挥组织部门对知识分子工作的综合协调、指导作用，为知识分子排忧解难，创造良好工作环境。系统整理了38名优秀专家、拔尖人才的档案材料，对全市知识分子情况进行了一次全面普查，组织优秀专家和拔尖人才、高级知识分子进行体检。做好1997年享受政府特殊津贴专家的推荐选拔工作，经市评审委员会评审和政府常务会议审查确定，同意向省人劳厅推荐4名特贴专家人选。

【老干部工作】 认真贯彻全国老干部工作座谈会和全省老干部工作会议精神，进一步落实老干部生活、政治待遇，老干部在改革、发展和稳定中的作用进一步发挥。较好地解决了离休干部“两费”的拖欠问题，提高了企业离休干部离退休金。对老干部政治待遇，认真抓好“三落实”：一是抓好离退休党支部建立的落实。要求凡有3个以上党员的离休干部的单位都要建立离退休干部党支部或党小组。二是抓好制度建设的落实。建立健全党支部学习制度、组织生活制度、汇报通气制度。三是抓好学习落实。学政治、学时事。为了真正实现离休干部老有所乐、老有所为，充分利用长寿园这块活动场地，经常组织垂钓、象棋、门球、乒乓球等体育比赛；举办老年知识讲座；举办气功学习班。通过开展一系列活动，陶冶了老干部的情操，丰富了老干部的晚年生活。

（刘　文　王南金）

宣传工作

【简述】 1997年，宣传工作坚持以邓小平理论为指针，紧紧围绕香港回归和党的十五大召开两年大事，扎实有效地推进了“以科学的理论武装人，以正确的舆论引导人，以高尚的精神塑造人，以优秀的作品鼓舞人”任务的落实。

【理论武装工作】 1997年，海口市分三个阶段实施理论武装工程。年初，结合学习六中全会精神，进一步深入学习《邓小平论社会主义精神文明建设》和邓小平同志关于经济特区建设理论，深刻领会邓小平同志的理论观点、科学态度和创造精神，增强贯彻执行党的基本理论、基本路线、基本方针的自觉性。邓小平同志逝世后，认真学习悼念邓小平同志的三个重要文献和江泽民总书记5.18重要讲话精神。号召全市高举邓小平理论旗帜，深入改革，扩大开放，推动海口经济稳中求进和社会全面进步。十五大召开后，采用多种形式，组织全市党员干部学习十五大精神。重点理解和掌握十五大的重大意义和十五大在理论上的重大突破，进一步解放思想，开拓进取。实施理论武装工程，重点从领导干部抓起。市委理论中心组全年五次专门集中学习理论；处级干部两次、每次为期三天到党校学习。处级单位一把手撰写了一至两篇论文，参加在年底召开的领导干部理论研讨会。科级干部全年两次、每次为期三天集中学习。在各级领导的带动下，全市广大党员、干部群众、青年学生学理论也普遍开展。举办了青年学习邓小平理论电视演讲比赛、“双学”考试和竞赛等活动。实施理论武装工程扎实开展，取得成效。

【爱国主义教育】 围绕香港回归祖国，广泛深入开展“迎香港回归，铸爱国之魂”系列活动。举办了迎香港回归征文比赛；香港基本法电视知识竞赛；“金鼎杯香港知多少”有奖知识竞赛；香港基本法和香港形势报告会；青年“爱祖国，爱香港”演讲比赛；庆“五一”迎香港回归文艺演出；“迎香港回归中华之光”管乐队表演赛；近现代史爱国主义题材优秀影片展映；百家企业升旗仪式和迎回归万人签名活动、万人长跑活动；“迎香港回归，铸爱国之魂”大型文艺晚会和“香江入海、祖国万岁”专场文艺晚会；迎香港回归祖国摄影展、爱国主义教育图片展；成立海口市统一战线业余艺术团，举办“迎香港回归音乐会”；召开海口各界人士庆祝香港回归座谈会等17项活动。这些爱国主义教育活动经历时间之长、参与人数之多、效果之好，都是空前的。极大地激发了爱祖国、爱特区、爱椰城的热情，振奋了民族精神和特区精神。

【新闻舆论工作】 坚持团结稳定鼓劲、正面宣传为主的方针，紧紧围绕经济建设这个中心，加大精神文明建设的宣传力度，科学筹划，精心组织，集中力量打好宣传战役，形成了三个宣传热潮，即迎接十五大、学习十五大、贯彻十五大的热潮；围绕香港回归的爱国主义教育热潮；“讲文明、树新风”的群众性精神文明创建热潮。1997年舆论工作的一个突出特点是，始终把先进典型的宣传放在显著位置，先后宣传了市环卫局、市人民医院等一批典型单位和曾效琪、冯端明等一批先进人物，高扬主旋律，唱响正气歌，营造了积极健康、鼓劲向上的舆论环境。

【精神文明建设】 一是以服务人民、奉献社会为宗旨，开展创建文明行业活动。制定全市文明行业标准，在各行业各部门开展“一转变、两提高”的整治活动，推行“三制”，全市各单位的工作纪律明显好转，工作效率明显提高。有17个单位56个项目实行直接办理制，有7个单位23个项目实行社会服务承诺制。二是以提高农民素质、奔小康和建设社会主义新农村为目标，在农村广泛深入开展创“三户”、“十星文明户”活动和创建文明示范村活动，总结推广了全国文明示范村苍东村的创建经验。对部分农村存在的乱建祠庙问题，开展了专项整治，把一大批香火缭绕的祠堂公庙，初步改造成为文化室、老人活动中心、幼儿园、村(居)委会办公室等。三是以提高市民素质、提高城市文明程度为目标，把创建文明城市与创建国家卫生城市、国家园林城市、国家环保模范城市、全国双拥模范城市、中国优秀旅游城市、世界健康城市融为一体，统一部署，统一实施，整体推进。开展了做文明市民，创文明家庭、文明单位，建文明社区、文明城市的活动。市里重点抓好海秀东路全国文明示范街和13个省级示范点、38个市级示范点的创建工作。四是广泛深入开展“讲文明、树新风”活动，宣传市民行为规范“十要”、“十不”；开展“告别不文明言行”系列活动、“让椰城处处干净起来”的活动、交通整治活动和整治“乱摆卖、乱搭建、乱张贴”活动，使海口在文明言行、环境卫生、交通秩序和服务态度等四个方面取得明显变化。

【文化建设】 广泛开展“三下乡”活动，给农村送图书3000多册，写春联近3000幅，放电影、琼剧演出近百场，参加下乡义演的有100多人次。努力发展社区文化、村镇文化、企业文化和校园文化，市、区、镇(街道)、村(居)委会的四级社区文化网络初步形成。组织海口市优秀精神产品评奖活动，共评出《赤色小子》等45件优秀作品。在发展和繁荣文化事业的同时，开展“扫黄打非”斗争，加强对社会文化市场管理，制定了文明文化娱乐场所标准，开展创建文明文化娱乐场所活动，评比和表彰了一批文明歌舞厅。整顿内部报刊，取消了7家未经新闻出版部门批准的内部报刊。

【对外宣传】 以十五大召开、香港回归和’97旅游年、第六届椰子节为契机，充分调动各方力量，拓宽渠道，组织大型对外宣传战役。第六届椰子节共组织50多个新闻单位240多名记者来海口市进行采访活动。中央、港澳新闻媒体发稿60多篇。海南电视台、海南广播电台、海口电视台、海口广播电台现场直播了开幕式。海口电台与西安、南宁、贵阳、昆明、哈尔滨等五家电视台联合举办异地直播节目。在迎接香港回归中组织本市三家新闻单位共15名记者赴港进行“琼籍港人谈回归”专题采访，推出“琼籍港人谈回归”专栏节目。7月1日在香港文汇报刊出海口专版庆祝香港回归祖国，大力推介海口。十五大前后，人民日报、光明日报、经济日报、人民画报、中央人民广播电台、中央电视台和香港文汇报等都在重要版面和重要时间刊登和播出反映海口市两个文明建设辉煌成就的文章。人民日报发稿57篇，新华社发稿97篇，中新社发稿94篇，中央电视台播出节目时间2.4小时，香港文汇报发稿157篇。香港文汇报出了《海口城市建设十年巨变》专版4.5版。在美、英、法、澳大利亚等国家的友好城市和东南亚各国琼籍华人会馆办了两期海外宣传橱窗。出版《海口》画册和《海口名胜》一书。富有成效地宣传了海口。

(吴清德　陈　月)

统战工作

【简述】 认真贯彻落实党的十四届六中全会、党的十五大和全国、全省统战部长会议精神，紧紧围绕改革、发展和稳定这个大局，充分发挥“了解情况、掌握政策、调整关系、安排人事”的基本职能作用，努力做好各项统战工作，爱国统一战线得到进一步的巩固与发展，促进了两个文明建设。

【统战工作为经济建设服务】 开展海外联谊活动，做好“三引进”工作。全年共接待国内外客人50批、392人次，其中“三胞”34批、257人次。海南第六届椰子节期间，邀请港澳台22名工商企业界知名人士参加庆祝活动。向美国、日本、澳大利亚、泰国、港澳台等国家与地区的侨领与客商寄送贺卡205张。通过交谊，增进了感情，引进项目16个，资金6.668亿元人民币。组织非公有制经济人士参与扶贫活动，到陵水县慰问贫困农民，向本省贫困地区捐赠4000多件(套)衣被。

【民主党派工作】 加强民主党派自身建设。组织民主党派、有关人民团体领导人学习邓小平理论和党的十五大精神，举办骨干成员培训班。组织党派团体负责人到外地学习先进经验；开展以“发展海口经济做实事”为主题的服务活动；发挥民主党派政治协商、民主监督、参政议政作用，开好全市统战工作会议和两次各界人士民主协商会；坚持每月举行一次统一战线内部协调会；组织3次情况通报会、6次座谈会、2次对口联系会和6次“双月参观视察”活动，提出意见与建议；开展调查研究，写出专题调查报告14篇；为市委、市政府重大问题决策献计献策；建立、完善《党派团体领导层议事规则》以及10多项机关内部管理等制度和规定；在科技、经济界发展党派新成员97名，完成致公党、台盟、工商联换届工作，并配备了专职副主委。至此，本市各民主党派全部完成换届工作。

【祖国统一工作】 以香港回归为契机，组织学习宣传香港基本法，召开座谈会，举行香港问题知识讲座，加强同香港各界人士的联谊活动；组建海口市统一战线业余艺术团，举行两场“迎香港回归文艺晚会”；认真做好来琼探亲、旅游、考察、投资的台胞的接待工作，宣传党的“一国两制”、和平统一祖国的主张和方针政策；组织人员对台商在本市的发展情况进行调研，积极为他们排忧解难。全年共为台商办实事46件，为去台人员亲属的认定和发证61人，协助台胞、台属办理赴台探亲、探病、定居等事宜188件(次)。与有关社团联合举办了“海峡两岸(琼台两岛)老年人垂钓联谊赛”；邀请台湾著名学者、专家来琼讲学、举办个人书展。

【宗教工作】 认真贯彻党的宗教政策，对宗教团体进行爱国主义和社会主义教育，落实每月一次的政治学习制度；完善天主教徒爱国爱教文明公约和开展文明教堂活动；举办学习会，组织教徒深入学习党的宗教政策和十五大报告，提高其对宗教与社会主义社会相适应的认识。完成天主教堂的年检登记和借调神父工作；组织力量查处非法聚会点，对有关教徒进行思想教育工作和引导工作，及时制止了可能危害社会安定的苗头。坚持友好往来，限制外来渗透。全年共接待国内外宗教团体5批43人次，积极宣传党的宗教政策，抵制敌对势力外来渗透，发现并收缴了一批内容反动的书刊。

【队伍建设】 认真贯彻市委[1997]1号、7号文件，围绕专项整治六项任务进行认真治理。加强工作纪律，建立健全12项机关工作制度，规范程序和工作标准，使机关工作整然有序。坚持“三个专题”教育与业务教育，提高干部职工综合素质，提高工作效率和服务质量。全年收到信访信件37件，接待来访213人次，所有问题已办复或转有关部门办理。加强廉政建设，制订三个廉政制度与规定，增强公仆意识。

(黄缵文)

海口市人民代表大会常务委员会

海口市第十一届人民代表大会常务委员会

主　　任　李金云
副 主 任　吉家槐　王光兴　严崇喜
　　　　　韩宇东　黄钻永
　　　　　杨少华(3月起任职)
秘 书 长　潘鸿英
委　　员　(按姓氏笔画为序)
　　　　　云昌穆　王琼瑾(女)
　　　　　叶锦武　刘文炳　庄运坚
　　　　　邱宏泽　邱运起
　　　　　张梅英(女)　陈秀梅(女)
　　　　　陈育明　陈振川　陈家忠
　　　　　林长鹤　林伟伦　黄建民
　　　　　符永发　韩玉玲(女)
副秘书长　云昌穆　陈家庆

市十一届人大常委会工作部门负责人名单

办公室
主　任　陈家庆(兼)
副主任　詹尊文(任职至4月)
　　　　朱桂花(女,10月起任职)
　　　　陆礼宽(4月起任职)

法制工作委员会
主　任　云昌穆(兼)
副主任　符祥喜

财政经济工作委员会
主　任　蒙连吉
副主任　陈玉维

城市建设工作委员会
主　任　蔡泽全
副主任　林素英(女)

教科文卫工作委员会
主　任　庄运坚
副主任　符永发

华侨外事宗教工作委员会
主　任　詹尊文(4月起任职)
副主任　朱桂花(女)(任职至10月)

【简述】　1997年,海口市人大常委会坚持邓小平理论为指导,坚决贯彻党的十四届五中、六中全会和十五大精神,按照市十一届人大五次会议的决议,围绕香港回归祖国和党的十五大召开两件关系全局的大事,抓住经济建设这个中心,认真履行宪法和法律赋予的职责,加强社会主义民主法制建设,推进依法治市,保障和促进了本市改革开放和两个文明建设的发展。

【市十一届人大五次会议】　1997年2月25日至28日在海口明星影剧院举行。会议审议并批准市长曾浩荣《政府工作报告》、市计划局副局长吴明宪《关于海口市1996年国民经济和社会发展计划执行情况与1997年国民经济和社会发展计划(草案)的报告》、市财政局局长高荣瑞《关于1996年海口市财政预算执行情况和1997年财政预算(草案)的报告》、市人大常委会主任李金云《关于海口市人民代表大会常务委员会工作报告》、市中级人民法院代院长许前飞《关于海口市中级人民法院工作报告》、市人民检察院检察长陈大鸿《关于海口市人民检察院工作报告》。出席会议代表254名,列席人员93名。

会议充分肯定了海口市"九五"计划第一年的工作。在邓小平建设有中国特色社会主义理论指导下,认真贯彻落实党的十四届五中、六中全会精神,按照市十一届人大四次会议通过的海口市国民经济和社会发展"九五"计划和2010年远景目标纲要的要求,正确处理改革、发展、稳定的关系,扎实工作,克服种种困难,基本实现了开好头、起好步的目标。国民经济平稳发展,新的经济增长点发育成长,改革开放进一步深化,依法治市环境综合整治成效明显,社会治安有所好转,社会主义精神文明建设和民主法制建设进一步加强,人民生活水平得到提高,这些成绩的取得来之不易,为今后的进一步发展奠定了基础。会议强调,在肯定成绩的同时,必须清醒看到,我市经济总量偏小,工业基础比较薄弱,部分国有企业效益差,资金不足,财政趋紧。经济和社会发展中面临着这些困难和问题,必须给予高度重视。

会议指出,1997年是我国发展史上的重要一年,我国将对香港恢复行使主权和召开党的十五大,这是举世瞩目的两件大事。我们要坚持以邓小平同志建设有中国特色社会主义理论为指导,全面贯彻党的基本路线和基本方针,贯彻落实中央和省委的工作部署,贯彻落实市委八届五次、六次全会精神,切实推进两个根本性转变,加大经济结构调整力度,加快改革特别是国有企业改革的步伐,进一步提高对外开放水平,抓好精神文明建设和民主法制建设,努力创造优良投资环境,实现"稳中求进,适度加快经济发展"的要求,以两个文明建设的优异成绩迎接香港回归和党的十五大胜利召开。

会议要求,必须坚持以经济建设为中心,真抓实干,推动我市国民经济适度加快、健康平稳发展。要大力调整经济结构,培育和壮大新的经济增长点。以"菜篮子"工程建设为重点巩固和提高第一产业,强化第二产业尤其是工业的主导地位,优化第三产业的内部结构;要以优化资本结构为中心,突出抓好优化资本结构试点工作,切实解决企业亏损和经营不善的问题,放开搞活国有小型企业。优化资本结构要同其它各项改革配套起来,进一步完善我市社会主义市场经济体制。要加大招商引资力度,不断提高对外开放水平。要正确处理发展经济中的诸多关系，加强环境资源保护工作，实施可持续发展战略。关心人民生活，采取切实措施，增加社会就业，解决好下岗人员和特困户群众的生活问题。有效控制物价，保证人民群众生活稳定。继续实行适度从紧的财政政策，努力增加财政收入，严格控制财政支出，严肃财经纪律，加强预算外资金的管理。高度重视计划生育工作，强化人口与计划生育目标管理责任制，把计划生育的各项任务落到实处。

会议要求，必须坚持“两手抓、两手都要硬”的方针，大力加强社会主义精神文明建设。要继续以“两个提高”、“两个塑造”为目标，坚持不懈地用邓小平理论武装干部、教育群众，深入持久地开展爱国主义、集体主义、社会主义教育，开展社会公德、职业道德和家庭美德教育，不断提高市民的思想道德素质。要以创建世界健康城市、全国文明城市、国家卫生城市为动力，广泛开展各种群众性精神文明创建活动，创造良好环境，倡导时代新风，塑造特区精神。要继续抓好环境综合整治工作。要把科教兴市战略落到实处，优先发展教育和科技，推动文化、新闻、卫生、体育等社会事业全面发展。

会议要求，必须高度重视社会主义民主法制建设，加强地方立法工作，严格执行法律法规，强化民主监督和法律监督，把各项工作纳入法制化轨道。要深入开展“三五”普法教育和依法治市，增强国家机关工作人员和广大人民群众的法制观念。要进一步贯彻落实部门执法责任制和错案、执法过错责任追究制，依法行政，依法办事，依法监督，提高执法水平，坚决纠正有法不依、执法不严、违法不究的现象。要在全市国家机关中广泛开展以“进一步转变机关作风，提高工作效率、提高服务质量”为中心内容的专项整治活动。国家机关干部，特别是各级领导干部要强化公仆意识和群众观念，反腐倡廉，全心全意为人民服务。要继续抓好社会治安综合治理，巩固和发展“严打”斗争成果，确保社会稳定。

【制定地方法规】 （见地方立法与政府法制建设中的[制定地方法规]条）

【法律监督和工作监督】 市人大常委会始终把监督工作的重点放在严格依法办事上，坚持三个结合：一是法律监督与工作监督结合，以法律监督为重点；二是对事监督与对人监督结合，以促进国家机关工作人员严肃执法为根本；三是监督检查与监督整改结合，以搞好整改为目的。采取多种方式方法，加大监督力度，提高了监督实效，保证了党的路线、方针政策和宪法、法律、法规的贯彻落实。

听取和审议“一府两院”工作报告 市人大常委会先后召开6次常委会会议，审议议题37项，作出相应的决议、决定12项。根据国家预算法有关规定和市十一届人大五次会议授权，审查批准了海口市1996年财政总决算和市本级财政决算；听取和审议了海口海事法院工作报告和海口市1997年上半年国民经济和社会发展计划、财政预算以及审计、工业及六家破产企业优化资本结构工作进展、下岗职工再就业、防治噪声污染等工作情况报告，提出意见和建议。根据国家有关规定，作出了《关于撤销海口市市徽、市标的决定》和修正本市地方性法规等决定。

开展执法检查 组织人大代表和各工委先后开展了对行政诉讼法、农业法、渔业法、产品质量法、食品卫生法、环境保护法、科技进步法、文物保护法、档案法、归侨侨眷权益保护法、关于减轻农民负担的规定以及海口市禁止生产和销售假冒伪劣商品条例等10多个法律法规的实施情况进行执法检查和监督，保证了国家法律法规的贯彻执行。

代表视察 市人大常委会于1997年7月，组织37名市人大代表到市土地局、规划局、工商局、房产局、公安局车管所、海南海宇锡板工业有限公司、海南亚太酿酒有限公司、市威特电气有限公司、海华轮胎有限公司和海秀乡、荣山乡、罗牛山农场及龙华菜市场、沿江三菜市场等单位视察，分别就推行“直接办理制”“社会服务承诺制”“窗口服务制”和优化资本结构、重点工业项目以及菜篮子基地建设等方面了解进展情况，代表们对这些单位的工作表示满意。并针对视察发现的问题提出意见和建议：希望已实行“三制”的单位，进一步完善服务功能，为全市树立典范，促进机关作风根本好转；建议市政府制定政策和采取措施，对非国有经济特别是非公有制经济成份的企业在法律地位和执行价格、税收、金融、市场准入等政策方面一视同仁，使各种所有制经济成份的企业都能在国家统一的法制环境和市场规则面前平等竞争、蓬勃发展。同时希望认真抓好已投产的大项目、大企业，加快培育新的经济增长点。

评议工作 1997年9月，组织30名人大代表评议市文化局工作。分别召开了局领导班子座谈会、局机关科室和基层单位干部职工会议以及社会文化市场经营者（业主）座谈会，深入基层单位和文化市场实地视察检查。人大代表在认真调查研究和广泛听取意见的基础上，实事求是地肯定成绩和指出问题，监督整改情况，推动和促进了被评议单位的工作。先后听取和评议了市政府城市管理办公室、外事侨务办公室主任和市物价局、经贸局、民政局、农林局、体育局、交通局、公安局局长的述职报告，加强了由市人大及其常委会选举和任命的“一府两院”干部任职后的考察和监督。

专项监督 组织各工委开展对行政诉讼法和义务教育法的贯彻执行以及优化资本结构试点工作、美舍河综合整治工程、侨资企业和侨房问题等情况的专题调查，为人大常委会审议、决策和监督提供科学真实的依据。同时，主任会议专门听取了市中级人民法院、检察院、公安局就常委会批转的一些群众反映较大的案件办理情况的汇报，加强个案监督，督促“一府两院”严格执法，依法行政、依法办案。

执法责任制 市人大常委会第22次会议作出了《关于在全市司法机关和行政执法部门推行错案和执法过错责任追究制的决定》，审议通过了《关于错案和执法过错责任追究监督的试行办法》。市委、市人大和市政府于1997年5月联合召开全市司法机关和行政部门动员大会，具体部署开展实行错案和执法过错责任追究制工作，使执法责任制得到进一步的落实，推进了本市的依法治市和民主法制进程。

【依法行使任免权】 市人大常委会坚持党管干部和依法任免相统一的原则，认真行使任免权。1997年，共任免市人大常委会机关和市政府、市中级人民法院、市人民检察院、海口海事法院的工作人员53名，其中决定任命副市长1名、局长6名，任命市人大常委会办公室副主任2名、华侨外事宗教工委主任1名，任命市中级人民法院审判委员会委员1名、正副庭长4名、审判员15名，任命市人民检察院检察员3名，任命海口海事法院审判委员会委员1名、副庭长2名，审判员4名；

决定免去副市长1名(因工作调动)、局长5名,免去市人大常委会办公室副主任、华侨外事宗教工委副主任各1名,免去市中级人民法院审判委员会委员1名、副庭长1名,撤销审判委员会委员1名,免去市人民检察院检察委员会委员1名、检察员1名。通过依法任免,为国家机关各项工作的顺利开展提供了组织保障。

【办理代表议案和建议】 海口市十一届人大五次会议共收到代表联名提出的议案20件,经大会代表议案审查委员会审查,并经大会主席团决定提请大会通过,确定关于要求对《海口保税区管理办法》修改完善、关于制定《中华人民共和国城市居民委员会组织法》实施细则和关于制定法规确保万绿园成为永久性公众娱乐场所等3项作为议案办理,其余17件议案转作建议、意见办理。收到代表提出的建议、批评和意见28件,连同议案转作建议17件共45件。主要内容包括加强地方立法、城市建设、工业、农业、渔业和交通旅游、邮政、教科文卫事业,加强公检法队伍和街道政权建设等。市人大常委会和"一府两院"各有关部门重视对代表议案和建议、意见的办理工作,采取措施,抓紧落实,已在法定期限内全部办理完结。

【处理人民群众来信来访】 1997年,市人大常委会共处理人民群众来信502件,接待来访276人次。在处理信访案件中坚持三项制度:一是转办制度。对一般信访案件,及时转给"一府两院"有关部门查处,要求承办单位直接回复当事人,并将处理结果报告市人大常委会。二是催办制度。对重要的信访案件,常委会领导亲自阅办,批转"一府两院"有关部门并督促依法处理。三是查办制度。对揭发或控告执法人员违法行为的信访案件,责成有关工委和信访部门深入调查,弄清事实,向主任会议或常委会提出处理建议。通过加强信访工作,密切与代表和人民群众的联系,强化了法律监督和工作监督。

【加强人大自身建设】 市人大常委会积极响应市委的决定,在人大机关认真进行以"转变机关作风,提高工作效率、提高服务质量"为主要内容的专项整治活动。常委会领导率先垂范,坚持深入基层,开展调查研究,根据海口经济发展和人大工作实际,撰写了《实行对外开放是海口经济高速发展的重要途径》、《坚持依法治国方针加强地方立法工作》、《加强执法检查搞好法律监督》、《增强监督力度提高监督效果》等理论研讨和经验总结文章。市人大常委会办公室和各工委在专项整治活动中,进一步转变工作作风,积极主动履行职责,围绕常委会审议议题或行使职权中的一些重要问题,开展专题调研,撰写了《关于海口市优化资本结构试点工作的调查》、《关于海口市减轻农民负担情况的调查》、《执行劳动法保障职工权益》、《贯彻实施行政诉讼法促进依法行政》、《坚持依法治教推进海口市教育事业发展》等一批调查报千,为常委会审议和决策提供参考。市人大常委会机关重视制度建设,认真实行执法责任制和岗位目标责任制,编定职位说明书,对各个岗位定责定量,规范各项工作程序和工作标准,促进人大机关工作的科学管理。

(陆礼宽)

海口市人民政府

市　　长　曾浩荣

副 市 长　罗素兰(女)

　　　　　夏思恕　张海国　伉铁保

　　　　　冷晓明

秘 书 长　程　鹏

市长助理　林志喜　周经汉

　　　　　袁秀梅(女,兼)

副秘书长　谢文明(任职至3月)

　　　　　赵子导　王中望

　　　　　李仕敦　陈运乾

　　　　　尹维云(2月起任职)

　　　　　张学堂(3月起任职)

　　　　　黄礼忠(3月起任职)

市政府组成机构领导人名单

市政府办公室

主　任　周经汉(2月起任职)

副主任　符福永(任职至2月)

　　　　周永信(任职至2月)

　　　　余国民

　　　　张学堂(任职至3月)

　　　　吕能计

调研员　符福永(2月起任职)

　　　　周永信(2月起任职)

助理调研员　蔡宽积(2月起任职)

人事劳动局

局　长　杨少华(任职至4月)

　　　　林志善(4月起任职)

副局长　欧大雄　吴淑昌　周国宇

　　　　麦珠丹(女)　符　宁

副局长　唐才惠(2月起任职)

助理调研员　柯秀民(10月起任职)

外事、侨务办公室

主　任　廖东明

副主任　张文祥　郑荷西

经济合作局

局　长　袁秀梅

副局长　吴昌铁　符建峰　王东红

计划局

局　长　吴毓俊　(任职至4月)

　　　　黄行光(4月起任职)

副局长　吴明宪　冯尔增(女)

助理调研员　林明合（10月起任职）

审计局
局　长　侯新明
副局长　吴发禄　李同源
　　　　王立文（3月起任职）

贸易局
局　长　林世楠
副局长　薛英育　吴毓东
　　　　符俏敏（女）
助理调研员　吴　兴（3月起任职）

工业局
局　长　刁　坤（女，任职至8月）
　　　　戴树成（12月起任职）
副局长　韩洋光　吴守勇　郑兴美
　　　　赵立平（10月起任职）

物价局
局　长　何和诚
副局长　李万生　邢福昌　李林清

财政局
局　长　高荣瑞
副局长　黄行光（任职至4月）
　　　　颜维散（2月起任职）
　　　　周传忠（2月起任职）
　　　　张亚洲（2月起任职）
助理调研员　颜维散（任职至2月）
　　　　　　周传忠（任职至2月）
　　　　　　黄合源（3月起任职）
　　　　　　温精华（3月起任职）

工商行政管理局
局　长　陈作武
副局长　韩宏元
　　　　刘　璞（2月起任职）
　　　　符祥森（3月起任职）
调研员　梁志强（3月起任职）
助理调研员　刘　璞（任职至2月）

交通运输局
局　长　张其英
副局长　张德兴（任职至3月）
　　　　王苐彩　袁运光　刘金容

民政局
局　长　张安东
副局长　郑家雄　陈大春　李永福
助理调研员　夏春华

城市建设局（人防办）
局　长（主任）　符史美
副局长（副主任）　叶保元（任职至2月）
　　　　　　　　　高再华　郑贺先
　　　　　　　　　陈泽群（3月起任职）
调研员　叶保元（2月起任职）
助理调研员　陈泽群（任职至3月）
　　　　　　吴清宇（3月起任职）

土地管理局
局　长　李举财
副局长　刘家权（任职至2月）
　　　　吴明禹
　　　　杨志明（2月起任职）
调研员　刘家权（2月起任职）
助理调研员　杨志明（任职至2月）

城市规划局
局　长　唐　凯
副局长　符大福　张德华　利光健

房产管理局
局　长　杜瑞琼
副局长　董　决　曾高梁　秦玉峰
助理调研员　郭忠民

环境资源局
局　长　陈献武
副局长　张光权　邢孔魁

海洋局
局　长　陈世鑫
副局长　杜承立

科技局、专利局
局　长　王　雷
副局长　赵裴瓒（9月起任职）
　　　　李桂荣（9月起任职）
　　　　钟地生（9月起任职）

技术监督局（4月起分设）
局　长　吴守勇（4月起任职）
副局长　曾典祥（9月起任职）
调研员　刘地椿（10月起任职）

农林局
局　长　舒素淦
副局长　陆柏峰　黄东和　罗永忠

乡镇企业管理局
局　长　卢文富（任职至2月）
　　　　吴清桂（2月起任职）
副局长　王林兴　司家华

教育局
局　长　吴清桂（任职至2月）
　　　　吴开访（2月起任职）
副局长　潘辅良（任职至10月）
　　　　韩　美（女）　陈盈权

卫生局
局　长　王安任
副局长　黎永盛　林道本　史克珊
助理调研员　潘静文

计划生育局
局　长　何敦亮
副局长　叶常青　于爱峰

文化局
局　长　梁承咏
副局长　杨彩琼（女）　丁国兴
　　　　吴爱琴（女）
助理调研员　戴开明

体育局
局　长　王国地
副局长　宋力刚

公安局
局　长　王和平（兼）
副局长　卞堪光　符大珍　林　捷
　　　　王侦鑫　张　敏
　　　　蒙美俊（任职至5月）
　　　　魏群宝（3月起任职）

司法局
局　长　张甲天
副局长　林接明　邱庆茂
　　　　林建华
助理调研员　刘广才（3月起任职）

国家安全局
局　长　熊方明
副局长　王家连（任职至10月）
　　　　曾忠仁　韦长胜　何瑞星
调研员　王家连（10月起任职）
助理调研员　宫卫年（3月起任职）
　　　　　　唐居腾（10月起任职）

城市管理办公室
主　任　林志喜（兼）
副主任　蔼守信

刘华明
助理调研员　韩忠光
钟荣坤(10月起任职)

市政府派出机构领导人名单

海口保税区管委会
主　任　曲大利
副主任　吴德翔　陈垂越　曹永安
高树生(10月起任职)

市政府驻北京联络处
主　任　陈烈天

市政府驻广州办事处
主　任　李平意
副主任　罗汉源(10月起任职)

市政府驻深圳办事处
副主任　冯德友

归口市政府部门管理(挂靠)单位领导人名单

市机构编制委员会办公室
主　任　韩贵畴

统计局
局　长　胡泽清

水产局
局　长　陈秀增

水电局
局　长　胡宝经

市政府直属事业单位领导人名单

粮食局
局　长　曾　武(3月起任职)
副局长　唐成梅　陈　信
林　英(3月起任职)
调研员　冯尔超(2月起任职)

菜篮子工程局
局　长　杜建能
副局长　彭大苗　苏少雄
助理调研员　陈树雄(10月起任职)

环境卫生管理局
局　长　许西茂
副局长　符明忠　林冠瑚　林文洪

地震局
局　长　冯朝阳
副局长　覃学伍

园林管理局
局　长　蒙安荣
副局长　谢盛强

旅游局
局　长　尹维云(任职至2月)
刘庆声(3月起任职)
副局长　王经华(任职至2月)
王兴杰

档案局(馆)
局(馆)长　梁家柏

爱卫会办公室
主　任　冯世桢

政府发展研究中心
主　任　蔡积宽(任职至2月)
娄东凤(2月起任职)

交际处
处　长　(缺)

地方志办公室
主　任　王经华(3月起任职)

贸促支会
会　长　王进才

垂直领导单位领导人名单

市人民银行
行　长　杨玉明
副行长　郑先德
张裕平
林　源

市国家税务局
局　长　林明鹳
副局长　肖道仁　陈敬山　谢贻其

市电信局
局　长　李建国
副局长　严仕学　熊玉成　陈忠民

市邮政局
局　长　夏润国
副局长　孙兆岭　刘庆文　蒋世忠

综　述

【简述】　1997年，海口市政府认真贯彻落实党的十四届四中、五中、六中全会和十五大精神，按照省委、省政府的统一部署，在市委的领导和全市人民的努力下，以优化资本结构为重点的改革硕果累累，经济结构调整取得显著成效，投资环境进一步改善，经济发展速度明显回升，运行质量有很大提高，达到了稳中求进，适度加快的预期目的。

【结构调整成效显著，国民经济稳步回升】　1997年，全市实现国内生产总值104.58亿元(当年价)，较上年增长7.1%(按可比口径计算)。其中，第一产业增加值2.89亿元，增长10.4%；第二产业增加值26.53亿元，增长9.3%；第三产业增加值76.15亿元，增长6.8%。国内生产总值包括第一、二、三产业全面增长，是国家宏观调控以来增幅最大、最好的一年。农业稳步发展，全市完成农业产值4.2亿元，比上年增长9.3%；肉类产量15972吨，增长48.2%；蔬菜产量108777吨，增长6.7%；水产品产量11621吨，增长6%；禽蛋产量3100吨，增长2.5%；完成乡镇企业总产值15.04亿元，增长10.8%。工业生产加快增长，全市完成工业总产值70亿元，较上年增长10.2%；完成销售产值65.6亿元，增长12.93%；完成出口交货值4.9亿元，增长40%；工业产销率达95%，比上年提高3.7个百分点。全市社会货物周转量233.07亿吨公里，增长2.2%；港口货物吞吐量952万吨，下降5.5%；邮电业务总量8.82亿元，增长

19.7%。投资结构进一步调整，全市完成固定资产投资59.34亿元，较上年下降6.8%。其中，基本建设49.21亿元，下降0.3%；更新改造完成4.21亿元，增长55.7%；房地产投资4.86亿元，下降51.6%。市场供应充裕，全市社会消费品零售额完成60.13亿元，比上年增长9.2%，扣除价格下降因素，实际增长9.5%。商品零售物价指数和居民消费品价格指数分别为99.9%和101.7%，涨幅均低于全国水平。外贸出口持续增长，全市口岸进出口总值10.62亿美元，比上年下降18.7%。但出口总值完成2.62亿美元，增长26.1%。实际利用外资稳步增长，全市实际利用外资5.27亿美元，增长7.2%。其中直接投资2.96亿美元，增长8.5%；利用外国政府贷款2.31亿美元，增长5.5%。旅游形势好于上年，全市涉外宾馆（酒店）共接待旅游人数210万人次，比上年增长8.9%；涉外宾馆客房开房率为59.8%，扭转了连续两年下降的趋势。财政收入回升，金融形势平稳。1997年，全市完成财政收入13.52亿元，较上年增长1%。年末市级金融机构各项存款余额229.18亿元，比年初增长5.5%；各项贷款余额200.95亿元，比年初增长10.3%。

【以优化资本结构为重点的改革成效显著】 1997年，继续把优化企业资本结构作为全市重点工作来抓，进一步加大力度，依据“鼓励兼并，规范破产，下岗分流，减员增效，实行职工再就业”的主导思想，在企业兼并、拍卖、破产和职工安置等方面做了大量工作，取得了显著效果。椰树集团进行内部持股制改造；市煤气管理总公司改制组建为海口市燃气集团公司；海德、海药2家股份公司通过国有法人股转让，实现了资产重组；罗牛山、管道燃气2家股份公司已成为上市公司；市印刷厂、金鹿公司、海口蓄电池厂、营养食品厂、家俱厂、海湾工业公司、化工三厂等7家企业被优势企业兼并；氧气厂、荣达公司等小企业的减员增效成绩显著；成功地拍卖了纺织印染厂、橡胶三厂、毛巾厂等3家企业；市橡胶一厂、海山织造厂、市糖奶厂已宣告破产。通过兼并、破产和企业改制工作，截止1997年底，全市共盘活资产存量6.6亿元，新增工业投入3.5亿元，消除不良债务10.51亿元，转移不良债务2.56亿元，搞活20户企业，消灭亏损企业21户，安置职工6552人，促进了社会的发展。通过改组改制和资产重组，新组建的海华轮胎厂、威特电力有限公司取得了较好的经济效益，海德公司走出了连续两年亏损的困境，海药公司引进了新的资金和管理机制，增强了活力。在优化企业资本结构的推动下，工业企业资产负债率大幅度下降，经济运行质量大大提高。1997年市属国有工业企业实现销售值65.6亿元，较上年增长12.93%；盈亏相抵后实现利润3360万元，加之上年亏损的15000万元，增盈18360万元。

进一步改革用人制度。按照干部“四化”标准，根据市场经济发展需要，拓宽选人用人渠道，公开向全国招聘城建、经济、报社、医院、教育等方面行政企事业单位管理人员。坚持以政绩考核任用干部，实行干部能上能下机制，对于达不到扭亏增盈目标管理要求的制革厂、乳胶厂、第二砖厂的厂长，实行免职。

进一步推进各项改革。抓好国家公务员过渡的审批工作。加快社会保障制度改革，社会保障覆盖面进一步扩大，养老、工伤、医疗、失业等四项平均覆盖率达90%以上。实施就业与再就业工程，分流安置下岗职工6552人。住房制度改革大面积推广，建立了住房公积金制度。实施行政事业性收费制度改革，严格收支两条线，推行“多家开票，一家收款”的管理办法。开展农村、企业负担专项调查，制订减轻农民、企业负担实施意见。科技、教育、医疗体制改革进展顺利。

【重点项目和保税区、新区建设加快，形成新的经济增长点】 1997年，全市确定了的34个重点项目，通过协调和跟踪服务，已有19个项目开工建设，部分重点项目建成或正式投产，已投入资金40.65亿元。13万吨啤酒厂项目一期工程建成投产，实现产值1.38亿元；10万吨镀锡薄板厂建成投入试生产，创产值5000万元；龟鳖丸生产线完成搬迁并投产；中富塑料厂建成投产；年产100吨氧化钴及系列产品项目，土建厂房已动工建设；子午线轮胎项目经过多年努力已在海口保税区奠基动工；海脉素项目全面动工；多媒体电脑光盘项目完成设备安装，开始全面调试；模糊控制项目进行股份制改造；五星级文华大酒店开业运营；华夏旅游度假村建设接近尾声；大型旅游项目华夏海洋世界已动工。这些项目的建成，打下了海口市今后发展强有力的基础，使海口市实业性投资速度加快，投资结构进一步优化。年初对保税区和新区建设进行全面调查研究，召开了全市第一次保税区和新区开发建设工作会议，依据保税区、新区的产业规划、功能布局、基础条件，对保税区、新区的功能结构和产业结构进行调整和优化，制订了加快保税区和新区开发建设实施意见，推行保税区、开发区目标管理责任制，明确权利和责任，使新区建立起了新的运行机制，加快了培植新的经济增长点的步伐。

【招商引资力度加大，增量资金投入增加】 1997年，针对资金紧缺的困难，继续把招商引资作为扩大开放发展经济的重点，在外引内联上大做文章，注重招商引资项目的跟踪服务，全市招商引资取得明显成绩。全年审批“三资”企业134家，投资总额1.5亿美元。其中，外商投资1.16亿美元，占总投资的77%；实际利用外资5.27亿美元，比上年增长7.2%，扭转了自1995以来连年下降的局面。一是投资结构明显改善，工业投资增加。工业投资占总投资额的47%，并且集中偏向大项目、骨干项目。二是利用外国政府贷款项目进展较快。利用德国政府贷款建设的“海口市中心区污水处理厂”已完成厂房土建工程，排海管网工程正加紧进行；利用德国政府贷款建设的米铺供水扩建工程已完成排水管网和主厂房；利用荷兰政府贷款建设的新埠北部岸滩防护堤工程主设备已到货，利用丹麦政府贷款的罗牛山屠宰冷冻加工厂厂房等基础工程进展顺利；利用日本输出入银行贷款的世纪大桥项目已完成立项、征地、施工图设计、贷款审批和招标等工作。三是招商引资出现了新的形式。以资本经营为主题，大力发展产权市场，扩大企业直接融资。通过股份制改造、股票公开上市、转让国有股份部分股权、兼并拍卖亏损企业等资产重组方式吸引投资，开辟了引资新渠道。罗牛山、燃气等股份有限公司的公开上市，筹集到4个多亿的建设资金；海德、海药股份公司通过转让国有股份，直接融资1.66亿元。通过国有企业破产、兼并和改制，以盘活国有资产存量带动增量投入，全市直接融资达10亿多元。

【依法治市成效显著，投资环境进一步改善】 在继续加强对海府路、海秀路等重点路段进行整治的基础上，进一步加大依法治市环境综合整治力度。一是开展以绿化、美化南大立交桥为中心的城市环境综合整治。改造刷新南大立桥桥体立面，美化桥灯、美化绿化桥下道路。同时，对龙昆北路、海秀路段进行改造和重新绿化，隔离带、人行道水泥彩砖、交通标志和道路两旁的绿化、灯光焕然一新。海秀东路被评为"全国文明示范街"。二是在全市开展以治理"乱搭建、乱摆卖、乱张贴"为重点的环境整治活动。在违章建筑、停在建工地的卫生、流动摊贩、马路市场、沿街建筑立面、卫生死角、交通噪音尾气污染等方面，都制定出具体的规定和标准。三是重点整治机动车尾气和噪音污染，加强烟尘监测和治理，使全市烟尘控制区覆盖率达100%。在抓好城市管理、道路清扫、保洁和垃圾清运的同时，加强对区管内大街小巷卫生整治工作的监督和指导，实行挂牌管理，明确责任制，切实落实门前"三包"管理，使城市环境卫生保持了较好的水平。四是城市绿化工作进一步加强。全市共植树17.02万株，栽花49.81万株，铺设地被植物26.38万平米，整治和补植南大立交桥、和平路等13条道路的绿化。新增绿地面积70公顷，全市绿地率达37.8%，覆盖率达41.3%。巩固创建了"花园式"单位100个、"绿化达标"单位100个。通过整治，城市管理进一步加强，全市卫生、交通秩序和市容市貌进一步改善，依法治市工作取得了明显成效。

在资金比较紧缺的情况下，以保证重点项目、加快硬件建设和提高道路档次为原则，进一步推进城市的基础设施建设。工业大道西延线竣工通车；和平路和龙华路东段路面、机场路、长生路扩建改造工程已经完成；自新埠桥至424医院，全长2800米、宽52米、拥有双向6车道的长堤路拓宽改造工程全线竣工，一条高标准、高质量、高品位的景观大道展现在市民眼前；白沙门污水处理厂工程、护岸堤按时完工，排海管网在加紧施工；垃圾处理场首期100亩的填埋垃圾场所工程正在实施；美舍河综合整治规划设计已完成。城市规划、土地和房产管理进一步规范。

【社会事业全面发展】 教育质量进一步提高。在全市范围内推行素质教育，确定7所中小学作为素质教育试点。开展校长"九五"培训工程，全面实施百名青年学科带头人培养工程。加强对"两基"达标后巩固提高工作和指导，成立海口市中小学办学水平等级评估领导小组，使教育质量稳步提高。1997年学龄儿童入学率达100%；初中入学率达98.9%；高中入学率为83.5%；高考入围率为66.7%，高出全省平均水平27个百分点。教育基础设施进一步加强，动工兴建教师住房192套，其中128套竣工投入使用，教师住房成套率达到80%，被评为全省"教职工住房先进市"。加快科学技术的推广，发布《中共海口市委、海口市人民政府关于科教兴市决定的实施方案》，坚持科技下乡，抓好三个科技示范基地的创建服务工作，加强高新技术项目的跟踪服务，促进科技成果转化为生产力，全市科技进步对经济增长的贡献率达35%。卫生事业有新的发展。围绕着创建健康城市全面开展工作，加强对重点传染病的监测和防治工作，使传染病的发病率比上年下降23.8%。加强标准化建设，市人民医院进入"三甲"医院行列，市防疫站达到"地级一等站"标准，市保健院和市中医院均按"二甲"专科医院标准进行全面建设。加大卫生执法力度，对社会上医疗、医药市场进行了初步的规划和整顿，取缔无证行医、游医87家，处罚违规医疗单位14家，加强食品卫生、公共场所卫生管理，使食品卫生、公共场所卫生监督、监测覆盖率均达100%，监测合格率98.4%，五病调离率100%。计划生育工作取得较好成绩。坚持"三不变"，落实"三为主"方针，积极推行"三结合"的经验，全面铺开创建计划生育合格村(居)委会活动。全市计划生育率达到87.8%以上，人口出生率比全省低5.68个千分点，人口自然增长率比全省低3.27个千分点。文化体育事业蓬勃发展。以庆祝党的十五大胜利召开和香港回归为主题开展了丰富多彩的群众文体活动。组织大型群众文艺活动15次，琼剧团深入各市县演出91场。各类作品在全国性刊物发表或展出35件，在省级刊物发表或展出191件。继续加强对音像市场、歌舞娱乐场所、文化经营点的管理，净化文化市场，完善各项基础设施。群众体育蓬勃发展，竞技水平有新的提高。成功举办了第八届全市运动会，体育新秀不断涌现。参加亚洲杯帆板锦标赛等国际地区性大赛，共获金牌5枚，银牌3枚，铜牌5枚。参加97全国柔道、少年田径等各类锦标赛，共获五个团体总分第一，单项金牌68枚，银牌21枚，铜牌25枚。社会治安综合治理成效显著。颁发《海口市社会治安综合治理领导责任制的若干规定》，市、区、乡镇、街道层层落实综合治理领导责任制。开展"严打"、禁毒斗争，进行专项治理和创建"文明小区"，社会治安明显好转，群众安全感普遍增强。1997年，海口市刑事案件发案率比上年下降27.8%。其中重特大刑事案件下降36.9%。一度严重威胁治安形势的持枪暴力案件和盗抢机动车辆案件，分别比上年下降了68.9%和48.9%。

【人民群众生活水平稳定提高】 1997年，部分企业生产不景气，下岗、待业职工增多，市委、市政府及时采取措施，关心群众的切身利益。一是加快实施再就业工程，加强对失业人员的职业技能培训，增加就业渠道。二是继续加强"菜篮子"工程建设，在稳定市场、稳定物价方面作了大量的工作，使物价指数稳中有降。三是对困难职工、居民及时发放救济和补贴，确保了人民生活水平稳定提高。1997年末，城乡居民储蓄存款余额达154.17亿元，比年初增长12.6%；全市职工年平均工资达到8470元，比上年增长4.3%；城镇年人均可支配收入和消费支出分别为6589元和5171元，郊区农民人均纯收入3052元，比上年均有增长；城镇居民人均居住面积由上年的13平方米增加到14.8平方米，郊区农民人均住房面积由上年的17.2平方米增加到18.5平方米。

【办理人大议案、建议和政协提案】 市十一届人大五次会议，代表提出批评、意见、建议48件，涉及城建、工交、财贸、文教卫、社会治安、农林水等方面。通过调查、协调和落实，办复率为100%。市政协九届五次会议，委员提案47件，分别由政府办、财贸口、城建口、文教卫生口和社会治安等方面进行办理，办复率为100%。与此同时，圆满完成了省人大、省政协会议的31件批评、意见和建议的办理工作。市政府对人大议案、建议和政协提案的答复办理十分重视，大部分案件都经过市长、副市长亲自批阅，并指定专门单位和责任人进行落实，代表和委员对此表示比较满意。

【市长专线电话】 市长专线电话是政府直接联系人民群众的重要渠道。市长专线办公室的工作人员对来电、来信、来访做到了热情接待，认真解决，达到了件件有着落，事事有答复、有落实。市长、副市长对专线电话的事由仔细倾听，及时批示解决，得到市民的好评。1997年，共受理市民来电、来信、来访4736件（次）。其中来电4667件，来信48件，来访21宗700多人。涉及供水供电、社会治安、环境污染、市容卫生、交通管理、市政管理、劳动就业等。在市政府领导亲自过问和批示下，办结率为86%，得到了市民的一致好评。

【工作目标责任制管理】 1997年，市政府与三个区政府、市政府直属各部门共签订工作目标746项，其中全部完成571项，基本完成133项，未完成的42项，全市工作目标完成率94.4%。未完成的项目主要是涉及投资方面，由于资金紧缺，一些重点项目未能按计划进度执行，资金缺乏已成为海口经济发展的重要瓶颈。年终单位自查、分口评审、重点抽查和总评，市政府的工作目标总体完成情况是良好的，有力地推动了全市国民经济和各项社会事业的发展。经市政府常务会议研究，决定给予财政局等14个单位一等奖，给予审计局等22个单位二等奖，并给予体育局、合作局单项奖。

（娄东风）

行政监察工作

【监察信访】 1997年，监察信访工作紧紧围绕反腐败三项任务的要求，畅通信访渠道，发挥信访举报的监督职能作用，认真受理和查办信访问题，取得较好的成效。一是抓好基层信访网络建设，进一步发挥基层信访的监督作用。三个区、二个工委都配备了专兼职信访干部，做到机构落实，人员落实，层层有人抓，事事有人管。二是落实信访联系点，以点带面，推动信访举报工作。四是加强信访举报信息工作，做好信息分析，为市委、市政府领导提供专项信息。五是加强信访干部培训。以办班、学习观摩、以会代培等形式培训干部，提高信访干部政治业务素质。六是认真受理查办信访件，全年共受理信访件698件，比上年增40件，已办结645件，占92.4%。经初查提供案件线索175件，转立案69件，已办结62件。给予批评教育103人，党纪处分16人，政纪处分33人，追回赃款148.61万元。

【企业监察】 1997年，市企业工委紧紧围绕企业改革和经济建设，加大对企业领导的廉洁自律、监督检查、查办案件和教育防范工作的力度，有力地推动了企业党风廉政建设，促进了企业的改革和发展。一是加强企业领导廉洁自律工作。认真抓好党员领导干部民主生活会质量，70家企业召开了民主生活会，301人作了自查自律，占总数95.5%。组成考核组对52家企业领导班子153名厂长经理书记进行了考核，对领导干部违反廉政准则情况进行查处。二是认真查办违法违纪案件。全年立案8宗，给予党政纪处分6人。三是认真做好减轻企业负担工作，督促企业填报企业负担登记卡，自觉抵制三乱，增强自我保护意识。四是深入开展党性党风党纪教育，通过学习纪检监察6个法规，采取专题报告会、演讲比赛、考试等教育形式，提高了干部职工反腐倡廉自觉性。

【执法监察】 1997年，全市执法机关紧紧围绕党的方针、政策和国家法律、法规，抓住群众反映强烈的问题，进行了执法监察：（一）切实减轻农民负担。制定了《关于海口市减轻农民负担执法监察实施方案》，对国务院要求的《约法三章》情况进行检查，全面推行负担监督证，预算专项审计制度。加强两费两工专项审计，下发《海口市村提留乡统筹费和义务工积累暂行管理办法》，两费两工登记证全部发到农民手中。查处涉农问题和案件12宗。通过执法监督农民负担大为减轻，占年人均纯收入的1.92%，低于国务院规定的5%水平。（二）开展农村征地款管理使用专项治理。一是查清1988年来本市有5559.7亩土地被征用，实收征地款19.93亿元，支出18.07亿元，结余1.92亿元；二是查清乡村企业建设留用地4097亩，已开发使用796亩；三是采取措施解决公款私存、私借，追回拖欠公款和被占用、贪污、挪用的公款387万元；四是清理帐务，规范财务管理，对414名村财务人员进行培训，建立健全财务管理监督制度。（三）开展治理中小学收费执法监察。一是印发《1997年治理中小学乱收费工作意见》；二是春秋两季开学时组织检查组深入学校检查，督促各校持证收费，学生交费使用登记卡；三是对乱收费进行查处，全年共查出乱收费35791元，已退还34157元。同上年相比，学校乱收费额下降7.2%（四）对党政机关与所办经济实体脱钩工作执法监察，经自查摸底，办理脱钩和验收总结，已办理脱钩134家，占95.7%，尚有6家正在办理。（五）开展建设工程项目执法监察。一是要求建设工作项目自查，市组织重点抽查；二是查处建设工程涉及的违法违纪案件；三是成立建设工程招投标中心，规范建设市场管理；四是创建安全施工示范样板工地，提高建设项目管理水平和工程质量。

【监察调研】 1997年，监察调研工作围绕深入反腐败斗争，加强党风廉政建设进行。一是开展建设工程承发包中存在问题的调查。建筑市场混乱是特区建设中群众和投资者反映较多的问题，通过调研发现建设工程中存在领导“钦定”工程、垫资带资承包工程、泄漏标底和串通包标以及高估算、中途加码等问题。向市政府报送了《关于我市建设工程承发包中存在的问题及对策》的专题报告，市政府十分重视，采取措施进行治理，建立有形建筑市场，有效地遏制了建设工程中问题的产生。二是“三制”（直接办理制、窗口服务制、社会服务承诺制）调查，调查了1996年底以前本市实行“三制”的所有部门和单位，掌握了实行“三制”的主要内容、运作方式、突出特点和已经取得的效果，为市委、市政府在全市推行“三制”提供了基本材料。三是有关减轻企业负担的调查，企业负担重是当前较突出的问题，通过30多家企业调查，不仅找到了存在问题，还分析了产生问题的原因，为领导提供了解决问题的思路。

（覃　俊）

人事工作

【机构编制管理】 继续搞好机构改革工作。审查批准了民革海口市委、民盟海口市委、农工民主党海口市委、民建海口市委、九三学社海口市委、民进海口市委、台盟海口市委、致公党海口市委等八个民主党派和海口市文联、海口市侨联、海口市工商联、海口市科协、海口市残联、海口市台联、海口市红十字会等七个群团组织以及海口保税区、海口市爱卫办、海口市贸促会、海口市供销社等单位的“三定”方案；审核了市公安局、市检察院、市中级人民法院的机构改革方案。完成市级党政机构改革的各项工作，完成区、乡(镇)党政机构改革工作，并通过了省检查验收；为了了解机构改革后遇到的新情况和新问题，对市级党政机关机构改革情况进行追踪调查；按照中共中央办公厅、国务院办公厅《关于加强管理防止机构编制再度膨胀的通知》(中办发[1997]7号)和省人民政府《关于暂时冻结市县行政事业单位人员编制的通知》的要求，加强人员结构管理和工资基金管理，把好机构编制审批关、进人关，控制机构编制的膨胀，巩固机构改革成果。

(林荣森)

【推行国家公务员制度】 继续抓好实施国家公务员制度，完成政府32个部门、3316名国家公务员年度考核备案和28个部门年度工作目标责任制奖励工作；批准新华、振东、秀英三个区政府，共49个工作部门，494个职位和214个职务的设置；审批新华区、振东区、秀英区和市公安局、市粮食局等9个行使行政职能的事业单位共2434人过渡为国家公务员；完成96年度公开招录38名国家公务员的审批工作，并已报到上岗；开展97年度公开招录工作，共受理报名404人；举办公务员培训班11期，参加培训538人次；办理公务员流动手续17人。同时，在巩固“推公”成果的基础上，按照《国家公务员暂行条例》和人事部有关法规、规章，对已经完成过渡国家公务员的单位，逐步建立健全公务员考核、职位分类、职务升降、岗位轮换、交流、奖励、招考录用、辞职辞退等管理机制。

【企事业人事调配】 为适应社会主义市场经济新体制的需要，根据本市的经济结构和产业结构特点，坚持以工作为主、兼顾生活的干部调配原则，开展企事业单位管理人员和专业技术人员的调动、分流工作，全年共办理干部调动手续240人，其中调入136人、调出45人、市内调整59人、分流干部15人。同时，办理因公出国出境政审50批86人，恢复干部待遇12人。深化大中专毕业生分配制度改革，逐步推行大中专毕业生就业市场化，制订《海口市大中专毕业生就业工作意见》，召开毕业生就业工作会议，贯彻“双向选择，多渠道分流”原则，引导毕业生到生产第一线，到非国有企业就业，并把解决特困户子女推荐就业作为安定社会、稳定民心的重要任务来完成。全年共办理大中专毕业生派遣手续230名，办理合同鉴证304人、入粮入户证明手续506人。

【军队转业干部安置】 根据中央有关军转干部安置政策，结合本市实际情况，自觉把安置转业干部做为支持军队改革，落实“双拥”工作任务来抓；坚持“优先接收，对口安排”的原则，采取供需见面、竞争上岗、政府保底的办法，抓紧军转干部上岗前培训，提高择业竞争能力，注意工作方法，提高军转干部安置工作的透明度，探索在市场经济条件下安置工作的路子。全年共接收营职以下转业干部58人，其中营职18人、连排职28人、专业技术干部12人，并已报到上岗工作。

【专业技术人员职务评审与管理】 加强调查研究，深入基层，指导企事业单位科学设置专业技术职务岗位，共审核设岗单位223个；完成296个单位8207名。专业技术人员年度考核验收。开展专业技术职务评审，重新组建中级评审委员会5个，初级评审委员会7个，评审通过713人的技术职称。委托省各职称系列评审156人，办理各类资格证书630件。开展专业技术人员参加1997年度全国六种专业技术资格、执业资格和外语等级考试的报名、资料发放，完成3300人专业技术考试的考务工作；抓好专业技术人员的管理工作，确认大中专毕业生初聘专业技术职务152人，审批流动的专业技术人员的专业技术职务任职资格103人。协助市有关部门进行“三类优秀专家”的推荐选拔工作。截止1997年底，市属企事业单位共有专业技术人员9730人，其中高级任职资格598人、中级任职资格2922人、初级任职资格5606人。

【人才引进与交流服务】 根据经济发展和用人单位的需求，利用人才市场的机制，沟通市场主体双方，实现“用人自主，择业自由，双向选择”，全年共举办大型人才集市11次，700多家用人单位设点招聘或委托招聘，近50000人次进入市场登记应聘，4000余人被用人单位聘用，取得了良好的社会效益。规范人才市场管理，建立人才信息管理系统，实行招聘、求职电脑管理化，提高人才引进质量，全年共引进各类业务骨干、学科带头人68人，同时认真实施《海口市企事业单位引进人才暂行规定》等人才流动优惠政策，创造宽松环境，吸引本市急需的优秀人才，共办理重新录用手续11人，办理入户入粮手续32人，新增托管档案239件，累计托管档案1524人、为托管档案人员办理出国出境政审45批69人，申报专业技术职务23人。办理计划内自费毕业生录用70人，办理跨年度毕业生就业55人，通过人才市场推荐毕业生就业200余人次。

(何经禄)

外事工作

【来访接待】 1997年，海口市接待来自美国、加拿大、英国、法国、德国、意大利、荷兰、瑞典、卢森堡、澳大利亚、俄罗斯、日本、泰国、韩国、菲律宾、马来西亚、汶莱、香港等18个国家和地区外宾61个团组、595人次，其中政府代表团6批57人次，外交官5批10人次，经贸团体18批104人次，外国专家10批30人次，新闻记者2批12人次，友好人士18批382人次。重要外宾有：2月25日，英国驻穗总领事魏意安一行；4月4日，韩国济州道知事慎久范率领的政府访问团；4月5日，菲律宾宿务省政府代表团一行7人；4月6日至7日，澳大利亚北部省官员许木兰率领的澳大利亚北部省政府代表团一行6人；5月22日，马来西亚下议院副议长翁诗杰先生一行7人；6月19日，英国驻穗代总领事潘士礼；7月12日，日本福冈市议会副议长国分节雄率领的日本福冈市议会代表团；8月17日，澳大利亚联邦政府前任部长麦克维；10月22日，瑞典国际开发署副署长杜伯格女士一行4人；11月20日，法国戛纳市莫里斯·德洛内市长率领的法国戛纳市政府代表团一行10人；12月4日，美国驻穗副总领事桂维之。

【对外友好工作】 1997年，注重发挥国际友好城市的主渠道作用，对外友好交往取得重大进展。年内，完成了澳大利亚达尔文市和海南侨中第五批交换中学生项目，全力以赴协助选派海口市体育代表团赴澳大利亚达尔文市参加阿拉夫拉运动会，并取得了5枚金牌、2枚银牌、6枚铜牌的好成绩；在第六届海南国际椰子节期间，协助澳大利亚北部省政府和北部省亚洲关系、贸易与工业部前来海口举办商务介绍会；邀请美国俄克拉荷马市中央大学商学院布莱斯博士来海口举办工商企业管理人员英语速成培训班；联络美国俄克拉荷马市长青企业集团公司张弘毅先生，为促成海口一中与俄市克拉森高校结谊、海南侨中与俄市北帕特姆高校结谊、海大与俄市大学交往等做了前期筹备工作，筹办俄克拉荷马市图片展；组织海口市工商企业培训团一行16人赴俄克拉荷马市大学进行培训；组织海口市一批企业赴英国柏斯市举办产品展示会。与日本千叶县习志野市、法国里尔市进行了联系，建立了交往意向，发展了新的友城关系。根据中央总体外交部署的要求，争取新的友城结好工作也取得了突破性进展。10月，派员随海南省政府代表团出访坦桑尼亚，与坦桑尼亚桑给巴尔市正式签署结为友好城市协议书，有力地配合了中央的整体外交。

【国际交流与合作】 1997年共受理公务出访团组210批、535人次，出访的国家和地区有日本、菲律宾、韩国、印尼、新加坡、汶莱、越南、泰国、澳大利亚、新西兰、以色列、德国、奥地利、英国、法国、荷兰、丹麦、美国、加拿大、意大利、坦桑尼亚、赞比亚、香港、澳门等24个国家和地区。其中组织安排14个团组18人次的市级领导出访了意大利、德国、法国、瑞典、美国、加拿大、以色列、土耳其、澳大利亚、坦桑尼亚、赞比亚等。市领导率团出访，除重点开展经贸活动、强化合作外，还有针对性地宣传海南、海口的自然、地理、资源、体制和政策优势，对吸引更多的外国企业到海口投资起到积极作用，增进了海口市与世界各国在各个领域、各个层次的友好合作关系，推动了海口市对外交往向深度和广度发展，取得了实质性成果。省委副书记、市委书记蔡长松率领海口市健康城市考察团赴德国、意大利考察期间，重点考察了德国科隆市和意大利博洛尼亚市(这两个城市是世界卫生组织选定的世界健康城市)。代表团与这两个城市负责健康城市项目的主管官员、有关专家进行了广泛的交流，就健康城市的内涵、组织形式、活动方式及其他相关内容交换了意见，听取了关于城市环保、园林绿化、医疗保健和社会福利等专题情况介绍，并实地考察了污水处理厂、垃圾处理厂、老人院、心理咨询服务中心和医院等单位。考察收获颇多，加深了认识，开阔了眼界，在开展健康城市国际合作与交流方面取得了初步成果，特别是意大利博洛尼亚市主动提出与海口市在健康城市项目方面结成友好城市。此次考察对海口市创建世界健康城市将起到积极的作用。

【国外智力引进】 1997年，经国家外国专家局批准立项引进外国专家项目13个，得到国家外专局经费资助20多万元，共聘请来自英国、德国、瑞典、法国、意大利、美国、日本等国家各类外国专家30名，其中基础、管理专家9名、经济专家21名，项目涉及环保、食品加工、装饰材料、电力、洗涤用品生产和城市建设等方面，为有关企事业单位解决了生产技术难题和研制新产品，促进了海口市经济发展和科技进步。1997年获准执行派出各类赴境外培训项目5个、65人次，分别前往意大利、德国、泰国、美国、澳大利亚、新西兰进行设备技术、市场经济、工商企业管理、城市建设规划和环境保护培训，了解学习国外先进的科学技术和管理经验，提高了科学管理水平。

【外事宏观管理】 1997年，受理安排市级领导人会见重要外宾40批，安排市级领导出席涉外典礼活动8次。在利用各种形式进行外商投资政策指导的同时，加强对因公出国(境)的管理，把住因公出国(境)政策关，全年通过审核不予批准的有4批、17人次，有效地制止了公费出国(境)旅游的不正之风。在对原制定的各项外事管理规章制度进行全面修订的基础上，建立了6项新的规章制度，对全市各类公务派出活动的报批程序、办证手续、护照管理、出访团组的跟踪反馈等做出了具体规定。建立涉外通气会制度，举办了海口市处级以上领导干部涉外礼宾礼仪知识培训班，编印《海口市外事侨务简报》9期，完成了外事工作为经济建设服务等4个方面的调研课题。

【涉外案件处理】 严格执行外交部《关于处理涉外案件若干问题的规定》和省外办《关于高度重视妥善处理涉外案件的通知》精神，全市基本形成处理涉外案件的协调管理机制。协同安全局、市公安局等有关部门妥善处理涉外案件2宗，涉及澳大利亚、奥地利等国家，维护了国家的安全和尊严。

(朱　青)

发展研究工作

【课题研究】 市政府发展研究中心以邓小平理论和十五大精神为指导，端正工作方向，大兴调查研究之风。年初，在全体人员自报课题的基础上，制订出“课题研究计划”，经过大家的辛勤努力，完成了一批颇有价值的调研课题，取得了可喜的成果。其中，关于海口市开发区、保税区的调研，关于海口医药工业的调研，关于海口市工业发展方向与定位的研究，关于海口经济结构调整的调研，关于转变经济增长方式的研究，关于股份制的调研和关于海口文化事业的调研等课题，材料充实，分析深入，所提对策建议具有较强的可操作性，得到了市四套班子有关领导的批示与好评。全年共编发《形势与对策》32期，为市领导和各部门提供了决策依据，引起了社会各方面的重视。

【综合材料和专题文章写作】 遵照市领导的指示和安排，及时、全面地收集全市经济社会发展资料，写出了一大批综合材料、专题文章以及各种汇报材料。如，《经济回升大势较好，结构调整取得实效》、《上半年经济形势分析》、《经济发展继续回升，运行质量有很大提高》、《海口市城市建设与环境保护同步》、《目前的形势与建议》等文章和有关材料，有关领导比较满意。据统计，全年撰写的综合文字材料达78万字。

【政务信息工作】 在市府办的领导下，发展研究中心进一步加强政务信息工作，采取各种措施扩大信息源，加强信息网络建设，政务信息数量增加、质量明显提高。全年共编发《海口政务信息》238期、《海口政务信息》参阅件17期、《外地信息摘要》46期。向国务院办公厅、省政府办公厅报送的信息和被采纳信息条数，较上年有很大提高，均列全省各市县前茅。

【《海口年鉴》1997年卷编纂出版工作】
四月，市委、市政府决定恢复研究中心编辑出版《海口年鉴》职能。七月，市编委批复，设立海口年鉴社，挂靠市政府发展研究中心。在时间紧、要求高的情况下，中心领导把年鉴编纂工作当作一项严肃的政治任务来完成。在中心领导的带动下，全体编纂人员在完成其他工作任务的同时，经常加班加点，收集材料，精心编辑，精心审校，精心设计，并增加了新的栏目，确保《海口年鉴》1997年卷如期于10月份出版发行。全书70多万字，50多个彩页，内容充实，装帧精美，受到市领导和社会各界的好评，为海口的改革开放和经济建设提供了宝贵的信息资料。

【其他书刊编辑工作】 年内编辑出版50万字的《构筑新框架，迈向新世纪》和20万字的《海口市情概览》两本书，荟萃海口改革开放和经济建设近10年的成果，成为全市迎来送往的必备书籍，受到市领导和社会各界的欢迎。由研究中心承办的市政府机关刊物《海口经济》，在全体办刊人员的共同努力下，期刊质量不断提高，继1995年被评为"全国城市政府优秀经济期刊"、1996年荣获三个单项奖之后，1997年又被评为"十佳期刊"，名列第4位，登上了一个新的台阶。

【全国省会市、计划单列市经济研究中心主任第十三次联席会】 11月27日至31日，海口市政府发展研究中心主持召开全国省会市、计划单列市经济研究中心主任第十三次联席会，来自国务院发展研究中心和30个城市的50多名代表出席会议。会议规格比较高，中心会务组人员表现出高度的责任心和协作精神，组织工作周到细致，受到国务院发展研究中心领导和与会代表高度评价。联席会议以十五大精神为指导，分析当前经济形势，探讨特区与非特区合作与发展的途径，交流经济研究和政策咨询工作经验，达到了预期目的。

（彭大宗）

档案工作

【简述】 至1997年底，海口市档案馆现存档案74个全宗，共14610卷，资料6875册（张）。海口市城市基本建设档案馆馆藏2616个工程竣工档案，照片资料21000张，录像带250盒。海口市房屋档案馆馆藏51291卷（册）房屋产权档案。海口市教育档案馆馆藏档案4128卷。1997年，全市有两家综合档案室达标升级，海口市检察院综合档案室被省档案局评定为省一级综合档案室，市防疫站综合档案室被评定为科技事业单位省级先进综合档案室。

【档案管理】

档案业务的监督指导 （一）文书立卷归档工作。1997年该项工作任务完成率是历年来最高的。全市有103个单位完成任务，占114个应立档单位的90%。据统计，全市1997年共组文书档案1915卷，其中永久卷有888卷。经市档案局文书档案检查评比小组进行历时近1个月的检查评比，共评出市府办等17个先进单位、陈玉理等26名先进工作者。（二）科技档案工作。这是市档案工作的薄弱环节，为把这项工作搞上去，市档案局先后对全市30多家科技事业单位的档案工作进行调查、指导，并确定市卫生防疫站为达标上等级的重点试点单位。经过进行人员培训、软硬件的建设，市卫生防疫站被省档案局评定为科技事业单位档案工作省级先进单位，成为全市第一家档案工作达省级先进的科技事业单位，使市科技档案工作打开了新局面。（三）企业档案工作。针对海口市经济体制改革步伐加快，破产企业不断增多的情况，市档案局及时对破产企业的档案管理工作进行调查摸底、指导。并对第一家破产拍卖国有企业——海口纺织印染厂的破产档案成功地进行了接收。接收破产国有企业档案，在海南省是首次，这不仅有效地防止国有企业档案的流失，而且为今后国有企业转换经营机制之后的档案管理工作开了个好头。（四）重点工程项目档案工作。为了使全市重点工程项目档案得到规范化的管理，海口市档案局制定了《关于做好市重点项目（续建）档案工作的通知》等文件下发到各建设单位，并先后对海口市城市建设有限公司、海南海宇锡板工业有限公司、海口市污水处理公司等单位的档案工作进行了监督指导，协助各单位对档案进行了初步的整理。特别是协助海口市城市建设有限公司抓好世纪大桥工程档案的管理工作，组建了专门的档案机构，配备了专职人员，制定了各承包单位档案管理工作的具体规定，保证了该重点工作项目档案管理工作的正常开展。

档案馆（室）建设及基础业务工作 （一）各档案馆（室）努力加强档案馆房设施的建设，改善档案的贮藏条件。市档案局克服重重困难，筹资28万元，在市档案馆3号库房安装了档案密集架，结束了海口市最大的综合档案基地一直只使用五节铁柜贮存档案资料的历史，使档案的存放、库房的使用更加科学、合理。同时，市中级人民法院也斥资39万元，在档案室安装了密集架，大大增强了档案室管理的现代化建设。1997年，市档案馆将7191条的干部职务任免等5个专题的文件索引目录输入微机。市房屋档案馆共输入房屋产权档案10668宗，市教育档案馆克服资金短缺的困难，购置了多媒体电脑、打印机等现代化的档案管理设备，改变了该馆纯手工操作的状况。（三）档案资料的征集与接收工作。1997年，各级各类档案馆积极征集、接收档案资料，继续改善馆藏结构、丰富馆藏。市档案馆共接收市府办、市人事劳动局、海口纺织印染厂等单位的档案资料2326卷（册）；对海口市48项重大活动进行拍摄纪实，共征集到照片档案500多张；另外，还征集到'96中国度假休闲游海口组委会活动等专题档案资料60卷（册），反映海口市发展建设成就的奖状、锦旗、匾牌等实物档案26件。市房屋档案馆共接收有关房屋档案资料7351宗。市城市基本建设档案馆共接收112个工程竣工档案，征集到相片档案6200张。市教育档案馆接收人事档案78卷，文书档案41卷。（四）编研工作。各档案馆结合达标升级工作，积极开展编研工作。1997年，市档案馆编写了18000多字的《1997年海口市大事记》，市房屋档案馆编写了《海口市房屋档案馆指南》，市城建档案馆编纂了《空中漫游海口》画册。

档案资料的提供利用工作 1997年，各级各类档案馆积极向社会提供档案的查阅利用服务，共接待7537人次来馆查阅档案资料，为社会各界进行工作查考、制订地方法规、编修史志、落实政策、办理房产证、人事调动等提供档案资料15097卷次，取得了可观的社会及经济效益。

档案的宣传、业务培训、经验交流工作 （一）宣传工作。市档案局在《中华人民共和国档案法》颁布10周年之际，不仅将江泽民同志10年前视察上海市档案局工作时的重要讲话及500多册《档案法》，200多份《档案法》图解等各种档案法宣传资料发放到全市各单位，组织大家学习，而且还制定了《海口市"三五"普法期间档案法制宣传教育规划》，发放全市各单位组织实施。另外，还积极利用各种新闻媒体，对全市的档案工作及档案执法情况进行宣传报道，努力提高全社会的档案意识。(二)业务培训及经验交流。市档案局针对三个区的档案干部大多数没有经过岗前培训的现状，组织了区级机关档案干部及部分市直机关档案干部共70多名档案干部参加了中国人民大学档案学院在承德市举办的“档案规范化、科学化管理”培训班的学习。年底，为使海口市的文书档案立卷归档工作的总体水平得到提高，市档案局还组织召开了有市属90个单位共123名档案干部参加的“海口市文书档案工作学习现场交流会。”

(柯锦童)

中国人民政治协商会议
海口市委员会

政协海口市第九届委员会

主　　席　陈　斌

副 主 席　欧良柱　王祥伯　陈序全　林策良　王若娴　芮锡森

秘 书 长　符史英

副秘书长　何和民　冯玉韶　蔡东方

常务委员　(按姓氏笔划为序)

王进修　王茀敏　王桂燊　王树德　王　雷　韦泽轩　占道文　关金生　冯　琪　严美中　杨少华　杨　叶　何植林　何子建　陈政天　陈得胜　林日运　林道芸　欧先煜　侯新明　黄毓义　黄月金　黄庆萍　韩平俊　韩爱存　谢雄英　谢振高　曾中刚　曾兴石　蒙连吉　廖东明　潘隆森　薛道明

政协第九届委员会工作部门领导人名单

办公室

主　任　何和民

学习提案委员会

主　任　林日运

副主任　谢春和　蔡东方　芮锡森　罗志勇

海外联谊委员会

主　任　关金生

副主任　张光华　钱汉堂　陈得胜　梁建勋

教文史卫体委员会

主　任　冯玉韶

副主任　林道本　吴永坤　黄　白

经济科技城建委员会

主　任　何植林

副主任　王　雷　薛道明　彭大苗　单保申

【综述】　1997年，市政协认真贯彻中共十四届五中、六中全会和十五大会议精神，围绕中心，服务大局，积极履行政治协商、民主监督和参政议政职能，做到“尽职而不越位、帮忙而不添乱、切实而不表面”，圆满地完成了市政协九届五次全会提出的各项工作任务。

【参政议政】　1997年，市政协共举行全委会议1次、常委会议4次、主席会议8次，召开各界人士民主协商会1次。在九届五次全会上，委员们认真讨论了《市政府工作报告》，畅所欲言、坦陈已见，就本市社会主义精神文明建设、科教兴市、优化资本结构、振兴工业、依法治市等问题提出了136条意见和建议。会上，14名委员围绕两个文明建设中的重大问题及人民群众普遍关心的热点问题作了有情况、有分析、有建议的发言。委员们的不少意见和建议经整理后报送市委、市政府，得到重视和采纳。8月，召开各界人士民主协商会，围绕省委副书记、市委书记蔡长松和曾浩荣市长在市经济形势分析会上的讲话精神，就如何进一步抓好再就业工程，鼓励、扶持非公有制经济发展，促进保税区、工业新区建设，培育新的经济增长点，加强治安管理等问题积极建言献策，不少意见和建议切实可行，得到市委、市政府的重视和采纳。加强对经济社会发展中的重大问题进行视察、检查工作。积极参加市委、市政府组织的关于精神文明建设、社会治安、城市环境综合整治、计划生育、卫生考核、禁毒、廉政建设等工作的视察和检查，认真了解情况，提出意见、批评和建议，既对取得的成绩给予充分肯定和支持，同时也坦诚地提出批评及改进工作的建议，政协参政议政和民主监督的力度进一步加大，促进了各项工作的开展。

【提案工作】　提案工作是人民政协履行职能的有效形式，是政协工作的重要组成部分。市政协认真贯彻《政协全国委员会提案工作条例》，以提高提案质量、推动提案办复工作为重点，抓好提案的征集、审查、立案、交办、督办等各个环节，广泛征集、保证质量、督促办理、重点落实。对审查立案的111件委员提案，政协学习提案法制委员会及时会同市委办公室、市政府办公室，联合召开提案交办会议，加强提案督办力度，不少提案被市有关部门采纳。

【对口协商工作】　对口协商是拓展民主监督渠道，加强民主监督力度的重要形式。1997年，政协各专门委员会进一步加强与市政府各职能部门的对口联系，加大对口协商工作的力度，在组织委员进行视察、调查的基础上，召开对口协商会议，针对存在问题同有关部门进行协商、寻求对策。经济科技城建委员会在开展关于如何培植本市财源、增加本市财力的调查后，及时同市财政、计划、税务、工商、经贸、工业、农村等部门进行协商并达成共识，共同提出6条促进财政收入增长的措施，取得了较好的效果。

【社情民意工作】 了解和反映社情民意是协助党委和政府协调关系、化解矛盾、体察民意、广纳良言的好形式。充分发挥社情民意工作在政协履行职能中的作用，广泛动员全体委员、政协各参加单位和社会各界人士密切与社会各界的联系，主动征求各界人士尤其是基层群众对政治、经济、社会生活中各种问题的意见和建议，提倡每个委员每年至少提一条建议、反映一条信息。政协工作部门及时将加工、整理的各类信息反映到市委、市政府，使市领导能够了解到一些不易掌握的信息和情况、不易听到的呼声和要求、不易获得的批评和建议，以推进党政决策的民主化、科学化。九届五次全会以来，收集社情民意信息30余条，编印《社情民意》18期，其中有关净菜上市、进一步加强城监队伍建设等重要信息，引起有关部门的重视，并得到采纳。

【调查研究】 调查研究是政协履行政治协商、民主监督、参政议政职能的一项基础性工作。年内，政协常委会和各专门委员会围绕市委、市政府的中心工作，结合自身特点，选准角度、发挥优势，认真组织委员开展专题调查研究，调查面涉及130多个单位，共有150余人次参加各类专题调研。通过调查，以准确的事实、完整的数据、严谨的科学态度，进行分析论证，提出解决问题的建设性意见，为党政部门提供决策依据。如关于培植财源、增强财力的调查；关于工业重点项目进展情况的调查；关于私营企业发展情况的调查；关于“三资企业”发展情况的调查；关于贯彻落实党的十四届六中全会决议的实施意见情况的调查；关于归侨的就业、生活、工作情况的调查；关于农村防保工作情况的调查；关于文史稿源的调查；关于禁毒工作进展情况的调查；关于市人民医院创建“三甲”工作情况的调查；关于乡镇企业发展情况的调查；关于文化系统弘扬社会公德和职业道德工作情况的调查等，得到了市委、市政府的采纳，促进了全市性工作。

【“三胞”联谊工作】 开展“三胞”联谊工作是政协的一项重要工作。积极发动港澳委员，来琼投资的香港企业界人士，归侨侨眷，以及其他社会各界知名人士，通过召开喜迎香港回归座谈会、庆祝香港回归联欢会等形式，加强了海外联谊工作。同时努力做好同港澳委员和海外乡团的联系交流工作，主动听取和反映他们对进一步加快海口经济建设的意见和建议。主动为“三胞”做好服务工作，对“三资”企业以及归侨就业、生产、工作等问题进行专题调查，多次深入台资和侨资企业了解情况，协助政府有关部门解决生产中的困难，增强“三胞”对改革开放和经济发展前景的信心。

【文史资料征编工作】 文史资料工作是统一战线工作的重要组成部分。充分发挥文史资料为精神文明建设服务的作用，在广证博采的基础上，坚持精选精编，努力提高工作质量。文史资料委员会广泛发动社会各界为《海口文史资料》第13辑撰稿，共征稿20余篇，约15万多字，实际采用近10万字。同全国各省、市、县政协和省内有关单位交流《海口文史资料》3000册。

【自身建设】 市政协以搞好“三个服务”即为政协工作服务、为政协委员服务、为民主党派服务为宗旨，按照市委关于“一转变、两提高”专项整治工作的总体部署，认真抓好政协机关的思想建设、组织建设和作风建设，进一步改善工作条件、提高办事效率。一是加强宗旨教育、职业道德教育、社会公德教育。组织干部学习政治理论业务知识，分期分批对干部进行电脑培训，不断提高机关工作人员的政治素质和业务素质，在机关上下形成求知上进的好风气。二是加强制度建设，整顿机关工作纪律。制定了大楼管理制度、卫生管理制度、安全保卫制度。修改完善考勤制度、请销假制度、用车制度、办文制度等各项规章制度，使之更加切合实际，更加便于操作，努力形成严明的工作纪律、健全规范的工作秩序、灵活高效的运行机制，使之更好地为政协工作服务。三是根据中共中央关于政协机构改革的规定和市编委的要求，合理调整了机关办事机构，机关工作人员完成了公务员制度的过渡。四是改善机关工作条件，创造良好的工作环境。9月，政协正式搬进新办公大楼，办公环境的硬件建设得到了较大的改善。

（宁虹雯）

中国人民解放军海南省海口警备区

司　令　员　林伟伦
政治委员　谭锡煊（任职至7月）
　　　　　李远富（7月起任职）
参　谋　长　邢建良
政治部主任　姚虎山
后勤部部长　陈树雄（任职至7月）
　　　　　岳新启（7月起任职）
副参谋长　王宏秀
政治部副主任　朱进艺

海口市新华区人武部
部　　长　田俊基
政治委员　黄关雄
副部长　刘大才

海口市振东区人武部
部　　长　林　雄
政治委员　陈世富
副部长　黄良建

海口市秀英区人武部
部　　长　符气清
政治委员　羊　宏
副部长　卢　瑜

【综述】　1997年，高举邓小平理论的伟大旗帜，紧紧围绕迎接香港回归祖国、纪念建军70周年和召开党的十五大三件大事，高标准抓好各项工作落实，部队全面建设稳步发展。

【思想组织建设】　以邓小平理论和新时期军队建设思想为指导，深入抓好理论学习和四个教育。领导干部人均写心得体会8篇，其中有3篇被中央级出版社大型理论丛书《跨世纪改革发展战略》、《中国军事文库》刊用。分队教育突出抓爱国奉献、尊干爱兵、遵纪守法和以树立正确的金钱观为主要内容的革命人生观教育，广泛开展“迎回归、做奉献”和“读书育人”、“四不一有”、“双四一”、“五个五十”等系列活动，有效地增强了官兵的政治意识、使命意识、形象意识和责任意识。精神文明建设成效明显，各级制定了文明守则，编印了办公、执勤文明用语，抓好文明窗口和文明共建示范单位，机关开展了文明承诺、文明办公、上门服务活动，“一转变两提高”更加自觉。部队战斗力和凝聚力不断增强。

【城市警备】　加强检查纠察力度，强化区域性管理，努力拓宽信息渠道。1997年，共派出执勤兵力1887人次，出动车辆451台次，检查过往军车1785台次，查扣各种违章车辆93台次，收审假冒军人6人次，处理交通事故11起，较好地维护了军队的声誉和合法权益。

【民兵预备役】　1997年，组织基干民兵训练557人次，基干民兵出入队1028人，调整民兵干部236人。完成预备役军官储备，全年共退役、调出、注销预备役军官119名。市、区相继成立国防动员委员会，成立了综合动员、人民武装动员、经济动员、人民防空动员、交通战备动员5个办公室，制定了国防动员委员会工作制度和各办公室工作职责。警备区领导及机关工作人员深入48个基层人武部及民兵营连，调查了解民兵预备役建设情况，制定了《海口市民兵军事训练政治教育规定》、《海口市专武干部、民兵营长管理暂行规定》、《海口市民兵组织调整暂行规定》、《海口市以劳养武规定》等五个文件，有效地保证了民兵预备工作有章可循。

【双拥共建】　先后组织官兵400余人次，参加万绿园、庆龄大道、长秀开发区等地植树绿化活动和南大立交桥的整治工程、荣山农田水利综合整治工程。出动车辆14台次，帮助海口市菜篮子基地抢种反季节瓜菜。政治部与海南华成集团公司开展了军民共建。纠察连与市交警、环卫局共建文明一条路活动受到市民赞颂。

【新华区人武工作】　1997年，民兵训练工作做到早计划、早安排、早准备，为年度军事训练开好头、布好局、起好步打下良好的基础。全年完成基干民兵、预备役人员训练任务230名，超额完成任务。经考核验收，参训及格率100%，优秀率45%，总评成绩优秀。全区22个基层人武部全部达标，达标率100%。“八一”前夕，参加海口市民兵预备役军事体育运动会，荣获4个单项第一名和团体总分第一名的好成绩。征兵期间，派出宣传车50多台次，开设征兵咨询站，宣传月活动有声有色，保质保量完成了征兵工作任务。组织苍东村民兵参与精神文明建设初见成效，该村被列为全国精神文明建设示范点。

【振东区人武工作】　坚持以抓好民兵预备役建设为中心，以人武部自身建设为重点，突出抓好应急分队和重点民兵营、连建设，大力开展精神文明建设活动，各项工作得到全面发展，被海南军区评为“先进人武部”。坚持“从严治军”的原则，加强正规化管理，认真规范“四个秩序”，正规化建设有了长足的进步。得到广州军区正规化检查充分肯定，并在广州军区组织的中南五省区人武部建设座谈会上介绍了人武部正规化建设的经验。7月，参加全国国防知识竞赛，被评为“全国国防知识竞赛先进单位”。组织和平南街道民兵参与街道开展的“十星文明居民户”活动，被树为省市精神文明建设典型；组织省汽车东站女民兵班开展优质服务，受到好评；组织海甸街道基干民兵连，积极配合地方司法机关打击各种刑事犯罪活动，共出动民兵321人次，协助公安干警抓获各种犯罪分子56人次，抓获吸毒人员31人，为社会稳定作出了贡献。

【秀英区人武工作】　按照“突出重点、狠抓落实、全面发展”的思路，艰苦创业，较好地完成了各项工作任务。制作国防教育录音带发到各基层武装部和民兵营。组织全区960人参加海口市举办的国防知识竞赛。领导干部下基层讲课12场次。完成预备役军官43人、士兵481人、基干民兵75人、普通民兵1855人的整编工作。新海乡海上民兵连整组试点和反走私活动演练成功。协同区委共同抓好文明村镇建设，海秀乡新村、新海乡新海村、长流镇和金鼎小区被省市评为精神文明先进单位。区人武部和长流镇人武部共同扶持卜抚村三个孤儿的事迹受到社会的赞扬。1997年，全区人武干部、专武干部、民兵营长共捐款给贫困母亲、失学儿童、希望工程共5624元及衣物一批。组织民兵参加植树造林1200人次、冬修水利1500人次，参加环境整治维护社会治安3200人次，抓获不法分子25名，缴获赃款5万元及赃物一批。

（崔立民）

民主党派

中国国民党革命委员会海口市第三届委员会

主　委　林道芸
副主委　苏大谟　陈海平
秘书长　苏大谟(兼)

中国民主同盟海口市第十一届委员会

主　委　林日运
副主委　高荣年　吴永坤

中国民主建国会海口市第八届委员会

主　委　芮锡森
副主委　侯升荣　吴明哲　韩明生

中国民主促进会海口市第三届委员会

主　委　林策良
副主委　冯玉珝　丁善正　白　云
　　　　王传荣
秘书长　陈川璠

中国农工民主党海口市第七届委员会

主　委　陈天柱
副主委　曾中刚　欧先煜　张恒渝

中国致公党海口市第四届委员会

主　委　林方略
副主委　钱汉堂　林明遂　吴颂光
(主委、副主委4月起任职)

九三学社海口市第二届委员会

主　委　薛道明
副主委　韦泽轩　杨光正　傅辑鸿

台湾民主自治同盟海口市第二届委员会

主　委　陈得胜
副主委　陈志东　符之冠
秘书长　陈志东(兼)
(主委、副主委、秘书长4月起任职)

民革海口市委

1997年，中共中央十五大胜利召开，民革海口市委会组织主委、委员和骨干进行多层次、多形式认真学习，全面理解领会中共十五大精神，提高全体党员的思想政治素质。香港回归，普天同庆。民革于1948年1月1日在香港成立，对香港回归，民革党员内心充满激励和喜悦。组织全体党员举行庆祝活动，进行爱国主义教育。参加中共海口市委、市政府、市政协召开的重大问题协商会4次，参加各种视察检查活动26人次。撰写提案10件，政协工作理论和统战理论论文5篇，有2篇获三等奖。发挥民革优势，开展海外联谊活动，接待三胞190人次，到台探亲2人，向海外寄送贺年卡23份，通信通电话76人次。5月28日省民革换届，林道芸当选为省民革第三届委员会副主委，苏大谟当选为常委及民革中央九大代表。12月23日，举行庆祝中国国民党革命委员会成立五十周年纪念大会，表彰在两个文明建设和祖国统一工作做出显著成绩的市民革第一支部和麦光潭、王祖德等23名先进个人。发展新党员11名，至年底共有党员120名。

(苏大谟)

民盟海口市委

1997年，民盟海口市委认真组织全市盟员学习邓小平理论，贯彻中共十五大会议精神，以开拓精神加强盟组织建设。9月，增补黄玲玲等三名盟市委委员，先后成立民盟景山分校支部，成立新华、振东、秀英三个区盟总支。完成《加强图书报刊市场管理，促进我市精神文明建设》等2个专题调研报告；撰写提案42件，其中集体提案《加强教育基地建设，促进青少年素质教育》被列为全市重点提案；撰写统战理论研讨文章17篇，其中《加强党派机关建设，提高参政议政水平》在全国民主党派自身建设的理论与实践学术研讨会上获优秀论文奖；《论民主党派参政议政的策略和艺术》获市海口市《海药杯》理论征文一等奖；《民主党派自身建设理论初探》在海口统战理论研讨会上获一等奖。《积极探索，竭力奉献》在民盟中南六省(区)盟务工作经验交流会上宣读受到好评。海口画院副院长、盟员丁孟芳在海口成功地举办个人画展。盟员王绥抚在从事教学工作之余，创作并出版诗集《百川奔流归大海》。积极搞好海外联谊，全年接待三胞人士100多人(次)，引进资金6000万元。全市有17个盟支部，1个盟小组，共有盟员257名。在12月召开的1997年表彰大会上获得先进盟支部的民盟海南侨中支部、民盟海口一中支部、民盟长流中学支部、民盟四中支部、民盟海口二中支部受到表彰,常年为老干部做好事的杨维信医师等29名盟员被评为优秀盟员,受到奖励。

(陈振球)

民建海口市委

1997年,民建海口市委认真学习和贯彻中共十四届六中全会、中共十五大和民建"七大"会议精神,以高度的政治热情,积极发挥参政党的职能作用,在参政议政、民主监督、两个文明建设和加强自身建设等方面取得较好成绩。多次参加中共海口市委、市政府、市政协召开的民主协商会和专题座谈会,积极参与本市大政方针和重大问题的协商和监督,会员骨干也多次参加市人大、市政协和市委统战部组织的视察工作,并提出不少有益的意见和建议。会员中的人大代表、政协委员共提交议案、提案7份,其中《新埠镇渔港急待开发》等提案被市政府采纳。撰写专题调研材料和统战理论研讨文章9篇,其中《组建综合利用海南资源的企业集团,树立我省的支柱行业》、《民主党派只有加强自身建设,才能更好地履行参政党的职能》等文章被《海南协商报》刊登。为加强同兄弟省市民建组织的协作与交流,参加"民建八省九市协作年会"活动。充分发挥与经济界人士联系密切的优势,积极做好招商引资工作,引进项目4个,促进了经济建设。发动会员积极开展扶贫助残活动,共向五保户和残疾人捐献衣服300多件、人民币4000多元。女会员王薇华热心资助革命老区失学女孩入学,资助的人数由上年的十四名增加到十八名;女会员陈少萍年内共向高龄老人、困难户及黎族同胞赠送价值32000元的慰问品及5000元慰问金。全年发展会员12名。

(建　宣)

民进海口市委

1997年,民进海口市委会高举邓小平理论伟大旗帜,认真贯彻落实中共十五大精神,认真履行参政党职能,发挥政治协商、民主监督作用。"关于中小学素质教育工作"、"关于部分学校财务管理工作"等问题的专题社会调查,得到市委、市政府重视。提交提案8项,得到政府对口单位的答复,取得了较好的社会效果。主委林策良参加市委召开的向海口市各民主党派、人民团体征求南大桥综合治理意见会上,提出综合治理意见建议,指出没有绿化,设施没有全面合理的方案,造成常挖不止等问题,是南大桥综合治理的当务之急。该建议得到市委、市政府的采纳实施。组织了每年定点智力支边扶贫活动,机关办公室专职干部与教育界成员的高级教师,深入市郊边远地区的新海乡小学以及山、边、远少数民族地区通什南圣镇军民希望小学,三亚市"八一"小学等,送教上门进行教学示范讲座,深得学校师生的欢迎和感谢。发展了一批教学骨干参加民进组织,建立了民进海口市实验中学、海口市华兴学校、海口市教育局等三个新支部。全年共发展新成员17人,其中中学高级教师6人、中学一级教师5人、小学高级教师3人、经理2人、总经理1人。通过喜迎"香港回归",欢庆中共十五大召开,进一步开展以对台工作为重点的海外联谊活动,宣传"一国两制"的方针政策,协助有"三胞"关系的会员加强同海外亲人的联络。接待海外侨胞、港澳台同胞120人次,共引进项目2个,为海口市经济建设做出贡献。

(翁振民)

农工民主党海口市委

1997年,召开市委扩大会议和主委、副主委会议11次,研究布置参政议政工作。人大代表、政协委员认真履行职责,共递交提案12件,其中《完善保障医疗体系、加快建设健康城市的建议》和《城市执法人员应注意执法形象》等提案,受到重视和采纳。还有《创建卫生城市,两项措施先行》一文,被列为重点材料。撰写有关统战理论、参政议政工作研讨论文6篇。针对本市医疗卫生保健工作的现状和存在问题,成立一个专题调研小组深入新华、振东两区卫生院调查了解情况,召开座谈会,写出了《海口市区级卫生院情况调查以及今后工作意见》专题调查报告,对基层卫生组织的发展提出了建设性的意见。市委会和农工党省委一起举办了庆祝香港回归的大型会议,组织基层支部学习《香港基本法》,通过有海外关系的党员,向在海外定居,特别是在港定居的亲属和友人宣传政策,鼓励他们留港安居乐业,为香港繁荣稳定做贡献。在农工党中央十二大会上,韩宇东、陈天柱为十二大代表,韩宇东当选为农工党十二届中央委员,陈天柱当选为省委常委。全年发展新党员9名,新党员个人素质较好。共接待"三胞"58人次,其中台胞12人、港澳同胞27人、华侨19人。出访香港、泰国、韩国5人次。党员王书美的亲属为家乡公益事业捐款25万元,修路建图书馆。市海药支部协助引进3000万元人民币用于海药工业园的基础建设和新项目开发。在庆祝农工党建党67周年期间,市委联合省农垦支部在海口公园门口举行义诊,庆祝活动受益群众300人。在世界和平日,组织党内知名专家4人进行义诊,诊疗近百人次,受到社会好评。

(黄宗瑾)

致公党海口市委

1997年4月18日,召开致公党海口市第四次党员大会。总结致公党海口市委员会五年来的工作,并选举产生致公党海口市第四届委员会。顺利完成新老交替和政治交接。第四届委员会设正副主委4名,秘书长1名,委员9名。有基层支部7个,小组1个,党员108人。新一届市委会发扬致公党与中共密切合作的光荣传统,讲学习、讲政治、讲正气,坚持民主集中制的原则,贯彻落实各项规章制度和工作任务。在参政议政中,围绕政治、经济生活中的热点、重点问题提出提案4件,撰写调研报告5篇,引起市委、市政府重视和采纳。进一步加强思想建设,强化自身建设,通过多种形式学习中共十五大精神和邓小平理论,提高成员对高举邓小平理论的认识,结合香港回归,举行各种庆祝活动,激发全体成员的爱国热情。加强机关建设,按"一转变,两提高"的要求,提高机关的办事效率。全年吸收党员12名。有10多位成员获得各类先进分子称号。市医院支部组织成员到琼中县进行扶贫义诊活动,为近千名患者义诊,为7例疑难病进行手术,得到社会各界好评。为灾区人民捐衣物150多件。接待"三胞"260多人次。热情为三资企业服务,帮助解决生产用地和产品销售问题,赢得华侨、归侨、侨眷的称赞。

(林明遂)

九三学社海口市委

1997年，组织全体成员认真学习邓小平理论，学习中共十五大精神，学习本社与中共长期合作光荣历史，参加统战理论学习班、培训班，参加统战理研讨会、政协工作理论研讨会。通过一系列的学习与活动，市社的整体素质得到进一步的提高，提高了参政议政的觉悟。积极参加中共海口市委、市政府和市政协的通报会、协商会、恳谈会、座谈会，参加市重点项目的视察活动，了解重大项目决策和进程的情况，对经济建设、民主政治、市民利益等问题，直抒己见，提出不少建设性的意见。社市委的政协委员、人大代表，积极参政议政，履行民主监督职责，提交政协提案4件、人大议案4篇，从城建、科技、文教等方面提出自己独到的见解。积极开展社会调查，完成题为《我市部分乡镇企业现状的调查》的调查报告，为乡镇企业的改革与发展献计献策。注重"三引进"工作，积极创造条件，引进资金、项目，积极为海口市的经济建设贡献力量。九三学社海口市委会，现有新华、振东、秀英三个支部，成员72名。

（蔡大勇）

台盟海口市委

1997年，台盟海口市委员会在中共十五大精神的鼓舞下，高举邓小平理论的伟大旗帜，围绕改革开放和经济建设这个中心，开展参政议政。开展对台工作，为祖国的统一尽责。在欢庆香港回归祖国的日子里，以各种方式热情庆贺香港回归。在台盟成立五十周年之际，组织全体盟员举行欢庆聚会。同时表彰了一批盟务工作的优秀盟员。获得了全省盟务工作先进集体的光荣称号。4月25日召开台盟海口市第二次全体盟员会议，选举产生了台盟海口市第二届委员会。委员共有7名，正副主委3名，秘书长1名。为更好地开展盟务工作，学习各地盟务工作的先进经验，盟的领导及两个支部(新华区支部、振东区支部)的负责人5人次赴南京、广州、顺德、无锡、长沙、福州、厦门、泉州等地进行学习考察，有较大的收获。参政议政是民主党派的一项主要工作，积极参与有关部门的协商和议事、反映社情民意等活动。共6次参加全市有关单位的协商会、通报会、座谈会，坦诚地提出意见和建议。在人大、政协的议案和提案中，总共提交了10件，为海口市的经济建设起到了积极的作用。组织专题调研，撰写了《大同街道办事处大同里居委会精神文明建设情况》的调查报告。积极参加政协、统战理论研讨，共撰写论文9篇。搞好对台工作和联谊活动，共接待来自香港、澳门、法国、台湾等地区客人共17人次，为琼台合作做出了贡献。

（陈志东）

人 民 团 体

海口市总工会

主　席　陈振川

副主席　黄月金(女)　周月兰(女)

　　　　廖之精

中国共产主义青年团海口市第十四届委员会

书　记　詹尊南

副书记　张　鸥(女)(11月起任职)

中国少年先锋队海口市工作委员会

主　任　詹尊南(兼)

副主任　潘辅良(兼)

海口市青年联合会

主　席　(缺)

副主席　韩　美(女)　杨　波

　　　　董宪曾　　柯兰亭

海口市妇女联合会第九届执委会

主　席　王若娴(任职至2月)

　　　　吴家荣(3月起任职)

副主席　张梅英　符梅琼　冯　琪

海口市科学技术协会

主　席　习　坤

副主席　黎浩平　黄达忠

海口市文学艺术联合会第五届委员会

主　席　林世治
副主席　杨　毅　蔡　旭　黄昌华
　　　　陈育明　潘正沂

海口市工商业联合会第十一届执委会

会　长　关金生(任职至9月)
　　　　蒋会成(9月起任职)
副会长　谢雄英　王树德(任职至9月)
　　　　林书鉴　刘佳佳(女)

海口市归国华侨联合会第九届委员会

主　席　陈光华
副主席　吴坤旺　林彩凤(女)
　　　　何和诚(兼)　周永勤(兼)
　　　　陈政天(兼)　韩雄光(兼)
　　　　龙琼珍(女,兼)

海口市台湾同胞联谊会第二届理事会

会　长　潘隆森

海口市残疾人联合会第二届理事会

理事长　陈水活

市总工会

【综述】　1997年,深入贯彻新时期工会工作总体思路,以推动企业改革、促进经济发展、稳定职工队伍总揽工会工作的全局,突出维护,抓住重点,带动各项工作的全面开展,被全国总工会和海南省总工会授予全国职工权益保障工作先进单位、全国工会实施"送温暖工程"先进单位和"海南省工会工作先进市"等称号。

【加强职工队伍精神文明建设】　一是举办全市职工学习、贯彻党的十五大精神报告会,邀请理论政策水平比较高的同志作辅导报告。并要求全市各级工会通过多种形式组织工会干部和职工进行学习、宣传。二是年初制订《海口市总工会加强社会主义精神文明建设实施方案》,明确加强全市工会精神文明建设的指导思想、任务、途径和方法。三是加强职工职业道德建设。组织专业人员创作职业道德教育节目,组织"爱岗敬业"演讲团到基层单位演出,召开全市职工职业道德建设研讨会。四是开展职工文体活动。举办全市"庆'5.1',迎回归"大型职工文艺汇演,共有300多名职工表演了合唱、舞蹈等节目。在市工人文化宫举办爱国主义教育图片展览,到基层工会和学校巡回展出,观众达1.5万人次。

【推进"送温暖工程"的实施】　1997年,加大开展"送温暖工程"活动力度。元旦、春节期间,指导亏困企业工会调查、核实困难职工情况,建立困难职工档案。配合市政府、各区政府和各主管部门筹款300多万元,慰问补助困难职工10.35万人,其中市总工会筹资10.3万元,慰问补助困难职工498人。办好两个基金会。全年又有24个单位的职工参加市职工互助基金会和市困难职工扶助基金会,共投保和捐款35505元。年底两个基金会已筹款210万元,同时补偿和补助困难职工26名金额63365元。女职工委员会组织开展"为特困女职工捐献一元钱"活动,全年共有71个单位的1.4万人参加了捐款。积极参与困难职工解困工作。把解困面从国有企业扩大到各种所有制企业,协同市解困办一起调查、核实,认定了98家困难企业的1110户职工家庭的3239人为解困对象,共发放解困救济金66万元。积极主动地协助市政府有关部门出台关于分流和安置富余人员等方面的政策,想方设法为下岗职工办好事、实事,会同有关部门举办下岗职工再就业培训班,联系用人单位等途径帮助下岗职工重新上岗。年内建立了29对工会干部联系困难职工的对子。

【维护职工合法权益】　一是派员参加市里优化资本结构试点活动工作,积极反映职工的情况和意愿,对涉及职工利益的有关问题,特别是在解决职工生活和安置分流企业富余人员方面提出工会的意见和建议。二是会同有关部门重点检查了21家各类企业签订劳动合同、执行《劳动法》规定的各种标准等情况,促使6家违反劳动法律法规的企业整改了23条规章制度,补签劳动合同1554份。三是协助组织、监察部门开展职工民主评议企业领导工作,共对17家企业领导进行了评议。四是抓好职工信访工作。依照国家有关法律法规及时、妥善处理好每宗职工来信来访。全年共收到职工来信来访44宗,已全部进行调查处理。

【推行平等协商和签订集体合同制度】
继续把这项工作作为贯彻《劳动法》的一项重要措施,摆上重要工作日程。加强领导,抽调人员,深入调查摸底,广泛宣传发动,搞好指导和服务,特别是加强同各主管部门党政工领导的联系,促进签订集体合同工作的开展,全年共签订集体合同68家。

【加强工会组织建设】　市总工会重点抓好新经济组织和改制、改组企业工会组织建设,集中人力和时间,采取得力措施,全年共组建新经济组织工会21家,改制、改组企业也及时做到理顺关系,建立和健全工会组织。"5.1"节前夕,市总工会表彰了40个先进基层工会和100名优秀工会干部。

【工会财务和企事业工作】　依照国家有关法律法规,采取相应措施,一方面根据统计部门提供的有关情况,把工会经费任务安排到各基层工会;另一方面,派员经常深入基层,督促、检查基层工会经费的计拨,促使经费及时足额地上缴。明确工会企事业发展方向,加强管理,进一步提高它们的社会效益和经济效益。市工人文化宫和市职工旅行社的经营管理已走上正轨,社会效益和经济效益都得到了提高。确定市工会宾馆、市海员俱乐部和市职工学校为扶持对象,加强领导,及时对部分领导班子进行调整;投入资金对三个单位进行部分改造，更换设备。

（周良武）

团市委

【简述】 1997年，团市委高举邓小平理论伟大旗帜，以党的十四届六中全会、党的十五大精神为指针，在市委、团省委的正确领导下，围绕全市中心工作和人民群众生产生活需求，大力开展青少年精神文明建设和思想道德教育，着力深化“两项工程一个行动”，狠抓机关“一转变两提高”自身建设，加大基层组织建设力度，大力推进全市共青团组织的建设和发展，荣获全省团工作目标一等奖。

【团组织和团员情况】 1997年底，全市团员15080名，基层团委54个，团总支137个，团支部748个。全市专职团干部187名，其中女团干76名，占40.64%，党员团干82名，占43.85%，少数民族团干8名，占4.28%，大专以上文化程度的专职团干部125名，占66.84%。

【青少年思想教育】 组织团员青年学习党的十四届六中全会、党的十五大精神，学习邓小平理论，举办团干部理论学习班，举办学习十五大精神专题讲座，与有关单位联合组织“海口青年学习邓小平理论电视演讲赛”等，掀起全市团员青年学习邓小平理论的热潮，全市共有2000多名团员青年参加了理论学习。使团员青年领会邓小平理论的精髓，增强用理论指导工作的自觉性。制定《共青团海口市委贯彻六中全会精神，加强青少年精神文明建设的意见》，对青少年精神文明建设提出了具体任务、目标、措施，开展做“现代文明海口人”活动，举行“告别不文明言行”仪式，要求广大青少年遵守社会公德和海口市民“十项行为”准则，倡导讲文明、讲礼貌。召开纪念五四运动78周年暨建团75周年表彰大会，举行海口市青少年庆祝中华人民共和国成立48周年暨表彰宣誓仪式，表彰海口十大杰出青年、十佳少先队辅导员、十佳少先队员、十佳联谊学校以及一批先进集体和个人。抓住迎香港回归的契机，开展“迎回归，庆六一城乡小伙伴手拉手”、“香港—椰城青少年迎接香港回归”系列活动等，组织了千米长卷绘回归、知识角、征文、摄影、文艺汇演、签名等八项活动，有近万名青少年参加了迎回归活动。

【跨世纪青年文明工程和跨世纪青年人才工程】 全面深化跨世纪青年文明工程和跨世纪青年人才工程，建立近百支青年志愿者服务队，公开向社会招募青年志愿者，青年志愿者达3000多人。成立新华区青年志愿者服务站，组织开展“爱心献社会”为主题的青年志愿者服务周活动，青年志愿者在植绿护绿、治理三乱及助残、助孤、助老、助学等方面发挥了积极作用。青年文明号、青年岗位能手、服务万村行动向纵深发展，举办农村实用技术培训班16期，培训1500多人次，编印《农村百项实用技术问答》5000册；建立3个区级青年科技图书站，发放农民扶贫致富服务卡1000张；开展创建青年文明号示范街、青年文明号社会公益十小时服务、青年文明号百日优质服务、青年文明号服务卡助万家等活动，弘扬职业文明，树立行业新风。结合优化产业结构，加强下岗青年再就业培训力度，为青年再就业提供信息服务。开展拜师学艺导师带徒、技能竞赛和举办培训班，创办海口青年驾驶员培训基地，培训青工2000多人次。启动创建全国青年文明社区示范点工作，确定振东区吾尧村、新华区滨海新村为创建全国青年文明社区示范点。

【召开共青团海口市第十四次代表大会】 共青团海口市第十四次代表大会于11月27日—29日在市青少年宫隆重召开。会议通过詹尊南代表共青团海口市第十三届委员会所作的《高举邓小平理论伟大旗帜，同心同德，艰苦奋斗，共创海口共青团跨世纪伟业》报告。会议选举产生十四届委员会委员35名，候补委员15名，常委9名，书记2名，詹尊南当选为书记，张鸥当选为副书记。省委副书记、市委书记蔡长松等领导出席大会开幕式，市委副书记温度生代表市委作重要讲话，团省委副书记叶章和代表团省委致贺词，市总工会主席陈振川代表市群众团体致贺词。出席大会代表共250名。

【加强团组织建设】 以农村团建为重点，建立农村团支部11个，配备专兼职团干部7名；以企业为突破口，理顺企业、教育等系统团组织的关系，落实14名团干部待遇，建立（恢复、合并）团组织12个。注重在学校、农村、街道发展团员，做好团前教育培训，发展新团员4503名，推荐270名优秀少先队员入团。推优工作逐步形成制度化，向党组织推荐157名优秀团员作为党的发展对象，注重团干部队伍素质的提高，组织学习政治理论、业务知识，学习法律、经济、科技新知识，切实加强团干部队伍特别是团的领导班子的思想建设、作风建设、廉政建设。

（朱美莲）

市少工委

【简述】 1997年，少先队工作以“同顶一片蓝天，共做椰城小主人”为主题，大力加强少年儿童思想教育。在全力拓展和深化“雏鹰行动”中，重点深化“手拉手”互助活动和启动“雏鹰假日小队手拉手文明行动”。同时，继续加强和规范少先队基础建设，少先队工作取得较好的成绩。市少工委被全国少工委评为“全国雏鹰假日小队手拉手文明行动”优秀组织单位。

【大力加强少年儿童思想教育】 紧紧围绕香港回归祖国、党的十五大召开这两件大事，认真组织和带领广大少年儿童积极参加“我们爱祖国，我们爱香港”系列活动，有近50所学校的4万余名学生参加活动，共有188个单位和个人获得全国活动组委会的奖励；举办“城乡手拉手小伙伴庆‘六一’迎回归”、“迎回归‘怡宝’清洁万绿园”、“助学助困”、“社区清洁卫生”、“党在我心中”知识竞赛、“国旗、国徽、国歌”知识教育、“学习当代优秀共产党员”等活动，进行爱国、爱党、爱社会主义教育。

【推进“手拉手”互助活动】 以“同顶一片蓝天，共做椰城小主人”为主题，开展了“城乡学校手拉手联谊”、“城乡小伙伴手拉手”、“手拉手辅导员扶贫帮教”、“手拉手情系贫困小伙伴”、“送一个书包，交一个朋友”等五项活动。全市“手拉手”活动形成了“手拉手上下一条线，四面八方一张网”的局面，即自下而上从队员个体交友开始，发展为辅导员之间、校与校之间联谊，涌现出许许多多的先进集体和个人。市九小陈丹怡等10名手拉手好少年受到全国少工委表彰，市二十七小等10所学校被评为“海口市十佳联谊学校”。

【雏鹰假日小队手拉手文明行动】 以“情献椰城，争做文明小主人”为主题，结合市委、市政府提出“依法治市”的口号，先后开展了主题鲜明、内容丰富的“统一行动日”、“行动周”等系列活动，全市共建立“雏鹰假日小队”3000余支，参加“文明行动”的少先队员达3万余人。市少工委荣获“全国雏鹰假日小队手拉手文明行动优秀组织奖”，市十一小“红花小队”等15支“雏鹰假日小队”也受到全国少工委表彰。

【少先队基础建设】 通过开展评选表彰“海口市十佳少先队队室”、“首届椰城十佳辅导员”、“第二届椰城十佳少先队员”，举行“海口市青少年庆祝椰子节管乐、号鼓队花样表演”活动，建立《海口市97年少先队大队主要工作指导目标量化积分考核细则》，参加了全市性“环境保护与可持续发展夏令营”、“中小学科普艺术冬令营”等系列活动，参加全国性的“第二届全国青少年手拉手相聚在延安”夏令营活动，举办各类辅导员培训班（观摩会）等等，全市的少先队基础建设正向示范性和规范性方向发展。一批标准化、规范化的少先队队室相继建成，市九小、市二十七小等少先队队室被评为“海南省十佳少先队队室”，大队辅导配备率保持100%，市九小毛奇芳、市十一小林红等两位大队辅导员被评为“海南省十佳辅导员”，市十一小蒋乃涵、市长流中心小学唐小鹏等两位少先队员荣获“海南省第二届十佳少先队员”称号。

（方小川）

市青联

【简述】 1997年，市青联在市委的领导下，立足海口实际和青联工作现状，在开展爱国主义教育、培养和推荐优秀青年人才、引导青年投身两个文明建设等方面做出了贡献。

【开展爱国主义教育】 召开海口各界青年学习党的十五大精神座谈会，组织新当选的海口十杰青年、十佳少先队辅导员和青联委员代表交流学习十五大精神的体会；举办海口青年“爱祖国爱香港”演讲比赛；组织召开海口青年“迎回归，话统一”座谈会；组织青联委员前往大连、哈尔滨、长春、海参崴等地考察，参观旅顺口日俄监狱、白玉山炮台、东北烈士纪念馆、二战时期潜水艇、军事博物馆等，激发青年的爱国之情；先后两次组织委员到琼山、琼海、保亭、三亚等地的爱国主义教育基地参观考察。

【培养和推荐优秀青年人才】 开展第三届“海口十大杰出青年”评选活动，把王光英等一批优秀青年推向社会；推荐两名青年参加第三届“海南十大杰出青年”的评选，其中一名当选“海南十杰青年”，另一名被评为“海南省优秀青年”；向省青联推荐3名委员；吸收4名优秀青年为市青联委员；表彰33名优秀青联委员；有10名青联委员被提拔到新的领导岗位。

【引导青年投身两个文明建设】 开展“青春献‘九五’，创业在岗位，奉献在椰城”活动，鼓励和支持青联委员立足本职，创造新业绩。许多委员被评为本行业、本系统的先进工作者，获得各种奖励，其中1人荣获海南省科技进步三等奖，1人获第三届海南青年科技奖。举行“我为万绿园添新绿”活动，组织17个单位的500名青年到万绿园自费种下椰子树、高山榕、木麻黄等各类树木400多棵。与有关单位联合开展“三下乡”活动，先后3次到秀英区丰南乡等边远乡镇举行文艺演出、书写春联、医疗服务和科技咨询等活动，受到广泛好评。

【青年社团活动】 市青联下属的青年书法篆刻协会、画家协会、集邮协会等9个青年社团，开展义务书写春联，举办培训班，举办“古城颂”书法展览、“迎香港回归平安保险名人书画笔会”、“迎回归集邮巡展”、“迎回归文艺演出”等活动，丰富和活跃了椰城青年的文化生活。

（肖惠珠）

市妇联

【简述】 1997年，市妇联深入学习党的十五大和十四届六中全会精神，按照全国、省和市妇联主席工作会议的要求，围绕全市的中心工作，全面履行妇女工作的各项职能，为特区省会城市的现代化建设和改革开放事业与新时期的妇女解放运动作出了应有的贡献。

【组织开展“迎接香港回归”系列主题活动】 市妇联向全市各级妇女组织发出《关于在全市妇女中广泛开展迎回归作贡献活动的通知》，在“迎接香港回归”期间组织开展了一系列活动。（一）举办迎九七“香港明天更美好，共创祖国美好未来”儿童绘画大展赛活动，市妇联与青少年宫组织全市4至16岁的少年儿童参赛，共收到655幅作品，评出一、二、三等奖95名。并选送60幅作品到北京参加全国性比赛，有三幅作品获奖。市妇联获全国组委会的集体奖，有三位妇联干部获活动先进奖。（二）开展“庆三八、迎回归”表彰活动。市委温度生副书记出席“庆三八、迎回归”大会并讲话，勉励全市妇女干部群众，再创佳绩，以实际行动迎接香港回归和党的十五大的胜利召开。会后全体与会人员参加了为儿童福利院孩子献爱心活动，共捐款4650元和一批礼品。（三）举办“庆六一、迎回归”活动。“六一”节前夕，举行儿童工作表彰暨“庆六一、迎回归”文艺演出活动，市四套班子领导、老干部代表和社会各界人士、少年儿童500多人参加了活动。（四）七一前夕，市妇联系统400多名干部职工举行了“庆七一、迎回归”文艺演出活动。

【妇女权益保障工作】 各级妇女组织大张旗鼓地宣传马克思主义妇女观，开展各种形式的男女平等基本国策教育活动，着力抓好如下维权工作。（一）组织和发动各区、乡（镇）、街道利用广播、墙报等宣传工具进行宣传教育，并举办《妇女权益保障法》、《婚姻法》等有关法律法规竞赛活动和咨询活动。市妇联协调各区举办法律学习班3期，学习人数300人。（二）转发《海南省妇联法律顾问室信访工作管理办法》，推动市及三个区妇联法律顾问室信访工作社会承诺服务制的贯彻实施。市妇联及三个区法律顾问室共收到群众来信111件，接待来访233人次。以市妇女权益保障委员会的名义召开《婚姻法》及《海南省实施〈妇女法〉办法》修改征求意见座谈会。（三）省政协、省妇联、省妇女权益保障委员会对海口市实施《妇女法》的情况进行检查，充分肯定了市妇联的维权工作。

【妇女建功立业活动】 把职业道德教育贯穿于爱岗位、抓质量、塑形象、创一流的各项活动之中，在各企事业单位、机关、街道广泛开展“巾帼建功”竞赛。深入海口橡胶五厂等10多个单位调查了解“巾帼建功”活动情况，制定出全市的巾帼建功竞赛方案，推向全市。重点调查全市22个系统单位下岗女工的情况，配合政府有关部门实施“再就业培训”、“再就业工程”，树立典型，表彰先进。在全市窗口行业及个体协会中开展“巾帼文明示范岗”活动，市环卫局海秀东路段被评为全国“巾帼文明示范岗”。市邮政局白坡分局邮政营业班被评为省“巾帼文明示范岗”；市自来水公司中心化验室被国家建设部评为“文明服务示范岗”。韩玉玲被选为党的十五大代表，傅映柏获“全国三八红旗手”称号。在“三八”节，表彰了10名巾帼建功“奉献杯”标兵和19名先进个人，并同时授予10位标兵“三八”红旗手光荣称号。

在农村中，以致富奔小康和“科技兴农”为导向，不断深化“双学双比”竞赛活动。组织畜牧、蔬菜、水稻、植保等9名专家到长流镇设点咨询，宣传农科知识，同时组织新华书店送科技书籍下乡。举办农村妇女科技培训班，协调各乡镇妇联，举办了蔬菜、水稻、畜牧、淡水养殖等培训班共12期，培训妇女达2036人次。评出女农民技术员106名，全市共有女农民技术员435名，实现了全市各行政村30——50户有一名女农民技术员的目标。全市涌现出一批科技致富女能手，1个单位被省评为科技致富奔小康先进单位，4人被评为省致富女能手。

【儿童工作】 市妇联在全市范围内宣传贯彻国务院颁发的《九十年代中国儿童发展规划纲要》，大力宣传“三优”知识，组织群众收听省妇联、省广播电台主办的“优生、优育、优教”知识专题节目，仅秀英区就发动1万多名家长收听“三优”知识专题节目。组织全市各界妇女和群众踊跃参加全国妇联儿童部和中华家教座谈会，向全市妇女组织转发了《家长教育行为规范》，提出贯彻实施的意见。就社会上反映的“卖花童”热点问题进行调查，向省妇联呈送了调查报告。搞好儿检和强化免疫工作。全市儿童健康体检35000人，儿童系统管理2500人。在“六一”节期间表彰了全市12个儿童工作先进单位、25个优秀儿童工作者、海口市“十佳文明儿童”和“十佳文明家长”。(四)组织由市四套班子领导参加的“六一”慰问活动，慰问全市10所幼儿园、学校和儿童福利院的儿童工作者。全市各单位相继组织各种形式的慰问活动。加强对下属幼儿园的规范化、制度化管理，加强办园的指导工作。市妇联领导和干部深入新办的金贸园帮助指导组织家长开放日。开展省一级幼儿园建设，市中心幼儿园投入建园费60万元，维修、更新了部分设施、设备。来琼视察的全国妇联副主席赵地对中心幼儿园的工作给予高度评价。1997年，海口市被国务院妇女儿童工作委员会确认为全国《儿童纲要》文范市，并授予“全国工儿童工作先进市”。

【加强妇女组织建设】 认真贯彻全国省、市妇联主席上海工作会议精神，切实加强妇联组织自身建设。以理论学习为先导，以加强领导班子的建设为根本，学习邓小平理论和党的十五大精神，大力加强机关干部的思想建设，认真抓好每一次的政治学习，结合“一转变两提高”的专项整治工作，进行宗旨教育、职业道德教育和党纪、政纪教育；结合迎接香港回归，开展各种形式的爱国主义教育。进一步加强和健全岗位责任制，层层签订岗位责任书，使每个干部、每个部室都有明确的工作目标。坚持把加强妇联组织建设的重点放在基层，进一步健全妇女组织网络。进行农村基层妇联组织及妇代会主任现状的调查，积极做好街道妇联的组建工作，加强妇联横向组织和经济实体的建设。11月初，海口市女知联召开第三届会员大会，修改了女知联章程，通过了工作报告，确定了今后工作的指导思想和任务、目标、要求，选举产生了新的领导班子，给女知联工作注入了新的活力。

【促进妇女参政议政】 根据全国省市妇联主席工作会议精神，市妇联着力提高全市妇女的参政程度，想方设法使妇女干部的培养选拔工作有新的突破。把握各级党委、人大、政府、政协领导班子将换届的契机，加大宣传优秀女干部政绩的力度，及时向党委组织部门推荐处级后备女干部，为各级领导班子在换届选举中提高女干部比例多做工作。拟定培养选拔妇女干部工作的第二个“三年规划”(1998——2000)，使女干部培养工作再上一个台阶。

(邓子松)

市科协

【科普工作】 普及科学技术知识，促进科技兴市，重点办好基层农村扶贫示范点，帮助长流镇养猪场解决实际问题，排忧解难，为其解决扶贫资金16万元。推广科学技术，认真做好科普宣传工作，多次下农村、乡镇、工厂企业等单位宣传计划生育、少生优育的科普知识，先后在新埠镇、长流镇等地进行，参加人1000多人次。先后聘请中国工程院院士钱易、中国科协主席周光召、中国科协副主席王选、著名科学家李振声教授等为副处级以上领导干部做题为《环境保护与可持续发展》、《科学技术发展趋势以及发展中注意的问题》、《中国农业生产存在的问题、潜力及政策》等四期高新技术知识讲座，进一步增加了领导干部的科技知识。

【青少年科技教育】 举办'97海南省海口市科技活动周，联合有关部门在市区举办科普知识长廊图片展览，内容有破除迷信、扫黄、缉毒、禁赌等。参观人有五千多人次。联合中国继续教育学院在市27小学投资40万元，帮助学校购置35部最新型的586型电脑和电教设备。开设小学生学习电脑示范点，已通过有关部门验收并开课。

【健全科技网络，提供咨询服务】 提供科技信息，成功地为“宝宝康”公司引进先进的“纯净水”项目；组织“千厂千会”协作活动，先后在海口工业经济发展总公司、海口力神速溶咖啡厂、海口金盘建筑材料公司、海口麦斯特服饰有限公司、海南馥海木工刀具有限公司等单位进行技术咨询、技术攻关等，为企业加速技术进步、提高经济效益多办实事，作出贡献。

(陈自强)

市文联

【文艺活动与交流】 1997年7月1日，是香港回归祖国的大喜日子，为了迎接香港回归，市文联举办了一系列活动。6

月15日上午，联合举办“迎九七香港回归，海口市少儿百米长卷书画创作表演”，120多名小书画家在百米长卷上分为祖国万岁、宝岛颂歌、幸福童年、紫荆花开、美好明天五个部分进行创作表演；共同举办“'97迎香港回归‘平安保险’名人书画笔会”，23名省市著名书画家挥毫泼墨；联合举办“迎'97香港回归音乐会”，共演出独唱、重唱、合唱、独奏、合奏等12个节目；联合举办“无限风光在香江”摄影作品展览，共展出作品97幅；共同举办“迎'97香港回归名家书画表演笔会”，来自海口地区的省市书画家当场表演，创作了有关迎香港回归内容的书画作品20多幅。为了庆祝党的十五大暨建国48周年，组织市书协和市美协举办书画作品展览，共展出书画作品106幅，其中书法作品56幅，美术作品50幅；联合举办陈海同志“纪念琼崖纵队成立70周年”国画展，共展出陈海创作的反映琼崖纵队革命斗争史的国画作品64幅。为了加强与兄弟省市的文化艺术交流，增进相互间的了解和友谊，海口市文联与青岛市文联共同举办书画摄影作品对展。5月，青岛市书画摄影作品在市群众艺术馆四楼展厅展出。共展出青岛市国画和书法作品各30幅；摄影作品20幅；7月，海口——北海摄影艺术作品联展在北海市群众艺术馆展厅举行，共展出作品120幅，海口、北海各60幅；9月，北海——海口摄影艺术作品联展在海口市群众艺术馆举办，共展出作品125幅，其中北海65幅、海口60幅；11月，由中国文联组联部、福州市文联主办的《全国沿海城市书画展》在福州举行开幕式，海口市共有21幅书画作品入选参展。由长沙市文联主办的《长沙市与国内友好城市美术作品邀请展》，海口市有10幅美术作品参展。市文联副主席潘正沂，受我国文化部和中国美协委派，于1月7日在法国巴黎等地研究考察。4月，潘正沂在法国巴黎国际艺术城举办个人油画展，我国外交部吴春德公使以及来自100多个国家和地区的艺术家出席了展览开幕式。艺术城主席布鲁诺夫人对其作品给予了高度评价。期间，潘正沂的油画《海岛》、《舞蹈家》参加了“法国春季沙龙展”。

【文学创作】 先后出版了传记文学《抗战虎将黄保德》；杂集《行踪拾零》、《激越的涛声》；散文集《生活的涟漪》；长篇小说《驿动的年轮》；革命历史长篇小说《北斗当空》；长篇传记文学《悲壮圣旦》。多篇儿童小说、诗歌、中篇小说在《儿童文学》、《少年文艺》、《巨人》等杂志上发表。《椰城》杂志全年如期出版6期，发稿148篇近60万字。其中小说54篇、散文53篇、报告文学12篇、评论5篇、诗歌24首。《微型小说选刊》选载《椰城》杂志发表的小小说《我很温柔》。8月31日至9月4日，《椰城》杂志社在乐东尖峰岭桃花源宾馆召开文学创作笔会，20多位编辑和作者参加。

【音乐舞蹈戏剧】 为了迎接香港回归，共创作出25首歌曲。其中《归来》、《香港升起五星红旗》、《香香的江，香香的港》、《香港也是妈妈的孩子》、《为香港回归拍响手掌》、《一百年的梦想》等6首歌曲，先后在海南电台播出。《热土恋》、《热土热风热心人》、《好一个快乐岛》、《啊！毛公山》、《我爱家乡万泉河》等5首歌曲，被海南省电台入选。《香港升起五星红旗》被海南省委宣传部评为'97优秀歌曲奖，《当兵谣》被编入中国原创音乐歌曲作品集。组织创编人员为第六届海南国际椰子节开幕式编排大型文艺节目《海风吹来的歌》；为海口市第八届运动会开幕式编排大型文体表演《世纪的浪潮》。与海南电视台合作创作了海南第一张琼剧MTV光碟，共收集新创作的琼剧唱段17首。琼剧MTV光碟的问世，是琼剧有史以来的一次新突破。

【书画与摄影】 油画《龙仔》入选国务院文化政策委员会主办的“中国名人名家书画精品展”；水彩画《希望》、油画《射击》入选全国第四届体育美术作品展；油画《中国男子》入选“中国百年油画肖像展”；油画《宝刀》入选“全国第二届静物油画展”。油画《潮起潮落》、国画《梳妆》、《斗方四幅中国画》、《热带丛林》均获海口市优秀精神产品奖。行草作品《海南咏》获海南省优秀精神产品奖。《九七之春》获海南省摄影作品展二等奖；《海南人民庆七一迎回归》获文化部社会文化司举办的“华夏一日”摄影比赛三等奖；《椰城处处尽欢腾》、《铸爱国之魂》、《椰城人民盼回归》获优秀奖。书画函授大学办学11年，共有720名学员学成毕业。海南函授音乐学院37名学员毕业。

（邱运龙）

市工商联

【简述】 紧紧围绕经济建设，团结、教育、引导、服务广大会员，充分发挥商会职能作用，促进非公有制经济健康发展。

【参政议政】 充分调动会员担任各级人大、政协委员的积极性，向党和政府出谋献策，提合理化建议。6位政协委员分别就经济、交通、城建等热点问题写了10条提案和3条“社情民意”。针对在建立和完善特区社会主义市场经济的过程中，如何发挥私营经济在国民经济发展中的作用，与市政协机关联合开展专题调查工作，撰写了“要充分发挥私营经济在我市经济发展中的作用”的调查报告，提出了促进私营经济健康发展的基本思路，充分发挥参政议政的作用。

【思想教育】 积极做好非公有制经济代表人士的思想政治工作，通过开展“爱国、敬业、守法”传统教育，树立正确的道德规范和行为准则；通过开展党的基本路线与政治思想教育，树立走有中国特色社会主义道路的坚定信念；从而更好地推动非公有制经济领域的社会主义精神文明建设。

【联谊引资】 年内共接待国内外客人310人次，其中香港客人15人次，台湾客人124人次，泰国客人2人次，国内客人169人次。洽谈引进4个项目，折合人民币约3.8亿元。12月14日，还组织举办了全国地区工商联第9次年会。

【服务会员】 每季度定期举办一次会员联谊会：举办了“海南经济形势与全国经济形势”和“香港回归与海南对外开放”两次专题报告会；与省总商会共同举办了“知识产权”和“特区二次创业”等两次报告会。维护会员的合法权益，先后为2名会员的各种经济纠纷进行协调。为12名会员办理了出国政审手续。为10人办理了职称评定手续。

【光彩事业】 在广大非公有制经济代表人士中深入宣传这一义利兼顾的新举措，动员组织民营企业家积极参与光彩事业。年初，组织会员到陵水县大里乡进行扶贫慰问；年底，与海南第一投资招商股份有限公司联合举办“扶贫济困”活动，据统计，共收到捐赠品4000余件，通过省民政厅救济处送往通什贫困地区。

（李创民）

市侨联

【简述】 1997年，海口市侨联认真贯彻党的侨务政策，发挥参政议政、民主监督作用。联系广大海外侨胞、归侨、侨眷，发挥桥梁和纽带作用。

【服务经济】 侨联以服务经济工作为主，在“引”字上下功夫，积极为侨商排忧。副主席龙琼珍从新加坡引进300万美元组建新澳鸵鸟农场有限公司，占地1600亩，引进鸵鸟种苗1000只。汶莱侨商张先生在保亭县投资百万元种植热带水果，侨联派员到有关部门协商帮助解决种子、种苗入关问题。帮助中兴茶叶有限公司侨属企业，解决琼山市征地50亩种植茶叶。

【参政议政】 针对建立和完善特区社会主义市场经济体制和本市侨务工作存在的问题，与市侨办、政协海外联谊委员会、致公党，联合调查海口市归侨现状，采取召开座谈会和发出调查表等形式，将归侨反映的问题，形成政协22号文呈报市委、市政府，向市领导反映归侨现状信息。在参政议政中发挥人大、政协委员的作用，向政协提出提案2件，1件建议被采纳。

【贯彻保护法，维护侨益】 认真贯彻《保护法》协助政府落实侨房政策。海口市义兴街云氏公馆，由华侨集资兴建，一直被政府机关占用，属落实侨房政策范畴，由于产权不清，落实工作缓慢。派员配合市侨办弄清了情况，问题顺利解决。全年共落实侨房7间，帮助归侨、侨眷解决升学、就业、住房困难、土地纠纷等问题18宗。

【开展对外宣传工作】 积极向海外华侨、华人宣传党的政策和家乡的发展变化，让世界了解海南、海口。向海外发寄贺年卡180多封，国内80多封。同马来西亚柔佛州海南会馆等68个社团进行交流，同全国80多个兄弟侨联建立联系，寄出《海口侨联简报》340多份；接待国内兄弟侨联来访4批19人次，海外侨胞10批123人次。利用新闻媒体，宣传侨界新鲜事，共刊登各种信息和先进事迹12篇，海口电视台报道8次，国务院侨办主办的《侨务工作研究》第二期刊登论文一篇，全国人大主办的《侨属企业要览》报道材料2个，海口《椰城统战》刊登2篇。

【自身建设】 按照市委、市政府的部署，坚决贯彻执行市委关于“一转变，两提高”的专项整治工作，结合公务员过渡工作制定“三定”方案，制定机关工作七项制度，转变机关工作作风，树立新的机关文明形象。根据中国侨联的部署开展“我爱你——中国”系列报告活动，同省侨联举办200多名归侨、侨眷报告会。协助成立秀英区级侨联。认真处理来信来访，年内共处理来信21封，来访66人次，处理率达100%。 （吴坤旺　陈德壮）

市台联

【主要工作】 （1）认真贯彻中共海口市委关于实现机关“一转变二提高”的指示，努力搞好台联机关建设。制定《海口市台湾同胞联谊会机关机构改革方案》，落实市台联的升格定编，为更好地开展各项台胞工作打下坚实基础。（2）继续关心青年台胞的成长，有一名台联干部被选派往北京中央国家机关挂职锻炼；对本市品学兼优的台籍学生进行表彰颁奖，以资鼓励。（3）加强台胞的政治思想教育，通过组织学习座谈，悼念一代伟人邓小平逝世和庆祝香港回归等形式多样的活动，激发广大台胞的政治热情，为促进祖国统一争作贡献。（4）充分发挥台联独特优势，积极开展对台联络工作，促成以台湾“省议员”陈清景先生为团长的台湾省货运同业公会商务考察团一行29人，于7月中旬赴海南进行投资考察（台湾货运交通行业各大公司董事长几乎悉数参加），受到省委副书记、省政协主席陈玉益及省市交通部门领导亲切会见和热情接待，开启了琼台货运交通行业高层次的相互交流。（5）开展专题社会调查，撰写调查报告及政协、人大提案多件。有2篇论文参加市统战理论研讨会，其中《关于进一步提高民主党派参政议政水平的思考》一文获二等奖。

（潘隆森）

市残联

【康复工作】 7月，利用半个月的时间，为621名眼疾病患者作了检查，查出白内障患者93名，对部分生活困难的残疾人免费治疗。秀英区2多名接受手术治疗的白内障患者专程给市政府赠送了他们亲笔签名的感谢信。全年共完白内障摘除复明手术162例；小儿麻后遗症矫治手术4例；低视力配用助视器12名；行智力残疾儿童系统康复训练的智残儿童10名。

【扶残助残】 1997年元旦、春节、第七次“全国助残日”、“六一”儿童节以及中秋节期间，全市共组织大型慰问特困残疾人、残疾儿童活动4次，省委副书记、市委书记蔡长松，市委副书记、市长曾浩荣以及市人大、市政协等市领导参加了慰问，市委、市政府各部委办局的领导组成35个慰问组，分别走访慰问了新华、振东、秀英三个区的困难残疾人1348户，赠送慰问金（含慰问品折）437572元，把党和政府的关怀送到了残疾人的心坎上。第七次“全国助残日”期间，各级团组织和少先队共1500多人踊跃为残疾人献爱心，开展了“青年志愿者”、“红领巾助残”和“送温暖”活动，走进残疾人家庭，送钱送物、做好事，并建立“一助一”的长期对子。

【劳动就业】 帮助6名残疾人到海南山水公司就业，为30名困难残疾人免费安装公用电话，解决30名残疾人的就业问题，为61名残疾人提供证明办理个体就业及减免税收手续。为残疾人贷款30万元，建立1个养鸽场并解决6名残疾人就业。

【表彰自强与助残先进】 1997年，第七次“全国助残日”的主题是“助残与自强”，为此在全市范围内开展评选残疾人自强模范和扶残助残先进个人活动，推选出海口市助残先进个人麦发强参加全国评比，并获得“全国助残先进个人”称号。全市表彰2位自强模范和3个扶残助残先进集体和先进个人。

（李亚琼）

（责任编辑：娄东凤）

法　制

51/61

综　　述

政法部门正确处理改革、发展、稳定的关系，坚持“两手抓、两手都要硬”的方针，服从和服务于全党工作大局，加强政法工作，维护社会稳定。

（一）以维护稳定为首要任务，不断研究可能发生影响安定的各种问题，对人民内部矛盾，积极稳妥地疏导化解在基层，处理好各种敏感案件。公安机关妥善处置闹事苗头141起、群体性上访事件13起。市司法局开展“无民间纠纷激化月”活动，调解成功民事纠纷710起。人民法院审结民事、经济纠纷案件2392起，并成功审结9宗破产案件，全年没有发生影响政局的重大事件和案件，保持了社会的稳定。

（二）深入开展严打斗争。公安机关不停顿地向刑事犯罪展开新的攻势，全年破获各类刑事案件1651宗，其中重大案件947宗，破案率分别为80.5%与71.3%；抓获犯罪嫌疑人1750人，摧毁各类犯罪团伙167个成员544人（其中贩毒团伙26个83人）；检察机关批捕案件685件1068人，提起公诉544件829人；法院系统审理刑事案件799宗1338人，依法判决937人，依法判处死刑55人（其中死缓7人），已执行死刑42人；政法部门缴获一批赃款赃物，有各类枪支32支，其中军用枪支4支，子弹324发，毒品海洛因4630.6克，摇头丸93粒，赃款赃物折合人民币3240.54万元。同时，大力扫荡社会丑恶现象，查封了一批藏污纳垢违法犯罪窝点，查获卖淫嫖娼案件511起，赌博案件506起，缴获和销毁一大批淫秽录像带、光盘、书刊以及用于赌博的牌机。通过严打，打击了犯罪分子嚣张气焰，刑事案件大幅度下降，全年发生刑事案件2052起，其中重大案件1329起，比上年分别下降22.4%与33.1%，其中严重威胁治安形势的持枪犯罪、盗抢机动车辆犯罪比上年分别下降64.5%和46.9%。

（三）加强“三五”普法宣传教育。制定“三五”普法教育规划，成立“三五”普法联席会议，开展“送法下乡”活动，深入基层向居（村）民宣讲法律知识，以上法制课为重点，组织开展学习专业法活动，抓好领导干部带头学习法律知识活动，举办三期领导干部讲座，副处以上领导干部共600人次参加，各单位采取上法律课的形式，聘请法律专业人员辅导学习专业法，市直机关、三个区、中小学校开设法制课350多场，普法对象424260人，参加学习人数347953人，发行普法手册6800本，印发普法资料10万份。还利用宣传车、广播、图片、法律咨询、禁毒教育展览等多种形式进行宣传，共发放各种宣传资料50万份，参观展览5.6万人次。

（四）开展创建安全文明小区活动。年初，市委转发市综治委《关于开展创建安全文明小区活动的实施意见》，政法工作会议对创建安全文明小区工作作了部署，成立创建工作联席会议，制定创建实施方案，对创建活动定目标、定内容、定范围、定标准、定步骤，将全市划分为522个小区，认真落实各项措施：一是建立领导联系点，加强对“创建”工作的具体领导。二是开展宣传活动，使居民知晓安全文明标准和“创建”活动的重要意义。三是举办“五好家庭”、“文明家庭”、“卫生家庭”、“文明单位”等评选活动。四是集中整顿治理，创造优美环境。至年末全市建立105个治安稳定、基层组织健全、干群、警民关系密切、邻里关系和睦的示范小区。

（五）以深化改革为动力开创政法工作新局面。一是建立“110”报警服务台，公安机关向全市人民郑重承诺“有警必接，有警必处，有难必帮，有险必救”，共接警15304起，处警15304起，破获现行刑事案件237件，查处治安案件2142起，为群众提供各种救助3611多人次。二是建立法律援助中心，为求助案件无偿提供法律服务。接待来访来电咨询、要求法律援助的人员达180人次。三是改革派出所勤务制度，使派出所从承担破案任务转到管理和防范工作上来，以“破案少、秩序好、群众满意”为目标，将全市划分为295个警段，84个警区，实行一段一警，三段一警区的建制，进一步加强基层基础工作；四是改革刑事侦查工作，取消了预审建制，实行侦审合并，使立案、侦查、审讯、提请逮捕、移送起诉一体化，进一步提高打击犯罪活动的能力；五是开展整顿机关作风和工作纪律，推行三制（直接办理制、服务承诺制和窗口服务制），开展了一系列便民服务，密切了警民关系，树立了政法机关的良好形象。

（颜好东）

地方立法与政府法制建设

【制定地方法规】 市人大常委会在严格遵循国家法律法规原则的前提下，从海口依法治市和建立完善社会主义市场经济的实际出发，对客观条件成熟和急需的法规先立，突出地方特色。1997年审议通过《海口市燃气管理条例》，并报经省人大常委会批准施行。制定该法规，旨在加强海口市燃气行业管理，规范燃气经营行为，维护经营企业和用户的合法权益，保障城市供气和用气安全，促进燃气事业的发展。立法工作坚持维护社会主义法制的统一和法规的严肃性。建省后海口市制定颁行的一批地方法规，在保障改革开放、经济建设和各项事业的发展以及维护公民合法权益方面起到了积极的作用，但随着我国《行政处罚法》的颁布实施，这些地方法规中的部分条款已不符合国家法律有关规定，报经省人大常委会批准，海口市修订了《海口市基本菜田保护条例》、《海口市消防条例》、《海口市公共场所卫生管理办法》、《海口市禁止生产和销售假冒伪劣商品条例》、《海口市营业性歌舞娱乐场所管理办法》、《海口市城市绿化条例》、《海口市禁止生产、销售和燃放烟花爆竹的规定》、《海口市经济合同管理办法》、《海口市电信通信线路保护规定》等9个法规。

（陆礼宽）

【制定地方规章】 市政府颁布了3件行政规章，即《海口市土地管理规定》、《海口市户外广告管理办法》、《海口市财政周转金管理办法》；修改20件行政规章，即《海口市旧机动车辆交易市场管理办法》、《海口市地名管理暂行办法》、《海口市水源卫生防护管理暂行规定》、《海口市建设工程施工现场管理规定》、《海口市房屋交易管理的暂行规定》、《海口市商品房产管理规定》、《海口市建设工程管理规定》、《海口市城市规划监察行政处罚办法》、《海口市城市勘察管理办法》、《海口市工程建设项目预防性卫生监督管理暂行办法》、《海口市农村居民建房用地管理暂行规定》、《海口市出让国有土地使用权招标投标办法》、《海口市人民政府关于进一步加强土地管理的规定》、《海口市海域使用管理暂行办法》、《海口市国有土地使用权有偿出让暂行办法》、《海口市城镇土地申报登记发证办法》、《关于乡村集体企业建设留用地管理暂行规定》、《海口市建筑垃圾管理暂行规定》、《海口市人民政府关于地下水资源管理的暂行办法》、《海口市除四害工作管理规定》；废止24件行政规章，即《海口市郊区农村住宅建设规定》、《海口市劳动力管理暂行办法》、《海口市空调制冷设备检验及安全监察实施办法》、《海口市空调制冷设备作业人员安全技术考核管理办法》、《海口市外国企业及华侨港澳台企业常驻代表机构聘请中方工作人员的暂行规定》、《海口市职工伤、病、残、丧失劳动能力鉴定暂行办法》、《海口市临时工养老保险暂行办法》、《海口市个体经营者养老保险暂行办法》、《海口市住房租赁治安管理暂行办法》、《海口市市政设施管理处罚暂行规定》、《海口市排水设施管理暂行办法》、《海口市人民政府关于生活饮用水卫生的管理暂行办法》、《海口市电信通信线路保护办法》、《海口市邮政通信管理办法》、《海口市人民政府关于加强对外广告宣传的暂行规定》、《海口市征兵工作暂行规定》、《海口市人民政府关于调整土地使用权有偿出让、转让及报建收费的暂行规定》、《海口市城市规划管理规定》、《海口市矿产资源管理暂行规定》、《海口市矿产资源补偿费征收办法》、《海口市民办科技机构管理试行办法》、《海口市国内联营企业管理暂行办法》、《海口市人民政府关于加强电子游戏机管理的规定》、《海口市人民政府关于加强公共娱乐场所管理的规定》。

（李　明）

【行政复议】 市政府复议机构加强对所辖行政机关办理行政复议、诉讼案件的监督、管理，督促下级行政机关切实依法行政，提高了依法行政、依法治市的水平和质量。

全年共办理行政复议、应诉案件9件，全部审结。办理案件多数为不服土地确权的申请、起诉，其他类型案件也不断增多。在审理每一宗案件的过程中，都坚持以事实为依据，以法律、法规、规章为准绳，及时、准确地审理，无一差错。

（王　蜂）

公　　　安

海口市公安局
局　长　王和平
副局长　卞堪光　符大珍　王侦鑫
　　　　张　敏　林　捷　魏群保
　　　　林由杰

【综述】　全市公安机关以邓小平建设有中国特色理论为指导，以服从于经济建设为公安工作的出发点和落脚点，以维护社会稳定为目标，紧紧围绕党和国家的中心工作，坚持实事求是，从群众中来到群众中去的工作方法；坚持以“抓班子、带队伍、促工作、保平安”为总体思路；坚持两手抓、两手都要硬的方针；坚持“打防并举，标本兼治”的原则；大力加强治安基层基础工作和提高公安机关快速反应能力。坚持严打方针，保持对刑事犯罪的进攻态势和威慑力量，坚持从实际出发，突出重点，主动进攻，坚持全面打击与专项治理相结合，坚持集中行动与区域整治相结合，适时开展严打斗争，相继侦破了一大批重特大恶性案件，摧毁了一大批犯罪团伙，打击处理了一大批罪大恶极的犯罪分子，捕获了一批穷凶极恶的逃犯，大规模地扫荡了“黄、赌、毒”社会丑恶现象，收缴了一批枪支弹药。积极推进社会治安综合治理，做到严打一方，严防一方，严管一方，严治一方，对一些治安问题较多的区域进行了整治，取得良好的效果。维护社会政治和治安的长期稳定，狠狠打击了犯罪分子的嚣张气焰，震慑犯罪，保护人民群众生命和财产安全，促进全市治安平稳，群众安全感显著增强，社会正气得到进一步弘扬。

【打击刑事犯罪】　公安机关坚持严打方针，保持对刑事犯罪的进攻态势和威慑力量，不间断地开展严打斗争和专项治理，先后开展了打击盗抢机动车辆犯罪、涉枪暴力犯罪、村匪路霸犯罪、中巴车上“两抢犯罪”等专项斗争和专项治理。

特别是在4月份开始的“春季严打斗争”以及禁毒专项斗争，先后摧毁了一大批犯罪团伙，相继侦破了一大批重特大案件，打击处理了一大批罪大恶极的犯罪分子，比较好地解决了全市突出的治安问题。全年共发生刑事案件2052宗，其中重特大案件1329宗，分别比上年下降22.4％和33.1％，一度严重威胁本市治安形势的涉枪暴力案和盗抢机动车辆案件，分别比上年下降64.5％和46.8％，破案1651宗，破案率80.5％，其中重特大案947宗，破案率71.3％。摧毁各类违法犯罪团伙167个，成员544人，抓获各类违法犯罪嫌疑人13148名，其中批捕1315人，刑拘1852人，劳动教养524人。刑事案件破案绝对数、批准逮捕数、劳动教养人数分别比上年下降20.7％、27.7％和25.2％；缴获各类枪支32支，其中军用枪4支，子弹324发，各种毒品4630.6克，摇头丸93粒，机动车辆101辆（汽车27辆，摩托车74辆），追缴赃款赃物共折合人民币3240.54万元。

【打击“黄、赌、毒”】　公安机关围绕“建设具有热带风光、海滨特色的外向型、国际性城市”这个目标，加强城市治安管理，加大对黄、赌、毒等社会丑恶现象的打击力度，坚持把打击传播淫秽录像，取缔卖淫嫖娼，查禁赌博，查禁毒品，整顿音像市场，作为精神文明建设重要内容来抓。市各级公安机关多次协同文化、工商、旅游、妇联等部门组织清查行动，集中优势兵力，突出清查目标，取得明显成效。全年共查处卖淫嫖娼案件502起，抓获皮条客30名，鸨公鸨婆41名，暗娼956名，嫖客162名，捣毁卖淫窝点6个，其中移送预审4名，送劳教20名，妇教572名，男教57名，其他处理6名，停业整顿174家旅店、娱乐场所和个体店等与色情活动有关的场所。没收盗版音像制品2000多盒，查获非法出版物2万本，地下印刷点20个，查处赌博案件506宗2406人。全市共组织12次大清查，打击违法娱乐经营活动，共有6家宾馆因治安问题突出受到停业整顿。查处贩毒案件410宗417人，吸毒案件849宗1199人，送强制戒毒1111人，收缴毒品4630.6克。

【社会治安管理】　维护政治稳定和社会安定的政治责任重于泰山。在实际工作中，全市公安机关不间断地深入开展严打斗争和专项治理，进一步完善以110报警服务台为窗口，以指挥中心为龙头，以巡警防暴力量为骨干，以派出所为基础，以违法犯罪情报资料查询、查证为基本信息，以治安卡点和群众治保力量为辅助，统一指挥，基本形成各警种协调快速反应的作战体系。不断强化基层基础工作，积极采取措施，进行综合治理。一些重点部位和路段的治安状况得到明显改善。全市公安机关始终把维护稳定摆在各项工作首位，树立超前意识，强化信息情报工作，加强隐蔽战线斗争，妥善处置人民内部矛盾引发的闹事苗头。政保部门坚持调查研究，针对海口潜在的不安定因素制定了具体的工作方案，认真落实侦控措施，采取及时发现、积极疏导的方针，真正做到“发现得了、控制到位”，把问题妥善解决在基层，解决在萌芽状态。公安机关共收集政保信息58条，重要治安信息336条，提供敌情信息79条，基本上做到“敌动我知，未动先知”。及时查获非法组织、非法活动线索18起，危害国家安全的挂勾案件17起，查清专案线索49条。妥善处置闹事苗头15起，全年没有发生影响政治局势稳定的重大事件，没有发生危害国家安全的重大案件，尤其是在小平同志治丧期间，在“六.四”敏感期，社会不安定因素增多的情况下，实现了全市社会政治持续稳定，从而为香港回归祖国，十五大胜利召开，创造更加安全的社会环境。各级公安机关还加强对旅业、公共娱乐场所、枪支弹药和危险品的管理，取得了显著成果。全市发生治安报警案件4827起，比上年上升11.9％，查处4814起，查处率达99.7％。

【出入境管理】

出入境管理工作　全年共受理公民因私出国申请890人，比上年受理的456人上升73.2％。批准出国人员834人，其中市局自行批准出国人员816人，上报省厅批准出国人员18人。全年受理公民因私赴港、澳、台地区申请1286人，比上年受理1346人下降4.6%，经市局调查和审核上报省厅赴港、澳、台地区的940人，其中赴港881人、赴澳10人、赴台49人。受理公民因私申请出国旅游972人次，比上年受理的909人上升6.4%。

外国人管理工作 共办理外国人签证延期408人次，居留证延期87人，临时居留证延期52人，办理外国人临时居留证71人。依法处理涉外事（案）件64宗68人，其中外国人违法违章事（案）件34宗68人（非法停留15宗15人），违反住宿规定9宗9人，非法入境4宗4人，嫖娼1宗2人，证件遗失4宗4人，外国人擅自进入我军事禁地拍照1宗1人。

【边防管理】

辖区治安 全年边防辖区共发生刑事案件50宗，破获37宗，破获率为74%，发生治安案件167起，查处159起，查处率为95.2%，抓获各类违法犯罪人员750人，其中刑拘30人，行拘111人，教育警告108人，罚款360人，劳教56人，强制戒毒47人。

缉枪、缉毒工作 全年共破贩毒案件7宗，抓获贩毒人员28人，吸毒人员53人，缴获毒品海洛因322克，毒资1万元，以及贩毒工具一批。

船舶港口管理 全年开展船舶大检查行动115次，检查船舶1802次，查处违规船舶185次。查处海上案件2宗。全年共办理及补办船舶证545本，人员证件1120本。

边防缉私 严厉打击走私、贩私、违规等各种违法犯罪活动，全年共查获走私违规香烟、药品、各种电器、摩托车、汽车、汽油等物品，价值人民币200万元。

【交通管理】 全年共发生交通事故246起，死亡34人，受伤75人，经济损失97.7万元，其中死亡人数、受伤人数、经济损失分别比上年上升6.3%、31.6%、4.9%；事故次数下降6.4%。全年共纠正各类违章近100万次，其中扣牌证30万件，机动车25000辆次，吊销驾驶证10件，吊扣驾驶证1032件。办理机动车入户2832辆，年检39490辆，驾驶员培训考试20904人，转正、转籍8152人，年审122901人，非机动车管理组完成自行车办防盗车辆牌14万辆。新建、改建交通护栏22000米，施划交通标志16000米，施划分道行驶文字标志39组、2600M^2，新建及调整交通标志384面，改建路口信号灯系统9处，维修路口机380台，更换红绿灯泡500多盏。使全市交通硬件设施建设规范性、配套性得到提高。向社会发放宣传资料 25000份，举办图片展览16次，观众超过20万人次，提高了市民的交通意识，圆满完成一、二级警卫18次，大型集会及省市级活动警卫82次，做到了万无一失。

【消防管理】

火灾扑救情况 全年共发生火灾304起，烧死3人，烧伤 18人，其中重特大火灾二起，直接经济损失411.6万元，全市平均每天发生0.9起火灾，每起火灾平均损失折款1.4万元。与上年相比，火灾起数上升347%，烧死人数持平，烧伤人数上升260%，损失折款下降38.7%。市消防支队共接警出动362次，灭火成功率达97%，为国家挽回经济损失9千多万元。消防监督管理在执行国家消防法律法规，公安部《消防监督程序规定》，《海口市消防条例》的基础上，全面实施《建筑工程消防报建程序》，《建筑工程消防验收程序》，严把建筑防火审核和工程竣工验收关。全年共审核报建项目348项，初步设计报建254项。进一步依照国家法律法规，加强防火监督检查力度，全年共对224个市级消防重点保卫单位建档，建档率为100%。消防支队共派出监督人员近1万人次，检查2438个单位，共发出《火险隐患整改通知书》234份，《消防检查意见书》416份，《违章整改通知书》13份，《消防管理处理决定书》24份，《停产停业整改通知书》241份。

消防基础设施和部队装备 共投入资金近150万元，购置一辆高低压水罐消防车，维修德国产云梯车；增加常规消防器材的配备，配置一批空气呼吸器、多功能消防照明灯具等。

【人口管理】 在受理各类户口申请的过程中，始终坚持“公正、公开、高效”和“既要保障人民群众的合法权益，又要坚决刹住户口申报方面的不正之风”的原则，认真做好户籍工作。全年共受理审批各类户口19522人，比上年降低4.7个百分点，其中工作调动3337人，随军家属460人，外地单位驻市入户370人，随亲非迁非入户1385人，新生入学入户3871人，征地农转非2187人（其中征地转民2133人，招工农转非54人），专项单位指标农转非282人，干部家属、居民农转非入户7人，顶替招工农转非入户18人，农村招干农转非入户5人，大中专毕业生2564人，军官安置、退伍兵入户486人，农迁农269人，受理各类户口变更3618人。办理身份证21860人，其中年满16周岁一次领证3217人，换证5396人，遗失、损坏另补证的13247人，办理临时身份证3058人。不断强化出租屋和流动人口管理，全年共办理《暂住证》119741人次，办证率93%，比上年增加0.02个百分点。流动人口通报协查工作的逐步展开，标志着公安机关对重点人口的管理工作已走上正轨。全年通过通报协查，共查获各种违法犯罪人员38人，掌握有价值线索31条。

【队伍建设】 全市公安机关坚持“抓班子、带队伍、保工作、保平安”的基本思想，始终坚持“两手抓、两手都要硬”的方针，依法从严治警，坚持向科技要警力，向素质要警力，向管理要效率，特别强调公安队伍要讲政治，讲法制，讲服务。从加强宗旨教育和革命传统教育入手，开展纪律作风整顿，从廉政入手抓队伍建设，增强队伍防腐拒变能力。全年共查处民警违法违纪案件25宗29人，其中开除公职3人，党纪、政纪处分17人。在制度上、教育上、监督上强化了队伍建设，进一步加强领导班子建设，加强党的基层基础建设，充分发挥领导班子作用，开展“一转变、两提高”，“学济南交警”，“向邱娥国同志学习”，“创建文明窗口示范单位”，“立功创模”，“警务督察”等一系列活动，树立了公安新形象，促进了公安机关的精神文明建设，公安队伍精神面貌焕然一新。认真抓好队伍的各种培训工作。全年共举办或参加上级培训21期，共培训民警3000余人次，其中国家公务员控告申诉辞职辞退培训二期19人，新刑法中层干部培训班二次160余人，警衔培训一期40人，公务员计算机培训三期65人，手枪射击培训2000余人，提高了公安民警的理论知识和公安技能水平。全年共有12个单位荣立集体三等功，15个单位受嘉奖，50名民警荣立三等功，252名民警受到嘉奖。

【武警工作】 全市武警官兵坚持稳定压倒一切的方针，把执勤和处置突发事件列为工作重点，采取多种措施，狠抓战略执勤工作的落实，造就了一支本领过硬，战无不胜的队伍，在维护海口社会政治和治安稳定的工作中做出了突出贡献。部队全年共执行临时勤务52次，出动兵力868人次，出动车辆66台次，协助处决罪犯43名，押解罪犯22次678名。完成一级警卫勤务2次，现场警卫1次，三级驻地警卫12次。担负机场守卫任务的中队官兵出色地保证了22160架次飞机的安全起降和1190架次过夜警卫。巡逻勤务中队共出动警力10843人次，出动车辆4469余次，担负巡逻警务，抓获各种犯罪嫌疑分子14人。支队还多次协助公安机关"严打"和处置突发事件以及不同形式的警卫等临时警务。此外，还担负了第六届海南国际椰子节主会场警戒和大型群众集会活动警务，圆满地完成了任务，保证了这些活动的顺利进行。

支队加强军事训练，全年共举办两期为期28天的强化训练，新兵训练90天，合格率100%，干部训练达到良好以上。

（郑有霖）

检　　察

海口市人民检察院

检察长　陈大鸿

副检察长　曾繁茂　王德伟　蒋筑君

【综述】 海口市检察机关在市委和省检察院的领导下，在人大的监督和政府的支持下，认真贯彻十五大精神，认真学习执行《刑法》、《刑事诉讼法》两法，突出抓办案，抓队伍，抓改革，抓执法环境的改善，各项检察工作取得了显著成绩。1997年市院首次被省检察院评为全省检察系统先进单位，被市委、市政府评为转变机关作风、提高工作效率、提高服务质量工作先进单位。

【惩治贪污贿赂犯罪】 依照新修订"两法"规定的管辖范围，共受理各类经济犯罪线索228件，决定立案侦查71件90人，比上年上升16.4%。其中贪污案件20件35人，贿赂案7件8人，挪用公款案件17件19人，其他案件27件28人。通过办案，为国家挽回经济损失1630万元。

查办大要案 立案查处贪污、贿赂、挪用公款等大要案64件，占立案总数的90.1%。其中五万元以上的特大案件48件，占立案总数的67.6%，在这些大要案中，查办发生于"三机关一部门"工作人员的犯罪案件10件10人，处级干部1件1人，农村基层干部犯罪案件9件20人。这些案件的查处，使检察机关的工作紧紧围绕着党的反腐败查办大要案的重大政治任务来开展，昭示了党和政府清除腐败，促廉政的决心和实际行动。

查办特大犯罪案件 共立案查处百万元以上的特大案件13件，是历年来查处百万元以上特大案件最多的一年。如立案查处的中国银行海南分行振东办事处职员许孜孜贪污100万元案和建设银行海南分行海府支行流水坡分理处主任许振力贪污650万元案。

预防犯罪 市区两级检察院反贪部门结合办案抓预防。市院通过对金融系统个案、类案及行业特点的综合分析，探寻犯罪原因、犯罪特点及规律，写出了《关于海口市金融系统经济犯罪情况的调查报告》，印发全市各专业银行和信用社，有针对性地帮助发案单位堵漏建制。还会同市人民银行一起举办了两期全市金融系统中层领导干部刑法培训班，使这些干部了解新刑法关于金融犯罪的规定，增强守法、执法观念，加强了防范金融犯罪的措施。

【打击刑事犯罪】 全市检察机关把维护稳定作为长期政治任务来抓，坚决贯彻依法"从重从快"方针，坚持"严打"，维护海口的社会稳定和经济秩序。共受理提请批准逮捕案件927件1502人，比上年分别下降17.5%和29.6%，经审查批准逮捕866件1361人，比上年同期下降15%和27.6%；不批准逮捕57件141人。共受理移送起诉案件846件1311人，比上年分别下降35.8%和46.1%，依法提起公诉725件1104人，比上年同期分别下降36.9%和46.6%，不起诉23件56人。

办理重特大刑事案件 市检察机关突出打击重点，坚持从重从快方针，严厉打击各种刑事犯罪活动，特别是严重危害社会治安和人民群众生命财产安全的犯罪活动，如杀人、抢劫、爆炸等暴力型犯罪。共批捕重特大案犯367人，起诉重特大案犯267人。其中杀人案批捕12件15人，起诉12件17人；抢劫案批捕108件186人；起诉131件210人；重大盗窃案件批捕208件320人，起诉182件292人。

办理毒品案件 参加市委组织的禁毒专项斗争，采取多种形式向人民群众广泛宣传禁毒法律和政策，讲解毒品的危害，并通过狠抓、快办、严惩毒品犯罪，共批捕、起诉毒品犯罪案件234件350人和174件267人。有效地遏制了毒品犯罪的急剧上升势头，打击了犯罪分子的嚣张气焰。

准确适用新刑事诉讼程序 全市检察机关严格按照新修订的刑事诉讼法规定的程序办事，加强批捕起诉和出庭公诉工作。如市院办理的首例海口市"摇头丸"案件，正确适用批捕条件，转变执法观念，及时作出批捕决定，保证及时、准确、有力地打击犯罪。在庭审方式改革实施中，全市检察机关，为提高适应能力，举办两期专业培训班，两级检察机关协同法院一道进行十多次新庭审尝试，取得了成功，并在《电视法庭》栏目中播出，产生良好社会效果。

【加强执法监督】 为了维护司法公正和法律尊严，海口市检察机关强化侦查监督和审判监督职能，改变以往在侦查监督中只注重侦查活动监督，立案监督不足的缺陷，加强对有案不立、有罪不究的监督，纠正公安机关一起走私案和一起贩毒案有案不立的情况。在审查公安机关提请逮捕的案件中，发现事实不清、证据不足决定不作批捕的案件57件141人，追捕犯罪嫌疑人17人，建议公安机关追加起诉6人。在刑事审判监督中重点抓重罪轻判、有罪无判案件的抗诉工作，共提请抗诉案件5件。如新华区检察院对同级人民法院审判的薛朗受贿案发现其量刑畸轻，依法提出抗诉，经二审人民法院审理，撤消一审对被告人薛朗判处免刑的错误判决，改判为有期徒刑三年。

法纪检察　全市检察机关共受理徇私舞弊、玩忽职守等渎职、侵权案线索68件，决定立案侦查16件30人，比上年上升14.3%，其中徇私舞弊案3件3人，玩忽职守案3件3人，非法拘禁案10件22人，其他法纪案件2人。

民事行政检察　全市检察机关共受理各类民事行政案件36件，决定立案10件，已全部办结。其中直接提出抗诉案3件，提请上级检察院抗诉案3件，建议再审2件，其他处理2件。

监所检察　依法纠正超期羁押549人次，纠正看守所违法情况10人次。为确保严格执法和刑事诉讼活动的顺利进行，监所检察部门坚持依法对在押犯的情况每月到市区两级司法机关十三家办案单位进行检察监督，对久押未决的案件采取催办和跟踪检查，纠正违法。

控告申诉检察　全市控申检察部门共受理各类控告检举线索610件，受理申诉案件36件。对受理的案件线索认真搞好案件分流和要案线索的管理，对分流线索坚持跟踪制度，对要案线索实行专人专管制和上报备案制。此外，还进一步完善检察长接待日制度，积极开展创建“文明接待室”活动。

【检察技术】　共受理各类案件95宗，办案数比上年增加15.8%，其中高检9件，现场勘查34件，刑事照相52件，出具文检鉴定书9份，现场照片52份。

【检察调研】　共完成调研文章80篇，被中央级采用的论文8篇，省级采用25篇，出刊《海口检察调研》19期，《检察参考文摘》12期，还成功承办了全国检察机关调研联系点研讨会。

【检察信息、档案】　共撰写检察信息157期，被中央级采用4篇，省级采用60篇。撰写宣传稿72篇，被中央和省级采用39篇。市院档案室被评为市档案先进单位，并获得省、市档案专家评审委员会评定的“省一级综合档案室”。

【检察装备】　市院克服资金不足的困难，高标准建成了接见室、讯问室、文书室和监控系统。还增购了复印机、照像机及微型录音机等急需的物资装备。这些设施的建设和装备的添置，改善了执法的硬环境。

【两法培训】　为搞好修改后的《刑法》、《刑事诉讼法》的学习、贯彻和实施，保证正确执法，共举办三期新刑法培训班，培训全市检察机关在职干部258人，还结合办案和岗位业务，分层次、分专题、分部门重新组织学习刑法，并结合学习清理旧案，消化原管辖的积案。

【队伍建设】　市院党组把干部教育、培养、使用作为队伍建设的重要内容。在上级的重视支持下，调整中层干部，共调整9个部门35人，其中，提拔任用30人，占部门领导的25%，调整提拔区院检察长2名，副处级副检察长3名，市院部门正职4名，部门副职10名，内设机构负责人11名。

年内，被评为先进单位16个(次)，先进个人55人(次)，荣立集体三等功2个、个人三等功10人。因病殉职的市院原技术副科长冯端明于1997年7月31日被最高人民检察院追授“模范检察干部”称号。检察队伍政治素质、执法水平有较大的提高，全院形成团结、奋发、文明、和谐的工作氛围。

(陈运光)

审　判

海口市中级人民法院
院　长　许前飞
副院长　谢春和　何惠楠　王前生
海口海事法院
院　长　施　文
副院长　金兆华　曹树忠

【综述】　市中级人民法院为适应审判方式改革的要求，对内设机构进行了调整，设立了刑事审判一庭、刑事审判二庭、民事审判一庭、民事审判二庭、经济审判一庭、经济审判二庭、行政审判庭、审判监督庭、立案庭、执行庭、书记官处、办公室、研究室、监察室、政治处、司法行政处、法警支队、法医技术室等18个机构。其中新增设的机构为书记官处。将房地产审判庭改为民事审判一庭，民事审判庭改为民事审判二庭。将告诉申诉庭一分为二，设立立案庭和审判监督庭。刑事审判一庭、二庭、民事审判一庭、二庭和经济审判一庭、二庭分别审理刑事、民事、经济一审、二审案件。

市中级人民法院积极进行刑事、民事、经济、行政审判方式改革，保证了办案质量，提高了办案效率。全年共受理刑事、民事、经济、行政、审判监督等各类案件1572件，审结1496件，结案率为95.2%。其中，受理一审案件757件，审结700件，结案率92.5%；受理二审案件610件，审结602件，结案率98.7%。同时，受理各类执行案件576件，执行结案156件，执结率27.2%。为维护大特区省会市的政治稳定和社会安定，促进社会主义市场经济体制的发育和发展，保障公民、法人和其他组织的合法权益，发挥了应有的作用。

【刑事审判】　按照中央、省、市的“严打”部署，刑事审判工作始终坚持“依法从重从快”严厉打击严重危害社会治安的刑事犯罪分子的方针，强化打击力度，加强“严打”声威。1997年，共受理刑事案件335件681人，审结327件671人，结案率为97.6%。其中，受理刑事一审案件160

件434人，审结153件424人，结案率95.6%；受理刑事二审案件156件220人，审结156件220人，结案率为100%。在判决发生法律效力的106名人犯中，判处有期徒刑5年以上刑罚的82人，占77.4%。其中，判处死刑(已执行)42人，判处死缓7人，判处无期徒刑7人。

1997年刑事审判的特点：一是抢劫、盗窃等案件比重大。全年共受理一审抢劫案36件121人；一审盗窃案38件119人；两项合计占全年刑事一审案件的46.3%。二是重大恶性团伙犯罪、涉枪、涉毒案件突出。如被告人李锦平等9人贩毒案，被告人廖厚宁等8人抢劫案，被告人曾令斌等25人抢劫、盗窃案，被告人孙刚华等10人盗窃案。

为震慑犯罪，伸张法制，教育和鼓舞广大群众，全年共召开公开宣判大会8场，宣判案件29件106人，旁听群众达5.01万余人次。

坚持"一要坚决，二要慎重，务必搞准"的方针，积极审理各类经济犯罪案件，推动反腐败斗争的深入开展。1997年，共受理贪污、受贿、挪用公款、诈骗等经济犯罪案件30件50人，审结26件44人，结案率为86.7%。犯罪金额在万元以上的案件30件50人。

【民事审判】 全年共受理各类民事案件448件，审结434件，结案率96.9%。其中，受理一审民事案件139件，审结130件，结案率为93.5%；受理二审民事案件309件，审结304件，结案率为98.4%。较好地解决了各种矛盾，促进了社会的安定团结。

受理的民事案件中有各类房地产案件190件，审结183件，结案率96.3%。其中，受理一审房地产案件115件，标的额达人民币55645.59万元，审结108件，结案标的额人民币72551.41万元(含上年旧存标的额)，结案率93.9%；受理二审房地产案件75件，审结75件，结案率为100%。有力地规范了房地产市场的发育、发展。

【经济审判】 全年共受理各类经济纠纷案件650件，审结516件，结案率为92.1%。其中，受理经济一审案件428件，标的额人民币256004.87万元、港币1699.26万元、美元2089.74万元，审结387件，结案标的额人民币301396.97万元(含上年旧存标的额)，结案率为90.4%。受理经济二审案件132件，审结129件，结案率为97.7%。处理了大量的经济纠纷，促进了市场经济的发展。

经济审判在维护稳定，保障改革方面发挥了突出作用。全年受理并审结9件国有企业破产案件，202件银行和非银行金融机构借贷案件，19件认购股权证纠纷集团诉讼案件等。

【行政审判】 全年共受理各类行政案件43件，审结43件，结案率为100%。其中，受理行政一审案件30件，审结30件，结案率为100%；受理二审行政案件13件，审结13件，结案率100%。有效地保护了公民、法人的合法权益，促进了行政机关依法行政。

(傅向东　陈祥军)

【海事审判】 海口海事法院遵照上级法院的部署，全面开展执法大检查工作，并以此推动审判工作质量的不断提高，大胆推进审判方式改革，坚持公开审判的原则，强化海事审判工作为经济建设服务的意识，为海南特区的改革开放和经济建设发挥了应有的积极作用。1997年共审结和执结各类案件311件，比上年上升7.24%，结案标的额7.13亿元人民币，比上年增加52.67%，其中审结各类海事海商案件195件，结案标的额6.08亿元；执行结案116件，执结标的额1.05亿元人民币，执行工作取得了突出的成绩。新收的各类海事海商案件中，涉外和涉港案件42件，占新收案件总数的20.9%，较上年增加6.5个百分点。

海口海事法院为确保严肃执法，公正裁判，在大力推进审判方式改革的同时，强化内部监督机制，制订并实施《海口海事法院关于加强审判及执行工作规范化管理的若干规定》，进一步明确审判工作各个环节的操作规范；贯彻落实《海南省公、检、法机关错案责任追究条例》，对上诉的法院改判或发回重审的案件，均交由审判委员会逐案复核、分析、讨论，找出案件审理中存在的问题，并对责任人作出相应的处理，有效地提高了审判人员的责任心，促进了办案质量的进一步提高。

海口海事法院法官队伍的建设方面，也取得了明显的成效。在强化职业道德意识，提倡敬业精神和奉献精神的基础上，不断完善廉政机制、有效地遏制腐败现象的产生。对干部考核制度进行了大幅度改革，摒弃旧的定性考核方法，推行案件审理数量和质量，笔试、口头答辩以及出勤情况等全方位的量化考核方法，进一步强化干警的竞争意识，并根据考核结果调整工作岗位，保障审判工作的质量和效率。全院干警的学习风气和业务钻研精神得到了加强，全年在全国和地方性报刊上发表学术论文、调研报告、案例分析、新闻报道等40余篇，由该院法官撰写的又一部学术专著《国际贸易中的提单风险》出版发行，引起国内同行的关注，这些成果反映出该院法官所具备的较高业务水平。

(陈　明)

【执行工作】 全年共受理执行案件576件，其中，旧存189件，新收387件。新收案件标的额人民币196732万元，已结案件156件，执行标的额人民币29079.54万元，结案率为27.1%。

【审判监督】 全年共受理审判监督案件186件，审结175件，结案率94.1%。受理案件中，刑事审判监督案件10件，审结9件，结案率90%；民事审判监督案件100件，审结94件，结案率94%；经济审判监督案件73件，审结69件，结案率94.5%；行政审判监督案件3件，审结3件，结案率100%。

【案例举要】

何子平、莫少平、陈艳等人金融票据诈骗、非法出具票据案 何子平，男，1966年2月9日生，琼海市人，无业；莫少平，男，1962年4月28日生，定安县人，定安恒昌实业开发公司法人代表；陈艳，女，1967年1月14日生，上海市人，海口建发经贸实业公司经理；叶育雷，男，1967年12月6日生，定安县人；何少，男，广东省番禺市人，海口建设银行文明东办事处职员。1995年2月底至3月3日，以能在定安农业银行搞"以存转贷"为名，何子平伪造存单，伙同莫少平骗取湖北省融融信托贸易公司刘志双、鄢纯良的人民币1000万元；1995年10月13日至19日，以搞"以存放贷"为名，叶育雷寻求存单，何少平非法出具空白定期存单，何子平伪造存单，陈艳非法填写进账单并负责与建设银行文明东办事处联系，共同骗取人民币1000万元。海口市中级人民法院以金融票据诈骗罪、诈骗罪数罪并罚，判处何子平无期徒刑；以诈骗罪判处莫少

平无期徒刑；以金融票据诈骗罪判处陈艳有期徒刑十二年，判处叶育雷有期徒刑十年；以非法出具票据罪判处何少有期徒刑三年。

廖厚宁、黄逢明、黄时益等人抢劫、盗窃、非法买卖枪支、脱逃、私藏枪支、销赃案 1995年4月5日至1995年9月17日，廖厚宁、黄逢明、黄时益、黄时东、郭应悲、王哲利持枪先后在临高县皇桐乡模仿村、琼山市狮子岭等地抢得出租汽车4辆及其它款物，共计价值人民币66.46万元；1993年7月至1993年12月，廖厚宁、黄逢明持事先配好的钥匙先后在海口市秀英区政府宿舍等两地盗窃摩托车2辆，共计价值人民币4.025万元；另，王天俊还私藏枪支、帮助销赃；郭应悲非法买卖枪支，1995年2月17日因吸毒被公安局收审后脱逃。海口市中级人民法院以抢劫罪、盗窃罪并处罚金数罪并罚，判处黄逢明死刑；以抢劫罪、盗窃罪、私藏枪支罪，并处罚金数罪并罚，判处廖厚宁死刑；以抢劫罪判处黄时益死刑（以上死刑均经海南省高级人民法院核准）；以抢劫罪、非法买卖枪支罪、脱逃罪数罪并罚，判处郭应悲无期徒刑；以抢劫罪判处黄时东有期徒刑十五年；以销赃罪、私藏枪支罪数罪并罚，判处王天俊有期徒刑四年，并处罚金3000元。

韦泽芳受贿案 韦泽芳，男，1934年1月生，海南省琼山市人，原系海南省人民代表大会常务委员会副主任。1993年元旦前后，海南侨海实业总公司总经理罗海平因涉嫌经济问题受到军事科学院保卫部追查。罗找到当时任海南省委常委、政法委员会书记的韦泽芳，韦先后两次收受罗送给的人民币六万元。海口市中级人民法院以受贿罪判处韦泽芳有期徒刑五年。

蔡德坚、朱忠雄抢劫案 1995年7月初，蔡德坚邀约朱忠雄帮其找人配合抢劫秀英邮电分局金库，朱找到吴天机（在逃），蔡向吴介绍了金库的情况并将金库的第一道铁门的钥匙交给吴。蔡与朱、吴二人约定了吴作案时被人发现后的逃走方式。1995年7月6日凌晨4时，吴天机伙同三人（在逃）持两手枪用蔡提供的钥匙打开金库大门窜入金库，值班经警李某、韩某发现后即电话报告班长蔡德坚，后被吴天机等人用电线、纸胶带捆绑封嘴。吴等人打开保险柜，劫走人民币513744元离开现场。蔡接到报案即与朱通信，尔后佯装持枪赶到现场并报案。海口市中级人民法院以抢劫罪判处蔡德坚死刑，并经海南省高级人民法院核准；判处朱忠雄无期徒刑。

罗海平挪用公款、行贿案 罗海平，男，1964年5月8日生，澄迈县人，原系海南华达集团公司总裁。1993年底，罗海平与秀英区长流镇财政所所长吴盛业（已判刑）共谋，并挪用海口市人民政府拨给秀英区长流镇财政所征地款2400万元进行营利活动；此外，罗海平为其公司谋取不正当利益，于1993年至1994年间，先后对吴盛业，海南省农业银行国际业务部经理陈琳、信贷科科长李墨，当时任海南省委常委、政法委员会书记韦泽芳，建行洋浦分行信贷部经理谷世刚行贿，共计人民币19万元。海口市中级人民法院以挪用公款罪、行贿罪数罪并罚，判处罗海平有期徒刑十二年。

（傅向东　陈祥军）

司 法 行 政

海口市司法局

局　长（党组书记）　张甲天

副局长（党组成员）　林接明（兼对外经济律师事务所主任）

邱庆茂

林建华

【综述】 海口市各级司法行政机关认真学习、实践邓小平理论，配合“严打”斗争，大力开展禁毒法制宣传活动，抓好“三五”普法实施工作，加强公证、律师管理工作，深入开展人民调解和基层法律服务工作，充分发挥司法行政的法律保障、法律服务、法制宣传、法制教育、人民调解等职能作用，为社会稳定和经济建设提供优质高效的法律服务。

【律师工作】 市司法局共管理11家律师事务所，其中国资所6家，合伙所5家，个体所1家；律师45人，高级律师4人，中级律师15人。在律师行业中积极推行社会服务承诺制，为当事人提供优质高效的法律服务，把服务内容、标准、程序、时限、责任等公开向社会作出承诺，接受社会监督，得到了好评。全年律师事务所共办理各类案件451件，其中刑事辩护150件、民事代理127件、经济代理90件、行政代理6件、非诉讼代理78件，担任常年法律顾问66家，免费担任市政府常年法律顾问6年，解答法律咨询690人（次）、代写法律文书266件，为海口市的经济建设作出了贡献。

【法律援助工作】 1997年7月，成立海口市法律援助中心。制定了《海口市法律援助试行办法》和《海口市法律援助基金会章程》。市法律援助中心成立6个月来，共接待当事人来电、来信、来访180人（次），办理法律援助案件6宗，得到社会各界的好评。

【公证工作】 海口市设有5个公证处，公证员21人。其中中级公证员2人。海口市公证转变观念，注重办证质量，不断拓宽公证服务领域，积极为破产企业办理公证。市公证处协同市政府人事劳动部门，分别对市人事劳动局与海口市纺织印染厂、海口市毛巾厂、海口市橡胶厂等多家国有破产企业的1000多名职工签订的《国有企业下岗职工自谋职业协议书》办理公证，有效地解决了破产企业和下岗职工的后顾之忧。这项工作不仅为国有企业体制改革和优化资本结构工作提供了法律服务，而且拓宽了服务领域，开公证工作为破产企业服务之先河，受到市领导和社会的赞扬。全年共办理各类公证4731件，比上年增长24.7%，其中国内公证2797件，涉外公证1934件。

【法制宣传】 为了切实加强“三五”普法的实施工作，年初成立了海口市“三五”普法联席会议。市“三五”普法联席会议设主席1名，副主席2名，成员26名。配合市整顿市容，创建文明城市等活动，开展对法律法规的学习宣传；积极配合“严打”斗争，采取出动宣传车、绘制“严打”战果图画、拟制标语、上法制辅导课、播放录像等形式，开展法制宣传工作；举办副处以上领导干部600多人（次）参加的3期法制讲座；举办居（农）民普法骨干培训班2期；组织完成包括市领导在内的1.2万多人的党政机关、企事业单位干部普法考试；在新华区居仁坊抓依法治理试点，白龙乡搞居（农）民“三五”普法试点都取得较好效果；组织全市各单位订购《社会主义法制建设基本知识》作为“三五”普法干部统一读本，《“三五”普法手册》为教材，基本做到干部职工人手一册。截至年底，全市95%以上的单位按照“三五”普法依法治理规划要求，制定了普法依法治理规划，并开始实施。各单位完成了全年的专业法学习任务。市直机关学习《国家赔偿法》、《行政处罚法》，参加学习人数21371人，达97%；工厂、企业学习《宪法》、《水法》、《公司法》、《劳动法》，参加学习人数9600人，达80%；居（农）民学习《宪法》、《水法》、《土地管理法》、《保险法》，参加学法人数239721人，达75%；在校生学习《宪法》、《水法》、《教育法》、《未成年人保护法》，学习人数达100%。

【人民调解】 人民调解突破原有的人民调解组织建制，在白龙乡群上村建立了由外来人员自行管理的调解组织。举办1期有各村、居民委员会调解员共542人参加的培训班，525人参加考试，及格率达100%，优良率达85%。全市已建立基层人民调解委员会221个，调解员1314名，调解信息员819名，形成了覆盖全市的调解网络。通过开展“三个”活动（即一是结合节庆活动，排查民间纠纷；二是开展无民间纠纷激化月活动；三是学习侯殿禄，创“四无”活动），使全年民间纠纷比上年下降8.4%。全市共调解民间纠纷740宗，调解成功710宗，成功率95.9%，防止民间纠纷激化13宗，避免非正常死亡20人。

【基层法律服务】 全市各乡镇共有法律服务所17家，法律事务中心4家，法律工作者40人。在基层司法工作人员中开展一次学习全国司法行政系统英模侯殿禄先进事迹，进行爱岗敬业教育活动，取得较好的效果；进行基层法律服务所体制改革，成立了法律服务所与司法助理员分离的“两不四自”的海口市城西法律服务所。全年基层法律服务所共受理案件96宗，其中诉讼代理34宗，非诉讼代理62宗；协办公证和见证36件，代写法律文书81份，解答法律咨询510人（次），担任常年法律顾问58家，为当事人挽回经济损失7万元。

【队伍建设】 一是认真开展理论学习和思想政治工作。组织学习十五大精神，制定了党组中心组学习计划，结合反腐败工作开展执法大检查，抓好纠正行业不正之风。二是加强组织建设。认真开展党员评议，发展预备党员1名；通过公开、公平竞争，把3位年富力强的中青年干部充实到科级领导岗位；按照《国家公务员暂行条例》的有关规定，完成了副主任科员以上的领导、非领导职务的任、免职工作。三是在机关中开展“一转变，两提高”专项整治活动。制定了12项管理制度；在机关推行挂牌服务、直接办理、限时完成任务等制度。四是涌现出一批先进个人和先进集体。在禁毒专项斗争中，2人被市评为先进个人，市局宣教科被评为先进集体。

（吴元春）

（责任编辑：邱家彬）

经济

63/111

工 业

【概述】 至年底，全市乡及乡以上在产工业企业342家。按模规分，大型企业17家，中型企业44家，小型企业281家。按经济类型分，国有企业115家，集体企业68家，其它类型企业159家，其中股份制企业12家。拥有橡胶、食品、饮料、纺织、电子、化工、医药、汽车、制革、塑料、轧钢等三十多种工业门类。主要工业产品有果汁饮料、饮料酒、无酒精饮料、啤酒、咖啡粉、面粉、节能台灯具、混合饲料、涤纶弹力丝、印染布、支革、线型钢材、马口铁、汽车、轮胎、蓄电池、干式特种变压器、高低压开关柜、高纯氧、苯酐、油漆、切酯片、硫酸、无机化肥、复合肥、红砖、瓷砖、电视机、电话机、收录机、中成药、西药等。

【工业经济运行情况】 全年，工业完成总产值56.56亿元(90年不变价，下同)，比上年的49.86亿元增长13.44%。其中：乡及乡以上工业产值54.39亿元，比上年的47.10亿元增长15.48%；乡以下工业产值2.17亿元，比上年的2.76亿元下降21.38%；轻工业产值37.56亿元，比上年的37.83亿元下降0.71%；重工业产值16.83亿元，比上年的9.27亿元增长81.55%；国有工业产值23.49亿元，比上年的18.86亿元增长24.55%；集体工业产值1.20亿元，比上年的2.27亿元下降47.14%；其它类型工业产值31.87亿元，比上年的25.97亿元增长22.72%，其中“三资”企业完成产值11.20亿元，比上年的15.20亿元下降26.32%；大中型工业企业完成产值45.5亿元，比上年的38.16亿元增长19.23%。

市属国有工业企业43户，完成产值14.58亿元，比上年的14.24亿元增长2.4%。全市工业完成销售值66.43亿元，比上年的58.64亿元增长13.28%。其中：乡以上工业完成63.37亿元，比上年的55.57亿元增长14.04%；乡以下工业完成3.06亿元，与上年持平；轻工业完成43.12亿元，比上年的40.75亿元增长5.82%；重工业完成20.25亿元，比上年的14.83亿元增长36.55%；国有工业完成25.73亿元，比上年的25.90亿元下降0.66%；集体工业完成1.53亿元，比上年的2.83亿元下降45.94%；其它类型工业完成39.17亿元，比上年的26.84亿元增长45.94%，其中“三资”工业完成销售值14.88亿元，比上年的14.77亿元增长0.75%；大中型工业完成50.7亿元，比上年的42.87亿元增长18.27%。

全市工业产值销售率为94.89%，比上年的91.30%增长3.59个百分点。

全市工业完成出口交货值4.47亿元，比上年的3.86亿元增长15.80%。其中产值大户及市属工业完成出口交货值4.39亿元，比上年的2.70亿元增长62.59%。出口交货值完成千万元以上的企业有12户：海南优美内衣有限公司、海口橡胶五厂、海口椰树集团、东洋水产公司、富达磁电实业公司、海口欧化印染有限公司、云海针织厂、海南省电子公司、海口市电子公司、欣建电子有限公司、海南建和纺织有限公司、晶华纺织制品有限公司。

市属国有工业企业全年实现销售收入17.87亿元，比上年的18.09亿元下降1.2%；盈利总额4941.0万元，比上年的6361.9万元下降22.3%；亏损企业9户，比上年的30户减少21户；亏损总额1580.1万元，比上年的21364.6万元减亏19784.5万元；盈亏相抵后利润总额3360.9万元，比上年的净亏15002.7万元增盈18363.6万元。市属国有工业企业结束了自95年以来连续2年净亏损的局面，扭亏为盈。

【企业改革】 1997年是工业优化资本结构工作取得显著成效的一年。完成被兼并企业10户、破产企业3户、减员增效企业2户、股份合作制企业4户，盘活国有股权2户。核销银行呆坏帐及减免利息18708.7万元，占全省97年度限额核销银行呆坏帐数29600万元的63.2%。盘活资产存量42152万元；新增工业投入19239万元；消灭亏损户15户，消除和转移企业不良债务50823万元。加上96年度，全市共完成优化资本结构企业29户，盘活资产存量6.6亿元，冲销和转移企业不良债务13.09亿元，新增工业投入3.49亿元，消灭亏损户21户。部分停产、半停产企业注入了新的活力，生机盎然。

破产企业3户：海口橡胶一厂、海口海山织造厂、海口糖奶厂，9月底由市中级人民法院依法宣告破产，11月中旬进行破产财产拍卖，一次拍卖成功：橡胶一厂拍卖成交价1200万元，资产变现率58%；海山织造厂拍卖成交价740万元，资产变现率76.8%。3户破产企业于12月20日破产终结。

被兼并企业10户：5月14日，北京世界知识印刷厂兼并海口市印刷厂，更名为海南世知印刷公司；6月28日，海南阳光不动产发展公司兼并海口蓄电池厂，更名为海口强力电池电器公司；6月29日，海南金盘工业开发建设总公司兼并海南金鹿总公司，更名为海南金鹿实业公司；7月4日，海南佳应集团有限公司兼并海口营养食品厂，更名为海南佳应食品公司；6月28日、8月16日、11月10日，海口农工贸(罗牛山)股份公司先后兼并海口市家具厂、海口槟榔牙膏厂、海口市保健食品厂，海口市家具厂更名为海口市罗牛山家具公司，海口市保健食品厂更名为海口食品保健饮料公司；9月29，海南瑞银贸易有限公司兼并海口市糖厂，更名为海南瑞银糖业公司；10月20日，海南琼龙实业发展公司兼并海口市乳胶厂，更名为海南乳胶实业公司；8月19日，海口市化工总公司兼并海口市化工供销公司。

减人增效企业2户：海口市橡胶五厂、海口市塑料厂以产定人，减人增效，267名职工进入再就业服务中心，减免银行利息941万元。

同时，按照“抓大放小”的原则，先后放开搞活了一批小企业，完成了海口市氧气厂、海口市荣达公司、海口市化工一厂、海口市罐头厂第三分厂4家企业的改制工作。氧气厂更名为海口气体有限公司；荣达公司更名为海口新名企业公司；

化工一厂更名为海口精细化工公司。

海德实业股份公司于6月初将部分国有法人股转让给海南国泰实业公司，6月18日，国泰公司作为海德实业股份公司的第一大股东正式进入海德公司的董事会和经营班子。8月，海药实业股份公司将部分国有股权转让给济南轻骑集团，济南轻骑集团占控股地位。

在工业企业优化资本结构工作中，创造性地提出了七个结合：

（一）优化资本结构与培育企业集团和骨干企业相结合，促进企业组织结构调整。主要从三个方面开展工作：一是健全和完善企业集团。对椰树集团的法人治理结构和监督机构进行了健全和完善，选择第三分厂实行职工内部持股，改变单一的投资结构。二是调整存量资产。通过优势企业兼并劣势企业来实现。金盘股份公司兼并金鹿公司、市化工二厂兼并市化工三厂、瑞银贸易公司兼并海口糖厂等即是成功范例。三是调整增量资产。通过转让国有股权收入留企业使用和引进投资进行增量调整。完成了海德股份公司国有法人股和海药股份公司部分国有股权的转让，收益15600万元，市政府决定，留企业继续使用3年。同时，还将引进投入8500万元。通过转让国有股权，既解决了两个企业流动资金短缺的矛盾，又引进了战略投资者，对扩张国有控股企业的生产规模，增强股份制企业的实力都具有重大的意义。海德公司转让部分国有股权后，走出了连续两年亏损的困境，实现扭亏为盈，保住了挂牌交易的权益；海药公司转让国有股权的资金已基本到位，济南轻骑集团的管理机制已开始在海药实业股份公司实施。

（二）优化资本结构与企业改制相结合，促进企业体制创新。在优化资本结构工作中，把国有资本存量优化与体制创新有机结合起来，使国有企业在建立现代企业制度方面迈出了可喜的一步。一是对产品有市场，生产规模比较大的企业实行参股式兼并，成立有限责任公司。北京世界知识印刷厂以参股式兼并海口市印刷厂，成立海南世知印务有限公司，北京方占70%的股份，原海口市印刷厂持30%股份。北京世界知识印刷厂除承担原海口印刷厂的全部银行债务外，还投入2台机器及其它设备一批，流动资金150万元，使原海口印刷厂一跃而成为海南最大的印刷企业。新公司97年产值600万元，实现扭亏增盈。海南瑞银贸易有限公司兼并海口糖厂等也是采取参股式兼并，通过兼并实现了体制创新。二是由上市公司兼并，对国有企业进行改制。通过金盘股份公司兼并海南金鹿企业发展总公司，罗牛山股份公司兼并海口家俱厂，使国有企业的存量资产挂上上市公司的战车，以达到企业改制的目的。三是对企业规模小，资产大于负债，产品有一定市场的小企业进行股份合作制改制，年内国有企业改制4户，效果良好。

（三）优化资本结构与加强企业管理相结合，巩固改革成果。对于被兼并和改制的国有企业，市兼并破产协调小组不是一兼并和改制后就撒手不管，而是与兼并和改制企业认真研究，从三方面加强企业管理：一是利用兼并后机构、人员调整的有利时机转换企业经营机制，正确处理好企业人财物关系和责权利关系，使其互相结合、互相协调、互相促进，以保障企业各种生产经营活动有效运作。二是利用好兼并企业经过审计评估后家底清的有利条件，抓好企业管理的基础工作，包括信息、定额、标准化、生产经营管理责任制等工作。三是认真抓好提高产销率、资金运营率、产品质量和降低成本工作。瑞银贸易公司兼并海口糖厂后，认真把好甘蔗质量关，加强各生产工序的管理，出糖率比上年同期大增，全年盈利25.3万元，比上年亏损149万元（不含利息）增盈174.3万元。海口印刷厂加强企业成本控制，把7辆车折价卖给职工，在保证厂里付费用车的情况下，职工可另行承担运输业务，既解决了职工的安置问题，又降低了50%的运输成本。

（四）优化资本结构与做好职工分流相结合，保持社会稳定。在职工的安置方面，市企业兼并破产协调小组提出对被兼并企业的职工采取就地消化安置的办法，使被兼并企业的职工思想保持了稳定；对破产下岗的职工进入市再就业服务中心，实行托管，使职工与破产企业分离；对改制企业的职工要求都入股，对不愿意入股的职工，改制后的企业要保证妥善安置。由于注意优化资本结构与做好职工分流相结合，使国有企业在全市兼并破产这个伤筋动骨的改革行动中能保持平稳，保证了社会稳定。

（五）优化资本结构与制定相关优惠政策相结合。海口市很多被兼并企业都资不抵债，且富余人员多，优势企业不愿意背上沉重的包袱。针对这些情况，市优化资本结构协调领导小组制定了《海口市国有企业兼并改制优惠政策》报市政府同意后实行。通过用政策弥补的办法，解决企业兼并破产和改制中存在的问题，使优化资本结构试点工作，特别是企业的兼并和改制工作顺利开展。

（六）优化资本结构与企业扭亏增盈相结合。在优化资本结构工作中，市企业兼并破产协调小组自始至终把优化企业资本与解决亏损大户有机结合，使市属国有企业经济效益明显提高，盈利企业34户，比上年12户增加22户；亏损企业9户，比上年31户减少22户。亏损面从上年的71%下降到19%；盈亏相抵后实现利润3360万元，比上年亏损15000万元（不含潜亏1.7亿多元）增盈18360万元。

（七）优化资本结构与工业发展相结合，培育新的工业增长点。在优化资本结构工作中，一开始就把优化资本结构纳入到全市工业发展战略中，合理安排，统筹考虑：(1)有利于工业发展；(2)有利于企业职工的安置，维护社会稳定；(3)有利于消除企业的不良债务，扭亏增盈。通过优化资本结构，新增了工业投入，多户停产企业恢复生产，多户半停产企业扩大了生产规模，为海口经济发展作出了贡献。

【工业项目】 全年安排工业指导性计划实施项目12项，总投资18.9亿元，当年计划投资7.8亿元。实际完成投资8.3亿元，比年初计划增加6.2%。竣工6项，即：海南海德实业股份公司年产4万吨矿泉水扩建项目，3月份投产；海南海宇锡板工业有限公司年产10万吨马口铁项目，7月份投产；海口椰树集团年产50万吨天然果汁（一期工程）引进纯净水生产设备项目，8月份投产；海南大华实业公司年产180万张多媒体电脑光盘项目，年底基本投产；海南东艺置业公司年产100吨氧化钴及钴系列产品项目，年底基本完成。此外，海口子午线轮胎有限公司年产160万套子午线轮胎项目，海南中际制药公司年产200万瓶海脉素项目、海口圣保生物制品公司年处理150吨人血白蛋白项目正在紧张建设中。安排前期准备项目25项，总投资30亿元。一批前期准备项目已完成前期准备工作，进入实施阶段，如，金盘饮料公司年产3万吨矿泉水项目、海南现代工业集团永光彩印公司引进八色柔版彩印复合膜软包装生产线项目、海南兴业聚酯公司年产1.5万吨熔体直纺FDY长丝项目等。年产3000万米超细旦纤维布、7.2万吨玻璃瓶等项目正在积极筹建。

这批项目，充分体现了本市工业立足于全社会，以增量投入促进存量结构优化的工作方针。一是项目投资主体多。包含国有、合资、股份制、集体和私营等多种经济成份企业，部分项目上马就按现代企业制度模式组建，如年产10万吨马口铁项目等。二是项目投资大、科技含量高。12个工业实施项目中，有8个项目投资额在5000万元以上，其中4个项目投资额超亿元；电脑光盘、氧化钴等项目生产技术工艺均达到国内或国际先进水平。三是项目资金来源广。全年落实的67877万元项目资金，其中银行贷款9116万元（含96年结转）、企业自筹33392万元、外引内联25369万元。四是项目管理水平高，建设周期短。马口铁、海德矿泉水、多媒体电脑光盘等项目均由国外专家指导安装调试，生产操作采用电脑管理技术管理。一些项目当年投资、当年建成。如年产180万张多媒体光盘、年产100吨氧化钴等。五是项目建设向优势行业倾斜。如制药行业新上年产1000万盒龟鳖丸、年产200万瓶"海脉素"项目等。六是项目建设保持了竣工一批、建设一批、筹备一批的良性循环。

【科技进步】 1997年，全市工业累计开发新产品17个，新产品产值12.64亿元，新产品产值率为21.3%。较有特色的新产品有：海南中裕有限公司开发的固定冷藏保鲜集装箱；海南美佳高科技工业有限公司开发的菌立克高效杀菌消毒剂；海南海药股份有限公司开发的紫杉醇注射液、生白素；海南金鹿企业发展总公司开发的金鹿HN1608四轮农用车；海南海宇锡板工业有限公司开发的马口铁；海南亚洲太平洋酿酒有限公司开发的虎牌啤酒；海南联华电路板有限公司双面印刷电路板；海口椰宝有限公司的天然椰果；海口力神公司开发的力神西洋参咖啡；海南养生堂有限公司开发的朵儿胶囊；海口金盘建筑材料公司开发的墙地砖；海南明珠实业公司开发的10KG液化石油气钢瓶；海南省电子公司开发的29英寸彩电。

【机械工业】 年内，海口机械工业企业发展到14家，全年累计完成产值3702万元，比上年增长1.37%，占全市工业总产值的0.68%。主要工业产品有：制糖设备、锅炉、电动工具、农用车等。突出的企业有：海南机械厂、海南轻工机械厂、海南金鹿企业发展公司等。

【饮料食品工业】 年内，海口食品工业企业发展到30家，全年累计完成产值142959万元，占全市工业总产值的26.29%。主要产品有：天然果汁饮料、鹿龟酒、碳酸饮料、饼干、矿泉水、速溶咖啡、啤酒等。突出企业有：海南亚洲太平洋酿酒公司、海口椰树集团、海口椰岛股份公司、海口力神股份公司、海南可口可乐公司、金盘矿泉水饮料公司等。

【橡胶化工工业】 海口橡胶化工工业企业8家，全年累计完成产值22163万元，比上年下降66.69%，占全市工业总产值的4.08%。主要工业产品有：轮胎、橡胶板、橡胶管、气垫床、胶什件、化肥、农药、苯酐、油漆等。突出企业有：海南化肥厂、海南农药厂、海口化工实业公司、海口化工一厂、海口橡胶五厂、海华轮胎公司等，其中海口橡胶五厂是海口市出口创汇大户。

【纺织化纤工业】 海口纺织化纤工业企业17家，全年累计完成产值105031万元，比上年增长68.25%，占全市工业总产值的19.31%。主要工业产品有：服装、涤纶长丝、混纺手套、帘子布、聚酯切片等。突出企业有：海德股份公司、海南化纤股份公司、云海针织厂、晶华纺织制品有限公司、海南金轮实业股份公司、兴业聚酯股份公司等。

【制药工业】 海口制药工业企业26家，全年累计完成产值78666万元，比上年增长9.38%，占全市工业总产值的14.46%。主要工业产品有：中成药、西药、保健品等。突出企业有：海药股份公司、海南海灵制药厂、海南养生堂药业有限公司、海南金岛制药厂等。

【印刷工业】 年内，海口印刷工业发展到24家，全年累计完成产值6681万元，比上年增长30.59%，占全市工业总产值的0.13%。主要工业产品有：单色、多色印刷品。突出企业有：海南印刷厂、海口晚报印刷厂、海口世知印刷厂等。

【电子工业】 海口电子工业13家，全年累计完成产值8453万元，比上年增长16.19%，占全市工业总产值的1.55%。主要工业产品有：电子元器件、通信设备、电视机等。突出企业有：海南省电子公司、海口市电子工业总公司、富达磁电实业公司、常勇电子有限公司等。

【交通运输设备制造及修理业】 海口交通运输设备及制造修理工业企业31家，全年累计完成产值34816万元，比上年下降19.86%，占全市工业总产值的6.40%。主要产品有汽车。突出企业有海南汽车制造厂。

（饶平如）

【二轻工业】 全市二轻工业系统拥有42家小型集体企业，主要以来料加工为主，生产各种工艺品、纸箱（管）、服装、护卡膜、厨房设备等产品。二轻系统职工坚持"稳定、求实、改革、发展"的工作方针，结合二轻实际，加强管理，挖掘潜力，开拓经营，促使工艺品、纸箱（管）产品保持稳定增长。由于二轻工业基础薄弱，资金紧缺，产品缺乏竞争力，加上市场疲软等原因，总的经济目标完成不够理想：产值3191.3万元（不变价），比上年的4297.3万元下降25.8%；销售2742.8万元，比上年的3604.3万元下降23.9%；利润60.8万元，比上年的76.5万元下降21.5%。

海口市椰雕工艺厂，是一家利用海南特有自然资源，生产海南特色旅游工艺品的企业。全年生产各种工艺品3.7万件，比上年的3.3万件增长12.1%；产值72.2万元（不变价），比上年的63万元增长11.4%；销售53.9万元，比上年的44万元增长22.5%。主要产品有：椰雕、贝雕、角雕和拼木画等4大类，计112个品种。产品主要销往岛内外，部分产品销往美国、以色列等国家和地区。面对市场竞争，椰雕工艺厂注重抓好产品的更新换代，不断推出新品种新花色，如用贝壳、椰壳、藤器等材料制成的各种集锦，深受顾客的青睐。为配合海口市创建中国优秀旅游城市和向海南建省十周年献礼，椰雕工艺厂组织技术人员进行产品创新、攻关，并于年底赶制出高1.48米、宽0.55米的中国巨型椰雕嵌贝花瓶，这是椰雕工艺厂建厂以来制作的最大型椰雕嵌贝工艺精品。

海口市包装总厂，是一家以生产出口及内销包装纸箱和纱锭芯纸管为主的企业。包装总厂在完善承包经营机制的基础上，强化内部管理，挖掘企业潜力，全年产值862.9万元(不变价)，比上年的743万元增长16.1%；纸箱年产量153万平方米，比上年的145万平方米增长5.5%；纸管产量424万个，比上年的139万个增长205%。全年销售917.9万元，比上年的762.5万元增长20.4%，产品主要销往省内外。

海口市塑料工业公司，是公安部定点生产护卡膜的企业之一。该厂拥有护卡膜生产线七条，年生产能力达1200吨，全年产量156吨，产值1310.2万元(不变价)，占二轻工业总产值的三分之一多，分别比上年的317.83吨、2287.2万元下降42.8%和50.8%。产品主要销往广东、广西、云南、贵州等省区。

海口市服装总厂，主要承领来料加工服装，与广东省纺织品公司合作生产的男女衬衣，全部出口智利等国家，西装、夏装销往省内外。全年产量6.28万件，其中：出口衬衣2.5万件，内销西装、夏装3.78万件，产值159.7万元(不变价)，分别比上年下降88.2%和65.3%。

海口市家用电器厂，原是一家生产家用电器的企业。近年来，该厂利用现有的厂房、设备和土地，引进广东胜利厨房设备厂的资金、技术和管理，成立海南胜利工业公司，合作生产胜利牌厨房成套设备。产品主要要销往海南各大宾馆(酒店)、工厂、机关、学校等。海南市场占有率达70%左右。全年产量155吨，产值达317.1万元(不变价)，比上年的107.4万元增长194%。

(冯生华)

交通运输　邮电通信

道路交通

【道路运输】　全市公路运输完成客运量12371万人次，旅客周转量146886.55万人公里(含社会出租车运输量8954万人次、33580万人公里)；完成货运量638万吨、货物周转量15441.85万吨公里。全市经营公路客运的有411户，其中国有73户，集体32户，个体254户，三资企业52户；经营公路货运的有2165户，其中国有489户，集体140户，个体1419户，三资企业117户；经营机动车维修的317户。其中，国有22户，集体39户，个体241户，三资企业15户。全市机动车实有数38570辆，其中，大型客车2112辆，中、小型客车24898辆；大型货车3215辆，中、小型货车7894辆；各种特种车451辆。从事营业性运输的客车5417辆(其中出租的士4100辆)；全市公共停车场(点)156个。长途客运设东站、西站、新港站和省际客运站等四个主要始发车站点，省内日发班车939班，每天发车至全岛18个(县)市以及37个主要乡镇，客运线路73条。省际客运开通31个省市，日发班车52辆。

【交通运输管理】　交通运输主管部门加强对全市交通运输市场的管理。一是整顿道路运输市场秩序。按照交通部、省、市政府关于整顿道路客运市场秩序实施方案的有关文件规定，从3月开始对全市道路客运市场进行整顿。加强路检路查，全年共出动7000余人次，查处违章运输车辆10930辆次，有40名司机被取消出租车服务资格证，针对两轮摩托车非法载客现象，每月集中人员进行专项查处，共查扣摩托车3281辆次。二是调整营运中巴线路。为配合市委、市政府依法治市活动，4月，对行驶大英后路的营运中巴线路进行调整，使海府路海秀路行驶的中巴车减少了130多辆，对6条专线中巴线路进行调整并于6月16日开始正式实行，对不进站、故意在港湾式候车亭内停车候客造成堵塞交通的车辆坚决予以查处，共查处不进站点经营的中巴500辆次，不按线路经营的256辆次，规范了市区专线车经营行为。12月，市政府规定柴油车禁止行驶市区16条主要道路，交通运输主管部门积极做好宣传解释工作，并采取有效措施执行这一规定。三是部署社会车辆统一进入海口东、西站和龙昆南站经营。从6月10日开始，全市长途班车统一进站营运，实现了营运班车的规范化管理。四是加强对司乘人员的岗前培训。全年培训"的士"、中巴司乘人员2960人，核发资格证2760个，年审资格证3000多个，办理旅游车资格证260个。五是继续抓好"文明出租汽车工程"活动。这项活动从1996年9月开始，至1997年9月结束，时间为一年。通过这一活动，树立窗口行业良好形象，进一步提高了全市出租汽车的服务水平。六是做好营运车辆年审和营运车辆二级保养和技术等级评定工作。1996年度营运性车辆年审工作圆满完成，共审验营运车辆6152辆，占应年审的车辆数7138辆的86.2%，比上年增加5个百分点。其中客车年审4170辆，占应年审车辆数4331辆的96.3%，货车年审1982辆，占应年审车辆2807辆的70.6%，年审总的情况比往年好；完成营运车辆二级维护保养17040辆次，完成营运车辆技术等级评定工作。七是设立服务行业窗口，开展办事一条龙服务。市运输管理处整修营业服务大厅，设立运输服务办理、车购证申办、代征税款、收费、运输证办理、违章处理、服务资格证办理、票据发放等9个窗口，方便了营运车主，提高了办事效率。

(张荣森)

海运业

【概况】　海口市汇集了全省从事海运业的107家船公司，拥有各类营运船舶约460艘，其中：货运能力120万载重吨，集装箱运输能力约4000TEU；油船运力约12万载重吨；液化气、化学品船7艘约1.6万载重吨；省际旅客/车辆运输船约41艘，合计约15000客位/720车位。据统计，全年海口市船公司数量和船舶拥有量分别占全省总量的75%和90%，水运能力约占全省总能力的96%以上。

【陆岛通道运输】 全年，除航空运输承运了40%的旅客和不足1%的货运量外，其余全由海运完成。年内，海南至大陆的主要陆岛通道有4条：①琼州海峡轮渡运输即海口至广东省的海安航线；②海口至广东省的湛江航线；③海口至深圳特区的蛇口航线；④海口至广西壮族自治区的北海航线。这4条航线全年共运送旅客460万人次和各类车辆61.7万辆次。

【旅客运输】 全年，进出海南省的国内外旅客约776万人次，其中由海运业完成的有462万人次，且主要集中在海口市的秀英港和新港两个港口。

【货物运输】 全年进出全省的各类货物为1400多万吨，其中通过海口港、海口新港、海口海甸港的货物合计为952万吨，占全省总量的68%。

【港口情况】 海口港：是国家对外开放港口和枢纽港，拥有万吨级泊位2个，5千吨级泊位2个，3千吨级泊位4个，2千吨级以下泊位7个。海口新港：拥有千吨级以下泊位8个，客轮泊位2个，滚装船泊位5个，即将竣工的新港一期扩建工程，预计生产能力将扩大一倍以上。海口海甸港：拥有生产码头长度360米，码头前沿水深－3.5米，能同时停靠5艘5000吨级船舶靠泊作业，与海口新港共用港池和航道。以上三港全年共完成货物吞吐量952万吨，占全省总量的68%。

【水路运输管理】 提出了按照市场规律，适时整顿，适时调控，优化船舶结构，调整方向的策略。主要工作：一是从1995年起实行严格审批措施，避免一哄而上，重复建设，以优化产业结构为突破点，鼓励发展符合产业发展方向需要的船舶，控制老旧船数量，严禁超龄船投入市场；发展液化气、化学品船、多用途集装箱船、滚装船等特殊用途的船舶；适度发展成品油运输船，鼓励企业购、造新船更新替代老旧、超龄船，并在审批上予以优先照顾。实现了液化气船、化学品船从无到有并形成一定能力，加之新造和购置的各类船舶不断替代和补充，有效地改善了船拍结构，船龄逐步年轻化。二是大胆对水运市场进行整顿，为海运业创造一个统一、开放、竞争、有序的环境。从1996年3月至1997年的两年间，共清理55家无筹建能力、无经营能力或空壳的船公司，撤消107艘船舶的港澳航线经营资格和19艘越南航线的经营资格，规范了市场行为和秩序，挤掉了海运业的泡沫成份。同时还针对社会反映强烈，专干欺行霸市，垄断货源，居间盘剥，严重损害船东、货主利益的不法分子，采取了果断措施。向全省海运业发出了“关于公布高铭玺、纪贵忠、李天明、洪永国四人为海南水运市场禁入者的通知”，规定这四人五年内不得在海南省从事水路运输、船舶代理、客货运输代理、港口装卸及仓储业务。三是继续强化琼州海峡运输市场的管理，进一步贯彻落实《琼州海峡轮渡运输管理规定》、《琼州海峡轮渡运输安全管理规定》，接受群众投诉监督，经常组织人员巡逻执法，并实行“一票过海”制度，赢得了社会各界的好评和拥护。

（李忠民）

民用航空

【简述】 民航海南省管理局（简称民航海南省局）在民航总局和海南省政府的领导下，以邓小平理论为指导，认真贯彻落实党的十五大和民航工作会议、安全会议精神，深入学习江泽民、李鹏等中央领导同志对民航工作的重要指示。严格按照民航工作“三句话、八个字”和“一严两抓”的总体要求，突出安全工作重点，规范和拓展航空市场，深化改革，取得成绩。

【安全工作】 民航海南省局把“安全”作为航空运输生产的重点，年初局党委确定全年工作目标，提出“四个杜绝”，杜绝航行管制原因造成的重、特大飞行事故和飞行冲突，杜绝机务原因造成的飞行事故和事故征候，杜绝安检责任空防事故，杜绝地面擦碰飞机及地面重大行车事故。按照“三个要求”抓安全：一把手以主要精力抓安全，分管领导以全部精力抓安全，党委、行政会议第一位的议事日程是研究安全。落实“五项制度”：安全工作每周讲评，每月一个安全教育日，每季度重点检查，半年全局检查总结，每季度局党委专题研究不少于一次。达到“一个标准”：各业务单位的差错率要低于民航总局规定的标准，争创航空运输最好成绩。各单位再详订措施，细拟计划，把安全工作层层落实到各个岗位和个人，保证民用航空的安全、稳定运行。海口大英山机场全年共保障各类飞行34284架次，比上年增长9.3%，杜绝了空中交通管制事故及事故征候，杜绝了严重差错，保证安全42周年。全年公安、安检查获危险品及违禁物品626件，各类枪支16支，子弹304发，管制刀具231把，催泪瓦斯12瓶，电击棍39支，手铐36副，证件不符旅客214人次。有效地杜绝了劫机、炸机事件。民航海南省局被中南局评为安全达标单位，安监处被评为全国民航航空安全先进单位。

【行业管理】 发挥行业管理职能作用，树立良好的行业形象是民航海南省局一项主要工作。为加强行业管理以及与省、市政府、驻海南各航空公司的联系，4月25日，海南省政府组织召开全省民航工作会议，为加强海南省局的行业管理奠定了基础。民航海南省局积极履行行业管理职能，依据《民用航空法》和《新客、货规则》，举办行业管理骨干培训班，制定下发有关行业管理规定，加强对销售代理人的监督检查。着重抓代理点的审批和票证管理与票款回收。对海口客货销售代理市场和通用航空市场进行清理整顿，查处了一批违章经营、违章作业行为。向客货代理点颁发《空防许可证》，规范海口航空市场的秩序，为海口民航业的健全发展创造了条件。南方航空（集团）海南公司依法实施市场监督，运用法律等手段追回票款83万元，拒付不该付的款项230万元。

【服务质量】 民航海南省局和驻海口各航空公司认真贯彻党的十四届六中全会精神，按照民航总局党委《关于开展创建精品服务样板活动》的要求，坚持“两手抓、两手都要硬”的方针，积极开展创建文明机场、文明售票处等活动，取得明显成效。民航海南省局售票处被评为全国民航文明售票处。海南省航空公司客舱服务荣获全国第一名，运输服务质量被中南地区评为第二名，119/120航班被民航总局提名为文明航班，《民航精神文明建设简报》介绍了该航班事迹。南方航空（集团）海南公司“精品航线”和“文明售票处”，旅客满意率分别为100%和99%。

【航空市场】 为使运输生产平稳，海口大英山机场立足现有条件，着重做了四方面的工作：①加强与各航空公司的密切协作，签定地面代理服务协议，努力做好地面代理服务工作。争取各航空公司更多运力投入。9月8日，海南省航空公司与四川、深圳、山东、武汉、中原五家航空公司组成“新星航空联盟”。②改善航空运输服务网络布局，方便旅客、货主需要，增设销售营业网点，扩大国际候机室免税店等。③及时了解掌握市场信息动态，针对不同航线货运差价大小和货源多少不均等情况，适时调整经营策略，取得了良好效果。④建立营业员收入同销售业绩挂钩的经营方式，促进营业员自觉提高服务质量和业务水平。年内南方航空（集团）海南公司新开通海口——厦门、海口——珠海航线，不定期从海口飞曼谷和澳门包机航班。海南省航空公司新增加海口——长沙——济南，海口——南宁，海口——三亚——湛江——珠海，海口——北海——梧州，海口——北海——柳州5条航线，还根据客流量的大小，季节性地开通海口——广州——重庆，海口——广州——武夷山，海口——广州——九江航班。全年海口大英山机场旅客吞吐量达307万人次，货邮吞吐量42336.1吨，分别比上年增长3.7%和6.7%，在全国141个机场中居第8位和第14位。

【基础建设】 新建的海口美兰国际机场占地共计8543.95亩，本期项目投资23.04亿元，设计旅客年吞吐量800万人次，货邮运输量15万吨。1月8日正式开工，年底机场建设各项主要工程全面开工，施工建设面积86575m²，累计完成建安工作量41034.4万元。场道工程主跑道地基处理完成90%。航站楼主体工程结构封顶，进入设备安装和装修。航管楼结构主体基本完成，高70多米的塔台滑模已到50米。供电、给水等配套工程都按海南省政府关于美兰机场力争1998年底前通航的总体要求加紧施工。南方航空（集团）海南公司、海南省航空公司拟在美兰国际机场兴建的航空基地全部完成图纸设计。1997年民航海南省局投资400多万元改造装修了售票处，投入近800万元兴建和改造了职工宿舍。

【体制改革】 随着中国民航管理体制改革的深入进行，局场分离成为民航海南省局1997年体改的一项重要内容。为顺利稳妥地实施局场分离，民航海南省局成立了体改领导小组，制订了局场分离工作计划、实施细则。组织全体干部职工认真学习体改有关文件精神，宣传实行政企分开的必要性和重大意义，从而得到广大干部职工的理解、支持和积极响应，既保证了安全生产和各项工作的正常有序进行，又保证了体改工作顺利进行。民航海南省局根据民航总局体函[1997]1090号文《关于同意民航海南省局与海口大英山机场分离重组的批复》和人发[1997]236号文《关于印发〈中国民用航空海南省管理局主要职责、内设机构、人员编制方案〉的通知》的精神，在民航总局、中南局和海南省政府的具体组织领导下，于12月18日实行政企职责分开。中国民用航空总局副局长沈元康、中南局局长诸葛升、海南省政府副秘书长彭庆海、驻海南南航部队副司令员李连臣、海口市副市长伉铁保到会讲话。民航海南省局党委书记郭玉民、局长龚乃祥分别代表新的民航海南省局和大英山机场领导讲话。

海南省航空公司1997年率先改革资本经营结构，在上海证券交易所发行B股获得成功。

【航空、油料公司】 1、南方航空（集团）海南公司。该公司在海口机场执行旅客运输的飞机共有5架（大型波音757客机3架、波音737客机2架）。全年保证安全飞行6656班次，比上年增长5.7%。总飞行10340小时，完成运输总周转量8356.42万吨公里，运输旅客88.8万人次，货邮行李1.37万吨，正班客座率为70.6%，分别比上年减少0.9%、5.4%、5%、8.7%和降低3.4个百分点。该公司经营14条国内航线和4条国际或地区航线，年底恢复昆明、厦门、重庆、郑州四条航线。2、海南航空股份有限公司。该公司年内引进7架美多客机（METRD－23，B3952、B3953、B3955、B3956、B3957、B3958、B3959），现有运输客机共21架（波音737客机10架、里尔2架、美多9架）。全年从海口始发（含宁波飞行基地）共飞行21734班次，总飞行31025小时，运输总周转量15063万吨公里，比上年分别增长33.8%、16%和27%。运输旅客155万人次，货邮行李23475吨，正班平均客座率74%，分别比上年增长26%、57%和提高1.7个百分点。3、中航油海南公司。该公司于1993年11月成立，主要负责海口大英山机场客运航班燃油供应。四年来为客运航班加燃油共计27万吨，创造了良好的社会效益和经济效益。1997年为客运航班安全加燃油15224架次，共计69300吨，经济总收入16026万元，获利润48万元，分别比上年增长11%、2%、9%和109%。

（张卫清）

附表:1988～1997海口机场旅客、货邮吞吐量及起降架次登记表

年份	旅客吞吐量(人)		货邮吞吐量(吨)		起降架次		备注
	排名	数量	排名	数量	排名	数量	
1988年		473000		4777.3		4770	
1989年		549900		6047		5374	
1990年		718100		7372		6642	
1991年		940800		7880.8		8158	
1992年		1291200		14870		9366	
1993年	9	1802384	14	19205.4	18	13219	包括省航
1994年	8	2366845	13	28862	11	21155	包括省航
1995年	8	2807066	13	33728.3	9	28785	包括省航
1996年	8	2961698	12	39678.4	9	31375	包括省航
1997年	8	3070788	14	42336.1	9	34284	包括省航

海口无轨火车站

【简述】 柳州铁路局海口无轨火车站始建于1990年8月1日，是柳州铁路局驻海南省的派出机构，直属柳州铁路局驻海南办事处领导。主要业务内容有：代办海南至全国各铁路运营站的整车货物运输；直接发售由湛江站始发的各次列车车票，办理经柳州中转至各铁路站的预约中转车票；办理海口与全国各铁路运营站间1吨、6吨、10吨及20英尺集装箱的到发业务。

【客运】 1月8日海口无轨火车站将原售票处搬迁至秀英港售票中心内，与海运、航运、汽运几个客运部门联席办公，并于1月18日在新港的售票大厅内增设一售票处。旅客可在任一售票处直接购买湛江至广州、武昌、长沙、桂林、贵阳的各次列车车票，在秀英港售票处通过办理预约中转服务可在柳州上车到达北京、上海、西安、襄樊及沿途各停车站。1997年，海口无轨火车共发送旅客35525人次，比上年下降14.5%。

【货运】 年内，海口无轨火车站集装箱货运室增办了20英尺集装箱的到达业务。全年共发送各类集装箱4195箱，发送货物25490吨，比上年增长9.5%；到达各类集装箱4036箱，到达货物22389吨，比上年增长19%。

为了进一步完善运输服务项目，提高服务质量，海口无轨火车站已得到柳州铁路局和海南省交通厅的批准，将于1998年在秀英港(海口港集装箱公司大楼内)设立铁路整车货运室，加大铁路整车运输量，更好地为海南的厂矿、企业服务，为海南省的经济发展服务。

(李国林)

电　信

【简述】 海口市电信局共有职工1528人，其中中专121人，大专以上416人；初级技术职称223人，中级技术职称71人，高级技术职称4人。经济效益稳步提高。全年完成业务总量、业务收入、收支差额分别为7.7亿元、6.74亿元、3.23亿元，全员劳动生产率56.7万元，创造历史最好水平。固定资产原值达15.24亿元，同比增长18.27%。各项通信能力继续增强。年底，市内程控交换机总容量31.3万门，同比增长7.56%，长途业务电路达11921条，同比增长11.39%；电信业务不断扩展，全年发展市话1.61万户，期末户数19.09万户，同比增长6.55%，发展无线寻呼40850户，期末户数22.59万户，同比降低4.31%，发展移动电话50000户，期末户数8.41万户，同比增长135.11%，发展分组交换292户，期末户数568户，同比增长105.80%，增殖业务(电子信箱、计算机互联网)1090户，海南视讯等新兴数据业务也得到了较好的发展；服务水平明显提高。海口地区的主线普及率达38%、市内电话普及率达68%、移动电话普及率达18%、无线寻呼普及率达56%、公用电话普及率达1.3%，分别比上年提高0.91%、10%、9.7%、7.2%、0.04%，这五项指标列全国省会城市之首。服务网点建设也取得了可喜的成绩，净增公用电话1100户，累计户数7077户，同比增长15.85%。

【通信建设】 海口市扩建主干电缆1.39万对公里，配线电缆1.09万对公里，通信管道366.1管孔公里，铺设有线电视光缆991芯公里；扩容市话交换机4万门，其中金盘2万门，农垦2万门；完成海口CATV网2期工程25条光缆共1213芯公里的敷设、52个工作站点的设备的安装，利用通信新技术，努力优化网络结构，大幅度提高网络技术层次，海口地区

7号信令直联网全面投入试运行，在网络运行中取得显著效益；完成160/168综合信息服务系统工程，并实现全国联网；完成海口114本地网查号系统工程；完成海口地区112集中报障系统，实现市内电话报障的集中受理、测试、维修和管理，使电话查修服务质量得到较大提高；完成光缆监控系统，进一步完善网络的自动监测功能，同时还加快990本地网联网扩容工程，完成长流无线基站的扩容，彻底解决无线寻呼长流盲区问题，完成10000路端长途交换机扩容工程。

【经营业务】 加大市场调研力度，改变经营决策方式，正视市场导向和需求，多元化经营，不断强化主动服务意识，为企业谋求最佳效益。①深入摸底，全员营销，促使市话放号完成全年计划。利用局庆五周年回报社会活动，全面开展市话放号促销活动，同时根据市场需求，制订了小交换机撤点并网优惠加装公网电话、因特网或海南视讯用户及公用电话用户免初装费加装第二部电话政策，较好的启动了市话市场；组织专人，现场放号，为启动农话市场奠定了基础。②正视竞争局面，以优质的服务不断提高竞争业务的市场占有份额。采取分期付款、批量优惠、降低初装费、分时段优惠使用费等多项措施，结合局庆五周年回报用户活动，大力发展移动电话业务，同时，积极发展移动通信代办网点，全年发展代办点105个，为竞争业务的发展奠定了好的基础。③采取宣传上门、设备上门、服务上门的三上门服务方式，使数据通信和各类新业务迅速走入千家万户。组织业务人员和营销人员参加数据业务培训班，利用5.17电信日，举办因特网的现场演示和技术咨询活动，受到社会的普遍欢迎。④利用各类题材，进行广泛的社会宣传，树立企业形象，扩大知名度。利用3·15保护消费者权益日、5.17电信日开展街头咨询、散发资料、传单，向残疾人赠送50部公用电话、向120急救中心赠送6部车载移动电话，协同海南省移动通信局举办139全球通吉祥号码义卖活动，并将拍卖所得款项70余万元全部捐赠给希望工程，并成立专门基金会，帮助贫困大学新生渡过难关，在这些活动中共散发传单、资料、手册31万册，不仅有效的宣传了电信业务，同时获得了较好的社会反响。

【服务质量】

解决热点问题 根据用户投诉的热点，进一步强化内部基础管理工作：①充分利用180电信服务热线和社会监督员工作制度，广泛听取社会各类意见和建议，180服务热线全年共受理投诉134件，处理及时率97%，为用户解决问题496件，处理用户来信58封，答复用户各类咨询72635件，回复社会监督员来信来函113件。②增加邮政代收费终端11部，增开收费网点10处，增设国贸电信业务分理处，方便市民办理电信业务。③进一步规范公用电话管理工作，发放3000台公用电话计费器，做到公话营业“一牌、一机、一证、一簿”，全年检查公用电话9120次，处理违章804户，积极的维护了消费者的利益。④与法院、新闻媒体联合，公布电信资费欠费户名单，限期交清欠费，否则予以法律处理，积极维护了国家的利益。⑤在内部管理工作上，颁布实施了《电信营业前台服务规范》、《业务服务人员服务规范检查办法》，以规范促进服务工作再上台阶。⑥不断扩大大用户服务层面，完善经理服务制，为大用户及重要用户提供优质优惠优先的服务。⑦积极建设完善九七工程业务网，基本实现集中管理、网状服务、多点同网、数据共享的工作模式。

推出189电话服务 1月1日，在全国邮电行业中率先推出189电话特殊服务台。4月，189电话特服台服务功能全面扩充，用户足不出户，拨通电话，便可以办理各类电信业务。业务范围包括：市内电话装移机、程控新功能受理、移动电话、无线寻呼新开户等业务。189电话特服台应答时限保持在10秒内，标准服务用语使用率100%。189台全年共受理各类业务咨询45万次，服务方式得到了社会各界的欢迎。

1997年，海口市电信局获得全国消费者信得过服务企业称号，还获得全省唯一一家全国实施用户满意工程先进单位称号。

【运行维护】 围绕提高接通率的工作重点，降低忙比，为企业创造更大经济效益：①明确目标，管理到位，利用网络运行分析会和海口本地网网络运行分析会，分析运行情况，落实解决措施。②优化网络结构，加快7号信令网建设工作，开通省内7号信令电路1848条，长市4360条。③发挥网管龙头作用，加强疏忙工作力度，开发忙户查找软件，为疏忙奠定基础。④加强市话查修工作，提高服务质量。开通112自动报障测试系统，实现查修包干到人、考核到人制度，保证用户用话正常。由于在提高接通率工作上，积极采取了各类措施，使网络运行质量较上年有明显提高。1997年，长途自动去话接通率、自动来话接通率、市话忙时接通率分别达45.57%、55.14%、54.51%，同比分别增长1.59%、5.45%、6.31%。市话忙时接通率由原来的24位上升至全国前10位。

【企业建设】 ①扎实开展机关作风整顿和查摆工作，促进一转变两提高，建立“一人一卡”综合考核制度，量化员工工作实绩。②开展“奋战百日，全面完成年任务”活动，全员揽装、全员促销，全面完成省管局下达的14项经济技术指标。③不断深入企业用工分配制度改革，采取优化劳动制度、清理整顿临时工、分流富余人员等措施，控制人员增长，减轻主业负担。③不断更新理财观念，加强财务管理工作，开展全局性的增收节支活动，确保成本费用率得到科学控制。④加大内部检查工作力度，以检查促落实，确保承诺服务顺利开展，全年组织内部承诺检查120次，扣罚313人次，全局通报13期。⑤做好安全生产工作，确保通信生产工作顺利进行。组织1440人参加安全生产知识竞赛，发放测电器、安全帽、白大褂等劳动保护用品，破获各类通信领域刑事案件7起，投入132167元配置消防设备。

【职工培训】 修订完善职工教育管理办法，采取以岗位培训为主，送出去与请进来相结合的方法，全年举办各类培训班26期，参加培训职工共1013人次，占全局职工总数的87.7%，超出邮电部颁布的有关规定，同时还对351名员工进行了技能鉴定工作，并发给证书，有计划的培训使员工队伍素质得到有效的提高。

（吴小峰）

邮 政

【简述】 海口市邮政局认真落实年初职代会通过的“从严治局，服务兴局，勤俭立局”的工作方针，加强管理，优化服务，全年业务收入完成12574.1万元，比上年增长31.9%；业务总量完成6138.3万元，比上年增长12.4%。全年邮政业务量季节变化逐步缩小，出现旺季不旺的发展态势；邮政储蓄和集邮业务收入占整个收入一半以上，支撑着邮政业务稳步增长。

【通信建设】 加强基建工程管理，工程建设严格执行管理程序。纪检监察、审计、计财、行政等部门全过程参与项目的实施。全年共建设各类工程项目10个，所有工程严格按照立项、报建、设计、招标、开工、施工、委托质量监督和竣工验收的程序进行。枢纽扩建楼被评为"海南省优质样板工程"，海府⑤号邮电宿舍楼和长流邮电综合楼被评为"海口市优良工程"。邮件处理能力得到加强。信函自动分拣机运行平稳，包裹自动分拣机已完成前期准备工作。新增邮政营业电子化窗口22个。

【通信服务】 贯彻"服务兴局"的方针。在加快通信能力建设的同时，抓好服务工程建设，深入开展"树邮电新风，创优质服务"活动，坚持深化服务承诺，服务质量有所提高。一是制定"邮电服务年"实施方案，认真改善服务工作。在二届一次职代会上通过《海口市邮政局'97服务年实施方案》，提出了13项服务项目，五大方面的措施和实施步骤，时间安排，使服务工作真正做到有序进行。二是规范服务标准。先后制定《接待客户规范》、《现场布局规范》、《服务项目设置规范》、《服务操作规范》、《用户投拆接待处理办法》、《社会监督员聘用管理办法》、《服务质量检查考核办法》，使服务规范有章，奖罚有据，操作有序。三是推行直接办理制、窗口服务制和社会服务承诺制。加强对用户投诉的管理，认真解决热点、难点问题。在继续抓好治理乱收费和缺报少刊的同时，加强集邮票品的销售管理，新邮发行时组织视察人员现场监督销售情况，并制作电子显示屏，及时公布邮票出售数量。对用户投诉做到件件有登记、件件有结果、件件有回音。建立局领导投诉接待日，从3月15日起，每月的15日市局领导在海府营业厅现场接待投诉。强化社会监督，聘请社会监督员50名。定期收集社会各界对邮政的意见，及时改进工作中存在的问题。严格兑现承诺。10月，海口市城市社会经济调查队在全市范围内开展现场调查结果显示，海口邮政的服务满意度为95.5%，践诺率达99.8%。四是改善服务环境，先后对白坡、秀英、得胜沙、大同路等厅进行装修改造，并在海府等4个营业厅设置5个国际长话业务话间，内设沙发、茶几、地毯、装饰画等，为客户提供良好、温馨的服务环境。五是扩大服务功能。利用电信营业柜台、人员及营业时间长的优势，办理邮政业务；在有条件的局所新增服务项目。如华侨新村邮电所增开包裹、印刷品投交业务，方便客户用邮；延长营业时间，大部分长话营业窗口均将每天的营业时间延长至晚上10时半以后。

【职工教育】 加强职工业务技术培训，实施"素质工程"，全年共举办业务技术培训班29期，培训职工950人次。同时注重加强机关干部的思想道德建设。10月13日，组织机关干部学习《海口市邮政局机关干部思想道德行为规范》，并进行闭卷测试，努力建设一支政治强、业务精、作风好、素质高的机关干部队伍。

【经营管理】 制定经营策略，准确市场定位，进一步加强经营工作，坚持开展经常性的经营分析活动，及时分析市场动态，研究经营策略，修订和完善各项业务发展的鼓励政策和奖惩机制。每两周召开一次生产调度会，通报上两周通信生产情况，布置下两周经营发展和安全生产工作，每月进行经济效益分析；每季进行一次综合经营活动分析。4月7日至8至，召开全局创收单位和机关部分职能科室负责人参加的经营服务工作研究会，就市场营销、客户服务、科技发展、精神文明建设4个方面10个问题进行了广泛而深入的讨论，进一步细化和明确了对集邮、储蓄、速递等重点业务发展的策略。在实现时间过半，任务完成过半的目标后，于7月19日—20日，召开上半年经营工作研讨分析会，明确提出不唯收入看市场，不唯指标抓素质的指导思想，要求各单位努力提高市场占有率。

【企业管理】 加强基础管理工作，努力提高管理水平。一是加强方针目标管理。年初印发了全年方针目标展开图，各单位据此相应制定了本单位的方针目标；每月通报方针目标完成情况，半年组织一次综合检查。每月职能科室从业务后勤、安全、财务管理、精神文明建设等方面对各生产单位进行考核，考核成绩纳入承包经营责任制，与各单位的经济利益直接挂钩。年终的目标综合考核成绩作为本单位评选先进的重要依据。二是加强监督检查。针对服务质量监督检查不严的状况，增设服务质量检查监督岗2人。各生产单位按要求配齐业务检查员，采取明查暗访、日常检查和节假日突击检查相结合的方式进行检查，检查频次比邮电部颁布标准增加一倍，全年对生产单位进行业务检查1325次，跟班检查邮路428条次，走访用户1480户。严格的检查确保了通信质量的稳步提高，邮件全程主观逾限率为0.024%，继续保持全国先进水平。三是加强财务管理。本着勤俭立局的方针，强化资金运营。修订了《海口市邮政局资产管理办法》等管理办法，加强以资金管理为核心的财力管理，每月对各生产单位进行一次财务检查，检查面达100%，每季将检查情况通报全局，每月对当月的业务发展进行统计分析并编制经济成果统计资料，为领导决策提供科学的依据。四是加强审计工作、结合开展"两不准"活动，组织45次查摆活动，深入查找管理上的漏洞。全年审计工程项目164项，审计工程资金约3375万元，审减资金486万元。五是优化管理。精简管理人员，充实生产第一线。全员劳动生产率按业务收入计算达9.700万元，比上年增加40.67%。开展职工岗位技术练功。从生产实际出发，开展计算机邮政营业、手工邮政营业、手工电信营业、报刊发行及其他邮政业务技术练功，掀起了学业务、练技术的热潮。

【'96全国最佳邮票评选颁奖活动】 5月24日—25日，'96全国最佳邮票评选颁奖活动在海口举行，海口市邮政局负责活动的具体组织工作。中共海南省委副书记、省人大主任杜青林、邮电部副部长刘立清、万国邮联中国组委会副主席刘平源、中华全国集邮联合会会长罗淑珍及邮电部、省、市相关部门领导和邮迷数千人参加了活动。活动设有邮票展览、邮品销售、集邮游园、邮品拍卖、获奖邮票设计家签名和文艺晚会等。25日晚，'96全国最佳邮票评选揭晓：《上海浦东》荣获最佳邮票；《中国工农红军长征胜利60周年》荣获专家奖，并与《黄宾鸿作品选》荣获优秀邮票奖；《敦煌壁画》小型张荣获最佳印刷奖。《人民日报》、中央电视台等10多家新闻媒体作了报道。

在上海市举行的第八届全国运动会期间，海口市邮政局被国家体委授予"全国体育先进单位"称号。白坡邮电分局被团中央、邮电部联合授予"全国青年文明号"称号。

（林树青）

商业　物资流通

商业综述

【概述】 全年消费品市场较为平稳，居民消费心理稳定。全市社会商品零售总额60.13亿元，比上年增长9.2%。其中国有经济17.44亿元，占29%，集体经济2.42亿元，占4%，个体（包括私营）16.96亿元，占28.2%，其他经济23.31亿元，占比重为38.8%。居民节日集中消费的传统习惯已逐渐改变，市场旺淡季节的界限已不明显，居民消费的质量和档次有所提高，消费热点仍为名优产品。从社会消费品零售构成看，食品类销售活跃，衣着类销售平缓，日用品类销售有升有降，家用电器类销售上半年疲软，下半年趋旺。市场网点建设发展迅速，商品流通井然有序。年底，全市共有批零贸易业、餐饮业网点22637个，比上年增加1064个，其中批零贸易业网点20104个，比上年增加832个。商品总购进52.07亿元，比上年增长5.7%；商品总销售58.41亿元，比上年增长2.2%。集市贸易市场73个，年成交额32.14亿元，比上年增长39.2%。为整顿经营秩序，净化购物环境，继续深入开展"百城万店无假货"活动。据有关部门资料统计，全年共查扣各类假冒伪劣商品逾10万件，捣毁制假窝点69个，市消费者协会受理消费者投诉案件584宗，为消费者挽回经济损失75.7万元。商业流通企业积极推行各种营销方式，搞活市场。海南乐普生商厦、生生百货、第一百货、施达、免税、友谊等大中型商场，除了正常渠道销售外，均在各种节日期间和不同季节举办全国名优产品的展销、让利酬宾、厂家直销等促销活动，打开商品销路。以上6家商场全年商品销售总额达8.06亿元，占全市批零贸易业销售总额的13.8%。其中乐普生商厦销售总额达2.61亿元，创商场开业以来的最高年份水平。市属国有商业公司注意自身经营特色，发挥自我潜力和优势，捕捉商机，积极开展各种横向经济联合，扩大商品销售，全年商品总购进和总销售分别为5.38亿元和6.04亿元，分别比上年增长3.2%和3%。物价涨幅继续在低位运行，居民非商品投资意识增强。海口市商品零售价格指数年平均下降0.3%；居民消费价格指数年平均上升1.3%。物价涨幅较低的原因：一是市委和市政府重视农业生产和市场供应，采取了有效措施，加上各职能部门的密切配合，加大监管力度，对调控物价起着决定性作用；二是农副产品收成较好，数量充足，价格下调；三是居民可支配收入下降，从而抑制了消费的欲望。由于1996—1997年前后三次存贷款利率下调，加上下岗待业人员增多，驱动居民购买有价证券、彩票等投资增加。还有随着医疗、养老保险制度的改革，以及教育收费的提高，居民非商品支出增加。

【目标管理和调查研究】 全年着重抓好两方面工作：第一，围绕经济目标，强化对企业的监督管理。坚持"四到位"：一是检查督促到位。坚持逐月逐季对企业进行检查，及时发现问题，及时商讨对策，进行分类指导，有效地防止商贸经济工作运行中的大起大落现象；二是责任管理到位。充分发挥机关职能科室作用，按工作联系点把企业经济指标管理纳入科室目标管理范围，使经济目标管理职责明确，管理有序；三是为企业服务到位。在抓好全面指标落实的前提下，重点抓好亏损企业和困难企业的达标工作，帮助企业摆脱困境，搞活经营，使部分国有商业企业和外经贸企业的亏损得到有效的遏制，经营大有转机；四是总结讲评到位。结合每季度工作目标责任制自查评估情况，召开企业经理会议，进行总结讲评，对执行好的单位进行表扬，对执行差的单位提出要求，帮助指导，迎头赶上。第二，大兴调查研究，为企业排忧解难。从贸易系统工作实际出发，把察民情、解民困、安民心作为机关调查研究的切入点，先后完成节日市场供求情况、企业优化资本结构基本情况、外经贸企业情况、企业行业管理情况、企业安全生产、海口市"九五"前两年内外贸形势分析与后三年发展预测等专题调查项目。注重在调查研究和解决商贸企业集中反映的热点、重点和难点上下功夫。首先，在企业"热点"问题上，从维护企业合法权益出发，注意发挥"海口零售企业协会"作用，针对海口零售企业受多头管理、重复检查、乱收费、乱罚款等问题，配合市纪委、监察局联合召开海口地区各大商场经理座谈会，协调市纪委制订《海口市治理"三乱"减轻企业负担工作方案》，主动协调、理顺有关部门的关系，做了大量富有成效的工作。全年贸易局机关和协会承办了11件维护企业权益的事项。其次，在企业"重点"问题上，从保证市场供应出发，协调企业搞好商品营销活动。为搞好春节市场商品供应，认真组织机关干部深入企业和市场开展调查研究，同企业领导共商市场营销、搞活流通的对策和措施，协调做好商品组织、调运、供应等环节的工作，促使国有商业商品投放总值比上年同期增长15.4%，保证了节日市场供应的繁荣稳定。同时还积极协调电视台、报社对海南乐普生、生生百货、市百货大楼等企业进行跟踪宣传报道，起到良好的促销宣传效果。由于协会会员企业认真实施对社会服务承诺措施，为全市商业企业树立了良好的行业风貌和企业信誉。再次，在企业"难点"问题上，从增强商贸企业发展后劲出发，协调帮助企业解决实际困难和问题。重点针对外经贸企业出口困难等问题，一方面，贸易局领导亲自带队考察了三亚市的外贸出口和儋州市的边贸情况，借鉴他们有益的做法，积极引导市属企业发挥海南的区位和资源优势，开展多元化出口业务，开拓横向经济联营出口，开发地产品和扩大代理出口，利用外来料、进口料加工复出口，建立稳定的出口货源基地。另一方面，贸易局机关坚持深入企业和出口生产基地，现场办公解难题，全年下基层共200多人次，先后为出口企业办理退税、申报办理享有全国报关权、申报国家技改贷款等众多难题，促使外贸企业出口创汇提前一个月超额完成全年任务。

【商业信息工作】 主要抓好四项工作：①加强商业信息网络工作的组织领导，确保"四落实"。一是建立信息网络机构，落实工作责任制。由市贸易局牵头，市粮食、供销、物资、工商、物价、菜篮子等10个部门组成商业信息网络协调小组，开展工作；二是落实经费，在市政府的重视和市财政部门的大力支持下，把网络经费正式纳入机关行政费用预算项目并得以保证；三是落实海口地区规模较大、销售额较高，具有代表性的乐普生、生生百货、免税、施达、友谊等5家定点商场，作为网络定点商场；四是指定专业人员参加网络举办的业务培训班，落实电脑安装，开展各项信息传递工作。②按照信息网络要求，提供各种数据资料98份，商业信息稿件49份，采用率达50%以上。③办好信息刊物。从3月份开始，每月结合海口商贸工作实际，出刊一期有经贸动态、菜篮子工程、政策法规、定点商场、外地经验、商品信息等栏目的《海口商贸信息》，为领导和企业提供信息服务。④积极做好网络会员的发展工作，壮大网络队伍，第一批发展16家单位作为网络会员单位。

（云玉仙）

粮 食 业

【粮食购进】 粮食部门继续认真贯彻落实"米袋子"责任制。企业在资金非常紧缺的情况下，积极想方设法保证粮食供应，平抑粮食市场价格，继续建立和巩固粮源新老基地，保证粮源畅通，先后派出大批精通业务的外采人员，分别到江苏、湖北、湖南、安徽等省的主产粮区采购调回粮食，满足市场的需要。全年粮食购进34564吨。

【粮食销售】 粮食部门充分发挥自身优势，改变传统的经营方式和思维模式，采取措施，加大粮食销售力度，努力提高市场竞争力和占有率。一是不断提高粮店、门店经营人员素质，改善经营条件和服务态度，在全系统内广泛开展争创"十佳"营业员活动，文明经商、文明用语、微笑服务，坚持挂牌销售，明码标价，在激烈的竞争中巩固占领市场；二是针对粮食库存大，销售难的情况，粮食局领导多次召开局务会和基层公司经理会议，专题讨论粮食销售问题，采取合理降价和包干促销等办法，组织粮食推销队伍，赴岛内国营农场等需粮单位联系销售，并在三亚市设点销售（代销）；三是把有相同经营特点的粮店实行分片管理，初步形成连锁经营雏形，以条件好的店带动条件差的店，实行粮店之间优势互补，充分发挥粮店的整体效益；四是突出经营特点，灵活经营。市粮食部门从实际出发，有特色地选择经营项目和策略，既搞批发，又抓好零售，做到"人无我有，人有我优，人优我廉"，以市场为导向，科学预测，不失时机，尽力满足不同层次消费者的需要。全年粮食销售63150吨。

【粮食保管】 粮食部门平均月储量7480吨。在加强领导，提高保管人员业务素质的同时，积极采取低浓低氧保管、常规保管和附药保管等科学方法进行保粮，提高粮油保管水平和检测水平，防止虫、霉、鼠、雀的危害。同时，一方面推出陈粮，减轻库存压力；一方面购入新粮平衡储备，提高大米的陈化缓期和保藏期，使粮食储备、轮换、防化、保管形成良性循环。1997年共处理高水份粮12853吨，薰蒸处理虫粮9451吨，检验187次，检测数量3513吨。

【粮油加工】 下半年，加工粮食产品854吨，销售822吨。面粉加工生产，采取以销定产，全年面粉产量24.9万公斤，产值16万元。

【转换机制】 6月，粮食局三位领导分头带领两个调研组到省内一些粮食部门进行调研，考察学习。在此基础上，经过反复讨论，四易其稿，制订出《海口市粮食局深化企业改革总体方案》、《海口市粮食局企业优化资本结构、减人增效实施方案》、《海口市粮食局企业承包经营实施方案》、《海口市粮食局门店承包实施方案》，并于10月份逐步组织实施。全年全系统办理内退及其他形式分流近400多人，为了解决长期以来企业承包经营中存在的负盈不负亏的现象，对企业实行风险抵押承包责任制。10月份开始各企业与粮食局签订风险抵押承包经营合同。全局17家独立核算企业，1～10月份基本上全部亏损，承包一个月后有4个企业出现微利，其它企业基本上遏制住亏损势头，商品流通费普遍有所下降。

（符真维）

供 销 社

【简述】 市供销社系统坚持"稳中求进"，从实际出发，开拓经营，强化管理，深化改革，力促发展。全年商品总购进24850万元，比上年增长3.25%；商品总销售24900万元，增长3.48%；当年正常经营盈亏相抵后亏损119.8万元，与上年同期亏损127.6万元相比减亏7.8万元。

【经营措施】 一是强化管理要效益。市果副公司注重商品管理，商品从进出仓库、批发到门店销售等各个环节，都实行动态监控，严格管理。市土产棉麻公司、供销贸易公司、日杂总公司、果副公司、第二蔬菜公司、第二果副公司等单位在物业管理上采取有效措施，成立物业管理小组，责任到人，工效挂钩。加强资金管理，尽量减少不合理资金的占用，加快资金周转，降低管理费用，以提高企业经济效益。1997年全系统费用水平7.53%、费用额1689.5万元，比上年同期费用水平下降4.14个百分点，费用额减少1135.9万元，其中管理费用824万元，同比减少153万元。二是开拓经营增效益。市农资公司坚持为农服务宗旨，把服务和经营有机地结合起来，在经营上发挥信息灵、关系广的优势，发展连锁经营，实行"统一计划、统一进货、统一价格、统一资金、统一管理"的经营方式；在服务上采取电话预约、送货上门等便民措施，拓展服务范围，提高服务质量，树立良好的企业形象，赢得客户的信任，从而促进了经营。市果副公司立足主营商品，减少购销环节，紧紧抓住节日旺季，开拓业务经营，逐步形成以中高档为主的经营格局，尽力满足不同层次消费者的需求；他们还坚持送货上门，薄利多销，以量大、价低、质优、周到服务的优势参与市场竞争，业务经营得到了稳步发展。市供销贸易公司及时转换经营方式，由传统的采购经销型向工商联销型转换，先后与广州味精厂、正大康地饲料厂、琼中淀粉厂、白沙淀粉厂建立起稳固的合作关系，开辟业务经营的新路子。市日杂总公司、市土产棉麻公司等单位也积极筹措资金，采取各种方式灵活经营，拓展业务，取得了较好的经济效益。市供销系统各企业努力在元旦、春节、中秋、国庆等传统节日期间，从全国各地组织调运回各类商品总值4577万元，满足人民群众节日生活需求，为繁荣市场、稳定物价作出了积极的贡献。三是加快市场设施建设。市煤建公司义龙路综合楼年内竣工投入使用，并已开始招租。市土产棉麻公司（自筹资金）龙华综合楼年内动工兴建，预计次年竣工交付使用。市日杂总公司（内部集资）振东街综合楼也于年内破土动工，预计次年竣工交付使用。市再生资源开发公司积极筹建废旧物资集散加工场，年内取得较大进展，预计次年进入实施阶段。四是深化改革求发展。为使供销社企业摆脱沉重的历史包袱，寻求新的发展，年内，在完善批发部、零售门店风险抵押承包和抽资租赁经营的基础上，根据政策规定和企业的实际，市供销社各基层企业以职工下岗分流、减员增效为重点，加大改革力度，进一步开展减员增效工作。如：市煤建公司先后精简了煤气分公司、后勤和办公室的管理人员，精简幅度达60%以上，取得较好成效。年末，市供销社系统17家企业总人数为3710人，其中离退休1152人，在册2558人；在册人员中在岗的811人、下岗1747人，下岗分流人数占在册人员总数的68.3%。对下岗人员，采取各种措施和途径妥善分流安置。通过开展减员增效工作，企业明显消肿，负担减轻，效益提高，焕发出新的生机。

（李爱国）

石　油

【简述】　年底经市财政局属下会计师事务所评估确认，海口市石油公司生产经营性净资产为467万元，非经营性净资产为388万元。组建19年来，净资产从原来的7万元增加到855万元，增长120多倍。1997年商品总购进7314万元，比上年增长15.8%；商品总销售8607万元，比上年增长10.2%；上缴燃油附加费3022万元，比上年增长0.7%，占全市上缴燃油经营附加费的28%，是贸易系统连年保持盈利的企业。

【经营措施】　①设点批发，拓宽市场。瞄准石油市场的变化，打破以往坐店销售的传统经营做法，积极筹集资金，在马村中石化油码头租地建设储油罐两座，共计1万立方米，公司自己采购油品，自己进行批发。推行薄利多销，争取顾客，巩固阵地的策略，在满足本公司各加油站销售用油外，注意以马村油库为基点，面向全省进行油品批发销售，全年共购进各种油品2.8万吨，销售2.6万吨，既拓宽了市场，又促进了公司购销额的增长。②灵活经营，激活市场。海口市1997年共有对外经营加油站42座，石油市场的竞争也随着同行的增加而日益激烈。为此，公司充分利用和发挥国有企业的良好信誉和加油站的位置优势，推行灵活多样的经营方法，赢得顾客。如发售油票、定点送油、电话和合同预约送油、记帐加油等。对出租车、营运车设专门加油机让利加油，对其他车辆加油在零售价格上也根据市场实际情况适时灵活的作了调整。③确保质量，巩固市场。为确保质量，一方面多年来各加油站所销售的各类油品均由公司统一购进、统一调运、统一价格、统一管理，绝对禁止私自进油销售；公司所购进的油品需经过严格的检验手续，并有厂家化验单和产品合格证书；调运各加油站时，严格按照油料标号作价销售，做到货真价实。在确保油品标号质量的同时，各加油站在每次油品卸车入罐前均需验水排水检查。此外，每月还对油罐验水检查两次，如有发现，马上通过人工方法对油品作净水处理。另一方面，狠抓服务质量，在提高全员整体素质的基础上，坚持文明经商，礼貌待客，热情服务，方便用户，得到用户的认同和信赖。④安全生产，勤抓共管。公司一直把抓好安全生产列为经营管理重点工作来抓，从公司一级到基层加油站均层层落实安全生产和管理负责人，并且层层签订安全生产责任书，一级抓一级，职责分明，责任到人。坚持做到对各加油站每月一大查，每周一小查，做到发现苗头，及时整改，不留后患，从未发生过安全生产和火灾事故。

（伍荣发）

农　资

【简述】　海口市农业生产资料公司注意把握有利契机，积极转变观念，克服种种不利因素，认真抓好企业的体制改革、企业管理、业务经营和市场供应等各方面工作，不断探索农业生产资料供应服务新路子，以优质农资保障供给为先导，提高服务质量，改善职工生活设施，树立良好的企业形象。全年商品总购进5594万元，比上年减少9.87%；商品总销售5332万元，比上年减少1.3%；实现经济效益28.5万元，比上年减少13.11万元。供应化肥7601实物吨，其中尿素3623实物吨，复合肥1925实物吨，氯化钾2053实物吨；还供应各种化学农药1553吨，价值3644万元，比上年同期增长17.6%；供应各种中小农具1.3万多件，价值18万元；供应各种农药器械1万多件以及中小商品配件近50万元。

【经营措施】　一是坚持全心全意为农业生产服务的宗旨，做好农资商品供应工作。面对瞬息万变的农资市场形势，以积极的姿态迎接市场经济的挑战，深入到岛内各市县农业生产第一线和老客户中间了解市场需求趋势，只要是客户需要，总是以最快的速度组织回商品并及时运送到客户手中，凡是农民欢迎的品种都乐于经营，尽管是微利或保本生意也乐此不疲，提高了农资市场占有率，培育了新的经济增长点。二是坚持“为民、便民、利民”和“企业经济效益与社会效益并重”。积极组织送货下乡200多车次，把服务和经营有机地结合起来，以服务促经营，通过提高服务质量来扩大销售，尤其是春耕农忙季节期间急农民之所急，既巩固了农资公司主渠道地位，又发挥了“蓄水池”作用。三是清理整顿，进一步净化农资市场。在市工商局专业市场管理分局的支持下，根据《国务院关于进一步完善化肥流通体制的通知》精神，联合长流、海秀供销社等单位，对秀英、长流地区的农资市场进行检查和清理整顿，取缔了无证非法经营网点，依法查处了倒卖化肥、乱收费以及生产销售假冒伪劣化肥农药等坑农、害农行为，使农资商品经营管理工作步入较为有序的轨道。

（李运全）

纺织品

【简述】 全年针纺织品市场货源充足，品种花色繁多，款式新颖，价格呈稳中有降，销售趋向平稳，全市经营针纺织品的网点有2042个，消费者选购余地大，基本形成买方市场，但经营者感到市场竞争激烈，压价销售现象普遍，生意难做。

【主要商品供求情况】 服装：四季销售平稳，出现应季服装销售不旺，节后还要降价处理的现象。休闲服、旅游服和女套裙销售略有增长。男式衬衣销售，消费者较注重品牌，面料好、手感舒服者受欢迎。冬季服装，男装除品牌西装外，更趋向于茄克服装，比较畅销的品牌有香港梦特娇、上海康培尔、法国绅浪、皮尔卡丹等；女装流行涤麻、纤维面料，本地产品中的一枝花、素雅、迪美等受青睐，外地品牌中的香港达华、深圳衡韵、福州风格以其独特的款式、舒适的面料备受喜爱。床上用品：成为针纺织品中的需求热点。除购买水平提高外，主要是居住条件改善，居室装饰、装璜讲究配套，促进了销售。比较畅销的商品有广州荷花牌蚊帐、鹤山产的拉合尔毛毯，上海和柳州产的印花床单，广州产的风帆毛巾被等。针织内衣裤：男女针织内衣裤趋向舒软、弹性好的内衣裤；睡衣讲究优雅、美观，如三枪牌和宜而爽牌等。棉布：销售呈现下降趋势，人们的衣着主要是购买成衣，但由于居住条件改善，窗帘布销售前景看好，另外，白台布也有一定的销路，较为畅销的窗帘布是遮照布。

【海口市纺织品公司】 1997年公司面临较大困难，在资金紧缺、营业网点减少的情况下，公司在狠抓内部管理，增强凝聚力的同时，重视发挥全体员工的积极性，群策群力，克服困难，赢得了主动。公司在经营活动中，严格控制费用开支、降低经营成本，开源节流，增收创益；从实际出发，对公司内部的经营组织结构进行调整，明确任务，各负其责，提高运作效率；认真研究市场，寻求机会，扩大销售，增强市场竞争能力，既稳定了职工队伍，又确保年度任务的完成。全年商品总购进1677万元，商品总销售2062万元，企业利润保持上年水平。

（黄　斌）

日用百货

【简述】 百货商品市场货源充足，商品琳琅满目，经营百货的商店或超市遍布大街小巷，百货市场已经从卖方市场转化为买方市场。据统计，全市经营百货类网点达2722个。

【市场特点】 日用品：市场总体保持较为平稳的态势，产品的更新换代周期不断缩短，商品的功用性能向多元化方面发展，不断朝向艺术型、装饰型、多功能型拓展。全市销售日用品类商品总值达66840万元，比上年增长43.8%。化妆品：化妆品市场注重天然化、名牌化。一些名牌中高档化妆品虽然价格较高，但销售仍然看好，其中，羽西系列、郑明明系列为化妆品中的佼佼者，销路看好。护肤用品中碧柔、丁家宜、绿之韵洗面奶，夏士莲、玉兰油、生态美润肤用品较为畅销。而一些新上市的养颜滋润、去皱、防晒、去斑系列多功能护肤品也很容易为消费者接受。全市销售化妆品类商品总值达10017万元，比上年增长134%。首饰：足金首饰品因受国际市场影响，销售呈下降趋势，非金首饰品类因款式新、花样品种多，价格便宜而迎合消费者心理需求，十分俏销。全市销售首饰类商品总值达6337万元，比上年增长16.8%。文体用品：销售平稳，文化用品因迎合独生子女的学习需求，价格趋升；体育用品随全民健身热的开展，各种健身器材销售看好。全市销售文化体育用品类商品总值达14777万元，比上年增长35.5%。

【海口市百货总公司】 坚持以市场为导向，以搞活企业为中心，以提高企业经济效益为目的，进一步深化企业内部改革，转换经营机制，管理方式由粗放型向集约型转化，积极开展购销业务和文明经商，优质服务活动。通过全体员工的共同努力，取得了较好的经济效益和社会效益。主要抓好六方面工作：一是整顿进货渠道，严格购销合同管理。直接与厂家建立购销业务，减少中间环节，降低进货成本，增加利润。二是严格工作纪律，加强劳动管理。通过制定劳动管理条例，实行全员上下班打卡制度，奖勤罚懒，调动积极性。三是重视营销策略，培育推销队伍。充分利用公司门店的地利条件，铺摊设点积极宣传推销。四是规范经营行为，抓好商品计量、质量和价格管理。公司的海口百货大楼1997年荣获第二届海南省执行物价计量政策法规“优秀单位”。五是完善购销管理、杜绝短期行为。实行专人收款，控制现金流失；实行仓库与柜台商品管理分开；加强柜组销售管理、经营部商品购进管理和代购代销商品管理，做到责任明确，有利于解决盲目采购和重复进货，纠正过去商品购销管理和收款的混乱现象。六是对批发企业实行放开经营，使之“起死回生”。解决批发企业长期等、靠、要的依赖思想，从压缩商品库存，盘活库存寻找资金出路，为其扭亏增盈创造有利条件。

年底，全公司营业网点达18个，经营面积13669平方米，全年商品总购进10719万元，比上年增长5.8%，商品总销售12903万元，比上年增长6.9%。

（冯才　黄斌）

五交化

【简述】 五金交电化工市场货物丰富，价格稳中有降。市场多种经济成份经营竞争激烈，全市经营五金、化工和交通类商品的门店，几乎都是个体户；经营家电类商品的门店，除了几家大商场外，多数为集体和个体户。五金、化工门店较集中的地方是市区的中山、解放、新华、博爱、文明、海秀等路段，新华南路是著名的家用电器一条街，文明西路是全市销售摩托车的中心。据不完全统计，年末全市经营五交化商品的网点共有1002家。

【主要商品供求情况】 五金：货源充裕，但销售不畅。铁钉、铁丝、板钳工具、小五金、切削磨具类，市场需求呈下降趋势；电动工具、多用工具、多用压刨机、空压机，由于新兴装修业的发展，具有较大的市场潜力。化工：销售持平。油漆近年销售有回升，可持续一段时间；石腊货缺价扬，市场时有脱销；松香市场需求增长，购销两旺；染料、民用化工商品销量不大;颜料类基本退出市场。摩托车:随着城乡居民生活水平的提高,摩托车的需求量有增无减,销售旺盛,价格趋向下降,进口摩托车和国产摩托车所占市场份额,大体相当。据统计,年末全市摩托车的社会拥有量约有5万辆,由于车多上本市牌难,出现海口市场上卖的摩托车却挂外地牌子的现象。自行车:仍然是相当部分市民的常用交通工具,市场需求稳定,总的价格呈稳中有降的趋势,山地车、赛车价格下降幅度较大。电视机:25英寸及以上大屏幕彩电销售量有较大幅度的增长,29英寸、33英寸等大屏幕彩电逐渐进入普通家庭。21英寸以下的彩电主要购买对象为农村居民,市场需求量仍保持一定的规模。以长虹、康佳、创维、TCL王牌等为代表的国产品牌,以其价格低、质量高、保修期长等优势,逐渐占据市场主流,进口品牌占市场份额则逐年减少。电冰箱:以大容量、无氟制冷、双门为主体,国产品牌占了绝大多数市场份额。容声、海尔、美菱、新飞、华凌等品牌知名度高,销售畅旺。洗衣机:向全自动、多功能、大容量发展。滚筒式全自动洗衣机,虽然价格不菲,但由于居民生活水平的不断提高,市场需求量逐年增加。双缸、单缸半自动、普及型等洗衣机市场销量有限。金羚、海尔、威力、小鸭、荣事达等国产著名品牌较受消费者欢迎。

【海口市五交化公司】 市五交化公司是一家老牌国有企业,主营五金、交电、家电、化工产品。在市场疲软,竞争激烈,经营困难,下岗人员增多的情况下,公司加强承包租赁门店的管理工作,同时积极开拓市场,挖掘潜力,拓宽经营门路。全年公司总购进和总销售分别为5806万元和6820万元,分别比上年增长6.2%和5.4%。

(金亚明　洪光武)

糖　酒

【简述】 国有、集体、个体等各种经营糖酒类商品的批发、零售门店,遍布海口市的大街小巷,市场主体则以个体商贩为主。水产码头是全市最集中的糖酒类商品批发市场,是全省糖酒商品的集散地,其影响力辐射全省各地。据不完全统计,年末全市经营食品、饮料、烟草的网点达7371个。

【主要商品供求情况】 食糖:食糖市场基本处于供求平衡状况,本地生产的食糖不多,货源主要来源于省内各市县糖厂,市场上有近二分之一的食糖销往省外。零售价稳定,批发价波动,白砂糖的零售价全年基本保持在每500克2.3—2.5元左右;批发价则由于食糖的生产季节性较强和全国食糖市场的供求变化而呈现波动态势。酒:酒类市场从表面上看呈现繁荣、活跃的景象,各种洋酒、名酒、白酒、葡萄酒、啤酒,应有尽有,高档、中档、低档,样样齐全。但是,由于疏于管理,措施乏力,致使海口市的酒类市场竞争无序、管理混乱。无证经营、假冒伪劣、偷税漏税等各种违法现象时有发生,严重扰乱了酒类市场的健康发展。针对这种状况,市政府已决定对酒类市场实行专卖管理。

【海口市糖业烟酒公司】 市糖烟酒公司是一家糖酒类商品的专营公司,下属有琼州、新群等市内知名度较高的糖烟酒商场,以及批发公司和糕点厂等11家独立核算单位。全年商品总购进和总销售分别为5909万元和6106万元,分别比上年增长5.1%和7.3%,减亏率达69%。公司深入市场调查研究,根据自身的条件,不断挖掘内部潜力,调整经营策略,寻求新的突破。为适应市场需求变化,变"坐商"为"行商",同时不断调整商场商品品种结构、质量结构,以满足各种顾客的需求,并为顾客提供更加优雅、整洁的购物环境和优良的服务质量。在抓好零售工作的基础上,着重从三个方面抓好批发业务。一是认真抓好主营商品食糖的购销,利用滨濂仓库的食糖储备条件,积极与厂家联系,提供仓储设施,方便厂家存放。抓好市场信息反馈,采取快购快销、灵活经营的方法,以克服资金不足的困难。经过努力,全年共销售食糖近万吨,取得了良好的经济效益。二是针对批发公司业务经营不景气的状况,重新进行调整,对仓存不均衡的商品进行分类清点,调整价格投入市场销售,以加快资金周转;加强对商品的管理和监督,控制商品损耗,降低各种经营成本。三是与各地区建立起市场营销网络,与厂家建立代理制关系,争取名牌产品的总经销权。

(洪光武)

烟　草

【简述】 海口市烟草专卖局、海南省烟草公司海口市分公司4月经国家烟草专卖局批准设立,属海南省烟草专卖局(公司)和海口市人民政府双重领导。依照国家《烟草专卖法》的规定,对海口市范围内的烟草制品生产、经营实行专卖管理,垄断经营。既有行政管理的职能,又行使执法职能,还进行烟草制品的经营和销售。1997年运行半年完成卷烟销售额1亿元,实现税利331万元。

【经营措施】 一是依法加强市场管理:(1)根据海口市政府把烟草专卖管理纳入"以法治市"的轨道要求,开展对《烟草专卖法》的宣传活动。全年共举办7期《烟草专卖法》培训班,培训1100人,为1000多户卷烟经营者办理换发许可证手续,并签订《卷烟销售责任书》。(2)由市专卖局(公司)牵头,市政府召集有关部门领导研究治理卷烟市场方案,确定"海口市整顿烟草市场联席会制度",开展声势浩大的整顿行动,打击假冒走私烟等违法活动,规范海口卷烟市场。(3)把海口卷烟市场分四个片管理,从各科室抽调部分人员分四个组,由四位领导带队,负责四个片的整顿工作。二是狠抓卷烟销售管理:(1)加强城市卷烟销售网点建设,对全市卷烟销售点重新布局,并派出得力人员负责销售网点的管理与监督工作。在全市建有名称、牌匾、价格、管理制度、服务标准等方面统一的卷烟批发部10个,销售网点23个。(2)拓展流通销售地产烟流通渠道。公司职能部门不定期召集海口部分卷烟经营户,召开地产烟促销座谈会,并运用专卖手续,严厉打击违法香烟活动,千方百计拓展地产烟的举措,现场与卷烟经营户签订合同,当场推销地产烟。建立信息网络,精心培育市场。投入30万元建立市场信息网络,业务遍布全国各地。与云南、湖南、武汉等省市建立了良好的经济合作伙伴关系。

(陈瑛俊)

食　品

【市场特点】 食品市场货源丰富,价格稳中有降,基本满足城市居民生活的需要。①猪禽蛋等副食品城市自给率进一步提高。由于"菜篮子"工程建设取得显著的成效，猪禽蛋等副食品生产发展迅速，全市肉类总产量比上年增长47.7%，家禽增长27.8%，禽蛋增长2.5%，有效供给明显增强。②市场价格稳中有降。肉禽蛋类商品零售价格一直平稳，下半年猪、禽、蛋价格明显比上半年下降，全年零售价格指数比上年下降5.5%。③市场消费量增加。随着城市人口的增长，市场消费量也随之增加。年底，全市肉菜市场已发展到46个，出售猪肉摊点达1000余个，全年猪肉消费量达5425吨，比上年增长48.1%。

【经营情况与对策】 市食品总公司商品总购进13760万元，商品总销售14467万元，分别占市贸易系统购销总额的三分之一。总公司经营的主要对策是：①正常商品以销定购，既保持市场供求基本平衡，又防止商品积压。②做好肉食的储备工作。一是逢元旦、春节储备活猪500头/天（其中元旦储备5天，春节储备20天）。另外，储备精肉、猪副产品、家禽副产品500吨/天；二是逢风雨季节储备活猪300头/天，精肉、猪副产品、家禽副产品500吨/天，增加市场投放量，以平抑市场。③积极组织货源，保证市场供应。全年共派出外采人员约300人次，前往粤、桂、湘、鄂、川、鲁等地组织回猪及猪肉5275吨，猪副产品314吨，家禽副产品394吨，再制蛋30万个，自产腊肠200吨投放市场。④注重市场调查。为了随时掌握市场信息，总公司经常派专人前往广西等主要生猪产区了解生猪生产情况、购销价格等，为领导决策提供依据。⑤继续抓好拳头商品饲料的经营。面对着海南饲料厂家增加，价格冲击较大的市场形势，总公司除了继续经营"永丰"牌饲料外，还积极经营多家饲料，扩大经营门路，并增设新的供应点，全年饲料销售达2.73万吨。此外，总公司还会同厂家人员深入市场，分析需求情况，研制适合市场销售的新品牌饲料多种。

【生猪交易与社会屠宰】 生猪交易市场的管理人员，始终注意加强环境卫生和治安管理，为生猪经营提供舒适的交易场所。全年生猪猪源丰富，年平均交易价格每公斤比上年下降10.3%，总交易量达42.12万头。交易市场的生猪货源不仅满足全市居民的消费，而且还供应一部分给省内各市县。为了让市民吃上放心肉，生猪屠宰继续贯彻"定点屠宰、集中检疫、统一纳税、分散经营"的方针。全市屠宰场（点）仍为11家，共屠宰生猪32.82万头，其中市食品总公司屠宰场（点）3家，屠宰生猪16.21万头，占全市总量的49.4%。全市屠宰牛、羊1305吨。

（王运儒）

日用杂品

【简述】 海口市日用杂品总公司1997年国内购进总值2526万元，国内总销售2652万元，年末库存278万元。其中：铁锅国内纯购进11320片，纯销售9680片；机制卫生纸购进11.23万公斤，销售9.55万公斤；日用陶瓷饭碗、汤盘纯购进42万元，纯销售38万元；其他民用建材、小日用杂品购销不同程度减少。为了保障市场供应，对海口生产不足的几个主要日用杂品如铁锅、日用陶瓷、各类菜盘、茶具、机制卫生纸、葵扇、铁制家具等，市日用杂品总公司积极到江西、河北、湖南、广东、广西等省区组织货源，供应市场，满足人民群众的生活需求。

【经营措施】 市日杂总公司继续抓好企业经营机制的转换工作，深化体制改革，参照现代企业制度，对经济效益不佳的各批发公司，全面放开推行抽资承包经营，使承包经营者真正成为自主经营、自负盈亏、自我发展、自我约束的责任人和市场竞争主体。同时对各商店实行租赁承包经营，完善管理制度。做好各抽资承包经营部店经济活动的计划指导，加强资金监控，积极追收内外欠款，使企业资金及时回笼，有效地提高资金的使用率，使资金保值增值，促使各抽资承包经营部店协调发展。面向全国各地，重点在广东、广西、湖南、福建等地组织适销商品供应市场；采取批零结合，代购代销，除搞好主营外，还兼营多种商品，扩大经营网点，在本省三亚、万宁、文昌、琼山等县市设日用杂品销售点，并与广东罗定金属家具厂、福建长汀竹板席厂、广西浦北铁锅厂、广东开平婴儿尿巾厂、南海西樵宝儿用品有限公司、广西侨光卫生纸厂等省市厂家单位联营经销，发展横向经济。捕捉到近年来海口市卫生纸类市场兴旺、需求增加的信息，日杂批发公司从经营日用杂品转向专营纸品类系列产品，经营的面巾纸、卷筒卫生纸、餐巾纸、各种妈咪卫生巾、舒雅卫生巾、婴儿尿巾纸类从62个品种增加到78个品种，成为海口市唯一专营各类卫生纸的批发公司，1997年销售额502万元，比上年增加5.2%，取得一定的经济效益。

（苏庆雄）

饮食服务业

【市场特点】 ①社会总需求量增加。随着社会经济的发展，人民生活水平的提高，家务劳动社会化程度也相应提高，对饮食、服务消费需求相应增长，全市饮食业零售额达56228万元。②饮食业市场格局仍为多种经济成份并存，个体发展更为迅猛。全市饮食业有9种以上经济成份经营，但个体经营占比重较大，在全市2533个网点中，国有经济网点51个，占2.0%；个体网点2370个，占93.6%；其他经济网点112个，占4.4%。③经营方式多样化、大众化逐渐成为饮食行业发展的主流。公款消费锐减，高档消费明显下降，而个人消费水平不断提高。由于广大消费者注重追求卫生、保健、方便、特色、实惠和环境等，使大众化市场越来越富有生命力。街头巷尾的大排档、鸡饭店、小食店、快餐店、自助餐等生意长盛不衰；被群众称为"老爸茶"的中西茶店日益增多，更受群众的青睐。④经营领域拓宽，市场规模明显扩大。传统的旅店、理发、照相、洗染、修理等行业，不断变化经营形式，突出特色经营，颇受消费者欢迎；健身美容、婚纱摄影、家庭服务、旧货收售等业务发展势头看好；集旅游、餐饮、住宿、购物、娱乐等综合性经营为一体的服务业成为企业发展的主要经济增长点。

【海口市饮食公司】 是市属国有饮食业经营机构，辖19家酒家、餐厅、茶店、商店。由于市场多种经济成份经营竞争激烈，近年来，市饮食公司所属店铺全部实行租赁经营，1997年，商品购进和商品销售总额分别为4993万元和5490万元，实现利润10.5万元，公司着重在强化租赁管理方面下功夫。一是对于一些拖欠租赁费的门店，公司正视现实，从管理上加大力度，积极探索解决矛盾的新路子。二是规范管理，重点规范"租赁经营合同"管理，对部分"租赁经营合同"期满或部分条款已不适应的"合同"，在平等互利基础上与经营者协商修改和适当补充，使之进一步完善。全年修改或补充的"租赁经营合同"共17份。三是对经营不景气的租赁店，公司既"管"又"帮"，努力为其出谋献策协调管理的同时，给予他们一定的让利，与其共渡难关，全年租赁费比上年减少62万元。

【海口市服务公司】 海口市服务公司是市属国有服务业经营机构，辖11家独立核算单位，主要经营旅馆业、旅游业、照相业。7家旅店拥有床位1140张，其中东湖大酒店为海口市涉外宾馆（酒店），这家企业的床位有306张，1997年开房率为53.6%。

（云玉仙）

再生资源

海口市物资回收公司成立于1987年，1996年更名为海口市再生资源开发公司，主要担负海口市城乡再生资源的回收、加工、销售及行业管理。公司现有干部职工146人，共有承包经营站（中心）9个，综合经营网点2个，城西仓库配备废纸打包机一台、废钢压块机一台。公司是中国再生资源商业行业协会会员单位和全国大中城市再生资源经济技术协作会成员单位。

全年总购进342万元，比上年减少30.06%，总销售407万元，比上年减少32.50%。海口市的再生资源丰富，但回收利用率低，缺乏回收网络和基地化加工，为尽快解决这一落后的状况，必须确立行业经营定位，发挥集团经营优势，用3—7年时间建立省会城市市、区二级政府再生资源科、工、贸一体化的经营体等，具体的实施措施为：①在《中国再生资源开发法》出台后，结合实际情况，制定《海口市再生资源管理条例》这一地方性法规，确立国有企业的主导经营地位，规范、强化特种行业的审批制度，依法经营。②合理设置经营网点，按区设场，按段设站，场站交叉设置，并按市、区、综合办要求，强化场站的净化和美化。③深化改革，多元组合，多向引资，利用国家对本行业的优惠政策，招商引资，建立海口市再生资源综合加工基地，建立市、区组合的旧货交易市场与天津全国旧货交售中心并网经营，建立闲置设备调剂市场与深圳等城市联手拓展经营，取得政府、公安部门的大力支持，在海口设立一座大型的报废汽车拆解场，使海口市报废汽车有一个法定的国有拆解点，安置下岗职工，切实提高再生资源行业自身发展的能力。

（樊庆春）

物资流通

【简述】 海口市物资总公司系统物资购销总额为4982万元。在资金紧缺，市场疲软的情况下，调整经营方针和策略，努力增购促销，全年煤炭购进24191吨，销售24459吨；轮胎购进6806套，销售6816套；汽车购进50辆，销售134辆；各类机电产品销售205万元；由于房地产市场平淡，水泥、钢材等建筑材料滞销。

【经营措施】 ①坚持开展正常业务，千方百计增购促销。市机电设备公司凭着良好的信誉和优质的服务，争取客户，全年共销售汽车134辆，各类机电产品205万元；市协作公司把目光盯住岛外市场，积极寻找新客户，与广东、广西、贵州等地建立起较为稳定的供求关系，共销售煤炭21871吨。②改革营销方式，搞好"代理制"工作。市物资总公司系统结合自身实际，开展"代理制"工作，代理额在上年基础上，平均增长15—20%。市化轻总公司利用与广州轮胎厂建立起来的良好供销关系，加强销售网络建设，积极发展二、三级代理网点，在岛内各县市设立10多个销售网点，全年销售轮胎6816套。市燃料总公司与浙江温州龙湾供销社合作，销售煤炭，取得了一定的经济效益。③调整企业组织结构，逐步形成规模经营。总公司根据本系统的实际情况，一是强化产权纽带，逐步建立母子公司体制；二是真正形成规模，做好重大经营活动的统一协调，形成整体力量；三是加强企业组织结构的调整和资产重组，择优放小，1997年撤并了3家内部企业，减轻了负担。

（刘嘉玲）

海口交易中心

【简述】 面对实际，适应形势，认真贯彻市委"一转变、两提高"专项整治活动精神，结合实际，发挥省市有关部门联合办公、综合运作大窗口服务的优势；采取措施，不断完善大窗口服务功能；增创优势，使市场交易业务额有了显著提高，全年主要项目业务额累计52.78亿元，其中房产估价总额25亿元，房产办证业务额16亿元，土地办证业务额3.7亿元，代办进口业务额18万美元，代购代销业务总额7.6亿元，把关代征营业税款4863万元。

【经营举措】 （1）调整结构充实服务功能，吸收金融机构和税务部门进驻，完善大窗口服务功能。市人民银行票据清算中心率先进驻交易中心，同时省地税征管局进驻设立征税服务窗口，配合房地产交易纳税。7月市农行国际业务部、房地产按揭部分别进驻一楼和三楼。中介机构海南星阳商务服务公司进驻四楼，进一步充实和完善了海口交易中心服务大窗口。（2）改善办公环境，实现办公手续现代化。在市人民银行票据清算中心电脑联网操作业务的基础上，进驻交易中心的省地税征管局与海口交易中心配合投入70多万元重新装修办公环境，购置12部电脑、一部主机、一部打印机、一部电话交换机，设立纳税电话20部，改善征税窗口服务设施，实现征税操作电脑化、程序化、现代化。1997年税务代征部开出完税证明3902份。受理纳税60户，税款入库额达4863万元，比上年同期增长131.57%。（3）运用贸易优势，做好贸易服务。为了促进贸易工作的开展，一方面运用对台贸易小额报关权的优势，为台资企业做好服务。全年共为台资企业代理报关11宗，代理进口报关达18万美元。另一方面，利用讲求信誉的优势，上门设点为企业提供办理代购代销业务服务，代购代销业务持续增长，总额达7.6亿元，比上年增长1.9倍，服务企业达几十家。（4）确立"三新"的工作目标，建立新的经济增长点。下半年，提出"三新"的工作目标，即新的思路、新的区域、新的要素市场，探讨多种经济经营管理方式，把海口交易中心汽车经营部推向社会，采取国家、集体、个人三者结合的管理办法，搞活了汽车经营部。全年代销海南汽车厂各种类型的汽车39部；抓紧交易中心在美舍河开发区综合楼的工程进度，使其尽快竣工投入使用；注意发挥综合楼处于省委、省政府生活区的特点和优势，金融、税务在该区设点的优势，配套设置新的服务网点，扩展服务领域和空间；抓好项目的管理和开拓。对旧车交易市场提出整改措施，从经营管理和业务上进行整顿，使其成为集旧车交易、过户、新车交易、旧车零配件经营、汽车维修等为一体的综合性汽车交易市场。全年交易过户车辆532部，交易额3426万元。（简　燕）

商品批发市场

商品批发市场保持适度有序发展，市场供求基本平衡，市场体系逐步形成，布局逐步趋向合理，专业批发市场呈现出购销两旺的景象。年末全市消费品批发市场18个，比上年同期增加1个，其中工业消费品批发市场11个，比上年同期增加1个；农副产品批发市场7个，与上年同期持平，其中蔬菜批发市场1个，干鲜果批发市场3个，水产品批发市场1个，肉食禽蛋批发市场2个。全年消费品批发市场成交额130122万元，比上年的101075万元增加29047万元，增长了28.7%。其中农副产品批发市场73981万元，比上年同期的41527万元增加32454万元，增长78.2%；工业消费品批发市场56141万元，比上年同期59448万元减少3307万元，减少5.6%。生产资料批发市场方面，钢材批发市场1个，成交量560531吨，比上年同期的200585吨增加359946吨，增长179.4%；成交额141349万元，比上年同期的50146万元增加91203万元，增长181.9%。

（吴雅琼）

农　　业

综　　述

【概况】 以发展城郊型农业为重点，以市场为导向，以保障城市有效供给、增加农民收入为目标，继续调整优化农村产业结构，大力发展菜篮子工程和乡镇企业，促进了农业经济持续、快速、健康发展。全市农业总产值41953万元，比上年增长14.5%。农业增加值28900万元，增长10.4%。全市蔬菜总产量108778吨，增长6.7%，其中郊区蔬菜产量76692吨，增长7.6%。肉类总产量15972吨，增长48.2%，其中猪肉产量12604吨，增长53.7%；禽肉产量3069吨，增长27.8%。禽蛋产量3100吨，增长2.6%。牛奶产量138吨，增长109.1%。水产品总产量11621吨，增长6.0%，其中海水产品产量9743吨，增长5.1%；淡水产品产量1878吨，增长10.5%。“菜篮子”产品产值达39300万元，占农业总产值的93.7%，比上年提高1.4个百分点，已成为郊区农业经济的主要产业。传统农业继续合理调减。全市粮食总产量8549吨，比上年增产17.13%；油料作物总产量471吨，减产13.3%；糖蔗总产9106吨，增产13.7%。乡镇企业经济运行情况良好，速度和效益同步增长。全市乡镇企业总产值15.04亿元，比上年增长10.8%；其中工业产值完成2.99亿元，增长11.2%；实现税利1.63亿元，增长8.3%。农村居民人均纯收入达3052元，比上年增长1.0%。

农业生产物质装备呈现一些新变化。全年农田有效灌溉面积1286公顷，旱涝保收面积855公顷，分别比上年下降1.9%和8.6%。农村用电量612.61万千瓦时，下降28.04%。农用化肥施用量（折纯）1746吨，下降2.9%。农业机械总动力42555千瓦，下降9.4%；农用载重汽车282辆，下降71.3%；渔用机动船562艘，增长11.3%。

农村非农产业发展较快，部分农村劳动力合理向第二、三产业转移。年末，全市从事第二、三产业的农村劳动力达20570人，比上年末减少746人。

【农村政策】 贯彻执行中共中央、国务院《关于1997年农业和农村工作的意见》，加强农业的基础地位，落实党在农村的各项政策，大力发展农业和农村经济。注重增加农业投入，全年安排农业投资1200万元，另从市副食品价格调节基金中安排无公害蔬菜基地建设资金500万元，并优先拨款到位。重视抓好农田水利基本建设，共维修配套渠道518条，长328公里，完成土石方41.40万立方米，改善灌溉面积1515公顷，有效地改善农业生产条件，提高农业综合生产能力。在稳定和完善家庭联产承包责任制和统分结合双层经营体制的同时，抓好农村集体资产管理，减轻农民负担。全年农民人均负担村提留、乡统筹费74.5元，占上年农民人均纯收入的1.94%，农民负担继续控制在国务院规定的5%的限额内。

【农业科技】 大力推广应用农业科技成果。种植业方面：继续推广杂交水稻，全市杂交水稻等良种种植面积1792公顷，良种覆盖率达95%；继续推广新台糖1号、10号等糖蔗良种，种植面积140公顷，良种覆盖率达90%；油料作物推广良种面积510公顷，良种覆盖率达75%；蔬菜推广优良品种面积5396公顷，良种覆盖率达96%；推广蔬菜遮阳网覆盖面积150公顷，示范推广“无公害”蔬菜面积73公顷。水产方面：推广淡水鱼类良种面积315公顷，良种覆盖率达90%；淡水龙虾、水鱼、单性鱼、甲鱼等名特优新品种的引进、示范、推广工作进展较快，已建立名特优水产品种基地6.7公顷。畜牧业方面：全市推广汉普夏、杜洛克、迪卡猪等优良品种猪25万头，良种覆盖率达100%；推广AA鸡、882鸡、科泰鸭等禽类良种237.47万只，良种覆盖率达100%。全市还推广了美洲斑潜蝇的研究成果，引进、筛选和推广了一批高效低毒的药剂;加强植物检疫工作,发现世界性检疫害虫——蔗扁蛾,并提出切实可行的防治意见。积极抓好农业技术的培训服务工作。市农业主管部门坚持组织农业科技人员深入农业生产第一线,培训农民技术员,提高科学种田水平,开展科技咨询活动,帮助解决生产技术疑难问题,做好技术指导,传授生产管理经验。全年组织4076人次的科技大军和275人次的农业科技专家下乡,举办蔬菜、畜牧、对虾、植保等各种实用技术培训班30期,参加培训的农民达5380人次,造就农民技术员达480人。组织水稻、蔬菜等作物优良品种的种子(种苗)6万公斤,高效低毒低残留农药100吨以及一批遮阳网及农机具,方便了农民,促进了农业生产的发展。全市农业科技进步对农业经济的贡献率42%,农业科技成果转化率22%。

【肉品卫生检疫】 认真抓好肉品卫生检疫工作。市动物防疫检疫部门经常组织执法人员值班巡逻,依法实施动物卫生检疫,严厉打击各种违章违法经营行为,确保市民吃上"放心肉"。全年共出动执法检查190次、1783人,检疫生猪48万头、牛1.8万头、羊8万头、活禽511万只,宰后检验肉猪36万头、肉牛1.2万头、肉羊3万只、光禽332万只、蛋类286万公斤、冻产品2880万公斤,取缔私设屠宰场点218个(档),没收私宰猪肉1.65万公斤、注水肉1.87万公斤、注水光禽503只,没收处理病害肉16万公斤,罚没款7万元。

【外向型农业】 海口市海龙禽畜开发公司实施全岛养猪战略,采取租赁、兼并、联营等多种形式,在岛内各市县和国有农场建起中小型猪场9个,实现年生产规模13万头。全年出口瘦肉型猪3000头,创汇40万美元。海南东洋水产有限公司系日商投资企业,利用海南的优惠政策和本地资源,进行创汇农业开发,其产品全部出口日本。该公司全年出口创汇达919.3万美元,比上年增长14.0%。

【农村集体经济】 广大乡村组织坚持以市场为导向,因地制宜,全面推进菜篮子工程建设,大力发展乡镇企业,促进了农村集体经济的发展。据对全市45个村委会的调查,当年无收益的村13个,占调查总数的28.9%;当年有收益的村32个,占调查总数的71.1%。其中集体收益在5万元以下的村6个,5—10万元的村2个,10万元以上的村9个。一些村集体固定资产上千万元、几千万元,甚至超过亿元。推行农村股份合作制进展顺利。至年底,全市社区型股份合作经济社发展到36家,总股本2.6亿元。

(严清林)

菜篮子工程

【主要生产指标】 1997年蔬菜生产保持稳步增长,收获面积10001.5公顷,总产量10.9万吨,收获面积、总产量分别比1996年增长8%、6.7%。

【"无公害"蔬菜生产】 从1996年下半年开始,先后组织全国有名专家学者,对"无公害"蔬菜生产进行探讨研究,制定发展计划,1996年底至1997年初开始组织"无公害"蔬菜生产攻坚,至1997年底市政府分别拨款500万元,先后由海口市菜篮子工程管理局、海口农工贸(罗牛山)股份公司负责,在海口市近郊的罗牛山、沙坡、美兰、石山、桂林洋等地展开首轮试生产,主要品种有:苦瓜、西红柿、黄瓜、茄子、莲藕、辣椒、佛手瓜、四季豆、四棱豆等10个品种,种植面积66.6公顷,收获产量60万公斤。由海口市菜篮子工程管理局生产的优良品种琼选优质苦瓜、白花莲藕就有40万公斤。海口市"无公害"蔬菜生产首次获得成功,瓜菜投放市场受到市民欢迎。1997年建成的罗牛山、沙坡"无公害"蔬菜基地,配备了以色列和国内先进的滴灌、喷灌设施,使用面积达到44.4公顷,罗牛山"无公害"蔬菜基地还建起大棚温室一座1200平方米。在生产管理上,严格按照"无公害"蔬菜生产技术操作规程组织生产、供应,为今后大面积生产供应奠定坚实基础。

【基地建设】 重视优良种苗基地建设,建成美兰优良种苗培育基地,面积8公顷,先后引进国内外优良蔬菜品种55个,重点培育出"琼选优质苦瓜",制种1500公斤,引进韩国茄子、泰国丝瓜繁育制种一批,并在引进马来西亚香蜜杨桃栽培的基础上,嫁接芽苗20万棵。

【基地管理】 加强菜田保护。进一步修改完善《海口市基本菜田保护条例》,保持常年蔬菜生产面积849.2公顷,"复耕还菜"203.2公顷,保证了种植面积总量的稳定。注重"科技兴菜"。结合"双学双比"、"巾帼建功"、"丰收计划"活动,举办各种科技学习培训班8期培训1000人次。提供系列服务。针对"春淡"问题,组织抢种蔬菜470公顷,提供种子2万公斤,补贴种子款11万元,提供农药品种130个,数量100吨,农资3000台(件),遮阳网20000平方米,农膜5000公斤。

(王德民)

林　　业

【简述】 年末,全市实际累计完成造林绿化面积749.47公顷,为规划任务的269.6%,提前五年超额完成规划任务。年末有林面积3154公顷,森林覆盖率达26.2%。全年征收林业事业费167万元,与上年持平。海口市木材检查站由于成绩显著,被国家林业部授予文明执法示范窗口单位。

【造林绿化】 加大造林工作的力度,充分利用义务植树节的契机,组织省、市机关、企事业单位80余个、约1万余人,在秀英区丰南乡盈滨海边营造沿海防护林67.2公顷,使丰南乡盈滨海边断带多年的林带实现合拢。年末城区新增绿地70公顷,使全市绿化覆盖面积达1388公顷,绿化覆盖率达41.3%,人均公共绿地达8.5平方米。成功地组织了"6.17"世界防治荒漠化和干旱日全国百万人海口地区签名宣传活动。

【森林资源与林政管理】 ①严格执行森林限额采伐制。全年共办理《林木采伐许可证》5宗,采伐面积8.2公顷,生产木材167立方米,占省下达年度控制指标3000立方米的5.6%,增蓄森林资源2833立方米,连续十年控制达标。②加强林地管理。征、占用林地严格执行报批程序和实行有关补偿使用制度,减少林地的不合理流失。全年办理征、占用林地使用林地许可证2宗,征、占用林地8.4公顷,收取"四项补偿费"和"两金"84.89万元。③加强木材流通监督管理。规定经营木材实行经营许可证制度,坚决取缔非法木材经营加工单位和个体户。坚持木材凭证运输制度,依法查处违章运输木材。全年核发《木材运输放行证》125张，放行木材1147立方米；核发《海南省经营木材（竹藤炭）成品、半成品许可证》197张，检查木材流量8.3万立方米。受理各类森林案件21宗，破19宗，破案率89%。处理各类违法人员43人，为国家挽回经济损失3.2万元。④加强野生动物保护管理工作。全年出动执法人员1482人次，外出执勤398车次，检查市场、宾馆、酒家、招待所、大排档、收购点、流动摊贩等经营单位和业户、个人419家，核发《野生动物及其产品许可证》58户，查处违法经营的119户（次），责令严重违法经营停业的2户，查扣国家、省级保护动物5312只，全部放回大自然。⑤加强森林检疫工作。组织执法人员在全市范围内对森林植物（包括花卉）开展产地检疫工作，发现世界性检疫害虫——蔗扁蛾，组织农药扑杀，防止其蔓延危害，使全年森林无病虫为害，促进了森林资源面积和蓄积双增长。全年新增森林面积14.7公顷、蓄积9086立方米，抵消减少的森林面积8.2公顷、蓄积245立方米，实际增加森林面积6.5公顷、蓄积8841立方米。

【森林防火】 全市三个区八个乡（镇）和新海林场健全森防机构，做到组织、人员、经费三落实。市、区、乡（镇）、村和新海林场层层签订森林防火责任书，全面落实森防行政领导负责制，增强了森防责任感。广泛开展森林防火宣传教育活动，实行群防群治。共召开森防会议25次，出动宣传车15次，张贴标语4000张，悬挂横额23条，出版墙报35期，散发宣传资料6000份，在新海林场小帽山制高点建起一座12米高的护林防火瞭望台，安装一台防火对讲差转总台，配备22部对讲机；在昌明、镇海、天尾林区火险地段开设了10.2公里长的森林防火隔离带，有效地减少森林火险度，控制了森林火灾的发生。全年未发生森林火灾，火灾消耗森林资源为零，创建省以来森林受害率为零的纪录。

（严清林）

水产业

【简述】 全市水产品产量11621吨，总产值5235.19万元，分别比上年增长6.0%和0.3%。全市渔业执法部门共检查渔船1258艘次，办理渔船签证573艘次，依法签发渔业捕捞许可证450本，船员证书37本，征收渔业资源费12.9万元，建港费13.6万元，查处违规渔船350艘次，处罚非法电鱼渔船5艘，严厉打击破坏水产资源的非法行为，加大《渔业法》的宣传力度，保护水产资源的生态环境，取得较好的效果，促进全市渔业经济的全面发展。

【海洋捕捞业】 全市投入海洋捕捞作业的机动渔船661艘，5814吨位，10131千瓦。其中定置网渔船408艘，2846吨位，6070千瓦，沿岸近海剌钩渔船250艘，2728吨位，3277千瓦，中深海剌网渔船2艘，160吨位，540千瓦；灯光围网渔船1艘，80吨位，270千瓦。比上年621艘，5820吨位，9723千瓦增加40艘，功率增加434千瓦。全年海洋捕捞生产产量7898吨，产值3028.2万元，与上年相比，产量增长10.4%，产值有所减少。主要原因是沿岸定置作业是海口市海洋捕捞生产的大头，占全市海洋捕捞生产的八成多，优质鱼不足20%，且鱼价低。全市定置作业产量6900吨，比上年6207吨，增长11.1%。沿岸剌钓作业产量790吨，比上年704吨增长12.2%。努力创造条件，做好发展低耗高效灯光围网作业。全市更新改造渔船30艘，300吨位，功率662千瓦。发展海洋渔业生产增船添网的热情高涨，取得较好的效果。

【海淡水养殖业】 全市水产养殖业加大科普工作力度，加快发展养殖业，进一步增强渔业经济整体实力。坚持以市场为导向，加强养殖技术培训工作，促进养殖生产的发展，一是抓好养殖示范点，以点带面，推广发展两高一优生产。二是坚持把科学养鱼技术带到基层、示范点和专业户，扎扎实实地做好养殖技术推广工作，积极为养殖生产示范点和专业户解决技术难点，提供技术咨询和优质服务，深受养殖专业户的好评。三是认真抓好养殖技术培训工作。全年培训养殖专业人员250人次，加快全市养殖生产向两高一优型发展。四是积极配合团市委、市妇联举办的技术培训班和科学养鱼技术咨询活动，认真解答养殖技术疑难问题，提高养殖专业技术人员的技术水平，使科学养鱼技术下乡落到实处。五是积极参加团市委组织的市新能手文明户小康活动，参加编写农村百项技术问答，发展渔业生产。

【渔政渔港监督管理】 海口渔政渔港监督管理部门认真做好《渔业法》和《水上交通安全法》等法律法规的宣传教育工作，印发宣传材料《渔民须知》小册子，发放到渔民手中，取得了良好的宣传效果。二是坚持捕捞许可证管理制度，维护渔民权益，在全市渔港、渔村轮流定时、定员联合办公，为渔民办理渔业许可证件提供咨询服务。三是维护渔业生产秩序，打击违法行为，促进渔业生产持续发展。全年渔政船艇共出航112航次，抓获非法违规渔船350艘，罚没款收入69350元，查处无证偷捕鱼苗小艇65艘次。为维护南渡江生态环境、渔业资源和安全航行工作，出动渔政船50多人次，拆除南渡江海口段60多位千秋网，共拆除网门600多个。为省市领导视察南渡江排除航道上的障碍物，营造良好的江面安全环境，受到市领导的赞扬。渔监执法人员采取登船上门进行教育的方法，使渔船持证率达到97%，认真查处海事案件，维护渔民利益，通过认真依法处理被撞沿船一案，赔偿渔民损失5.5万美元，深受渔民群众的好评。

【水产品市场供应】 水产部门认真抓好水产品市场供应，丰富市民“菜篮子”。全年进入水产批发市场交易的车辆4320车次，总交易量6480吨。为做好节日供应工作，落实优质马鲛鱼100吨、干鱿鱼30吨，在节日期间销售。

（王世荣）

水利

【水利工程】 认真贯彻落实国务院《关于进一步加强农田水利基本建设的通知》，以发挥水利工程效益为中心，以除险加固修复水毁工程为重点，全市共投入劳动工日48.22万个，完成土方39.47万立方米，石方2.36万立方米。其中浆砌石1.33万立方米，混凝土0.65万立方米。新建维修渠道518条，长333.14公里，其中新增防渗渠道3条，长2.4公里，新建维修配套渠道建筑物121宗，新建库容29万立方米的水库（拜就水库）1座，新建滴喷灌蔬菜基地66.7公顷，维修江海堤围8.2公顷，铺草皮1.5万平方米。此外，还维修高低压线路5条，长30公里。

全市冬修投入资金292万元，是历年来水利建设投入最多的一年。在全省冬修水利评比中，荣获三等奖，连续九年榜上有名。

【水政水资源】 特别注重依法治水的基础建设，在“世界水日”、“中国水周”期间大张旗鼓开展法制宣传教育，以横幅和出动汽车在市区街道、郊区乡镇进行法制宣传，同时组织有80多个副处级以上单位(6000多人)参加的水法规考试活动，大大增强了全市依法治水的整体社会意识，全市没有发现乱凿井滥取水的案例，重新换发取水许可证30宗。认真抓好水资源的开发利用，编制用水规划，编制1998年至2000年郊区农村人畜饮水工作计划。地下水资源办和永庄水库两单位全年共收水费181.53万元，与上年基本持平。为严格管水治水，成立水政监察队，正式任命本局系统36名水政监察员(兼职)。

【三防】 做好日常的风情、雨情收集观察工作，更立足于防大汛、抗大灾，充分利用现有条件打好基础，尽早在汛前进行安全大检查，做到尽早发现问题，做好防患，对龙昆沟和市区地下水道进行了一次清淤，挖通海甸五路与人民路交叉口处的排水涵管，从而解除大汛之中这一地带严重受淹的威胁。为了更有效地防灾抢险，提前制作出《海口市洪水风险图》，制订并发布《海口市防风防洪抢险救灾行动预案》，对防汛电台进行维修、更新，检测维修秀英区“三防”办、长城堵海管理所、南渡江管理所等防汛电台，自筹资金10万元，购置4套400兆防汛基地台，供市、区两级三防办更新防汛通讯电台之用。

(王关和)

乡镇企业

【简述】 乡镇企业保持稳定发展，总产值完成155320万元，比上年增长8.8%。其中工业产值完成29942万元，增长11%；上缴税金6600万元，增长9.4%；实现利润9700万元，增长7.5%。

【主要特点】 ①固定资产原值逐步加大。全市乡镇企业固定资产原值达45323万元，比上年增长3.04%。②企业增加值稳步增加。全市乡镇企业增加值达38592万元，增长1.8%。③集体经济增多。全市乡、村两级企业产值达64513万元，增长12.36%。④企业投产率增大。全市乡镇企业新上项目35个，投产20个，投产率占新上项目的57.1%。全市乡镇企业资金投入15400万元。

【行业结构】 乡镇企业行业结构在发展中继续调整。各行业所占的比重分别为：①农业完成产值2630万元，占乡镇企业总产值的1.69%，比上年增加1147万元，增长77%。②乡镇企业工业企业完成产值29942万元，占乡镇企业总产值的19.28%，比上年增加3037万元，增长11%。③交通运输业完成产值13651万元，占乡镇企业总产值的8.79%，比上年增加4056万元增长42%。④商品流通企业完成产值66622万元，占乡镇企业总产值的42.89%，比上年增加8937万元，增长15.5%。⑤施工企业完成产值24969万元，占乡镇企业总产值的16.08%，比上年增加207万元，增长0.8%。⑥旅游饮食服务业完成产值11338万元，占乡镇企业总产值的7.3%，比上年增加10578万元，增长48%。⑦其他企业完成产值6168万元，占乡镇企业总产值的3.97%。

【经济结构】 乡镇企业经济结构的比重分别为：①乡办企业完成产值32212万元，占乡镇企业总产值的20.74%，比上年减少609万元，负增长1.86%。②村办企业完成产值32301万元，占乡镇企业总产值的20.8%，比上年增加7705万元，增长31.34%。③联合个体企业完成产值90807万元，占乡镇企业总产值的58.46%，比上年增加12532万元，增长16%。

(郑文信)

农 垦

【概况】 海南农垦在海口市的工商企业在市场疲软的情况下，积极开拓市场，取得一定的效益，但大部分企业仍然亏损。科技、教育、卫生等社会事业取得新的发展。年底，农垦在海口地区拥有的各类企事业单位由上年的51家减少到47家(兼并、破产4家)，职工人数9344人。全年国内生产总值达1.41亿元，比上年减少19%。

【工业】 海口地区农垦各工业企业加强内部管理，加大改革力度，努力提高经济效益。海口局直属工业企业全年亏损额比上年减少717.6万元，下降61.6%。利用海口市被列入优化资本结构试点城市优惠政策，对海口地区4家资不抵债、亏损严重的工业企业分别实施了破产、兼并，其中华利家具厂、农垦海口橡胶厂和农垦报社印刷厂被农垦有关企业兼并，海云胶鞋厂经法院依法裁定破产并整体拍卖成功。这一系列举措，共盘活资产存量1亿元。农垦海口机械厂海南丰田特约汽车维修服务中心被交通部评为“全国汽车维修文明先进单位”，海南三叶药业集团公司被国家人事部和国家医药管理局评为“全国医药系统先进集体”。

【第三产业】 海口地区农垦社会商品零售额达1349万元，比上年增长58.3%。海口地区农垦产品出口总额达2512万元，比上年下降27%。出口的主要商品为家具、小叶桉切片、玉雕工艺品等，产品销往北美、东南亚和日本。金龙、金环两大物资供销公司，销售天然橡胶达10.8万吨，比上年增长20.4%；为垦区供应化肥1.61万吨，比上年减少27.7%；农药1502吨，比上年减少4.8%。物资销售总额近10亿元，比上年增加7.5%。海口农垦建筑行业全年施工工程27项，完成产值3800万元，完成施工面积3.58万m^2，分别比上年减少57%和16.2%。

【经济合作与开发】 签订外引内联合同1个，合同投资额1000万元。累计开工20个，投产13个。金鼎新城是海南金鼎实业发展股份有限公司的主营产业，也是海口市第一个样板小区。在房地产低潮的情况下，该公司多方融资，加快开发建设，至年底，金鼎新城二期工程已竣工。全年完成建筑面积4.3万m^2，累计完成17.9万m^2，占规划面积的36.5%。全年投入资金5123万元，累计投资已达4.33亿元。农垦城开发建设取得新进展。至年底累计竣工住宅面积7万m^2，累计投入资金近3亿元。

【科研】 省工人医院(省农垦总局医院)全年开展18项科研课题，比上年减少

3项。这些课题均在厅、局立项，获科研资助7.8万元。有3项获省、总局科技进步奖。全年共有50项新技术、新项目应用于临床。有4篇科研论文参加国际会议交流，95篇参加全国会议交流。医院积极开展卫生下乡活动，派出3批医疗队14人定点对保亭县医院进行技术指导，赠送价值5万元的医疗设备。省农垦中心测试站全年完成1.46万个天然胶样品，1.2万个化学分析样品的检测任务，通过农业部组织的"双认证"复审。金鼎实业公司研制的"多用途乳胶集装箱"年初通过农业部科技成果鉴定，被列入世行农垦商业化项目正式评估名单。农垦海口机械厂研制的"金地利"农用拖拉机全年有95辆投放市场，获得省农机部门和用户的好评。

【社会事业】 海口地区农垦中小学在校学生数达5436人，比上年增加1.7%。农垦中学当年有272人被大专以上院校录取，比上年增加16名，正取生入围率达96.1%，是农垦中学建校史上入围人数和录取人数最高的一年。农垦海口中专学校办学规模扩大，在校生1184人，比上年增加355人。现有农广校学生2033人，大专层次联合办学学生265人。省农垦卫生学校全年有374名学生毕业，招收新生459人。年末省工人医院（省农垦总局医院）、海南农垦卫生防疫站等医疗卫生设施拥有病床850张，与上年持平。省工人医院全年完成门诊量13.55万人次，比上年减少9.9%；收治病人5149人次，减少11.1%；治愈率68.75%，好转率24.42%。全年传染病发病率为2‰，比上年下降34%。龙华、海秀、凤凰三个干休所全年共接纳老干部170人，比上年增加11人。《海南农垦报》1997年发行量达3.1万份，与上年持平。

附表：1997年海口地区农垦工业主要产品

产品名称	1997年产量、产值	与上年比较(%)	生产厂家(股份有限公司)
200升钢桶	4.1万个	—16	海南金鼎实业发展股份有限公司
胶鞋	4万双	—92.7	农垦工业公司
汽车轮胎	9.69万套	6	农垦海口橡胶厂
汽车大中修	1815辆	34.5	农垦海口机械厂
药品	2.2亿元	20.7	海南三叶集团公司
甲酸	1200吨	24	农垦甲酸厂
家具	7万件	—56.3	海南华利家具公司

（林海生）

旅 游 业

【简述】 围绕'97中国旅游年和创建中国优秀旅游城市，在旅游主管部门的指导下，先后组织5批旅游促销人员赴北京、青岛、大连、西藏等国内潜力客源地和日本、香港开展宣传促销，开拓客源市场；成立旅游质量监督执法机构，进一步加大旅游市场治理整顿力度，规范旅游市场秩序，净化旅游环境；在全市开展创旅游名牌活动，增强名牌企业影响力，树立良好旅游形象，年底评出7家名牌酒店和4种名牌旅游商品；加强旅游培训工作，提高员工思想素质和业务水平。

【旅游接待人数和营业收入】 全年接待国内外游客238.56万人次（不含国内一日游游客），比1996年增长6.1%，其中国际旅游者19.56万人次，增长7%，是近三年增幅最大的一年；国内旅游者219万人次，增长6%。旅游营业收入12.79亿元人民币，增长6.41%。其中旅行社营业收入3.59亿元人民币，增长25.1%；涉外定点宾馆（酒店）收入8.21亿元人民币，与上年持平，非涉外宾馆（酒店）营业收入1亿元人民币，与上年基本持平。游客在海口滞留天数减少，平均为1.53天，比1996年下降4.38%。

【客源市场】 客源市场仍以国内客源市场为主，占接待总人数的91.8%。国内客源市场仍以华东、华南、华北（即上海、江苏、浙江、广东、北京等）的客源为主，西南、东北、西北地区客源量次之。国际客源市场以港、澳同胞居首位，人数为8.06万人次，比上年增长21.94%；台湾同胞次之，人数为7.3万人次，比上年下降10.76%；排在第三位的为外国人，共4万人次，比上年增长17.99%，人数排在前10名的国别顺序为：日本、马来西亚、新加坡、韩国、美国、泰国、德国、印度尼西亚、加拿大、英国；排在第四位的为华侨，人数为0.2万人次，比上年增长20%。

【旅游服务设施】 旅行社(公司)。年底,海口地区按规定足额上交旅行社质量保证金并在旅游主管部门登记备案的旅行社(旅游公司)有204家,其中国际社38家,国内社166家。导游人数1172人,其中领取全国统一导游员证书的553人,领取海南省旅游局颁发的临时导游员证书的619人。

旅游定点单位。共有旅游涉外定点宾馆(酒店)83家(五星级2家,四星级2家,三星级9家,二星级9家,其它尚未评星),客房间数11020间,床位数21500张,全年平均开房率52%,比上年下降0.66个百分点。旅游定点餐馆29家,定点参观游览点5家,定点车队6家,其它旅游定点单位3家。

【创建中国优秀旅游城市活动】 采取加强领导、调整机构、更新方案、加强队伍、深入发动、扩大宣传、重点攻坚等一系列措施,实行"五结合一突出",取得显著成效。5月成立创建优秀旅游城市工作委员会及办公室,印发《海口市创建中国优秀旅游城市实施方案》,明确责任和创建标准。对照国家现场检查的127项评分标准,至年底,已完成101项,占总任务的79.6%,正在实施或总结项目的有22项,占总数的17.3%,预计1998年初可基本完成。不具备条件完成的4项,占总数的3.1%。由于创建工作成绩突出,卓有成效,受到国家旅游局的高度评价。

【创旅游名牌活动】 为加强对旅游企业的管理,推进旅游企业上档次,上水平,市政府决定在争创中国优秀旅游城市中,实施旅游名牌发展战略,评选出一批企业形象好,服务质量优,产品质量稳定,经济效益好的旅游名牌企业和旅游名牌商品,以提高旅游企业的服务水平,更有效地规范和完善旅游市场,树立特区省会城市旅游企业的整体形象,努力实现首批评为优秀旅游城市和名牌旅游目的地的奋斗目标。经过评审委员会的严格审查,评出海南寰岛泰得大酒店、海口金海岸罗顿大酒店、海南宝华海景大酒店、海南燕泰国际大酒店、海南新温泉国际大酒店、海口泰华酒店、海口南天大酒店为旅游名牌饭店;评出椰树牌天然椰子汁、力神椰奶咖啡、京润珍珠首饰、椰岛牌鹿龟酒为旅游名牌商品。1998年,海口市政府将对候选的旅行社、景点、餐馆、旅游车队进行评选,不断深入发展和完善名牌战略。

【旅游宣传促销】 为宣传、介绍'97中国旅游年海南海口总体活动,扩大海口市旅游知名度,市旅游局以"创建中国优秀旅游城市"为中心,进一步加强对外宣传促销力度。5月、6月、10月派出小型旅游促销团赴北京、青岛、秦皇岛、西藏等潜力客源地开展宣传促销活动,利用召开介绍会、播放海口旅游风光录像片、发旅游宣传资料等形式,加大宣传海口的力度。同时,派员参加'97香港国际旅游博览会、日本大阪国际旅游展示会及'97国内旅游交易会,宣传海口市旅游业,介绍海口市旅游资源优势和旅游产品情况,取得良好的效果。围绕'97中国旅游年和创建中国优秀旅游城市活动,积极利用各种新闻媒体对专题活动进行报道。有关报纸、电视、电台等新闻媒体分别开辟"创建专栏"对海口市创建工作进行跟踪报道,《海口晚报》报道创建新闻、专访和创建文章达70多件,刊登公益创建宣传广告30条。海口电视台新闻部播出动态消息报道63条,还制作播出了《变旅游通道为旅游基地》、《椰城明天会更好》、《从春节接待看旅游名牌饭店》(上、中、下集)等热点专题节目。海口广播电台在整点新闻及早间新闻共播发创建消息51篇,新增设专题节目《今日海口》专题报道海口创建旅游城市活动,共播出16期。此外,中央电视台、海南日报、海南电视台、海南经济广播电台、海南广播电台、中国旅游报、香港文汇报、特区旅游报等均有广泛报道。在第六届海南国际椰子节期间,组织旅游企业做好招徕客源和接待服务工作,海口地区70多家旅行社有组织地接团530个,接待海内外游客2.6万人次,比1996年增长10%。

【旅游市场治理整顿】市旅游局于5月成立市旅游质量监督管理所,负责对全市旅游企事业单位从事旅游经营活动情况进行监督检查。6月召开全市整顿旅游市场动员大会,7月公布取消102家不按规定缴纳质量保证金的旅业公司、旅行社经营接待业务的资格。8月海口市整顿旅游市场领导小组组织公安、工商、监察、交通等部门组成联合执法队伍,对旅游市场进行大整顿。整顿重点是:无证照经营、超范围经营、无证上岗、旅游价格混乱、非法承包、旅游购物宰客、出租车不打表和削价炒房等八项内容。共执法检查83次,查处黑社46家,无证照旅游企业44家,超范围经营旅行社4家,检查随车导游、司机和旅游车辆400人(台)次,查处违规导游53名、司机16人,暂扣押用于违法经营的办公用品复印机、传真机、电话机共11部,非法印章数枚,宣传咨询材料800多份。没收住房优惠卡5000多张,教育炒房人员43人次,在公安配合下拘留3人,并在《海口晚报》上发出公告,禁止炒房行为,有力地遏制了扰乱旅游市场的不法行为。

【旅游设施建设】 为实现市委提出的"把海口旅游通道变为旅游基地"的奋斗目标,提高游客在海口的滞留天数,海口市加快旅游设施的开发建设步伐,旅游硬件得到很大改善。至年底,全市重点旅游项目已完工投入使用的有11个。景点有万绿园、假日海滩、滨海公园、金牛岭公园等;酒店业、购物商场及其它旅游项目有:金海岸罗顿大酒店二期工程、海口海景湾大酒店、海口奥斯罗克大酒店、国际鸿运大酒店、望海国际商场、乐普生商厦、海口寰岛海滨浴场、五公祠展览馆、海瑞墓扩建等。

【星级饭店评星及复核】 已评定星级的饭店有22家,占所有旅游定点饭店总数的26.5%。其中1997年新评上星级酒店的有3家:金海岸罗顿大酒店(五星级)、国际金融大厦(四星级)和宝华海景大酒店(四星级)。

按照省旅游局的要求,海口市旅游局积极做好海口地区8家二星级饭店复核工作。复核严格按照国家旅游局颁布的《旅游涉外星级的划分及评定》和《星级饭店复核及处理的办法》所规定的标准,从必备的设施设备和服务项目、设施设备维修保养和清洁卫生、服务质量、宾客意见等几个方面进行检查、考核,参加此次复核的星级饭店除2家因装修申请暂缓复核外,其余6家饭店均通过复核。

【旅游行业培训】 在1996年旅游培训的基础上,加大旅游培训的工作力度,加强培训工作的组织领导,增加培训考核的内容。共督导培训酒店10多家,考核人数达250人。组织3家酒店总经理赴南京参加金陵饭店干部管理学院举办的总经理培训班,进行为期一个月的培训,取得良好效果。

【海口市旅游质量监督管理所】 根据国家旅游局关于《全国旅游质量监督管理所机构组织与管理暂行办法》和《海南省旅游管理条例》的要求，经市委、市政府批准，海口市旅游局旅游质量监督管理所于5月6日正式挂牌运作。其主要职责是：依据国家和省有关法规、条例，负责对海口辖区内各类旅游企业（包括旅游定点单位）服务质量的监督、检查和指导；受理海口辖区内对旅游服务单位服务质量的各类投诉案件，并按规定办理理赔事项或提出处理意见；会同物价部门制定、调整旅游价格和旅游收费标准，并检查、监督其执行情况；会同有关部门开展旅游市场专项检查和整顿。旅游质量监督管理所设立了旅游投诉电话，电话号码是：6250780，正式对社会各界服务。质监所和旅游投诉电话的设立是海口市旅游局针对存在的问题，整顿旅游市场的一个重要举措，也是海口市争创首批中国优秀旅游城市，优化海口旅游环境，吸引旅游投资的一项重要内容。

【旅游大事记】 星级酒店评星授牌。4月8日，海口市第二家五星级酒店金海岸罗顿大酒店正式挂上"五星标牌"，省、市领导出席授牌仪式。4月9日，海口市第一家四星级酒店国际金融大厦正式挂牌。9月27日，宝华海景大酒店成为海口市第二家四星级酒店。

建立旅游咨询信息网络。市旅游局同市电信局8月建立海口市旅游查询电话网，即在全市主要饭店、景点、车站、机场、码头建立查询系统，利用电信系统的168信息台和视讯信息网络向旅游者提供咨询信息服务，海口市150多家旅游企业的信息内容上网。

组团参加'97中国国内旅游交易会。'97中国国内旅游交易会10月下旬在大连星海会展中心举行。海口市组织8家旅行社、4家酒店、1家旅游信息服务公司共30多人参加这次国内旅游交易史上参展人数、展台数最多、规模最大的盛会。交易会上海口市促销重点突出热带滨海旅游特色，推出会议、购物、度假休闲等针对性强的产品。这次交易会海口市共接待观展者1万余人，派发有关资料4万多份，扩大了旅游知名度，加强了与内地旅游城市、旅行商的联系，达到了预期的目的。

海南寰岛泰得大酒店荣膺"五星钻石奖"。美国优质服务科学协会10月29日正式授予海南寰岛泰得大酒店该协会最高荣誉奖——"五星钻石奖"，海南寰岛泰得大酒店因而成为我国饭店业中继中国大饭店之后第四家获此殊荣的饭店。标志着海南旅游服务业在国际范围内得到褒奖和认可。寰岛泰得大酒店自开业至今一直保持营业总收入、经营利润、上缴税费、平均房价、开房率等五项指标居海南省星级酒店第一位的好成绩，并获得"全国最佳星级饭店"、"海南省旅游样板单位"、"海南省消费者信得过单位"等荣誉称号。

海口三家大酒店入选标志性饭店行列。年内，中国旅游业评出90座标志性饭店，在被誉为检阅饭店建筑成果，确认饭店形象样板的中国旅游业标志性饭店形象评选活动中，海南寰岛泰得大酒店、金海岸罗顿大酒店、宝华海景大酒店入选。其中寰岛泰得大酒店、金海岸罗顿大酒店入选五星级类标志性饭店，宝华海景大酒店入选环境艺术型标志性饭店。此外，这三家标志性饭店还荣获多个单项金奖，寰岛泰得大酒店获大堂、客房、健身娱乐设施三个单项金奖；金海岸罗顿大酒店获大堂单项金奖；宝华海景大酒店荣获大堂、设备与配置两个单项金奖。三星级饭店泰华酒店也获得了健身娱乐设施和花园两个单项金奖。

（虞皓月）

对外经济贸易

对外贸易

【简述】 口岸进出口总额106214.5万美元，比上年减少18.7%。其中出口26196.8万美元，增加26.1%；进口80017.7万美元，减少27.2%。国有外贸企业出口创汇6525万美元，超额14.5%，完成省下达5700万美元年计划任务。其中市属企业创汇4267万美元，占总额65%；外省市创办的企业（以下简称外驻企业）创汇2258万美元，占总额35%。出口商品销往的国家和地区有50个，主要是香港、日本、韩国、美国，以及德国、法国和英国等西欧国家；输出的商品有187个，主要是有色金属（锑、锡、锌、硅锰合金等）、纺织品（各种服装）、轻工产品、食品饮料、电子产品等。本地产品以气垫床系列产品等橡胶制品占的比重较大，其次是磁盘、饮料。全市工业产品出口754万美元。1997年全市享有进出口经营权的企业（不含三资企业）有31家；比上年减少4家。其中市属企业（含市橡胶五厂和罐头厂等2家生产企业）15家，比上年减少2家，包括享有全国报关权的企业9家，比上年增加2家（即海口市五矿机械化工医药进出口公司和市海韵进出口贸易公司）；外驻企业16家，比上年减少2家。31家外贸企业中完成年度创汇任务的有9家（市属企业5家，外驻企业4家）；出口创汇达到省商贸厅最低要求150万美元的有11家，占总数的三分之一强；没有发生出口业务的有10家。

【出口创汇大户】 有进出口权的外贸企业创汇达300万美元以上的有7家，即市五矿机械化工医药进出口公司（1254万美元）、海口海越经济开发有限公司（842万美元）、海口八达进出口公司（555万美元）、市海韵进出口贸易公司（364万美元）、市海发对外贸易实业公司（360万美元）、市对外经济贸易集团公司（330万美元）、市对外贸易总公司（319万美元）。有三家企业出口创汇达200万美元，即海口江扬琼友工贸实业公司(232万美元)、海口鲁东技术工贸开发公司(229万美元)、海口市轻工业品纺织品进出口公司(201万美元)。上述10家企业(市属企业6家)共出口4693万美元,占出口总额72%。出口创汇最多的是海口市五矿机械化工医药进出口公司,占创汇总额的19.3%。

【经营方式】 1997年,面对资金短缺、市场竞争激烈的外贸形势,各公司充分调动各种积极因素,利用有利条件,扬长避短,开展灵活多样的外贸经营活动。一是积极开展代理出口。如市轻工业品纺织品进出口公司、市工艺品进出口公司、市对外贸易总公司、市国际经济贸易公司等,全年代理出口总共约有800万美元。二是积极开展加工贸易出口。如市对外经济贸易集团公司开展进料加工复出口贸易,年终创汇330万美元。三是有条件的企业充分用好用活中央给海南的"从内地调进原材料加工增值20%以上后出口视同本地产品,免征关税"这一优惠政策。如市五矿机械化工医药进出口公司和海发对外贸易实业公司就是利用这一优惠政策分别完成创汇1254万美元和360万美元。还有金桂五金矿产公司等外驻企业也利用这一优惠政策,全年创汇140多万美元。1997年全市利用这一优惠政策出口创汇达1700万美元。四是加强横向经济联营。如海口海越经济开发有限公司积极与深圳等内地公司联营,解决资金问题,年终出口达842万美元。全市外贸企业利用自身享有进出口经营权的长处,积极寻找出路,与资金丰厚的企业或生产供货单位联营,不仅解决了自身资金缺乏的问题,而且能在严峻的外贸形势下搞活经营,为超额完成出口创汇任务奠定良好基础。

【本地产品出口】 全年地产品出口比重(含调进加工增值后出口,以下同)由上年的43%提高到45.8%。实际出口达2990万美元。地产品出口主要是以气垫床系列产品为主的橡胶制品,以椰树牌饮料为主的饮料食品,还有医药产品、高科技电子产品磁盘等。产品主要输往美国、韩国、日本、荷兰、德国、英国、法国、以及香港、台湾等国家和地区。海口市橡胶五厂是全市出口创汇最多的一家工业企业和出口商品生产基地,也是海南省主要的外向型生产企业和出口创汇大户。除自营出口外,橡胶五厂每年还为省内外不少外贸企业提供大量的气垫床系列产品等橡胶制品出口。1997年自营出口创汇达520多万美元,产品远销西欧各国以及美国、韩国、香港等国家和地区。海口罐头厂生产的椰树牌系列饮料也远销不少国家和地区,1997年自营出口饮料创汇达144万美元。富达科技实业有限公司生产的磁盘远销美国,年创汇达300多万美元。

【行业管理】 年初贸易局与局系统下的外贸企业签订了1997年应实现的创汇、利润等经济指标的工作目标责任书,将省下达海口市的出口创汇计划分解到31家外贸企业,并坚持跟踪服务。局领导和分管科室经常深入企业了解情况,为企业排忧解难,主动保持与省商贸厅、税务部门、海关等业务部门的工作联系,咨询有关的政策法规。随时将了解到的有关外贸、税收、外汇核销、海关、商检的信息传递给企业。1997年函寄或传真有关文件、信息给各外贸企业有90多次。贸易局与省税务部门联系、协调理顺关系,为海口八达公司办理了退税工作;派员参加每年两届的广交会;与省商贸厅协调为参展企业解决展位和处理贸易洽谈等事宜。1997年春秋两届广交会,海口市外贸企业共签订出口合同1800万美元。

(张乾钰)

对外经济

【简述】 全年审批外商投资企业156家,合同投资总额为1.81亿美元,其中外商投资额为1.43亿美元,占79%;全年实际利用外资5.20亿美元,其中外商投资2.96亿美元,利用外国政府贷款2.24亿美元,分别比上年增长6.1%、5.9%和2.7%。至年底,批准设立的外商投资企业累计达5933家,合同投资额108.59亿美元,其中外商投资额78.66亿美元;实际利用外资累计41亿美元,其中外商直接投资28.6亿美元,对外借款12.4亿美元。

【外商投资企业登记】 全年新设立外商投资企业156家,其中,外资企业105家,合资企业47家,合作企业4家,合同投资总额1.81亿美元,其中外资企业投资4506万美元,合资企业投资11832万美元,合作企业投资1784万美元。

年内,在海口投资的国家和地区共有12个,最主要的投资来源地仍是香港,其投资额为10183万美元;其次为台湾,投资额为1936万美元;美国、加拿大、马来西亚分列三、四、五位,投资额分别为1780万美元、1554万美元和531万美元。这5个国家和地区企业投资额占全部外商投资企业投资总额的88%。

外商在海口投资有以下几个特点:一是投资第一产业、第二产业项目增加,全年投资创办工业企业81家,占新设立企业总数的52%,合同投资金额7544万美元,占总投资的42%,分别比上年增加8%和7%。而投资第三产业的企业数及投资额有所下降。二是大项目数量略有增加,投资额在300万美元以上的企业有15家,投资额占总投资额的64%。投资额在500万美元以上的企业5家,它们是:海南银达商业城建设有限公司,总投资2500万美元;海南中迦建材技术有限公司,总投资1500万美元;海南金马实业有限公司,总投资985万美元;海南黄金装修工程有限公司,总投资864万美元;海南正旭房地产开发有限公司,总投资518万美元。

【外资企业发展】 海口市把外资经济作为国民经济的重要组成部分,注重做好外资企业、重点项目的跟踪服务,为投资者提供全方位服务,并依法实施对企业的监督和管理,外商投资企业稳步健康发展。1997年,全市外商投资企业外商实际直接投资2.96亿美元,比上年增长8.5%;实现销售(营业)收入32.5亿元人民币,比上年增长45.4%;其中完成工业销售收入16.5亿元人民币,比上年增长10.5%,占总销售收入的50.8%;产品出口值6713.8万美元,比上年增长37.4%;企业盈利和亏损相抵后净亏损额2.32亿元人民币,比上年减亏51.9%。全年,外商投资企业产品出口额比上年增长37.4%,增幅比上年提高达7个百分点。全年,外商投资企业产品出口额6713.8万美元,占外商投资企业工业销售总收入的33.8%(工业产品出口率),工业自产产品出口率比全市工业企业高出23个百分点,产品出口额占全市工业企业自产产品出口总额的80%以上。据统计,1997年全市产品出口额前10名的工业企业中,外商投资企业就占7家,排名分别为第一、第二、第四、第五、第七、第八和第九。

【利用外国政府贷款】 着重抓好5个在建项目的协调服务工作和3个已上报并获得批准的新项目的前期工作。8个利用外国政府贷款项目进展较为顺利，利用外国政府贷款共计8766万美元。“海口市中心区污水处理工程”和“海口市中心区供水扩建工程”进入实施性阶段，污水处理厂厂区基础工作已完成，综合楼投入使用，引进设备陆续到位；供水扩建工程项目引进设备到位，进入设备安装阶段，“罗牛山肉联厂”项目进入紧张的设备安装阶段，并进行厂区排污管网工程建设；“海口爱婴医院”项目11月份完成引进设备的技术交流工作；“海口市美舍河综合整治工程”项目11月底韩国输出入银行官员到海口市对项目进行评估，并检查项目现场，通过考察评估，双方签署了项目会谈备忘录；“海口垃圾处理场”项目，瑞典国际开发署官员10月份进行实地考察，对项目的前期工作给予充分肯定，表示将促进项目尽快实施；“世纪大桥”项目于10月份开始进行项目招标，与大桥配套的白沙门3300亩吹填围垦工程前期工作已于11月初动工；“新埠岛北部岸滩防护堤工程”项目，与外经贸部贷款司和海关总署协调，办理了赠款部分的免税手续，其他关税和第一、二期还贷资金已落实。

【利用外资建设的重点项目】 全年引进外资（含省外资金）建设的重点项目31个，其中：工业项目12个，旅游项目8个，商业项目1个，房地产项目2个；利用外国政府贷款项目8个，利用外资项目15个，合同利用外资2.79亿美元。1997年，项目累计投资40.64亿元人民币，占项目总投资的28.41%。

啤酒厂项目：年产13万吨啤酒厂由海南亚洲太平洋酿酒有限公司（中、荷、新加坡）兴建，第一期总投资6763万美元，其中外资5603万美元，5月试产。

镀锡薄板厂项目：由海南海宇镀锡薄板有限公司（中、韩合资）兴建的年产10万吨镀锡薄板厂，总投资6661万美元，其中外资4000万美元，7月建成投产。

高尔夫球场项目：由美视电力集团（美国）有限公司、深圳美视电力工业有限公司、海南八所电厂合资兴建的海口美视高尔夫俱乐部及航母大酒店，总投资10亿元人民币，正进行项目前期筹建工作。

华夏海洋项目：由北京市房地产开发经营总公司、宝钢集团企业开发总公司，澳洲BSS贸易和发展有限公司、海南奔腾实业投资有限公司、泰国萌华国际贸易有限公司共同合资兴建，项目总投资8亿元人民币，已全面进入实施阶段。

（林道坚）

市贸促支会活动

海口市贸促支会认真贯彻落实市委“一转变、两提高”专项整治活动的精神，围绕经济建设这个中心，结合实际，深化改革；突出服务，加强联络；推销产品，拓展市场，充分发挥贸促支会的职能作用，为发展海口经济服务。

深化贸促支会内部机制改革。8月根据市委《关于海口市民主党派、群团机关参照试行〈国家公务员暂行条例〉实施办法》，以市编委明确的“三定”（定职能、定机构、定编制）方案为依据，全面实施参照过渡国家公务员制度，并按照要求组织全体干部进行学习培训，顺利通过了过渡考试和过渡考核，完成了机构改革的各项改制工作。

发挥贸促支会举办展览的职能作用。适应形势，调整办展的战略，加强协调力度，以举办多种形式的展览会、洽谈会，活跃经贸活动，促进海口经济的发展，并取得显著的成绩。4月份利用第六届海南国际椰子节的契机，克服经济萧条的困难，申请主办椰子节海口贸易活动：（1）举办商品展示展销会，一百多家企业踊跃报名参展，主要展示各种名优新特产品14类，500多个品种；展示南北书画作品和历代珍贵收藏品等，总成交额4950万元人民币，300万美元。（2）举办椰子节汽车拍卖会，展示拍卖中国一汽、二汽、柳州、海南等地名牌厂家的新型汽车、轿车、农夫车等51辆，成交7辆，成交金额163万元人民币。（3）组织大型的椰子节人才交流集市，68家用人单位进场设点招聘，共需各类人才380人，进场求职者5000多人次，双方达成意向600多人次。

同时，适应形势的需要，调整办展战略，以帮助企业宣传、促销为原则，借助社会力量，在“活”字和“合”字上做文章，努力使展览活动社会化，商品化。年内合办展览展销洽谈会4个，即“全国乡镇企业招商引资洽谈会”，“全国水产养殖海洋捕捞技术及配合设备交易会”，“牛群全国巡回摄影展”，“海南工业新技术展览会”。

为加强海口市企业对外经济贸易的交流，增进企业与发达国家企业间的友谊，推销本地产品，拓展市场，12月，应友好城市英国柏斯市的邀请，市贸促支会首次与市外事办合作组团参加英国柏斯市“友城产品展销会”，18家企业携带涉及工业、农业、旅游业、基础设施建设等方面六大类31个项目和椰子汁、鹿龟酒、气垫床、特素等十大类103种产品出国办展。进一步加强两市的了解，推动两市的经济合作与交流。

立足服务，改进作风，在原办事制度的基础上，推出代办报关业务社会服务承诺制，扩大服务空间。年内为台资企业代理报关11宗，进口货物金额18万美元；为国内企业代理产品代购代销业务，购销总金额7.6亿元，比上年增长1.9倍。利用双休日主动上门为驻琼台湾企业依必朗娱乐有限公司提供有关进口报关业务政策咨询服务，帮助解决进口设备报关难的问题。帮助进驻交易中心企业海口晖展公司办理土地变更手续。发挥交易中心综合服务窗口的优势，组织房产、土地、评估、税务四家部门深入罗牛山农工贸公司，帮助解决该公司股票上市前土地、房产作价入股需办理产权登记等业务政策问题，深受企业的好评。

加强贸促会广泛联络职能的作用。与各地支会、商会加强联络，传递信息，互通商情，建立友好的合作关系。年内经过多次交往，与北京贸促会海淀区贸促支会结成友好支会，为促进两地企业的贸易交流奠定了合作基础。年内共接待国内外参观团体6个，客人60多名。

把开展贸促业务与兴办实体业务结合起来，自我滚动，艰苦创业，壮大实力。开辟集交易、维修、营销、办证过户为一体的汽车交易市场，提供综合性服务。整顿原有管理不善的旧车交易市场，增设汽车零配件经销网点和汽车经营部，改善交易条件，开办汽车周交易集市，以灵活多样的形式服务促销，年内办理交易过户的车辆532辆，交易金额3426万元。在新区兴建5000多平方米的交易中心综合楼，通过招租和小区物业管理增设新的商业网点，带动该地区的周边商业，繁荣市场。

（云小娃）

内联经济

【办事处登记】 全年批准驻海口办事处51家，其中各级政府办事处3家，企事业单位办事处48家。

【内联企业发展情况】 全年实际利用省外资金13.3亿元人民币，内联工业企业总产值达13.53亿元，比上年增长49.1%，工业销售产值达11.97亿元，比上年增长46.8%；内联贸易企业出口创汇达4758.56万美元，比上年增长87.2%。

【开工投产的内联项目】 全年新开工或投产的内资重点项目有：①由上海橡胶轮胎公司收购破产后的海口轮胎厂，成立新的轮胎企业一海华轮胎有限公司，4月份正式挂牌运作，已注入设备维修流动资金约1.2亿元，全年产轮胎31万套，上缴税金1390万元。②由海南大华实业有限公司投资2.4亿元人民币年产180万张电脑光盘的多媒体电脑光盘项目，在保税区开工兴建。③由海南华康生物制品研究所投资4960万元人民币兴建的生物制品研究所暨华康制药厂项目，已完成投资350万元人民币。④由海南永光彩印有限公司兴建的八色彩印项目，已投资4800万元人民币。⑤由海口市金牛岭公园与广州客商合作兴建的金牛岭动物园，总投资2000万元，已投入资金600万元。

（林道坚）

金融保险

金融综述

【概述】 海口市金融部门认真执行适度从紧的货币政策，切实整顿金融秩序，防范和化解金融风险，深化金融体制改革，维护了金融秩序的基本平稳。年末，全市金融机构各项存款余额229.18亿元，比上年末增加11.93亿元，增长5%；各项贷款余额200.95亿元，比上年末增加18.76亿元，增长10%(注：统计范围比上年增加了海发行海口地区4家分支行、光大银行海口支行及省建行原营业部、国际业务部和农村信用社等)。其中，国有商业银行各项存款余额154.41亿元，各项贷款余额135.57亿元，分别增加15.98亿元和10.56亿元，增长12%和8%。国家银行现金累计收入448.82亿元，累计支出436.56亿元，收支相抵净回笼12.26亿元。

【金融形势】 1997年，中央银行继续施行适度从紧的货币政策，海南经济仍呈调整态势，受此影响，海口金融形势呈现如下特点：1、存款增长缓慢，银行资金来源趋紧。年末金融机构各项存款余额比年初增加11.93亿元，增长5%，比上年减少7.95个百分点。其中企业存款余额出现负增长，年末余额较年初减少3.35亿元，下降4%；城镇储蓄存款则基本上呈稳步增长势头，全年增加11.11亿元，增幅10.3%，但12月份出现急剧下降，余额比11月减少5.11亿元。2、贷款适量增长。年末各项贷款余额200.95亿元，增加18.76亿元，增长10%。考虑到5、6月份城市信用社把帐外经营的5.75亿元贷款并入帐内管理和省农行划转3亿元贷款给市农行管理两个因素，全市贷款余额实际增加10亿元，增幅约为5%，这一增幅与海口市经济景气状况及金融机构经营状况是相符的。新增贷款主要投向交通、电信、高效农业等部门及效益较好和还贷有保证的企业。3、城市信用社出现大面积支付危机，金融信誉下降。4月份，海口市人民城市信用社由于社主任负案在逃，加之其资金运营方面的各种问题日益暴露，引发了储户挤提存款的危急态势。进入7月份以后，事态进一步蔓延扩大，继人民社发生支付危机后，秀英、振东、银苑、东方、怡达、大信、科技、金山等社相继遭到挤兑，发生严重的支付危机，其他城信社也受到很大冲击。直到12月16日城信社并入海南发展银行后，城信社的支付危机才得以平息。4、金融机构运营困难不减。一是信贷资产质量难以改善，“三呆”贷款比重居高不下，致使金融机构信贷资金周转困难；二是金融机构经济效益下降，出现大面积亏损；三是一些金融机构由于资金周转不灵，存在压单压票现象。5、现金回笼形势较好，物价涨幅明显回落。全年消费物价涨幅仅为1.3%，零售价格指数下降0.3个百分点。

【金融管理】 人民银行海口市分行重点抓好以下几个方面的监督管理：1、化解城市信用社风险，推进城市信用社转制工作。1996年下半年，海口市部分城信社由于长期超负荷违规经营而出现支付困难，至1997年上半年其支付困难进一步加剧，其中海口市人民城市信用社于4月份发生严重的支付危机，引发储户挤提存款，致使城信社整体信誉一落千丈。为了控制事态，人行海口市分行一方面加强城市信用社监管小组的监管力度，密切关注各社支付动态，加强城信社的信贷资金管理，督促各社调整资产负债结构、增强应变能力；另一方面对人民城信社实行重点监管，督促该社压缩变现资产保支付。由于城信社大多积重难返，上述措施收效不大，进入7月份，支付危机在全市城信社中蔓延和扩大，又有9家城信社相继遭客户挤兑。这一期间，人行海口分行在协助人总行、省分行做好城信社清理整顿工作的同时，加大监管力度：(1)加强监管小组的力量，向各社派驻常驻联络员；(2)加强非现场检查措施，及时了解各社的动态并向上级行汇报；(3)加强资金调度，确保支付需要，经请示上级行同意，允许遭挤兑的各社动用存款准备金；(4)做好说服疏导工作，争取储户谅解。在人行海口分行加强监管的同时，人总行、省分行与省政府一起积极研究支付危机处置办法，12月16日，《处置海南城市信用合作社支付危机的实施方案》获国务院总理办公会议批准，按照这一方案，海口市16家城信社除人民社行政关闭外，其余15家并入海南发展银行。2、合规性监督。一是进行了多项稽核检查，如对全市城市信用社重要空白凭证及有价证券管理使用情况的稽核、对农村信用社1996年经营情况的稽核、对市工行和市农行利率执行情况的检查等；二是加强市场准入管理，查出无证网点31个并按有关规定处理。3、金融风险监控。主要是对城市信用社、海发行海口地区4家分支行、省建行5家直属支行的新增贷款情况和信贷资产质量情况等进行稽核检查。4、金融机构管理。一是对全市280家金融机构网点进行年检；二是搬迁11个金融网点。5、外汇管理。一是搞好进口付汇、出口收汇管理，提高核销质量；二是严格资本项目的管理，加强对“三资”企业的外汇业务监管；三是加强对金融机构外汇业务的检查和指导。年末，全市外汇指定银行外汇存贷款余额为2836万美元和4069万美元，分别增长19%和下降6%。全市结汇3810万美元，售汇36479万美元，进口付汇25326万美元，出口收汇5168万美元。

（黄海骥）

金融机构

【简述】 海口市辖金融机构包括工商银行、农业银行等2家海口分行，省建行5家直属支行，海发行下辖的海口分行、汇南支行、蜀兴支行、华夏支行，16家城市信用社，海口市农村信用合作联社及其下辖的6家农村信用社，86家典当行，邮政储汇局下辖的48个网点。年末，上述金融机构网点总数为415个（其中市工行82个、市农行48个、省建行5家直属支行56个、海发行67个、农村信用社28个），金融从业人员6199人（未包括典当行从业人员）。1997年，市辖金融机构尚有如下变化：

一、金融机构改革向纵深推进。一是市建行并入省建行，原市建行被分设为龙华、海府、秀英、金盘、海甸等5家直属支行；二是年末海口市15家城市信用社并入海南发展银行，人民城市信用社被行政关闭。

二、金融机构业务量有所增长（详见“金融综述”部分）。

三、金融机构经营难度增大，效益欠佳。

【中国人民银行海口市分行】 年末，人行海口市分行在职干部职工112人，其中中专以上学历人员75人（大学本科以上学历20人，大专学历39人，中专学历16人），占全行人数的67%；高级职称3人，中级职称38人，初级职称32人。

1997年，人行海口分行一手抓监管，一手抓服务，主要做了以下几方面的工作：一、加强金融监管，维护金融秩序，化解金融风险（详见“金融综述”之“金融管理”部分）。二、加强结算服务。海口同城票据交换所和海口清算分中心在进一步规范化和制度化的同时，工作效率得到提高。海口同城票据交换所全年清算票据86.77万笔，金额2441.54亿元，日均清算票据3287笔，金额9.25亿元；电子联行实现“网络到县”，全年办理往来帐99641笔，金额206.17亿元。三、搞好国库管理。在1996年成立三个区级金库的基础上，1997年9月又成立了保税区金库。全年国库部门共办理中央级预算收入119035万元（其中海南特别关税区退税35013万元），市级预算收入96006万元，地方预算支出91150万元，兑付国债本息5017万元。四、搞好货币发行工作。全年回笼现金34.4亿元，投放现金25亿元，复点并销毁残币7.66亿元，收购黄金605.42公斤，没收假币369850元。

（黄海骥）

【中国工商银行海口市分行】 工商银行海口市分行认真贯彻党的十五大精神，在工商银行海南省分行的领导下，狠抓存款、盘活贷款、强化管理、改进服务，实现了各项业务平稳、健康发展。至年底，全行各项人民币存款余额57.91亿元，比上年增加2.87亿元，增长5.42%。其中储蓄存款余额30.68亿元，比上年增加1.24亿元，增长4.22%；对公存款余额27.23亿元，比上年增加1.63亿元，增长6.36%。存款总量创历史最高水平，在海口市国有商业银行中的市场占比为26.4%，占全省工行总存款量的50.43%。各项人民币贷款余额43.36亿元，比上年增加1.68亿元。其中流动资金贷款余额31.54亿元，固定资产贷款余额11.81亿元。年底外币存款余额740万美元，外币贷款余额1672万美元；办理国际结算业务7200万美元，结售汇业务12724万美元；年底信用卡发行总量达104326张，比上年增加74061张，增长241%。特约单位904个，比上年增加231个；受理牡丹卡业务储蓄所71个，比上年初增加21个，ATM机45台，比上年增加12台；全年现金累计收入166.96亿元，累计支出166.68亿元，净回笼现金2790万元。

一、积极拓展业务，大力组织存款。海口工行积极拓展业务，努力培育新的存款和效益增长点，在已经代理多项中间业务的基础上，又成功地代理了深交所海南券商的资金就地清算业务。到1997年底止，共有21家券商24个营业部在海口工行开户清算，日均存款余额5.6亿元，最高存款余额13亿元。海口工行在代理此项业务的过程中，能够保证清算资金的快捷、安全、畅通，极大地方便了海南券商和广大股民，提高了券商的资金使用效益，同时也壮大了海口工行的资金实力。在存款工作中，实施一把手工程，各行长分片包干，直接下基层指导工作。各科室由一把手带队到办事处上班，点对点、面对面地协助一线抓存款。

二、加快电子化建设，改善服务硬环境。1997年全行实现了微机操作切换为大机操作，仅用了3个月的时间便完成了74个储蓄网点和42个对公网点的上机任务，使全行电子化覆盖率达到100%，大大提高了各项业务的技术含量，为各项新业务，尤其是高新科技含量大的新业务的开展奠定了坚实的硬件基础。认真调整网点结构，提高集约化经营水平，先后撤并了1个储蓄所，新设立了1个储蓄所、2个分理处，新增和撤并的网点均实现存款的快速增长。

三、强化信贷管理，优化贷款投向。建立了系统、严密、动态的台帐资料，制订《信贷管理实施细则》，在盘活信贷存量上下大力气。全行全年累计收回各项贷款5.14亿元，其中收回三项不良贷款2亿元。累计发放贷款6.7亿元，新增的贷款主要用于支持基础产业和重点工程项目建设以及信誉好、有效益的工商企业。全年向邮电、供水、交通等行业及重点工程共7个项目发放贷款近4亿元；贷款2500万元支持乐普生商厦等大中型零售商业企业组织适销商品，丰富市场供应。贷款7400万元印制发行全省中小学课本，支持文化教育事业发展。采取积极措施，对信贷资产进行保全。1997年配合市政府对9家国有生产企业实施了破产，预计可冲销的流动资金贷款呆帐2亿元，另对12户国有生产企业实施了兼并，预计可转化不良资产0.94亿元。

四、强化内部管理。明确提出9条纪律，严禁对外开出担保、承诺书，严禁帐外经营，严禁乱开支费用，严格执行印、押、证三分管制度。稽核、会计、出纳、储蓄等职能部门对各项制度的执行情况进行定期或突击检查，发现问题及时整改。会计部门加强票据诈骗案件的防范教育，加强事后监督管理。储蓄部门加强对库存现金、重要空白凭证的检查。着力建立健全各项安全保卫制度，加强经警和保安队伍管理，加强重点部位的安全防范。全行坚持一线统一挂牌、统一着装，公开承诺服务。坚持岗位练兵，举行多种业务技能竞赛，全行涌现出一批新的先进网点和优秀个人以及一批业务新秀、技术能手。根据业务需要，全年共举办培训班18期，培训员工991人次，送系统内、外培训达112人次。

（许有辉）

【中国农业银行海口市分行】 一、人员机构概况。年末全行职工870人，其中大专以上文凭382 人，经济师以上职称140 人，拥有营业网点48 个，支行级营业单位12个，管理机构由上年的10个处室精减至7个，机关人员由上年的90人减至60人。

二、规范管理，存款稳步增长。各项存款比上年净增8.6亿元，占全市国有商业银行增长额的85%，创历史最高水平，市场占有率较上年上升了4.73个百分点。存款结构进一步优化，增势稳定。存款工作主要措施是：第一，捕捉、分析金融动态信息，加强存款公关，攻大户、稳老户、扩新户，培置“黄金客户”，全年新增500万元以上的大户70户，大户低成本存款占存款新增额的50%以上。第二，继续抓优质服务规范化，力创名牌信誉。第三，组织存款竞赛活动，启动激励机制，提高全行员工组织资金的积极性。第四，积极推进中间业务，扩展代理业务领域，促进存款增长，全年代理业务额达62亿元。第五，加快电子化建设步伐，实现省辖联行电子汇兑等，强化筹资服务手段。第六，改善营业网点的办公环境，提高网点的吸存能力。

三、优化资金营运，支持地方经济。一是优化资金投向。全年信贷累放1.2亿元，在坚持支农大方向，发展城市“菜蓝子”工程的同时，积极支持城市交通能源业，重点投向国有大中型企业、“兴农富岛”工程以及石油、钢材、橡胶等“黄金大户”。还致力于城市基础设施、交通、环境等建设。实现了企业、银行、社会效益的统一。二是积极配合政府部门进行国有企业资产重组，完成六家企业兼并、破产的有关工作，盘活贷款4870.7万元。三是拓展新业务，对地方企业支、帮、促。全年承兑汇票、贴现业务量有大突破，分别为上年的4倍和1.8倍；国际业务稳中求进，信用卡业务有所创新，为地方经济的发展提供全方位的金融服务。

四、塑造企业形象。把优质服务作为主要的基础工作和竞争手段来抓，贯彻全年工作的始终，开展“百日优质服务”、“服务承诺”、“争创文明单位，争做文明行员”等活动，员工做到统一着装、挂牌上岗、文明用语、礼貌待客、高效准确。积极参加各种社会活动。组织“希望工程”、“奉献基金”等捐助活动，扩大了农行的影响面，优化农行的企业形象。

五、加强监控，防范风险。对内进一步规范和加强基础管理，严格监督和再监督，狠抓“三防一保”；对外积极配合有关部门防范金融犯罪活动，协助公安机关破获诈骗团伙两个，避免了国家财产2.07亿元的损失。实现了安全营运的目标。

（陈玉香）

【中国建设银行海南省分行】 1997年是建行海南省分行负重前行，大胆改革的一年。全行努力按照统一法人体制下，实现两个根本性转变的要求，进一步深化改革，强化管理，防范风险，提高效益，在困境中求发展，各项工作保持了稳健发展的良好态势。

一、以改革总揽全局，稳步推进人事、信贷、资金、财会等方面的改革。1997年，经过精心策划，在总行的指导下，对海口地区机构进行改革，撤销了海口市分行和省分行直属的八灶办事处，重组了省分行营业部，成立了龙华、秀英、海府、金盘、海甸5个直属支行。此后，又相继按人、建两总行要求，改建省分行信用卡业务部、房地产信贷部，成立南航支行和住房城建支行，初步完成了海口地区建行机构改革。

改革筹资考核办法，实行按5日平均存款余额考核，促进了存款稳定，全年5日平均存款余额较上年增加6.7亿元；海口实行集中统一在人行开户，增强省分行集中调度资金的力度，实行浮动利率等措施，调动了各行上存或压缩资金的积极性，提高了资金使用效益，确保了全行资金的正常运营。建立以风险管理为核心的贷款管理机制，强化了全行信贷业务集中统一管理，全面落实了信贷授权制度，加大了省分行直接经营的力度。财务上实行以效益为中心的集中统一核算与分级分类相结合的管理体制；对县支行按类别分别实行预拨费用制、报帐制，进一步强化了省分行集中管理的力度。成立了会计核算中心和会计稽核中心，实现了海口地区对公会计帐务集中到A18大型机核算，加大了省分行监控力度，提高了财会工作质量。

二、完善筹资储蓄经营责任制，规范和强化基层网点服务功能。一是盯住资本市场，拓宽筹资领域。针对股票市场扩容大量吸纳社会资金的新情况，及时采取行动，提前介入资本市场，充分利用全国建造电子汇划网络优势，与海南证券交易中心签订了《代理证券资金清算协议书》，通过代理海南省券商与证券交易中心及上海证交所之间的证券资金清算业务，日均沉淀资金量高达4.5亿多元。代理了恒泰芒果、罗牛山二家上市公司网下股票发行代收款业务，及上网发行的管道燃气、高速公路公司募集的股本金及新大洲摩托车股份公司的配股资金代缴款。此外，还代理了海南航空在全国15个城市的票款汇集结算业务，增加了存款，扩大了银企合作领域。二是把储蓄存款作为改善筹资结构，稳定和增加存款市场份额的重点来抓。针对全省企业存款下降，储蓄存款上升的实际情况，通过改进服务功能和手段，提高服务质量，创新储蓄品种等措施，增强了储蓄发展的后劲。同时，通过拓展中介业务，积极创造条件开办代收水费、电费、电话费、物业管理费，代理邮政汇款、代理教育基金收款等业务，促进了储蓄存款的稳定增长。三是优化网点结构。本着以效益为中心的原则，加大了对低产网点保本经营的考核力度，撤并、搬迁了部分低产网点。在此基础上，强化网点的经营功能，提高网点服务水平，初步走出了一条基层网点集约化经营的路子。

三、强化信贷集中经营力度，推进“双大”客户战略的实施。加强省分行信贷集中经营，强化省分行对分支行的授权管理。省行在总行确定的授权额度内由信贷处归口统管全行本外币信贷业务，包括固定资产贷款、流动资金贷款、房贷部自营性贷款、票据承兑与贴现及各种外汇信贷和授信业务，同时通过对各分支行进行转授权，定期对包括增量贷款利息实收率、到期贷款回收率、存量贷款利息实收率上升幅度、不良贷款下降幅度等指标实行严格考核，强化贷款管理。帮助国有企业盘活贷款存量，化解金融风险。通过支持企业改制上市、兼并、破产、联营、委托运营等形式，使一批生产经营困难、甚至濒临破产边缘的国有企业起死回生，从而也活化了部分贷款存量。完善收贷收息责任制。领导带头建立大项目联系责任制度，省行领导每人负责1个大项目的收贷收息、盘活存量的协调工作。

四、巩固传统业务，大力开拓中介业务。在巩固传统业务的同时，以委代业务为主要内容的中介业务有了较快发展。全行代理各项委托代理等中介业务资金流量达191亿元，完成编审工程预(结)算及标底共1252份，总金额为32.1亿元。共办理进出口结算2392笔，累计结算金额95539万美元，分别比上年增长45%和130%，超额完成了总行下达的4.7亿美元的国际结算任务；累计结售汇总量85848万美元，比上年同期增长142%；累计代客外汇买卖10220万美元。

龙卡业务由过去注重发卡数量转到提高发卡质量上来。全行共发行龙卡13.8万张，其中：信用卡1.5万张、IC卡2.6万张、储蓄卡9.8万张，发卡总量比上年增加2.7万张，增长23.99%。房改金融业务也有了新的进展。截至年底，开立公积金单位户达1152个，比年初新增276个；累计建立个人户70397户，比年初新增18210户，公积金存款余额达9047万元，较年初新增5019万元。

五、加快电子化网络建设步伐，狠抓清算系统运行质量。以A18大型机为依托，继续巩固和完善计算机综合业务网络系统，进一步推广网络覆盖面，提高网络功能，开发新的计算机应用领域。引进和移植开发了会计IPS系统，完善了行政事业性收费、国税、地税、燃气、电话、水费等代收费业务系统；实现了海口地区40个网点的会计IPS系统在A18大型机上的开通运行，实现了海口地区会计业务集中处理以及会计通存通兑；开发出电话银行查询系统、银企通系统、证券业务保证金通存通兑系统；引进移植了IPS3.0新片本软件系统；积极完成总行全国36个大中城市龙卡大联网系统建设，开通了全行电子邮件系统，全行电子化水平进一步提高。

资金清算工作注重狠抓系统运行质量，努力提高清算业务水平，确保电子汇划资金清算系统稳定、安全、高效运行。全行有22个行(部)、80个会计联行网点加入清算系统，全年累计发生汇划业务13万笔，汇划资金290.6亿元；有29个行210个储蓄网点、7个行35个信用卡网点及58个特约商户参加通兑清算，日平均处理业务2810笔，清算资金2060万元。

六、强化内控制度建设，着力开展资产保全工作，加强安全保卫，防范和化解金融风险。一是强化内控制度建设，加强审计监督。全行开展了包括信贷、筹资、会计、出纳、结算等在内的重要业务部门内控制度大检查，并针对管理上的薄弱环节，建立和完善各种规章制度，建立健全各部门、岗位、上下之间监督制约机制。二是积极开展资产保全工作，努力化解资产风险。继续清理各类经济合同和法律性文件，全年共清理各类经济合同和法律性文件7180份，涉及金额100.9亿元，完善法律性文件5660份，涉及金额58.19亿元。运用呆帐核销手段，化解信贷资产风险，全年共申报呆帐贷款187户，本金21285万元，利息20374万元。三是加大信用卡催收透支的力度，共收回透支104万元，降幅达23.6%。四是加强安全保卫工作。认真贯彻“谁主管、谁负责”的原则，落实安全保卫责任制，加强安全保卫综合治理和安全检查力度，加强安全防范设施建设，提高全行整体安全管理水平。全行有12个单位被全省金融系统评为三年安全达标先进单位，为全省金融系统表彰最多的单位。

【海南发展银行海口分行】 海口分行在省、市人民银行的指导下，在海南发展银行总行的领导和支持下，以资金为中心，以效益为目标，在外部经营环境不宽松的情况下，通过加强内部管理，改善服务手段，规范经营，各项业务获得了稳步发展。年底，根据人行海南省分行和海南发展银行总行的统一安排，海口分行积极做好被接收城市信用社的各项工作，为成功化解城市信用社的经营风险，维护社会稳定，促进海南金融业健康发展作出了积极的贡献。

一、努力吸收存款，加大筹资力度。在国家多次大幅度调低存款利率，给银行储蓄存款带来较大冲击的情况下，海口分行认真贯彻总行“抓存款，保支付”的工作会议精神，通过巩固和扩大企业存款，依托长期以来在民众中形成的良好信誉，稳住老客户，发展新客户，使存款额稳步增长，提前4个月超额完成海发行总行的计划指标。

二、加强内部管理，完善各项规章制度。牢牢抓住规范管理、完善监督这个着力点，坚持从严治行，实行民主管理。大力健全管理机制，制定各项管理考核办法。先后改革了信贷管理体制、财会管理体制，重新修订和完善各项规章制度。同时加强内部监控，建立完善的内控体系，确保各项业务的健康发展。

三、扎扎实实做好“三防一保”工作，确保全行资金安全。从严治警，努力抓好安全防范和保卫队伍建设，大力加强安全教育、法制教育，做到警钟长鸣；对各项安全设施的检查层层落实，不留隐患。全年未发生过一起抢劫、盗窃案件。

四、做好接收城市信用社的各项工作。经国务院和中国人民银行总行批准，人行海南省分行于12月16日发布公告，宣布关闭海口市人民城市信用社等5家违法违规经营，严重资不抵债，已不能支付到期债务的城市信用合作社。其它29家，除金牌城市信用社仍独立经营外，全部并入海南发展银行。经海南发展银行总行决定，其中海口市怡达、实银、金山、金通、博爱、银苑、秀英、东方、东升、六合、银校、科技、劝业、振东、大信；琼山市永祥；定安县定城；屯昌县屯城；儋州市信业；琼海市侨源、加积；文昌市文城等21家城市信用社改制为海口分行下属支行，归口海口分行管理。并从12月22日起，海南发展银行开始恢复对原28家城市信用社储蓄存款本金和合法利息的支付。这一举措的实施是海南省进一步贯彻落实全国金融工作会议精神，防范和化解城市信用社经营风险的重大改革。对优化海南省金融组织机构，提高金融整体功能和实力，促进海南省金融业的健康发展具有重要意义。

（郭巧萍）

【城市信用社】 1997年，海口市城市信用社发生了历史性的变化。1986年海口市成立第一家城市信用社以来，海口的城市信用社逐步增加到16家。这些城信社在海口经济建设中发挥了积极作用，但很多城信社由于体制的缺陷，其自身经营出现了盲目扩张资产、违规经营甚至恶意经营等不正常现象。1996年2月，根据国务院有关文件精神，海口市成立了海口城市合作银行筹备领导小组，准备在16家城信社的基础上组建城市合作银行。1997年初，城市信用社清产核资工作完成后，由于各社资产质量参差不齐等原因，组建工作陷入停顿。4月份后，个别城信社发生的挤兑引发了大面积城信社支付危机，大多数城信社陆续遭到冲击，城市合作银行的组建实际上已无可能。为了从根本上解决包括海口16家城信社在内的全省30多家城信社的支付危机等问题，在人总行、省政府的领导下，人行省分行成立应急处置小组，采取派出工作组、动用存款准备金、督促各社压资产清债务等一系列措施保支付、保安全，控制事态的进一步恶化。同时积极研究各种处置办法，最后制定了《处置海南城市信用合作社支付危机的实施方案》，该方案经省政府、人总行多次研究讨论，获国务院总理办公会议批准后实施。按照该方案，海口市除人民城信社外的15家城信社与其他市县的13家城信社一起，于12月16日正式并入海南发展银行，并于12月22日起恢复正常支付，海口市人民城市信用社则被行政关闭。至此，海口城信社支付危机宣告平息，城市信用合作社也暂时告别海口金融舞台。合并前夕，海口城信社各项存款余额合计37.96亿元，比年初减少3.73亿元，下降9%；各项贷款余额31.39亿元，比年初增加5.59亿元，增长22%（扣除并入大帐的帐外贷款5.75亿元，贷款余额实际有所下降）。

（黄海骥）

【农村信用社】 1997年海口市农村信用社与农业银行脱钩自立，市联社认真贯彻国务院农村金融体制改革的有关精神，紧紧围绕“规范管理、改善经营，防范与化解金融风险”的中心，深化农村信用社的各项改革。各项业务均比上年同期有明显增长。截止12月末，全社各项存款余额65158万元，比上年底增加9619万元（共中储蓄存款55852万元），完成年任务的113%；各项贷款余额32690万元，贷款规模控制在省办下达的规模之内，做到存款增幅大，贷款增长小，缩小了存、贷比例；狠抓了资产家底的清理盘活和完善，弄清各项资产、资金、家底状况，先后制订出各项管理规定和办法二十多个，从而保障了各项管理和经营工作的顺利进行，实现了全年完全无事故。

一、抓存款，保支付，维护农村信用社的信誉。年初工作安排大会强调：要提高干部职工的认识，把存款工作的好坏当做联社业务经营工作的头等大事来抓。7月份针对城市信用社出现的挤兑风波，再次召开紧急动员大会，要求全社职工全力以赴抓存款，保支付，维护农村信用社的信誉。并采取了有力措施：一是落实责任制，把组织存款工作任务落实到单位和每一个干部职工，并与其切身利益挂勾起来，奖勤罚赖；二是搞好宣传，提高农村信用社的知名度，增强客户对信用社的信赖和安全感；三是继续改善服务功能和服务态度，不断提高服务质量。

二、狠抓收息收贷，盘活信贷资产。在做好“两保”（保支付、保安全）的同时，尽力抓好“两收”（收贷、收息）工作。由于93年前房地产高潮时贷款占用大，周转差，造成很大部分资金无法收回。因此，把清查家底，盘活资金作为脱钩后的一件大事来抓。①摸清家底。从第一季度开始，各社对借款户进行登记，对借款人的生产经营状况和债务清偿能力进行全面分析，清查核实正常贷款和非正常贷款的成因，并根据清查摸底情况向贷户提出还贷意见。②落实债务。第一季度全部清查完毕后，分类排队，先易后难，能收回利息的尽量收回，无能力偿还本息的，先完善手续，落实债务，或者收回处理一些实物，如汽车、土地等价值较大的实物。③成立法律顾问室，采取法律手段清收贷款。年初，成立了法律顾问室，聘请了常年法律顾问。律师为协助各社完善贷款法律手续做了大量工作，并着手准备材料，对几个大贷户进行起诉，充分发挥法律的威力，维护信贷秩序。④组织机关工作组，从第三季度起，分赴市区、长流、秀英三片，帮助各社收息收贷，抓存款，保支付。工作组跑遍了大部分贷户，摸清了情况，部分贷户还了贷款，部分贷户订了还贷计划。

三、规范管理，打好基础，保证脱钩后的农村信用社走上正轨。印发《近期工作要点的通知》，先后出台各项管理等方面的规定20多个，并严格按有关规定由有关科室监督执行。同时为加强领导，发挥整体优势，成立了财务审批小组、资金信贷审批小组等7个组织领导机构，用5、6月份两个月完成了对机关、各基层社主任等中层干部的考核评定工作。下半年陆续调整充实30多名科室和基层领导班子，保证管理走上正轨，从而使脱钩后的各项管理与经营机制运作正常，工作井然有序，保障了各项存款的稳步增长和经营效益的好转。特别是基层单位，通过调整班子，工作都打开了新的局面。

四、加强财务管理、“三防一保”和稽核工作。把财务管理工作当做增收节支，提高效益的重要手段，从严控制费用开支，制订并完善《财力管理制度》，对各种费用，如电话费、手机费、油料费等作了明确规定，超出者由使用人自理，严禁用公款到娱乐场所消费，违者严处。坚持财务“一支笔”审批制度，堵塞漏洞。费用比年初有了下降。加强“三防一保”工作，成立了保卫科和经警分队，配备了保卫干部，对经警、保安进行培训，节假日加强安全检查，纠正违章，提高基层单位的警惕性，实现全年安全无事故。加强稽核审计工作，保证业务经营在法制化、规范化轨道上开展。按上级要求配备了稽核员，对稽核员进行业务培训，对基层单位进行业务稽核，特别是配合市人行和省办对红旗社、海联社和营业部进行常规稽核，完成了稽核报告，提出了整改措施，为今后依法经营提供了保障。

（潘建平）

证券市场

【发行市场】 1997年，海南共有7家公司公开发行新股(大东海、寰岛实业、罗牛山、燃气股份、海南高速、恒泰芒果、海南航空),并分别在深、沪证券交易所上市。发行总股数为32000万股,其中A股24900万股,B股7100万股(海南航空);发行总金额为167269万元。另有2家公司(新大洲、中海海盛)配售股票,配股总数为7090万股,配股总金额为39537万元。

至1997年底,海南上市公司总数达到20家,上市股票22只,其中A股19只,B股3只。上市公司总股本为44.2亿股,其中社会流通股14.4亿股,其年末流通总市值为156.8亿元,占海南省国内生产总值的27%。

【交易市场】 1991年至1996年,海南证券市场的成交总额依次为4.76亿元、4.78亿元、263.48亿元、659.75亿元、343.71亿元、1083.88亿元,发展势头很好。1997年,海南35个证券交易营业部全年共代理深、沪证券交易所股票交易总额为1691亿元,比1996年增长57%。其中,代理深交所成交1166亿元,占代理总金额的69%;代理上交所成交525亿元,占代理总金额的31%。在证券交易营业部开设资金帐户的投资者达到25万余户(含机构户),比1996年增加8%。

【证券经营机构】 至1997年底,海南共有证券经营机构10家,8家分布在海口市。其中,证券专营机构1家,证券兼营机构9家。10家证券经营机构在省内外共设有证券交易营业部69个,其中在省会海口市有12个,三亚市有3个;在省外有54个。异地证券经营机构在海口设有证券交易营业部20个。与1996年相比,机构总数没有变化,营业部总数由34个增至35个。营业部中,有4个因其总公司分业重组而随之更名,另有4个被君安、华夏等大券商收购后成为其营业部。海南券商在1997年的发展中有3个特点:一是股票承销业务有了很大的发展。各家券商共承销(主承销)公开发行的新股6只,承销配售股票3只,承销总股数为3.51亿股,此外还做了大量的副主承销、分销和上市推荐人业务。海南港澳国际信托投资有限公司和海南省国际信托投资公司在全国券商承销次数排名中分别名列第10名和第12名,使海南券商在全国股票承销业务中占有了一定的份额。同时,海南券商在为国企改革服务、积极拓展其它投资银行业务方面也取得了一定的成绩。二是风险意识有了一定程度的提高。在1997年"证券市场防范风险年"活动中,海南券商注重建立健全风险管理制度,在自营、资金运作方面更为谨慎,并加强了客户保证金管理,透支现象大大减少,同时券商主动向客户宣传证券知识,进行风险教育,提高了投资者的风险意识。三是服务质量进一步提高。改善硬件设施,率先在全国券商中使用数字中继线电话委托系统,大大方便了投资者委托交易和查询;部分券商推行银行结算服务,方便股民存取保证金;加强研究咨询工作,提高投资咨询服务水平。

【证券登记清算机构】 1997年海南证券交易中心登记部新办开户数为14万户,开户总数增至74万户,比1996年增加23%。托管券种97种,总面值约18亿元。海南证券交易中心全年深、沪联网市场成交总额为877.88亿元(含新股申购金额),其中,上交所联网市场成交额877.58亿元,比1996年增长269%;深交所联网市场仍然维持低量,其原因是券商大都直接与深交所建立了通讯通道。

1997年3月,海口市工商银行与深交所、工商银行深圳分行签订协议,取得了海南券商资金就地清算的独家代理权。4月,市工行成功开通了代理深交所海南券商资金就地清算业务,共有21个证券营业部在市工行开户清算。截止1997年12月31日,市工行共办理券商资金清算9148笔,借方发生额共计287亿元,贷方发生额290亿元。

【其他证券服务机构和团体】 至1997年底,海南省有中国证监会与有关部门联合授予证券从业资格的会计师事务所3家,律师事务所13家,资产评估机构2家。

海南证券商协会在1997年较好地开展各项工作,编辑印发《海南证券商通讯》,组织举办"1997证券知识有奖竞赛",开展"优秀证券从业人员"和"优质服务证券营业部"评选活动,较好地发挥了自律组织的作用。

【证券市场的监督与管理】 1997年海南省证券管理办公室对证券市场的监督与管理主要在两个方面:一是对全省股份有限公司依法规范,夯实了股本,理顺了股权关系,健全了法人治理结构,有116家公司通过了规范验收并重新注册登记。二是对证券中介机构特别是证券经营机构加强监管,防范和化解市场风险。出台了《海南省证券管理办公室关于证券经营机构与投资者订立〈证券委托交易合同〉若干问题的通知》并附有《证券委托交易合同示范文本》;建立了证券经营机构经营情况年度检查制度;对全省证券从业人员进行登记,建立档案,为全国性的业务资格培训考试做好准备。

(邢力红)

期货市场

【简述】 全省共有期货交易所1家,期货经纪公司12家,期货兼营机构12家(待中国证监会复审批准),均设在海口,异地期货公司海口营业部3家。交易品种包括全国十四家试点交易所全部品种,全省期货市场总交易额达1.4万亿元,上交税收共计6600多万元。

年内采取得力措施,加强对期货市场的监管。一是对期货经纪机构实行年检制度。有27家期货经纪机构通过了中国证监会年检,其中经纪公司12家,兼营机构12家,异地期货公司海口营业部3家。二是规范期货经纪公司接受出资行为。共有7家期货经纪公司进行了股权变更工作,由单一股东出资的,变更为由两家以上股东出资;由金融机构出资的,变更为由非金融机构出资,使之符合中国证监会有关规定。三是依法查处违规经营行为。对某些公司蓄意"吃点"等损害投资者利益的行为查实后,进行了严肃处理。四是坚决打击和取缔非法境外期货交易和外汇按金交易活动。12月初,省证管办联合公安、工商、外管等部门,取缔了一家非法从事境外期货的机构,有力地遏制了非法境外期货交易活动的蔓延。五是加强风险宣传。省证管办通过编写和散发《期货市场风险手册》,召开期货市场防范风险座谈会,开展"风险宣传日"等,组织开展"期货市场防范风险年"活动。六是协调中商所加强一线监管的职能。省证管办在日常监管中,加强与中商所的联系,支持其很好地履行一线监管的职责,积极主动地协助其化解风险,保证了市场稳定和社会安定。

【中商期货交易所】 中商期货交易所成交额为1.18万亿元,比上年萎缩近

50%，但仍占全国十四家试点期货交易所总交易额的19%，位居第二。全市中商交易所上交税收6300多万元。1997年中商期货交易所活跃品种为咖啡、天然胶，但在咖啡F703、天然胶R708两个合约交易上出现了一定的市场风险，导致了中商期货交易所下半年交易量的萎缩，对海南期货市场的发展有一定影响。

（仇晓武）

保　　险

【简述】 1997年，海南保险业在全面落实防范和化解经营风险的基础上，加强行业自律，规范业务操作规程，市场规模不断扩大，险种结构趋向合理，社会效益和经济效益全面提高。全年承保金额3134.14亿元，保险业务收入7.32亿元，赔款总额2.13亿元。

【保险机构】 中保财产保险有限公司海南省分公司是我国最大的专业财产保险公司——中保财产保险有限公司在海口注册的分支机构，承保除人身保险业务以外的一切保险业务。1997年，中保财海南省分公司从建立海南保险公司文化特征的管理模式入手，打破传统观念，建立现代思维，强化服务宗旨，建立和运用各项激励机制，积极调动广大干部职工的积极性，保险业务得到长足发展。先后与海口市罐头厂、金海岸罗顿大酒店、黄金大酒店、海口美兰国际机场总公司等企业签订了保险合同。全年承保金额980亿元，保险业务收入1.74亿元，赔款总额1.18亿元。

中保人寿保险公司海南省分公司是我国最大的专业人寿保险公司——中保人寿保险有限公司在海口市注册的分支机构，主要承保人寿保险、健康保险、意外伤害保险等各类人身保险。1997年，承保金额1025.21亿元，保险业务收入1.99亿元，给付总额1.5亿元，赔款支出740万元。

中国太平洋保险公司海南分公司是我国全国性、综合型保险公司——中国太平洋保险公司在海口注册的分支机构，主要开办人民币和外币的财产、人身、责任、信用等五大类70多个品种的保险服务。97年牵头设计开发的“海南省公共场所火灾公众责任保险条款”经中国人民银行海南省分行批准，已正式在全省范围内试办。先后为海南航空股份有限公司的21架民用客机、海南省邮电管理局、中国寰岛（集团）公司等一批大企业签订了保险合同。1997年，承保金额1009.7亿元，保险业务收入2.49亿元，同比增长23.8%。财产险赔款支出6565.7万元，其中为在日本海域触礁沉没的远东（海南）联合航运公司所属“东友”号货轮支付保险赔款1140万元，为海南保险史上巨额船舶保险理赔案划上了圆满的句号。太保海南分公司积极参加各项社会公益活动，97年向海口市社会福利院全体职工赠送了总保额达350万元的人身意外伤害保险单。

中国平安保险股份有限公司海南分公司是我国又一家全国性、综合型保险公司——中国平安保险股份有限公司在海口注册的分支机构，主要开办财产保险和人寿保险，97年度又新推出了平安康泰终身保险、平安团体一年定期寿险保险、平安购房贷款定期寿险等9个新险种。在保险市场竞争激烈的情况下，平安海南分公司本着“信誉第一，效益第一，客户至上，服务至上”的服务宗旨，以优质的服务态度在客户中赢得了良好的信誉。续保了宝华大酒店、三亚南中国大酒店、海口民用管道燃气股份公司等企业财产保险。同时，在交通旅游、建筑等领域，又新承保了一批财产保险。全年承保金额101亿元，保险业务收入1.026亿元，赔款支出1755万元。其中，为海南东线高速公路发生的一起交通事故给付了海南寿险史上最大的一宗赔案，个人赔款50万元。

香港民安保险有限公司总部设在香港，是香港中国保险集团成员之一。1998年10月在海口注册成立海口分公司，属外商独资企业。主要开办财产险、责任险及有关再保险三大类20多个险种的保险业务。97年度，承保金额18.23亿元人民币，其中承保的海南洋浦电厂财产险保险金额达13.9亿元港币。全年保险业务收入705万元人民币，赔款支出404万元人民币。

（谢淑芬）

财政　税务

财　政

【概述】 全年地方财政收入105014万元，其中：当年地方收入53640万元，省补助收入34698万元，社会保障基金收入15285万元，上年结余收入1391万元。财政支出104284万元，其中当年支出80024万元，上解省支出9127万元，社会保障基金支出15133万元（支出结余152万元）。收支相抵后，滚存结余578万元，扣除结转下年的支出560万元，净结余18万元，实现收支平衡，略有节余。

【组织财政收入】 根据市委、市政府关于“加强征管，确保完成今年财政收入任务”的指示精神，财政部门始终把组织财政收入作为财政工作的重中之重来抓。一是与省地税征管局、市国税局等部门建立联席会议制度，认真对经济形势以及影响财政收入的利弊因素进行分析，定期对财政收入计划执行情况进行深入调查，发现问题及时拟定解决措施，确保计划顺利进行。二是建立起由财政、税务、工商、公检法、动检等部门组成的协税、护税网络，在抓营业税、增值税等主体税种的同时加强零散税源征管。全年屠宰税收入200万元，是上年的6.9倍，农业特产税收入235万元，比上年增长

99.15%。三是加大税收宣传，提高全民税收意识，创造良好的税收征管社会环境。据统计，全年纳税申报31，400户，比上年23，383户增加34.3%。

【控制财政支出】 采用“零基预算法”编制预算，通过分析影响支出的各种因素，根据“人员经费按实际，公务经费按标准，其他业务经费按需要与可能”的原则，合理安排各项支出，不留支出缺口；在预算外资金管理上，要求所有收费单位在年初象预算内资金一样，编制好预算外资金的收支计划，并在执行中根据收入进度与单位的需要，由财政部门严格审核，拨付列支，保证了预算外资金的专款专用。

【加强财政管理】 根据国务院《关于进一步加强预算外资金管理的决定》和省政府88号令的规定，在上年实行“多家开票一家收款”的基础上，进一步对预算外资金进行科学的分类管理，纳入预算管理的罚没及行政性收费7841万元，比上年增长24%，进行专户储存的资金9082万元，比上年增长45%；从加强财务监管着手，全面推进会计管理，杜绝“多套帐”和“帐外帐”行为，全市已办理建帐监管手续的单位703家；11月份开始开展税收财务大检查工作，全市对1122家单位进行了重点检查，查出违纪金额8725万元，已经追缴入库6107万元，入库率70%。

【国有资产管理】 市国有资产管理局大胆探索国有资产管理新体制。继续抓好国有资产基础管理工作，主要做好国有资产年报统计，行政事业企业单位产权登记、年检、清产核资、资产评估管理等工作。据统计，全市169户国家投资企业资产总值74.2亿，负债总额61.3亿元，所有者权益12.9亿元；完成128户企业、353户行政事业单位产权登记年检；审批国有资产评估立项36项，确认35项，确认评估价值25.8亿元。积极参与优化资本结构工作，推进国有资产优化配置。加快经济结构调整的步伐，促进存量资产合理流动和增量资产有效投入，引导国有资产向高效益领域转移。通过优化资本结构，盘活国有资产存量43，689万元，消除企业不良债务8.8亿元，安置职工3082人，使13户企业扭亏为盈，继续抓好椰树集团和海口燃气集团建立现代企业制度的试点工作，探索企业集团国有资产管理的途径和方式。加强国有资产的收益收缴工作，全年完成国有资产收益收缴任务52万元，维护了国有资产权益。

【消化粮食政策性挂帐工作】 根据省的统一布置，3月份成立海口市消化粮食政策性挂帐领导小组，并在市财政局设立办公室，具体负责消化粮食挂帐的日常工作，制定《海口市消化粮食政策性挂帐实施方案》，按照“谁吃粮，谁负责”的原则，多渠道筹集消化挂帐资金，全年完成征收粮食挂帐款3，321万元。

（孙　芬）

国家税务

【概述】 大力组织税收收入，巩固和完善税收征管运行机制，加强队伍建设，实现了税收收入的稳定增长。全年国税收入56908万元，比上年收入53143万元增收3765万元，增长7.1%，完成省国家税务局下达年度计划的109.4%，其中：“两税”收入44047万元，比上年收入43374万元增收673万元，增长1.6%，完成省国家税务局下达年度计划46000万元的96%，完成海口市财政预算44000万元的100.1%；企业所得税、金融企业营业税等其他工商税收收入12837万元；国有企业所得税24万元。

【组织税收收入】 一方面要求全市国税干部以组织收入为中心，全力以赴，做到应收尽收；另一方面强化征收管理，从管理要收入，强化征收管理工作思路和工作措施。（一）明确“紧抓两头，严查中间”的征管工作思路。全市缴纳税款在10万元以上的重点企业有436户，占全市正常经营户的2.2%，年总纳税额占全市总纳税额的84.1%以上，这些企业数量少纳税额大，便于管理，而个体“双定”户一旦定税，税源比较明了。在全市只要抓住这一大一小，也就抓住了全市税收的92.1%。介于这一大一小中间的企业，全市有1万多户，这些企业流动性大，纳税申报率低，异常户比例高，不便管理。为此，这些企业被列为严查的对象。（二）利用计算机管理的有利条件，加强对税收计划执行情况分析和企业的控管。按日通报收入情况，随时掌握收入动态，特别是对全年纳税10万元以上企业实行计算机跟踪征管，抓住了收入的大头。（三）以严格处罚为主要手段，加强催报催缴工作，有效地提高了纳税申报率。全年对逾期申报的纳税户罚款168万元，比上年同期增长12倍，正常经营户的申报率从50%多增加到90%。与此同时，下大力气抓好欠税清理工作，全年共收回欠税2250万元。（四）以规范纳税人行为，最大限度地减少税款流失为目的强化稽查力度，取得了显著的成效。全年共检查706户，查补税款、罚款、滞纳金8684万元，分别比上年增长6.2倍和4.3倍。（五）以优质服务为主要内容做好外来贸易企业的稳定工作。全年外来贸易企业提供的税收达1390.2万元。（六）加大税收宣传力度，提高公民纳税意识。一是开展以“税收与文明”为主题的宣传月活动；二是通过报刊、电视台开展宣传，提醒纳税人按时申报纳税；三是定期举行税收知识讲座。

【征管改革】 在国家税务总局和海南省国家税务局的大力支持下，实现新旧税收征管模式的转换，建立了“以申报纳税和优质服务为基础，以计算机网络为依托，集中征收，重点稽查”的税收征管新模式。（一）确保计算机网络的稳定高效运行。一是进一步完善哈尔滨国家税务局的软件，扩大计算机管理范围，如发票稽核、查询系统、稽查选案、跟踪反馈系统；二是在国家税务总局和海南省国家税务局的支持下更新了主机、路由器等关键设备，提高了计算机管理的运行速度和稳定性。（二）制定和完善服务、征收、稽查、审理、执行五大系列工作规程，规范了税收征管资料文书交接流程，建立健全各项税收征管制度。（三）扎实开展“一转变，两提高”专项整治活动，全面推行直接办理制、窗口服务制和社会服务承诺制，扩大服务功能，切实提高服务质量，大大方便了纳税人。（四）按照专业化分工的原则，进一步明确各岗位、各机构的职责范围，理顺海口市国家税务局市局和分局之间、科室之间工作关系。（五）全面核实计算机税收征管信息，为准确、全面掌握全市国税的税收征管信息打下基础。（六）推行“建帐建制、划等分级、亮证经营”，建立个体“双定”户的征管新机制。

【队伍建设】 把加强队伍建设作为税

收工作之本，在1996年抓好岗位设置、人员分类的基础上，切实加强领导班子建设，合理使用现有人员，强化干部培训，提高全局干部整体素质，建立了一套公平竞争、分工合理、催人向上的用人机制，确保市国家税务局税收工作的顺利实施。（一）下大力气抓好思想观念的转变。在新的税收征管运行机制建立过程中，全面贯彻“法治、公平、文明、效率”的新时期治税思想，既注重机制的转换，又十分重视干部思想观念和工作方式、方法的转变，教育干部自觉树立起优化服务、依法治税、先进技术、科学管理和文明办税的意识，从思想观念上、工作作风上、办税程序上适应新的税收征管运行机制的要求。（二）抓好培训。为了提高干部整体素质，适应岗位业务的需要，采取“干什么，学什么，缺什么，补什么”的方式，着重进行新的征管规程、会计财务和计算机应用的培训，全年先后举办全局性业务培训班16期，举行全局性业务考试6次。同时，有计划、有步骤地挑选有基础、符合条件的40多名干部参加人民大学和中南财经大学的本科、专科函授班，不断优化干部的文化结构。此外，鼓励干部自学成才，为干部提供良好的学习环境，千方百计提高全体干部的业务素质。（三）建立考核体系。建立各岗位人员的工作绩效量化考核体系，稽征员受理申报纳税户数多少，稽查员查补税款多少，执行员催报催缴户数多少等都有明确的考核指标和考核办法，并把考核结果作为任用、轮换干部的依据。通过考核评判业绩，根据业绩使用干部，采取轮换促进竞争，做到能上能下，优胜劣汰，客观公正地对待每一个干部。（四）树立典型。对税收工作有突出成绩的干部，给予表彰，先后树立4位征管能手，7位稽查能手，3位征管改革先进工作者，6位爱岗敬业先进工作者，起到了激励先进的作用。对违反工作纪律和考核不合格者，不讲情面，严肃处理。（五）标本兼治，抓好廉政建设。着重抓规范税务机关和税务人员的执法行为，建立起有效的制约机制，在机构设置、调整业务分工过程中，既赋予权力，又引进制约机制，使每一项税务执法至少要经过两个以上系列的若干环节进行把关，选案的不稽查，稽查的不定论，定论的不执行，加上专管员管户制度的取消，计算机监控网络的形成，构筑起“分离、分权、机控、制约”的防御腐败的立体防线，从机制上较好地遏制了滥用权力、以权谋私等不廉行为的发生，为搞好廉政建设提供了组织保障；并且大力推行直接办理制度，办税公开，增加了透明度；在注意机制建设的同时，加强了对违法行为的查处，使税务机关的廉政建设得到了进一步的加强。

（叶　姿）

地方税务

【概述】 海南省地方税务局征收管理局贯彻国家税务总局提出的税收工作重点“转移到基层，转移到征管”的指导方针，大力开展税收宣传活动，强化征管，扩大税基，增加税源，变分散管理为集中管理，实行专业化管税；变封闭管理为开放管理，实行社会化管税；变事后管理为事先管理，实行科学化管税；变粗放管理为规范管理，实行法制化管税；变手工管理为电脑管理，实行电子化管税。全局上下同心协力，竭力工作，狠抓收入，至12月31日止，征收地方各税122，571万元。其中海口市级各项地方税收84，563万元，超额1.9%完成海口市级年度征收任务，比上年海口市级地方税收收入81，783万元增长3.4%。

【税收征管改革】 贯彻国家税务总局提出的“以纳税申报和优质服务为基础，以计算机为依托，集中征收，重点稽查的税收征管模式”，结合海口市地方税收征管的实际，按照年初全省地税征管工作会议上确定的“1997年是从征管中要税收的征管年”这一征管主题，推行全新的地方税收征管模式，强化征管。

加强屠宰税的征收管理。改变屠宰税的代征单位，调动代征单位的代征积极性，使屠宰税的收入从年初的每月3万元提高到5月份至12月份的平均每月30万元。

加强发票的规范化管理，实现以票控税，控管税源。加大宣传力度，制订包括自印发票审批、新办企业购领、审核、检查、注销、遗失、违章处理等九个工作程序及相配套的工作职责，收到了明显的成效。对发票的遗失、注销、仓库保管、保证金收缴等工作制定了相应的工作程序及职责，完善发票的规范化管理，健全了税收征管体系。从1月1日起，对饮食业统一换版使用定额发票。按照定额发票开出的销售额作为主要参考，核定业户的营业收入，调整税额，以票管税，监控税源。换版使用定额发票后，饮食业营业税普遍增长。开发开通发票电子查询系统，向社会公开发票查询台电话号码，使消费者能通过自动查询鉴别地税发票的真假，有效地扼制了业户违章用票和假票的流行，发票查询台开通三个月，共收到查询信息5682条，通过消费者的自发自动查询，发现和处理假票等发票违章案件725宗。

加强代征站建设，巩固护税协税网络。为解决税收征管力量严重不足和加强对零星税源的征收管理的矛盾，大力加强代征站建设，依靠各级政府，利用社会力量来配合税务机关做好税收征管工作，重点抓好新华区五办一乡6个代征站和振东区9个代征站建设，全市20多个代征站代征各项地方税收490万元，海口市道路交通运输管理处协助税务机关代征交通运输业各项地方税收11855万元，比上年增长13.2%。同时巩固护税协税网络，在各级政府、公、检、法、司等单位的配合下，形成齐抓共管税收，打击偷逃税收的社会护税协税网络。仅新华区检察院、公安分局年内就协助税务机关查处各类涉税案件90宗，协助征收各项地方税收100多万元。

实行五变五化，把房地产税收并入现代管理轨道。在海口市房地产交易中心的配合下，在CMEC大厦设立房地产税收办事处，受理和办理海口市房地产交易环节各项地方税收，实行电子化监控，从税务登记、发票管理、纳税申报、纳税审核、确认批准、缴纳税款各个环节全部通过电脑操作，在计算机上完成，实现一条龙计算机优质服务和对房地产税收的电子化监控，各种信息不需再专门去采集，推行直接办理制、窗口服务制、社会服务承诺制“三制”服务，向社会公开税收征管项目、内容标准、责任等服务承诺，接受群众监督，1997年度房地产交易环节营业税征收5787万元，比上年增长25.7%。

【提高素质，转变作风】 组织整顿工作纪律，转变机关工作作风，强调所有干部、职工都要按时上下班，征管局、分局、科、所领导以身作则，加强督促检查，提出一切工作以税收征管为中心，以抓税收收入为已任。制定服务承诺，既要做好税收征管工作，又要做好纳税人服务工作，树立爱岗敬业，勤政清廉，依法行政、依法治税的良好形象。组织全体干部职工分两批在文昌市实行全封闭式学习新税制等税收业务，征收管理局96名干部参加学习，考试合格率达97%。通过学习，提高全体干部的业务素质和依法行政、依法治税的能力、水平。

（潘家宏）

固定资产投资

【概述】 投资领域继续实行适度从紧的调控政策，投资总量有所缩小，投资结构得到调整，重点工程建设进展顺利，一批项目建成投产，发挥了效益，增添了经济发展后劲。全年全社会完成固定资产投资59.34亿元，比上年下降6.8%。其中基本建设完成投资49.21亿元，与上年基本持平；更新改造完成投资4.21亿元，增长55.7%；房地产开发完成投资4.86亿元，下降51.6%；城乡集体、个人投资1.06亿元，下降31.8%。

【基本特点】 农业投入加大，产业投资结构优化。近两年，依靠政策倾斜，农业基础薄弱的状况逐步得到改善，蔬菜、禽畜、水产品等鲜活农产品生产基地已初具规模。1997年投入农业的资金达9105万元，比上年增长5倍，占全社会固定资产投资的比重由0.2%上升到1.5%。第二产业完成投资11.56亿元，比上年增长6.5%，所占比重由17%上升到19.5%。其中基础二业投资增幅较大，全年能源工业完成投资2.77亿元，增长34.9%。第三产业完成投资46.87亿元，下降10.9%，所占比重为79%，比上年下降3.7个百分点。

基础设施建设保持一定规模，投资效益指标提高，交通邮电业在上年投资大幅度增加的基础上，1997年又有较大投入，全年完成投资10.69亿元，在基本建设和更新改造投资中，所占比重为20%，大于其他各个行业，继续保持适当超前发展的趋势。1997年全市基本建设施工项目360个，建成投产和交付使用的项目145个，项目投产率为40.3%，比上年提高了0.7个百分点；全年基本建设新增固定资产37.58亿元，比上年增长11.2%；固定资产交付使用率由68.4%提高到76.4%；基本建设房屋建筑面积竣工率也由20.9%提高到23.8%。

国有单位投资增长强劲，利用外资势头减弱。1997年全市国有单位完成投资28.80亿元，比上年增长12.7%，占全社会固定资产投资的比重由上年的40.1%上升至48.5%；其中国有单位基本建设完成投资25.34亿元，增长29.6%。外商投入资金有所减少。1997年在资金投入上，利用外资14.47亿元，比上年下降2.5%。其中外商直接投资下降16.6%；对外借款增长14.4%。

新开工项目得到控制，房地产投资大幅回落。1997年基本建设和更新改造施工项目420个，其中新开工项目213个，比上年减少18个；新开工项目规模有所缩小，占在建规模的比重也相应降低。房地产投资乏力，产业发展仍然步履维艰。1997年房地产开发完成投资4.86亿元，比上年下降51.6%，占全社会固定资产投资的比重由上年的15.8%下降为8.2%。年末商品房空置面积达37.36万平方米，比当年商品房竣工面积还多7.81万平方米。

【存在问题】 外延化投资比重加大，更新改造投资总量偏小。从投资建设性质看，1997年基本建设和更新改造投资中，新建、扩建比重加大，达80.6%，比上年提高了11.6个百分点，而改建仅占1.2%，比上年下降1.4个百分点。从投资构成看，设备、工器具购置所占比重为33.1%，比上年低10.1个百分点，而建筑安装工程高达58%。可见，投资仍然以外延扩大再生产方式为主，即主要依靠投资新建、扩建、铺新摊子来实现经济的增长，另外，更新改造投资总量较小。1997年更新改造投资比上年有较大幅度的增长。在全社会固定资产投资中所占比重也有所提高，但总量较小。特别是工业，全年投入更新改造的资金为2.35亿元，所占比重仅为4%。工业技改投资力度不够，难以改善工业基础薄弱、生产技术设备落后的状况，在很大程度上影响了产品结构的调整和企业的活力。

投资后劲不足，科技投入贫乏。1997年上半年，一批续建大中型项目加快建设速度，牵动了全市固定资产大幅度增长；下半年，随着这批项目相续建成投产，而新开工的大中型项目又跟不上，投资缺乏后劲，总量缩小。近几年，海口市各行业投资力度在不断加大，唯独科技产业一片苍白，1997年投资总量进一步缩小，比重降低。全年科学研究和综合技术服务业基本建设投资3170万元，比上年下降50.1%，占全市基本建设投资的比重由上年的1.3%下降为0.06%，总量如此之小，比重如此之低，与科技兴市的目标要求相距甚远。

（郑齐温）

经济监督

计划管理

【概述】 计划工作遵循市委、市政府“稳中求进、适度加快发展”的指导方针，抓住海口市经济结构调整，着力提高经济运行的质量和效益这一中心环节，较好地发挥了计划宏观管理职能。

【年度计划执行】 全市国民经济运行以结构优化和质量稳步提高为特征，呈现全面加快回升的良好态势，比较圆满地完成了年初确定的各项工作目标。工业在调整中加快发展，工业经济效益有所回升；“菜篮子”普遍增产，农村经济稳步发展；投资结构得到调整，资金来源进一步多元化；消费品市场保持平稳，市场物价进一步回落；出口持续增长，利用外资明显回升；财政收入完成计划，金融形势相对平稳；“依法治市”成绩显著，社会事业稳步发展。经济运行中存在的主要问题，一是结构矛盾仍比较尖锐，调整的任务还很重；二是房地产沉淀的资金、积压的房产没有解决；三是资金比较紧张。

【基建资金管理】 在全市财政资金偏紧的情况下，严格执行《海口市财力基本建设程序管理规定》，坚持“保重点、保投产、保收尾”的原则，合理安排建设资金，基本保证了年度基本建设计划投资项目的顺利实施。全年共拨出建设资金32365.9万元，其中预算内基本建设资金投入19935万元，城市建设资金投入12430.9万元。预算内建设资金重点投向教育、城市重点建设、文体宣传和政法等部门。在建设资金管理方面，强化监督，与建行、审计等部门密切合作，对建设资金实行全程管理。严格预决算审查，全年共审核项目77个，审定造价7729.4万元，核减1184.19万元。逐步实现资金管理工作规范化、办事程序化、管理科学化、监督严格化、决算制度化。加强建设项目跟踪管理。组织人员深入施工现场检查监督，了解工程进度和建设资金的使用情况，及时发现和解决问题，努力为建设单位排忧解难，对重大建设项目提供优质跟踪服务。

【重点项目管理】 全年共审批建设项目立项103个，总投资29.2亿元。其中：生产性项目34个，总投资10.5亿元；自筹资金基建项目40个，总投资4.2亿元；商品房项目12个，总投资6亿元；城市住宅项目17个，总投资8.5亿元。继续抓好各类重点项目储备工作，充实和完善重点项目库。全年收集大中型重点建设项目173个，对其中83个进行了调查，有12个大中型项目已完成项目建议书或预可行性研究报告。向省和国家申报重点建设项目和利用外资项目24个，计划投资64.8亿元，已有南渡江防洪工程、美舍河综合整治、新垃圾处理场、爱婴医院等4个重点项目列入国家和省项目计划。加强重点项目协调服务，着手制定《海口市重点项目管理办法》。

【宏观决策研究】 加强对全市经济运行的动态监测。上半年、三季度和全年，都向市委市政府提交了经济形势分析报告。针对全市经济运行的实际情况，提出了加大结构调整力度，着力提高经济增长的质量和效益；优化资本结构，进一步深化国有商贸企业改革；放手发展股份制，进一步活跃投融资机制；扩大开放，积极合理有效地利用外资；狠抓“依法治市”和综合创建，加快发展各项社会事业，促进经济社会协调发展；完善经济调控手段和协调机制，营造加快经济发展的良好环境等措施建议。加强重大问题研究。与市委办公室联合完成了《海口市“九五”前两年经济形势分析和后三年发展预测》调研总报告，以及《“九五”前两年投资形势分析和后三年预测》等其他重大调研报告。结合前两年海口市经济运行实际情况，向市委、市政府提出了《关于调整海口市“九五”计划部分指标的建议》。

【计划职能转变】 落实党的十五大精神，继续转变计划职能。一是在研究制订计划时，拓宽发展视野，从以发展国有经济为主转变为发展公有制经济和非国有经济并重，并大胆探索公有制的多种实现形式。二是计划工作的重点在继续搞好总量平衡的基础上，突出调整和优化经济结构，尤其是抓好“一省两地”战略与海口的衔接，加快全市产业升级步伐。三是计划服务从单纯的项目审批、资金划拨等事务性服务，转到政策协调引导、创造公平竞争环境为主。四是规划和调控更加突出战略性、前瞻性、导向性，与省厅、国家计委和国家有关部门及兄弟城市计划部门保持经常性联系，了解和研究国家政策动态，提高应变能力，强调为地区经济发展出大主意、议大政策，增强计划的有效性和灵活性。五是加强调查研究，做好计划管理的基础工作。为解决房地产、金融业存在的困难，探索发展壮大全市工业、商贸、旅游等优势产业和培育新的增长点等问题，深入保税区、开发区及重点企业进行实地调查，并举行多种形式的研讨座谈会，及时发现和解决经济运行中的难点和热点问题，为全市结构调整、加快发展提供具体意见。

【机关作风建设】 深入开展“一转变两提高”专项整治活动，通过整章建制，加强内部管理，机关作风建设取得好成绩。抓制度建设，进一步完善干部管理等各项内部规章制度，新增订《项目立项窗口服务操作规定》、《机关工作人员奖惩办法暂行规定》等11项制度，形成较完整的制度管理体系，规范全局工作人员的行为，为巩固和推进专项整治成果提供有力保障。推行直接办理制和窗口服务制。对项目申报、建设立项、城市住宅建设计划以及市财力建设投资资金的安排等业务全面实行窗口直接办理制，把建设项目立项由原有的5个审批环节减少至3个；并规定，凡符合立项条件的审批建设项目，必须在5个工作日内办结审批手续。

（徐　葵）

审　计

【概述】 各级审计机关认真贯彻执行《审计法》，实施《中国审计规范》，围绕经济工作中心和审计工作重点，依法审计，提高审计质量和效率，继续发挥审计监督在加强宏观调控和维护经济秩序中的作用。全年共审计82个单位，比上年增加9个，增长12.3％；查出违纪金额9406万元，其中应上交财政金额2822万元，已追缴入库2682万元，分别比上年增长18.5％、15.6％和26％；入库率95％，比上年提高9个百分点。人均为财政增收58.3万元，比上年增长6.8％；审计查出百万元以上违纪单位9个。

【国家审计机关审计】

财政审计　依据《海南各级预算执行情况审计监督办法》（海南省人民政府令第94号），在市长和上级审计机关的领导下，采取"从帐户入手，下审一级"的基础方法，对海口市1996年度本级预算执行和其它财政收支情况进行审计监督。审计机关围绕财政部门组织预算执行、本级拨付、建设资金、教育经费、财政信用资金、各项财政周转金的管理和使用情况等重点内容，选择组织和参与预算执行，握有资金分配权、调拨权，管理使用财政性资金较多的部门和单位进行审计和审计调查。依法向本级人民政府提交了审计结果报告，并受市政府委托向市十一届人大常委会第二十五次会议作审计工作报告。反映本级财政预算内、外资金底数和总体运作情况，揭示影响预算执行和财政管理方面的问题，为本级政府掌握财政资金情况，约束预算管理和本级人大审查财政决算，监督财政经济活动提供依据。依法处理副食品基金未纳入预算管理等违纪问题，应缴入库违纪款项1264万元，当年已追缴入库1106万元。对财政部门和行政事业单位加强内部管理，提高资金使用效果提出意见和建议。

审计机关分别审计市属新华区、振东区、秀英区三个区级政府1996年度的财政收支决算。对审计查出的各项罚没收入和行政性收费未纳入预算管理等违反财政法规的问题依法进行审计处理；同时，反映各区对外借款、财政信用资金和周转金逾期额高，影响区级政府财力的问题。引起各级领导的重视，采取了相应的整改措施。

金融审计　把金融风险暴露比较集中的非银行金融机构作为审计监督的重点，加大力度，对海口市信托投资公司1996年度资产、负债、损益情况进行了审计，揭露了资产负债比例、资金来源、操作经营严重违反有关管理规定和控制指标，损益不实，资产质量低，支付困难等问题。审计机关依法查处各类违纪金额5022万元。向政府和有关主管部门反映情况，分析隐患，提出建议，为规范信托业管理，防范和化解金融风险提供参考。对中国农业银行海口市分行1996年度资产、负债、损益情况进行审计，依法查处了贷新还旧、贷款还息、无抵押放款、漏交税金、支付存款手续费等违规问题，并从商业银行经营管理的角度，提出弱化信贷资产风险等若干建议。

专项资金审计　继续对养老保险基金、失业保险基金（以下简称"两金"）、医疗保险基金、赈灾救灾和燃油附加费等重点专项资金进行审计。监督各项资金的使用和管理，查处截留、挪用等违纪问题。审计查出"两金"被挪用116万元和上年度审计处理后仍有部分被挪用的"两金"未能追回的问题。市委、市政府对此十分重视，敦促有关主管部门制定追款措施，组成追款小组，通过行政、法律等多种途径加大追款力度。审计机关对降低"两金"风险，保障"两金"合理使用和保值、增值提出了建议。对各项基金征收管理中监督机制不完善，少征、多征、单位欠缴等问题分别提出审计意见和建议，加强和规范基金管理。依据海南省的有关规定，对减征燃油附加费260万元的违纪问题进行了审计处理。

行政事业单位审计　全市各级审计机关对59个行政事业单位进行审计和审计调查，比上年增长34％。其中，党政、执法机关42个，占71％。审计查出各类违纪金额3088万元，其中应上交财政788万元，应追还被侵占挪用资金334万元，百万元以上违纪单位4个。主要问题是：财务收支违纪违规，行政性收费、罚没收入不按规定上缴财政，挪用专项基金等，私设"小金库"现象仍未杜绝。对此，审计机关依法分别进行审计处理，违纪款追缴入库1120万元。对各单位专项经费管理、预算外资金管理中存在的薄弱环节，提出整改建议，促进行政机关严格执行"收支两条线"的规定。审计机关依法查处教育部门9个单位虚列支出等问题，处理违纪违规金额902万元；并针对普教经费拨付、使用、管理中存在的问题提出意见和建议。对海口市公安局秀英、振东、新华三个分局的审计，查处违纪金额1679万元。同时，向市委、市政府反映了公安分局及其派出所普遍存在的罚没票据管理不严，部分罚没款被单位或个人截留挪用的问题，以及返还给各派出所的留用款，没有制定相应的使用管理规定或办法，致使1996年全年226.8万元的留用款使用失去监督和控制等问题，提出加强管理的建议。

企业审计　审计机关适应社会主义市场经济体制和建立现代企业制度的需要，继续调整企业审计工作重点。一是减少数量，集中精力对重点企业进行审计监督；二是审计监督的重点是检查企业财务收支及所反映的经济活动的真实、合法和效益及国有资产保值、增值的情况。全年审计13家企业，查出违纪违规金额3863万元。主要有少列或多计成本费用，应作未作投资收益，固定资产不入帐，欠交国家股利、欠漏税款，截留罚没收入，投资项目效益不佳或亏损等问题。经审计处理，各企业应上交财政违纪款269万元，已入库223万元。审计机关实事求是地反映了企业在转换经营机制，建立现代企业制度的改革中出现的新情况、新问题，并围绕企业改革目标，在促进企业建立、健全内控制度，增强自我约束能力，提高经营管理水平和经济效益，保证国有资产保值增值等方面提出意见和建议。

【内部审计】 全市有专职内审机构20个，比上年减少4个；专职内审人员62人，比上年减少1人。全体内审人员充分发挥熟悉本单位经营管理的优势，围绕促进"两个转变"，不断拓宽审计领域，强化内部审计监督。全年完成审计项目301个，比上年减少124个。通过审计，纠正违纪金额21326万元，比上年增长269倍，促进增收节支1687万元，提出建议被采纳224条，分别比上年增长71.4％和19.1％。对改善经营管理，提高经济效益，强化企业单位内控机制，减少违纪违法行为产生了积极的作用。市审计局继续加强对内部审计工作的的指导和管理：一是对内审工作实行计划管理和目标管理，坚持每季报送内审情况报表和定期监督检查制度，抓好计划落实，促进各内审机构完成全年任务；二是指导和帮助内审机构建立和完善各项工作制度和专业标准，培训业务人员，提高审计质量和规范化水平。1997年全市建立内审工作制度、规范的内审机构达到60%，比上年提高10个百分点；三是坚持分类指导，完善联系点制度。1997年，市审计局选择内审工作基础较好的单位新建联系点4个。审计机关加强对联系点的政策业务指导，及时掌握工作动态，了解新情况，研究新问题，认真总结推广内审联系点的成功做法和经验，发挥示范作用，促进全市内审工作整体水平的提高。在全省审计系统1997年内审工作会议上，海口市的内部审计工作受到上级审计机关的表彰。

【社会审计】 全市共有审计事务所3个，比上年减少1个；从业人员50人，比上年减少2人，其中注册审计师16人。全年完成审计、查证、验资、资产评估等委托事项579项，核减基建预决算资金872万元。较好地发挥了中介机构在社会经济生活中的评价、鉴证作用。审计机关根据《中国注册会计师独立审计准则》的要求，指导审计事务所完善审计质量控制制度，严格自我约束机制，培训从业人员，规范社会审计机构的执业行为。根据海南省注册会计师协会对社会审计机构执业资格的有关规定，对全市审计事务所进行清理整顿，实行联合改制，使中介机构在整顿中增强实力，在竞争中求得发展；同时，抓住贯彻执行《海南经济特区企业审计规定》(省政府93号令)的有利时机，帮助审计事务所开展企业年度报表审计工作，全年审计101家，开辟了新的业务领域，取得了较好的社会效益和经济效益。 (李洋波)

工商行政管理

【概述】 海口市工商行政管理局在市委、市政府的领导下，在省工商局的具体指导下，以邓小平理论和党的基本路线、方针为指导，组织实施以“转变机关作风，提高工作效率，提高服务质量”为主要内容的专项整治和深入开展公平交易执法年和工商形象建设年活动，提高队伍素质和监管水平，规范市场主体、市场交易和市场监管行为，开创了工作新局面。

【公平交易执法】 以打击制售假冒伪劣商品为重点，加大执法力度，维护公平交易，反不正当竞争，把公平交易执法年活动推向新的高潮。全年共出动9218人次，1973车次，开展行动1053次，检查各类商场、商店、酒家、工厂、个体户、批发点共13370家，查处违法违章案件301宗，立案215宗，结案188宗，结案率达87.4%，罚没款入库74.5万元，查扣各类物资计10万多件，捣毁制假贩私窝点69个。在加强日常监管的同时，还重点开展了查处药品回扣、非法传销，整治夏季饮食市场、旅游定点购物市场及野生动物专项保护等一系列专项行动，取得明显社会效益。

【市场监督管理】 全市共有各类商品交易市场91个，其中消费品综合市场2个，农副产品市场58个，工业消费品市场25个，生产资料市场6个。商品交易市场成交额为42.7亿元，其中消费品市场成交额为29.5亿元，生产资料成交额13.2亿元。

采取措施，加强集贸市场管理。一是严格登记管理，规范经营主体，全年办理10个市场的市场登记手续，2个市场的变更手续，16个市场的年检手续；二是制订《市场管理机构职责》，明确经营单位自身职责，规范市场管理行为；三是成立市场巡查大队，对管辖的市场和摊位进行全天候、全方位的监督检查。全年共出动4350人次，763车次，重点整顿了大英山市场、秀英市场等50个市场周边、占道大排档及其他乱摆乱卖现象，取缔大街小巷无证经营的“游击”摊贩，市场经营秩序有了明显改观；四是开展“放心在市场，有事找工商”活动，建立市场巡查制度，查处假冒伪劣、短斤缺两等违法经营行为，及时处理消费者投诉，并督促市场经营者完善市场软件管理，为消费者创造舒适的购物环境，让消费者真正满意在市场，放心在市场；五是开展市场卫生考核评比活动，组织考核评比小组，分阶段检查了37个市场的卫生，评出龙华市场、沿江三路集贸市场等2个卫生“佳”单位及龙昆市场“差”单位；六是创建文明市场，共评出22个市级文明市场：龙华市场、金龙市场、农垦市场、西庙市场、水英双拥市场、新华果副集贸市场、沿江三路集贸市场、东门市场、第一市场、大英山市场、白沙市场、东门塘市场、秀英市场、长流市场、南北水果批发市场、秀英港商业批发市场、第一汽车交易市场、旧机动车辆交易市场、文明东服装商场、DC商业城、新世界购物中心、海城购物中心。另外，表扬了牛龙排集贸市场和新泰龙城商城。

初步打开监管生产资料市场、生产要素市场的新局面，逐步实现监管职能到位。到1997年底，机动车辆交易市场、运输市场纳入正常的监管轨道。对钢材、水泥、农资、成品油、废旧物资等生产资料市场以及房屋租赁、建筑、劳务、中介、邮电通信等生产资料市场、文化旅游等特种行业市场都已参与监管或在调查摸底。

【企业登记管理】 全年共核准登记注册各类企业1469家，认缴注册资本190411万元人民币，2016万美元。在登记注册的内资企业中，国有经济企业131家，认缴注册资本4677.8万元(其中省外企业设立32家，认缴注册资本3826万元)；集体经济企业98家，认缴注册资本2042.9万元(其中省外企业设立14家，认缴注册资本100万元)；私营经济企业111家，认缴出资1873万元；有限责任公司871家，认缴注册资本112403.8万元。按《公司法》进行规范重新登记的有限责任公司402家，注册资本94303万元，其中私营有限责任公司387家，集体、国有经济有限责任公司12家；重新登记的典当行有10家，注册资本6001万元。1997年，市工商局为33家企业办理了破产重组、兼并、改制手续，并办理变更登记企业696家，核准325家企业到异地设立分支机构或参股设立有限公司。此外，还与市监察局联合开展全市党政机关与所办经济实体脱钩专项治理工作，共办理脱钩户数138家，完成应办脱钩户数的98.6%。外商投资方面，共登记注册56家，外商投资总额为2812万美元，注册资本2016万元，外方认缴1654万美元，注册登记分支机构37家；办理企业变更登记89家。

加强企业监督管理工作，严格区分企业年检A、B级标准，重点审查农药、医药、汽车等关系国计民生的新办企业入资，保证年检质量。共年检内资企业4103家，占同期应参加年检数的42%；年检外资企业356家，占同期应参加年检数的51%；年检私营企业891家，占同期应参加年检数的17.3%；个体工商户验照

9166户，占同期应参加验照数的91.8%。在加强年检的同时，市工商局还深入企业监督检查，对新办企业进行追踪监督，调查“三无”企业。共监督管理内资企业7111家，监督管理面达72%；私营企业3845家，监督管理面达56.9%。依法吊销连续两年以上未参加年检的“三无”内资企业1588家，私营企业1281家，外资企业285家。此外还查处了一批违法违章企业，立案8宗，结案8宗，处罚311家。

【商标管理】 坚持以商标执法为中心，以商标侵权案件为重点，不断强化商标执法职能，加强商标专用权保护工作。全年出动537人次，车辆158车次，查处商标侵权案件87宗，收缴销毁侵权商标标识63.7万件。在加大打击力度的同时，市工商局还注重对商标印制单位的监督管理，从根源查处商标侵权的违法行为。全年共出动117人次，会同公安部门检查印刷企业75家，其中商标印制指定单位13家，查处违法印制商标标识6家，检查商标印制指定单位对企业的业务承接、商标标识出入库、废次商标标识处理等制度，发现存在问题，立即责令整改。通过检查，基本掌握了商标印制指定单位的情况，从而有力地保护了商标专用权，净化了市场。

【广告管理】 积极发挥广告管理职能，一是严格把好广告审查关，依法审批各类户外广告14464个，促进广告业健康发展。二是开展乱张贴行为专项治理。对全市，特别是33条主干道的诊所牌匾广告、店堂广告、卫生广告、烟酒广告、印刷品广告、乱张贴广告等进行整治清除，共出动1173人次，292车次，检查广告经营单位89家，商场1312家，药店347家，拆除违章广告157块，性病招牌124块。三是加大日常监管力度，全年查处违法违章广告案件64宗，其中立案24宗，结案20宗，即时处罚40宗。

【经济合同管理】 共鉴证合同182份，比上年增长15倍，合同金额达4307万元，鉴证合同履约率达100%；办理动产抵押物登记5宗，主债权金额779万元；调解经济合同纠纷11宗，为当事人挽回经济损失42万元；办理法定代表人证明书78份，推行《法人委托书》、农副产品购销合同、工矿产品购销合同等示范本一批，进一步促进企业经济合同管理工作法制化、规范化。此外还组织力量对100多家企业进行考核，共检查经济合同17719份，合同总标的金额64.8亿元人民币，6098万美元。命名海口地区1995、1996年度“重合同、守信用”企业73家。

【法制建设】 根据有关法律规定，对已颁布的地方法规《海口市经济合同管理办法》、《海口市禁止生产和销售假冒伪劣商品条例》和政府规章《海口市旧机动车辆交易市场管理办法》、《海口市人民政府关于加强对外广告宣传的暂行规定》进行清理修改，分别报送市人大和市政府审批后，重新颁布施行，进一步强化了工商依法行政管理的力度。研究制订《海口市户外广告管理办法》，该办法于1997年3月31日在市政府第41次常务会议审议通过。

【队伍建设】 以“进一步转变机关作风，提高工作效率，提高服务质量”专项整治活动为契机，实施“五大工程”，加强队伍建设。①领导干部形象工程，要求各级领导切实做到“两个带头”，即带头掌握监督社会主义大市场过硬本领，提高专业化水平和业务素质，带头执行廉洁行为“三不”准则，即不贪赃枉法，不以权谋私，不奢侈浪费，在各方面做好群众的表率。②干部教育工程，坚持以政治思想教育为核心，重点提高干部队伍的政治思想素质。一是组织干部职工开展理论学习活动，完善党组中心组学习制度，分专题邀请有关领导及教授讲授邓小平理论。二是根据工商行政管理部门的特点，开展职业道德教育，组织学习《公务员管理条例》，强化公仆意识、职业道德和内部管理。三是大力宣传先进，弘扬先进，组织掀起学先进赶先进的热潮。四是实施“红盾人才培训计划”，与海南大学成教学院联合开展“九五”学历教育活动，单独开设一个助教辅导点，分大专、本科和专门人才三个层次对干部职工进行学历教育。共有151名干部职工参加了自学考试大专班。五是从抓干部职工的业务素质入手，开展政策法制、业务知识学习教育，安排学习法律法规20个，业务技能专题培训7次，全年参加岗位培训人员近百人次。③基层工商所建设工程。从软件、硬件两方面同时入手，加强基层工商所建设，发挥基层队伍的积极性，实行党员一带一制度，每个党员带好一名群众，形成基层队伍建设齐抓共管的局面。推行文明用语，开展基层工商所收费、执法优质服务活动，使“有困难找工商”的承诺落到实处。硬件方面，制定了局领导分点负责制，努力改善工商所的办公条件。④监督工程。抓内部监督，将执行岗位职责和达到工作标准情况、遵守执法程序和工作制度情况、遵纪守法情况以及政治思想情况进行量化考核。其次是外部监督，主动接受市委市政府及上级指导部门的监督检查，听取指示、建议，改进工作，完善制度。⑤争先创优工程。结合业绩对业务工作逐项分解量化，实行百分制考核，根据考核结果进行奖励，激发干部职工工作的积极性和创造性，促进业务工作全面发展。 （吴雅琼）

物　价

【简述】 海口市市场价格总水平呈低位窄幅波动和逐步下降趋势。与上年相比，商品零售价格指数下降0.3%，居民消费价格指数上涨1.3%（年度物价调控目标为：零售价格6%，消费价格8%）。全年除1、2月份价格涨幅略高外，其余各月价格水平均处于低位波动，8月份出现了负增长。价格变动的主要特点：一是食品类价格整体下降；二是工业消费价格基本平稳；三是居住及服务项目价格仍然较高。

全市物价工作始终遵循党的十五大会议精神，紧紧围绕经济建设这个中心，把握大局，稳中求进，在保持价格总水平基本稳定的前提下，继续深化价格改革，强化价格调控，加强价格执法，形成了首长负责，部门配合，齐抓共管，综合治理的物价工作新局面，为促进经济建设健康发展和保持社会稳定创造了良好环境。国家计委和海南省人民政府对此给予了较高评价。12月17日在北京召开的全国物价系统先进集体和先进工作者表彰大会上，海口市物价局被国家劳动人事部、国家计委授予“全国物价系统先进集体”称号，局长何和诚被国家计委授予“全国物价工作先进个人”称号。

【副食品价格调节基金】 全年征集副食品价格调节基金6024170元。基金的使用着重于平抑重大节日市场物价和支持无公害蔬菜基地建设。①元旦、春节期间，按照市政府关于重要的副食品供应做到“数量足、品种齐、质量好、价格平”的要求，拨出价调基金230万元给负责肉、菜、蛋、鱼等副食品供应的部分国有企业用于节前借资购货和节后结算补贴，保证了市政府下达日供应计划的完成以及市场副食品价格的基本稳定。②运用价调基金扶持蔬菜生产发挥了积极作用。按照市委、市政府争创世界卫生城市的总体要求，物价部门积极参与无公害蔬菜生产基地建设，根据进度需要拨出600万元价调基金专款，保证无公害蔬菜生产按计划进行。已开发种植1000余亩，已有无公害蔬菜陆续上市。

【价格调整】 经反复调查测算，按价格权限报省物价局审核并报经国家计委（计价费[1997]125号）批准，于2月调整城市自来水价格（市价字[1997]13号），即生活用水每吨由0.78元调整为0.90元；基建用水由1.78元调为2.00元；园林环卫用水由0.68元调为0.80元。调整后的综合平均水价为每吨1.21元，比原综合平均水价每吨提高0.19666元，影响价格指数0.05个百分点。按海口市户均4人，每人每月用水8吨计算，户均每月增支3.84元。由于调价前做了大量的调查测算工作，并通过报刊作宣传解释，加上调整幅度充分考虑了居民生活消费的承受力及全年物价调控目标和合理利用水资源的长远利益，调价措施出台顺利。

【收费管理】

行政事业性收费年审　3月至8月，海口市行政事业性收费年审办公室组织对市属行政事业性单位1996年度收费项目、收费标准、收费依据、收费款项的缴、用情况等进行了全面审核。共完成年审行政事业性收费单位123家，年审验证中、小学校、幼儿园（包括社会办学）140家。1996年度全市行政事业性收费年审总额为29006.9万元，其中行政事业性收费9539.04万元，事业性收费19467.88万元。

收费许可证　继续加强收费许可证管理，共核发“海南省行政事业性收费许可证”单位199家，审批“海南省经营服务性收费许可证”单位55家。

【清费、治乱、减负专项治理工作】 根据国务院、省政府的工作部署，市委、市政府指定由物价局牵头与监察、财政等部门共同组成“海口市减轻企业不合理负担专项治理办公室”，并从物价、监察、财政、审计、工业、贸易、经济合作、企业工委、旅游等部门抽调21名业务骨干参加，统一负责全市“清费、治乱、减负”专项整治工作。经调查摸底，边整边改，取得阶段性成果。共完成调查单位220家，核查党政机关行政事业性收费项目396项。深入30家不同类型企业了解企业情况。重点检查了国家建设部门明文取消的48个项目和海南省人民政府取消的74个项目执行情况。摸清了全市罚款的底细：罚款共涉及44个部门、158个文件、1417个项目。其中有罚款标准的950项：国家级项目450个；省级项目328个；市级项目172个。为了进一步清理、清退企业不合理负担和整顿罚款秩序，已拟出第一批保留和取消的证、照、牌、卡项目，即将出台《海口市减轻企业不合理负担暂行规定》和《海口市罚没管理办法》。

【价格监测与农本调查】

价格监测　在强化对日常市场价格跟踪监测基础上，重点加强节假日及生产淡季期间的价格监测、协调，处理市场突发事件和为政府决策提供参谋。①元旦、春节期间，坚持实行“局长值日制”，从农历十二月二十七日至大年初五，每天都有一名局领导带队深入到市区各主要市场巡回检查，掌握动态，发现问题及时解决。②针对春节期间海口地区连续较长时间的阴雨气候影响，郊区蔬菜生产出现严重烂叶、烂苗、烂根情况，为不使因蔬菜上市量的锐减而引发市场价格的上涨，协同菜篮子工程局召开三个区蔬菜局和市属两个蔬菜公司参加的蔬菜生产供应紧急会议，及时协调组织蔬菜生产、外采和市场供应及价格监测，努力减轻不良天气条件下生产对市场副食品价格的影响。③四月中旬，秀英集贸市场出现猪贩抗税罢市风波，127个肉摊全部罢卖。由于涉及到收费问题，市物价局迅速行动，主要领导亲自带队最早到位，协助政府解决这一突发事件。连续三天，指派罗牛山海龙肉禽公司调生猪近100头，市食品总公司派人上摊卖肉，确保政府在处理抗税罢市事件中猪肉正常供应和价格稳定。同时向猪贩个体户宣传解释税费的有关规定，对他们提出的乱收费问题进行了清理，并在市场张榜公布各种合法税费项目标准，现场解答个体户提出的问题，制止乱收费行为，在各有关方面的共同努力下，抗税风波迅速得到妥善解决。④定期召开有菜篮子工程局、粮食局、统计局城调队、工商物业管理中心、罗牛山农工贸公司、水产公司、食品公司、蔬菜公司、基地蔬菜公司等部门和企业参加的价格形势分析会，分析市场与物价形势，预测今后走势和研究具体对策，并及时将分析预测情况和建议综合上报市政府。

农本调查　第一季度，开展对郊区1996年度生猪、肉鸡、蔬菜等14种农产品生产成本与收费情况调查，本年度定点调查农户为42户。此外，根据国家计委下达的调查任务，组织完成“农民种植意向调查”、“农民负担情况调查”、“农村生产资料价格调查”、“大中城市主要副食品成本价格调查”等四个专题调查上报工作。

【价格监督检查】 组织检查学校收费、电信代办业务收费、电价、成品油价格、药品价格以及“三乱”整治、明码标价等专项价格检查。全年共检查1700家单位，其中重点检查单位166家，立案查处的价格违法单位40家，查处不按规定明码标价单位458家，罚没款上缴国库261.5万元。在查处价格违法案件过程中，市人大、市政协以及纪检监察、法院部门给予大力支持，其中7个案件由纪检监察部门催办，5个案件处理结果申请法院协助执行。为促进海口市场商品与经营服务业明码标价的规范化，继续发放商品标价签231万张，并为31家宾馆、酒店等餐饮业办理统一价目表。

为贯彻市政府关于开展争创“中国优秀旅游城市”活动的要求，市物价部门强化旅游价格管理和整顿旅游价格秩序，组织了两次专项检查。一是重点检查60家宾馆、酒店和歌舞厅，对其中16家擅自收取服务费、自立名目收取座台费和有价格欺诈行为的单位责令其纠正并依法处罚。二是清查规范游览参观点门票价格，对个别公园搞园中园收费行为予以制止和纠正。通过清查，纠正和查处各种违规行为，有效地维护了旅游市场价格秩序。

【价格事务服务】 全年办理委托估价392宗，涉及金额4500万元。其中，刑事涉案物品价格评估365宗，经济涉案物品价格评估14宗，保险理赔8宗，企事业、其它经济组织委托资产评估5宗。

（吴平真）

附:1997年海口市部分商品与服务项目价格表

金额单位:元

项目	计量单位	各月平均价格												全年平均
		1	2	3	4	5	6	7	8	9	10	11	12	
面粉(精面)	公斤	4.00	4.00	4.00	4.00	4.00	4.00	4.00	4.00	4.00	4.00	4.00	4.00	4.00
籼米(优质米)	公斤	4.15	4.08	3.95	3.93	3.95	3.98	3.85	3.63	3.49	3.38	3.18	3.13	3.73
大豆	公斤	5.15	5.12	5.15	5.03	4.95	5.00	5.31	5.22	4.97	5.25	5.13	5.15	5.10
食用植物油	公斤	9.67	9.93	9.50	9.33	9.58	9.37	9.37	9.25	9.00	9.02	8.98	8.77	9.31
大白菜	公斤	1.61	2.19	1.63	2.31	2.90	3.12	2.99	4.00	4.00	3.46	2.73	2.60	2.80
韭菜	公斤	1.95	2.13	1.96	1.93	1.97	2.07	2.08	1.85	2.33	2.27	2.11	2.00	2.05
黄瓜	公斤	2.62	3.47	2.11	1.98	2.29	2.44	2.16	2.51	2.78	2.70	2.46	2.20	2.48
西红柿	公斤	2.63	2.41	2.11	2.53	2.84	3.48	4.21	3.77	4.23	5.12	4.15	3.00	3.37
茄子	公斤	2.00	2.33	2.83	2.08	1.96	2.10	2.52	2.58	3.43	3.36	3.08	3.08	2.57
萝卜	公斤	1.39	1.54	1.30	1.36	1.58	2.13	2.69	3.17	3.08	2.50	1.69	1.80	2.02
青椒	公斤	2.47	3.40	3.53	3.98	5.75	5.10	4.37	4.59	4.47	5.08	4.21	3.41	4.20
椰子菜	公斤	1.37	1.38	1.12	1.30	2.08	2.65	2.75	3.45	3.52	3.30	2.61	1.99	2.28
土豆	公斤	1.83	2.12	1.78	1.66	1.79	1.85	2.14	2.04	2.34	2.24	2.06	2.04	2.00
猪上肉	公斤	16.40	17.61	15.97	16.30	15.80	15.63	14.54	15.28	15.71	15.43	15.36	15.25	15.77
猪瘦肉	公斤	22.10	23.27	20.50	20.98	20.90	21.00	21.00	20.72	20.58	19.75	19.92	19.75	20.87
牛肉	公斤	16.33	18.17	16.08	16.13	15.70	15.25	15.29	14.96	14.79	14.84	14.92	14.83	15.61
白条鸡	公斤	13.00	12.96	12.25	12.42	12.11	11.96	12.09	11.92	12.08	12.47	13.08	12.50	12.40
带鱼	公斤	18.10	17.10	14.40	15.56	15.62	15.46	16.70	16.13	16.00	13.93	14.63	14.85	15.71
棉絮	公斤	14.00	14.00	14.00	14.00	14.00	14.00	14.00	14.00	14.00	14.00	14.00	14.00	14.00
洗衣粉(500克)	袋	6.10	6.10	6.10	6.10	6.10	6.10	6.10	6.10	6.10	6.10	6.10	6.10	6.10
彩色电视机(54cm)	台	7350	7350	7350	7350	7350	7350	7350	7350	7350	7350	7350	7350	7350
电冰箱(广东210升容声牌)	台	2305	2305	2305	2305	2305	2305	2305	2190	2190	2190	2190	2190	2259
洗衣机(小天鹅全自动)	台	1720	1720	1720	1720	1720	1720	1720	1720	1720	1720	1720	1720	1720
房租(居民住房)	平方米	1.30	1.30	1.30	1.30	1.30	1.30	1.30	1.30	1.30	1.30	1.30	1.30	1.30
自来水	吨	0.78	0.78	0.90	0.90	0.90	0.90	0.90	0.90	0.90	0.90	0.90	0.90	0.88
民用电(220V)	度	0.49	0.49	0.49	0.49	0.49	0.49	0.49	0.54	0.54	0.54	0.54	0.54	0.51
液化石油气	公斤	4.53	4.53	4.13	3.33	3.33	3.00	2.87	3.00	3.67	3.67	3.50	3.50	3.59
蜂窝煤	百公斤	36.00	36.00	36.00	36.00	36.00	36.00	36.00	36.00	36.00	36.00	36.00	36.00	36.00
学杂费(高中)	学期	245.00	245.00	245.00	245.00	245.00	245.00	245.00	245.00	245.00	245.00	245.00	245.00	245.00
托幼费	月	115.00	115.00	115.00	115.00	115.00	115.00	115.00	115.00	115.00	115.00	115.00	115.00	115.00
挂号费	次	3.50	3.50	3.50	3.50	3.50	3.50	3.50	3.50	3.50	3.50	3.50	3.50	3.50

技术监督

【综述】 技术监督工作坚持“以质量为中心，以标准化、计量为基础”的方针，认真贯彻实施《产品质量法》、《计量法》、《标准化法》等有关法律、法规，狠抓产（商）品质量监督管理，加大执法力度、深度和广度，全年共出动检查人员4250人（次），比上年多出983人（次）；查处有违法行为的案件共485宗，较上年增加15%，严厉打击了生产、销售假冒伪劣商品行为。积极发挥计量、质量、标准化整体职能，净化海口市场，保护广大消费者的合法权益。

【打假专项工作】 市技术监督局联合工商、公安、检察、卫生等部门，先后开展7次“打假”大行动，出动检查人员3000人次。共查获假冒“三无”产（商）品170多种，总货值189489万元；查出制假窝点3个，工具一批；立案262宗，处理262宗，完案率100 %，共罚款21.29万元。同时，积极受理消费者投诉案件，全年受理80宗，处理80宗，完案率100%，为消费者挽回经济损失近98万元。

【质量监督管理】 进一步强化产品质量监督，抓好流通领域的产（商）品的质量检查工作。全年共监督检验514家企业（不包括打假专项工作中受检的单位）的产（商）品40个，品种888批次，合格率70.54%。其中生产企业280家，19个品种，500批次，合格率93.40%；销售企业234家，21个品种，388批次，合格率47.68%。1月份“珠宝玉石”制品“打假扶真”活动，受检商店104家，抽样740件，合格45.5%，标识不清210件，不合格202件，不合格率为27.4%。春节期间开展食品、酒类检查，抽样68种，不合格的有8种，合格率为85%。2—3月份开展眼镜（片）质量大检查，抽查37家，全部合格的单位16家，镜片合格率81%；查获假冒镜片537付，“三无”镜片2588付。3—4月份，组织椰子节市场打假活动，检查宾馆、酒店、商行38家，其中10家经销假冒伪劣商品，没收各种假酒229瓶，麦片饲料480公斤，总货值22642元，罚款1428元，结案率100%。5—6月份开展碘盐大检查活动，查获制假窝点一个，假冒碘盐45袋（每袋50公斤）。8—9月份月饼市场检查工作，共检查全市85家月饼生产和销售单位，查出产品不合格的单位28家，占总数的22%，存在的主要问题是假冒产地、无标生产等；共没收劣质月饼2202简（盒），货值37890元，罚款3490元。市场销售月饼质量好于上年。10月份共抽检37家生产和经营单位的60个批次的产（商）品，合格55个批次，批次合格率91.65%，比上月提高35.42个百分点。对海口地区87家工厂企业的产品和127家市场经销店的商品进行质量监督抽查检验，共完成检验报告书575份，工厂监督抽样检验的样品有245批次，合格的有228批次，合格率90.3%，比上年同期下降0.7%。市场抽样监督检查的样品有224批次，合格的有91批次，合格率40.6%，比上年同期下降56.5%。

【计量工作】 加强流通领域的计量管理，强化以商品量为重点的计量监督，开展市场计量大检查或专项检查8次，主要选择与人民生活密切相关的衡器、加油机、出租车计价表、液化气、定量包装商品等计量器具和称重商品量的监督管理。全年共出动检查人员1250人次，受检单位822家，受检计量器具3164台件，受检包装（称重）商品216宗，受处罚的计量违法行为203宗，罚款68850元，没收计量器具54台件。加强强检计量器具监督检查。全年强检计量器具5029台件，其中衡器1068台、计价表2950台、加油机30台、天平21台、压力表135台、焦度计15台、煤气表810台。6月10日—30日，开展了对使用强制检定工作计量器具的单位执法检查。受检查的单位136家，抽查计量器具1157台，未按时检定的91台，受检率92.1%，受处罚的单位11家。企业计量工作监督管理和指导。对全市7个公正称重站进行监督管理，每半年强检一次。从1997年起实行对地秤可调整计量性能的部位，打上铅封，并经常监督检查，检查2次，没有发现作弊行为。此外，对生猪市场、蔬菜、水果批发市场中由个体户设立的公正称重点也加强监督检查，让消费者称个放心、满意；继续限制使用杆秤，推广使用电子秤和双面弹簧度盘秤。技术监督局和市工商行政管理局共同拟定《关于在海口市公众贸易中禁止使用杆秤的通告》，并获准实施。在推广此项工作中，全市各主要集贸市场有90%以上的摊位，95%以上的商店已取消使用杆秤。主要商场、酒店、海味干品商店推广使用电子秤的覆盖面达60%以上。

【标准化工作】 积极贯彻国家强制性标准GB7718—94，搞好食品标签的审核与备案工作，全年认可备案数23个。开展两次GB7718—94《食品标签通用标准》的市场检查，一次《化妆品通用标签》检查。在检查中，只有两家单位经营和生产的食品标签不合格，国产化妆品的标签都合格。加强企业标准化工作，提高产品标准化水平。经常深入工厂企业，开展全市生产企业的产品执行标准的调查模底，全年帮助工厂企业制订修改企业标准114个。如帮助海南宝宝康实业有限公司和海南饮料食品有限公司制订了新产品“纯净水”的企业标准；海口南燕速冻食品有限公司制订“燕牌速冻小馒头”企业标准；海口金皇保健食品公司制订“苦丁茶”、“金皇白茶”企业标准等。积极参加海口市创建中国优秀旅游城市活动，认真做好宣贯《公共信息标志图形符号》国家标准，为创建活动提供准确、规范的资料。共组织两次全面检查，检查全市旅游宾馆酒店、景点和车站、机场、码头的公共信息标志图形符号共234家。第一次检查，多数不符合国家标准，第二次检查93家，大多数都制作了标牌，基本符合国家标准要求，较差的为个别单位。

（吴　谨）

进出口管理

口岸管理

【概述】 1997年，海南省人民政府口岸管理办公室认真贯彻党的十五大和十四届六中全会精神，坚持口岸工作为促进经济建设和扩大对外开放服务的宗旨，在抓好全省口岸工作的同时，直接抓好对海口机场航空口岸、海口港口岸、海口新港口岸的综合管理工作，保证了省会口岸的高效和畅通。

【口岸管理】 ①《海南经济特区口岸管理条例》于1997年3月28日经省一届人大常委员第二十八次会议审议通过，4月26日正式出台，并从7月1日起正式实施。②5月，经省人民政府第147次常务会议讨论决定，撤销以下口岸综合管理方面的规章和规范性文件，即《海南省国家海港口岸管理暂行办法》(1988年9月23日省政府发布)，《海口机场管理暂行规定》(1988年9月23日省政府发布)，《海南省进出口货物装卸点管理规定》(1988年6月13日省政府发布)，《海南省往来港澳地区从事渔业生产暂行管理办法》(1990年8月31日省政府发布)，《关于加强疏港工作的若干规定》(琼府办[1988]97号文)。③对海口机场航空口岸国际厅进行综合整治，采取拓宽旅客出入境通道、将海关X光机检查与安检X光机检查二道手续合并为一道检查手续、在通道上增设旅客休息地点和临时贵宾服务台、取消行李车收费等一系列便利旅客的措施，加快了旅客通关速度，受到省领导和中外旅客的好评。④做好海口美兰国际机场对外开放的前期准备工作，编制和报批该口岸查验单位人员编制。⑤海口港口岸各单位认真做好对来海南省旅游的境外游轮的服务工作，其中马来西亚籍“双鱼星”号豪华游轮共靠泊海口港36次，境外游客约36000人，另外，还接待了法国豪华邮轮“卡里普索”号及巴拿马游轮。

【共建文明口岸活动】 为贯彻党的十四届六中全会精神，省口岸办制定《海南省口岸系统‘九五’期间共建精神文明口岸活动实施方案》，在全省各口岸掀起以“建一流口岸队伍、创一流口岸服务、树立一流口岸形象”为目标，以创建文明窗口为主要内容的共建活动。3月，分别在海口机场口岸区和海口港、海口新港口岸区表彰了先进集体和先进个人。

(王　伟)

海　关

【进出境监管】 全年海口海关受理进出口货物报关单1.09万份，比上年减少3.2%。监管进出口货物640万吨，增长65.6%，其中，进口196.5万吨，减少38.7%，出口443.5万吨，增长571.9%。进出口货物总值16.7亿美元，减少0.3%，其中进口10.59亿美元，减少26.7%，出口6.1亿美元，增长165.6%。监管进出境运输工具4960艘（架）次，减少0.9%，其中进出境汽车101件，增长29%，国际航行船舶1345艘次，减少1.7%，来往港澳小型船舶956艘次，减少27.5%，进出境飞机2558架次，增长14%。监管出入境人员42.9万人次，增长26.6%，其中，出入境旅客35.6万人次，增长13.5%，出入境运输工具服务人员7.3万人次，增长190%。监管进出口邮递物品9.18万件，减少1.6%，其中，包裹3139件，印刷品6.1万件，其他邮寄物品27657件，没收、退运印刷品、音像制品2802件。

年内重点落实对进出口重点敏感商品的监管。按照海关总署提出的“重点商品监控清单”，货管部门严格执行许可证、配额、军品、环保等管理制度，认真审核单证，加强实际查验。针对利用集装箱走私抬头的情况，采取措施落实对集装箱进口、拆卸、核销的管理，进口重点商品一律由海关监拆；对加工贸易重点敏感性商品，专门制定了监管联系办法，从合同备案、货物进出、加工结转到核销等环节都强化措施，落实全过程、全方位监管。对钢材保税仓的管理，将原来的货物到港直接报关入仓改为先报海关批准后进口入仓，同时对仓库加锁管理。在打击“三假”工作中，全年共查获各类假单证66份，涉及金额4.5亿元，其中协助银行、外汇管理部门查获假《进出口货物报关单》50份，协助公安等管理部门查获假《进口货物证明书》8份，查获其他假进出口单证8份。

【进出口税收】 全年海口海关征收税款11.45亿元，比上年增长51.5%，其中，关税3.93亿元，增长12%，进口环节税(增值税、消费税)7.52亿元，增长85.8%。年内办理特区自用物资进口税收“先征后返”854票，使用额度4.16亿美元，征收税款7.13亿元，返还税款5.9亿元。按海南特区进出口税收优惠政策办理减免税10.1亿元，减少67.3%，其中减免关税3.74亿元，减少74.1%，减免进口环节税6.36亿元，减少61.3%。年内海口海关面对海南的进出口货物大幅下降、税源减少的情况，认真分析税源，突出重点，加大征管力度，做到了应收尽收。继续加强审价工作，严格三级价格管理，注意验估结合，防止低报、伪报、瞒报行为而造成的税源流失，全年通过审价征税425票，追补税款2310万元。进一步强化对进出口货物税则归类管理，大力开展对疑难归类问题的调研，采取措施落实《关税数据库》试运行准备工作，及时发现并纠正归类中的错误，全年在征税环节共纠正221份报关单的归类错误，补征税款197.58万元。加大催缴欠税力度，专门成立了追缴欠税小组，对所欠税款进行全面清理，并采取上门催缴等措施狠抓催税工作，对破产倒闭企业欠税，主动与法院交涉，把该征能收的税款收缴入库，在海南企业较困难的情况下仍催缴欠税4037万元。

【查缉走私】 全年海口海关查获走私违规案件180起，案值3.65亿元，罚没收入8315万元。查获的私货主要有钢材、成品油、香烟、植物油、小汽车等。年内海口海关重点开展三项打私行动。一是开展打击成品油走私专项斗争。上半年抓住油轮偷运燃油走私新势头，采取海上巡逻和据情报重点出击相结合的方法，开展重点打击，查获走私油轮3艘，燃油7360吨，同时采取措施加强对非海关监管码头的油轮卸货、保税油库和加工贸易进口燃油的监管，打击多进少报和非法倒卖的行为。二是打击货运渠道走私活动，重点打击伪报数量、品名、价格和利用假批文、假单证、假印章等方式进行走私违法的活动，查获少报多进案件及偷运特区减免税物资出岛案件多起。三是重点查缉货币和邮递携带进境的反动、淫秽、散发性宗教等违禁品，查扣各类违禁印刷品2802件。

【海口保税区改革通关模式】 为提高海口保税区的贸易效率，从4月1日起，海口海关开始在海口保税区实施"备案制"和"报关制"相结合的通关模式，即对保税区区与境外之间进出的加工、仓储、转口及出境货物实行"备案制"。这较之传统的报关作业，最大限度地简化了手续，放宽了管理。具体表现在：1、作业岗位将传统报关制从接单、审核、查验、审价、征税、放行等多岗位、多环节精简为一个审核岗位，一次集中办理。2、企业"备案"交验的单证，除提单和国家有特别限制应收取的相应证件外，发票、合同、装箱单海关只在必要时收取，一般不要求逐次逐单收取。3、"备案制"货物在区内流通不受限制。这样做对"备案制"货物实际上是只登记备案就行了，实现了"两个自由"，即进出境自由和区内流通自由。

【海口海关社会承诺制度】 12月8日，海口海关在海口晚报、海南特区报、海南电视台等新闻媒介上推出以通关时限为主要内容的社会承诺制度：①进出口货物的通关时限。不需要征税费、查验的货物，自接受申报起半日内办结通关手续；需要征税的货物，自接受申报起半日内开出税单，并于验核缴税单后2小时内办结通关手续；需要查验的货物，自接受申报起半日内开出查验通知单，自具备海关查验条件起半日内完成查验，除需缴税外，自查验完毕后半日内办结通关手续。②进出境旅客、船员及其行李物品的通关时限。进出境旅客选择"无申报通道"、海关不需要查验的，即时办理通关手续；进出境旅客、运输工具服务人员物品需要征税、查验的，自申报起半小时内办结通关手续；旅客分运行李自申报起半日内办结通关手续。③加工贸易合同备案登记时限。自接受单证起2日内开出银行保证金台帐联系单，并自接到银行保证金台帐登记通知单起半日内办结。④减免税审批时限。进口货物的减免税手续，自接受单证起海府地区的审批3日内，隶属海关呈报的审批5日内办结；外商常驻人员安家物品及进口小轿车、留学回国人员购买国产免税小轿车，自接受单起3日内办结。

【调整进口税收政策】 12月，国家对进口税收政策进行了两项大的调整：1、调整三资企业进口自用设备及原材料的减免税宽限期政策。原来的政策根据企业成立的时间和投资额大小，给予一年或二年的减免税宽限期，现调整为对1996年3月31日前批准的外商投资项目，在投资总额度内进口的设备和原材料，仍延用1996年3月31日前的进口免税政策，直到进完为止。2、调整国家产业政策鼓励发展的内外资项目进口设备税收政策。规定从1998年1月1日起，对符合《外商投资产业指导目录》鼓励类和限制乙类的外商投资项目，以及符合《当前国家重点鼓励发展的产业、产品和技术目录》的国内投资项目，在投资总额内进口的自用设备，除规定不予免税的进口商品外，免征关税和进口环节增值税。实施上述政策将进一步缩小特区与内地的政策落差。

（黄发中）

进出口商品检验

【概述】 全年海南口岸进出口商品报经海南商检部门完成检验的有2564批，商品货值45761万美元，与1996年度相比，批次和货值分别减少12.81%和35.96%。经检验发现不合格或不符合合同要求的进出口商品84批，商品货值2830万美元，批次合格率为96.72%，比1996年上升2.05个百分点。

【进口商品检验】 全年海南口岸进口商品报经海南商检部门完成检验的有1427批，商品货值32724万美元，与1996年相比，批次和货值分别减少15.16%和45.16%。经检验发现不合格或不符合合同规定要求的进口商品79批，商品货值2302万美元，批次合格率为94.46%，比1996年上升3.2个百分点。对不合格或不符合合同要求的进口商品，商检部门均出具检验证书，并积极督促有关部门向外索赔。据不完全了解，1997年海南省共向外索赔回58.7万美元，部分商品还作退货换货处理，较好地维护了国家的经济利益和贸易双方的合法权益。如海南省某公司从越南进口一批数量为399.4立方米价值达3.69万美元的橡胶木，到货经商检部门检验发现这批橡胶木有严重的质量问题，不合格率高达70%。对此，商检部门及时出具了检验证书，供收用货部门向外索赔。

【出口商品检验】 全年海南口岸出口商品报经海南商检局完成检验的有1137批，商品货值13037万美元，与1996年相比，批次基本上持平，货值增加13.39%。经检验发现不合格或不符合合同要求出口商品5批，货值28万美元。对不合格的出口商品，商检部门均责成有关部门重新加工整理，重新报验经检验合格后才放行出口，较好地维护了国家的信誉。如海南某外贸公司报验一批数量为32.8吨/386包出口白胡椒，经检验发现其中的一包白胡椒掺入砂粒黄土，商检部门立即责成出口收购部门全部进行倒包检验，经检验合格后才给予放行出口。又如海南某矿业有限公司从湖南收购的一批硅锰合金报验出口，抽样时发现同一包装内有二种不同的硅锰合金，经分别抽取样品化验后发现，包装袋上半部的硅锰含量分别为17%和65%，而在下半部的硅锰含量为0.1%和3.4%。对此，商检部门出具了不合格证书，不给予放行出口，维护了海南出口商品的信誉。

【公证鉴定和委托业务】 全年海南商检部门共完成衡器鉴重48批77.4万吨，水尺计重12批/17.5万吨，容量计重19批/28.3万吨，残损鉴定9船次/提赔金额62.2万美元，包装性能鉴定166批/60万件，危险货物包装鉴定10批/1.9万件；全年海南商检部门共完成国内进出口商品委托检验36批，商品货值6020万美元，国外委托检验119批，商品货值6425万美元。

【一般产地证和普惠制签证】 全年海南商检机构共签发一般产地证649份，签证金额4184万美元；签发普惠制产地证2613份，签证金额11515.6万美元，为海南省出口商品获得进口国减免关税约1151万美元。

【涉外资产评估】 全年海南商检部门完成涉外资产价值鉴定47批，总价值达2323.5万美元。经评估发现9批涉外资产为低价高报，平均贬值率为7.35%，贬值率比1996年上升1.59个百分点，直接为企业避免了经济损失达36.7万美元。如海南某家具有限公司境外引进一批香竹脚加工设备，申报价值为12.6万美元。经商检评估鉴定发现现价值仅为5.8万美元，贬值率高达54%。同时也发现个别外商为逃避关税，引进境外设备高价低报。如海南某牧业发展总公司从美国进口约克冷水机组，申报价值为11.9万美元，经商检部门评估发现现价值为35.7万美元，价值上升率为200%。

【ISO9000评审认证工作】 全年经过商检部门和各企业的努力，海南新大洲摩托车股份有限公司、海南电缆厂、海南通信电缆厂、海南工贸羽绒制品厂、海南联华电路板有限公司、海南美凯利卫浴工业发展有限公司等6家企业通过了海南评审中心的评审，获得了中国进出口商品质量认证中心颁发的ISO9000质量体系认证证书。12月31日，海南省在海南商检局召开颁证大会。

【流通领域进口商品抽查】 5月，海南商检局、海口工商局联合对海口市旧家电产品销售市场进行抽查，发现旧货市场上销售的日产名牌旧电视机，大都是在原110V或100V外接电源的基础上另加一相变压器变为220V后就投入市场销售，其绝缘电阻和电源电压都不符合我国制定的强制性标准的规定，严重危害消费者的人身安全和财产安全。

【机构改革】 2月24日，国家商检局正式批复海南商检局机构改革方案：1、机构设置：中华人民共和国海南进出口商品检验局（厅局级、简称为海南商检局）为国家商检局设在海南的直属机构，实行以国家商检局管理为主的垂直管理体制。海南商检局内设办公室、监管科技处、检验一处、检验二处、检验三处、检验四处、鉴定管理处、检务处、人事教育处、计划财务处、机关党委办公室（同时挂政工处牌子）、监察审计室等12个行政处室和海南商检局检测中心、海南评审中心、海南商检局机关服务中心、海南商检协会等四个事业单位以及海南商检分公司，下设三亚、八所、洋浦、清澜和海口保税区等五个商检局以及海口集装箱检验管理办事处等6个分支机构。行政编制171名，事业编制51名，企业编制10名。

（陈明梓）

动植物检疫

【简述】 海口动植物检疫局在全省共检疫进出境动植物及其产品5873批，货值11.29亿元，检疫进境船舶1750艘次，检疫飞机1291架次，检疫集装箱7802个，检疫旅客182105人次。在检疫过程中共截获病虫害42种，检出小麦矮腥黑穗病、大家白蚁、芒果果实象甲、桔小实蝇、假高粱等危险性病虫害，为保护海南大特区农林牧渔业生产和促进对外贸易做出了积极的贡献。

【动植物检疫与监管】 ①进境大动物的检疫与监管。1997年是海南口岸进境大动物最多的一年，全年共进口鸵鸟6批865只，野生大动物3批39头，包括大象、狒狒、长颈鹿等，其中非洲大象、长颈鹿、狒狒的检疫在海口市尚属首次，并在狒狒中检出猴B病毒抗体，在大象中检出肠炎耶尔森氏菌、克里斯坦森耶森氏菌等，对一些死亡动物依法出具索赔证书，为货主挽回损失约200万元。此外还对进境的俄罗斯马戏团演艺动物进行有效的检疫监管。②做好地中海实蝇监测。根据全国口岸“地中海实蝇监测工作会议”的部署，为加强监测工作，制定了详细的地中海实蝇监测工作计划，在自1983年始对海南省部分地区进行调查监测的基础上，从5月起，在海口全面铺开监测工作，相继在全省25个县市设立了诱测点100多个，还会同当地有关部门，指定专人负责监测工作。③开展病虫害调查、防治。为保护海南农业生产，各口岸动植物检疫局先后派出多批检疫技术人员深入文昌、琼海、万宁等地调查西瓜病害发生情况，向当地业主提出了防治方法；深入东方、昌江、乐东等地开展冬季瓜菜和热带水果病虫害调查，帮助农民解决生产中的病害防治等问题；组织开展了海南岛大家白蚁属害虫的调查研究、洋浦地区仓库害虫调查，配合中科院专家开展热带植物害虫的调查，在海南发现了一种危险性害虫——蔗扁蛾。④做好TCK疫麦进口项目工作和TCK疫麦的检疫监管。海南是国家特别指定进口TCK疫麦的省份，做好海南接受TCK疫麦的检疫监管工作，对海南和国家的外贸工作具有重大意义。海南动植检部门主动加强与有关部门的联系，专门组织人员收集整理有关资料，进行调查研究和风险评估，向省政府及有关部门反映情况、提出建议、提供咨询、加强与有关部门的合作，并在检疫及检疫监管等方面作好准备，向有关部门和货主单位印发了《加强TCK疫麦监管的通知》，使TCK疫麦的检疫监管落到实处。11月份，海南首次从罗马尼亚进口小麦13000多吨，海口动植物检疫局严格按照国家有关规定认真实施检疫，严格做好监管，为今后大批量的接受TCK疫麦作了有益的尝试和积累了经验。⑤狠抓检疫质量，提高各口岸的检出率。全年检出病虫害100多批次，比上年提高7.5%，旅检检出人数比上年同期提高57.6%。在海口港和海口新港，多次从进境的原木等货物中检出大家白蚁、双钩异翅长蠹等；在海口机场和三亚凤凰机场，多次从旅客携带入境的芒果、龙眼、种苗等水果和货物中检出桔小实蝇、芒果果实象甲等；在三亚、八所、洋浦、清澜等口岸多次从进境的船舶和大米、鱼虾等货物中检出杆状病毒、异尖线虫、副溶血孤菌、大谷盗等病虫害，11月份还从一船进境小麦中检出小麦矮腥黑穗病、假高粱等。

【业务培训和制度建设】 ①加强业务培训，提高人员素质。采取外出学习取经、开展学术交流、开办各类培训班、岗前培训班和举办检疫知识竞赛等多种形式，较好地提高了检疫人员的业务素质。全年派往美国及国内各大院校、科研单位进行PCR技术诊断、计算机网络等业务学习培训的检疫人员共61人次，举办了第二届论文评比，全局共有64人撰写论文76篇，举办了动检、植检法规培训班和中层干部管理知识培训班等，通过加强多种业务学习和培训活动，较好地提高了检疫人员的业务素质。②完善规章制度建设。在原有制度基础上，又组织制定了《信息督查工作试行办法》、《车辆管理办法》等5项新制度，组织力量汇编局规章制度第二册和国家局规章制度第二册。

【检疫跟踪服务和促进琼台农业合作】 ①深入产地，提供技术服务，做好超前检疫，支持货主开拓市场，促进农产品出口创汇。秀英办事处支持业主出口白胡椒到香港、美国、荷兰、法国、日本、新加坡等地区和国家，全年共2766吨；海南全农农业发展公司今年欲打入日本的菠萝市场，但对日本的检疫要求不够了解，秀英办事处主动为该公司提供业务咨询，并派出检疫人员到产地，搞好病虫防治，做好出口前检疫，把好质量关，使该公司的大批菠萝顺利出口日本。②抓好对重大项目的跟踪服务，为货主排忧解难。如洋浦金岛粮油实业公司大米加工厂是在建的从事进口大米加工返销国外、年加工能力达30万吨的大项目，为配合该厂及时投产运营，洋浦局主动派员帮助业主及时办理动植检场地考核手续和上报审批事宜，使该厂建设顺利进行。7月巴拿马“东升”轮从印尼运载5500吨椰子壳渣和棕榈渣运往韩国，途经南海时触礁，该轮靠泊海口港检修时，船主到秀英办办理过境手续，恰逢星期日，为不耽误该轮卸货检修，海南动植检秀英办立即安排人员加班查验，经检疫发现货物带有药材甲和赤拟谷盗害虫，按规定及时做了处理，使该轮顺利卸货检修后出港。③积极促进琼台农业合作。采取积极措施鼓励琼台农业企业引进台湾优良种苗，做好种苗引进的检疫、试种、繁育、推广工作，帮助台资企业解决生产资料进口、产品出口和疫病防治等方面的困难，产生了积极作用。

【计算机应用开发】 制定海南动植检计算机发展规划，开通了国际互联网，完成了动植检办公大楼计算机网络布线，初步建立了局域网络。开发并投入使用了人事养老保险管理系统和固定资产管理系统，借助国际互联网为检疫服务。

【“文明执法示范窗口”活动】 重点抓好秀英办事处“文明窗口”活动，采取了以下措施：一是加强领导，成立“文明执法、优质服务”领导小组；二是提出了“为国把关、为民服务”的宗旨；三是制定了一系列制度，如《文明执法检疫员评选制度》、《月工作评分制度》、《现场检疫制度》、《室内工作守则》、《文明执法检疫活动情况登记制度》等；四是健全监督机制，聘请社会监督员，公布举报咨询电话，制定廉政制度，张榜公开扦样和收费标准，进一步强调执行国家局廉洁自律“两要”、“十不准”和改进执法服务工作的十条要求；五是开展“爱岗敬业、争当合格检疫官活动”；六是提出“一条龙”、“二加急”、“三就地”、“三优先”等具体优质服务措施。由于加强领导、全面部署、制度健全、措施落实，从而保证了“文明窗口”活动的顺利进行，取得了较好成效，全年共完成检疫货物4000多批次，出色完成任务。检疫人员着装整齐，挂牌上岗，态度热情，使用文明服务用语，拒收红包，谢绝请吃送礼，积极为货主排忧解难，受到货主单位的赞誉。10月份经国家局验收小组严格考核，并征求省政府有关部门领导和货主单位意见，考核合格，被国家局命名为全国动植检系统文明示范窗口单位。

（王德志）

卫生检疫

1997年检疫入出境船舶1607艘次，飞机2438架次，人员454640人次，集装箱18960箱次；传染病监测体检4989人次，查出各种传染病423例，为入出境人员实施预防接种12912人次，受理进口食品249批次，总重量65万余吨，对部分不符合我国食品卫生标准的食品进行了处理，保护了消费者的利益。

（黄廷学）

船舶检验

海南船检局以提高检验服务质量为中心，加强行业管理，全面完成全年的各项任务。为提高职工的业务素质和思想水平，组织参加各类业务培训项目22项、126人次，其中外出参加P级班培训，一专多能培训、强化外语培训、注册审核员考前培训、入级船检验业务培训等15项、16人次。此外，自编教材，自办验船师岗位培训，共讲6个专题、28个学时。完成了650艘非入级船舶档案的整理、装订和归档，编写了《海南省小型船舶检验管理规定》。3月19日至22日，国家船检局《琼州海峡客滚船检验调查暨检验补充规定审定会》在海口召开。广东省船检局、广西区船检处、湛江船检局、海南船检局、港监和海峡两岸五家经营客滚船的船东代表24人参加了会议。5月12日至16日，交通部审计组对海南船检局1996年度船检费收支情况进行了就地审计。7月2日，海南船检局（海南分社）ISM认证组首次派审核组独立承担对上海海兴轮船股份有限公司的远洋散货船“华壮”轮进行了SMS初次审核。9月11日，国家船检局调研组一行五人，在海口举行了《海上营运检验规程》修改征求意见座谈会，海南海盛等五家船务公司及海南船检局验船师共16名代表参加了会议。10月9日至19日，浙江省港航监督局检查组一行七人，根据《关于开展全国船舶船员证书、证件清理整顿第二阶段检查工作的通知》的精神，对海南省船舶船员证书、证件进行检查，检查工作已顺利通过。10月13日至27日，省安全生产办、省交通运输厅、省总工会、海南水监局和海南船检局组成联合检查组，对琼山、琼海、万宁、陵水、三亚、东方、昌江、白沙、儋州、临高、澄迈、定安、海口等14个市、县境内的23个渡口、渡船进行了安全大检查。检查贯彻执行《海南省渡口、渡船管理规则》的情况，落实各级人民政府和有关部门的安全管理职责，杜绝船舶无证书航行、船员无证驾船，纠正违章，确保渡口、渡船安全。海南船检局对国营南江机械厂生产的7种共20批船用产品——救生烟火信号进行了检验并颁发证书。对海口市海昌电焊条厂进行了年度复查工作。

附：1996年与1997年船舶检验对照表

年　份	检验海船数量（艘）	检验海船总吨位（万）	检验海船主机总功率（万KW）	其中检验CCS级船舶			其中检验外轮		
				数量（艘）	总吨位（万）	主机总功率（万KW）	数量（艘）	总吨位（万）	主机总功率（万KW）
1996	258	51.2	37.1	32	22.7	13.2	5	4.4	2.6
1997	333	52.8	37.7	24	23.3	11.7	2	3.7	2.2

（曾令祖）

（责任编辑：洒廷雄　叶能勋）

城市建设管理

113/128

城市规划

【简述】 市城市规划部门以城市总体规划为依据，严格执行《中华人民共和国城市规划法》，认真贯彻落实《国务院关于加强城市规划工作的通知》（国发〔1996〕18号文）和《中共中央、国务院关于进一步加强土地管理，切实保护耕地的通知》（中发〔1997〕11号文），依法加大城市规划管理力度，充分发挥城市规划在节约和合理利用土地及空间资源中的重要调控作用，把城市的用地布局和各项建设活动纳入统一科学的规划，实施统一规划管理，从而确保城市建设可持续发展。规划局先后被评为"海南省建设、土地系统精神文明建设先进单位"、"全国城市规划行业新技术应用先进单位"。

【城市规划编审】

城市规划编制 全年共组织编制各类规划8项。其中，控制性详细规划3项，均为跨年度，分别为：长流西海岸片区控制性详细规划、机场片控制性详细规划、海口城市中心区控制性详细规划（调整）；专项规划5项，分别为：美舍河河道治理及带状公园规划、海口市排水系统规划、海口市城市户外广告布点规划、城市防洪规划、南大立交桥周围地段及滨海大道环境综合整治规划。

城市规划审批 全年共批准规划20项。其中，专项规划6项，分别为：南大立交桥周围地段及滨海大道综合整治规划、公共候车亭规划、阅报栏科普栏布点规划、邮政报刊亭布点规划、公共广告栏布点规划、户外宣传画布点规划；修建性详细规划14项，包括海口食品饮料工业区规划、长信海景花园修建性详细规划、海口市港湾花园规划等。

【城市规划管理】

设计市场管理 加大设计市场管理力度，先后开展1996年度和1997年度优秀工程、优秀勘察设计、优秀城市规划设计评选活动，分别评出海南寰岛泰得大酒店等14个优秀项目和华光滨海国际大酒店等9个优秀项目。规划局于3月1日起开始实施《建设工程勘察设计合同管理办法》，对在海口市承担建筑工程勘察设计任务的设计单位的设计合同进行审查，并把审查合格的合同列为项目规划报建的必备材料，大大地促进设计市场秩序规范化，保证公平合理竞争，提高设计质量。全年共办理120个项目设计合同审查。并对2家违反规定的设计单位进行了处罚。

用地规划管理 组织力量做好重点项目建设的前期工作。先后办理南国热带植物园、世纪大桥建设用地、华夏海洋公园、市汽车公司等项目的选址。全年共办理用地选址42宗，面积974.085公顷。其中，教育用地2宗，面积4.758公顷；居住用地16宗，面积157.831公顷；旅游用地7宗，面积770.263公顷；公建用地4宗，面积1.87公顷；工业用地3宗，面积3.088公顷；市政设施6宗，面积29.686公顷；特殊用地1宗，面积0.671公顷；其它类用地3宗，面积5.918公顷。核发建设用地规划许可证139件。另外，还对1991年以来建设用地选址情况进行了全面清查，共清理出经规划选址后未办征地手续的用地227宗，面积487.955公顷，并报经市政府批准注销回收用地157宗，面积337.63公顷。

建设工程规划管理 先后受理白沙门雷达站、金牛岭动物园、聚酯切片厂、农垦产品交易市场、长信海景花园等项目的规划报建。全年共受理各类报建项目1039宗，其中，公建项目450宗；私建项目440宗；临建项目149宗。核发各类建设工程许可证853件，其中，建设工程规划临时许可证277件；临时建设工程许可证99件；私房审批结果205件；建设工程规划许可证（竣工换证）272件。竣工换证面积1168401.4平方米。

市政工程规划管理 全年共受理长堤路通信管道工程、美舍河商住区10kv架空线路改造与新建工程等市政设施报建18宗，核发市政建设规划临时许可证15件。

村镇规划管理 全年共组织编制长德管区详细规划、长流镇长生路综合整治详细规划、长流镇长生路拆迁安置地详细规划、镇海新村详细规划等22项村镇规划。批准荣山新镇详细规划等10项村镇规划。针对本市村镇建设缺乏有效管理，规划局以长流镇为试点实施村镇私宅规划建设工程规划报建管理工作，并逐步在全市范围内受理已核发国有土地使用证的农户房屋的报建工作。全年共受理村镇私宅报建22宗，核发私建临时许可证10件。

勘察测绘规划管理 全年共审核界址放线材料198宗，审核建筑放验线合格单121宗，审核工程勘察报告100宗，勘察合同72份。

规划监督管理 规划监察工作在1995、1996年实行"五定"制度（即定人员、定管辖区片、定目标、定制度职责、定考核奖罚），辖区定期轮巡制和四项指标（即查案率、立案率、结案率、处罚率）综合考核奖罚制度的基础上，4月份制定和实行了"双目标"规划监察量化考核奖罚制度。该制度的实施，充分调动了城市规划监察工作人员查处违法建设案件的积极性，及时有效地制止了违法建设案件的发生。积极参加了全市依法治市环境综合整治行动。并根据市委、市政府部署，开展治理"三乱"工作，严肃查处"乱搭建"违法建设行为。为了进一步完善规划监督管理机制，加大规划执法力度，3月成立城市规划监察特勤中队。该中队的主要职责是，在全市内巡查，督促各分局查处违法建设行为，并直接参与查处重大的、特殊的违法建设案件。全年共立案查处违法建设案件470宗，查处违法建筑面积289172.92平方米；结案375宗，结案率80%；依法申请法院强制拆除违法建筑3宗，拆除面积8721平方米（不含专项整治大拆除行动）。

【城市规划调研】 根据市委、市政府部署，并结合城市规划管理工作的实际，做好城市规划的超前调查研究工作。先后进行"海口市商品房积压和大型商场建设调查"、"金贸区临时铺面建设情况普查”、“庆龄大道北侧、假日海滩一带各类项目的实际建设情况调查”、“海口市二十层以上的建设项目调查”以及“海秀路、海府路、龙昆路及滨海大道西侧的半截子工程”等专题调研，为科学、合理编制规划和管理工作提供依据。

【规划法规】 年内起草《海口市市政建设规划管理办法》并上报审批。

【推广应用先进技术】 根据城市规划信息系统应用过程中反映出的问题，对海口市基础地形图数据库及用地数据库进行更新，初步建立海口市公共信息网及党政办公网，并于下半年对局域网进行开通。

【其它】 7月10日至12日规划局在海口市协助全国城市勘测信息中心组织召开全国城市规划地质编图学术研讨会。这次会议对开展好城市地质编图起到积极的促进作用。

（陈　超）

土地管理

【简述】 1997年，市土地管理工作认真贯彻中央11号文件精神，调整工作思路，强化土地管理，冻结耕地审批，切实保护耕地，严格控制土地供应总量，全力以赴开展土地大清查，积极处理各类遗留问题，盘活存量土地。根据市委关于开展“一转变两提高”的要求，严明工作纪律，规范工作秩序，完善窗口服务制，全面提高工作效率和服务质量，圆满完成各项工作任务，获得多项好成绩：土地大清查工作被省政府两厅一局检查验收组评为98.5分，名列全省第一，评定为优秀；专项治理工作获得全市先进单位；纪检监察五项工作达标获得全市先进单位；精神文明建设获得全省建设系统先进集体。另外，信访工作还荣获全国土地管理系统先进单位。

【土地清查】 中央11号文件下发后，市委、市政府极为重视，及时召开全市动员大会，成立土地清查领导小组，抽调143人的专业队伍投入大清查工作，另外还有有关人员1000多人参加了清查活动。清查工作从4月开始至年底结束，历时8个月，基本摸清了本市非农业建设用地家底。1991—1996年，本市非农业建设用地总面积3329.74公顷(49946.1亩)。其中，国家建设用地622宗，面积2869.56公顷(43154.16亩)，企业留用地223宗，面积424.72公顷(6370.8亩)；居民建房用地2191宗，面积35.45公顷。还清理出1991—1996年办理转让、抵押登记620宗，面积660.097公顷(9901.46亩)。其中划拨地进入市场302宗，面积294.487公顷(4417.31亩)。在摸清家底的基础上，开始了初步的处理工作：取消规划圈占土地152宗，面积334.728公顷；下文收回闲置土地36宗，面积89.19公顷；报省政府延长闲置土地使用期限127宗，面积202.838公顷；处理单位违法用地38宗，面积106.91公顷；处理农村居民非法用地1671宗。

【土地市场】

土地出让 土地一级市场根据中央“冻结耕地”的要求，遏制了乱占滥用耕地的势头，有效地保护了耕地。除重点工程占用少量耕地外，没有批准其他项目新占用耕地。全年共完成征地19宗，面积77.683公顷(1165.245亩)。办理新出让土地26宗，面积42.045公顷。盘活存量建设用地，促进了土地利用方式的转变。(1)原有建设用地补办出让手续，逐步纳入有偿使用轨道。共办理补办出让手续55宗，面积13.023公顷(168.03亩)。(2)努力促使闲置土地进行开发建设。盘活土地项目有4宗，面积达66.8公顷(1002亩)。控制土地供应总量，避免了盲目批地现象。1997年征地比上年减少48.38%，办理出让手续减少60.26%，供应总量均大幅度降低，而且所出让的土地也较为合理。

土地交易 根据国务院取消建设系统48项收费的规定，土地二级市场取消所有收费，促进了交易业务的增加。共办理土地交易业务366宗，占全年目标的244%，比上年增长61.94%。其中，转让宗数276宗，抵押90宗。完成土地转让面积83.818公顷，占全年目标的209.54%，比上年增长38.97%。另外，二级市场较为活跃的原因，主要是开发区利用存量土地化整为零分割成宅基地进行转让，所以表现在宗数上较多，但面积不大。

土地评估 积极开展上市股份公司的土地资产评估工作，热情为社会服务，促成罗牛山股份有限公司和海南高速公路股份公司顺利上市。全年，共完成土地转让、抵押、合作等地价评估179宗，占全年目标的358%，比上年增长214.03%；评估面积1619.868公顷，土地资产总额154490.78万元，评估收入136.46万元，占全年目标的341.15%，比上年增长93.12%。

【土地基础业务】

地籍管理 地籍管理工作开拓新城区地籍测量，铺开新区土地发证。为提高测量精度，将地籍管理从常规的管理手段发展到数字化、科学化、规范化管理。1996年6月，土地局委托国家测绘局进行海口市海甸岛、龙昆路以西50平方公里的城镇数字化地籍调查工作。经过一年多的努力，完成50.51平方公里的数字化地籍调查工作，调查权属12989宗，绘制1:500地籍图1145幅，并铺开新调查区域的土地证发放工作。共完成土地证发放1530宗，占全年目标的102%，土地发证面积747.172公顷。其中，单位发证589宗，面积735.213公顷；居民发证941宗，面积11.958公顷。

农村宅基地管理 上半年，集中在长流地区铺开发证工作，共发放农村宅基地使用证1596宗，面积148871.13平方米。下半年，根据中央11号文件精神，经

请示市政府同意，决定暂停农村宅基地发证，立即开展农村宅基地清查，随着农村宅基地违法使用情况的摸清及该类违法案件的处理，为大规模发放农村宅基地证打下坚实基础。另外，土地局还针对农村宅基地发证过程中存在的问题，提出相应的解决办法，并形成会议纪要以全面规范农村宅基地审批发证工作。

土地利用总体规划　做好土地利用总体规划中博养片637.06公顷农菜田保护区的协调工作。根据省有关部门意见，同市规划局协调一致，待召开全市有关部门和领导会议通过后，上报省政府批准实施。对新征用地，按"土规"进行审查并做意见的有5宗，对占用基本农田的按规定上报有关部门批准。收集资料，绘制88—96年耕地变更状况图（1：10000）一份。

档案管理　共移交档案4298卷，其中文书档案17卷，用地科539卷，交易所281卷，地籍科3271卷，监察科190卷。所有接收档案全部整理入库并输入电脑；声像档案采集32次，编辑归档录像25盒、归档照片236张。查询利用档案2111人次，涉及案卷4870卷。查询费收入7.854万元。

土地信息开发　为加强土地信息的开发，3月，经市编委同意，成立土地信息中心。该中心成立后，完成了办公自动化系统合作协议的起草、审定、签批工作，并进行详细设计，完成地籍信息系统的程序编制且投入初步运行；完成了新办公楼计算机网络调试，完成农村个人发证程序、新编评估所《评估鉴定表》自动生成程序和地籍科《他项权利证书》自动填写程序等一些业务软件的编制工作，编写各类程序达50万字左右。

【土地立法与监察】

土地立法　2月，《海口市土地管理规定》经市政府批准颁布执行。这项法规，是本市土地管理多年实践的成果，是本市土地管理的基本法。它的出台，对培育和规范土地市场，抑制国有土地资源和资产流失，加强政府对土地市场的宏观调控起到相当重要的作用。4月，新调整的《海口市征地三项补偿计算标准》经市政府批准颁布执行，调整后的征地补偿费计算标准比原来的（92年标准）平均下调了百分之三十。这是因土地行情低下，为鼓励投资而采取的一项重要措施。6月，市政府批转土地局《关于处理当前土地市场若干问题的意见》，是贯彻中央11号文件精神，清理非农业建设用地，盘活存量土地的有效措施。另外，土地立法工作还完成了《海口市界定耕地范围的通知》起草上报工作，并经市政府同意批转执行；完成了《海口市地价管理暂行办法》的上报工作及11个行政处罚性规章的修订工作；起草了《国有企业改制改组过程中加强土地管理的若干意见》（草稿）、《海口市土地局关于推行错案责任追究制和执法过错责任追究制的实施细则》（草稿）、《海口市关于确定土地所有权和使用权的若干意见》（修订稿）。由土地局代拟的《海口市委、海口市政府关于贯彻〈中共中央、国务院关于进一步加强土地管理切实保护耕地的通知〉的决定》，经市政府常务会议讨论原则通过。

土地监察　共完成处理各类违法案件201宗，占全年目标的134%，比上年减少33.44%，涉及面积6.475公顷，罚款6.71万元。其中，批准留用面积0.422公顷，清退土地面积5.611公顷，拆除面积0.442公顷。

【窗口服务】　根据市委关于开展"一转变两提高"专项治理活动的要求，土地局全面完善窗口办公制度，收到良好效果。一是扩大服务范围，涵盖所有对外业务。在原来土地出让、交易、发证三个窗口的基础上新增设土地监察、评估、档案查阅、收费、协调等五个窗口，并把发证分为申报和发证两个窗口，使土地局所有对外业务都能集中在窗口办理，最大限度地方便客户。二是修订完善窗口运作制度，规范人员行为。原有的制度重新修订，没有的立即制订。主要包括：管理规定、窗口职责、人员守则、业务范围、运作程序、办事须知、奖罚措施等七项。三是加强环境布置，烘托文明服务氛围。对窗口办公环境进行整体设计，并制作了窗口名称、办事流程图灯箱、窗口职责灯箱等。四是增加硬件投入，完善服务手段。每个窗口配备一部电脑，以提高办事效率。安装电子显示屏、公开办事结果、业务须知等内容，方便客户了解有关情况。五是加强人员管理，提高服务水平。邀请旅游学校教师对窗口人员进行培训辅导，要求在仪容仪态、待人接物、遣词用语等方面做到文明规范。另外，窗口人员还配发了统一服装，建立奖罚基金，调动了工作积极性。六是完善窗口大厅服务功能，增设新的服务内容。购置矿泉水饮水机，免费提供冷热矿泉水；印制办事须知、流程图摆在大厅供客户自由索取；设置意见薄供客户提出批评意见和建议。通过采取有效措施，加快了办事效率，提高了服务质量。全年窗口共受理业务2280宗，办结1972宗，提前办结1278宗，办结率86.5%，比上年提高14.6%；收到客户的表扬信18封，锦旗11面，铜匾2个。

（乐　思）

房地产业

【简述】　海口市房地产业是1988年海南建省办经济特区后发展起来的新兴产业。十年来，随着改革开放和市场经济的发展，以及国家宏观经济形势的变化，本市房地产业经历了四个发展阶段，即1、初创期，2、徘徊、回升期，3、高潮期，4、消化调整期。在初创期（1988—1989.5），受海南建省办经济特区中央赋予海南的一系列优惠政策的影响，许多国内客商纷纷投资海口房地产业，其中1989年房地产投资额为3.9亿元，占当年全社会固定资产投资总额23.3%。在徘徊、回升期（1989.6—1992.4），1991年房地产业投资为11.1亿元，占全社会固定资产投资总额42.9%。在高潮期(1992.5—1993),房地产业一枝独秀,获得超常规的发展,其中1993年房地产投资总额为42.7亿元,占全社会固定资产投资总额45.7%。在消化调整期(1994—1997),国家实行宏观调控政策,紧缩银根,房地产投资逐步萎缩,其中1997年房地产投资总额为4.8亿元,占全社会固定资产投资8.1%。目前海口市各类房屋总计1930多万平方米,其中建省前房屋有610万平方米,建省后房屋竣工面积为1322万平方米,其中商品房面积787万平方米。

1997年海口市房地产业仍处于调整、消化、吸纳的阶段,各级政府日益重视房地产业的发展,积极盘活房地产存量,培育新的经济增长点,加大住宅建设的比重,加强房地产市场管理,规范市场行为,为未来房地产业健康发展打下基础。

【房地产市场管理】 市房产管理局为规范房地产市场管理,进一步强化窗口服务运行机制,建起一个800多平方米的房产服务大厅,扎扎实实搞好“一条龙”服务。服务大厅设立12个服务窗口,将房屋买卖、评估、租赁、抵押贷款、产权发证、房屋档案查询、办理纳税、办理公证、法律咨询等对外服务窗口集中在一起办公,一切业务都从窗口进出,既方便群众,又便于管理。在管理和服务中坚持“优质服务、高效廉洁”的宗旨,做到办事程序公开,办事人员公开,办事期限公开,收费标准公开,工作人员挂牌上岗,接受群众监督,受到广大群众和社会各界的普遍称赞。

1997年我市房地产交易形势喜人,由于市政府实行减免房地产交易契税政策,在一定程度上促进了房屋买卖交易。全年房屋交易2807宗,比上年增长82.5%;交易面积67.2万平方米,比上年增长74.4%;成交金额17.7亿元,比上年增长76.8%,是建省以来房屋交易金额最高的一年。全年受理房屋评估业务4238宗,比上年增长159%;评估房屋面积91.1万平方米,比上年增长115%。评估房屋租赁管理方面,积极扩大租赁的覆盖面,全年共办理房屋租赁验证手续758宗,验证出租房屋面积7.25万平方米。

【房地产开发经营】 1997年全国房地产业逐步走出低谷,但海口房地产市场仍然形势严峻,全年商品房施工面积128万平方米,比上年减少46.7%;全年商品房竣工面积29.5万平方米,比上年下降73.4%,其中住宅竣工面积20.4万平方米,比上年下降74.5%。大量的商品房空置和“半拉子”工程,积压了大量资金。根据1997年底调查分析,目前空置的商品房353万平方米,其中住宅202万平方米。为贯彻国家提出把住宅建设确定为新的经济增长点和新的消费热点的精神,市政府实行购房入户、购房贷款、减免各种税费、清理各种不合理收费等政策和措施,积极盘活房地产市场,取得一定成效。商品房价格基本与上年持平,部分房价已跌破成本价,且有价无市,仍处于买方市场,商品房销售82%是住宅,基本上是现房成交。住宅楼每平方米价格为1750—3000元,平均价为2250元/平方米;写字楼2800—5250元,平均价3875元/平方米;别墅3100—5200元/平方米。房屋最高价格为8900元/平方米。

【物业管理】 全市有住宅小区250多个,物业管理公司180多个,小区物业管理存在良莠不齐现象。为提高物业管理的整体水平,市房产管理局加强对物业管理的宏观指导,认真贯彻落实《海南经济特区城镇住宅小区物业管理规定》,积极铺开全市住宅小区建立业主委员会的工作。已建立起业主委员会的小区有32个。同时积极为住户排忧解难,调解矛盾纠纷,全年共解决纠纷56宗。为促进物业管理,组织召开一次全市物业管理表彰大会,总结交流经验,表彰九龙花园等13家物业管理先进单位和吴建社等8个物业管理公司经理,大力推广龙珠新城物业管理先进经验。由于各级政府重视,各部门的支持,物业管理工作又上了一个新台阶,1997年度,银通大厦被建设部评为“全国城市物业管理优秀示范大厦”,顺发新、侨诚小区等两个小区被评为“全国城市物业管理优秀小区”。金山住宅小区、海滨花园、富南小区、怡和园小区等四个小区被评为海南省“物业管理优秀小区”。

【房屋产权产籍管理】 根据国家有关产权产籍管理的政策、法规和规定,做好房屋档案的整理存档、输入电脑和提供利用等工作,累计输入微机的房屋档案达28219宗。房屋产权登记发证工作进一步加强,在严格把好“收件验证、测绘、审核发证”三关的基础上加快房产发证速度,全年共颁发《房屋所有权证》10923宗,是历年来颁发房屋产权证最多的一年,比上年增长139.6%,发证的房屋建筑面积达391.3万平方米,比上年增长15%。房屋抵押贷款有398宗,抵押权值11.73亿元,比上年增长42%,对融通资金,促进经济发展起了一定的作用。

【直管公房管理】 市直管公房多数集中在市中心区,房龄长,很多房屋是解放前或解放初期建造,破旧房屋居多,但长期来直管公房租金极低,收不抵支,资金缺口大,影响到旧危房的维修和改造。市房管部门虽然克服困难,利用多种渠道筹集资金,加强旧危房改造,但还不能从根本上解决旧危房改造的问题。1997年投资167万元,动工改建危房2830平方米;维修房屋面为4453平方米,维修值93.2万元。危房鉴定、白蚁防治等方面主动热情为群众服务,全年完成危房鉴定189间,面积45564平方米;白蚁防治面积21600平方米。做好房租的回收工作,全年直管公房租金回收270万元。

【住房制度改革】 市住房制度改革工作逐步走上配套的发展轨道,出售公有住房、建立住房公积金制度和租金改革等工作都稳步进行,建立住房公积金的单位有282个,参加职工人数23778人,月缴纳住房公积金168.6万元。房改的发证工作在各部门的大力配合下,进展较快,累计颁发房改房个人产权证17579份(含省属单位)。为解决生活困难居民的居住问题,兴建两幢有267套住房的“双困房”,工程施工进展顺利。

(徐子仲)

建 筑 业

【建筑施工】 1997年,全社会固定资产投资59.34亿元,比上年下降6.8%。其中,基本建设投资49.21亿元,下降0.3%;更新改造投资4.21亿元,增长55.7%;房地产开发投资4.86亿元,下降51.6%。建筑业生产平稳回升,全年建筑业完成增加值12.87亿元,按可比价格计算,比上年增长5.7%。全年房屋建筑施工面积477.75万平方米,减少13.25%,其中,住宅196.41万平方米,减少18.20%。竣工面积120.45万平方米,增加8.43%,其中,住宅75.12万平方米,减少6.37%。全年办理年审验证登记及进市注册施工企业216家,与上年持平。

【建筑市场管理】 为进一步规范建筑市场管理,把"一转变两提高"专项整治活动落实到实处,市城建局从6月初开始,着手修建集工程施工报建、招标投标、安全监督、质量监督、人防工程报建及市政设施占用审批为一体的窗口服务大厅,同时成立海口市建设工程招标投标服务中心,这两个项目于10月6日正式运作,方便了群众,提高了办事效率,增强了办事透明度。全年办理施工报建121项,建筑面积59.7万平方米,工程造价5.9亿元,报建率95%,报建项目比上年增长16.3%,但建筑面积和工程造价却分别减少13.2%和9.3%。在报建的121个项目中,招标投标项目69个,比上年增长25.4%,建筑面积30.6万平方米,工程造价3.1亿元,分别减少25.1%和17.5%。工程项目招标率97.2%。制定和修改《建设工程分项记分评标办法》、《村镇建筑工匠登记发证工作具体操作办法》等规章,接收工程档案122个,整理工程档案5789卷(657个工程),利用档案295卷。完成建设工程执法监督工作的重点抽查任务,并对20个违章建筑项目进行了处理。完成工程拆迁面积1.26万平方米,补偿总额645万元。完成建筑物拆迁摸底3万平方米,参加市政府组织强行拆迁违章建筑1.5万平方米。

【建设工程质量安全监督】 为加强建筑工程安全监督管理,市城建局会同市纪委、监察局、驻局调研组,对全市建设工地现场,特别是172个停建缓建建筑工地进行检查。对在检查中发现有问题的工地,尤其是对严重存在安全隐患的43个停建缓建工地进行安全检查整治。拆除外脚手架8.3万平方米,井字架20台,塔吊6台;填埋、封闭深坑和地下室18个;恢复围挡护栏13处;加固检修井字架10台,塔吊3台,外脚手架1.5万平方米 查处重大安全事故一起。受监建筑工程86个,比上年增加46.46%,面积54万平方米,减少38.64%;验收工程30个,减少73.68%,面积13.7万平方米,减少68.04%,合格率100%,其中优良工程4个,优良品率13.7%。监督城市道路198.24万平方米,排水管道135.62公里,城市桥梁9130平方米。核定工程等级82项,合格率为100%,其中优良工程1项,优良品率1.22%。

1997年,建筑行业各职能部门切实转变工作作风,强化管理机制,出色完成各项工作任务,受到建设部的奖励。市招标投标办公室被建设部授予"全国招标投标工作先进单位",市城建档案馆被授予"全国城建档案工作先进单位",市市政工程质量监督站被授予"全国市政工程优秀监督站",市建筑工程质量监督站被授予"全国工程建设管理先进单位",该单位监督的海口市人民法院办公大楼建设项目荣获全国质量监督"鲁班奖"。

(郑志壮　张　波)

城市基础设施建设

【简述】 市城建系统以党的十四届六中全会和十五大精神为指针,全面贯彻市城建工作会议精神,突出以务实求高为工作着眼点,以市民满意和投资者满意为工作标准,坚持抓样板、出精品、上档次,全面推进城市市政公用设施建设和社会主义精神文明建设,圆满地完成了市委、市政府交给的各项工作任务。市城建局和市自来水公司水质监测站分别被建设部授予"全国市政公用行业行风建设先进单位"和"行业窗口示范单位",该局和下属自来水公司、市政维修公司、市建筑工程质量监督站等四个单位被省建设厅授予"海南省建设系统精神文明建设先进单位"。

城建局全年实施市政、公用、人防建设项目23个,加上市政设施维护,共完成投资24684.8万元,比上年减少7.2%。

【城市道路】 实施道路工程建设项目12项,其中综合整治项目3项。新增城市道路长度11公里,增长2.8%,面积59万平方米,增长5.36%。新建、扩建、改建城市道路9条,长18.5公里,面积90万平方米,人行道彩砖铺设5.6公里,累计完成投资12932万元,比上年减少26.5%。

年初,市城建局将长堤路拓宽改造工程作为城市道路建设的样板示范工程。在工程实施过程中,有关部门相互配合，各种地下管线统一下埋，避免道路重新开挖。经过近一年的艰苦奋战，该路扩宽改造工程于11月底竣工通车，被群众誉为"精品工程，景观工程"。此外，1997年开工的海军造船厂便道(新建)、1996年开工的工业大道西延线9.2公里(新建)、工业大道西延线1.7公里(新建)、机场东路及机场路改造、扩建(不含海府路出口段300米)、海甸一西路改造等工程已完工交付使用。截止年底，全市共有城市道路长度391公里，面积578万平方米，人行道面积141万平方米，分别比上年增长2.89%、14.66%和7.63%。人均拥有道路面积13.7平方米。

在完成城市道路建设的同时，市城建局以抓南大立交桥及其周边综合整治样板示范市政道路工程为重点，促使依法治市环境综合整治项目按时、按质、按量完成。为把南大立交桥及其周边综合整治项目搞好，使之真正成为样板示范工程，市城建局组织学习考察小组，由符史美局长带队前往厦门、深圳、汕头等城市学习考察，借鉴兄弟城市的先进经验，城市市政道路建设的优秀设计方案和先进工艺，结合海口市实际情况，制定出南大立交桥及其周边综合整治初步方案，经上级论证、修改后付诸实施，该工程提前25天完成施工任务，质量被评为优良，受到省、市领导的赞扬。该项目综合整治的成功，为后面的环境综合整治项目的完成，树立了榜样，使全年实施的南大立交桥及其周边、和平路和龙华路试验段的3个综合整治项目全部提前完成施工任务，质量也都被评为优秀。3个项目的综合整治，完成投资额1368万元，摊铺快车道沥青路面5.7万平方米，铺设人行道彩砖3.55万平方米，路缘石4.13万米，花坛0.3万平方米，更换路灯36盏。

【城市桥梁】 2月，海垦天桥竣工交付使用；重点建设项目世纪大桥施工、监理工作已完成，建设资金已落实到位，前期工作已准备就绪，将于1998年初动工兴建。截止年底，全市共有桥梁56座。

【城市排水排污】 年内，全市完成排水及污水处理工程投资3783万元，比上年减少34.4%，新增城市排水管道长52.9公里，其中铺设雨水管30.3公里，污水管22.6公里，海甸岛污水二期工程竣工交付使用。截止年底，全市已有排水管道长644.94公里，比上年增长8.94%，排水管道密度19.17公里/平方公里，增长8.92%。污水处理厂2座，日处理污水能力2.40万立方米/日。全市污水处理设施日处理污水能力12.00万立方米/日，污水年处理量1487万立方米，增长0.74%，污水处理率28%。年内开工的白沙门水质净化厂国内配套工程的厂区护岸项目已完成，排海管项目完成工程量38%，厂区前道路完成工程量55%，其进度和质量均达到要求。

【城市防洪】 1997年，市城建局投入资金663.8万元，完成修复防浪堤、河堤0.335公里，截止年底全市有防洪堤36公里。此外，根据海口市总体规划，年底完成了海口市中心区城市防洪规划的编制工作，内容包括河流(美舍河、龙昆沟、秀英沟)防洪、南渡江防洪、防潮(海甸岛防潮、新埠岛防潮)、排涝(南渡江沿线排涝、旧市区排涝、海甸岛排涝、新埠岛排涝)等四大部分。

【城市路灯】 全年安装路灯174盏，截止年底，全市共有路灯11232盏，比上年增长1.57%。

【城市供水与节水】 全年用于供水建设投资13637万元，新增城市自来水管道长度25公里，城市自来水日供水能力0.8万吨。市自来水公司销售自来水7665万吨，完成产值1993万元(按不变价)，均为年计划的102%，分别比上年减少5.09%，由于水价提高，创利润489万元，比上年增长44.61%。该公司积极筹措资金进行供水实施建设，共投入资金3810万元，实施供水设施项目6个，完成改装、新铺自来水管道5条8694米，米铺水厂二期工程所需进口设备全部到位，国内配套项目全面竣工。截止年底，全市供水综合生产能力56.1万立方米/日(其中自来水公司生产能力为46万吨/日)，比上年增长1.45%；供水管道长289公里，增长2.48%；供水总量12914万立方米，减少3.86%，其中生活用水6706万立方米，减少9.93%，用水普及率达100%。

城市节水工作，全年完成规划报建评审项目32个，施工报建审批项目58个，建设项目竣工验收5个，追缴处罚金35万元，完成206口自备井的调查用水计划审批工作，编制8大行业46个用水定额，推广节水型器具8000多套，节水第三产业完成产值40万元，完成单位水量平衡测试68宗，节水办被国家建设部确定为全国10个节水型城市创建试点单位。截止年底，全市计划用水量11122万立方米，比上年增长33.71%，取水量9394万立方米，减少38.52%，生产用水重复利用量5740万立方米，增长258.72%，节约用水量1728万立方米，增长69.41%，人均日生活用水量320升，比上年减少6.7%。

【城市公共交通】 全年城市公共交通建设投资2117万元，比上年增长25.46倍，新增城市公共交通车辆110部。年内，市公共汽车公司采取多种形式发展公共交通事业，在继续加强内部管理的同时，积极与厂方协商，采取"先要货后付款"的方式，购回60部大巴车投入营运，所需购车款1100万元，仅付300万元，尚欠厂方800万元。还与澳门宏益公司合作，对方也将20部空调车投入营运，全年完成周转量16000万人公里，营运收入2600万元，比上年增长19%，增亏52万元。截止年底，全市共有公共交通车辆1382辆，其中：中巴1181辆，分别比上年增长14.78%和10.07%；标准营运车辆1016标台，增长14.80%；运营线路网长度478公里，增长12.47%；客运总量4405万人次，其中中巴2346万人次，分别增长19.15%和20.77%；每万人拥有公共交通车辆24.04标台，增长10.22%；出租汽车4100辆，增长31.41%。

【城市人防】 全年受理民用建筑规划报建项目56个，地面建筑面积166.3万平方米，地下室面积13.1万平方米，受理施工报建项目10个，地面建筑面积19.8万平方米，地下室面积1.1万平方米，工程竣工验收项目8个，地下室面积0.67万平方米；完成全市875个人防"结建"工程的普查、造册登记及归档工作，完成海口半岛酒店北侧人防工程招标投标前的准备工作；接转人防电话35万次，添置流动报警车一部，更换2部50瓦收信机，使人防通信滞后状况得到改善。

【市政设施管养】 为了保证市政设施完好率达到要求，实现"路平、沟通、灯亮"的目标，年初经过充分讨论研究，决定把海府、海秀东、龙昆北三条主干道定为市政设施管养样板示范街道，由海口市市政维修公司负责实施。对这三条路的管养，该公司实行目标责任制，做到明确责任分工，明确工作目标，明确责任范围，明确评比标准，形成一级抓一级，一级向一级负责的管理体制，从而使这三条路的管养工作取得了明显的成效。设施完好率达99%，完全达到“路平、沟通、灯亮”的目标。该公司及时总结这三条路的管养经验，并将其推广到所有市政设施管养项目，有力地促进了市政设施管养水平的提高。据统计，全年完成市政设施管养工作量1400万元，比上年减少17.6%，完成的主要工程量有：维修沥青路面2.9万平方米，花坛0.5万米，人行道8.3万平方米，路缘石0.3万米，沥青路面大面积盖被16.9万平方米，清理水沟3.8万米，进水井5.6万座次，检修路灯1.13万盏，油漆天桥1.23万米，维修桥涵河堤0.29万米等，道路完好率达96%，水沟畅通率99%，闸门完好率100%，路灯亮灯率、河堤桥涵完好率、天桥完好率、沟水面干净率均达98%，受到有关部门的好评。南大立交桥管理处，积极做好南大立交桥的管养维修工作，保证了该桥的完好率。此外，还督促电信、供电、燃气等管线单位以及金盘、海甸岛、美舍河三个开发区修复了一批市政设施。

（郑志壮　张　波）

【供电设施建设】　海南建省以来，电力工业得到迅速发展，海口电力工业的供电设备管辖范围延伸到万宁等8个县市。35千伏及以上变电站23座。其中：220千伏2座，110千伏16座，35千伏5座。35千伏及以上主变压器37台，总容量为123.47万千伏安；35千伏及以上输电线路44条，计960公里（含输电电缆）；配电线路119条，其中公用82条，长470公里，专用37条，长82公里。

经济指标完成情况　1997年海口电业公司完成供电量12.52亿千瓦时，比上年增长6.36%；售电量11.43亿千瓦时，增长7.35%；线损率8.73%，比上年下降1.05个百分点；售电收入6.66亿元，比上年增长10.61%。

发展目标　预计至2000年，海口电力最大供电负荷将达430MW；在送电网络方面，220千伏变电站需再建1－2座，110千伏变电站还将建5座，配套处理110千伏及以上输电线路约100公里。

（侯兰哲）

【城市燃气建设】　《海口市燃气管理条例》在海口市第十一届人民代表大会常务委员会第二十七次会议上讨论通过，并于1997年12月12日获省人大批准。《海口市燃气管理条例》的颁布实施，使海口市燃气行业步入一个依法治市的法制轨道。

截止年底，全市液化石油气储量已达5200立方米，比上年增长62.5%。液化石油气销售量为5.40万吨，其中管道燃气供气0.95万吨；瓶装供气4.45万吨。居民用气气化率为99.86%，继续名列全国省会城市前茅。

管道燃气工程基础设施得到进一步完善，全年共投资6417.16万元，完成年计划的112.73%，资金主要用于市区主干管的建设和秀英气站及长流气站的后期工程建设。截止年底，管道燃气用户（含公建用户）比上年新增3.14%，达到4.5万户。

市燃气管理监察中队全年共清理无证经营点二十多家，共清理压占管道的违章建筑9处。

（海口市燃气管理办公室）

城市绿化

【简述】　1997年，全市共植树17.02万株，栽花49.81万株，铺设地被植物26.38万平方米，整治和补植南大立交桥、和平路等十三条道路的绿化。至年底，全市共拥有绿地面积1233公顷，绿地率36.7%，绿化覆盖面积1346公顷，绿化覆盖率40%，公共绿地358公顷，人均公共绿地8.5平方米。

【绿化规划设计】　年内，市园林部门完成十一项绿化规划设计任务，如南大立交桥、和平路、滨海大道、海秀路、龙昆路的绿化整治方案和机场路、金垦路、长生路、工业大道西段道路绿化设计方案，完成了城西乡全国文明示范村的绿化规划设计工作，完成保税区门口绿地设计方案，同时还组织力量，完成了龙昆北市政府小游园、龙昆北滨海大酒店北侧绿地、疏港大道与工业大道交通岛绿地、海秀桥北侧绿地的绿化规划设计，完成金盘公园规划设计方案，草拟修改海口市绿地系统规划方案，配合有关部门编制美舍河公园的绿化规划等。

【道路绿化建设及整治】

长生路、长堤路绿化建设　长生路于9月12日进行定点放线，与道路建设施工交叉进行。全路线共清理隔离带废土168立方米，购运回填种植土1314立方米，种植椰子树260株，大叶榕277株，凤凰木6株，蟛蜞菊22625平方米。长堤路绿化工程，于12月17日开工，至年底基本完成拟定的施工任务，共植椰子树306株，吊灯花球563株，美人蕉1342平方米，台湾草8567平方米，蟛蜞菊2200平方米。

南大立交桥绿化整治　南大立交桥是海口市1997年环境综合整治重点工程。该工程2月23日拉开序幕，其整治重点是在“美”字上做文章，通过种植大片图案精美的草坪、地被植物、花卉及在沟边种植大片蟛蜞菊，对部分桥柱和桥体进行垂直绿化，使立交桥底变成“桥下花园”。在整治工作中，市园林部门领导带领技术人员5次深入现场，勘察调研，仅用7天时间便完成绿化方案初稿，36天完成绿化整治任务，比原计划提前8天。该工程共种下乔灌木893株，观赏性荫生植物1892平方米，铺植草坪1.2万平方米，蟛蜞菊1.7万平方米。

和平路及其他道路绿化整治　和平路绿化工程于4月21日开始整治，共移植女贞球308株，移植洋紫荆203株，印度紫檀52株，修剪小叶榕大树138株，扶正小叶榕大树58株，种植小叶榕290株。年内，还在滨海大道、海秀路、龙昆路及海府路、龙华路、文明路、大同路、青年路、滨海大道、庆龄大道、疏港大道、工业大道等路段补植椰子树、小叶榕、大叶榕、非洲楝等1998株、补植黄金梅、散尾葵、山指甲等花灌木9509丛，补植柔草、蟛蜞菊等地被植物7998平方米，改造庆龄大道中间花坛3500平方米。

【公园建设及引种】 年内，在万绿园种植各种乔木3364棵，清运杂草1610车，完成20亩花圃的地面平整及各种前期准备工作；在人民公园种植地被植物2200平方米，并整治动物园、冰室周边环境，抓好挡土墙、假山及花圃建设等；在金牛岭公园种植台湾草2.5平方米，定植和摆放鲜花4万盆。11月18日，金牛岭公园与广州南方企业公司和深圳南山文化发展公司合作的金牛岭动物园正式开工。此外，人民公园及金牛岭公园还从尖峰岭、兴隆等地引进130多种海南热带“优、特、奇”树种，其中有海南特有热带珍贵树种粗榧、坡垒、青皮、油丹、木蝴蝶、绿楠、河椤、子京、石梓、柚木、石桂、霸王松、黄脉棕、藤竹等等，这些树种，基本上是海口园林绿化少有的新品种。

【群众性义务植树】 植树节，全市共出动6.8万人次，在各区、开发区、工业大道、疏港大道等地种植各类树苗126115株，其中椰子树10883株，种植花灌木234103株，藤本植物5505株，地被植物122163平方米。椰子节，在庆龄大道开展“万人植树”活动，共植椰子树5000株。各单位还积极开展庭院绿化活动，共植树3400株，种花灌木150364株。七月底，在新埠岛营造木麻黄35000株。此外，在全市范围内评选和表彰了一批“绿化先进单位和个人”，巩固并创建了“花园式”单位100个，“绿化达标”单位100个，“全民义务植树”先进单位100个。

【绿化苗木生产】 市园林系统绿化苗木生产用地主要设在流水坡苗圃、秀英苗圃、金牛岭公园花圃及人民公园花圃。全市园林系统全年共生产各类绿化苗木402000株(盆)，完成年计划的100.05%，其中绿化小苗13050株，绿化大苗8850株，木本花卉118100株，草本花卉195000株，藤本植物37000株，荫生植物25000株，地被植物5000株。

【绿化养护及监察】 市园林部门在加强正常的浇水、除草、施肥等养护管理工作的同时，结合全市性多种活动，组织力量开展养护工作。椰子节前共出动280人次，给树木粉刷石灰水23741株，清理残枝枯叶、杂土杂物159车次。为了“庆七一，迎回归”，又给道路树木粉刷石灰水2.65万株，修剪地被植物2.5万平方米，修剪花灌木3650株，清理干枯椰子叶一批。7月至9月，修剪市区道路树694株，修剪全市道路地被植物3次。在11月份的治理“三乱”工作中，粉刷行道树26521株，修剪草坪5.6万平方米，蟛蜞菊等地被植物12.4万平方米，完成对全市的花灌木修剪。11月份后，遇到连续干燥天气，市园林部门组织人力，每天日夜投入抗旱保绿养护工作。加强绿化监察，全年共拆除各种违章广告牌188个，没收乱挂乱钉在树上的衣物、彩带、铁线等物品一批，查处绿化违章罚款7.417万元，有效地维护了绿化成果。

【绿化管理】 一是实行目标管理。年内，市园林局主要领导分别与各基层单位及有关科室领导签订了《执法责任书》，分别与花木公司、园林规划设计研究院、园林绿化工程有限公司签订《承包经营责任制合同书》，分别与人民公园、金牛岭公园、公共绿化管理所签订《管理责任制合同书》，实行目标管理。二是实行“一个窗口进出”的工作制度，方便了群众，提高了办事效率。全年审批办理园林规划报建项目89个，验收绿化工程项目62个。三是完善各项制度，使管理服务工作规划化、制度化。年内，市园林部门制订和修改完善各种规章制度29项，其中新制订的有《园林绿化规划设计市场管理暂行办法》、《园林绿化施工市场管理暂行办法》、《公园行业管理暂行规定》等制度，使各项管理工作有章可循。四是加强干部人事劳动制度改革。对三年聘任期已满的科级干部进行了一次全面综合考核，并完成基层单位科级干部的续聘工作。在机关工勤人员和企事业单位工人中全面推行劳动合同制，适应社会主义市场经济的需要。

【技术培训及科研】 年内，市园林部门有计划地组织13批技术业务骨干108人次到大连、南宁、厦门、昆明、西安、广州等地学习先进园林单位的管理经验和花卉新技术业务。8月，举办全系统中层技术干部共46人参加的业务技术培训班，传授园林绿化工作中有关园林绿化规划设计、海南主要植物的种类和利用、街道绿化的养护和管理、病虫害的防治、花卉在城市中的应用以及基层单位行政管理工作等基本知识，进一步提高技术干部的业务水平和管理水平。同时，加强园林科研工作，市园林科研所共栽植各类名贵时花卉18万盆(袋)，花卉种类达200多个品种，有相当部分花卉在海南尚属首次引种，如夏堇、勋章菊、矮化康乃馨、郁金香等已取得引种成功的经验。市园林科研所还开展《一品红异季无性繁殖技术探讨》、《名贵时花矮化康乃馨等在海南引种试验》、《花卉腐殖质培养土的配比摸索》、《高海拔热带树木在金牛岭的引种及栽培技术探索》、《叶面追肥在控制时花生长、开花技术上的应用》等科研课题的研究，并取得良好的效果。

【风景园林学会】 海口市风景园林学会第三届会员大会于12月26日召开。大会审议并通过海口市风景园林学会第二届理事会的工作报告、海口市风景园林学会章程、关于修改学会章程的说明及学会财务管理方法和缴纳会费的规定。选举产生了风景园林学会第三届理事会，第三届理事会第一次理事会议聘请钟义教授为学会顾问，薛培禄为名誉理事长，选举蒙安荣为学会理事长，谢盛强、符气浩、刁坤、张德华、葛守信、林志忠为副理事长。

【“一转变两提高”专项整治活动】 从1月份起，市园林部门根据市委[1997]1号文件精神，将“一转变两提高”(即转变机关作风，提高工作效率，提高服务质量)作为全年精神文明建设的重点工作。一是整章建制，制订了《实行直接办理、窗口服务、社会承诺制度》等制度，公开办事程序，减少办事环节，提高服务质量；二是开展党的宗旨、爱国主义、职业道德、党纪政纪“四个专题”教育活动，塑造园林新形象；三是开展“我为党旗添光彩”活动。党员干部职工为贫困地区捐衣物196件，为幸福工程捐款1309元，还多次参加义务植树劳动。共发展3名新党员，表彰6名优秀党员和优秀党务工作者，提高了党组织的战斗力和凝聚力；四是创建优美、整洁的工作环境，实行文明办公。5月份起，实行亮牌办公，挂牌上岗,6月份搬迁办公楼后,在院内修建假山、瀑布、种植花草,美化了办公环境。

【申报"园林城市"】 根据国家建设部关于申报国家园林城市必须提交申报材料的规定要求,10月初,市园林部门完成了《海口市创建国家园林城市绿化工作情况汇报》、《海口市执行园林绿化法规情况汇报》、《海口市创建国家园林城市实施方案》、《1996年度园林绿化情况统计》、《海口市园林行政主管部门基本情况》等申报材料,并向国家建设部申报。

(王汉章)

环境资源保护

【简述】 以城市环境综合整治与定量考核工作为基础,全面推进创建"国家环保模范城市"。坚持环境管理、环境法制建设、环境宣传教育和环境科学研究四支轮子一起转的环保方针,抓好全市环境规划、环境建设、环保执法与宣传教育以及环境科研和信息工作。

城市环境质量继续保持优良,环境污染得到有效控制,城市生态环境得到进一步改善,全市公众环境意识特别是环境法制观念显著加强。

【环境质量状况】 城市大气环境质量优异,优于国家一级标准,其中二氧化硫(SO_2)浓度年日平均值为0.005毫克/立方米,氮氧化物(NO_X)浓度年日平均值为0.013毫克/立方米,大气总悬浮微粒(TSP)浓度年日平均值为0.072毫克/立方米。城市水环境质量较上年度有所提高,其中地面水控制监测点米铺水厂、永庄水厂等饮用水源水质达标率继续保持100%,水质14项监测指标均达到《生活饮用水卫生标准》;地面水国家控制监测点儒房渡口(按渔业用水)、秀英工业水库(按工业用水)、海甸溪424医院断面(按景观娱乐用水)的全年枯水期、平水期、丰水期监测统计结果,所测项目均达到相关功能用水标准,水质达标率达到100%。城市声环境显著改善,全市区域环境噪声等效声级值为58.2分贝,比上年下降3.4分贝;全市交通干线噪声等效声级值为68.0分贝,比上年下降2.0分贝。

【环境污染控制】 全市建成龙华、海秀、白龙、海甸、新港等5个烟尘控制区,有效控制总面积达33.64km²,全市烟尘控制区覆盖率为100%。全市环境噪声达标区建设有成效,建成2类功能区面积达到20.99km²,使噪声达标区覆盖率由1996年的17.95%上升为62.40%。全市工业废水排放总量为1127.75万吨,工业废水排放达标量为936.28万吨,工业废水排放达标率比上年度略有提高。对全市33905辆在用汽车中的28968辆予以年检,年检达标率为83.98%;路检2823辆汽车,路检达标率为81.01%;汽车尾气平均达标率为82.50%,与上年度基本持平。全市工业固体废物包括炉渣2.2万吨、化肥废渣0.5万吨、其它废渣0.68万吨,全部予以综合利用。城市危险废物产出33吨,均为医院医疗废物,全部予以焚烧或卫生填埋。

【城市环境建设】 全市建有一座生活污水集中处理厂(海甸岛东部开发区污水处理站)和一座工业污水集中处理厂(美国工业村污水处理厂),建有海南饮料食品有限公司污水处理站等中小型污水处理设施10余套,城市污水处理率仅为7.61%;海甸岛白沙门30万吨城市污水处理厂在建;1997年度全市排放工业废水1128万吨,排放生活废水4170万吨。全市拥有工业锅炉34台(套)计219蒸吨,集中供热率为46.58%。1997年度全市供燃气总量为5.40万吨,用气总人数达42.22万人。城市生活垃圾产出29万吨,全部进行卫生填埋处理。城市建成区绿化覆盖率达到40%。全市自然保护区覆盖率为8.82%,其中,建有海口湾西海岸岸线保护区16.0km²、金牛岭地下水保护区(一级保护区)2.0km²、永庄水库饮用水水源保护区(一级保护区)2.9km²、建有风景名胜区(点)五公祠0.667km²、海瑞墓0.005km²。

【城市环境管理】 加强领导,建立良好环保运行机制。在城市环境综合整治与定量考核领导小组的基础上,强化领导机构,充实协调和组织力量,成立海口市"创建"工作委员会;形成市委、市人大、市政府、市政协领导作决策,环保部门统一监督管理,全社会共同参与的环境管理运行体系;建立环保工作汇报制度、环保目标责任制度和公众环保表彰制度。环保投资指数连年呈上升趋势,1997年达到1.74%,大大高于全国平均水平。

广泛宣传教育,全民共建环保模范城市。发挥新闻媒体宣传作用,营造环保舆论氛围,充分利用3.12植树节、4.22地球日、6.5世界环境日和12.29生物多样性日等重大活动的有利时机,组织新闻单位配合开展一系列有针对性的宣传教育活动;组织中小学生参加环岛生态考察夏令营和中国沿海开放城市"环境保护与可持续发展"科学论坛活动,获得优秀组织奖。开拓环保基础教育,培养具有强烈环境意识的跨世纪接班人。市环保、教育部门密切配合,报经市政府批准,实施《海口市环境保护教育行动纲要》,编制一套《环境保护常识》教材,由中国环境科学出版社出版发行。

加强环保法制建设,推动城市经济、社会与环境健康发展。坚决依法行政、综合治理城市环境污染;加强环保机构和执法队伍建设,提高环境管理队伍素质,建立一支作风优良、纪律严明、业务过硬的城市环境管理综合执法队伍;依法解决广大市民关注的热点环境问题。从1997年7月份开始,出动大批机关干部,进行为期四个月的交通污染专项治理,基本上消除了市中心区柴油中巴车的黑烟污染，初步控制了其他机动车辆的废气污染；环保、公安交警、交通路政、城管监察等有关部门加大综合执法力度，彻底消除机动车喇叭噪声污染。依法限期治理严重污染企业。根据科学监测和分析研究，把污染相对突出的海口糖厂、海口椰岛公司、欧化印染厂等三家工厂和海口保健院、海口中医院、海南安宁医院、海南中医院等四家医院列为重点污染源，对其废水污染实施限期治理，依法征收排污费。获得"全国环境法制工作先进集体"荣誉。

（杨立刚）

环境卫生管理

【简述】 市环境卫生管理局负责全市67条道路的生活垃圾的清扫、保洁任务，清扫面积为987.5万平方米，其中机械清扫面积约为32.5万平方米，一级管理道路483万平方米；二级管理道路193万平方米；三级管理道路104万平方米；四级管理道路46万平方米；负责全市生活垃圾、工业垃圾、粪便的清运和处理以及建筑垃圾的处理。全年生活垃圾清运量29万吨，无害化填埋处理29万吨，处理率达100%，粪便清运量3.14万吨，全部实现无害化处理，建筑垃圾处理量约为25万吨。

【城市环卫设施建设】 配合市委市政府开展的六块牌匾的创建工作，市环卫局加大环卫硬件设施建设的力度。年末统计全市共有环卫车辆115辆，比上年增加4辆，其中垃圾运输车99辆，道路冲洗洒水车8辆，扫街车3辆，粪便车6辆。拥有各类垃圾转运站14座，比上年增加1座，公厕132座，比上年增加12座，其中流动公厕16座。生活垃圾卫生填埋场1座，日处理量800吨，年处理量约为30万吨，无害化处理率达100%。筹建一座利用国外贷款建设的集无害化、减量化和资源化为一体的新的生活垃圾综合处理场的手续和前期工程准备工作均已完成，预计1998年初动工兴建。浮灵水和海甸岛两个建筑垃圾排放场全年处理建筑垃圾约25万吨，与上年处理量基本持平。

【环卫队伍建设】 年末统计市环卫局共有职工2100人，其中正式职工757人，临时工1343人，在职机关干部29人，事业编干部57人。局机关下属五个部门：市容卫生监察队、振东清洁队、新华清洁队、垃圾场、垃圾处理公司。基层干部实行聘用制，清扫保洁人员采取合同制，实行定人、定岗、定任务、定时间、定标准的"五定"管理制度，坚持基本工资、工龄工资、定额工作三结合的工资制度，打破平均主义，激发了环卫职工的工作热情。加强职业道德等社会主义精神文明教育，使其正确认识自己的劳动价值，消除自卑心理，树立正确的人生观、价值观。开展普法教育，增强法制观念，自觉守法，运用法律武器维护自身的合法权益。年内环卫局获得省精神文明先进单位等多项表彰，40多人获得其他奖励。

年内，环卫局动工兴建四幢职工宿舍综合楼，预计1998年上半年竣工，届时将解决131户职工住房问题。购买扫街车一辆，减轻环卫工人劳动强度，提高安全系数。

【市容环境卫生管理】 认真贯彻《海口市环境卫生管理办法》、《海口市建筑渣土管理办法》等法规、规章，配合市环境综合整治活动，开展整治"三乱"（乱吐、乱丢、乱倒）行动。市容卫生监察队派出70多名队员，在6条主要马路上开展整治"三乱"活动，共纠正违章行为3467人次，处罚1631人次，罚款20490元，有效遏制了乱吐、乱丢、乱倒行为。对全市的洗车台（站）进行重新登记，全面整顿，凡不符合城市规划、不具备条件、影响市容景观的洗车台（站）坚决取缔。加强对建筑垃圾的管理工作，对建筑工地逐个检查，不合格的坚决查封。严格查处违章工程车辆，全年共处罚违章车辆195部，扣证30个，扣车18辆。处理各类违章事件534件，罚款15.3万元，义务清理无主建筑垃圾3500吨，门前卫生责任管理小组与全市主要街道1993多家单位、店户签定了门前卫生责任协议书，做到人员、责任、检查三落实。在门前卫生责任违章现象的监督处罚中，共处罚各类事件500多人次，罚款1.8万元。

【生活垃圾清扫、清运、处理】 年末统计全市安装果皮箱1400多个，其中造型新颖、方便耐用的不锈钢果皮箱500多个，布置封闭式垃圾桶2000多个。采取定点定时收集，配备99辆密封式垃圾收运车辆清运，实行单车承包，责任到人，确保生活垃圾日产日清，清运率达100%。环卫局进行的生活垃圾袋装收集试点工作取得较好的成绩，预计1998年下半年将逐步推广。清扫工作在主要道路实行一天两扫两保，晚上加一班的方式轮番作业，其他道路实行一天两扫两保的作业方式，保证了道路清扫保洁的质量。公厕管理严格按照"三通、五净、六无"标准管理，24小时对外开放，实行挂牌服务和公开监督制度。

（温丽萍）

海洋国土开发与管理

【简述】 年内，市海洋局颁发海域使用证1张，批准使用海域263161.5平方米（政府减免海洋资源补偿费1762万元，缓收80万元），签发海洋倾倒许可证3张，批准向海口海洋倾倒废弃物70万m^3，征收倾倒费3.25万元；查处海洋倾废违章事件3起，海岸工程违章事件3起，海沙开采违章事件10起，共处5万元的罚款；协助5个单位做好海洋开发利用的前期准备工作；编写完成《海口市海域使用管理办法》（送审稿），并报请市政府送人大审批；认真落实《海口市海洋开发规划》，协助省政府、省政协、市政府及省海洋厅检查海滩开发利用与环境保护、规划实施、撤除关卡等方面的情况，借助《海口晚报》等媒体进行宣传；完成了省政府部署的海口市海洋产业基本情况普查工作；完成海洋监察队基地筹建工作中的立项、选址、材料上报、土地证领取等；出资对海口湾水质定期监测与通报4次，海洋开发与管理有了新的发展。

【海洋国土开发利用】 全年海洋开发势头不减，已竣工的项目有：假日海滩嬉日乐园与休闲度假中心，海口新港航道移线疏浚工程（世纪大桥建设相关工程）；上马开工项目有：污水处理海洋处置工程，批准使用海域26.3公顷，海甸溪整治、西秀海滩海洋开发项目等；已做好前期准备工作的项目有：海口管道燃气股份公司油气码头，世纪大桥围海造地项目，中国热带海洋世界等；提上日程、签订协议的申报项目有：海洋水族馆、海上航母大酒店、省航道局工作船码头、海口海关缉私码头等。为配合省政府提出的“一省两地”战略及市政府提出的把海口市由旅游通道变为旅游基地的要求，海洋开发热潮方兴未艾，海口市西海岸已成为海口市海洋开发的热点，拟定落户项目有5个，投资金额达20亿元。

【海洋生态环境保护】 完成市中心区污水处理深海排放工程建设海底管道铺设的审批、发证及现场监管。完成对陆源入海排污与海上污染物的资料收集，并按省海洋厅要求报《海口市海域污染总量控制及环境管理方案》和《海口市中心区污水处理深海排放工程海洋环境监督管理方案》给国家、省、市有关部门。加强台风暴潮期间监测监视，及时准确地为市领导及三防指挥部提供现场潮位实况与增水趋势，为减灾防灾服务。全年对海口湾水质进行定期监测与通报4次，对秀英滨海浴场、假日海滩浴场、华夏广场、热带海洋世界选址海域进行水质取样监测各一次，共编发《海口海洋环境监测通报》4期，及时为领导、用海者及有关单位提供最新的第一手材料。市委、市政府十分重视海洋开发与海洋环保工作，建立全市海洋环境监测、监视体系，实施海域现场监管制度，海洋开发与环境保护并举，历年来海口港的水质均保持Ⅰ类海水水质。

【海洋国土综合管理】

完善管理制度 针对行业特点，在机关作风、服务质量、工作效率等方面优化行业风气，创造优美环境、优良秩序与优质服务。切实做好市委、市政府提出的专项整治工作。局与科室、科室与个人签订工作效率、服务责任书，落实任务与责任到科室与个人，年终考核奖优罚劣。局印制工作情况登记表格，各科室与个人每月填写工作目标完成情况，并填报办事效率等方面的有关数据。局推行海洋倾倒废弃物许可证“直接办理制”，增加透明度，为用海者快捷办理手续；完善海域使用证办理程序，从过去“来文申请后经有关人员受理—报局领导阅示—科室操作—报局领导批示—反馈科室办理—最后发文”等形式，转变为“科室受理—提出办理意见—报局领导审批即发文”，缩短了办事时间，提高了办事效率，主动上门为海洋开发投资者服务，“一转变，两提高”专项整治成效显著。

海洋意识宣传 通过《海口晚报》、《中国海洋报》等宣传媒体广泛宣传海口市丰富多样的海洋资源，得天独厚的海洋区位优势及优惠的海洋开发政策，尤其是大力宣传海口市正逐渐迈向法制化、程序化的海洋管理举措，宣传《海口市海域使用管理暂行办法》与《海口市海洋开发规划》，吸引人们投资海洋，为内引外联、招商引资服务。海洋开发热潮方兴未艾，利用德国政府贷款人民币12644万元的市污水处理海洋处置排海工程，利用日本协力资金贷款5000万美元建设的海口世纪大桥工程均已运作，外商独资、合资的几个中、小型海洋旅游项目正在筹措中。这些项目的上马，加速了基础设施建设，加快了旅游业的步伐，促进经济建设快速发展。全年共编发局工作简报“海口海洋”4期，快捷全面及时报道海口市海洋国土开发利用、综合管理、环境保护等方面的情况及新举措，长期向社会各界灌输海洋国土意识。坚持自筹资金为有关部门、领导与用海、管海单位订全年《中国海洋报》100份。全年共计向有关领导、单位、个人与宣传媒体等编发有关宣传材料15000份。

坚持论证规划 坚持海域使用自然条件可行性论证，做到科学规划、合理利用海洋资源，组织完成《华夏广场海洋世界海域自然条件可行性论证报告》、《海口市世纪大桥及其配套补偿工程美丽滩海域使用围海造地可行性论证报告》。《海口市海洋开发规划》的执行情况良好，按规划要求审批海口市世纪大桥配套围海造地、中国热带海洋世界项目上马，另外，为配合规划的实施，还抓紧地方性海洋法规的制定工作，完成《海口市海域使用管理办法》（送审稿）的编写，并起文请示市政府送市人大审议。

海洋开发监管 加强海滩与海域的现场监察力度，发挥海监船、艇和海洋监察队的快速机动作用，定期出海和每天巡视监察海岸线，全年共出动“中国海监218”艇39航次，出动“中国海监211船”出

海监管18航次，近岸巡视监管150次，此外，全年对陆源排污口监察15次，对近岸滨海浴场监察48次。有效地控制住滥采乱挖海沙的现象，促使海洋资源开发与环境保护工作同步发展。较好地完成省政府、省政协及省海洋厅组织实施的海滩检查工作。市辖海滩上的海洋开发利用大部分按《海口市海洋开发规划》与城市总体规划进行，假日海滩上的几处违章施工受到查处，并在《海口晚报》上曝光，违章单位已及时改正。在协助海口市城市建设有限公司做好世纪大桥工程海域使用审批、航道改道、海洋自然条件可行性论证工作的同时，做好新港航道改线的海洋疏浚工程、海洋废弃物倾倒的审批、发证工作，签发3张海洋倾倒许可证，批准向海口海洋倾倒区倾倒废弃物70万m^3。强化现场监管力度，对开始阶段的不到位倾倒，分别处以通报批评及罚款处理，共计编发《海口海洋巡航通报》三期，查处海洋倾倒违章事件三起，处以罚款4万元。海洋监察队基地的筹建工作进展顺利，规划选址、蓝线图确定、材料报送等在上半年完成，下半年办理土地使用证并拟定工程报建手续。

海洋资料统计　陆源污染资料及海洋开发管理资料的收集工作在上半年完成，下半年开始资料的整理、分析、统计及归档工作。第一季度完成海口市海洋经济统计工作，并按要求上报年度海洋经济调查报表给省海洋厅。从6月下旬起到9月底止，完成海口市海洋产业基本情况普查工作，基本摸清海口市海运业、滨海旅游业、水产企业、农村海洋产业及其它海洋产业的家底，为下一步正确制定海洋产业政策和加强海洋综合管理提供依据。为1996年度《海口统计年鉴》组织编写海洋开发与管理材料，填补了历年来海口统计年鉴中无海洋章节的空白，得到省海洋厅与市统计局的好评。

附:海口海洋开发与管理概况

单位:万立方米　万元　公顷

项目＼数量＼年份	1990	1991	1992	1993	1994	1995	1996	1997	合计
管理人数	5人	5人	5人	7人	10人	13人	18人	20人	
海洋废弃物倾倒量	13	23	158.3	229.9	18.01	20.7	76.5	70	609.41
征收海洋废弃物倾倒费	0.65	1.15	2.565	11.495	0.9	1.035	3.825	3.25	24.87
年度批准海域使用面积	0.2	65 吹填造地	20 吹填造地	643 其中 吹填造地631	15.6 其中 吹填造地3.5	85.6	5 吹填造地	26.3	860.7
征收海域使用费				291.3187	149.1132	10	10	政府减免 1762.3 缓收 80	460.4319
海沙资源开采量	20	261	313.6	1345	50		33.6		2023.2
征收海沙资源费	1			140.16	45.6	24	6.36		217.12

（陈光磊）

气　象　事　业

【气候特点】　1997年海口市区气温比常年偏暖，秋季异常高温，降水偏多，雨季偏早，日照偏少，热带气旋影响偏早偏少，气候灾害比较近几年属轻灾年。

【气温】　市区年平均气温为24.6℃，比常年偏高0.8℃，各季平均气温：冬季（1～2月）17.7℃～18.7℃，1月平均气温为18.7℃，比常年同期偏高1.5℃，尤其中旬偏高2.6℃，该月24日出现年极端最低气温11.1℃；2月17.7℃，偏低0.5℃，中旬冷空气影响降温明显，旬平均气温偏低3.1℃，15～18日出现轻度的低温阴雨天气过程；春季（3～5月）平均气温22.3～27.2℃，3、4月偏高1.0和0.4℃；5月接近常年；夏季（6～8月）平均气温28.1～29.3℃，6、7月接近常年，8月平均气温为全年最高，比常年偏高1.5℃，年极端最高气温出现在6月9日为36.4℃，5～8月日最高气温≥35℃的日数达23天；秋季（9～11月）平均气温24.5～26.2℃，9月偏低0.8℃，下旬受“寒露风”天气影响，降温明显，平均气温偏低2.4℃，10月偏高1.2℃，11月闷热高温，平均气温偏高2.5℃，中下旬气温偏高1.8～5.6℃，其中下旬平均气温超历史记录最高值，月平均最高和极端最高气温均异常偏高；冬初(12月)平均气温21.0℃，比常年偏高2.3℃。

【降水】 市区年降水量2192.9毫米，比常年偏多3成多。年内降水分布变化大，旱季雨量比常年偏多1.4倍，占年雨量的24%；2月上旬进入雨季，比常年早两个多月，雨季长达8个多月，雨量偏多3成。1～4月降水量为521.4毫米，1月比常年偏少3成，2月雨量137.4毫米，偏多3倍，超历史同期最大记录，3、4月降水量比常年偏多2倍和1倍；5～10月雨量为1624.1毫米，5月上旬、下旬及6月中旬均降一次暴雨，5、6月降水量比常年偏多约4成，7月接近常年，8月下旬受9713号热风暴影响，过程雨量231.9毫米，22日雨量达182.3毫米，比历年同期异常偏多，月雨量偏多2成；9月2日降暴雨，23～27日受9718号热带风暴外围及南下冷空气共同影响，两日连降暴雨，过程雨量213.1毫米，月雨量偏多8成，10月降水比常年偏少2成多；11～12月雨量为39.0毫米，分布不均，11月降水异常偏少，12月偏多1倍。

【日照】 市区年日照为1721.3小时，比常年偏少465小时。全年除11月为正距平值外，其它月份均为负距平。1～2月，日照分别为116和35小时，比常年偏少10～67小时，3～7月日照时数逐月增多，为108～226小时，比常年偏少34～47小时，8～12月日照逐月减少，为76～206小时，11月偏多13小时，其它月份偏少10～84小时，其中9月日照119小时，少于历史同期最小值。

【热带气旋】 1997年影响海口市区的热带气旋共有2个，分别为9713号热带风暴和9718号强热带风暴，影响个数比常年平均值偏少3个，初台为8月20日，开始时间比常年推迟1个多月，终台为9月26日，比常年提早10天左右。全年无一热带气旋登陆海南岛，为历年罕遇；对市区影响比较严重的为9718号强热带风暴，受其外围影响，9月26日～27日市区连降暴雨；全年因暴雨造成的洪捞使两万人口受灾，损坏房屋300间6550平方米，直接经济损1620万元。

【大气探测】 海口地面气象观测站和海口高空气象探测站的测报工作提高较快，业务质量达到建省以来最好成绩。地面测报质量为0.3‰，完成省局指标要求，全年有6人未出现错情；高空测报完成六项工作质量指标，其中控空质量达7‰，测风质量0.9‰，探空平均高度25961米，测风平均高度24994米，球炸率975‰，人为重放球1个，雷达单独测风平均高度17860米，全站完成六项以上质量指标，其中有8人完成七项质量指标，4人达优质测报员，4人为优秀测报员。

【气象现代化建设】

持续发展现代化建设　省气象局现代化建设取得重大进展，计算机网络建设跨入国内同行先进行列，气象卫星综合应用业务系统(9210工程)建设稳步进行。完成两个VSAT站的安装调试工作，海口开通了卫星电话和数据通信，省局通过专线拨号加入国际互联网，为省主要领导办公室、省电力公司、牛路岭水电站开通了服务终端，网络全年运转良好率达到90%以上。省政府拟在全省气象综合信息系统的基础上建设全省三防农业管理信息系统，将大大提高气象综合信息系统的建设效益。

办公自动化建设　初步建成部门办公自动化系统。建立管理信息系统，包括办文系统，人事、计财、政工、装备、业务质量等方面的管理信息库，气象信息查询、任务管理、工作安排和通知等模块。省局领导、处级机构和市县局可通过网络交换信息。

【气象服务】

灾害性天气预报服务　气象部门把服务工作放在首位，精心组织，落实到位，对重大灾害性天气预报准确及时，保障服务主动，对影响我省的9710、9713、9718等热带气旋均做出了准确的预报。

防雷服务　巩固和发展以防雷服务为龙头的气象科技服务产业，多方面发展防雷产业，举办了两期防雷技术培训班，提高了气象部门防雷服务质量和信誉，赢得了市场和用户。

(陈小丽)

城市防震

【重点建筑物抗震性能抽查】 为加强海口市生命线工程、重要工程和可能发生次生灾害工程的抗震性能，经市政府同意，由市地震局牵头从省地震局、市城建局、规划局、房产局抽调人员组成抽查小组，对重要建筑物的抗震性能进行抽查。这项工作分初步摸底、抗震性能鉴定和抗震加固三个阶段进行，对近70个建筑物的工程地质勘察报告、工程结构设计图件、工程施工质量监理等资料进行重点抽查，根据这些资料对抗震性能差的建筑物采取抗震加固措施，增强其抗震性能。

【地震监测工程和快速反应工程建设】

一是基本完成海口市地震监测中心的地震信息系统的硬件设施建设，该系统正在积极收集有关资料，建立数据库，并开发和整理相应的配套软件和程序；二是建立“无线电短波台”，发放工作正在进行，为本市的地震应急通讯工作打下良好的基础；三是“地下流体综合观测台”、“电测波台网”、“数字强震台”的选址、仪器选型和仪器购买已经落实。

【其他防震减灾工作】 一是9月22日

召开市防震减灾工作会议，曾浩荣、罗素兰等市领导参加会议，会议传达海南省防震减灾工作会议精神，研究布署本市防震减灾工作；二是宣传贯彻《海南省工程场地地震安全性评价管理办法》，并起草市政府《关于贯彻落实〈海南省工程场地地震安全性评价管理办法〉的意见》；三是编制《海口市防震减灾十年目标实施方案》、《海口市震后趋势快速判定工作方案》和《海口市地震模拟演练方案》，《海口市防震减灾十年目标实施方案》已经市政府批转实施；四是9月25日举办“震害评估学习班”，邀请国家地震局专家讲解，共40多人参加；五是12月15日成功召开粤桂琼交界地区第四届防震减灾联防会议，总结交流各地的防震减灾工作经验，分析地震形势，研究地震联防对策；六是加强防震减灾宣传，一年来在解放路、滨海新村等地举办三次防震减灾知识展览，发放宣传材料，参观人数8000人次，收到良好效果。

（陶　瑞）

城市管理

【简述】 城市管理工作以开展“转变工作作风，提高办事效率，提高服务质量”活动为基础，围绕依法治市，综合执法，创建“国家卫生城市”、“全国优秀旅游城市”、“环保模范城市”、“园林城市”和“世界健康城市”，进一步美化市容市貌，改善投资环境，取得良好的效果。

【组织、检查、督促、协调】 在实施城市管理过程中积极发挥对市政建设工程的“组织、检查、督促、协调”作用，在整治海甸溪（含长堤路改造工程）、污水处理厂工程、米铺水厂二期扩建工程、南渡江防洪前期准备工作、世纪大桥前期准备工作、垃圾处理厂工程、美舍河一期工程前期准备工作、滨海大道南侧扩建工程等工作中，一是及时组织召开各种协调会议，解决施工中的各种问题。二是深入现场解决问题。三是派出专业人员对工程进度、质量情况进行检查监督，为工程进展提供良好条件。

根据创建文明城市的要求，积极抓好南大立交桥、龙华路等亮丽工程，对桥身、路面以及沿街各式商业门面进行统一治理，取得了良好市容效果。

【广告管理】 根据城市管理需要，海口市大型户外广告由城市管理部门和工商管理部门联合管理，其中城市管理部门负责审查大型户外广告的设置地点和形式，工商管理部门负责管理户外广告的内容。

【依法治市综合执法】 作为城市管理的主力军，当全市其它部门的联合队伍撤离后，努力加大城市管理力度。海府路、海秀路、大英后路是1996年开展依法治市环境综合执法的试点路段，年内在巩固上年综合治理成果的基础上，加强了上述路段夜间管理力度，做到白天晚上管理一个样，在上述路段投入监察执勤达58800人次，处理各种违章逾10万起，取得了阶段性成果，并于年初被中宣部定为全国100个创建文明城市示范点之一。三月份在海口召开的全国城建监察会议上，中央及各省市代表对本市在试点路段上开展依法治市综合执法取得的成效给予充分肯定，认为是一个成功的城市管理新路子。开展对全市市管30条主干道的综合治理，全面实行路段目标管理责任制，将市管30条主干道划分为重点路段和一般路段，将城市管理工作细划为以下14个子项目：考勤纪律、队容风纪、文明执法、廉政建设、无乱搭乱建、无乱摆乱卖、无乱张贴、无乱堆放、无乱倒乱丢、无乱钉乱挂、无占道修补、无侵占绿地、公共场地管理、其它。并对以上十四个子项目规定了具体执行标准，建立了完整的奖罚制度，使得队伍的形象、工作质量和工作效率有极大改善。一年中，共投入执勤人员92500人次，处理乱搭建、乱张贴、乱摆卖等违章案例97887次，使市管道路上的重大违章现象基本得到控制，有力地促进依法治市、综合治理工作，市管主干道的管理逐步走向制度化、规范化的长效管理轨道。

严管理、重疏导，在整顿城市道路上乱摆卖、乱堆放、占道经营等违章行为的同时，考虑到社会、经济发展水平，有计划地在东湖路等不防碍交通的地段设立了便民疏导点，允许市民按规定设摊摆点，规范管理，既方便了群众生活，又解决了部分下岗职工就业问题。

城市管理工作存在的主要问题：管理机制不顺，城市管理队伍实行条块结合，市区政府分级管理，城管支队统一指挥，双重领导，以各职能局为主的管理模式，因此往往造成多头管理、政出多门、职责不清、有利则争、无利则推的局面。城管队伍也很难做到召之即来、来之能战、战之能胜，从而使城市监察工作在统一性、整体性和主动性等方面受到制约，不能全面发挥城监队伍的潜能。

（吴承杰）

（责任编辑：高　萍）

社会事业

129/159

教　　育

综　　述

1997年，全市广大教师和教育工作者认真学习贯彻党的十四届六中全会和十五大精神，全面实施“四法一纲”和“九五”教育规划，深入开展“一转变，两提高”专项整治活动，不断深化教育教学改革，全市教育事业取得新的进展。各类教育协调发展，办学条件明显改善，师资队伍整体素质显著提高，教育教学质量大幅度提高，精神文明建设进一步加强，全市中小学生操行乙等以上的达95%，中小学生体育锻炼标准合格率均达85%以上，劳动、劳技、健康、环保、国防教育不断加强，全市高中会考合格率91.9%，优良率、优秀率均居全省第一，普通高考入围率达66.7%，创历史最高水平。薄弱学校建设取得新成效，市九小分校、二十五小分校正式与总校脱钩，独立办学。教职工居住条件进一步改善，全市教职工家庭人均居住面积12.8平方米，住房成套率82%；职业教育和成人教育进一步发展，职业大学通过国家教委的评估验收，海口旅游职业学校参加全国第二届职业中学美容美发大赛获两项优秀奖。全市中等职业教育招生数占高中阶段招生总数的55.3%，比上年提高4.3个百分点；师德建设不断加强，黄翠英等五位老师被授予“师德标兵”，宋开雄等10位老师被评为“师德先进个人”，韩玉玲校长当选党的十五大代表，并光荣出席了大会，傅映柏校长被授予全国“爱国拥军模范”称号，全年79人被授予“优秀教师”称号，28人被授予“先进教育工作者”称号，109人被授予“先进班主任”称号，6人被批准为省特级教师，51个单位和10人分别被授予“热心扶教育、爱心献后代”先进单位和先进个人的称号。全年共评聘37名中学高级教师、112名小学高级教师；加强教育执法监督的力度，对14所民办学校进行检查整顿，撤销维也纳音乐实验学校（筹备）的办学资格；加强教育宣传力度，编辑出版四期《椰城教育》，编辑出版《海口市各级各类学校分布图》，拍摄反映海口十年教育巨变的专题片，编辑出版大型画册《海口教育》，教育宏观管理与决策水平明显提高；计划生育工作取得了较好的成绩，计划生育率、晚婚晚育率均达到100%，节育率98.5%，领取独生子女证率达到100%。学校的综合治理和安全保卫工作扎实有效；“两基”巩固提高工作成效显著，新华区、振东区通过省级验收，被授予“普及中小学实验教学区”的称号。市九小、二十七小、二十小、二十八小通过省级验收，被授予省“电教示范学校”的称号，其中，九小评分获全省第一，标志着全市中小学实验教学和电化教学进入一个新的发展阶段。幼儿教育健康发展，琼台幼儿园、火电幼儿园、港务局幼儿园通过了省一级园的评估，被授予“海南省一级园”的称号，全市一级园增加到九所，省机关幼儿园、海口市机关幼儿园被评为省第一批示范园。全市教育入学率为：幼儿园91%、小学教育100%、初中教育99.8%、高中阶段教育入学率71%，每万人口普通高等教育入学人数27人。全市共有幼儿园150所、小学105所、普通中学31所、职业高中3所、技工学校3所、中等专业学校13所、市属教师进修学校1所、职工中专及职业大学各1所、省属高等院校5所、社会力量办学48所。

（林元山）

基础教育

【幼儿教育】　1997年，全市共有幼儿园150所，设525个班，其中私立幼儿园42所。在园（班）幼儿数18351人。由于领导的重视及广大幼教工作者的爱岗敬业、无私奉献，幼教工作又上新的台阶。又有4所幼儿园被评为省一级幼儿园（全省18所省一级园，海口市占61%），海南省机关幼儿园、海口市机关幼儿园两所幼儿园被评为全省首批示范幼儿园，全市幼教管理工作已形成分级管理格局并稳步发展。

（曾春屏）

【小学教育】　1997年，海口市共有小学105所，其中教育部门办85所，民办和其他部门办20所。共设教学班1281个，在校学生64551人。学制为六年。市区实行6周岁6个月龄入学；郊区农村实行6周岁龄入学。按就近入学原则安排入学。全市适龄儿童入学率100%，年巩固率99.9%，毕业生升学率100%。

（李燮）

【初中教育】　学制为三年。1997年，海口市共有初级中学（含完全中学）30所，其中教育部门办21所，其他部门办7所，私立学校2所。共设教学班425个，在校初中生21432名，学生年巩固率98%，毕业率95%。

【普通高中教育】学制为三年。1997年，海口市共有普通完全中学12所，高级中学1所，其中教育部门办8所，其他部门办3所，私立学校1所。在校生6360人。参加高中会考共1891人，合格1738人。高中毕业会考合格率91.9%。全市2231人报考普通高等中专学校，录取1667人，录取率74.7%。

（王涯燕）

职业高中教育

职业高中班和职业中专班学制均为三年（个别农业班试行二年制）。1997年全市职业高中3所，其中职业高中班53个，职业中专班6个，在校生2050人。

海口市旅游职业学校　全校共有34个班，在校生1067人，1997年毕业生348人。报考高等职业大学的有31人，被录取23人。职业高中班专业设置有外事服务、宾馆机电、美容美发、外事财会、外事文秘、中西餐烹饪等7个专业；职业中专班专业设有公共关系（含导游）、国际商贸、酒店服务与管理等3个专业。青年教师张春影在“全国青年岗位技术能手大赛”中餐宴会摆台比赛中获得优秀奖。美容美发专业班学生符玲、吴清葵代表我省参加全国第二届职业中学“蒙妮坦杯”美容美发技能大赛，分别获得晚宴妆优秀奖（第九名）和新娘妆第十二名，并荣获“精神文明奖”。

海口市第一职业中学　现有27个班，学生962人，1997年毕业生302人。报考高等职业大学有80人，被录取58人。旅游专业学生参加1997年全国导游人员资格证考试人数34人，合格人数9人，合格率30.6％。设有家用电器、财会统计、饭店与管理、计算机应用、导游和商业营销等6个专业。另外，学校与海南供销学校联合办的4个普通中专班有商业企业财会和市场营销2个专业。

海口市海秀职业中学　以农村学生为主的农业职业中学，主要开设花卉种植、动物饲养和家电维修等专业。

（李桂英）

成人教育

【职工教育】　1997年，海口市各企事业单位围绕深化改革，转机建制新要求，以提高从业人员技能素质为目的，以转岗下岗人员为主要对象，重点抓好岗位培训和继续教育工作。全市共有5509名干部参加岗位培训，其中参加资格培训的有2606人，参加适应性培训的有2903人。工人参加岗位培训共有18547人，其中参加资格培训的有5538人，技术等级培训的有6147人，适应性培训的有6862人。

【扫盲和农村实用技术教育】　1997年，海口市把扫除剩余文盲作为巩固“两基”达标成果的一项重要工作纳入政府行为。实行扫盲“双线”承包责任制，层层签订扫盲责任书。在市、区两级政府的统筹和领导下，多方配合，齐抓共管，全年共扫除青壮年剩余文盲208人，青壮年非文盲率达到99.9％，巩固率为100％。同时，农科教部门积极配合，在全市8个乡镇开展“新能手、文明户、小康村”活动，全年共举办213期实用技术培训班，参加学习培训的农民达9975人，为振兴农村经济培训了一批有知识、懂技术、能动手、善经营的创业致富能手。

【成人高等、中专学历教育】　1997年，全市成人中专学校开设财会专业，在校生316人。参加高等教育自学考试考生共有5021人，报考的专业有27个，共12063科次，单科考试合格率35.3％，有60人通过自学考试取得大专毕业文凭。成人高考、中专考试考生共有1677人，被录取897人，录取率53.5％。

【海口市职业大学】　1997年，海口职业大学努力改善办学条件，积极拓宽办学渠道，于7月顺利通过国家教委评审。全校教职工27人，其中副教授3人，讲师7人，助教3人。在校生155人。为从根本上改善市职大的办学条件，新校址一期工程正在抓紧进行。

（王建基）

社会力量办学

1997年，海口市认真贯彻国务院颁布的《社会力量办学条例》，按照“积极鼓励，大力支持，正确引导，加强管理”方针，对全市各社会力量办学单位进行了检查评估，促进了社会力量办学健康有序地发展。全市举办的各类民办学校或培训中心48所，积极开展各类成人教育和职业培训，参加学习培训的人数17688人。初步形成了一个多渠道、多层次、多形式、多规格的社会力量办学格局。

（王建基）

教师队伍建设

1997年，海口市选派18名学校领导到北京教育行政学院学习，在全国率先提前三年完成国家教委提出的“九五”校长提高培训任务。公开选聘三位中学校长和两位副校长，提拔任用18名干部，调整充实了学校领导班子，学校活力明显增强。以小学教师基本功训练为突破口，狠抓教师基本功培训。在全市开展小学教师基本功的5个单项比赛中，共有129名选手参赛，110人次获奖。对11所学校的教师基本功训练抽查验收结果，“毛笔字”合格率95.2％、优秀率14.4％，“钢笔字”合格率98.9％、优秀率27.4％，“粉笔字”合格率98.6％、优秀率30.3％，“简笔画”合格率100％、优秀率30.5％，广大教师的业务素质有了明显的提高。全年评聘为高级教师的中学有37位，小学有112位。海口市一中宋开雄，海南侨中刘汉华，海口市第一职业中学谢维琼，海口市教师进修学校韩克伦，海口市二十五小陈吉寅和海口市教育局教研室韩玉衍六位老师被海南省人民政府授予海南省特级教师荣誉称号。海口市九小黄翠英，海口市八中周瑞英二位老师被评为海南省师德标兵。组织在职教师的继续教育，有780名中小学教师参加在职培训学习。138名小学教师经三年进修学习获小学教育专业函授大专学历。

（薛果佳）

教育投入与基本建设

1997年，海口市地方财政投入教育事业资金12254万元，其中基本建设投入4507万元。主要项目有：学校教学设施和课桌椅配置；秀英区“两基”达标收尾工作建设；市二中、市十中、市十二中、长流中学、市十一小、市十二小、市十八小等学校教学楼的工程建设；下贤教师村、晋江教师村、甸昆教师村、美舍河教师村、城西教师村、市二中教师住宅楼、市十一小教师住宅楼等工程建设；侨中食堂工程建设。全市竣工的校舍面积60221m²，其中竣工的教师住宅面积19001m²。

（符国上）

教育教学科研

1997年，海口市教育教学科研工作以推进素质教育为中心，深入开展扎实有效的教研活动，成绩显著。

市教科所参与组织了六次以素质教育为专题的考察、学习和培训活动。先后组团赴汨罗、天津、山东等地考察，组织了专题性的素质教育研讨会、报告会及研修班，参与人员2000多人次。组织了素质教育征文大赛，收到论文213篇，评出等级奖121篇。通过多种形式的活动，素质教育的精神及要义在课堂教学中逐步得到落实。

深入开展课题研究，以科研促进教研。1997年，经专家评审论证，确定国家、省、市级科研课题17项，召开全省首次教育科研课题发布会。其中规模性课题《提高教师素质与学生能力培养》实验范围扩大到3区10校34个教学班,《活动课程与中小学生科学素质提高》课题任务由海南侨中等七所中小学承担。

加强对薄弱学校的扶持,开展常规性的教学视导。1997年市级教研员先后到市属和三个区的20多所学校听课,参加科组活动,提出改进教学的意见。深入学校各部门、实验室检查常规建设,召开师生座谈会,反馈视导意见,提出改进措施,促进了薄弱学校的教学常规管理。

艺术教育长足发展。海南侨中殷力甫老师的音乐欣赏课获全国一等奖,教学录像被选作全国省级音乐教研员研讨班的示范课,教育局童声合唱团参加中国第二届童声合唱节在大连演出引起轰动。筹办"千字成杯"青少年儿童书画大赛,与齐齐哈尔市举办书画联展,成功举办了黄 天、王晓芳同学的个人画展。美术教育成绩斐然,一批小画童茁壮成长。

"十百工程"运作正常,学科带头人海南侨中孙京丽、海口四中庄岸文、市九小陈基华和二十六小蔡春菊等老师在中南片及全国性的学科调教中成绩突出。

组织各级各类学艺竞赛68项,1040人次获奖,其中国家级和省级竞赛36项,177人获奖。海南侨中的刘汉华、市教研室傅元根获全国最佳指导奖,市教研室吴益的论文在全国青语会第二届年会评比中获一等奖。1997年全市共评出海南侨中等教研先进学校10所,海口一中初中语文组等教研先进科组30个,海口九小吴素秋等教研积极分子106名。

(吴 益)

科学技术

综 述

1997年,海口市的科技工作认真落实党的十四届六中全会、十五大、省委二届五次全会和市委八届五次全会精神,坚定不移地贯彻"科学技术是第一生产力"的思想,坚持"科技兴市"发展战略,积极推进技术创新工程建设,集中精力搞好科技项目的引进、筛选和服务,积极培育新的经济增长点,全面推进科技进步,促进全市第一、二、三产业的稳定发展,科技进步对经济增长的贡献率达到36%,工业技术进步对工业经济增长的贡献率达到36%,农业科技进步对农业经济的贡献率达到42%。

科技成果及推广

海口洁宝日用化工厂研制生产的"稳定性二氧化氯"产品,已经推广,该产品是世界上公认的含氯消毒剂中唯一的高效灭菌剂,可以杀灭一切微生物,包括细菌繁殖体、真菌、分枝杆菌和病毒等。由于安全无毒无副作用,被广泛用于水处理、医疗卫生、食品加工、水产养殖等行业,是食品(肉类、水产品、果蔬)防腐、饮水消毒及污水处理等方面的理想药剂,是国际公认的最新一代(第四代)消毒剂,它的投产,填补了海南省二氧化氯生产的空白。该产品先进实用,有广阔的市场前景,投产后,年产值可达1000万元。

海口市人民医院在全国著名骨髓移植专家曹履光教授、郑天林教授指导下,使用自体外周血造血干细胞移植方法,通过造血干细胞动员、采集、冷冻、预处理、造血干细胞回输等一系列治疗手段,成功实施了移植术,标志着我省治疗血液病已达到国际先进水平。该移植术具有不需麻醉、免疫和造血功能恢复快、受肿瘤细胞污染少、愈后不易复发的特点,同时为治疗急慢性白血病、淋巴瘤、多发性骨髓瘤,部分实体瘤如乳腺癌等疾病,提供了有效的根治方法。

海口市菜篮子工程管理局培育成功的"香蜜杨桃苗",可大面积推广,第一批成活苗达10万株。这种香蜜杨桃原产马来西亚,在国际热带水果中占有重要的一席。具有果汁多、不酸不涩、香甜爽口的特点,国内卖价较高,不管大面积、小面积、土地肥瘦酸碱,均可种植,就连居民楼房阳台上的花盆里也可种植。

海口制药厂、海南华康生物制品研究所共同研制的"重组人粒细胞巨噬细胞集落刺激因子"项目,通过构建五株rhGM-CSF工程菌,达到高表达、高活性、高纯度;建立完善工艺,通过了国家卫生部组织的临床验证和车间验收,可以投产,年产值达1.5~2.5亿元。经鉴定达到国内先进水平,获国家卫生部二类新药证书,荣获海南省97年度科技进步一等奖。

海口市工业科学研究所引进山东青岛海洋研究所"八五"攻关项目鱼虾疾病特效药研究项目,开发生产后,经大面积推广应用,取得了较好的经济效益和社会效益。该产品已推广应用到本省的海口、琼山、文昌、琼海、陵水、乐东、东方、儋州等市县,为科技成果转化为现实生产力,科技扶贫,发展鱼虾养殖业作出了贡献,1997年荣获首届国际爱因斯坦新发明新技术博览会与国际荣誉评奖会国际金奖。

海口市人民医院史克珊、曹作为、石小峰研究开发的"显微激光手术治疗颅内肿瘤的研究"项目,获得成功,填补了我省的空白,经鉴定达到国内先进水平。在推广应用中,取得了较好的经济效益和社会效益。该成果荣获海南省97年度科技进步三等奖。

海南养生堂药业有限公司研制的"龟鳖养生胶囊"项目,采用国际上先进的超低温冷冻粉碎工艺,既保全了龟鳖原始物质的形态及其生理活性,又便于人体充分吸收,具有治疗疾病和滋补养生双重功效,可明显增强人体免疫功能,提高白细胞。该产品自投入市场以来,销售产值达5.1亿元,创税利9000多万元,出口创汇95万美元。荣获海南省97年度科技进步三等奖。

专业技术队伍

1997年全市企事业单位各类专业技术人员共9730人(企业2465人,事业7265人)。其中高级598人(企业161人,事业437人),中级2922人(企业742人,事业2180人),初级5606人(企业1541人,事业4065人),高中级占全市专业技术人员总数36%。

工程技术人员1811人。其中高级工程师161人,工程师496人,助理工程师、技术员1131人。

农业技术人员106人。其中高级农畜师3人,农畜师29人,助理农艺师、技术员69人。

科学研究人员24人。其中副研究员2人,助理研究员11人,研究实习员10人。

卫生技术人员1662人。其中主任医师9人,副主任医师94人,主治(主管)医、药、护、检验师470人,医、护、药、检验师、护士1043人。

教学人员4491人(不包括市党校)。其中高级272人(副教授3人,高级讲师13人,中学高级教师256人),中级1422人(讲师53人,中学一级教师631人,小学高级教师756人),初级2395人(助理讲师、教员50人,中学二、三级教师881人,小学一、二、三级教师1464人。

船舶技术人员4人,未定职称。

经济人员631人。其中高级经济师24人,经济师163人,助理经济师、经济员430人。

会计人员382人。其中高级会计师1人,会计师66人,助理会计师、会计员295人。

星火计划

1997年,市科技局星火计划办对申报项目材料进行认真审查、筛选,并实地考察,最后经局领导讨论确定,批准立项并获得市星火发展基金拨给项目引导经费的项目有:(1)大豆油脚的利用(海口市星火化学应用研究所承担),拨给引导经费18万元。该项目是利用工业油脂废料开发精细化工的新产品,即将大豆油脚经盐析分离,精炼提取大豆油,并经酸解反应制取脂肪酸。自1997年8月份投产至年底,已创产值95万元,税利近20万元;(2)对虾养殖示范基地(海口市长城堵海工程管理所承担),拨给引导经费12万元。养殖一造斑节对虾,水域面积4公顷,8月初投放虾苗60万尾,历时80天后捕捞,平均成活率30%,总产量2079.6kg,取得了一定的经济效益;(3)养猪示范基地(海口秀英长流养猪场承担),拨给引导经费16万元。以繁殖饲养瘦肉型良种猪为主,全年共出栏生猪3780头,母猪产仔732头。销售产值283万元,利润23万元,实现社会效益和经济效益双丰收。举办各类"星火计划"培训班8期,培训536人次,印发和无偿赠送技术资料和农村种养实用技术书籍书刊1千多篇(册)。

专利技术工作

1、1997年,市专利局为认真贯彻执行国家专利局、科委、经贸委颁布的《企业专利工作办法》和国家专利局颁发的《企业专利工作试点方案》文件精神,制定了《关于加强海口市企业专利工作的意见》,并确定海口椰树集团、海口力神股份有限公司、海口椰岛股份有限公司为全市专利工作试点企业。经专利工作者多次深入企业,进行指导,协调企业的专利工作,这三家企业专利工作已做到机构、组织人员、管理制度三落实,企业生产和专利产品的开发,均取得很好的经济效益。

2、做好专利代理工作。全年完成专利代理5件:(1)清洗器;(2)拖鞋;(3)一种槟榔药物牙膏组合物;(4)动景影响;(5)带暗锁自行车。已有4件被国家专利局授予专利权。

重点科技计划项目与经费拨款

1997年,海口市重点科技计划项目经费300万元。经过对申报项目的筛选和审定,确定16项列入计划,分二批安排经费实施。列入第一批计划项目10项,计划安排经费220万元。第一次下达经费100万元给4个项目承担单位,已开始实施。这些项目中既有科技情报信息联网项目,也有工业高科技项目。

市秀英工业开发建设总公司引进国家重点推广项目"稳定性二氧化氯",投入第一次经费53万元,已建立海口市洁宝日用化工厂,并购置设备安装试产。市科技情报所和市专利事务所共同承担建立"海口市科技信息网与专利文献电子系统"项目,投入经费42万元,实施第一期工程已完成。该项目的建立将加强本市与内地的科技项目、专利技术信息交流,促进本市的科技工作,加速经济的稳步、健康发展。市健康城市规划研究中心承担的"试种谷精草开发城市经济绿化草源"项目投入经费5万元,已与协作单位市园林所准备着手引种谷精草进行试验,供科学研究及进一步开发。

科技交流与合作

1997年,市科技局、科技情报所、科技交流中心,以各种形式与全国700多个大专院校及科研机构建立和加强科技交流合作关系,通过天津市信息研究所和上海技术交流中心信息网络索取科技成果280项,并通过《海口科技报》和《科技成果项目汇编》发布,供全市各级领导和工厂企业决策参考。11月组织有关人员参加97柳州技术人才交流会和海南新技术、新产品交流会,在会上与来自全国各地的高等院校进行广泛接触与交流,沟通了信息,增进了友谊。12月市科技局领导分别参加市政府组织的科技考察团,赴美国与法国进行科技考察,深入了解美国、法国科技、工业发展状况并学习其先进经验。

面对信息社会的到来,5月,市科技局和科技情报研究所开始筹备建设信息网络,历经半年多,已完成Internet网络的设计方案,计划98年5月建成投入使用。这一网络的建成,将为海口市科学、艺术、文化、教育等事业做出更大贡献。

11月,市科技情报研究所与广西南宁市科技情报所合作,利用日本EM专利技术,对本市东、西湖进行治理,已完成前期调查和论证工作,开始进行试验。

科技开发示范区

海口高科技研究试验区1994年由海口市政府创办,是全市"九五"期间的重点建设项目和生物技术、电子信息技术、海洋开发技术、生态环保技术发展的重要基地。

该试验区建设规划为13年。采取“统一规划、分步实施、滚动发展、分散经营、集中管理”的原则分三期开发。第一期(1997～1999年)开发53.3公顷;第二期(2000～2005年)开发53.3公顷;第三期(2006～2010年)开发43.3公顷。

共分为五个区域:

一是行政管理区:主要建立试验区行政管理机构,即高新区管理委员会和高科技发展公司,建立综合办公系统,后勤、资讯保障系统等支撑服务体系和监督部门。

其他4个区是:生物城、电子信息城、海洋城、生态城:主要吸引一些高等院校、科研机构建立符合产业发展方向的高新技术企业及研究所,利用其所拥有的高新技术,围绕国内外市场和本市资源深加工,开发新产品,开拓新领域。已创办试验区生物中试基地。

经过努力,海口高科技研究试验区将建成一座国际性、开放型、第一流、多功能的现代化科学城,成为发展全市高新技术产业的辐射源和新的经济增长点,在今后经济发展中具有战略意义。

科技示范基地

为使全市科技工作更上一层楼,寻找科技工作的突破口和切入点,已建立下列科技示范基地:

沙坡村无公害蔬菜基地。占地40公顷,由市星火基金拨给引导经费支持。在10公顷的菜地上安装了喷灌设施,共种植两造蔬菜,第一造种植6个优良蔬菜品种,各品种均获得好的收成;第二造从10月份开始,全部种植反季节蔬菜,5个优质品种,春节前上市,丰富了海口瓜菜市场,为市民提供优质无公害蔬菜。本造平均亩产收成不低于3000元,既取得较好经济效益又为全市的“菜篮子”工程建设做出了贡献。

市花卉栽培示范基地,引种了郁金香、百合花、澳洲水仙及香木兰花等。1997年花卉种植面积达到2公顷,各类花卉12万盆,品种200余种,为全市的花卉栽培与城市园林绿化和美化做出较大的贡献。

荣山水产养殖科技示范基地,水域面积4公顷,放养斑节对虾苗60万尾。80天后捕捞供应市场,取得较好的经济效益和社会效益。

海口生物研究基地。研究开发的“抗菌肽基因酵母中的表达研究及其开发应用”项目,是高科技项目,已取得重大进展。

秀英长流养猪示范基地。主要以繁殖饲养瘦肉型良种猪为主,97年度共出栏生猪3780头,母猪产仔732头,全年销售产值达283万元,利润23万元,实现社会效益和经济效益双丰收。

(吴　谨)

文　　化

文　学

1997年6月21日,海口市作家协会举行第三次全体会员大会。大会通过作协新的章程,选举产生新的理事会与领导班子。主席黄昌华,副主席欧大雄、黄白、张品成。1997年全市文学创作取得可喜成绩。出版发行的主要作品有:黄昌华的诗集《思念的光芒》,黄昌华、黄基华的中篇传记文学《抗战虎将黄保德》,陈洪岗的杂集《行踪拾零》,陈泽枢的杂集《激越的涛声》,任锦添的散文集《生活的涟漪》,韩芍夷的长篇小说《驿动的年轮》,欧大雄的长篇传记文学《悲壮圣旦》。张品成的革命历史长篇小说《北斗当空》、中篇小说《黎母山寓言》、短篇小说《视野》以及吴晓雅的散文、周惠芳的评论《党和国家三代领导人关心海南》等作品。据不完全统计,全年发表在省级以上的各种体裁的作品100余篇。市文联主办的文学刊物《椰城》共出版6期,发稿148篇近60万字,其中小说54篇,散文53篇,报告文学12篇,评论5篇,诗歌24首。《微型小说选刊》第22期选载了《椰城》第4期戴涛的小小说《我很温柔》。8月29日至9月1日,《椰城》杂志社在乐东县召开文学创作笔会,20多位编辑、作者以及教授与会,相互学习相互沟通,收到了较好效果。

(邱运龙)

艺　术

【戏剧】　7月4日,市戏剧家协会召开第三次全体会员大会,选举产生了新的理事会及领导班子,剧协主席黄庆萍,副主席韩锐准、符启峰、陈素珍。市剧协录制出版海南第一张琼剧MTV光碟,本光碟收集韩锐准等作词,王宏夫、陈素珍、黄庆萍、陈振安等演唱的《极目天涯一派风光》和《妈妈对我这样说》等17首琼剧唱段。市剧协积极配合文化下乡活动,9月18日,为秀英区长流镇带去琼剧古装戏《张文秀》选场,《打金枝》选场和琼剧现代小戏《王大牛的亲事》等,受到群众的欢迎。为振兴琼剧,韩锐准、符国荣合作创办琼剧《鹿回头剧场》(即琼剧电视剧系列),已创作《鹿回头剧场》的“开篇”、“啊,下岗了……”、“海瑞园亲”等单本琼剧电视剧。韩锐准参加省编写第五届全国戏剧小品“群星奖”节目专家小组创作琼剧小品《接宝记》、话剧小品《悔悟》由海南电视台录制呈中央文化部参评。《悔悟》已在中央电视台播出,《接宝记》已在海南电视台播出。

【美术】　8月16日,市美术家协会召开第三次全体会员大会,选举产生了新的理事会和领导班子,主席丁孟芳,副主席柯兴发、陈海、苏逢春、蒙发祥、李家豪、高鸣峰。“三八”国际妇女节期间,省美协、市妇联、海口画院在市群艺馆举办“丁孟芳赴京作品汇报展”,展出作品64

幅。4月，省美协召开“丁孟芳作品研讨会”。市美协组织画家参与业里村400米文明墙的绘制工作，并为全国十佳文明村苍东村绘制50米文明墙，参与会议室的布置工作。高鸣峰油画《中年男人》、《宝刀》分别参加中国美协主办的“中国百年油画肖像展”、“全国第二届静物油画展”在中国美术馆展出。7月1日零时，协会组织画家现场合作一幅巨型国画，表达海口地区画家对香港回归的心愿和祝贺。9月，市文联主办“庆祝党的十五大暨建国48周年海口市美术书法作品展”，美协有49名会员的50幅作品参展。10月，杨毅、蒙发祥、曾周、柯兴发、吴中葆、蔡于良、陈海、陈其智、吴清江、郭国民等创作巨幅中国画《琼崖尽是春》，赠送’97澳门世界海南乡团联谊会。吴礼泉、丁孟芳、刘蜜、高鸣峰、施琼英共10幅作品参加海南赴香港“琼州乡情”书画展。陈海“纪念琼崖纵队成立70周年”千里采风作品展在海口市群众艺术馆展出，共展出国画作品64幅。王家儒水彩画《希望》、高鸣峰油画《射击》参加第四届全国体育美术作品展览，并被国家奥委会收藏。11月，美协分别有10幅作品参加中国文联组联部和福州市文联主办的《全国沿海城市书画展》，以及长沙市主办的《长沙市与国内友好城市国画展》。美协与书协共同邀请南京颜真卿书画院著名书画家一行七人来琼进行学术交流。本年度，丁孟芳、陈海各有8幅美术作品参加省级展览或在省级报纸上发表；蒙发祥2幅美术作品在海南日报上发表；刘蜜油画《龙仔》入选国务院文化政策委员会主办的“中国名人名家书画精品展”。丁孟芳油画《潮起潮落》获1995——1996年度海口市优秀精神产品奖特别奖。杜鸿年的《梳妆》，杨毅的《斗方四幅中国画》，陈海的《热带丛林》均获1995——1996年度海口市优秀精神产品奖。在庆祝’97香港回归海南省美术书法摄影作品展中，吴中葆、冯和孝、苏逢春的美术作品分别获得一、二、三等奖。

【书法】7月13日，海口市书法家协会举行第三次全体会员大会，选举产生了新一届理事会以及新的领导班子。主席杨毅，副主席唐继荣、吴云汉、欧阳飞、郑志聪。1月，杨毅、王家连、吴永雄、陈振玉、杨林的书法作品入选中国书协主办的《中国名家书法作品邀请展》。2月，市书协配合市“文化下乡”活动，先后到新海乡、新埠镇为广大农民书写春联。3月至4月，市书画家为业里村绘制一道400米长廊文明墙。6月，市书协配合市委宣传部、市文联开展一系列迎香港回归活动，如：“海口市少儿百米书画长卷迎回归活动”、“迎接香港回归平安保险名人书画笔会”、“海口市书画家迎接香港回归祖国笔会”等。8月，陈煜、吴永雄加入中国书法家协会。9月，市书画家为全国文明点苍东村绘制50米文明墙及布置苍东村会议室。10月，在庆祝党的十五大暨建国48周年《海口市美术书法作品展览》中，市书协有56幅作品参展。杨毅行草作品《海南咏》获海南省优秀精神产品奖。11月，杨毅、欧阳飞、陈振玉、吴永雄、陆庆、卓剑文、杨林、郭引胜等刻字艺术作品入选中国书协主办的“中国刻字展”，其中欧阳飞刻字作品获优秀奖。杨毅行草作品入选中国文联、中国书协主办的《全国百家书法精品展》。市书协选送11幅书法作品参加中国文联组联部与福州市文联主办的《全国沿海城市书画展》。12月，市书协在市工人文化宫举办《沈二峰林在繁书法展》。

【摄影】 7月14日，市摄影家协会召开第三次全体会员大会。选举产生了新的理事会和领导班子。主席陈达清，副主席陈得胜、庞业光、李汉仁。4月，组织10名会员参加椰子节期间各项活动的摄影工作，选送部分摄影作品在海南日报、海口晚报上发表，并在海口晚报上集中刊登椰子节大型歌舞《海风吹来的歌》演出剧照。李汉仁在椰子节拍摄的《九七之春》荣获海南省摄影家协会举办的“农行杯”摄影作品比赛二等奖。6月，为迎接香港回归，市影协派陈达清、陈得胜、林茂标、白玉婷等会员赴香港实地采风，拍摄了大量反映香港风情风貌的照片，并选出97幅在市工人文化宫举办了“无限风光在香江”摄影展，部分摄影作品刊登在海南日报和海口晚报上。在海南省群众艺术馆主办的“迎回归”美术书法摄影作品展览中，李汉仁的摄影作品《渔家女》获一等奖，陈达清的《国事与家事》获二等奖，程浔的《香港钢琴家》获三等奖。在国家文化部社会文化司牵头举办的“华夏一日”摄影比赛中，陈达清的《海南人民庆七一迎回归》获三等奖，《椰城处处尽欢腾》、《铸爱国之魂》、《椰城人民盼回归》获优秀奖。在文化部、国务院港澳办等8个单位联合举办的’97香港回归日摄影比赛中，韩茂清的《众望回归》获优秀奖，并获得中国摄影家协会主办的“徕卡杯”97年9月赛新闻三等奖。陈得胜的《南大立交桥》等5幅摄影作品在《人民日报》“弹指惊变看海口”专版里发表。7月24日，在北海市举办海口——北海摄影艺术作品联展，共展出作品120幅，市影协60幅作品参展；9月12日，在海口市群艺馆举行北海——海口摄影艺术作品联展，共展出作品125幅，市影协60幅作品参展。

【音乐】 8月20日，市音乐家协会召开第三次全体会员大会。选举产生了第三届理事会及领导班子。主席人选暂空，副主席张振海、邱运龙、凌素娟、刘森、殷力甫。为迎接香港回归创作了25首歌曲，其中：卢笙词吴枚曲的《归来》，卢笙词刘勇曲的《香港升起五星红旗》，卢笙词张振海曲的《香香的江，香香的港》，周南捷曲的《香港也是妈妈的孩子》，卢笙词卢智超曲的《为香港回归拍响手掌》，胡桂浦词冯健乐曲的《一百年的梦想》等六首歌曲被海南电台选播。为迎接建省十周年，音协组织一批创作骨干，于10月中旬深入到红色娘子军的故乡琼海以及少数民族地区的保亭、乐东进行采风，创作出了10多首富有海南地方特色的歌曲。其中：宋干崇词卢智超曲的《热土恋》；冯健乐词曲的《热土热风热心人》；卢笙词张振海曲的《好一个快乐岛》；胡桂浦词张德美曲的《啊！毛公山》；卢笙词刘勇曲的《我爱家乡万泉河》等五首歌曲被海南省电台入选。在海南省第四届“奥克杯”青年歌手电视大奖赛中，《香港升起五星红旗》、《香港也是妈妈的孩子》和张振海曲的《让海南走向世界》均被入选大奖赛必唱歌曲。其中《香港升起五星红旗》被海南省委宣传部评为97优秀歌曲。张德美作曲的《当兵谣》被编入中国原创音乐歌曲作品集，并获中央人民广播电台社教部等单位颁发的歌曲业余创作一等奖。海南函授音乐学院，有学员256人。本年度有37名学员毕业。3月20日至4月4日，市音协与有关单位邀请台湾著名学者、音乐教育家、音乐理论、作曲、指挥家陈功雄博士来琼讲学。

【舞蹈】 7月5日，市舞蹈家协会召开第三次全体会员大会。选举产生了第三届理事会以及领导班子。主席吴爱琴，副主席王琦、蒙璐光、吴圣彪。为了配合市搞好第六届海南国际椰子节，舞协组织编导骨干，多次讨论研究经过一个多月的紧张编排，为第六届椰子节开幕式献上了一台优美的节目——《海风吹来的歌》。省市有关部门联合举办《迎香港回归，铸爱国之魂》大型文艺晚会，市舞协参与策划并负责创编工作，300多名编导演职人员，经过一个多月的编排，四场节目，即：《公元一九九七》、《紫荆花》、《春天的故事》、《永志不忘》为开幕式增添了喜庆的气氛，受到省市领导与观众的好评。为了搞好海口市第八届运动会开幕式大型文体表演，市舞协组织创编人员和2000多人的表演队伍，精心创作，严格排练，大型文体表演《世纪的浪潮》一展风采，这是本市规模最大的一次文体表演，受到省市领导以及全省各市县领导的好评。为了开拓视野，5月，组织7名编导赴深圳观摩"世界之窗"大型文艺表演。7月，派2名编导赴广州观摩第五届全国青少年"桃李杯"舞蹈比赛。10月，组织5名编导赴四川观摩第五届中国艺术节开幕式及数台舞蹈专场晚会。为加快"全国蒲公英"计划在本市的实施步伐，全年举办长短期少儿舞蹈培训班4期，培训180多人次。举办成人传统交谊舞培训班6期，培训人数400多人次。市舞协组织人员参加文化下乡活动，全年共4次，参演节目8个，辅导节目人数60多人次。12月上旬，市舞协与有关单位联合举办"椰花杯"少儿声乐舞蹈比赛。其中：舞蹈参赛节目63个，分为中学小学幼儿园三个组，评出一等奖4名，二等奖6名，三等奖8名，创作奖15名。声乐节目77个，评出中学组一等奖1名，二等奖2名，三等奖2名，优秀奖2名；小学组一等奖2名，二等奖4名，三等奖6名，优秀奖8名；幼儿组一等奖1名，二等奖2名，三等奖3名，优秀奖3名。

（邱运龙）

报　纸

【简述】　1997年，海口市公开发行的报纸18家。

【海口晚报】1月，市委任命蔡旭为海口晚报总编辑。

1997年，海口晚报由对开四版改为对开八版，迈上了一个新的台阶。海口晚报坚持正确的舆论导向，坚持团结、稳定、鼓劲和正面宣传为主的方针，服从和服务于全党全国的大局，紧紧围绕市委市政府的中心工作搞好宣传报道。同时，进行内部机构改革，提高队伍素质，增加信息量，注重可读性，报纸质量有较大提高。全年荣获海南省优秀精神产品奖；获海南省新闻奖一等奖2个，二等奖1个；获中国晚报新闻奖一等奖2个，二等奖4个，三等奖3个，并获组织奖；获海口市新闻奖12件。有1人当选海南省"十佳"优秀新闻工作者，1人获提名奖；5人当选海口市优秀新闻工作者。

一、重点做好全国重大事件的新闻报道。2月，改革开放的总设计师邓小平逝世。本报按照庄严肃穆的基调搞好采写与编排，在大量采用新华社的通稿和照片的同时，发表照片15幅，表达了椰城军民对小平同志的深切怀念之情。7月1日香港回归祖国。晚报全方位报道了这一百年盛事，从3月份起就打出香港回归倒计时刊头，5月份派出赴港新闻采访组，连续发表"回归前夕香港行"系列报道。6月末至7月初，进入集中报道时期，共发稿件101篇，营造了香港回归的热烈气氛，弘扬了爱国主义精神。9月，党的十五大胜利召开。晚报从8月开始，开辟《椰城迈新步 迎接十五大》专栏，每天见报。会议期间，以最快速度、大量版面、突出编排刊发大会的重要新闻和重要文件，并及时、全面、充分报道海口人民学习、宣传、贯彻十五大精神的新闻，共计发稿228篇，创造了良好的舆论氛围。此外，还对江泽民同志访美作了大量突出报道；对国家重点工程黄河小浪底截流、长江三峡截流等抢发当天新闻，从电视屏幕上成组拍下新闻照片及时见报，受到读者欢迎。

二、重点宣传报道市委市政府的中心工作。1、围绕经济建设中心，重点报道本市优化资本结构工作的进展与成果。以积极稳妥的态度，报道本市部分企业的破产、兼并、转制及再生，展现改革开放的新形势。2、认真报道"依法治市环境综合整治"活动。3、配合"转变机关作风，提高工作效率，提高服务质量"专项整治工作，用大量版面，多种形式，突出报道。5、对计划生育、社会治安、禁毒、双拥、国防教育、科教文卫等各项社会事业，进行大量报道，效果良好。

三、各项工作全面开展。1、改革版面，力创名牌。海口晚报从1997年1月1日起扩为八版。要闻版继续办好具有较强可读性的名牌专栏"倒头条"和《录相新闻》，下半年推出《有"新"事请你说》专栏，正确进行热点引导，反映群众心声。时事版新出《九州方圆》专栏，优选社会新闻为主的各地新闻，《报刊揽胜》博采报刊精华，专版设置了《经济纵横》、《社会》、《投资与理财》、《家庭》、《市场》、《椰城论坛》、《椰岛长城》、《电脑天地》、《读者之声》等，集思想性、知识性、趣味性于一体，以满足各阶层读者多方面的需要。周六与周日的特刊在有特色的基础上，又推出《休闲娱乐》、《时尚》、《读书》、《夕阳红》、《女性世界》等专版。同时，在《社会广场》专版上推出图文并茂独具特色的图片报道专栏《椰岛写真》，其他版面也相应作了改革和调整。2、经营管理明显加强。(1)在扩版提价、竞争激烈情况下，发行量增长33%。(2)广告收入大幅度增长。(3)与社外公司合作，办起了报业公司。(4)基建完工，开始印报；报社16层办公大楼封顶并开始装修，预计1998年10月创刊10周年之际交付使用。3、加强干部队伍建设。年初调整内部机构，提拔了一批业务骨干担任各部负责人；6月，市委公开选拔海口晚报副总编辑，有两名同志被市委任命为副总编，10月上岗工作。4、社会影响面不断扩大。通过参与、协办、承办各种社会活动，举办各种征文和比赛，大大提高了报社在省内外的地位和影响，树立了良好的社会形象。(1)1996年11月至1997年3月，作为全国女排联赛八一队主场的协办单位，海口晚报负责人作为组委会副主任，为办好主场赛事尽了力。此举提高了海口晚报在全国体育界和新闻界的知名度。(2)11月，全国新闻职称高评委在海口举行评审会，海口晚报承办会务。由新华社社长、人民日报副总编、国家新闻出版署报纸司、中国记协书记处、中国新闻社、中国日报、工人日报、农民日报、中国青年报、中国妇女报、科技日报、法制日报、北京日报、文汇报、羊城晚报、四川日报负责人组成评委会，是海南有史以来接待的级别最高、阵容最强的新闻团。省委、市委主要领导分别会见了评委。评委会留下了良好的印象。(3)年末，承办中南地区新闻广告协作会，取得圆满成功，扩大了海口晚报的影响。在评比中，海口晚报获中南六省区地市级报纸广告作品奖与论文奖达10篇，其中一等奖1篇。

（赵太常）

广　播

【简述】　1997年，海口市有3家广播电台，即海南人民广播电台、海南经济广播电台和海口人民广播电台。

【海口人民广播电台】　1997年是海口人民广播电台24小时播音实现"三年上一台阶"目标的最后一年。电台本着巩固、深化、完善、提高24小时播音的工作方针，在巩固既有成绩的基础上，继续在创优创收上做文章，千方百计提高节目质量，拓宽广告创收的思路和渠道，同时在技术发射、编播管理、行政保障上下功夫，向管理要效益，促使广播事业全面发展，较出色地完成各项工作任务。

在宣传报道方面，主要突出抓好两项工作：一是打好三大宣传战役。一、香港回归的宣传。新闻部、经济部、文艺部、外宣部、总编室按照各自的职能分别开设专栏如《一九九七，我拥抱你》、《回归前夕话香港》、《香港回归广播征文》、《香港流行音乐回顾》等，多侧面、全方位地宣传香港回归的历史意义、政权交接盛况等。共发稿152篇，专题141篇，其中《一九九七，我拥抱你》专题节目113期，34万字，开展有奖问答10期，收到听众来信200多封，开创电台节庆活动的新纪录；二、"十五大"的宣传。自8月份起加大对"十五大"的宣传，开设新闻、文艺、经济专题。其中新闻发稿121篇，录音专访，评论等共16篇。《十五大专题》共选播《人民日报》、《海南日报》、《海口晚报》和本台记者采写的评述20篇，播发江泽民同志的十五大报告，摘播部分十五大代表发言，介绍党的十四大以来大事要事等内容，播出文字近1万字。另外，外宣部向国际台、人民日报、海南日报等20多家媒体发稿，向海内外宣传十五大起到了积极的作用；三、邓小平同志逝世的宣传。按照中央、省、市委的部署和要求，及时、准确无误地把邓小平同志逝世的消息和悼念活动传播给全市人民，把邓小平同志一生的丰功伟绩传送到千家万户，整个宣传体现了庄严、沉痛、哀悼的基调和气氛。二是进行一次节目改版，为了使广播节目常办常新，不断地提高节目质量，8月，特地组队到上海东方台、江苏南京台、浙江人民台、杭州经济台和广东广州台学习取经，10月进行节目大改版。经过改版，更加贴近听众、贴近生活、贴近社会，出现了一批对象性强，节目质量高的栏目，一些名牌节目如《缘份的天空》、《七彩列车》、《路路通》等经过充实和调整，更是锦上添花，深受听众喜爱。

广告创收方面，借鉴外省兄弟台的经验，改变以往的创收任务由广告部全部承担的作法，在创优创收，以创优促创收方面做了有益的尝试：一是把广告指标分到各节目部；二是广告人员分派到各节目部担任广告业务经理，具体负责本部的广告创收工作；三是设立广告管理监督机构，使广告创收活而不乱。此举措，激发了各部人员的积极性，使广告收入不断增加。

在技术发射方面，新建发射铁塔一座，塔高100米（比原铁塔增加40米），解决了两年来海口东部地区因电波被高楼摭挡，信号时有时无、时大时小、收听不稳定、噪声大甚至收不到的问题，使海口地区电波覆盖率达到100%；建立机房登记制、机器运行记录制、维修登记制等，完善技术跟班制度和值班制度，出色地完成了8712小时的安全播出任务，被评为全省技术安全播出一等奖。同时，向管理要效益，强化编播管理和行政管理，建立健全各种规章制度，加大监督力度，取得可喜成绩。

（陈王华）

电　视

【简述】　1997年，海口市有两家电视台，即海南电视台和海口电视台。

【海口电视台】　1997年是海口电视台求发展的重要一年。在进一步贯彻电视台发展总体战略方针的基础上，特别提出了"团结、民主、科学、务实"的新思路。通过全台团结鼓劲、扎实工作，宣传报道、技术事业、经营管理等工作取得了显著的成绩。

宣传报道方面，以喜迎香港回归和庆祝十五大召开为重点，多视角、多侧面地报道各行各业取得的丰硕成果，正确发挥舆论导向作用，有效地稳定了海口电视荧屏收视率。主要有四点：一是以新闻为主的综合性报道更加突出，能紧紧围绕市委、市政府的中心工作，做到上情下达，下情上传，重塑椰城精神，透视群众生活。二是文艺节目以浓郁的地方特色为主旋律，融娱乐性、欣赏性、教育性为一体，囊括神州各地艺术精华及风土民情，弘扬民族文化。三是加大对国家政策法规、经济建设、民主法制的宣传力度。四是实行对外宣作品倾斜政策，多上品牌节目，多出优秀精品。全年播发各种电视新闻稿件4354篇，节目在中央电视台播出量比上年增加40%，一些优秀节目还交流传播到海外、港澳地区，在各级各类评奖中获奖45项，其中国家级和全国性奖6项，省级奖16项，市级奖23项。《先保采访、再保播出，三保自救》获96年度全国城市新闻一等奖，《风雨袭来看海口》获96年全国城市专题片二等奖，《手表售出以后》获96中国电视三等奖。组织交流交换节目1732小时，与全国城市电视台之间交换节目400余条。

在技术事业方面，加强技术人才培养和管理，建立健全电视设备管理、技术制作等制度，为采、编、播工作提供强有力的技术保障。全台拥有90名采编人员，其中享有政府特殊津贴专家2人，高级技术职称8人，中级职称20人，形成了一支门类齐全的电视专业技术人才队伍。设备方面，拥有摄像机18套，编辑机11套，数字非线性编辑系统1套，10千瓦发射机2台，信号覆盖面积稳定在1.5万平方公里，日播出时间达16小时，比上年翻一番，自制节目量占播出量的40%。

经营管理方面，加强内部管理，优化工作环境，电视总创收近2000万元，创历史最好水平，不断夯实基础，逐步迈向依靠自身实力滚动发展的轨道。职工生活福利水平逐年提高，盖起了一幢九层3000平方米的宿舍楼，干部职工安居乐业。

海口有线电视频道，经过试播，已进入正常轨道。这颗后起之星正大步走入千家万户，越来越受到社会的广泛好评。

（杨瑞金）

电影发行与放映

1997年，海口市电影公司紧密围绕提高社会效益和经济效益的双重任务，在电影市场继续滑坡的形势中，积极探索电影行业改革的新路子，推行全员抵押承包制，优化劳动组合，建立竞争机制和激励机制，加强电影发行放映经营管理，取得一定成效。至年底，属市电影公司直接发行影片的在册放映单位共55个（其中，正常活动27个）。全年电影发行收入121.5万元，比上年下降70.3%，直属放映单位电影放映收入242.1万元，电影放映11770场次，观众96.3万人次，上缴国家电影事业发展专项基金11.5万元。

在电影发行放映中，市电影公司结合"一转变两提高"专项整治，建立社会服务承诺制度，制定并实施《影片发行服务承诺制度》、《放映设备维修服务承诺制度》、《放映单位换证须知》和《新设立放映单位申请办证须知》等制度，转变了服务态度，提高了服务质量。采取发行与片库联合办公，实现了开票、收款、取片一条龙服务，减少中间环节，提高办事效率；遵循电影市场规律，采取灵活多样的发行形式，即分帐发行，承包片款发行、单片分帐发行和现金分帐发行。对十三家效益差的放映单位，派员监督票务，不定期抽查，保底基数及按季度调查；并向放映单位承诺"保证供应节目"，每天库存拷贝五十个，供其挑选；同时切实搞好放映设备维修服务工作和年检换证工作。全年为基层放映单位免费维修设备71次，为31个35毫米影片放映单位进行年审，合格率98%，并为合格单位办理了《电影放映经营许可证》。和平影城、海甸影城、海口戏院等四家放映单位被评为年审达标先进放映单位。

年内，市电影公司还认真做好《离开雷锋的日子》、《鸦片战争》、《大转折》和《红河谷》等五部主旋律影片的发行、放映和影评活动，达到扩大宣传效果和提高"两个效益"的目的。4月份，为配合团市委开展学习雷锋活动和进行"三观"教育，在市各主要影院放映国产优秀影片《离开雷锋的日子》，共放映43场，观众达1.8万多人次。全市大多数中小学校均组织学生观看该片，和平影城开设学生专场达20场，组织观众达1.2万人之多。团省委、省电影公司和海口晚报联合举办了影评征文比赛，把观影活动推向高潮。6月下旬，为迎接香港回归祖国，安排上映史诗巨片《鸦片战争》。市委宣传部、市教育局、市文化局、市妇联、团市委和市总工会联合发文，要求各单位组织党员干部职工观看。该片在全市主要影院（场）上映10天共165场次，观众达4.5万人次。同时，市委宣传部、市电影公司和海口晚报联合举办"回归杯"有奖影评征文活动，共收到影评文章79篇，并为10位获奖者颁发了荣誉证书。此外，为配合本市开展的"三下乡"活动，根据市委宣传部和市文化局的要求，该公司在年内共组织《龙凤娇》、《缉毒英雄》、《女子戒毒所》等十部优秀影片先后深入流水坡、新埠村、荣山村、永庄村等17个自然村庄为农民群众免费巡回放映45场次，观众达4.5万多人次，活跃了农村文化娱乐生活。

（黄　平）

图　书　馆

1997年，海口图书馆充分利用文明窗口有利条件，发挥公共图书馆情报信息职能作用，加强精神文明建设，为海口市经济建设提供优质服务。该馆积极丰富馆藏，为读者提供宝贵的文献资源。全年共购新书9206册，新书加工分编入库8800册；订购报纸107种128份，杂志189种717份；进馆借阅图书报刊资料的读者达202750人次，比上年增加77894人次，其中，查阅资料1976人次，阅览117844人次，流通总人数83920人次；外借图书69350册次，发放借书证达5500个。下基层图书室和其他单位进行业务辅导解决一些有关业务方面难题91人次，接待来馆进行咨询和个别辅导共76人次。帮助基层图书室整理分编图书二万多册，帮助拔南村、422部队、海南太平洋保险公司等三个单位建立了图书室。

同时，该馆还拓宽图书馆服务内容和服务的新颖性、生动性。如组织少年儿童开展"革命传统教育"故事会和各种读书教育报告会；举办图书馆业务知识培训班；组织送书下乡4次共赠送5856册图书约16000多元；组织送书下乡流通便民活动5次，共赠送1万多册书刊；举办两期基层图书室管理员业务培训班，共有35人参加；6月25日，邀请海南教育学院林中伟教授在海口市明星影剧院作"迎香港回归"专题报告会，有560多名师生参加。

根据文化部图书司关于开展"图书馆图书服务宣传周"活动的部署，图书馆紧紧围绕"宣传周"活动的主题，因地制宜地介绍图书馆，宣传"知识工程"的意义，有计划、有组织地开展图书馆服务宣传周活动。5月26日，张贴图书馆服务宣传标语、悬挂条幅、宣传图书馆服务的重要意义；5月27日，举办一期书评和国内外名著书目介绍，向广大读者推荐好书；5月29日，开展图书馆流通下乡便民活动，把一批科技儿童书籍资料送到海口市苍东村农民和青少年读者手中，满足他们读书的需求；5月31日，在海口戏院举办了一场以爱国主义、集体主义、社会主义教育为主要内容的读书辅导活动。

（王　若）

博物馆

1997年，市博物馆进一步加强管理，加大文物旅游景点的软、硬件建设，促进了社会效益和经济效益的提高。该馆采取措施，加强岗位培训，提倡礼貌用语，杜绝行业忌语，努力提高服务质量。4月，在五公祠陈列馆举办邓小平丰功伟绩展览。7、8、9月，举办海南省第二届中、小学生书画展览。按照创建优秀旅游城市的活动要求，各文物旅游景点加强了硬件设施的建设。各主要景点全部更换上档次的中英文对照说明牌。五公祠管理处自筹资金兴建一个二类公厕；并在新、旧区安装磁卡电话；制作艺术大师关山月撰书的对联一副，悬挂在五公祠陈列馆大厅；并在陈列馆大门前安放石狮一对；在新馆区种植大榕树2棵，油棕39棵；翻修苏公祠前庭。海瑞墓扩建的大部分项目烛台华表、扬廉轩、不染池、清风阁等已经完成，扩建后占地总面积达1万平方米，4月6日举行了开园仪式，省、市领导蔡长松、李明天、符兴、黄钻永、罗素兰等参加了开园剪彩仪式，并在园内种植椰子树。年内完成了海瑞墓作为第四批全国重点文物单位的"四有"（即有保护范围、有保护标志、有保护机构、有保护档案）工作。李硕勋纪念亭管理处积极参与五集电视专题片《李硕勋》的拍摄筹备工作。博物馆还积极做好其他文物单位的保护，维修工程。派专人对中共琼崖"一大"旧址实施临时管理，并积极实施西天庙的修复工作。全年到五公祠参观的人数约38万人次（其中学生约6万人次）门票收入约260万元；到海瑞墓参观的人数约20万人次，门票收入约78万元，到李硕勋纪念亭参观的人数约7万人次（不收门票），均比上年有所增加。

（冼心福）

群众文化

【业余文艺创作】 1997年，据不完全统计，市群艺馆组织辅导创作、展出、发表的市级作品1061件；省级作品134件，国家级作品14件。在第四届全国体育美术展览中，馆干部冯和孝的版画《扬帆拼搏》、业余作者高鸣峰的《射击》、王家儒的《希望》入选。吴族兴的国画作品《归》获"迎香港回归，庆世纪盛事"全国书画展览著名画家题画特奖；其另一幅作品入选《世界当代著名书画家真迹博览》。在全国"华夏一日"摄影比赛中，馆干部陈达清的作品《海南人民庆七一迎回归》获铜奖，业余作者的作品《椰城处处尽欢腾》、《铸爱国之魂》、《椰城人民盼回归》分别获优秀奖。业余作者韩茂青的摄影作品《众望回归》获中国摄影家主办的"徕卡杯"97新闻三等奖。馆文学戏剧部邓寄平的短篇小说《女人啊，女人》在《人民文学》副刊上发表。馆文学创作小组成员李茂林的诗歌《我腰酸腿软》、《请不要》发表在11月的《人民文学》上；朱儒柏的中篇小说《带手镯的女人》在《中国故事》发表。由文学戏剧部、调研部合办的综合刊物《海口群众文化》是业余作者发表作品的理想园地，年内扩版并配有彩色封面，印发后寄往全国各地的群艺馆、文化馆进行文化信息交流，得到很好的回应。音乐刊物《椰城之歌》出版1期，发表歌曲24首。

【群艺馆阵地活动】 1997年元旦正式投入使用的海口市群艺馆大楼，是一幢高17层、总面积14300平方米的综合性活动大楼，也是我省目前规模最大的群众艺术活动场地。馆内具有开展各种文化娱乐活动的舞蹈培训厅、展览厅、讲座厅、露天舞场、音乐厅、乒乓球俱乐部等，使群艺阵地活动有很大的起色。全年举办各类展览16次；举办少儿音乐演奏会4场；少儿舞蹈培训班12期；学生写作班2期，美术辅导班2期。露天舞场自五月份开业以来，以优惠的价格、优质的服务吸引广大舞迷。馆阵地多姿多彩的文化娱乐活动吸引群众的广泛参与，成为海口的又一重要文化景观。

【节日活动】 1月1日，海口市群艺馆举行新馆落成典礼，并组织钢琴演奏会、少儿舞蹈培训、本馆成就展览、书画展览，女子合唱表演等活动，省市领导蔡长松、陈玉益、曾浩荣等前来参加庆典活动，《中国文化报》给予大幅报导。春节期间，新群艺馆大楼前组织舞狮、舞龙、群众游园、舞会、展览等活动。4月份，市文化局、群艺馆配合市里组织创作第六届海南国际椰子节开幕式的文艺专场演出——《海风吹来的歌》，整台节目由《海南欢迎您》、《浪花的变奏》、《绚丽的花朵》、《绿色的椰岛》、《我们海南人》五个场次组成，主题突出、格调高雅，富有海南特色，以艺术的形式展示海南改革开放的新成就和气魄，得到省市领导及各界人士的好评，中央电视台在黄金时间全场播放了该台节目，省、市政府分别给予嘉奖。在"七一"香港回归的大喜日子里，由省委宣传部、省文体厅和市委、市政府主办，市文化局、群艺馆承办的大型文艺晚会《迎香港回归，铸爱国之魂》以突出的主题，新颖的艺术形式，充分表达了琼岛人民迎接香港回归祖国的喜悦之情。市群艺馆还与省群艺馆联合举办"庆香港回归"美术摄影作品展览，该展览体现了全省美术创作的最高水平。8月，海口市组织"八一"军民联欢晚会。9月，在琼崖纵队成立70周年之际，市群艺馆、市画院联合举办陈海个人画展。画家陈海先生以艺术形式再现革命先辈在琼岛的奋战历史和丰功伟绩，具有传统教育意义。国庆节前夕，市文化局、群艺馆在体育馆组织一场以"旗帜·号角·奋进"为主题的庆十五大迎国庆群众歌会，全市4000多人参加。10月1日，是我国修订后的《中华人民共和国刑法》开始实施之日，这一天，市群艺馆提供场地给省高院举办女检察官陈振玉的长卷《刑法》隶书作品展，该作品长112米，共计6万多字。10至11月份，市文化局、市体育局共同组织市第八届运动会开幕式上的大型文体表演《世纪的浪潮》，该场表演由《时代的呼唤》、《太极·火焰·梦想》、《世纪的浪潮》组成，参演演员达2000多人，是近年来规模最大的一次文体演出，整台演出融体育、舞蹈于一体，气势磅礴，宏伟壮观，演出获得圆满成功。

【少儿艺术活动】 在"六一"儿童节期间，市群艺馆举办"迎回归爱祖国，庆六一"儿童现场绘画表演，海口地区200多名小学、幼儿园的小朋友踊跃参加，挥毫泼墨，颂祖国，绘家乡，迎回归。市群艺馆从中精心组织50幅优秀作品参加海口、湛江、北海联合举办的少儿书画展览，进行跨市艺术交流。市群艺馆提供场地给小画家董玮天举办个人画展和座谈会，在海口市产生一定影响。11月，市文化局和市教育局共同举办'97海口"椰花杯"中小学、幼儿园舞蹈、声乐比赛，其中舞蹈节目63个，声乐节目70个，是近年来规模较大的一次少儿文艺比赛，显示了本市少儿艺术的较高水平。

【文化下乡】 根据中宣部等八部委的通知精神，认真组织文化下乡活动。春节前后，文化下乡团分别赴秀英区拔南村、振东区流水坡村、新华区沙坡村等地进行慰问演出，《中国文化报》及时给予报道。5月，市文化局、群艺馆、图书馆、新华书店等单位到新华区苍东村、滨海新村，振东区创新村进行文化下乡活动，赠送图书，开展美术辅导和交谊舞培训等。市群艺馆的美术工作人员多次义务下乡，为新华区苍东村、秀英区业里村绘制百米文化墙。

（邢伯壮）

新华书店

【简述】 1997年，海口市有三家规模较大的书店：海南省新华书店、海口市新华书店、海南银通图书音像中心。

【海口市新华书店】 1997年，海口市新华书店加强企业内部管理，努力提高干部职工的业务素质，认真提高服务质量，做好发行销售工作，创造了较好的效益，年销售额1650万元，创利30万元。年内，市新华书店参与组织"爱祖国、爱科学"，"学法律、讲道德"第四届全国读书活动，参加活动人数5万多人次，共发行活动用图书52903册，价值231327.50元，该店还拿出经费嘉奖先进单位和个人。10月，党的十五大召开后，市新华书店认真做好十五大文件的发行工作，认真上门订书送书，共发行各种版本的十五大文件20274册，价值106122.30元，较好地满足了广大干部群众的学习需求。该店还认真组织送书下乡，共组织100多种农业科技图书，送书下乡100多人次，还向部分城乡文化站（室）赠送图书价值近万元。该店采取多种形式，组织干部职工参加各种业务技能培训，组织班长和部门负责人等骨干30多人参加电脑培训。年底分三批对全体员工进行培训考核，开展售书连续作业、图书分户帐、图书分类等业务技能竞赛，激发了干部职工学习业务的热情。

文化市场

至1997年底，属市文化局管理的歌舞厅、卡拉OK厅181家、录像投影厅76家，音像制品零售店106家，书报亭39家。市文化局结合"一转变两提高"专项整治，设立文化经营项目服务窗口，实行直接办理制，公开办事制度，明确办事程序，提高了工作效率和质量。积极采取措施，培育和繁荣文化市场。3月，召开全市文化市场管理工作暨表彰大会，表彰振东区文体局、新南洋等九个先进单位和文明歌舞厅。4月，举办首届音像展销会，销售国家正版发行的音像制品近10万元，并设立海口音像供片站，把大量健康的音像制品推向市场。举办两期经营者、管理者学法培训班，参加人数400多人。举办经营者参加的"培育发展海口文化市场研讨会"，从理论上分析海口文化市场的发展趋向，探讨加快发展和繁荣文化市场的对策。同时，坚持"两手抓，两手都要硬"，坚决打击文化市场的非法经营行为，进一步净化文化市场。全年出动执法人员3240人次，车辆850台次，检查文化经营单位960家次，查获反动、淫秽、盗版出版物50多个种类34600册、非法录像带7320盒、VCD光盘11523张、LD影碟135张，查封地下赌场22家，当场销毁赌博机350台，没收电脑游戏机17部，电子出版物1760张，责令32家开心啤酒促销乐园停业并罚款，查处56家无证经营播放音像节目的桑拿、酒家。清理整顿20家印刷厂，查处4家以色情广告招揽顾客的外来演出团体。取缔明都大厦等3家敲诈顾客的违法经营点。当众销毁电子赌具500多台，淫秽画册3960册，非法音像制品117254盒，全年罚没款10万元。市扫黄打非行动小组对龙昆南路、机场东路、白龙南路、海秀东路、金龙路等饮食大排档中的流动书贩进行全面清理。在8月开展的第九次全国扫黄行动中，新港派出所积极配合市文化部门缴获淫秽物品近1000件，较好地堵住了黄源。11月，第九次全国"扫黄打非"检查小组到海口检查，充分肯定了海口市扫黄成果，并给予了很高的评价，市文化局主管文化市场的副局长丁国兴被评为全国冬季"扫黄打非"集中行动先进工作者。

（冼心福）

文化交流

1997年，对外文化交流呈现繁荣景象。全年共引进省外团体34个到海口演出，演出167场；省市专业群办琼剧团32个，演出580场。其中刘诗昆钢琴独奏会，儿童剧《少年周恩来》等在椰城引起较大轰动。海口画院院长潘正沂1月至7月赴法国巴黎研究考察期间，成功地在法国巴黎国际艺术城举办了个人油画艺术展览，我国外交部吴春德公使衔参赞等出席了展览开幕式，展出作品受到法国人民和各国艺术家的一致好评，艺术城主席布鲁诺夫给予高度评价。5月，潘正沂的两幅作品参加法国春季沙龙展。我国驻法大使馆至函市委宣传部，对潘正沂在巴黎考察期间的艺术活动和政治表现予以表扬。海口市琼剧团积极深入各市县农村乡镇进行演出，全年共演出91场，观众达10万多人次。现代琼剧《恨深情长》制成录像，被省文体厅和省剧协推荐为第五届中国戏剧节的参选剧目。1月，应新加坡琼联声剧社的邀请，市琼剧团飞赴新加坡作了为期17天的演出，演出《林攀桂》、《恨深情长》、《半把剪刀》等11个剧目，受到新加坡琼籍华人的热情接待和欢迎，新加坡主要报纸和国家电视台、电台频频报道琼剧团的活动，观众反映异常强烈，演出门票均被抢购一空。演出取得了圆满成功。年内，市文学艺术研究所还邀请台湾著名音乐博士陈功雄教授，琼籍著名书法家林光灏先生举办讲学和个人书展。

（冼心福）

体　　育

概　述

1997年，海口市体育工作在群众体育、竞技体育、体育基础设施建设、对外体育交流等方面获得较好成绩。全年举办30次大型群众性体育表演和竞赛活动。参加队伍310支，参加活动人数45700人次，全市体育人口13万多人。市体育局、邮政局、业余体校、第二十七小学、新埠镇等五个单位和3名体育工作者荣获全国群体先进集体和先进个人称号。市帆板运动员吕文龙在"97世界杯"和"亚洲帆板锦标赛"中均获绕标赛亚军。市青少年运动员参加全国各项比赛获金牌11枚，银牌2枚，铜牌3枚，2人3次破两项全国少年纪录；1人1次超过一项全国少年纪录；参加全省各项体育竞赛，获得团体总分第一名5个，单项金牌68枚，银牌24枚，铜牌27枚，有5人10次破10项全省少年纪录。体育基础设施建设取得较大进展，广场田径场的改造工程和足球场的草坪绿化工程按质全部完工并于11月验收交付使用。海口帆船帆板训练基地暨海滨度假中心经过多方努力，于10月初完成第一期工程。对外体育交流取得新的进展，全年共组织两个体育代表队分别赴香港和澳大利亚参加比赛和友城运动会，并取得优异成绩。通过体育交流，提高了本市在亚太地区的知名度。为推动群众体育和竞技体育的协调发展，促进两个文明建设，经市委、市政府批准，11月成功地举办了海口市第八届运动会。

群众体育

【学校体育】 各学校认真实施"全民健身一二一工程",贯彻《学校体育工作条例》,大力抓好体育锻炼标准达标活动。113所中小学全部施行《国家体育锻炼标准》,施行面达100%。中小学学生达标及格率85.52%,良好率55.43%,优秀率23.21%.市二十七小被评为全国推行《国家体育锻炼标准施行办法》先进单位。市体校羽毛球教练范高雄被评为全国群众体育工作先进个人。13所中小学校被市政府授予群众体育工作先进集体称号,20人被评为群众体育工作先进个人。

【职工体育】 海口市职工体育丰富多彩,全民健身意识增强。配合市八运会,全市各机关、企事业单位积极开展各种体育活动和单项运动会选拔赛。市电信局举办首届职工运动会;市城建系统举办庆香港回归长跑活动;市总工会、邮政局、环卫局举办健美操比赛;团市委举办"五四"乒乓球赛;市园林局举办门球赛。广大职工参与健身活动的热情越来越高,参加活动的人数逐年增加。职工体育活动的广泛开展,不断丰富了职工的业余体育生活,有力促进了机关企业 事业单位的两个文明建设。市邮政局被评为全国群体先进单位,副局长蒋世忠被评为全国群体先进工作者。有52个单位、92人被评为全市群众体育工作先进集体和个人。

【老年人体育】 老年人健身活动普及率越来越高,呈现三多,三高的特点:活动点多,活动内容多,活动人数多;热情高,兴趣高,要求高。每天早、晚都有近2万人参加健身活动。市老年人体育协会组织老年人门球队参加香港举办的门球邀请赛,夺得亚军,在香港产生较大影响,市中老年男女篮球队参加在天津举行的'97全国部分城市第八届老年人篮球赛,男队夺得冠军,女队获亚军,轰动了津门。

【社区和农村体育】 三个区以街道办事处和乡镇为单位组织开展各项体育活动和竞赛,不少学校和机关单位的体育场地和大院逐步向就近居民开放,社区体育健康发展。市郊农民健身活动形成风气,村村有排球场,农民夜生活增加了有组织的排球、篮球比赛内容。每逢节假日各乡镇间或跨村庄的篮、排球比赛红红火火。农民自觉参加健身活动的队伍逐渐增加,各种健身操、气功活动已不是城里人的专利。

竞技体育

【参加全国、全省体育比赛情况】 1997年,海口市共有27名运动员代表省参加全国少年各项锦标赛和分龄赛,共获得金牌11枚,银牌2枚,铜牌3枚。全年共有99名少年运动员参加全省田径、羽毛球、举重、射击、游泳、乒乓球等6项锦标赛,获得五个团体总分第一,单项金牌68枚,银牌21枚,铜牌25枚。5人10次破10项少年纪录,2人3次破3项全国少年纪录。市业余体校被评为全国群体先进集体。

【对外体育交流】 5月,组织男子排球队赴香港与南华体育总会排球队、香港大学男子排球队进行排球友谊赛,均夺第一。同月市体育代表团赴澳大利亚参加'97阿拉夫拉运动会,在来自亚太地区26个国家和地区的5000多名运动员参加的比赛中,本市体育健儿参加田径、羽毛球、乒乓球三个大项的比赛,经过顽强拼搏,共获奖牌13枚,其中金牌5枚,银牌3枚,铜牌5枚,是参赛运动员平均获奖牌最多的代表团。通过对外体育交流,极大地提高了在亚太地区的知名度。

【在海口举办体育比赛情况】 1997年,海口市承办协办全国、全省单项体育竞赛共4项。1—3月,协助省体育局承办全国女排甲级联赛八一队主赛场的比赛。4月,承办全省少年射击锦标赛。6月,承办全国青少年四驱车冠军赛海南赛区初赛。10月,承办第二届"国际奥委会主席杯"全国百城自行车赛海口分区预赛。被国家体委授予'96—97'施尔康全国排球联赛最佳赛区贡献奖。

市八运会

1997年,成功地举办了市八运会。这届运动会设田径、游泳、举重、射击、篮球、排球、足球、乒乓球、羽毛球、象棋、门球、钓鱼、拔河、广播体操等14项。全市有74个单位、2452名运动员参赛,参赛单位和人数都超过历届市运会。从6月3日起,各项竞赛和预赛开始进行,历时半年,整个运动会比赛进展顺利。11月18日海口本世纪最后一次综合性运动会市第八届运动会隆重开幕。省、市和驻军主要领导以及18个市、县的领导,老干部代表、市直各单位代表,运动员、裁判员共计五千多人参加了开幕式。开幕式上举行有2000多名青少年参加的大型文体表演《世纪的流潮》,宏伟的场面,精彩的表演获得省、市领导和社会各界的高度评价,在全市乃至全省都产生了极大的影响。

海口体育馆

体育馆坚持体育场馆为市民提供健身服务的指导思想,大力挖掘潜力,延长开馆时间,提高服务质量。全年共接待体育比赛、文艺演出、会议、展览、展销等各种活动180场次,进馆活动的人数达450万人次,共创收180万元,社会效益、经济效益双获丰收。此外,体育馆还获96—97施尔康全国排球联赛最佳赛区贡献奖。

海口帆船帆板训练基地

年内,海口帆船帆板训练基地承担了四项重大训练比赛接待任务。接待国家、各省、市14支帆船帆板队集训;增设两个沙滩排球场,接待山西、上海、海南、湖北等五支沙滩球队训练;协助省体育局接待省射击、举重两项比赛队伍。全年共接待15179人次。合作开发的训练基地暨海滨度假中心经过多方努力,10月初完成第一期工程,第二期12月下旬开工,基地的游乐和训练环境大为改善。

海口市业余体校

1997年,海口市业余体校在校教职员工、学生310名,其中教练15名,文化课教师12名,获中级职称20名。体校学生在国际、全国、省级比赛中均取得可喜成绩。体校帆板运动员吕文龙在'97世界世界杯和亚洲帆板锦标赛比赛中均获绕标赛亚军。有12人代表省参加全国比赛，获四金、二银和第四名。参加省少年锦标赛，共获五个团体总分第一名，两个团体总分第二名，一个团体总分第三名，获65枚金牌，21枚银牌、24枚铜牌，1人2次破全国纪录，8人12次破省纪录，1人达一级运动员、5人达二级运动员。体校还被评为全国群体先进集体。

海口市体工队

1997年，海口市体工队共设男子举重和柔道两个队，教职员工和运动员32名，其中教练2名，获高级职称1名，中级职称2名。体工队年内第一次组队参加全国性比赛，获得可喜成绩。其中，柔道队参加全国青年锦标赛获金牌1枚，第四名2个，第五名1个，第六名2个，第七名1个。举重队参加全国第八届运动会预选赛，运动员张德军进入预赛第九名，获进上海总决赛入场券，参加全国青年举重锦标赛获金牌2枚，银牌1枚，第五名3个，第六名2个。

（林立衡）

医疗　卫生　保健

概　述

全市共有各级各类卫生事业机构68个，卫生人员总数8512人，医院病床位4697张，其中，市属医疗、预防、保健、医学科教机构共15个，在编人员1782人。1997年，市卫生防疫、妇幼保健、中医中药、医疗技术、城市初保、卫生执法、医学教育、医学科研以及精神文明建设等方面都取得了显著的成绩，为保障全市人民的身体健康，促进海口经济和社会发展做出了新的贡献。

机构及人员

1997年，全市卫生机构、人员数比1996年有所增加，床位数比1996年略有减少（见附表）。

附表：1997年海口市卫生机构、床位和人员数

单位：机构（个）、床位（张）、人员（人）

	1997年				比1996年增减对数			
	机构	床位	人员	其中技术人员	机构	床位	人员	其中技术人员
总　计	68	4697	8512	6108	1	—165	70	23
一、医院合计	21	4270	6495	4995	1	—113	76	66
综合医院	6	2433	4044	3105	—	—33	—7	—20
中医医院	2	380	720	563	—	—52	—7	—5
医学院附属医院	1	500	740	571	—	—	—20	1
精神病院	1	310	277	195	—	—	4	12
妇幼保健院	2	150	357	290	—	—16	11	2
麻风医院	2	319	71	43	—	—46	—	—
其他医院	7	178	286	228	1	60	95	76
二、卫生院合计	9	84	192	167	—	9	—3	—2
城市街道卫生院	3	—	27	26	—	—	—1	1
农村卫生院	6	84	165	141	—	9	—2	—3
三、疗养院、所	1	150	49	18	—	—	—3	—
四、门诊部、所	3		64	51	—	—	3	2
五、专科防治所、站	8	—	253	189	—	—	—8	—7

	1997年				比1996年增减对数			
	机构	床位	人员	其中技术人员	机构	床位	人员	其中技术人员
六、卫生防疫机构	7	—	493	373	—	—	1	—27
七、妇幼保健所、站	2	—	23	21	—	—	9	7
八、药品检验机构	2	—	70	56	—	—	2	—3
九、医学科研机构	2	—	15	10	—	—	3	2
十、高等医学院校	1	—	374	54	—	—	—21	—13
十一、中等医学院校	3	—	295	75	—	—	7	—9
十二、其他卫生事业	9	193	189	99	—	26	7	7

卫生防疫

【传染病防治】 全市共报告甲类传染病1种6例，乙类传染病12种1379例，总发病率为202.93/10万，比上年下降19.66%，各医疗单位传染病漏报率低于2%，全年无甲、乙类传染病暴发流行。12月海口市卫生防疫站以919.58分通过评审达到全国地级一等防疫站标准。

儿童计划免疫工作　全市各级防疫站采取各项有力措施和制度，使全市儿童计划免疫"四苗"等接种率保持在较高的水平，卡介苗接种率为98.5%，脊灰糖丸接种率为98.3%，百白破接种率为98.3%，麻疹接种率为98.2%，乙肝疫苗接种率为90%，计免相应传染病发病率均控制在国家规定范围内。在1月份和12月份两轮0——4岁儿童脊灰糖丸强化免疫活动中，全市适龄儿童服苗率分别达到98.45%和98.3%。全年无小儿脊髓灰质炎病例发生。

肠道传染病监测与控制　加强对全市肠道门诊腹泻病人与外环境的监测工作。全年共完成各类监测检材标本1594份，其中重点人群34份，外环境550份，腹泻病人798份，食品212份，发现霍乱病人6例，带菌者2例，出现疫情及时处理，未发现二代病例。

登革热防治　采取健康教育、社区干预的模式，重点在秀英区荣山乡开展登革热媒介控制工作，把防治登革热的知识概括为三句话在群众中宣传，收到良好效果，经推广实施，群众的"三句话"通晓率达到69.2%，布雷图指数由上年的6降至4.9。

丝虫病监测　在基本消灭丝虫病的基础上继续开展丝虫病监测工作，全年共完成蚊媒监测1005只，完成监测点内居民采血监测1530例，均未发现阳性。

虫媒消杀工作　对医疗机构消毒效果监测：医护人员手及各类物体表面细菌总数监测合格率85%；压力蒸汽灭菌效果监测合格率100%；手术室、产房、婴儿室等空气细菌总数监测合格率82%；紫外线灯监测合格率100%；对幼托机构监测：物体表面细菌总数监测合格率93%；活动室、卧室空气细菌总数监测合格率100%；物体表面大肠菌群监测合格率100%；抽检卫生用品141份，合格率86.3%；按计划完成全年鼠、苍蝇、蚊子、蟑螂密度监测任务。

麻风病防治　市皮肤性病防治所重点抓麻风病的各项登记统计及病历的整理工作，对全市麻风病人进行一次系统的核对病历工作，建立完善相应的病历档案，提高了麻风病的管理水平，方便了麻风病人的防治。对建档患者家属进行了全面的健康检查，检查率达91%，未发现新病人；对现症病人完成了WHO方案联合化疗及规则治疗，治疗率达100%，查菌率达100%；坚持对监测期病人进行定期监测，监测率达100%、细菌监测达90%以上；对年内发现的3例病人进行了家访，并对病人的村庄进行1232人次的普查，普查率达85.2%，线查村庄83个，均未发现新的病人。年内市卫生局还举办了一期麻防人员培训班，共有158人参加了培训学习。

性病防治及艾滋病监测　1997年市皮肤性病防治所在公安部门的配合下，对拘留的嫖娼、卖淫者进行了性病监测，共检查548人次，检出性病130例，患病率23.7%，其中以梅毒、淋病及非淋性尿道炎为多，对查出的病人进行了全面的治疗，治疗率达96%以上。对拘留所嫖娼卖淫者548人、戒毒所186名吸毒人员以及门诊250人共984人进行了艾滋病监测，均未发现带菌者。一年来，市皮防所积极组织有关人员到各疫情点收集报病卡及有关资料，认真做好全市性病疫情统计上报工作，全年共收集性病报病卡2956例(男性1237例，女性1719例)，其中艾滋病3例，梅毒485例，淋病918例，尖锐湿疣529例，非淋菌性尿道炎885例，生殖器疱疹131例，淋巴性肉芽肿3例，软下疳2例。

【卫生监督】

食品卫生　市卫生防疫站通过采取经常性和突击性卫生监督相结合的方法，对所管辖范围内的食品生产经营单位进行检查指导，并100%建立卫生档案，对直管的301家食品生产经营单位的卫生监督覆盖率及发证率均达100%，平均监督频率达4.3次/户，对5335名食品从业人员进行了体检和培训，体检率达95.4%，卫生知识培训率为98.5%，检出"五病"人数为208人，调离率100%；抽检十七类食品892份，合格率92.04%，抽检食具2169份，合格率90.44%。全年共进行卫生行政处罚14间次，受理群众投诉案3例，其中警告限期整改5间次，责令销毁不合格食品4间次，罚款5间次。全年所辖范围内无食品中毒事故发生。

公共场所卫生　市卫生防疫站对直管的250间各类公共场所按规范管理进行了100%建档，卫生监督覆盖率达100%，发证率100%，平均监督频率为3.2次/户，对817名从业人员进行了100%的体检和培训，"五病"调离率为100%。全年对公共工(用)具、微小气候、空气质量、照明度、噪声等监测4206项次，合格率为98.4%，卫生监测覆盖率达100%。认真贯彻执行《海口市生活饮用水卫生监测方案》,全年共完成地面水厂水、地下水源监测116份,合格率达100%,对二次供水消毒后水质监测317份,合格率达100%。对全市化妆品销售市场进行了2次卫生检查,共查品种384个次,合格率为83.6%。

学校卫生 继续认真做好97年度全市学生健康状况监测计量资料的统计、填报工作,其中随机抽取学生生长发育状况评价2880例,营养状况评价3793例;完成学生健康监视现场检测2031例,矫治学生近视342例;为全市4700多名中小学生进行了龋齿普查,普查率为90%以上。

劳动卫生 市职业病防治所全年共组织医务人员100多人次深入基层工矿企业宣传劳动卫生法规,进行健康监护及毒物监测,共为工人进行健康监护2027人次,完成职业性体检1270人次,完成尿样分析以及空气毒物检测124份;配合公安交警部门完成驾驶员体检5万人次,发现职业禁忌症以及心、肝、脑等疾病,全部做出检查结论和处理意见;对全市27家企业实行经常性劳动卫生监督,进行作业环境定点监测188个点,监测覆盖率达90%,粉尘毒物监控率分别达到85%和95%,合格率分别为65%和89%,对不合格者全部做出科学评价和整改意见,对3间违反劳动卫生法规,存在问题较严重的工厂,进行了调查取证并提请卫生行政部门进行处罚。

放射卫生 市职业病防治所全年完成监测放射线单位14家,监测率达100%;测定32台机,比上年增加23%,监测率达100%,测定点数234个,占应测点数的100%,合格率达95.5%,对新建、改建的5个放射装置单位6个机房进行了100%发证和监测。

妇幼保健

【妇女保健】 积极宣传、贯彻实施《母婴保健法》,用"三八"妇女节和"国际母乳喂养周"等节日开展形式多样的专题宣传活动;举办全市性的"母婴保健技术鉴定委员、监督员培训班"、"母婴保健专项技术服务资格考试辅导学习班"、"创建爱婴卫生院师资培训班"等业务培训;组织全市母婴保健专项技术资格考试,共417人参加了考试;加强孕产妇保健系统管理,管理率达92%,孕产妇住院分娩率98%,新法接生率99.9%,孕产妇死亡率为12.67/10万,全市妇科病普查率为90%,婚前医学检查率为90.3%。

【儿童保健】 加强0——6岁儿童保健系统管理,管理率达97%,全年无新生儿破伤风发生,新生儿卡介苗接种率为98%,围产儿死亡率为15.22‰,新生儿死亡率为6.3‰,婴儿死亡率为8.7‰,5岁以下儿童死亡率为10.2‰;"六一"节期间,共为全市儿童进行健康检查36000多人次,健检率达98.2%。

【爱婴社区国际合作项目】 按照世界卫生组织的要求,完成海口市爱婴社区国际合作项目的基线调查工作。市卫生局共组织35人利用近一个月的时间入户调查了3800多人,根据调查情况进行综合分析,撰写了《海口市爱婴社区国际合作项目试点基础情况调查报告》、《海口市社区妇女儿童保健情况调查报告》、《海口市爱婴社区国际合作项目试点工作实施方案》,召开了"海口市爱婴社区国际合作项目支持组织动员大会",为海口市1998年顺利完成项目工作打下了坚实的基础。

(廖志武)

爱国卫生

【农村改水改厕】 开展全市农村改水情况普查工作,建立农村改水档案,健全管理制度。对农村水厂(站)水池(塔)进行全面清洗、消毒和水质检验。为巩固发展农村改水成果,对农村供水设施进行改造,在新民、水头村打深井成功,在文章、龙头村建新水塔,在卜养、高龙村改换新水管。全市农村现有水厂(站)69座,农村饮用卫生自来水人口96643人,占农村总人口的99.35%。获得"1997年海南省农村改水先进单位"称号,列入"八五"期间全国农村自来水普及率80%以上的6个省会市之一。为确保城市饮用水卫生质量,会同市自来水公司、电视台联合组织城市第2次供水情况抽查。6月底,全省农村改水改厕屯昌现场会议召开后,市政府批转了市爱卫办关于《搞好农村改水改厕促进文明村镇建设的意见》,分别在苍东村和文明村召开农村家庭改厕现场会。夏恩恕副市长亲自策划扶贫支边助改厕活动。市城建口的房产、环卫、规划、环保、国土、园林、城建7个局,共出资25万元采取一帮一的扶贫方法,分别在人力、财力上支持秀英区经济落后的7个村庄改造家庭厕所。在各级领导和干部群众的努力,以及驻市部队的大力支持下,8—12月,全市农村建成家庭卫生厕所7252间,5个月基本完成了全市三年农村改厕任务。8月底,新华区城西乡第一个在我省以乡为单位实现户户有卫生厕所。年末全市农村已有家庭卫生厕所15090间,占农村应建家庭卫生厕所的95.2%,农村家庭卫生厕所使用率达99.5%,普及率居全国前茅。

【健康教育】 健康教育中心全面启动运作。3月首次成功承办了全国各省、自治区、直辖市、计划单列市健教所长高级进修班暨1997年度全国健教所长会议;5月承办了全国医院健康教育专业委员会成立大会暨全国医院健教会议。同月举办了社区健教、学校健教、老年人健教讲座,邀请中国健康教育协会刘立教授授课,参加人数500多人次。编印《居民健康教育》读本,创办《爱国卫生监督信息》,新建3个大型永久性健康专栏,创建了十一中、二十小、二十五小、二十七小四所无烟学校,经省爱卫办、省教育厅联合检查验收,获得"省无烟学校"称号。同市卫生局、市教育局联合发起创建健康促进学校活动,首选市一中、市五小等8所中小学作为试点,制定实施方案,全面启动创建工作。为配合农村家庭改厕工作,编印《海口市农村改厕指南》500册,摄制了反映我市农村改厕成就的电视专题片《椰城"厕"变》。

【城区除四害】 在第九个爱国卫生月期间及国庆节前后,以环境治理和药物杀灭相结合的方法,开展以巩固灭鼠、灭蟑达标成果为中心的除四害活动。坚持以块为主,条块结合的原则,三个区和各部门领导分片包干,带领机关干部深入基层检查灭鼠情况。累计全年投入敌鼠纳盐灭鼠药10万斤,强力粘鼠胶1万夬,奋斗纳药物6000斤,巩固了灭鼠、灭蟑成果,苍蝇、蚊子密度也得到有效控制。

【单位(居民区)卫生】 同市文明办发起单位(居民区)卫生"佳、差"考核评比活动,市委办、政府办批转《海口市单位

(居民区)卫生"佳、差"考核评比活动方案》。开展历时半年、广泛持久、艰苦细致的考核评比工作,经过严格检查、层层推荐、反复审核复查,从全市2000多个单位中,评选出市委大院、省边防总队、邦墩里居委会等27个卫生最佳单位,盐灶二居委会、龙昆农贸市场等6个卫生最差单位,市领导分别为这些"佳、差"单位送挂了匾牌。同时评选市卫生达标单位30个,省卫生先进单位20个。自1989年至1997年底全市累计按标准评出市卫生达标单位398个,省卫生先进单位159个。检查评比促使单位(居民区)卫生由单纯的打扫发展为多内容、高层次的综合提高。

【城乡环境综合整治】 以春节、爱国卫生月、海南国际椰子节、国庆节等节庆活动为契机,采取经常性与突击性相结合的办法,城市区以海秀东路为示范点,郊区以苍东村为示范点,城乡并进,开展村容村貌和环境整治活动。8月上旬组织对全市空地、停建工地、城乡结合部卫生死角的调查。8月底同市委宣传部共同发起"让椰城处处干净起来"活动,制定具体实施方案,开展环境综合整治。共计出动车辆163辆次,出动人数14200多人次,清除卫生死角86处,清运乱堆放杂物、垃圾867吨,平整路面23000m²,清除杂草面积17500m²,道路铺彩砖1600m²,开挖水沟3500m,修筑暗沟1200m,拆除旧围墙600m²。郊区农村初步建立了环境卫生专业队伍。69个村庄有卫生清洁员246人,54个自然村建起了垃圾池,85个自然村有了手推垃圾车。农村环境卫生逐步走上规范化管理的轨道。

(何荣真)

中医事业

全市有省、市中医院2家,中医门诊9家,病床380张,中医药人员563人。1997年,市中医院加大改革力度,优化管理,主动适应市场。在人事制度上,坚持中层干部一年一聘的聘任制,创造竞争上岗、优胜劣汰的机制;在分配制度上,实行岗位津贴和劳务奖分配方案,把出勤和工作效益进一步量化,结合分科经济核算,解决了过去"干多干少一个样"的弊端,充分体现"多劳多得"的原则,大大调动了职工的工作积极性;在管理制度上,建章立制,加大监督机制,实行目标责任制,落实院长行政大查房制度和每周病历检查制度,加强了传染病疫情报告管理,科室设专人负责疫情报告,成立药品监督小组,规范药品采购行为等;医院还组织部分中层干部赴全国示范中医院——广西柳州市中医院考察学习,提高科室干部管理水平。

中医教育有了新的发展。市中医药学校积极改善办学条件,在国家、省、市各级部门领导的重视和支持下,完成了学校教学综合大楼的"三通一平"工作并破土动工;学校还投入20万元充实教学实验室,使教学实验条件有了明显的提高。4月份,省教育厅批准市中医药学校在97年秋季招生中招收中医士专业和护理专业各60名职业中专的招生计划,首次打破了该校筹建8年来非正规招生的局面,为学校过渡到正规普通中专打下了良好的基础。

医疗工作

【医政管理】 加强医院等级评审工作。9月市人民医院以基本标准976.3分、分等判定标准964分通过了省级验收,跨入"三级甲等"医院行列。至此,海口市共有省人民医院、市人民医院、海南医学院附院、省农垦总局医院、省中医院等五所"三甲"医院。市卫生局对市属单位的护理工作进行全面检查和指导,并协助省护理中心对驻市医疗机构的护理人员进行护士执业考试,对社会医疗机构的中医人员也进行了资格考试;省卫生厅以开展创"四优"和职业街道教育活动为契机,狠抓医院内涵建设,市卫生局积极组织"白求恩杯"优质服务竞赛和"以病人为中心"的活动,端正服务态度,增强服务意识,改善服务环境,提高服务质量,使医院管理水平、技术水平和服务水平跨上了新的台阶。加强医疗市场的管理。市卫生局在日常监督管理的基础上组织5次大规模的医疗市场检查整顿,共出动人员125人次,车辆18台次,检查社会医疗机构和诊所411家,取缔无证行医87间,拆除乱挂医疗广告招牌183块,处罚违规诊所14家,受理群众投诉信、电36起。

【医疗】 1997年全市10家县级以上医院门诊病人228万人次,急诊病人26.1万人次,住院病人5.7万人次,住院病人平均住院日12.4日。其中海口市人民医院、市中医院、市保健院三家市属医院的门诊病人为28.9万人次,急诊病人2.72万人次,住院病人1.52万人次。市人民医院全年共应用新技术、新项目83项,其中12项填补省内空白,尤其突出的是神经外科开展的经口鼻蝶入路垂体腺瘤切除术和心内科的经皮冠状动脉腔内成形术等20项技术达到国内先进水平。

城市初保工作

为了实现人人享有卫生保健的战略目标,1997年全面启动城市初级卫生保健达标工作,在各级领导的重视和各部门的配合支持下,城市初保取得阶段性成果:(1)由市政府制定颁发《海口市城市2000年人人享有卫生保健发展规划》;(2)全市成立各级、各部门的初保领导机构和办事机构;(3)召开市初保委成员会议,讨论部署全市初保达标工作,并签订了目标责任书;(4)召开全市城市初保工作动员大会并邀请全国初保专家授课;(5)全市筹建20个社区卫生服务站;(6)举办全市初保知识暨基线调查领导骨干培训班,组织近200人在全市城区范围内开展基线调查,共调查了3713户、13083人,经过中山医科大学进行电脑整理分析,撰写了《海口市城市初级卫生保健基线调查报告》,为海口市实施人人享有初级卫生保健提供科学的决策依据;(7)召开全市社区卫生服务工作会议,专题部署开展社区卫生服务工作;(8)创办《城市初保工作简报》,宣传、交流城市初保工作动态和经验;(9)建立市、区各级初保资料库并开始原始资料的收集工作;(10)编制《海口市城市初级卫生保健评价指标、依据和细则》。这些工作的开展,为海口市1998年实现城市初保达标奠定了坚实的基础。

药品管理

全市有药品批发企业235家,药品零售单位及个体药店306家,药品生产企业29家,医院生产制剂单位9家,省市二级共有药品监督员32人。市卫生局认真贯彻国家《药品管理法》,加强对医药市场进行依法管理,全年共对医药市场进行5

次大检查,出动车辆165台次,人员698人次,检查医药批发公司59家次、批发点73间次、零售药店1021间次,取缔无证经营药店17间次,没收和销毁假劣药品及非法进口药品7024盒(瓶)、共46个品种,办理群众举报药品案件54宗。

医学教育和科研

全市共有海南医学院、省卫生学校、省农垦卫生学校、市中医药学校等4所医学院校,在校学生3968名,教职员2669名。1996年,省卫生厅颁发《海南省临床医师规范化培训试行办法》,将卫生技术人员在职教育纳入正轨。1997年,市卫生局草拟《海口市属医疗单位贯彻执行〈海南省临床医师规范化培训试行办法〉的实施方案》,对全系统的卫技人员在职教育作了全面的部署,年内市卫生系统共举办各类在职卫生人员培训班41个,受训人数326人次,还选送一大批年青专业骨干到国外及国内各医院专科进修和培训。市卫生系统年内共申报国家、省、市科研项目33项,获卫生部默沙生基金立项2项,获省级立项12项,获市级立项15项,取得科研成果并通过鉴定2项,其中一项获省科技进步三等奖。市卫生局还加强对原立项科研课题的检查和追踪,并推荐3名候选人参加海南省科技奖评选。1996年,市卫生系统共撰写医学科研论文260多篇,其中在国家级报刊上发表的有32篇。

红十字会

市红十字会共有基层组织23个,发展会员16348人,在开展广泛的群众性活动中取得显著成绩,1997年组织发动广大干部群众及驻市部队指战员义务献血4631人次,献血量占临床用血的21.6%。1997年海口市被国家红十字会评为全国无偿献血先进城市。市红十字会年内完成国家红十字会转来的海外寻找亲人信函3宗。

(廖志武)

人口　婚姻　家庭　计划生育

人　口

【人口变动情况抽样调查】 1997年人口变动情况抽样调查90个小区,11064户,调查期期末人口45709人,期初人口45227人。调查标准时点为1997年11月1日零时,调查时期是1996年11月1日至1997年10月31日。调查结果是海口市1997年人口出生率13.50‰,人口死亡率3.21‰,人口自然增长率10.29‰,分别比上年降低0.47、0.20、0.27个千分点。

从表1可看出,海口市人口出生率和自然增长率呈逐年下降态势,出生率由1990年四普时的20.32‰下降到1997年的13.5‰,平均每年下降0.97个千分点。自然增长率每年下降0.87个千分点。这说明全市计划生育工作取得了明显成效。

从行政区域划分看,新华区机关企业单位住宿人口较多,占全区人口六成以上,农村人口较少。人口出生率相对较低;而秀英区地处市郊,农村人口较多,人口出生率相对较高(附表2)。

【常住人口情况】 根据"四普"规定,常住人口划分为四种:一是户口在本市人住本市;二是户口在外地,人在本市居住一年以上的;三是人住本市不满一年,但离开户口所在地一年以上的;四是人住本市,户口待定的。根据人口变动抽样调查结果和市公安局的人口迁移情况,推算海口市1997年底常住人口61.73万人(附表3)。

附表1:海口市人口自然增长情况

(‰)

	1990年普查	1991年抽查	1992年抽查	1993年抽查	1994年抽查	1995年抽查	1996年抽查	1997年抽查
人口出生率	20.43	18.42	17.51	16.11	14.96	14.12	13.97	13.50
人口死亡率	4.11	4.10	3.53	3.42	3.66	3.52	3.41	3.21
人口自然增长率	16.32	14.32	13.98	12.69	11.30	10.60	10.56	10.29

附表2：各区人口自然增长率

（‰）

	1996年			1997年		
	振东区	新华区	秀英区	振东区	新华区	秀英区
人口出生率	14.290	11.24	16.02	14.14	11.27	15.09
人口死亡率	3.12	3.19	3.84	3.07	2.73	3.8
人口自然增长率	11.17	8.05	12.18	11.07	8.54	11.29

附表3：各年度常住人口数

（人）

	1990年四普	1991年抽查	1992年抽查	1993年抽查	1994年抽查	1995年抽查	1996年抽查	1997年抽查
海口市	410050	441196	498181	547600	580000		603860	617300
振东区	169202				231000	235300	243700	250900
新华区	146501				231000	231200	238100	240600
秀英区	94347				118000	120200	122100	125800

（陆宾林）

婚　　姻

1997年全市共有4215对8430人申请结婚登记。经登记机关审查批准登记3995对7990人，占申请数的94.8％。其中振东区办理登记2129对4258人，新华区办理登记1064对2128人，秀英区办理登记766对1532人。在准予登记的7990人中，初婚7599人，占结婚总数的95.1％；再婚391人（男245人，女147人）；复婚9对，占再婚人数的4.6％。全市受理离婚申请515对1030人，其中振东区254对508人，占申请数的49.3％，新华区214对428人，占申请数的41.6％，秀英区47对94人，占申请数的9.1％，经登记机关审查，批准离婚登记461对，占离婚申请总数的89.5％，与1996年相比增加7对。

市涉外婚姻登记处依照有关规定，为中国公民与外国公民或外籍华人、华侨与国内公民、内地公民与港澳同胞、大陆公民与台湾同胞之间办理结婚登记、复婚登记，为港澳台同胞办理协议离婚登记。在“一转变两提高”专项整治活动中，市涉外婚姻登记处强化服务意识，提高工作效率，对符合《婚姻法》规定，手续齐备的结婚申请，即发给结婚证，协议离婚登记的在30日内发给离婚证。全年共为港澳台同胞和外国友人办理结婚登记512对1024人（复婚登记2对），其中涉港澳同胞66对，占总数的12.9％；涉台湾同胞377对，占总数的73.6％；涉华侨结婚13对，占总数的2.5％；涉外国人及外籍华人56对，占总数的11％。在512对1024人中，初婚874人，占总人数的85.4％，再婚150人。在512个国内公民中，男33人，占6.4％，女479人，占93.6％。涉台结婚登记数量是1996年的3倍多，涉港澳结婚登记比1996年减少6对。1997年受理涉港澳台离婚申请30宗，登记机关为符合离婚规定的28对当事人解除了夫妻关系。

坚持治理违法婚姻，制定了长期治理违法婚姻的工作计划，本年度补办结婚登记178对。6月、10月婚姻登记机关分别对弄虚作假、骗取结婚登记的两对当事人宣告其婚姻无效并收回结婚证，从而维护了法律的尊严。

本年度，全市共有42对当事人申请结婚登记、56对当事人申请离婚登记未予批准，婚姻登记机关以口头或书面形式说明了不予登记的理由。登记机关根据婚姻登记档案向丢失《结婚证》的122位当事人出具了《夫妻关系证明书》；向丢失《离婚证》的23位当事人出具了《解除夫妻关系证明书》。

1997年，全市建立结婚档案105卷4691册，离婚档案11卷489册。其中振东区建立结婚档案44卷2196册，离婚档案5卷233册；新华区建立结婚档案22卷1103册，离婚档案4卷199册；秀英区建立结婚档案18卷880册，离婚档案1卷29册；市民政局建立结婚档案21卷512册，离婚档案1卷28册。根据历年涉外档案记载，登记机关向当事人出具婚姻证明117份，向公安、司法等部门提供情况并协助查阅档案30余次。

（李从军）

家　　庭

市妇联与市委宣传部、市直机关工委、市总工会、市教育局、市文化局、市体育局等6家单位一起发出《关于深入持续开展“五好文明家庭”创建活动的联合通知》，推动全市家庭精神文明建设，促进社会文明进步和安定团结。为推进创建活动的广泛开展，于5月“国际家庭日”表彰市级“五好文明家庭”27户。各区、各单位也根据“联合通知”精神，开展群众性的精神文明创建活动。新华区妇联根据《关于共创联建滨海新村安全文明示范小区方案》的要求，在滨海新村居民中大力倡导尊老爱幼、夫妻和睦、勤俭持家、邻里团结的家庭美德，该村“三户”（五好文明户、遵纪守法户、计划生育户）已达到75%。区妇联举办“美在家庭”摄影展和3期烹调学习班。秀英区妇联与有关方面配合，在全区范围内广泛开展评选“三户”活动。振东区妇联组织基层妇代会利用基层文化室、妇女之家开展形式多样的寓教于乐、群众喜闻乐见的活动。下半年，为贯彻全国省市妇联主席工作会议精神，市妇联总结滨海新村开展创建“五好文明家庭”活动的作法和经验，借鉴上海、广州等地妇联在精神文明建设方面的成功经验，在“创”字上做文章，在“建”字上下功夫，从而使群众性的创建工作又有长足的进展：(1)、舆论宣传，营造气氛。各级妇女组织大张旗鼓地宣传活动的意义目的，宣传各类文明家庭典型。新华区妇联在居仁坊居委会举办“女性、家庭、奉献”宣传栏获得良好效应，并举办了别具特色的家庭文化角与家庭志愿者活动。(2)、典型示范，以点带面。市妇联下基层抓新华区居仁坊、秀英区海秀乡新村两个点，从树立典型入手，从家庭与社会的结合入手，有计划、有步骤地推进五好家庭创建活动。(3)、目标引导，创有方向。新华区妇联在居仁坊居委会以争创“十星级文明户”为目标带动创建活动的全面开展。(4)、活动吸引，自主参与。各级妇女组织通过举办“趣味运动会”、“家庭卡拉OK比赛”、“家庭读书活动”，引导广大妇女与群众积极参与精神文明建设，使之成为吸引众多家庭成员参与创建活动的磁石。通过开展创建活动，促进了社会的稳定、发展和繁荣，推动了特区省会城市的家庭美德建设。

（邓子松）

计划生育

【简述】 1997年，全市计划生育工作认真贯彻落实党中央、国务院召开的计划生育工作座谈会和省委、省政府召开的全省计划生育工作会议精神，紧紧围绕人口计划，扎扎实实地抓基层、打基础，认真开展计划生育集中服务活动，取得显著成绩。根据海口市统计局人口变动情况抽样调查，1997年全市总人口为61.73万人，比上年末净增1.34万人。全年人口出生率为13.5‰，比上年下降0.47个千分点，自然增长率为10.29‰，比上年下降0.27个千分点，完成省下达的人口计划。被省委、省政府授予“1997年度人口与计划生育目标管理达标市”称号，这是海口市自1992年以来，连续6年获此殊荣。

【人口与计划生育目标管理】 为了调动社会各方面力量对计划生育工作实行齐抓共管，市委、市政府除了继续与3个区、市属8个职能部门签订计划生育目标责任书外，又增加与省、市直属16个单位签订计划生育目标管理责任书。通过签订目标责任书，促使各级党政领导亲自抓、负总责，大大地调动了各单位抓计生工作的积极性，促进计生工作各项任务的完成。经过年终考核，新华区等18个单位，被市委、市政府评为“1997年度计划生育达标”单位；省工商管理局、省建设厅被评为“1997年度计划生育不达标”单位。

【落实纯女户节育措施】 海口市近几年计划生育率偏低，计划外多孩，控制率偏高，其主要原因是二女户、纯女户没有落实节育措施。从1997年初开始，加大力度采取有效措施，一举突破落实二女户、纯女户节育措施。全市全年共完成落实纯女户节育措施475例。同时，大抓一孩放环，拉开生育间隔，使计划生育率从多年的80%左右徘徊，提高到88.11%的好成绩。秀英区措施得力，成绩显著，全年共完成纯女落实节育措施279例，全区30个村（居）委会有15个100%完成纯女户落实节育措施任务。振东区利用利益导向机制，对实行计划生育户优先提供资金、项目和技术服务，促进计划生育工作的开展，全区共完成二女户、纯女户落实节育措施110例。新华区抓纯女户落实节育措施比例较大，完成数占当年应落实节育措施对象的92%。

【计划生育基层基础管理】 贯彻全国城市计划生育工作会议提出的“单位负责，条条保证，以块为主，条块配合”的属地管理原则，认真抓好计划生育基层基础管理工作。一是配备基层计生专职领导，充实计划生育队伍，做到有事必有人管。新华区在基层机构改革中，为全区53个居委会各配备1名计生专职副主任，专门抓计生工作。振东区、秀英区也相应落实了基层计生管理人员。二是消除计生管理死角。市计生局草拟了关于住宅小区生育管理六条规定，经市政府批转全市执行，较好地理顺了乡（镇）、街道办事处与住宅小区之间的关系，解决了多年来住宅小区计划生育没有人管的老大难问题。三是抓好人口与计划生育规范化试点管理。全市共建立试点单位107个，比1996年增加41个，试点单位总人口61082人，比上年增加18337人，占全市总人口的11.81%，比上年提高3.54个百分点。开展试点工作，不仅能及时、准确掌握全市人口变动与计划生育情况，而且能准确地测评全市计生工作整体水平，为制订今后工作目标提供依据。6月，省计生局通过信息点人口变动情况检查，发现白龙乡人口出生严重漏统问题。经进一步抽查核实，漏统的主要原因是工作责任心不强所致。市委、市政府抓住这个典型，召开现场会，通报批评，推动全市开展人口登记和计生建档工作，发动计生专干在深入调查摸底的基础上，建立健全人口婚育档案，不断完善乡（镇）、街道办事处“四册一卡”；村（居）委会“一卡、一表、一单”和区计生工作情况动态图表，逐步实现人口计划的规范化管理。同时，在全市推广了振东区和平南街道办事处在基层管理上坚持经常调查核实，按分类归档服务，做到“四勤三清”，实行动态管理，初步完善了基层计生基础档案管理的经验，使各区在基层基础管理工作上有了借鉴，得到进一步的提高。和平南办事处还把计生工作与精神文明建设结合起来，在开展创“十星”文明户活动中，把计划生育作为“十星”文明户的重要条件之一，有力地促进了计生工作在基层的深入开展，原国务委员、国家计生委主任彭佩云5月23日视察该办事处工作时，充分肯定了他们基层基础管理的经验。

【依法管理计划生育】 认真学习、宣传、贯彻省委、省政府《关于从紧从严加强计划生育工作的决定》，制订“九五”法制宣传教育规划，根据实际情况颁发了《关于进一步加强计划生育工作的办法》的通知。利用电视、广播、墙报、宣传车、标语等多种形式开展计划生育政策法规宣传，收到较好社会效果。组织开展以区和部分职能部门为单位的计划生育行政执法检查活动。全年共依法查处违反计划生育54人，处罚计划外生育单位8个，清理假准生证10个，制止计划外生育8人，处理持假证生育12人。

【计划生育宣传】 进一步加大计划生育宣传教育力度，一是在1996年成功开办“人口与计划生育”广播栏目的基础上，又与市电视台联合开办“人口、环境与健康”专题栏目，并在海口晚报上开办“人口与计划生育”栏目。通过这三个栏目系统地向广大市民宣传党的计划生育政策和优生优育知识，深受群众的欢迎。二是继续改造计划生育宣传环境。在全市主要街道、村庄路口设置标语口号牌匾2100块，编印散发宣传资料13.5万份，悬挂宣传横额60条，出宣传栏365期。三是利用新婚学校，开展婚前教育，向育龄夫妇传授人口国情、计划生育政策及孕期保健、避孕节育等知识，取得较好效果。据统计，3个区共举办新婚学习班26期，参加人数2731人次。四是组织人员进村入户，把宣传品送到各家各户，开展人口与计划生育基础知识滚动教育，使育龄妇女的生育观念得到了改变。

【计划生育“三结合”工作】 按照省的部署要求，结合实际情况，分别在3个区各抓1个乡(镇)级单位为计划生育“三结合”试点。3个区根据自己的实际，制订推行“三结合”工作的具体实施方案。全面开展创建计划生育“合格村(居)委会”试点活动，经验收已达到“合格村”标准的村(居)委会有44个，其中新华区24个，振东区12个，秀英区8个。把“三结合”工作和开展“幸福工程——救助贫困母亲”活动结合起来，发动社会各界人士为贫困母亲捐款，共募捐资金34.25万元，实施救助项目2个，帮助10户贫困母亲发展经济，为贫困户提供资金，提供种苗、技术等服务，深受群众的好评。

（陈贤泽）

社 会 保 障

社会保障制度

【简述】 进一步加快和深化社会保障制度改革，全面实施养老、失业、工伤、医疗(含女工节育、生育费补助)等社会保险项目，形成全方位、一体化、制度化社会保险新体系，促进优化资本结构，支持国有企业改革，推动全市经济健康发展。

【职工养老保险】 认真贯彻落实《国务院关于建立全国统一的企业职工基本养老保险制度的决定》，做好以下七个方面的工作：一、建立起全市统一的社会养老保险制度，逐步形成全方位、一体化、制度化社会保险体系；二、改革基本养老金计发办法，实行社会性工资和缴费性工资相结合；三、建立职工个人缴纳基本养老费制度；四、实行《养老保险手册》和《退休金存折》管理制度；五、实施基本养老金正常调整制度；六、加强对退休人员社会化管理服务；七、加强退休人员计算机开发、管理。1997年新增养老参保单位351个，从业人员4632人，至年底，全市累计参加养老保险的用人单位2953个，从业人员97915人，其中离退休人员19426人。各类经济成份参保情况是：国有企业833个28264人；县以上集体企业691个15666人；“三资”企业383个6175人；私营企业721个4170人；党政机关184个6958人；事业单位、社会团体141个7058人；个体工商户198人、按照“以支定筹、略有结余”的原则，实行国家、用人单位和从业人员个人合理负担，养老保险基金征缴比率为月工资总额的21%，其中企业负担18%，个人负担3%，全年共征集职工养老保险基金1117.23万元。

【职工失业保险】 1997年市印染厂等8家工厂实施破产，失业人数猛增，为减缓对社会的压力，已发放市印染厂、毛巾厂、玻璃厂和橡胶三厂等4个破产企业的失业合同制工人821名救济金224.7万元，占全年发放救济金248.77万元的90%。显示了失业保险的作用。至年底，全市参加失业保险的用人单位2711家，参保人数82552人，全年失业保险费收入450万元(其中包括追回历年欠款90万元)，历年基金滚存结余814.52万元(本年度结余11.59万元)。全年失业保险基金支出460.17万元，除248.77万救济金以及提取31.5万管理费外，支付培训费67.49万元，生产自救费67.49万元，上交统筹金45万元；体现失业保险基金取之于民，用之于民的原则。主要工作是：1、加强征收管理，依法征收。2、积极妥善做好失业人员的救济、安置。3、加强失业人员再就业培训，全年共举办转业培训班25期，人数1008人，为当年失业人数的108%。4、加强内部管理，理顺各种工作关系，实现微机管理，提高工作效率。

【职工工伤保险】 认真贯彻《全国企业职工工伤保险试行办法》，进一步深化工伤保险制度改革。至年底，全市参加工伤保险的用人单位2953个，参保人数97915人，工伤保险费收入293.45万元。全年发生工伤事故51起59人，比上年50起50人增加1起9人。支付工伤费用89万元。着重抓好以下工作：(1)根据《海南经济特区城镇从业人员工伤保险条例》，加强安全生产的宣传力度，印发一批宣传资料，发表宣传信息8篇；(2)工伤保险与安全生产工作结合，开展5月安全月活动，配合市安全办搞好安全生产检查，积极采取防范措施，将工伤事故隐患消除在萌芽中；(3)积极做好破产企业工伤人员的安置工作，解除其后顾之忧；(4)筹建工伤治疗康复中心，为工伤人员继续治疗康复提供服务；(5)应用计算机进行工伤档案管理，适应工伤保险社会化管理的要求。

【职工医疗保险】 不断完善职工医疗保险制度，医疗保险进入巩固与平稳发展阶段。全市医疗保险已经从“公费”和“劳保”医疗的旧体制中解脱出来，组成新的“医保网”。至年底，全市参加医疗保险的用人单位767个，人员36340人，全年征收医疗保险费3151.11万元，支付医疗费3258.4万元(其中返还个人医疗帐户1919.92万元)。根据国务委员彭佩云5月来海口考察医疗保险提出的要求，针对海口市医疗保险制度改革在实践中暴露出来的问题，采取下列改进措施：(1)重新调整医疗病种、药品目录和医疗服务收费及收费标准，病种从原来184种增加到401种，药品目录中药从374种增加到631种，西药从440种增加到604种，新增医院制剂58种，医疗保险服务项目2957种，逐步完善准入制度和统一的定价收费制度。(2)制订并实施"离休人员医疗优待方法"，取消离休干部个人医疗门诊收费和住院收费的规定，重新明确离休人员的待遇范围和标准，缓解了离休人员与参保其他人员的矛盾。(3)加强医疗保险基金共济帐户管理，对14家定点医院实行医疗费预算包干制。(4)着手制订个人IC卡使用管理办法，完善个人医疗帐户管理制度，实行四家银行IC卡管理联网。(5)健全管理机构，扩大参保面。从10月起把参保女职工生育费列入医疗保险范围，有力地支持计划生育工作。全市已有7人领取生育补助费7000元。

【离退休职工管理工作】 1997年从6个方面积极为离退休人员提供优质服务和完备管理：(1)确保足额发放退休金，让离退休人员安度晚年。全市现有离退休人员19426人，全年发放退休金10175万元，人均每月退休金达450元，按照省琼人劳(1995)213号文规定补发1995年12月底以前的17137名离退休职工，从1996年7月1日起每人每月增加23元退休金，共计393.13万元。(2)调整机构，设立退休金发放所。对五个联办储蓄所37名工作人员实行经费包干，完善管理机制，促进退休人员的社会化管理进程。(3)继续深入开展"四上门服务"活动。春节期间和中秋节，向离退休人员进行慰问和发困难补助。重阳节组织一次全市性游园活动。(4)加强离退休职工文化建设，第一批设立两个文化活动点：秀英片与威特电气有限公司合作兴办"老职工之家"，活动面积1400平方米，建起了歌舞厅、卡拉OK中心、影视室、文化阅览室、医疗所、游艺室、茶坊等。道客片与椰树集团合作兴办"退休职工文化娱乐活动中心"，新建1000平方米活动室，设置象棋、桌球、乒乓球、各种健身设备等。大大丰富了离退休人员的晚年生活，让他们"老有所乐"。(5)做好离退休人员的"三访"工作，及时为离退休人员排忧解难。(6)做好破产企业提前退休人员的安置工作，正常发放破产企业离退休人员养老金，真正发挥社会保障的"安全网"作用。

【社会保障制度改革】 针对社会保障工作存在的问题，抓好五方面的工作：一、加强局领导班子建设，调整内设机构，按照"民主、团结，创业"的要求，重新组建局领导班子，配备一正三副，形成社会保障工作领导核心。搞好内设机构调整，按照社会保险性质，设置局办公室和10个科、2个中心、9个所，重点充实基金征缴第一线力量，加大监审执法力度和基金管理工作，制订好岗位目标责任制，充分调动全局干部职工的积极性。二、抓好社会保险业务培训，提高整体素质。派出6批23人参加劳动部和省社会保障局举办的业务培训班；组织16名科级干部到部分省市考察学习；7月，有71人参加省社保局统一组织的大规模业务考试，平均分数83.5分，及格率达97.8%。还举办2期共113人参加的企业劳资人员社保业务学习班，推进社会保障制度改革顺利健康发展。三、加强信息宣传工作，成立"信息宣传领导小组"，聘请11名兼职信息宣传员，认真做好信息的收集、筛选、整理。全年共发表宣传信息110篇，覆盖劳动部和省、市16家信息刊物及报纸、电台。9月成立"海口市社会保障局宣传教育咨询服务中心"，配备专职人员，开展10月宣传月活动，社会保障宣传工作步入正规化、经常化、制度化的轨道。四、结合"一转变两提高"专项整治活动，认真开展"四个专题教育"：一是"宗旨教育"，树立为企业和职工服务的思想，端正工作作风，增强公仆意识，当好人民的公务员；二是"职业道德教育"，纠正行业不正之风，强化爱岗敬业，忠于职守，办事公道，热情服务，乐于奉献的职业道德；三是党纪政纪教育，发扬艰苦创业精神，搞好勤政廉政，惩治腐败行为；四是业务知识教育，加强岗位训练，提高整体素质；五、从下半年起，根据本行业特点，以"服务人民，奉献社会"为宗旨，以"爱岗敬业，秉公执法，规范管理，优质服务"为主要内容，大力推行"三优一满意"(即优质服务、优良作风、优美环境、群众满意)服务。为帮助企业办好社会保险业务还认真推行"三制"(即直接办理制、窗口服务制和社会服务承诺制)，根据业务职能和市区行政管理范围，全面调整内设机构，理顺关系，减少层次，简化办事程序，设立5个业务窗口，推出7项社会承诺服务措施，有效地促进了行业风气的转变，提高社会保险文明程度。经过艰苦的努力，建立和开拓社会保险计算机管理信息系统，在数据的收集、储存、分类、筛选、计算、分析、加工、输出、传递等方面，充分利用计算机进行规范化标准化管理，大大提高工作效率，提高服务质量，保证社会保障制度改革顺利健康发展。

(符国德　黎　晓)

【农村社会养老保险】 1997年，海口市各级政府认真贯彻落实《海南省农村社会养老保险规定》和《海口市农村社会养老保险暂行办法》，主要抓以下工作：一是市、区、乡(镇)三级政府对农保工作都有具体的量化指标，市政府的目标是完成保费380万元，其中秀英区300万元，新华区50万元，振东区30万元。秀英、新华、振东三个区政府据此确定本级政府农保的量化指标。如秀英区全年的目标是完成保费450万元。区政府对各乡(镇)也提出了相应的要求。全市8个乡(镇)，根据各区政府下达的任务，制订了全年的农保目标，全市各级政府都把农保列入本级政府的目标管理，作为全年考核政绩的内容之一。二是区、乡(镇)、村委会，层层召开农保动员会。秀英区政府的农保动员会，全区5个乡(镇)的书记、镇长、分管民政工作的副镇长都参加会议，省民政厅王启芬副厅长做动员报告，区委书记高锦全、区长郑保祥对全区的农保工作都提出具体要求。三是市、区、乡(镇)三级农保机构全力以赴，宣传发动，上门服务。市农村社会养老保险办公室和各区农村社会养老保险管理处的同志，坚持深入农村宣传投保方案，宣传市、区领导对农保工作的指示，解答农保疑难问题，各乡(镇)农保管理所的同志认真填写农保各类表格，准确发放养老金。全体农保工作人员不分昼夜，不怕辛苦，全心全意为农民群众服务，赢得农民群众对农保工作的信任和支持。四是培训农保骨干，提高农保队伍素质。全市农保骨干30人参加省民政厅举办的农保业务培训班，较系统地学习了农保业务知识，经考核，成绩均在良好以上，全部取得了上岗证书。五是规范农保基金管理，确保安全增值。市农保办严格遵守国家民政部和省民政厅关于农保基金管理的规定，国家民政部12月份派员检查农保基金管理情况，表示满意。省民政厅将海口市列为全省农保规范化管理试点。全市已有102个村庄参加投保，覆盖面达80.3%，新增保费310万元，累计达到3340万元。全年有1470人领取养老金，名列全省第一，市农村社会养老保险办公室负责人被评为"全国农村社会养老保险先进个人"，市民政局被评为"全国农村社会养老保险先进单位"。

（杜李胜）

社会福利

【残疾人事业】 见"人民团体""市残联"部分。

【社会福利】 1997年市社会福利企业克服种种困难，依靠自己，在发展生产的同时，积极开拓民政第三产业，广开财路，多渠道创收，完成生产总值1000万元，创利税81.5万元。

市社会福利院以创建国家二级福利院为动力，积极开展创"文明单位"活动，严格按照国家二级福利院标准，逐项制定各部门职责和各项管理制度。6月27日，民政部副部长杨衍银到福利院视察，对如何开展创建国家二级福利院作了重要指示。

积极开展助医工程和助养活动。香港玛丽医院、香港大学外科学系韦霖教授一行6人，于2月17日、10月2日两次来院为孤儿进行唇腭裂手术25人次，成功率100%，康复率100%。全年共有18个单位、家庭助养孤儿44人，其中有20名孤儿受助入幼儿园、小学。太平洋保险公司海南分公司为全院110名职工无偿做人身意外保险，金额350万元，无偿为9名孤儿做综合保险金额35万元。使孤儿的养、治、教水平有所提高。为增强社会养老保险服务功能，不断提高自我发展能力，1月29日，开办颐和公寓，先后有21名自费老人入院安养。市编委同意福利院增加事业编制50名，全院有干部28名、职工71名、孤寡老人103名、孤弃儿童90名、特教班学生10名。达到了该院提出的"三个转变，四个能力"的工作目标（"三个转变"即从福利型向福利经营型、从封闭型向开放型、从供养型向供养康复型的转变；"四个能力"即具有开展老年人、伤残儿童、精神病人的医疗、护理康复工作能力，具有向社区康复辐射的能力，具有专业培训和科研的能力，具有自我发展的能力）。

市三个区认真贯彻落实省民政厅《关于开展社区服务试点工作的意见》的文件精神，落实社区服务工作计划，建立和完善城镇社会福利体系，进一步推进全市的社区服务业与创建文明城市活动。社区服务以街道为主体，居委会为依托，建立领导机构，完善服务体系。全市有4个街道办事处建立了社区服务中心，16个居委会建立了社区服务站。建立便民利民服务设施367个；社区商业服务街8个；老年人活动站28个；优抚服务站66个；社区志愿者超过万人次，全市社区服务业呈现强劲的发展势头。

（曾　涛）

【五保户供养】 1997年，全市五保户有463人。其中实行乡镇统筹供养的乡镇有7个，供养人数365人，乡镇统筹金19万元；实行村提留供养的乡镇有1个，人数63人，村提留金额1.5万元；建立五保服务网络35个。全市有敬老院3个，其中收养床位45个，供养五保老人35人，集体供给金额12万元。市民政部门每个节日每人发补助金60元，每人每月物价补贴82元。五保户的医疗费和安葬费由政府负责，做到实报实销。

（曾　涛）

优待抚恤

【国家抚恤】 1997年，全市享受因公伤残抚恤人员342人，其中在职伤残人员328人，在乡伤残人员14人。按国家规定标准全年发给伤残抚恤金（保健金）及其他开支7.8万元。全市享受定期定量抚恤补助优抚对象共计316名，其中享受定期抚恤"三属"人员106名，享受定期补助人员210名，全年开支抚恤补助经费83万元。1997年度，市民政局按规定受理病故军人6名、因公牺牲人民警察4名、病故国家机关工作人员（包括民主党派、人民团体工作人员、离退休人员）153名，并按国家规定标准发给其家属一次性抚恤金共1418014元，其中海南省一级死亡人员106名，支付一次性抚恤金852726元，海口一级死亡人员53名，支付一次性抚恤金486320元，部队死亡人员6名，支付一次性抚恤金78968元。

【烈士褒扬】 海口市有烈士纪念建筑物3处：李硕勋烈士纪念亭、海南解放纪念碑、金牛岭革命烈士陵园。李硕勋烈士纪念亭、金牛岭革命烈士陵园配备专人管理。三处烈士纪念建筑物已成为全市革命传统教育基地。清明节期间，驻市部队、各单位组织广大官兵、干部职工、学校师生2万多人（次）到李硕勋烈士纪念亭、海口公园海南解放纪念碑、金牛岭革命烈士陵园开展纪念革命先烈和革命传统教育活动。市公安局防暴支队干警陈少明经报海南省人民政府1997年10月24日审批追认为革命烈士。

【军属优待】 根据《海口市军人优待实施办法》规定，市民政局从10月份开始向各区政府、市属各单位和驻市各部队单位发放1997年度义务兵家属优待金，按家居城镇义务兵人年优待金360元发给其家属；家居农村义务兵按人年优待金300元发给各区、乡镇政府转发其家属。其中：城镇义务兵家属535户，发放优待金192600元，农村义务兵家属156户，发放优待金46800元，全市优待义务兵家属共691户，发放由市财政拨款的优待金共计239400元。为保证农村义务兵家属优待标准达到当地乡镇上年度人均收入的100%，各乡镇政府还负责做好优待金的统筹。1997年，全市农村义务兵家属人年优待标准达2400元左右。为了进一步做好双拥工作，加强国防建设，鼓励军人的爱国热情和保卫祖国、建设祖国的献身精神，4月，对1994年设立的现役军人军功奖的奖励对象、奖励标准进行调整，奖励对象由原来奖励海口籍现役军人扩大到驻海口市辖区部队现役军人，奖励标准调整为：荣立一等功者，一次性奖励5000元；二等功者，一次性奖励3000元；三等功者，一次性奖励调整为200元，还增设荣获"优秀士兵"称号者，一次性奖励50元。1997年度，海口籍现役军人荣立三等功者共23人，荣获"优秀士兵"称号者136人，发放一次性奖励金共计11600元，驻市军警部队现役军人荣立二等功者共9人，荣立三等功者共566人，荣获"优秀士兵"称号者共1892人，发放一次性奖励金共计234800元。1997年，全市共计发放现役军人军功奖一次性奖励金合计支付246400元。

（李明智）

双拥活动

1月，海口市再次荣获“全国双拥模范城”称号，实现“全国双拥模范城”三连冠的目标。之后及时召开军警民主要领导联席会议，提出双拥工作要实现五个方面的突破：在争创思想上求突破，在争创标准上求突破，在争创特色上求突破，在创建文明示范工程上求突破，在行业拥军上求突破。领导带头，身先士卒，重要的双拥工作亲自布置安排，重要的双拥活动亲自带头参加。年内，召开市委常委会、市政府常务会、军地联席会共14次，研究解决双拥工作的重大问题。

结合香港回归、建军70周年两件大事和本市的特点，加大双拥国防教育力度，重点突出“四性四变”的教育手段，即：在国防教育中突出教育内容的针对性，实现由一般教育向重点教育转变；突出对象的层次性，实现由部分教育向全民教育转变；突出教育方式的灵活性，实现由单一说教向演讲、竞赛、讨论座谈、文艺演出、板报宣传等多种形式转变；突出组织的配套性，实现由警备区主抓向社会齐抓共管转变。全年开办“全民教育一堂课”10期。全市90%的科以上干部接受了国防教育。新创办6所少年军校，组织各种演讲25场次，国防知识竞赛6场次，歌咏比赛34场次。驻市军警部队组织近200个宣传队(组)上街道、下农村、深入工厂、学校进行国防教育，为中小学校派出校外辅导员1200余名，为地方各单位上国防知识、国防教育课累计300场次。

市委、市政府拨出双拥专款200万元支持部队菜篮子基地建设，改造营房营区，购置文体设施，扶持各区武装部开办以劳养武项目等。市军地两用人才培训中心，开设了电脑、电工、摩托车、家电维修等专业，为部队培训两用人才400名，安置转业干部92名，为63名随军家属安排了工作。新华区和驻区有关单位共拿出120万元支持部队建设；振东区拨款80万元，土地10亩为区武装部解决办公和住房问题；筹集双拥经费10万余元，解决部队和优抚对象的实际问题，秀英区出资50万元，并安排18套住房帮助区武装部解决办公用房问题，拨出18.5万元为部队办实事。驻市企事业单位大力开展行业拥军活动。“八一”节期间，市烟草专卖局、燕泰国际大酒店、国泰实业、恒泰实业有限公司、四川沱牌集团等16家企业、公司热情献爱心，慰问驻市军警部队，赠送电视机、图书、文体器材等大批慰问品。海南民源公司出资50万元支持武警一支队解决基建资金困难，苍东村无偿提供20亩土地为边防学校解决农副业生产用地。全年各区各行业支援部队建设资金累计达400余万元。驻市部队积极支援地方重点工程建设。据不完全统计，先后出动官兵24970人次，车辆7500台次参加地方重点建设项目18项。积极参与市创建文明工程活动，投入大量人力、物力参加“绿化工程”、“幸福工程”、“救助贫困母亲”、“春蕾计划献爱心”活动。为驻地群众放映电影160场次，组织军民联欢110余次。组织学雷锋便民服务小组400多个，建立军警民联防小组23个，出动官兵2300人次参加治安巡逻和社会综合治理活动，配合公安机关抓获犯罪分子70余人。

全市共有共建点85个，其中80%的共建点分别被省、市、区评为先进单位。市领导和双拥办人员先后三次到基层调查研究检查指导工作，帮助每个共建点确定共建主题、共建目标、共建方案，做到“六定”，即定单位、定主题、定标准、定计划、定人员、定责任，从而促进了全市共建点向高层次、高标准方向发展。广泛开展共建党支部活动，健全和落实党支部七项组织生活制度，狠抓支部的战斗堡垒作用和党员的先锋模范作用，使党支部在创文明、奔小康的道路上发挥了中坚作用。结合开展创建文明城市、文明村镇、文明行业活动，开展创建一条街道、一个工厂、一所学校、一个企业、一个村庄“五个一”文明示范工程。年内全市确定的38个精神文明示范点，绝大部分都是军民共建单位。

几年内先后制定出台11个双拥政策法规，振东区、新华区、秀英区结合本区实际，各自制订了双拥政策或措施，使双拥工作规范化向基层延伸。年内重点抓好《关于调整现役军人军功奖的决定》和《海口市烈军属、现役军人子女入学入托优先的暂行办法》的贯彻执行，据不完全统计，由于享受加分待遇，145名部队子女进入重点学校学习。教育部门免收部队子女择校费100多万元。随军转学的子女100%安排在部队驻地最近的学校就读。为6户随军家属解决了住房。依据《海口市军人优待实施办法》和《海口市退伍义务兵安置实施细则》等规定，帮助退伍军人和军烈属及其他优抚对象解决生活等实际困难，全市优抚对象生活水平全部达到了当地群众的中等以上生活水平，“三老”人员的“三难”得到解决。义务兵优待标准达到本乡镇上年度人均纯收入水平，退伍义务兵和转业志愿兵全部安置就业。

(陈大春　张　芸)

退伍军人、军休干部安置

【退伍义务兵和转业志愿兵安置】　年内，全市接收退伍义务兵和转业志愿兵176人，其中城镇退伍义务兵122人，占总数的70%，农村退伍义务兵27人，占15%，转业志愿兵27人，占15%。安置工作从4月份开始，11月底结束，共安置城镇退伍兵和转业志愿兵149人，完成年度安置任务。退伍安置工作主要抓了二项：一是城镇退伍兵和转业志愿兵安置；二是农村退伍兵就业。城镇退伍兵和转业志愿兵安置工作按照《海南省退伍义务兵安置办法》和《海口市退伍义务兵安置实施细则》规定，实行“从哪来，回哪去”和“政府行政安置，个人自荐相结合”的办法。农村退伍兵就业在“自我开发，就地消化”的前提下，通过多形式，多渠道开发使用，积极向省、市企事业、“三资”企业、乡镇企业以及部队企业推荐，招聘录用。同时拨出专项经费4.2万元，为农村27名退伍兵解决返乡初期在住房、生产和生活上的实际困难，使他们安心农村，勤劳致富。

(韩珍元)

【离退休军官和无军籍退休退职职工安置】　年内海口市军休所接收第四批军队离退休干部12人，其中离休干部1人，退休干部11人。接收第四批无军籍退休退职职工29人。总人数170人。5月，根据中组部、民政部、财政部、人事部、总参谋部、总政治部、总后勤部[1997]政联字第3号文件，军队离休退休干部增加离退休费。离退休干部根据职务不同每人每月增加110－176元不等。12月，根据民政部、财政部、总政治部、总后勤部[1997]政干字第468号、第469号、第472号通知，军队离退休干部调整了生活补贴，特区津贴，离休干部的公勤费，离退休干部的护理费，住院伙食补助费，增发了离退休干部的电话费等六项待遇，补发离退休干部工资总计30万元。老干部平均年增资4800元。根据民政部安置司、总政治部干部部[1997]政干发字第420号通知，离休干部随军遗属生活定补每人每月由原来的160元增加到团职500元，师职600元，军职700元。

在文化娱乐方面，市军休所门球队全年参加省、市组织的各种门球比赛数十次，取得了第二名、第四名、第六名的好成绩。5月，离休干部参加市老干局组织的环岛旅游；6月，市军休所领导专程带领因长期患病行动不便的同志到琼海、兴隆、三亚等地游玩，让他们坐在轮椅上观看海南的名胜古迹；9月，又组织一批老同志到华东五市参观学习。全年投入娱乐旅游经费10万元。

为老同志解决住房电线老化问题，并进行房屋修缮，防水补漏，绿化庭院，共投入资金15万元。招待所、卫生所等生产经营全年收入50万元。

（赖亦萍）

劳动工资及收入消费

概　述

各级劳动部门积极开展“进一步转变机关作风，提高工作效率，提高服务质量”专项整治活动，增强机关工作人员的事业心和责任感，树立良好形象，进一步优化和改善投资软环境，促进了全市劳动工作的全面发展。

劳　动

【劳动就业】　各级劳动部门认真贯彻市委、市政府《关于深入实施就业与再就业工程的意见》，积极做好就业服务和管理工作，引导和教育劳动者转变就业观念和择业意识，促进就业率的提高。年内，全市实现就业18476人，比上年同期增长7个百分点，其中城镇新增就业4320人，城镇失业率控制在3%以内。劳动部门继续实施“流动有序化工程”，加强外来劳动力就业的管理和服务工作，有效地控制外来劳动力的盲目流进。全年共办理《就业证》13070件，比上年同期下降8.3%；办理《登记卡》5358件，比上年同期上升7.1%；证卡合一率达41%，提高3%。市劳动部门根据国家财政部、劳动部和国有资产管理总局的统一部署，对全市100多家劳动就业服务企业进行调查，指导和帮助劳服企业做好清产核资工作。同时，全年新创办劳服企业4家，吸纳安置就业114人。

【分流安置下岗职工】　在实施企业优化资本结构改革过程中，全市先后有9家国有企业实行破产、13家企业兼并或改制、重组，一大批职工下岗失业。各级劳动部门把下岗职工分流安置工作作为全年工作的重中之重。5月成立“海口市再就业服务中心”，制订并出台《海口市再就业服务中心实施方案》、《海口市纺织印染厂下岗职工分流安置方案》等各项具体措施，为做好下岗职工分流安置工作打下良好基础。劳动部门的工作人员，以高度的政治责任感和认真负责的态度，耐心宣传有关政策规定，热情释疑解难，妥善处理实际问题，使下岗职工感到党和政府的关心和温暖，看到了出路和希望，使分流安置工作稳妥有序地进行。至年底，全市5622名破产企业下岗职工得到了及时分流和妥善安置。其中全员安置重新就业2922人，占52%；自谋职业1199人，占21.3%；办理解除劳动合同手续并转入失业登记914人，占16.3%；按规定办理退休或提前退休手续430人，占7.6%；进入市再就业服务中心托管157人，占2.8%。共发放安置费和失业救济金3000多万元。

【职业介绍服务】　市各级劳动部门注意发挥职业介绍服务在实施就业再就业工程中的作用，经常深入企业了解情况，掌握用工信息，组织供需衔接，疏通就业渠道，努力为用人单位和求职者提供高效优质服务；同时，注意加强对民办职业介绍所的管理、指导和监督，发挥民办职介机构在活跃海口劳动力市场中的补充作用。据统计，全年各职业介绍服务机构共办理求职登记39600人次，比上年同期增长56%；为80%以上的求职者介绍职业，成功率31.79%；直接联系招聘的用人单位218家，其中进场设点招聘的75家。

【职业技能培训】　加强职业技能教育，提高劳动者素质，是实施就业再就业工程的重要组成部分之一。各级劳动部门认真贯彻《职业教育法》，以全面提高劳动素质，增强劳动者就业能力和工作能力为出发点，积极做好职业技能开发工作，并开始推行劳动预备制度。劳动行政部门、企业、学校、社会培训点共组织职业技能培训13560人次，其中组织在职人员技能培训5700人次，待业人员就业前培训6762人次，特殊工种技能培训503人次，技术等级培训755人次，其他培训290人次。开展职业技能鉴定工作，组织16个技术工种技能鉴定2847人次。同时，对市属各职业学校毕业生进行职业技能鉴定340人，鉴定工种由5个增至7个。对机关、事业单位技术工作人员进行技术等级考核、技能鉴定共755人，其中，中级33人、初级722人。劳动行政部门继续加强对社会力量办学培训实体的综合管理，对全市18家社会力量办学单位进行年度检查评估，给予其中年检合格的13家重新登记核发《办学许可证》，对5家年检不合格办学单位进行整改。

【劳动监察执法】　各级劳动监察部门认真贯彻执行《中华人民共和国劳动法》，积极开展劳动监察活动，加大劳动行政执法力度，有效地维护劳动关系双方的合法权益，促进海口经济的全面发展。市劳动行政部门采取联合办公、上门服务等形式，对管辖范围内的919家用人单位进行1996年度劳动用工年审，其中年审合格的有788家，合格率86％。通过年审，督促用人单位补签劳动合同4201份，补办就业证卡4483件，补交社会保险金117万元。根据上级劳动部门的要求，于7月开展劳动监察执法月活动，检查用人单位21个，及时查处和纠正部分用人单位的违法用工行为。受理投诉举报案件231宗，其中立案查处150宗，结案135宗，结案率90％；为劳动者追回被克扣、拖欠的工资102204元。同时，查处违法职业介绍机构24家，取缔非法职业介绍机构20家，较好地维护了劳动者的合法权益。

【劳动争议处理】 劳动争议仲裁机构认真贯彻执行《中华人民共和国劳动法》、《中华人民共和国企业劳动争议处理条例》，建立健全劳动争议处理制度，规范和公开办事程序，实行“窗口服务制”，遵循合法、公正、及时处理的原则，提高办事效率，较好地维护了劳动争议当事人的合法权益。全年共受理劳动争议案件41宗，其中，调解成功或经调解自行撤诉30宗，占案件总数73％；通过开庭仲裁11宗，结案率100％。同时，办理劳动合同鉴证5354份，指导企业签订集体合同38家，审查登记集体合同35份。

【安全生产】 按照江泽民等中央领导同志关于“加强安全生产”的讲话精神及劳动部、省人事劳动厅的部署，5月，在全市范围内掀起第七次安全生产周(月)活动高潮，各有关部门、企业、新闻单位均以各种形式开展安全生产宣传教育活动。劳动、消防、交通、检察等部门联合组织全市安全生产大检查21次，共检查832个单位，检查面达56％，发现事故隐患2213处，前后投入整改资金267万元。据统计，全年海口道路交通共发生事故268宗，死亡37人，重伤79人，直接经济损失103.75万元，四项指标与上年度相比，均有增长；城乡发生火灾事故326宗，死亡6人，重伤19人，直接经济损失428.6万元，四项指标与上年度相比，除经济损失下降外，其他三项均有大幅度增长；海口地区企业共发生因工伤亡事故27宗，死亡11人，重伤24人，经济损失64.6万元，四项指标与上年度相比，均有增长，企业职工千人死亡率为0.058，千人重伤率0.127，其中市属企业发生因工伤亡事故2宗，死亡2人，重伤11人，经济损失4.8万元，企业职工千人死亡率0.017，千人重伤率0.095。在锅炉压力容器安全监察方面，严格控制、监督进入的锅炉、压力容器设备质量、安装施工质量，坚决杜绝带先天性缺陷的锅炉压力容器投入使用，确保全市锅炉、压力容器安全运行，创造了连续16年无锅炉重大事故的记录，是第15个压力容器、压力管道无重大事故年。

【职业安全卫生监察】 劳动行政部门严格贯彻执行《中华人民共和国劳动法》，加大职业安全卫生监察力度，指导市属企业建立、健全劳动安全卫生制度，落实安全生产责任制，有效地控制伤亡事故和职业病的发生，保护了职工的安全健康，保障了海口经济建设的顺利进行。据统计，全年共查处企业因工伤亡事故27宗，结案27宗，结案率100％；受理工伤投诉案件28宗，结案率100％。市职防所对24家单位，179个作业点共3850人进行职业有害因素检测，受检率34.4％，其中粉尘检测40个点，合格25个，合格率65％；物理检测102个点，合格59个，合格率58.7％；化学因素检测37个点，合格33个，合格率91％。各用人单位对女职工及未成年工特殊保护工作普遍给予重视，为她(他)们提供了符合国家规定的劳动安全卫生条件和必要的劳动防护用品，大多数用人单位坚持一年一度的女职工妇科普查制度，全市共9500名女职工进行了妇科检查。劳动行政部门加强对特种作业人员的安全技术培训、考核、管理工作，对电工、电焊工、起重工、厂内车辆驾驶员、架子工等培训发证358人，复审70人，进行了2次职工工作时间专项检查。

【解困工作】 按照劳动部《关于做好1997年困难职工生活保障工作的意见》要求，市解困办公室认真做好企业困难职工基本生活的保障工作。元旦、春节期间，共对全市11个系统146家困难企业中的5950名困难职工发放“两节”救济201.4万元，同时，与市总工会一起对特困户进行慰问，把党和政府的关怀送到特困职工手中。在全市5个系统39家困难企业中认定应经常性救济的困难职工841人次，救济户籍人口2407人次，共发放救济金48.9万元。4至6月对即将进行破产拍卖的市纺织印染厂和市玻璃厂的职工进行两次临时性救济，共救济2041人次，发放救济金34.7万元，保证了破产企业职工的稳定。同时，帮助18名特困职工及其子女解决就业或再就业问题。较好地处理了15起群众上访，解决了他们的实际困难。

工资 福利

【工资分配】 年内，完成486家市属企业1997年度《工资总额使用手册》发证工作和1996年度海口地区劳动统计年报审核汇总工作。在不断改革、不断完善的基础上，完成131家工效挂钩企业1996年度的工资清算工作，下达年度挂钩基数，并增加2户实行工效挂钩企业。为效益好的38家企业近4000名职工浮升工资，为近4500名职工浮升工资办理定级手续。在财政、审计等部门的配合下，开展企业工资内外收入的检查工作，加强了企业经营者工资收入的管理，协助省人事劳动厅做好海口地区企业工资收入水平调查，为调整1997年度海口地区最低工资标准提供了依据。

【在职职工工资水平】 年末，海口地区在职职工人数248448人，比上年增加1491人；职工工资总额21.2亿元，比上年同期增长7.1％；职工年平均工资8470元，增长3.8％，其中国有经济单位职工年平均工资7847元，比上年度下降6％；城镇及集体经济企业职工4913元，增长1.4％，其他各种经济类型单位职工年平均9719元，增长5.7％。

【在职职工保险福利】 至年底，全市累计参加养老，工伤保险的单位2953家，参保人数97915人，参加失业保险的单位2711家；参保人数82552人；参加医疗保险767家，参保人数3640人。全年征收养老保险基金1176.23万元，失业保险基金330万元，工伤保险基金293.45万元，医疗保险基金3151.11万元。各用人单位积极创造条件，改善集体福利，不断提高职工的福利待遇。

【离休、退休人员保险福利】 年末，享受养老保险待遇的离休、退休人员共计

19403人，占参加养老保险职工人数的19.8%。平均每月发放离退休养老金873.1万元，月人均发放450元，比上年度增加41.67元。党政机关事业单位离退休人员月人均908.3元，增加52.87元；企业离退休人员月人均377.5元，增加31.24元。市社会保障部门积极主动做好退管工作，与海口椰树集团、海口威特电气有限公司合作，兴办起“退休职工文化娱乐活动中心”、“老职工之家”等离退休职工活动场所，并设立专门机构、配备人员，为离退休人员服务。

（黄良炼）

收入与消费

【城镇居民收入与消费】 据海口市城市社会经济调查队对百户居民家庭的跟踪调查显示：1997年我市居民消费的特点是，消费结构趋向合理，居住条件改善，粮食消费减少，副食消费增加，交通和通讯消费增幅加大。

1997年居民经济收入情况是：人均实际收入6624元，比上年下降8.96%，人均可支配收入6589元，下降9.38%。1997年我市居民人均消费性支出5171元，比上年下降4.26%，居民各项消费情况是：食品支出2877.42元，衣着支出280.21元，设备用品及服务支出390.39元，医疗保健支出181.09元，交通和通讯支出388.23元，娱乐文教服务支出481.19元，居住支出393.80元，杂项商品和服务支出178.80元。

随着居民生活水平的提高，居民消费领域的扩大，居民食品消费比重逐年下降，消费结构趋向合理。调查结果显示，1997年我市居民恩格尔系数为55.6%，比1990年下降3.9个百分点，也比1996年下降了0.5个百分点，在居民的食品消费中粮食消费量减少，副食消费量有所增加。1997年人均消费粮食90.9公斤，比上年下降2.2%；猪牛羊肉22公斤，增长7.3%；鲜蛋4.8公斤，增长30.6%；家禽17公斤，增长0.2%；水产品26.8公斤，增长4.3%；鲜菜103.2公斤，增长0.6%。居民的居住条件又有了改善。1997年末人均居面积14.8平方米，比上年增加了18平方米。

（王尤祥）

【农村居民收入与消费】 据抽样调查资料结果显示，1997年，海口市郊区农民人均纯收入3052元，比上年增长10%；其中人均生产性纯收入2439元，增长3.7%。人均生活消费性支出1539元，比上年下降0.7%，其中食品支出为901元，下降7.1%；人均文化娱乐消费性支出149元，增长4.9%；人均住房支出212元，增长55.9%；人均穿着支出138元，增长2.2%。1997年末郊区农民每百户拥有彩色电视机79台，电冰箱20台，洗衣机14台，自行车138辆，摩托车26辆，大型家具390件。1997年末郊区农民人均结存粮食155公斤，比上年增加52公斤；1997年末农村居民人均银行存款5719元，比上年增加2161元，增长60.7%。

（符铭徐）

侨　务

【海外联谊】 1997年，海外华侨、华人和港澳同胞来海口投资办厂、考察访问、探亲旅游及参加各种庆典活动的人数达8.26万人次，市侨务办接待和参与接待来访团组27个274人次。来访的主要团组和重点人物有：1月13日，加拿大华人联会首届执行主席、现任共同主席陈丙丁一行3人；3月17日，美国俄克拉荷马市长青企业集团公司总经理张弘毅先生；4月2日，泰国欧兰集团董事长、著名侨领欧家清及夫人一行；4月16日，美国南加州海南会馆潘家林会长和林贻存副会长；5月22日，马来西亚下议院副议长翁诗杰先生一行7人；6月18日至26日英国柏斯华人联谊会会长陈长友先生一行6人；7月17日，香港迪臣发展有限公司董事长陈慎先生一行；10月27日至31日，澳大利亚新州海南同乡会会长吴昌茂率领的访问团一行13人；10月28日，韩勉元率领的汶莱中华工商考察团一行9人。

1997年，与海外100多名华侨社团和重点人物保持良好联系，海外联谊网络扩展到34个国家和地区。1月9日至19日，海口市琼剧团一行50人出访新加坡、汶莱；5月18日至6月1日，海口市新闻采访团赴香港采访，专访了海南商会、海南同乡会以及一批知名琼籍侨领，广交深交了朋友，进一步拓展海外联谊工作。

【侨务政策】 市侨务办抓住落实侨房工作的重点和具体问题，深入调查研究，采取有效措施，促使落实侨房政策工作有新突破，全年落实侨房16宗，退还侨房面积4499平方米。在市侨务部门的大力协助下，全市共有103名中、小学生升学得到“适当照顾”，有20名归侨侨眷在分房、就业、出境探亲等方面得到各有关部门或单位的照顾。全年共处理侵侨事件24起，维护了归侨侨眷的合法权益。积极开展归侨生活状况、侨属企业情况和新移民工作调研，为做好侨务工作提供了依据。加强国内归侨、侨眷联谊工作，在春节、国庆、中秋节分别举行了全市归侨、侨眷联谊活动。春节期间，开展“送温暖”活动，登门慰问全市45名离退休老归侨，将扶贫救济款送到53名鳏寡孤独贫难侨手中，表达了政府的关怀，争取了侨心，凝集了侨力。

【侨务经济】 1997年，市侨务部门接待各国和各地区经贸考察团组21个，提供各类投资咨询服务30次，通过多种渠道牵线搭桥促成10个外资项目。全市新登记注册“三资企业”156家，其中外资企业132家，占85%，全年外商投资企业直接实际投资2.96亿美元，其中华资2.72亿美元。在招商引资工作中，市侨务部门增强服务意识，牢固树立为经济建设服务的主动性和自觉性，促成对外合作项目，提高了引进项目的成功率。年内，在接待马来西亚伊甸企业有限公司外宾时，积极做好服务工作，促成马来西亚伊甸企业有限公司在假日海滩建造海底世界。

【侨务外宣】 市侨务部门与市外宣办密切配合，继续巩固美国、法国、英国、澳大利亚、新加坡、马来西亚、泰国、香港、澳门等12个海外港口宣传点，定期寄送宣传资料，不断提高海口知名度和影响力；在外事侨务接待和出访团组中加强有针对性的宣传，全年对外发送宣传资料5300册(件)；采取多种方式动员全市各涉外、涉侨单位和归侨侨眷订阅《海南侨报》和《侨务工作研究》；深入各侨资企业动员宣传认订《海南华资企业名录》和《海南华资企业家》取得了良好的效果；编印《海口市荣誉市民》画册，协助省侨办举办琼籍侨领图片展览，弘扬海外赤子模范精神；针对香港回归的主题，掀起迎回归的宣传热潮，积极配合有关部门开展组织学习《基本法》，举办《基本法》知识广播讲座和征文比赛及全市归侨侨眷爱我中国与庆回归报告会等一系列庆回归活动；积极配合中央电视台拍摄电视专题片《海南侨务工作巡礼》中的海口市侨务工作内容；协助海口电视台完成电视片《情系椰城》的后期制作，该片已在中央、省、市电视台播出，起到了很好的外宣效果。

【侨务信访】 处理各类侨务信访件87件，接待群众来访400人次。其中，从国务院侨办、全国人大侨委会、中国驻外使领馆等单位转来的4件，省侨办转来的14件，省市领导转来的11件，华侨、华人、港澳台同胞从国外寄来的20件，国内归侨、侨眷寄来的18件。来信来访按性质分类，属于侨房问题的221件(次)，宗祠、祖坟问题11件(次)，宅基、财产问题8件(次)，就业、调动工作问题5件(次)，各种待遇问题232件(次)，有关案件问题10件(次)。对来信来访反映的问题，市侨务办都及时处理，妥善解决。通过信访工作，帮助海外华侨、华人、港澳台同胞以及归侨侨眷解决了大量困难和问题，落实侨务政策的问题大部分通过侨务信访工作渠道最终得到解决。

(朱　青)

对台事务

【两岸交流情况】 涉台交流工作有新发展，台胞来海口市交流从以往的经贸方面逐步扩展到体育、教育、文化等领域。1月2日，在市长寿园，市老年人钓鱼协会和台湾台中长青会联合举办海峡两岸(琼台两岛)老年人垂钓联谊赛，进行垂钓技巧的交流；3月31日，邀请台湾著名学者、音乐教育家陈功雄博士来市讲学，进行音乐艺术交流；10月15日，邀请琼藉台湾著名书法家、诗人林光灏先生回家乡举办个人书展，进行书法艺术交流。这三次涉台交流，在我省我市尚属首次，均取得比较好的交流效果。此外，还邀请16名台胞来琼参加海南椰子节节庆活动。全年接待前来考察、访问和开展经贸活动的台胞34批275人次。其中，比较重要的台湾社团和知名人士有：台湾省商业会副理事长廖金顺一行4人；台湾新光保全有限公司董事长黄其光一行4人；台湾原"立法委员"林正杰先生一行11人；台湾"国大代表"林明昌先生一行5人以及台北市海南同乡会访问团一行25人等。在做好台胞来琼交流工作的同时，支持各社团组织创造条件"走出去"到台湾开展交流活动。其中市电子工业公司和金盘股份有限公司组织人员随全国性或省组织的考察团赴台湾交流；由市文化研究所、市音乐家协会组织赴台进行文化交流的有关手续正在办理之中。年内共受理台胞、台属赴台探亲、探病、定居等188件次。

【对台经济】 年内有42家台资企业在海口落户，注册资金1506万美元，506万港币，项目涉及农业、工业、餐饮、服务等行业。

对台经济方面，着重抓了三项工作：一是加强对一些重点台资企业的调查研究工作。上半年组织人员专门对一些重点台资企业开展调查研究，撰写调查文章，就台资企业现状、成败原因以及加强对台招商引资工作提出意见和建议，供市领导决策参考。为配合市政府治理"三乱"，年底市政协海外联谊委员会、物价局、经济合作局联合对部分台资企业开展调查，听取台商对"三乱"的反映，提出治理"三乱"的意见和建议。二是加强对现有台资企业的排忧解难，组织人员先后走访了48家台资企业，认真听取他们的意见，对他们反映的各种问题和困难尽力帮助解决。全年共为台商办实事46件。其中台商侯宗贤48万人民币和陈奕雄16.8万人民币存款信用社难取案、海南永亿食品有限公司义卖商品被扣案、海口美而廉10万元冷冻食品因违规被切断电源案、海口台庆塑胶有限公司汽车被扣案等等，较好地得到解决。三是结合市产业结构的调整和对台经济的现状，利用接待和已在本市落户的台商，积极引进新的台资企业，引进有发展前途的项目。如市台办引进的海南台俪农业开发有限公司"台农1号"百香果项目，从项目的洽谈、土地落实、种苗的存放、保管乃至宣传推广等方面，都做了大量的工作。该项目已在我省落户并开始推广，已引起省有关部门重视，中央电视台还特别作了采访录播。

【对台宣传】 利用香港回归之机加强同本市台商联系，宣传我党"和平统一、一国两制"方针，做好面对面的宣传：台湾社团来市访问考察，由市领导会见，并介绍建省以来海口市建设的新面貌、投资环境和优惠政策，赠送宣传品、资料，做好送上门的工作；利用广播、电视、报纸等宣传媒体，介绍台商投资情况，宣传典型台商；积极动员台商征订海协会主办的《两岸关系》杂志，并积极向二台一社等涉台宣传媒体投稿。

(郭　勇)

宗 教 事 务

以邓小平理论为指导，认真贯彻江泽民总书记在宗教问题上的重要指示精神，正确执行党的宗教信仰自由政策，依法加强宗教事务管理，积极引导宗教与社会主义社会相适应，各项工作取得一定成绩，为社会稳定和两个文明建设做出了应有的贡献。积极帮助两个宗教团体进行爱国主义和社会主义教育，不断提高教职人员的思想觉悟：一是帮助制订政治学习计划，发送政治学习资料，落实每月一次的政治学习制度和座谈协商制度；二是帮助完善天主教教徒爱国爱教文明公约和开展文明教堂活动；三是举办学习会，组织“两会”人员及教徒深入学习党的宗教政策和十五大报告，增强其对宗教与社会主义社会相适应的信心。

帮助基督教“两会”做好换届准备工作。深入教会进行调查研究，召开座谈会，与教徒谈心交朋友，做思想教育工作，协商推荐班子成员和代表人员及准备有关文件资料，为换届工作创造条件。根据国务院宗教局有关文件精神，制订年检工作计划、召开有关会议，组织公安、民政、统战、街道办事处等单位有关人员学习文件、进行评估，按时完成教堂年检登记工作。积极帮助做好基督教教堂筹建工作。市基督教教堂始建于1886年，砖木瓦面结构，因年久失修，经市房产部门鉴定为危房不能使用。2月底帮助教会租借市琼剧团明星戏院作为临时活动场所，保证他们过上正常的宗教生活；另一方面向政府打报告，争取落实拆除重建教堂的经费以尽快解决这一实际困难。此外，还争取市政府将已批准拨给基督教长流分堂的30万元维修费调整为新建教堂经费，并多次跟有关部门联系协商及实地考察，初步选定了教堂新址。市天主教原有神父已去世，从北京调来的刘神父又出国留学，致使教会处于无领导状态。在取得市委和省民宗厅的支持下，从四川省借调一名神父来海口堂口主持教务，保证天主教有组织、有领导地开展宗教活动。10月中旬，在省民宗厅龙副厅长的领导下，省市两级宗教部门组织联合调查组，对海府地区的10多个基督教非法家庭聚会点进行调查，对有关教徒进行思想教育工作，引导他们到政府批准开放的堂点参加活动，及时制止了可能发生违法事件的苗头。年内接待国内外宗教团体5批43人，其较知名的有“韩国汉城里门洞教会财团”赴琼旅游团，该团领队徐贞源牧师系韩国总统智囊团顾问。通过热情友好的接待，积极宣传党的宗教方针政策，建立友谊，对方提出捐助6000美元帮助教会解决因租场地而造成的经济困难及捐款给教会修建教堂的意向。同时，坚决抵制境内外敌对势力的渗透，收缴了一批内容反动的书刊，维护了社会的稳定，促进了海口经济的发展。

（钟考峰）

社会行政及事务管理

【行政区划和地名管理】 全面完成振东、新华两区行政区域界线勘定工作，编制了边界线走向文字说明、界桩成果表、界桩登记表、边界线地形图等勘界成果资料。市勘界办组织振东、新华两区勘界人员对勘界成果进行了验收。市勘界办草拟边界线协议，征询振东、新华两区意见。9月5日，举行签字仪式，市、区、民政局领导及市、区勘界办有关人员出席。振东区区长黄民权、新华区区长谢文明签订了《海口市振东区、新华区行政区域界线联合勘定协议书》和《边界线地形图》，并由两区联合上报市政府批复同意。

荣山、丰南两乡因沙滩征地问题再起纠纷。市民政局派员参加市政府组织的土地纠纷调解工作队，提出了调查处理意见。

市地名办向市政府呈报36条新建道路命名方案和4条已建道路更名意见，经审批通过。筹集经费，设置国道及交通干道两旁村镇地名标志66块。

【基层政权和群众自治组织】 开展全市居委会换届选举工作。4月，张海国副市长在全市居委会换届选举工作会议上做动员讲话。市政府批转市民政局《关于居委会换届选举工作的实施方案》，要求各级党委、政府和有关部门做好居委会换届选举的组织、指导工作。11月底，全市换届选举工作基本完成。

开展居委会达标升级活动。按照省民政厅下达的评级标准，市民政局组织考评小组，分赴各区、街道、居委会，对居委会各项工作进行现场考评。经省民政厅批准，全市有14个居委会被评为一级居委会，50个居委会被评为二级居委会。

开展居委会标准化、规范化建设试点。在达标升级的基础上，民政部门指导各居委会主抓制度上墙、档案管理、工作秩序等规范化建设。选定振东区海府路街道白坡里居委会、东湖里居委会，人民路街道邦敦里居委会作为试点，经常派员检查指导，并下拨部分经费。9月，全省居委会标准化、规范化建设经验交流会在燕泰大酒店召开，会议由振东区承办，各市县民政局领导和主管人员100多人到会，省民政厅厅长符桂谦、副市长张海国、振东区领导出席会议并讲话。与会代表对振东区的3个试点进行现场观摩，对其标准化、规范化建设工作成绩给予肯定。会上，有关领导为"一级居委会"授牌。

开展街道工作情况调查。10月，抽调市委办、市府办、组织部、民政局3个区人员组成街道工作调查组，旨在了解和总结本市街道恢复8年来的现状、经验和存在问题，为市委、市政府做出加强街道建设决策提供依据。

市民政局协助省民政厅培训21名街道及乡镇正职负责人。

本年度，本市基层组织做了适当调整，3个区、14个街道、6个乡、2个镇共设居委会127个，村委会50个，见下表：

行政单位	政府驻地	辖区基层组织				
		街道	乡	镇	居委会	村委会
海口市	龙昆北路	14	6	2	127	50
振东区	人民大道	7	1	1	62	4
新华区	海秀路	5	1		51	16
秀英区	先烈路	2	4	1	14	30

（王廷峰）

【社团登记与管理】 市民政局根据国家有关法律、法规，对社会团体的成立、变更及注销行为进行规范和调控。体现了国家行政机关依法对社会团体实施管理的职能，为社团的生存和发展提供了保障。登记管理机关按照《社会团体登记管理条例》及其他法律、法规的程序和要求，办理申请社团的成立登记、变更登记、注销登记，以及各种登记的备案。并对已成立的社会团体的日常行为和业务活动，进行定期的规范、检查和指导。（一）及时了解社团的重大活动，掌握社团的发展趋势，加强对社团的指导；（二）指导检查各类社团履行成立、变更、注销登记手续以及发生变动后各项备案；增强社团的自觉守法意识，及时制止未经核准成立登记而擅自以社团名义开展活动的违法行为；（三）建立健全各项具体制度，形成社团的自律运行机制。

1997年，全市申请成立社团16个，经登记机关批准成立10个，其中协会9个，学会1个，社团登记合格率100%。注销社团1个，年末实有社团101个，其中学术性团体22个，专业性团体48个，行业性团体15个，联合性团体16个。至1997年底，市登记机关整理装订档案131卷，社团年检档案3卷266册。

根据《中共中央办公厅、国务院办公厅关于加强社会团体和民办非企业单位管理工作的通知》和《国务院办公厅转发民政部关于清理整顿社会团体意见的通知》两个文件精神，省民政厅于1997年6月在海口主持召开了全省清理整顿社会团体工作会议，根据会议精神，市政府办公室转发了市民政局《关于清理整顿我市社会团体的意见》。为保证整个工作稳步有序进行，市民政局制定了符合实际，便于操作的清理整顿实施方案，组织人力到市有关业务主管部门、社会团体检查指导，重点对社团的政治方向、业务活动、财务管理、人事组织、遵纪守法等方面进行检查。年底全市已有68%的社团完成了自查和业务主管部门的审查工作。

（李从军）

【收容遣送】 市收容遣送所在有关部门的大力支持下，积极主动地抓好收容遣送工作，对搞好社会治安综合治理做出了一定的贡献。全年共收容遣送外流人员42116人次。其中收容流落街头护送往精神病院治疗的精神病人96人；救济临时困难上访人员352人次；处理无名尸体72具；收治病倒街头病人85人；收容流浪街头乞讨人员363人次；收容流浪街头卖花小孩67人次；遣送外流人员41081人次。

（曾　涛）

【殡葬管理】 市政府发布通告，停止使用地处狮子岭开发区、永庄水库上游、火山口风景区必经之地的浮陵水公墓，土葬业务改由新建的颜春岭公墓承办。

为转变工作作风，提高工作效率，提高服务质量，市殡葬管理所成立整改领导小组，对工作效率低、个别职工索要丧户钱物等不良现象进行专项整治。

是年，市殡葬管理所共收殓尸体1094具，其中火葬894具，土葬200具，火化率达81.7%。

（王廷峰）

（责任编辑：卢智斌　马晓红）

开发区

161/169

开　发　区

海口保税区

海口保税区于1992年10月21日由国务院批准设立，1993年4月13日封关运行，面积193公顷。是由海关监管的特殊经济区域，旨在借鉴国际上自由贸易区、出口加工区的经验，创造良好完善的投资环境，发展出口加工、保税仓储、国际贸易、金融保险、信息咨询等业务，是我国对外开放程度最高、政策最优惠、手续最简便的经济发展区域。

海口保税区建区以来，着眼21世纪海南发展的长远目标，科学规划建设，已累计完成基础设施投资4.08亿元人民币，基本完成“五通一平”基础建设，并建成标准厂房、仓储面积2.2万m^2，大部分已投入使用。1997年，省市两级政府加大了对保税区的扶持力度，为保税区解决了税收返还（中央收入部分外，省市留成部分全部返还保税区，）以及在保税区设立一级金库的问题，着手兴建110千伏安变电站，确保保税区上大项目的用电需要。同时按照国务院批准设立保税区时的批复要求，完善保税区的整体区域范围，美国工业村划入保税区；组织落实在秀英港的保税仓储项目，提高了保税区的仓储加工功能。海口海关对保税区的发展也采取了新的措施，分别于3月份对保税区加工项目下的货物进出简化手续，实行备案制管理；于10月份开通了保税区与总关之间的DDM报关专线，解决了困扰保税区发展的“二次报关”问题，使入区企业从码头获得提单后，可直接到保税区海关办完所有报关手续，极大地方便了入区企业的运作。在此基础上，保税区管理委员会加大了招商引资力度，用好用足用活中央赋予保税区的优惠政策，为入区企业提供优质高效服务，使保税区以“出口加工”为重点的开发势头进一步增强。1997年的入区项目与往年相比，数量明显增多，投资规模加大，技术含量提高，资金落实好，建设进度快，是保税区建区以来发展最快的一年。据统计，1997年共批准入区企业73家，比上年增长82.5%，其中内资企业63家，比上年增长103%，注册资本15754万元人民币，批准外资企业10家，增长11%，注册资本717万美元，出口货物总值868万美元，比上年增长134%，进口货物总值7658万元人民币，比上年增长36%，其他税收329万元人民币，增长140%。

年内开发的主要项目有：

1、爱普模糊控制器项目。项目计划投资2亿元人民币，已投入7000万元人民币，产品主要为热水器、洗衣机、电冰箱等家用电器作配套，97年第三季度小批量生产，98年第一季度可批量生产，项目一期工程完成后年产值达4亿元人民。

2、多媒体空白电脑光盘项目。项目计划投资2.4亿元人民币，于96年底开始动工，97年下半年完成土建和设备安装。项目进展顺利，调试正常，不久可投入生产，项目投产后年产值可达8500万元人民币。

3、人造血浆海脉素项目。项目计划投资2.9亿元人民币，97年10月动工兴建2万m^2厂房，计划于98年二季度完成厂房建设，第三季度完成投产安装调试，年底投产，投产后年产值可达2.5亿元人民币。

4、圣宝生物制品项目。计划投资1.2亿元人民币，97年11月在区内建设厂房，到98年8月份可完成设备安装调试，于年底投产。

5、子午线轮胎项目。计划投资8.8亿元人民币，年产160万套子午线轮胎，97年7月动工，98年10月可完成主厂房建设并开始设备安装，99年10月投产，项目投产后，年产值可达5.4亿元人民币。

（萬　耀）

长流新区

长流新区是国务院批准的海口市总体规划中三大组团之一，位于海口市西部秀英区内，规划总面积66.3平方公里，建设用地52.09平方公里，总建筑面积约为3041万平方米，人口规模40万人。有良好的自然环境，东、西、北三面环海，有14公里海岸线，陆地为滨海台地准平原区，地势平坦，略呈南高北低，平均坡度小于1度；年平均气温23.8℃，平均降雨量1691.7毫米，为热带海洋性气候，常年海潮位为2.98米。有便利的交通条件。距秀英港6.5公里，离将要兴建的东水港3.5公里，西北角为规划中的海南省环岛铁路的轮渡出口和公路过海隧道口，与中心组团、马村组团有4条百米宽的公路干道（即：庆龄大道、海榆大道、工业大道、货运快速干道）相联通，成为海南联系祖国大陆、跨越琼州海峡的交通枢纽。其规划特点是：1、突出滨海旅游特色。14公里海岸线规划由英国皇家建筑协会建筑设计院设计，海景丰富，属滨海花园风景型。2、城市规划标准高。人均日用水量800升，人均日用电量1000瓦，人均电话一部，道路、绿化及社会服务设施用地占总用地的60%以上。3、规划了大规模的对外交通用地和高新技术产业用地，确定了长流新区作为海南与大陆及世界各地交通联系的枢纽地位和高新技术产业基地地位。

长流新区不仅是海口市委、市政府实施城市中心向西移位，“再造海口”的战略重点，而且是海南省未来交通、信息、旅游、经贸中心之一。新区总体规划开发时间为17年，分三期建成，至2010年将建设成为空间布局结构合理、基础设施完备、生态环境高质量，生活环境和谐舒适、社会环境高效、安全健康，以金融、高级居住、旅游度假、文化娱乐和高新技术产业、轻污染工业为主，海、树、沙滩一体的具有热带风光的国际性现代化滨海新城区。

长流新区开发建设管委会1993年7月成立以来，已投入3.9亿元人民币，完成了新区分区规划、起步区23平方公里控制性详细规划、西海岸片22平方公里铁路及公路交通枢纽规划、竖向规划、21个村庄的修建性详细规划；中心商务区和滨海旅游区及七条主干道、东北片30公里长（宽25米）支道路施工设计已完成；4.6公里长的1号路也已完成，2.9公里长的5号路完成投资工程量1591万元，海榆线长流镇长生路段全长1.1公里，总投资530万元已经完工，起步区3平方公里供水工程动工的准备工作已经就绪，10千伏专用施工用地线前期准备工作已完成。

4年多来，共引进资金16000万元人民币，已有8家大客商投资建设项目：海南兴宝（集团）公司的神州休闲度假村，华夏假日度假村（已购地9.788公顷，完成投资2亿元）、海泰公司的国际度假村（已投资1400多万元）、盛世旅业公司的“华夏海洋世界”（已投资800万元）、富力公司的“海湾花园”（已投资2400万元）、南海明珠实业公司的“南海明珠电视塔”（占地8.93公顷，已投资1000万元）、“海南农副产品中心批发市场”（占地100公顷，首期33.33公顷已征地）、星华公司的度假村（占地6.66公顷，已投资870万元）、鹏兴公司的“骏景苑”（已投资200万元）。

（姚曾绍）

金融贸易开发区

创立于1988年元月，由海口市城市建设开发总公司承担开发建设任务。

该区位于海口市中心组团，东起龙昆北路，西至秀英港口，北临海口湾，南靠秀英村山坡，交通便利。功能性质以金融贸易为主体，是海口金融贸易活动中枢，又是商住办公、公共游乐、度假休闲的理想场所。规划面积4.13平方公里，划分为外资区、国内金融贸易区、高级别墅公寓区和滨海度假游乐区四个部分，规划8—10年基本建成。总建筑面积约670万平方米，总投资额约150亿元。

金融贸易区南片基础设施建设投入的资金已有3.3667亿元，完成六通一平，主要项目有：道路4条共30.2公里，开通电话17000门，两座11万千伏的总降压站已投入运转，开通开闭所4座，打深水井6口，日供水量近万吨，铺设供排水管道30.8公里，修建大型多层停车库2座（有600个车位）。

已有130多家海内外客商投资开发本区（其中外商35家），投入资金约70亿元人民币（其中外商投资额折合人民币约20多亿元）。已建楼宇200.35万平方米（其中28层以上12栋、10—17层64栋、1—9层175栋）；在建（或停工）的楼宇256.24万平方米（其中28层以上41栋、10—27层32栋，低层仅一栋），两项合计，金贸区南片已建在建楼宇的总建筑面积达450万平方米。

金贸区南片已基本体现主体功能，建有南洋商业银行、省建设银行、省工商银行、农业银行、农业发展银行、交通银行、光大银行、深圳发展银行、汇通金融公司、城市信用社、劝业信用、港澳证券、珠江证券、华银证券、光大证券、海南世界贸易中心、海口交易中心、生生百货、龙珠商场、汇通酒店、五洲大酒店、宝华大酒店、黄金大酒店、文华大酒店等。上百家有实力、上档次的金融、贸易、商业、旅业机构进驻本区，国贸大道已具金融一条街的雏形。

金贸区北片基础设施的建设（含公建配套项目），已投入资金4.3272亿元人民币（年内投入3130.54万元），完成商业大道、文化路、明珠路、文明路、艺林路、艺园路、海景路、广场路、世贸东路等9条主干道的路基铺石工程和排污、雨水工程及修正岸线抛堤工程，达到“三通一平”的项目建设要求。年内开工建设全长3290米的滨海大道南侧慢车道，工程已完成龙昆北路路口至玉沙村路口路段（556米）。

北片已建的项目有：海口体育馆（建筑面积15020平方米）、市政协办公楼（建筑面积8667平方米）、万绿园（78.2公顷）。在建的项目有：海口图书馆、金贸中小学校、省通讯大楼、市人大办公楼。筹建的项目有千秋假日大酒店、滨海俱乐部、紫荆花园、环麒度假村、新华区机关办公楼等。两项合计，总建筑面积305175平方米。

（吴毓桐）

金盘工业区

金盘工业区是海口市创办最早的四个开发区之一，奠基于1988年3月25日。经过十年发展，该工业区已从昔日的红土荒坡发展成为容纳了120多家工业企业和30多亿元投资，产业结构不断优化，经济效益稳步上升，第三产业综合配套的现代工业新城区，成为海口乃至海南省的工业发展基地，平均每年来参观访问的国内外人士达数千人。其开发公司——海南金盘实业股份有限公司从零起步艰苦创业，发展成为资产逾10亿元的大型股票上市公司。

在土地开发和基础设施建设方面，十年来，金盘工业区投下约4亿元的开发建设资金（其中97年投入为3800万元），严格按照规划对2.8平方公里的工业区区域（包括1.3平方公里金盘工业集约区，0.9平方公里金盘永桂工业区和0.6平方公里金盘金融商贸区）进行高标准的基础设施建设。工业区完善了以道路、电力、电讯、给水、排水为主要内容的“五通一平”基础设施，还进行了绿化、美化和公共设施如学校、公园、娱乐场、饮食店、商场、公寓、部队营房、消防等方面综合环境建设。截至97年底，该工业区累计完成建设工程75项，建筑面积共1018989平方米。其中工业建设42项，面积为618353平方米；生活配套建设28项，面积为376571平方米，公共配套建设5项，面积为24065平方米。其中，属于金盘实业投资建设的工业厂房建筑面积为250108平方米，该公司已转让133387.63平方米，出租67017.03平方米；生活配套项目建筑面积为53884平方米，已转让13701.55平方米，出租12759.97平方米。

在招商引资方面，金盘工业区引进的项目成活率高，资金到位率高，项目可分为电子、纺织、化工、建材和轻工五大类，其中不少项目和产品填补了国家或省内空白，产品广销国内外市场，有些项目具有投资规模大，科技含量高，设备和管理先进以及经济效益好的特点，对调整和优化海口市的工业结构和产品结构发挥着极其重要的作用。1997年，该工业区引进工业项目14个，计划投资额2.723亿元，扩建项目3个，计划投资额0.63亿元。这些项目是：海南海富制药有限公司制药项目投入1.2亿元；海口京江置业有限公司安居工程项目投入9700万元；海南多彩制衣有限公司制衣项目投入150万元；温州南洋电机公司海南分公司摩托车配件项目投入500万元；海南洪都实业有限公司摩托车配件项目投入300万元；江苏马杭机械厂摩托车配件项目投入250万元；海南南洋设备有限公司模糊控制器配件项目投入200万元；海南南亚饮水机制造有限公司饮水机项目投入250万元；海南海韵制衣有限公司制衣项目投入200万元；海南多成食品有限公司食品加工项目投入180万元；海南三叶服装有限公司服装项目投入300万元；海南出版公司印刷项目投入1000万元；常州机械冶金科技发展公司配件项目投入

200万元；海达龙实业有限公司制药项目投资2000万元；海口中富容器有限公司投资3000万元；海南三和药业有限公司扩建项目投资300万元。

97年初，金盘实业积极地进行专业性招商，逐步在工业区形成以建材、医药、电子信息、黄金珠宝加工等构成的工业主导行业。同时在优化资本结构、资产重组、资本经营方面进行了新尝试，充分利用了公司是上市公司这一优势和国家给予的优惠政策，以承担债务控股的方式成功地兼并了海南金鹿企业发展总公司。减免利息1000多万元，控制资产6400万元。兼并后新组建的海南金鹿实业有限公司在97年抑制住了亏损，为该公司今后的发展带来了生机，拓宽了工业区的发展空间，同时也实现了公司的低成本扩张，为今后公司在资本营运和组建大型工业集团方面奠定了基础。

在工业生产方面，十年来金盘工业区产值稳步增长，累计完成工业总产值31.24亿元，完成出口交货值7818.21万美元。1997年，根据对全区38家保持正常生产的工业企业进行统计，工业生产继续保持两位数增长，按不变价计算全年完成工业总产值125408.95万元（现行价为86214.68万元，同比增长35.20%），比上年同期增长19.29%，超额完成年初同市政府签订的目标责任制指标。另外，销售产值完成78646.25万元（现行价），比上年同期增长49.59%，产销率达91.22%，工业产品出口交货值完成1203.98万美元。区内产值增幅较大的行业，首推建材业，较上年同期增长92.22%；其次为制药业，同比增长66.46%；再次为机电行业，同比增长60.37%。

在精神文明建设方面金盘实业根据工业区工作的特点，提出了"为投资者服务就是为人民服务"的新观念，以此作为企业精神文明建设的核心，不断完善招商服务体系，并建设了一批文体、教育、社会治安设施等精神文明建设的载体，以"软硬并举，服务至上"的优势吸引了一大批投资企业。与经济发展同步，金盘工业区精神文明不断发展创新，有力地保证了工业区开发招商、服务管理的顺利发展。十年来，金盘工业区在党建、宣传、工青妇、绿化环保、清洁卫生、文化体育、计划生育、军民共建、社会治安综合治理等方面的工作先后近百次获得中央、省、市的肯定和表彰。在精神文明建设上，由于金盘实业注意从思想上、组织上、制度上全面加强党的建设，极大地提高了党员的思想素质，增强了党组织在群众中的威望。1997年，公司批准了7名预备党员转正，吸收11名优秀青年为预备党员，是公司历年来发展党员最多的一年，使党员人数从88年公司成立时的11名发展到96名。

（周小勇）

寰岛商住区

寰岛商住区，原名海甸岛东部开发区，由于开发区已成为现代化滨海新城区，1997年经海口市人民政府批准，正式命名为：寰岛商住区。寰岛商住区位于海口市北面海甸岛东部，面积6.5平方公里，是海口市四大开发区之一。

1988年3月，受海南省、海口市两级政府的委托，中国寰岛集团独力承担了海甸岛东部开发区的开发建设。开发区根据"统一规划、统一开发、统一经营、统一管理"的原则，在周密的总体规划确立后，依照国际上城市成片开发的科学方式，着眼于"21世纪不落后"的建设目标，充分考虑到未来城市生活的多种需求及环境保护的必要性，10年来共投入10亿多元资金进行全方位的市政基础设施和公用配套设施建设，建成了连接海甸岛与市中心的和平大桥，完成了共计30多公里长的市政干线道路，形成了开发区四通八达的交通网络；埋设了齐全的上水、雨水、污水、煤气、电力、通讯、路灯等市政管网干线；为保护开发区优美的自然环境，建成了海南省第一座生活污水处理厂；医院、学校、幼托、银行、商场、影院、书店、派出所、煤气站、消防站、现代化停车场等与城区生活密切相关的公共设施也相继建立。截止1997年底，来此投资的企业150多家（其中外资43家），累计完成投资近50亿元。开发区报建建筑总面积400万平方米，其中竣工面积近190万平方米，在建建筑总面积150万多平方米。一座以住宅、写字楼、公寓、别墅、酒店、文化娱乐为主，道路宽敞、环境优美、通讯畅达、金融文教体育娱乐商业设施齐全，具有浓郁南国风情的现代化滨海卫星新城区已形成规模。寰岛商住区内寰岛泰得大酒店是海南首家五星级大酒店；是海南省高层接待的定点酒店，在国际上也享有盛誉，1997年，该酒店荣获国际星级服务顶级荣誉——五星钻石奖。

（马　良）

港澳国际工业区

港澳国际工业区位于海口市西部，面积2平方公里。是海国投集团、海南国际（海外）投资有限公司以一个企业成片开发土地的方式兴建的外向型、以轻工业为主的工业区。1988年3月奠基，经过10年的开发建设，共投入30亿元人民币。按规划完成了"六通一平一绿"的基础设施建设，铺设路网近3万平方米，7条宽广的大道北接海榆西线，南连西线高速公路。区内建有一座110千伏、3.15万千安变电站及多座公用开闭所，保证区内电力供应。供水能力5万吨/日，完全可以满足区内企业生产需要。海国投集团本着"边规划边绿化、同时投放资金"的原则，投入近800万元进行大面积园林绿化，建成了专门排污装置，为工业区创造了优美的环境，被海南省评为全省环境优秀"十佳"经济开发区。随着基础设施的建设，工业区各项配套服务机构也逐步建立和完善。海关、商检、卫检、动植物检、派出所、银行等单位在区内设点办公，为入区企业在工作和生活上提供了可靠的保障，形成了良好的投资环境。

截止年底，共引进投资项目35个，产品涉及纺织、制衣、彩印、包装、电信、电子、化纤、化工、化妆品、制药等多种门类。入区企业有海南国科园、聚酯切片厂、中国联通海南分公司、南洋电子公司、荟康芦荟化妆品有限公司、海南上海日化公司等海南重点项目及高新技术企业。工业区10年累计工业总产值24.5亿元人民币，1997年达8亿元。其中聚酯切片厂自95年10月正式投产后，产值逐年增加，为使聚酯生产达到经济规模，该厂下一步的发展目标是再投入17.3亿元人民币进行二期扩建，增加16万吨聚酯生产能力。同时，投资2亿元的1万吨熔体项目已于7月中旬破土动工。总量22万吨的兴业聚酯这个龙头企业的总产值将增加20多亿元，真正成为全国重要的化纤原料基地。海南联通公司的GSM项目已于年底全面开通，整个港澳工业区已从'打基础"阶段转为"上规模、出效益"阶段。由劳动密集型向高新技术型转轨，以推进工业区项目的连续引进和顺利开展。

（罗尔佩）

新埠岛旅游度假区

是1992年8月经海口市政府批准成立的，以旅游度假、观光休闲、高级商住为主要功能的旅游度假区，由海口市新埠岛开发建设总公司负责统一征地、统一规划、统一开发。该旅游度假区位于海口市东北部，南渡江入海口处，面积约9平方公里(其中陆地面积5.6平方公里，填海面积3.4平方公里)，北临琼州海峡，东、南、西三面环江，处于江海交汇的独特位置。岛内河流纵横，湖泊众多，林木茂盛，自然景观十分优美。在岛的南部有新埠桥与市区长堤路相连，交通便捷，与海甸岛东部开发区、琼山海基基开发区、桂林洋开发区隔江相望，处于海南北部海滨旅游开发的枢纽位置。《新埠岛高级旅游度假区分区规划》经国内、外专家实地考察、充分论证，已于1993年3月得到市人大的正式批准。在总体规划指导下，南、北部的控制性详细规划均已编制好，南部控规于1993年6月评审通过，北部控制正在最后审定中。开发区已投入2.5亿元用于征地、基础设施建设以及前期生活及施工用水、用电和配备电信设备，具备了开发建设的基本条件。

1997年，开发区加快开发建设，加强对外宣传，开展全方位招商引资，迎来了可喜的新局面。为建设样板小区，带动西湾花园别墅区、百花园、富贵花园三个小区的建设。年初，推出了比上市地价优惠的政策，西湾花园已建成别墅一批。10月份，与香港新世界集团下属新世界(中国)发展有限公司签订协议，合作开发海口新世界新埠花园项目，该项目占地310亩，建设包括安居住宅小区、商品房以及其它小区配套设施等，总投资额为三千万美元；同时也与新世界达成意向合作开发海鲜一条街，项目前期规划论证已完成，98年4月将动工兴建渔港码头、海鲜批发市场、海鲜餐馆及风味小吃街等，近期投资额为人民币6000万元，预计年底至明年初建成并试营业。北部护岸及围海造地项目是新埠岛开发区的重点防洪工程，已与海南洋浦巨龙石油化工有限公司签定了合作合同，项目建成后可增加围海地5000亩，经济效益和社会效益十分显著。为配合该项目，利用荷兰政府贷款引进的价值人民币4600万元的荷兰产海狸3800型绞吸式挖泥船已运抵海口，完成了船检、商检、入级和部分设备的配套工作，可交付使用。

随着各大项目上马，新埠岛开发区将成为投资建设的新热点。

(年慧云)

长秀商住区

位于海口市中心组团的西北角，北至滨海大道西延线，紧邻琼州海峡；南面是海榆西线，与港澳工业开发区和科技工业园区隔路相望，与海口保税区相近；东面是秀英港；西面是中心组团与长流新区的隔离绿带。商住区东西长2.3公里，东部宽1.3公里，西部宽2.4公里，总面积4.234平方公里。商住区东部距秀英区中心1.5公里，距海口旧城区及规划的市中心(机场)约10公里，距滨海金融贸易区5公里。商住区东部的秀英是海口市区西部的居住中心，这里的港口、居住、工业、部队等设施的建设，均具有一定的历史和规模。商住区南部的港澳工业区是近年兴建的现代化外向型工业区，以电子、轻工、食品为主，已初具规模。南部尚有正在建设中的海口保税区以及省高科技工业园，商住区西部为组团隔离绿带，绿带内与商住区紧邻的是省级体育预留地和高尔夫球场用地。商住区南面的海榆西线是海口西部的交通主干线，连接着长流、马村组团，并直达洋浦开发区。区内沙滩洁净，海水清澈，空气清新，林木茂盛，自然环境十分优美，是海口市未来休闲、娱乐、生活为一体的高层次居住活动区域。

截至1997年底已实际投入资金1.4亿元，用于规划、征地、基础设施建设及前期各项准备工作。规划设计方面，东西部控规后又完成了高层区、别墅区的修规以及单体设计；统一征地方面，完成200公顷，办理红线图61公顷，完成用地规划选址73公顷；基础设施方面，完成一条长2.13公里、宽25米的市政主干道路，水、电、通讯、煤气工程同时完成，使开发区三分之一的土地具备了建设条件，使商住区的重点建设项目海口国宾馆完成投资2000万元，五幢部长别墅及警卫楼、设备楼、区内市政部分工程已完成，海南赛格实业投资建设的占地6.25公顷的海口市旧汽车交易市场已峻工营业，中心大道项目，计划投资4000万元的引资合同与海南金海城实业有限公司签订了合同，年底完成现场测量、施工图设计等准备工作，近期入场施工。长信海景花园小区占地6.66公顷，总投资1.5亿元人民币，于1997年6月19日动工建设，已完成项目勘察、施工图设计和第一期市政基础设施工程及1200平方米的会所土建主体工程，灯光网球场工程已竣工，3栋单体别墅已完成桩基工程，截至12月底投资工程建设费5000万元。长秀园小区基础设施工程，计划投资500万元(内联)，1997年6月11日动工建设，已完成土方工程和地下管网工程以及路面砼工程和围墙，收回地款400万元，销售宅基地户数29户，并为每户办理土地证。长怡花园小区宅基地项目计划投资400万元，1996年1月20日动工建设，已完成地下管网工程，区内道路路面砼工程。同时销售宅基地户数30户，并为每户办理土地证，收回地款474万元，当年为实现省皮肤病医院搬迁，招商引资12800万元。

(甘成利)

秀英永桂工业区

海口市秀英永桂工业区是1993年经海南省人民政府批准设立、由海口市秀英工业开发建设总公司开发管理的省级工业区，是海口市目前仅有的二大工业区之一。该工业区总体规划用地面积93.58公顷，其中首期开发的64.80已实现供水、供电、通讯、排水、排污等“五通一平”，具备大项目入区建设办厂条件。

工业区位于海口市西部，交通极为便捷：北依海榆西线，南靠工业大道，东距秀英港5公里，西离建设中的海南火车过海轮渡码头4公里。目前，区内道路畅通，基础设施齐全，设有高低压用电开闭所、高低压供水站；形成区内交通路网约3万平方米，建成各类建筑4.4万平方米，其中有标准厂房、专业厂房、货运仓储等。此外，工业区已拥有200多门程控电话容量，可与全国各地及世界150多个国家和地区直接通话及图文传真。

几年来，工业区采用现代化管理手段，本着“办一流企业、创一流效益”的奋斗目标，以“低地价、高效率、优服务”为宗旨，实行“土地出让、土地入股、土地租赁”的开发方式，并为投资者免费提供多种手续代办服务，赢得了良好的信誉，取得了优异的成绩。迄今为止，已建成投产的项目有：投资1亿港元引进意大利90年代先进设备、年产30万套高级卫生洁具配件的中外合资企业海南卫浴工业发展有限公司，投资2500万元兴建货运、仓储中心的海口华厦企业货运有限公司，工业区发展商独资500万元兴办的、以生产世界第四代消毒剂——稳定性二氧化氯为主的海口洁宝日用化工厂。另外，区内还建成南海晖展钢制家具厂、海南省杰美钢制家俱厂、海口灵珊苦丁茶厂等一批取得较好的社会效益和经济效益的项目。正在兴建的华隶生物制品研究所、海新机电设备厂、三洋药业等项目，将给工业区注入新的活力。

为把经营方向向产业化、多元化、国际化发展，工业区在加强招商、完善基础设施、改善投资环境的同时，不断地拓宽经营领域、科学设计产业结构，合理策划项目，使工业区进入实质性的蓬勃发展阶段。

（张世友）

罗牛山农业综合开发区

罗牛山农业开发区包括罗牛山畜牧城、南坤分场、海甸岛办公区、长堤路工贸区、白水塘商住校园区、疏港大道“肉联”区、定安牙膏厂区、琼海泮水畜牧区、临高皇桐畜牧区、万宁万州畜牧区等区域，是海南省最大的“菜篮子工程”基地、种苗供应基地、生猪出口基地，以畜牧为主的农业科技示范基地。

罗牛山农业综合开发区以原罗牛山农场为基础，是海口农工贸（罗牛山）股份有限公司的控股单位，股份公司可列入罗牛山板块，但股份公司又有其独立性。开发区确立了“引国内外资金，办菜篮子工程，走农工贸道路，朝外向型迈进”的发展目标。开发区树立和发扬“拓荒牛”精神，艰苦奋斗，坚韧不拨，脚踏实地，开拓进取，以“菜篮子工程”建设为主，发展多种经营。先后成功地兴建了10万只蛋鸡场、20万只蛋鸡场、万头种猪场、3万头商品猪场、奶牛场、琼海万头猪场、畜牧机械厂和无公害蔬菜基地、肉类联合加工厂等10多个以畜牧业为主的大型项目，还同台湾、湖北、湖南、江西等地联办了一批项目，总投资超过5亿元。

现在，开发区拥有土地万余亩，总资产超过11亿元，职工近2000人。养猪规模15万头，养殖蛋鸡30万只，猪肉占海口市场1/3、鸡蛋占海口市场2/3。开发区农、工、贸、旅、房综合开发，产、供、销、加工一条龙经营，已发展为初具规模的科技型、外向型、集团型企业。先后荣获省、市政府授予的“开发区先进单位”称号。

1997年由罗牛山控股的海口农工贸（罗牛山）股份有限公司股票公开发行，在深圳证券交易所上市，发行4500万A股，股票代码0735，筹得资金1.8亿元人民币。从此，罗牛山经营机制更加灵活，资金更加雄厚，实力大为增强。

突出主业，大上畜牧。1997年罗牛山提出了向全国养猪第一大户前进的目标。据资料，1997年全国养猪大户计划出栏生猪14万头，而罗牛山1997年实际出栏生猪为13万头，养猪规模达15万头。1997年秋天，罗牛山又筹集资金，规划场地，定点在开发区和定安县以及海口市苍东村，兴建新的较大的猪场，同时在乐东、琼山、定安等地租赁承包几个小猪场，计划将养猪规模推向20万头以上，这标志着罗牛山正奋力向全国养猪第一大户前进。

1997年，罗牛山为完善配套体系又迈出了坚实的一步。这一年，罗牛山肉类联合加工厂兴建，8月正式动工，年底土建完工，设备安装也基本到位。这是填补海南空白，具有世界水平的一项工程，将大大提高市民的肉食卫生标准。罗牛山“肉联”座落在疏港大道南段，占地3.3公顷，计划总投资7000万元，其中利用丹麦政府贷款268万美元，购买丹麦设备。“肉联”按“欧共体”标准设计，设备和工艺为世界一流，每小时屠宰生猪200头，还配套有符合国家一级排放标准的污水处理场。屠宰过程中，生猪一直悬挂在空中，真正作到了“猪肉不落地、”这是市政府为市民办的一件大好事，罗牛山为此立了大功。在“肉联”负责指导安装工作的丹麦专家麦克说：美国、丹麦、“欧共体”国家都使用这种设备，这些国家的老百姓高兴吃这种设备屠宰的肉；我相信海南和海口的老百姓也欢迎这种设备屠宰的肉。

拥有完整的饲料配套体系。饲料是养猪业4大要素之一。到1997年，以罗牛山饲料总厂为龙头，加上3个饲料小场和添加剂厂，年产达到6万余吨，配方一流，质量超同类产品。至此，罗牛山已形成了数量充足，供应及时，质量保证，品味新鲜，直接供应，没有中间转运环节污染的饲料供应体系。难度最大的乳猪饲料，质量达到先进水平。大猪和中猪饲料，可保证大猪和中猪日增重700克。蛋鸡饲料可保证90%的产蛋率。乳猪料4.8元可增重1公斤。而且高质量的猪、鸡、鸭、鱼饲料俱全。高难度的添加剂，经过精心研制，已能正常生产。此外，还研究利用酒糟、糖蜜、木薯干和青饲料养猪，大大降低了饲料成本，而且营养全面，品质优良，回报率高。

管理体系完善配套。罗牛山针对18个养猪场分散各地的情况，在原有层层承包、精细管理的基础上，又采取两个重要配套管理措施。一是：成立结算中心，及时反映承包效益。这种做法是：实行每月报表制度，月月结算，月月落实。过去因结算滞后，猪场分散，发现问题迟，解决不及时，等到年终发现问题，业已既成事实，有时铸成大错，无法挽回。现在，结算中心把分散各地的猪场情况，通过报表，及时反映到结算中心。从每个承包人头，到每个猪场栏头，从饲料用量到药物用量都及时反映到领导人面前，便于领导人决策。二是：及时调整，择优用人。建立结算中心后，及时发现管理人员业绩优劣，并进行调整，让盈利者扩大成果，让亏损者迅速止亏，三月不能扭亏者，令其转行。这样，既保证了企业效益，也避免了个人大的损失。几经调整，罗牛山养猪系统，汇集了大批优秀饲养人才，总结了成套经验。昔日破旧的大拉猪场，三年前别人承包，最多年出栏才3000头猪，罗牛山接手后不断优化管理，1997年出栏万头猪。过去被人看不起的饲养人员，夫妻年收入大多超过2万元，高的达到3万元、5万元。罗牛山养猪指标大都进入全国先进行列。

科技体系，不断完善配套。饲养管理、防疫管理、良种选育、畜牧科研，逐步完善。科技设备上，配有计算机优选、仪器测膘、仪器测胎，在全国养猪行业少有。科技含量不断增加，饲养经验不断积累，多种成果不断优选。科技人才不断汇聚。有3个畜牧科研项目，获得省市特等奖、一等奖、二等奖、三等奖。经农业部刘江部长题写刊名、罗牛山与省农业厅合办的《海南畜牧兽医》杂志创刊，罗牛山畜牧科研所也相应成立。罗牛山因科研成果丰硕，获“全省科技优秀企业”称号和“全国科技推广先进企业”称号。其主要领导人分别获得“全国优秀养猪企业家”、“全国劳动模范”、“农技推广研究员”等称号。

积极推进“环保经济”配套战略，力

争畜牧发展而又环境美好。“发展畜牧，污染环境”是世界性难题。现在，罗牛山“粪里掏出百万金”，向世人表明，罗牛山“环保经济”已经起步。为减少污染，职工掏粪有指标，有收入；肥料厂处理肥料讲技术、讲效益。“粪里掏百万金”，说明探索“环保经济”的成果，也说明管理精细，掏粪彻底。目前，正在兴建世界先进粪肥处理工程——微生物处理工程。将粪肥拌进微生物，让其发酵，在发酵过程中，消除臭气、灭绝细菌、增加肥效，使用更加安全。还大力推进污水养鱼工程。罗牛山畜牧城集中兴建了6个猪场，5万头规模，有一定的污水量。各猪场在大大减少用水的前提下，投资180万元，征地120亩，建池6个，净化污水，实行“污水”养鱼，化废为利。该工程已进入实施阶段。一种全新的污水净化和污水利用模式正在实现。

开发区发展教育，优化开发区的结构。办学两年的北京景山学校海口分校已建成教学楼、餐饮楼、学生公寓、教师公寓5栋，有教师员工220人(其中特级教师14人)，学生近1000人。该校虽才办学两年，但教学质量、管理水平在海口以至海南都颇有名声。

罗牛山还开发建设了一系列配套工程。(1)兴建了罗牛山3.5万伏变电站，确保了开发区用电。(2)兴建了100门程控电话工程，保证开发区通讯畅达。(3)兴建了畜牧机械厂，研制出适应热带畜牧养殖的机械，而且做到了“质高价廉”。(4)建立了罗牛山畜牧防疫站，及时防治猪病、鸡病、牛病，控制疫病流行。(5)组建了罗牛山运输车队，运输的产品有猪、鸡、鸡蛋、饲料、肥料、猪肉、牛奶等。

(黄发森)

农垦城开发区

位于海口市金牛岭公园西南，占地1500公顷，被列为海口的重点项目之一。1994年4月破土动工。1997年，调整开发方针，加快住房建设和基础设施的配套建设，克服种种困难，开发取得了可喜的成绩。至1997年底，累计投入资金近3亿元，完成房屋建筑面积达7万多平方米。其中新建12幢多层住宅楼，建筑面积为4.38万平方米；建筑面积1.6万平方米的综合楼已竣工投入使用，安置了搬迁户300家；2栋住宅楼正在建设中。开发区内的1号道路已建成通车，2号—4号路及金垦路和金牛路已列入1998年固定资产投资计划，也将开工建设，绿海小区、园林绿化工程已完成，并通过海口市园林局验收合格。区内20000门交换模块程控电话已割接并网投入使用。居民使用的煤气管道已埋设完毕，也将投入使用。开发区绿海花园小区建设已初具规模。

(许　欢)

美舍河商住区

位于海口市东部，西临海府路，东至南渡江畔，面积160公顷。总体规划为海南省政府机关办公、生活、文化、交流的中心，以及体育、住宅区、学校、商业为一体的，具有综合功能的商住区。1988年经海南省、海口市政府批准由海南省房地产开发总公司负责开发建设和管理。

按照总体规划要求，商住区的开发建设划分为河西、河东两期进行。第一期开发的河西区，自1989年始，已完成了全部的基础设施建设，尤其是白龙南路、海府一横路等主干道，已交付使用多年，沿街已兴建了不少的商场、饮食业、农贸市场、医院、托儿所、幼儿园、银行等，部分公交车已在沿线上设站点。规划的三个住宅小区都已相继建成，即：美舍小区、滨河小区、安阁小区，共计建筑面积为30万平方米，其中美舍小区曾多次被评为省、市物业管理先进单位，1996年被建设部评为物业管理先进单位。第二期开发的河东区——下洋片，于1994年完成了66公顷的征地工作，经过几年的基础设施建设，区内的雨水、污水、电力、煤气管网、土地平整、道路建设都基本完成，已具备了“三通一平”的施工条件，建成的小区有：静仙苑、美华苑。省检察院、省环资厅、省残联、省海洋厅等单位的办公、住宅楼已建成使用。“海瑞广场”海南省政府办公新址的主体土建工程已完成，进入工程装修阶段。河东区共建成房屋10万平方米。

由省直机关管理局、省房改办和海南省房地产开发总公司共同兴建的位于海府路与白龙南路交汇处的美舍苑，建筑面积为11万平方米，属国家安居工程项目，首期工程6幢，建筑面积为33000平方米(320套)，工程进展顺利，预计98年9月交付使用。首期房屋全部安排给政府机关工作人员及企业职工作为房改住房，第二期工程计划98年5月动工，建筑面积为77000平方米，届时将有部分向社会公开发售。

(林诗群)

海南国际科技工业园

位于海口市西部，距市中心9公里，园区南3公里处与计划兴建的环岛铁路的海口火车站相连；东距海口机场仅9公里；东北6公里处是沟通海陆交通的琼州海峡轮渡码头；北3公里处有具备万吨级停泊能力的海南第一大港口秀英港。园区北临海南三大公路主干线之一的海榆西线公路，南接环岛高速公路及两条城市主要交通干线，整个园区为规划中的城市快速干道和绿化带所环绕。园区的地理位置、自然环境和交通条件十分优越。根据国务院批准的总体规划，园区总开发面积为4.67平方公里，计划用10—15年时间分三期完成开发建设，一期占地966亩，已完成“六通一平”开发与招商；二期占地1051亩，规划工作已完成，进入“六通一平”工作的准备阶段；三期占地 5000亩，拟作进一步发展使用。

由创办国科园的十一个主要股东发起，总股本为24500万元人民币的海南国际科技工业园股份有限公司，担负着园区规划的实施与开发建设任务，并对园内企业发展和产业的形成进行导向、协调、帮助。

国科园建园的宗旨就是以其优惠的政策、优越的基础设施和科学的管理促进高新科技项目在此孵化形成产业，从而带动本地区、本省的科技进步及经济发展。据此，园区在规划时就相当注重整体规模的高起点，围绕项目引进，重点完善投资环境。经几年的建设，园区已拥有了一整套从生产、生活到服务的完备的基础设施，形成了初具规模的综合配套服务体系。

市政设施——截止1994年底，园区一期1000亩土地“六通一平”工作已结束，工业区道路采用方格网形式，一期主干道工程12万平方米已竣工。园区毗邻装机总容量30万千瓦的海南马村电厂，有数条10KV输电线路送电到园区开闭所，再经配电系统采用环网结构供电到各个园区企业，可靠性高，运行灵活。距园区3公里的永庄水厂，日供水量15万吨，现已铺设一条φ1000mm给水管至园区，形成

6611米长的城市供水管网，为园区生产生活用水提供可靠保障。园区内设有自动模块程控电话站1个，装机总容量为5000门，可满足园区企业国内、国际通讯的需要。按海口市燃气供应规划，园区内已预留燃气管线敷设处。近期采用罐装燃气，远期使用管道，保证园内有充足的供气条件。同时完成绿化面积11万平方米，排水管路8900米。

生产设施——于1994年6月竣工的裕科工业大厦，总面积2.5万平方米，按一类标准厂房施工及装修，并可根据不同要求作办公室、实验室及厂房的灵活分隔和安装，属省内较先进的标准电子厂房，现已有计算机、制药等项目进驻开工。入园企业工业厂房已竣工总面积达5.2万平方米。

生活设施——截止目前，AB公寓、联排公寓、点式公寓已相继完工，正式交付使用，从而形成3万平方米的园内企业职工生活小区。

服务设施——1994年2月22日，投资1.16亿元，占地108亩，建筑面积近5万平方米的国科园实验学校建成，正式对外招生。该校经几年的建设与经营，取得了有目共睹的优良业绩，现该校在校学生2300多人，教师400多人，有特级教师和高级教师96人，设有幼儿部到高中部各年级。学校以其一流的教学水平、完善的教学设备、负责的教育精神享誉全岛，创造了极大的社会效益。总面积5700平方米的综合服务楼也于同年交付使用，该楼具有餐饮、购物、银行、邮电、娱乐、办公等综合配套功能，园区餐厅、中行办事处、邮电局等入驻楼内，直接为入园企业服务。在海口海关的支持下，总面积4500平方米的公共保税仓1994年初正式投入营运，为入园企业提供原材料及半制成品的仓储业务。

在此基础上，国科园一方面加快开发进度，另一方面狠抓投资服务，为投资者入园提供“一条龙”服务，从项目审批、基建报建、房产办证到物业管理、安全保卫等各方面实行专人负责，科学高效管理。同时对企业入园实行土地出租、转让、折价入股、厂房出售、租赁等多种投资形式和独资经营、合资经营、租赁、承包经营等多种合作形式。

按照海南省经济发展要求，国科园将电子信息、新材料、生物工程、现代高效农业四个方面作为产业骨架，建立了一套完备的项目招商、评估筛选、入园审批、项目计划申报程序。有一批经验丰富、学历高、责任心强的项目工作者。经过几年的工作，已引进项目31个，普遍具较高的技术含量，涉及医药生物制品、建材、电子元件、仪器仪表等10多个行业。

在国科园的推动及扶持下，各入园企业保持着旺盛的发展势头。天王制药厂1994年9月下旬正式投产，该厂生产的二类新药二磷酸果糖粉针剂95年被列为国家级火炬计划和国家级重点新产品。已进入约100余家医院，产品占有一定的市场份额，FDP粉针剂产量日平均达6000瓶。南光玻璃厂为中美合资生产真空磁控溅射镀膜玻璃的中型建材企业，在岛内基建压缩，建材需求减少的情况下，转而开发岛外市场，开创了销售新局面。三永制药厂生产的三永克感液一瓶相当于一副传统汤剂药含量，疗效十分显著，已在各大中城市医药公司上市销售。海南翔晟果蔬保鲜技术有限公司的新型果蔬湿冷保鲜技术克服了传统冷库的弊端，配套动力小，节能降耗，而且不必加湿、除霜，就能使库内达到高湿、低温的最佳状态，非常适合新鲜农产品的预冷和贮藏保鲜。97年由国家科委批准，正式列为国家火炬计划项目，在全国推广应用。

（李洪生）

（责任编辑：黄树权）

城　区

171/181

新 华 区

中共海口市新华区委(第二届)
书　记　吴毓俊
副书记　吴运宏(任职至3月)
　　　　刘庆声(任职至3月)
　　　　谢文明(3月起任职)
　　　　张梦恩(3月起任职)
　　　　吴英梅(女)

区人大常委会(第二届)
主　任　林长鹤(任职至3月)
　　　　吴运宏(3月起任职)
副主任　关大荣
　　　　郑齐川(任职至3月)
　　　　吴运唐(任职至9月)
　　　　杨光正(女,兼职)
　　　　周宗川
　　　　严居英(3月起任职)

区人民政府(第二届)
区　长　吴运宏(任职至3月)
　　　　谢文明(3月起任职)
副区长　刘庆声(任职至3月)
　　　　王世伟　张理昌
　　　　符树标　林道芸
　　　　林尤榜(任职至10月)
　　　　韩　勇(挂职至11月)

综　述

【概况】　新华区是海口市所辖三区之一,东接振东区,西邻秀英区,南依琼山市,北临琼州海峡,面积51.3平方公里,下辖城西乡和中山、滨海、大同、新华、海垦等5个街道办事处,52个居委会(其中1个居委会尚未成立),16个村委会。常住人口24万。海口市党政首脑机构、金盘工业区、金融贸易区、海口保税区、椰树集团、亚太啤酒厂、海宇镀锡薄板厂、生生百货、乐普生、"海口八景"中的六景即(古钟新声、滨海夕照、金厦银灯、平湖秋月、粤东正气、琼崖丰碑)和三大公园(即:人民公园、滨海公园、金牛岭公园)、省、市党报和电台、电视台均座落在辖区内。

【经济与社会发展】　1997年,全区国内生产总值完成43.9亿元,按可比价格计算,比上年增长8.5%。其中第一产业增加值增长7.3%,第二产业增加值增长9.9%,第三产业增加值增长7.8%。农业总产值1996万元,增长7.6%;乡镇企业总产值3.3亿元,增长12.6%;工业总产值32.9亿元,增长10.8%;社会消费品零售总额28.3亿元,增长13.8%;全区财政收入4.93亿元,增长6.8%;城市居民人均可支配收入7330元,增长4.8%;农村居民人均纯收入4010元,增长2.6%。人口自然增长率10.50‰。

政治与法制

【中共海口市新华区委】　坚持以邓小平理论和党的基本路线为指导,按照"抓住机遇,加快发展,增创特色,提高水平"的工作方针,以经济建设为中心,切实加强各级干部的思想政治建设和作风建设,加强基层组织建设。组织全区党员干部认真学习江泽民总书记在中央党校省部级领导干部理论班上的讲话和十五大精神等。对全区129名科级干部和13名在村(居)党支部挂职干部进行了考核和考察。认真抓好党政机关公务员过渡工作。街道实现了30%的居委会建立党支部的目标。继续以整顿软弱涣散为重点,全面提高农村党支部的整体素质。全区共培养入党积极分子124名,吸收预备党员87名。加强精神文明建设,抓好苍东全国精神文明村庄、滨海新村安全文明小区两个示范点的创建工作,并获得可喜成果。开展"一转变两提高"专项整治工作,全面推行"三制"(直接办理制、窗口服务制、社会服务承诺制),机关办事效率和服务质量大大提高。加强党风廉政建设,严肃查处违纪案件。办结纪检监察信访34件,办结率达94%,挽回经济损失14万元,立案查处两宗3人,其中2人分别被给予党内警告和开除党籍处分。切实加强对人大、政府和群团工作的领导,极大地调动了社会各界力量参与区内两个文明建设的积极性。受理群众来访来信124件(次),办结119件(次)。

【区人大常委会】　坚持以邓小平理论和党的基本路线为指导,认真履行宪法和法律赋予的职责,把加强社会主义民主与法制建设作为根本任务。充分发挥地方国家权力机关的作用,保证和促进全区改革开放、经济建设和社会事业的顺利进行。举行了区二届人大五次会议,补选吴运宏为区人大常委会主任、严居英为副主任。不断加大监督工作力度,努力提高监督实效。通过听取工作汇报、述职报告和视察、评议、个案跟踪监督等多种形式,加强对"一府两院"工作的监督。制定了《区人大常委会关于述职评议暂行规定》,使述职评议进一步制度化、规范化。在全区范围内建立执法责任制,并坚持年终检查评比制度,依法治区工作取得显著效果。依法行使任免权。制定了《任命国家机关工作人员的暂行办法》,任命"一府两院"干部17人,免职9人。加强与代表和人民群众的联系。认真办理人民代表的议案和建议、批评和意见,接待和办理群众的来信来访43件和107人(次),努力为人民群众办实事,受到代表和群众的好评。进一步健全各项规章制度,不断加强政治思想、组织制度等方面的建设,机关整体素质不断提高。召开人大常委会9次,印发会议纪要7期。

【区人民政府】　紧紧围绕经济建设中心,按照区委二届六次全体(扩大)会议提出的"抓机遇、求发展、创特色、上水平"的基本工作思路,进一步解放思想,拓宽思路,树立辖区企业一盘棋思想,积极发展多元化经济,尤其是非公有制经济。成立了区政府经济发展和社会事务管理各咨询小组,组织有关部门走访了辖区椰树集团、亚太啤酒厂、海宇薄板厂、养生堂药业、三叶药业等100多家企业，召开了10多个各种类型的辖区企业座谈会、办公会、协调会，深入探讨了发展区域经济良策，帮助企业解决了不少实际困难。企业改革稳步推进。区属企业清产核资全部结束，区直属公司基本与政府实行了“四脱钩”，农村股份合作制企业快速健康发展，机构改革和公务员过渡工作按期完成，机关工作人员住房改革加快步伐。新设立居委会9个，公开招聘居委会专职成员92名。滨海新村、龙昆上村、大同里、居仁坊居委会被省民政厅评为一级居委会，滨海路街道被评为全省民政工作全优街道。城西乡政府、各街道办事处和区府直属单位均与区政府签订了工作目标管理责任书，年终目标考核，本区名列全市第一。突出抓好精神文明建设，苍东村和滨海新村分别被授予“全国安全文明示范村”和“全国青年文明社区示范点”的称号。小学毕业会考合格率、优秀率居三区之首，实现了“六连冠”。全省爱国卫生检查评比，本区获地级市组总分第一。区二届人大五次会议代表提出的9条建议和意见全部做出了明确答复或解决。全年共召开政府常务会议18次、区长办公会议73次、区政府全体会议2次，印发会议纪要47期，印制区政府和区政府办文件104件，刊出《新华政务》16期。

【公安】 除了积极开展全国性、全省性的专项斗争外，还结合本区实际，根据新的犯罪动向，成功地开展了“打击飞车抢夺”、“打击中巴车抢劫”、“冬季破案战役”等专项斗争，有力地打击和震慑了犯罪。全年发生刑事案件600宗，比上年少发370宗，下降38%。其中重大案件发案382宗，比上年少发347宗，下降48%。受理治安案件1607宗，查处1601宗，查处率为99.6%。摧毁各种犯罪团伙121个，抓获团伙成员486人，抓获各类违法犯罪人员4785人。缴获各种枪支14支(其中军用枪支3支，仿军用手枪2支)、子弹58发、毒品260克。破获海南首例冰毒案，缴获摇头狂喜丸93粒。缴获赃款赃物折合人民币1300多万元。先后有4项成功经验，得到中央综治委、公安部认可，并推广了两项经验；有5项成功经验，得到省的肯定，并已经推广其中4项。

【检察】 坚持“严格执法，狠抓办案”的工作方针，充分发挥法律监督职能，查处贪污贿赂案件，开展严打斗争和执法监督等。全年共受理各类经济犯罪案件线索35宗，决定立案侦查19宗31人，比上年同期上升100%和140%；其中五万元以上大案9宗，占47%；已移送审查起诉10宗。通过办案，为国家和集体挽回经济损失400万余元。共受理公安机关和自侦部门移送审查批捕案件315宗492人，经审查批捕298宗460人。共受理公安机关和自侦部门移送审查起诉案件312宗425人(退查重报36宗43人)，经审查提起公诉259宗337人。共纠正漏捕6人和超期羁押1人，不批准逮捕25人，提议撤销案件7人，不诉12人，纠正漏诉案件3宗3人。共受理法纪案线索13宗，立案侦查6宗10人。共接待群众来信来访101件，办理申诉案件1宗。共受理不服法院民事判决的申诉案件3宗，调解非诉讼经济案4宗。组织涉税侦查队，协助税务机关征收了偷漏欠税款530万元。

【审判】 共受理刑事、民事、经济、行政、告申等各类案件1508宗(含旧存案)，审结1412宗，结案率为93.6%。共受理执行案件658宗(含旧存案190宗)，全部执结224宗，已执结的标的额为14286.78万元。全年共接待、答复群众来信来访和提供法律咨询1078件(人)次。积极开展严肃认真的“执法大检查”、“法官形象年”活动，使案件审理数量与质量大为提高。刑庭被省高院授予先进集体称号，郑经宁、厉业荣立个人三等功。积极开展调研活动，在报刊、杂志上发表文章41篇，其中《对新刑法中侵占犯罪有关问题的探讨》论文获全国法院系统第九届学术讨论会论文评选三等奖，是全省各基层法院中连续三年在全国法院系统论文评选中获奖的法院。

【司法行政】 全面实施“三五”普法规划。组织领导干部和行政执法人员学法用法，区党政机关学法活动形成制度。加强春季严打整治行动特别是禁毒斗争中的法制宣传力度，发挥法制宣传在社会主义精神文明建设中的作用。共举办法制讲座(学习班)10期，印发宣传资料12000份(册)，设法律咨询、宣传点8个，播放录音录像20场次，出宣传栏32期。结合居委会换届选举、成员招考工作，抓好调解会主任的选配和培训。全区共发生各类民间纠纷169宗，调解成功159宗，制止械斗2起，帮教6人。基层法律服务所共办理诉讼、非诉讼案件31宗，见证4件，代书20份，接受群众咨询190余人次。律师所共办理各类诉讼、非讼案件28宗，担任常年法律顾问3家，代书30余份，解答法律咨询100多人次。公证处共办理国内民事公证109件，经济合同公证399件。

经　　济

【工业】 立足现有工业基础、海南特有资源和高新科技，以提高工业经济效益和加快发展速度为目标，抓好优化资本结构，从盘活资本存量中求发展；扩大增量投入，在培育新的经济增长点中求发展；加强管理，从扭亏增盈中求发展；转变管理方式，树立服务意识，促使工业生产步入了适度加快发展轨道。全区工业总产值32.9亿元，比上年增长10.8%，销售总产值32亿元，比上年增长10.7%，工业增加值9.5亿元，比上年增长8%。亚太啤酒厂、海宇薄板厂等一批项目顺利投产，新明印刷厂全面开工，成为本区工业经济新的增长点。

【农业】 以“菜篮子”工程为重点，积极发展“高产、优质、高效”城郊型农业，走产业化、规模化经营之路。33.3公顷沙坡无公害蔬菜基地初具规模，获得好收成，文森坡2万头猪场落成放养，苍东4万头猪场正在动工兴建，涌现出一批种养专业户。全年蔬菜种植面积410公顷，比上年增长8%；总产量6222吨，增长13.7%；水产品总产量690吨，增长26%；肉类总产量667吨，增长15%。农业总产值1996万元，增长7.6%。

【乡镇企业】 继续坚持“多轮齐转，多轨运行”的发展方针，以市场为导向，以效益为中心，以股份合作为主要经营形式，加快发展步伐。1997年建成或在建的有水英双拥市场、丁村饮食一条街、海口东郊海鲜城、坡巷农贸市场和商业一条街等。全区现有乡镇企业1164家，1997年总产值3.28亿元，比上年增长12.6%，其中乡镇工业总产值6665.6万元，增长8.6%。上缴税金1032万元，实现利润2244万元，分别比上年增长21%和13%。

【第三产业】 各类商品供应充裕，居民消费心理稳定。全年消费品零售总额28.3亿元，比上年增长11.8%。辖区第三产业单位7020个(其中个体工商户5805户),从业人员3.8万人。辖区已建立集贸市场20个,解决就业人员5560人,年成交额5.6亿元。水英双拥市场、新华经贸市场获市级文明市场称号。辖区经营进出口企业的进出口额为7亿美元。共接待旅游过夜人数193万人次,旅游收入约13亿元。

【财政】 全区财政收入49301万元,其中共享收入49004万元,为年度预算的110.3%(增值税21098万元,为年度预算的112.6%;营业税15674万元,为年度预算的106.5%;企业所得税7129万元,为年度预算的114.7%;房产税5103万元,为年度预算的113.4%);固定收入297万元,为年度预算的114.2%(屠宰税73万元,为年度预算的112.3%;农牧业税20万元,为年度预算的125%;农林特产税90万元,为年度预算的128.6%);其他收入114万元,为年度预算的207.3%;按分税制财政体制计算,区级留成收入4890万元,上年净结余收入194万元,两项合计5084万元。1997年财政总支出4593万元,收支相抵,滚存净结余491万元。

【外引内联】 充分挖掘和发挥本区各项优势,加大对外宣传工作力度,扩大本区知名度,努力拓宽招商引资渠道,吸引更多的投资者,提高招商引资成功率。全年共签订外引内联合同12份,合同投资7820万元,实际投资2000万元。其中"恒丰汽车修理厂"、"中信旅游工艺美术厂"等一批项目已建成投产,"新明印刷厂"、"海口东郊海鲜城"等一批项目正在加紧建设。

【固定资产投资】 全区社会固定资产投资完成25.55亿元,比上年增长1.3%,其中区属固定资产投资完成1.72亿元,增长8.8%。投资明显转向工业、旅游业和市政工程。

城市建设

【市政建设】 本着"人民城市人民建,人民城市人民管"的原则,充分发动辖区企业、单位和群众支持参与联建共建,争取市政府拨款支持,通过国家、集体、个人等"几个一点"筹集建设资金,共筹集资金78万多元,改造了富兴街、沙坡村主道路等37条道路(17344.5M²),水沟36条(6216M),新修建花坛86个,长215M。创建市"花园式"单位42个,绿化达标单位47个。制订一系列有关暂行管理办法,把住宅小区纳入正常管理轨道。

【环境综合整治】 建立健全区、街、居三级管理网络,调整充实城市综合执法队伍,加强执法队伍自身建设,层层落实目标管理责任制。认真处理好城市管理、综合整治与规范疏导的关系,突出治理小街小巷"乱张贴、乱摆买、乱搭建",先后出动9万多人次,600多车次进行清理整治,重点整治了义龙路、海垦路、南航西路、盐灶路、八灶路、金贸东路、富兴路等7条道路,拆除违章建筑2700间共8.9万平方米,拆除违章搭建遮阳蓬9000平方米,治理12个流动人口聚居点,清理卫生死角64处。

社会事业

【科技】 坚持"科教兴区"战略,围绕发展生产、提高人口整体素质开展科技培训、科普教育,推广新技术、新产品、先进适用技术,促进科技成果转化为生产力,推动本区经济和社会全面进步。共编发《科技简报》、《推荐科技项目汇编》、《大型科技专刊》等16期,向企业推荐科技项目230个。市星火计划项目沙坡无公害蔬菜基地正常运作,沙坡养鸽专业村初具规模。举办各种科技培训及实用技术培训班7期,受训人数达2560人次。新华区科协筹备工作已就绪。举办了以"奔向信息时代"为主题的"新华区第三届科技活动周",加大了科技法规的执法力度。

【教育】 加强基础教育,巩固"两基"达标成果,积极推行素质教育,全面提高教育质量。1997年全区适龄儿童入学率、升初中率达99.9%。在小学毕业会考中,全区双科及格率、优秀率以及升重点初中率均名列三区之榜首,实现了"六连冠"。二十六小周伶伶以236.5分的总成绩荣获全市小学毕业会考"状元"。"普及实验教学"工作经省教育厅组织评估,总平均分为97.5分,在全省受检的五个县(区)中名列第一。1997年定为海口市推行素质教育试点区。

【文化体育】 依法加强文化市场管理,集中力量整治音像市场、书报刊市场、电子出版物市场等,共没收非法录像带8400盒,各类光盘1547块,非法书刊、杂志16266本,淫秽扑克牌42盒,影碟机15部,赌博电子游戏机电路板190块,多媒体电脑游戏机11部。组织三次规模较大的文化下乡活动,成功地举办了椰子节、庆七·一、迎接香港回归、八一建军节等重大节庆活动。组织参加了市第八届运动会,荣获金牌总数第四名,团体总分第七名。

【卫生】 全区儿童计划免疫入册建卡率达100%,"四苗"全程接种率达95%以上,传染病报告发病率为177.30/10万,比上年下降5.52%。对全区867家食品、公共场所实施卫生监督监测,从业人员健康体检和岗位培训5319人,体检培训率100%,"五病"检出人数366例,调离率100%。全区儿童健康体检11356人,城市检查率为88.9%,乡村为69.1%。妇科病普查普治7949人,检查率为48%。按城市初保规划设置6个街道社区卫生服务站,苍西片农村合作医疗试点工作取得较好成效。全区又有8个单位被评为"省卫生先进单位",19个被评为"市卫生先进单位"。在全省年终卫生检查评比中,获地级市区组总分第一。

【社会治安综合治理】 认真贯彻落实中共中央、国务院和全国人大[1991]两个7号文件精神,按照中央部委《关于执行社会治安综合治理领导责任制若干规定》以及《海南省社会治安综合治理条例》,紧紧依靠广大干部群众,围绕"打、防、管、教、建、改"六大任务,全面落实社会治安综合治理各项措施。在全国率先在基层建立"以党支部为核心的三会三组一队一警"综治基础配套组织。量化"六有五自四无"指标,开展社区"创安"活动。总结综治经验,探索治理新路子。建立电脑年审系统。以服务带活管理,创办了"新华区外来工之家"管理模式,成效显著。外来人员1997年犯罪案件97宗,比上年少发167宗,下降84.8%。

【救灾救济】 1997年全区共有各类困难群众1665户。其中定期救济户151户,优抚人员困难户27户,临时困难户577

户，下岗人员困难户355户，城市学生困难户555户。发放各类救济金和补助金约70万元，衣被等冬防物资1130件。为15户困难户修建住房10间，投入资金126307元。为124户困难群众解决春荒生活困难救济金补助款34550元。组织节日慰问，共送节日慰问款和补助金221560元，送慰问品折人民币46208元。各类困难群众基本生活得到保障。

【双拥工作】 以争取双拥"三连冠"为目标，加强自身建设，抓好职责管理、网络管理、档案管理、标准管理等四个管理。制订了9个拥军优属暂行规定。做到双拥工作纳入社会和经济发展总体规划，创建活动纳入各级领导任期目标责任制，国防教育纳入全民教育体系，军民共建纳入精神文明建设总体规划，双拥经费纳入地方财政预算等"五纳入"。全区有双拥共建点20个，军地基层党支部结对共建单位10个，少年军校4所，军警民治安联防小区4个，新示范点6个。

【计划生育】 进一步强化人口意识，认真落实计划生育目标管理责任制，加强规范化管理，积极开展查环查早孕工作，努力实现计生管理"两个转变"，积极推行计生"三结合"。采取有力措施，突破纯女户结扎。全年共完成"四术"5329例，占年任务的127.49%；人口出生率13.45‰，比市下达指标降低0.5个千分点；计划生育率91.3%，比市下达指标提高2.9个百分点；多孩控制率1.36%，比市下达指标降低0.74个百分点，连续三年经市考核达标。

【社会保障】 区机关工作人员养老、工伤保险工作基本完成。区属12家工业企业630名职工全部参加了社会保险，投保率达100%；农村养老保险投保率达90%。

【人民生活】 1997年全区城市居民人均可支配收入7330元，比上年增长4.8%；农村居民人均纯收入4010元，比上年增长2.6%。城市人均居住面积14.8平方米，农村人均住房面积17.18平方米。

（江名夫）

振 东 区

中共海口市振东区委（第二届）
书　记　黄成模
副书记　黄民权　黎传安　梁锦武

区人大常委会（第二届）
主　任　黎传安
副主任　王乃光（任职至1997年5月）
　　　　曾惠琴（女）　陈留太
　　　　吴多明

区人民政府（第二届）
区　长　黄民权
副区长　王尚开　蒙庆章　侯升荣
　　　　蔡金荣　高国柱
　　　　黄泽驹（挂职至10月）

综　　述

【概况】 振东区位于海口市东部。东隔南渡江与琼山市东营镇相望，南连琼山市府城镇，西接新华区，北临琼州海峡，是海口市辖下的三个县级区之一。下辖白龙乡、新埠镇和振东、白沙、海甸、人民路、博爱南、海府路、和平南7个街道办事处。面积45.78平方公里。常住人口24.4万人。海南省委、省政府及大多数省级党政机构，海南大学、海南教育学院、海南省党校和中国（海南）改革发展研究院等教研机构，全省仅有的二间五星级宾馆——寰岛泰得大酒店和金海岸大酒店，全省最大的农贸市场东门市场以及全国十大航空港之一的海口机场均在本辖区。名胜古迹有海南第一楼——五公祠、国家级保护文物——李硕勋烈士纪念亭等。

【经济和社会发展】 1997年，全区国内生产总值37.9亿元，比上年增长8.7%，工业总产值10.15亿元，增长8.6%，农业总产值1.65亿元，增长51.7%，乡镇企业总产值4.4亿元，增长6.2%，社会消费品零售额20.08亿元，增长20.1%，财政收入4.34亿元，增长2.6%，人口自然增长率11‰。

政治与法制

【中共海口市振东区委】 年初区委召开二届七次会议，和全区经济工作会议，确定1997年工作的指导思想、奋斗目标、主要任务措施，深入贯彻重商、强工、兴旅、保农的经济发展方针，促进经济稳中求进适度快速发展。年内区委还制定和实施了《关于开展"一转变两提高"专项整治的实施意见》、《关于开展依法治市环境综合整治的实施方案》、《关于在全区推行"三制"的意见》、《关于居委会民主选举的工作意见》、《关于进一步从紧从严抓好计划生育的实施意见》、《关于1997年反腐败工作的实施意见》、《关于减轻企业不合理负担专项治理实施意见》等。围绕党的十五大精神的贯彻落实，举办5期科级干部理论学习班，3场专题辅导报告会。年中召开经济形势分析会、精神文明建设形势分析会，及时研究分析两个文明建设面临的新情况、新问题，切实加大两个文明建设的工作力度。新建基层党支部6个，发展党员75名。完成全区46个居委会领导班子的民主选举工作。以文体局等5个部门作为试点，推行领导职位竞争上岗制度，积极探索公开选拔任用干部的新路子。创建邦墩里、东湖里、白坡里、人民西、六庙等8个省一级居委会，占全市一级居委会57%，培育出新利居委会等6个省级精神文明先进典型，全区社区服务工作和基层政权建设分别被省评为先进单位。全年召开区委常委（扩大）会议49次。受理群众来信来访135件（次），办结反馈132件，办结率97.8%。

【区人大常委会】 共召开7次常委会会议，审议议题40个，依法作出决议、决定6项。转交区政府及有关部门办理人大代表建议、意见29件，并做好催办、督办工作。先后三次组织代表对本区的环境综合整治、"一转变两提高"专项整治和区"两院"的执法工作进行视察检查，组织代表对区城管局的工作进行评议。组织代表和有关人员对本区贯彻实施《劳动法》、《刑事诉讼法》和《海南省计划生育条例》情况进行执法检查。在全区司法机关、行政执法部门中认真推行执法责任和错案、执法过错责任追究制。依法任命国家机关工作人员16名，免去职务5名，并先后对区政府5名局长（主任）、区法院2名副院长和区检察院2名副检察长进行述职评议。接待群众来访80人次，处理群众来信40件。组织有关人员对本区的常住人口、经济发展、环卫事业和实施《妇女权益保障法》等情况进行5个专题调查。

【区人民政府】 全区国内生产总值完成37.9亿元，比上年增长8.7%。其中第一产业增加值1.17亿元，增长54.1%；第二产业增加值6亿元，增长12.5%；第三产业增加值30.7亿元，增长6.7%。制发了《海口市振东区妇女发展规划》、《海口市振东区驻区单位计划生育工作考评办法》、《振东区农村基层组织财务管理的若干规定》等一系列重要文件。在全市目标责任制评比中，本区再获第一名，实现"六连冠"；在省双拥工作大检查中，本区以领导规范、机构规范、职责规范、政策规范、活动规范、档案规范的突出成绩荣获省市"双拥模范区"光荣称号；在全省民政工作交流会上，评为省社区服务工作先进单位和基层政权建设先进单位，海府街道荣获"全国民政工作全优街道"称号；8个居委会被省评为"一级居委会"；在全省爱国卫生大检查中，本区再次荣获第一，实现爱国卫生"五连冠"；计划生育工作通过省市双层检查；区武装部继1996年再次荣获军区"优秀武装部"称号。认真办理人大代表的建议、意见。对人大代表提出的28件意见建议全部办理，其中办结15件，基本办结或其他原因待逐步解决的10件，目前条件限制待后解决的3件。全年共召开政府常务会议8次，区政府全体扩大会议2次。全年共制发区政府文件165件，出版《振东政务》14期，办理公文779件。处理群众来信38件。

【公安】 全区共发生刑事案件583宗，破案496宗，破案率85.1%，其中重特大案件发406宗，破案323宗，破案率80%。摧毁各类犯罪团伙104个。抓获各类在逃犯54人。缴获各类枪支36支，子弹336发，毒品1756.49克，汽车3辆，摩托车13辆，赃物折款85万多元。

【检察】 经济检察工作，共立案侦查贪污贿赂等经济案件16宗21人，其中万元以上大案10宗14人，通过办案，为国家和集体挽回直接经济损失447.1万元。刑事检察工作，共受理公安机关和自侦提请的批捕案件447宗715人，决定批捕370宗573人，受理移送起诉案件313宗477人，其中提起公诉242宗349人。

【审判】 共受理各类案件2288宗，审（执）结1484宗，结案率70.4%。其中，刑事案件308宗，审结308宗；民事案件723宗，审结535宗；经济案件313宗，审结256宗；行政案件9宗，审结9宗；执行案件791宗，执行完毕261宗。接待群众来访919人次。处理群众来信84件。

【司法行政】 制订普法计划、依法治区工作方案，发放普法书籍和宣传材料两万多份。办理各类公证事项182件。律师事务所接受各类案件25宗，担任常任法律顾问5家。接待来访并提供法律咨询221人（次）。共调解民事纠纷152宗，调解成功143宗，成功率94%。

经　济

【工业】 全区工业生产稳步发展。国有企业通过优化结构，优化资本，优化产品起到举足轻重的作用。工业总产值完成10.15亿元，比上年增长8.6%，其中区属工业产值1.25亿元，与上年持平。全年引进热喷涂技术处理和月饼包装盒生产两个项目，开发了喷塑保险柜、月饼盒和热喷涂包装罐3个新产品。

【农业】 调整产业结构，发展以"菜篮子"为主的城郊型农业。农业总产值1.65亿元，比上年增长51.7%，蔬菜总产量10826吨，增长12%，肉禽蛋总量13634吨，增长36.9%，水产品产量4103吨，与上年持平。农民人均收入3613元，比上年实际增长1.6%。

【乡镇企业】 乡镇企业总产值4.4亿元，比上年增长6.2%。乡镇企业在抓好技术改造、开发新产品的同时，围绕"重商"方针，大力发展商贸业，全年新上项目有8个，其中5个项目竣工投产。

【商业】 全年社会消费品零售总额20.08亿元，比上年增长20.1%。在巩固原有市场和商业网点的基础上，加大力度，狠抓创新、塔光、白龙样板市场的创建，取得较好成绩；重建了红坎坡商场，增加摊位104个，面积1800M²；对博爱南横路商业街进行彻底整治，经营环境根本好转，火灾隐患得到消除。

【外引内联与对外交流】 1996年区政府结合实际筛选出罗牛山热带名优水果示范园、新埠岛农贸产品批发市场、海口盛华综合批发市场等八个重点招商项目。通过主动上门联系，积极争取上级支持，罗牛山热带名优水果示范园项目已从农业发展总行贷到300万元，农业部农垦局也无偿提供10万元作为本区建设热带花木生产基地启动资金。

【固定资产投资】 固定资产投资结构趋于合理，主要是面向农业、市政基础设施、交通运输、通讯等方面的投入。全年固定资产投资总额11亿元，比上年增长12.4%。

【财政】 全年完成财政收入4.34亿元，比上年增长2.6%，按分成比例，区实得财力4394.5万元。

城市建设

【市政建设】 投资231万元，建设11条急需修建的道路，路面面积11450平方米，水沟长2055米。评选出"花园式"单位35个，绿化达标单位37个。完成市安排植树9万株的绿化任务。四个居委会各建成一条垂直绿化街。协助市国土和规划部门完成私房报建送审132宗。拆除各类违章建筑6950平方米。

【市容综合整治】 区管道路清扫率100%,沙土路清扫率80%,垃圾转运率100%。根据区的实际情况,实施了市容综合整治"86321"工程;对美舍河、道客沟、红坎坡商场和博爱南横路商场进行了专项治理;在全区范围内开展大规模的整治"三乱"活动;全面开展以改厕为重点的农村"三改"(改水、改厕、改造环境)活动,创建流水坡环境改造示范点。通过不懈地治理整顿,本区市容市貌大为改观,在全省卫生大检查中,再次荣获第一,实现爱国卫生"五连冠"。

社会事业

【教育】 继续巩固"双基"达标成果,全区小学适龄儿童入学率达100%。小学在校生巩固率为99.99%。小学生毕业率、升初中率为100%。初中在校生年巩固率97.6%。初中生毕业率99.5%,升高中率89.7%。全区中小学生操行乙等以上的占96%。本区教师参加省、市课堂教学评优比赛,共获得省级一等奖1个,二等奖3个,市级一等奖5个,二等奖11个,三等奖16个。在省教育厅推行的普及中小学实验教学工作中,本区成绩突出,被教育厅授予"普及中小学实验教学区"光荣称号。全年共建校舍6425平方米。

【文化体育】 新建白坡里、美舍上村2间文化室,完善新利居委会、创新村文化娱乐中心的设施,使其成为海口市示范点。大力抓好市和区级文体活动。在各节假日举办排球、乒乓球、拔河、卡拉OK歌手赛、海南八音、"庆回归"文艺会演等一系列文体表演活动。在市第八届运动会上,本区夺取奖牌、金牌、总分三个第一。

【卫生】 加强农村卫生"三项"建设,做好区防疫站综合大楼投建的前期准备工作;增加海联卫生院投资,购置设备,改造环境,创建爱婴医院,取得初步成果;成立10个社区卫生服务站,建立起初保网络,为城市初保工作顺利开展奠定了基础;认真开展妇幼保健工作,全区共体检儿童11374人,儿检率达95%。妇女受检人数1899人;依法开展卫生监督管理,发放卫生许可证610户,并全部建档管理。

【计划生育】 全区出生率为14.13‰,多胎率为1.02%,计划生育率为88.82%。全年共完成节育手术5816例。

【双拥工作】 1997年,本区双拥工作以领导规范、机构规范、职责规范、政策规范、活动规范、档案规范的突出成绩得到了省、市领导和省双拥办的肯定,分别被省、市授予双拥模范区称号。全省双拥办主任现场观摩会在本区召开,推动本区双拥工作不断深入。

【社会治安综合治理】 贯彻"谁主管,谁负责"的原则,认真抓好社会治安综合治理。全辖区所有单位全部签订了社会治安综合治理责任书,居(村)委会、治保会、调解会、联防队"三会一队"组织、人员、经费均得到落实。成立了区预防和处置突发性闹事、骚乱事件指挥部,区、乡镇和居(村)委会均成立了出租屋管理机构,22个居(村)委会成立了流动人口服务管理站,"两劳"释放人员全部造册登记管理,管理率达100%。

【社会保障】 1997年,全区农村社会养老保险金额为31.3万元,新增投保人数1154人。实施农村五保户和城区孤寡老人供养制度。城市最低生活保障制度顺利运转。发放各种救济款126.5万元,为军烈属、残疾人、五保户、特困户、受灾户等送去党的温暖。

【人民生活】 1997年,城镇居民人均生活费收入6589元,比上年实际减少2.5%,农民人均纯收入3613元,比上年增长1.6%。

(陈献邦)

秀 英 区

中共海口市秀英区委(第二届)
书　记　高锦全
副书记　郑保祥　张为国　王周兴

区人大常委会(第二届)
主　任　陈学浓
副主任　林德昌　傅映柏(女)
　　　　邓敦高　陈嘉铿　蔡夫兰

区人民政府(第二届)
区　长　郑保祥
副区长　陈　楷　吴友迪　李　刚
　　　　李丽英(女)　芮锡森
　　　　黄兹书

综　述

【概况】 秀英区位于海口市西部。东起疏港大道,西与澄迈县接壤,南同琼山市相连,北临琼州海峡。是海口市三个县级区之一。下辖长流镇,海秀、荣山、新海、丰南4个乡和海秀、秀英2个街道办事处。常住人口12.21万人。面积147.41平方公里,占全市面积的60.28%,境内自然资源丰富:有2000公顷土地可供开发;有17.7公里长水碧沙白的海岸线;有全省最大的港口——海口港。名胜古迹有:丘浚墓、汉军开琼渡海登岸处——烈楼嘴、那甲山温泉风景区等。

【经济和社会发展】 1997年,全区国内生产总值80743万元，比上年增长7.0%；工业总产值27448万元（不变价21958万元），比上年增长9.8%农业总产值13230万元，增长5.8%；乡镇企业总产值73544万元，增长10.2%；社会消费品零售额59493万元，增长7.6%；农村人均纯收入3052元，比上年增加32元，增长1.1%；财政收入7239万元，比上年下降16.1%。

政治与法制

【中共海口市秀英区委】 深入贯彻落实党的十四届五中、六中全会精神和十五大精神，组织各级干部深入学习党的基本理论和学习邓小平理论。加强对全区经济工作的领导，努力探索经济发展之路。针对计生工作这一难点，切实组织力量，采取有效措施，狠抓农村纯女户节育工作，取得历史性的突破，从而推动全年计生工作的全面完成。在全区机关和干部中开展"一转变两提高"专项整治活动，使全区工作纪律、工作秩序、工作效率、工作环境和服务质量以及廉政建设等方面有较大的转变和提高。抓好基层组织建设，调整充实一批村级领导班子，公开招聘10名居委会主任。加强对工会、共青团、妇联等群众组织的领导，充分发挥其桥梁和纽带作用。召开党委会议（包括党委扩大会议）45次，印发会议纪要5期，制发区委、区委办文件99件。

【区人大常委会】 组织人大代表对区法院、检察院、人劳局、计生局、财政局等8个单位进行执法责任制工作的执法检查，对本区贯彻实施《劳动法》、《预算法》、《教育法》、《海南省计生工作条例》等法律法规情况进行执法检查。在全区司法机关和行政执法部门推行错案和执法过错责任追究制。在全区范围内开展新颁布和修改的法律法规的宣传教育活动。召开常委会会议，听取和审议"一府两院"工作报告，并对区机关事务管理局长、城建局长、工业局长进行评议。组织人大代表视察教育"两基"达标工作并提出工作意见。认真办理、督办、催办代表意见与建议。重视人民群众来信来访工作，对群众提出的问题及时向有关部门反映和解决。

【区人民政府】 继续调整农业产业结构，扩大果菜种植和水产养殖面积，大力发展畜禽养殖业，发展乡镇企业和第三产业，形成集约化经营，向专业化、产业化方向发展。推广应用实用科学技术，提高农产品的科技含量，加快推进"两个根本性转变"步伐，抓住"菜篮子"工程这个重点，在资金上尽最大能力投入。加强引进高科技项目，保持工业生产持续增长，完成产值24.5亿元（其中区属工业产值27448万元），比上年增长9.8%。认真抓好乡镇企业，完成产值73544万元，比上年增长7.6%。做好外引内联工作，引进资金36449万元。加强市政建设和城市管理，搞好城区卫生工作。积极推行精神文明建设，全区评选"十星级农户"1864户，精神文明单位达标率60%以上，双拥共建点23个，先进率82%。全年召开14次政府常务会议，制发区府、区府办文件178件。

【公安】 刑事案件发生300起，比上年下降35%，破案绝对数153起，超额完成市公安局规定的全年绝对数148宗的任务。其中重特大案件发生251宗，比上年下降32%，破案110宗。共抓获犯罪嫌疑人207名。摧毁犯罪团伙22个，成员88人。缴获冲锋枪1支，手枪3支，海洛因1257克，追回汽车5辆，摩托车7辆，其他物品折款20.1万元，人民币145万元。赃款赃物共计471.67万元。查处治安案件440宗，抓获违法人员783人。查处"黄、赌、毒"案件217宗，抓获违法人员317人。

【检察】 全年受理贪污贿赂等经济犯罪线索28件，立案查处12宗14人，逮捕人犯8人，立案数比上年增长140%。已办结10宗10人，移送起诉8宗8人。为国家和集体挽回经济损失268万元。受理提请批准逮捕案件89宗145人，批准逮捕85宗127人。受理移送审查起诉案件98宗157人，向区法院提出公诉65宗101人，移送市检察院审查起诉4宗7人。受理各类法纪案件9宗10人，立案查处2宗2人。处理群众来信来访91件次。

【审判】 全年受理各类案件506宗，其中刑事案件70宗，经济案件73宗，民事案件159宗，行政案件3宗，执行案件151宗，非诉讼执行案19宗，审结442宗，结案率87.35%。接待群众来访305人次，处理群众来信375件。

【司法行政】做好学习贯彻各专业法的指导协调和督促工作，开展法制宣传教育活动。调解各类民间纠纷285宗，调解成功727宗，调解率100%，调解成功率95%，律师事务所共担任法律顾问3家，民事诉讼代理6宗，刑事辨护9宗，经济诉讼代理6宗，行政诉讼代理1宗。办结各类公证167宗，其中国内经济公诉32宗，民事公证135宗。

经　济

【农业】 根据城区特点构建以城郊型农业为主体的经济发展模式，重点抓好三项措施的落实：一是调整产业结构，提高经济效益，在扩大粮食、蔬菜、糖蔗种植面积的同时，突出抓好拳头产品和运销加工；二是推广和普及农村科技，引进良种良法，提高科学种田水平，举办各类农村培训班49期，5000人次。三是狠抓农业水利建设，重点抓了拜就水库的治理，把水库容量从原来的3万方扩大到20万方，大大提高了综合经营能力，改变了农业生产条件，从而实现了全区农业持续、稳步增长。全区农业总产值13230万元，比上年增长5.84%。蔬菜复种面积4441公顷，比上年增加254公顷，增长6.1%；总产量60084吨，增长4.5%。粮食播种面积2804公顷，增加319公顷，增长12.8%；总产量10116吨，增长21.1%。油料种植面积646公顷，减少4公顷，减少0.77%；总产量527吨，增长7.3%。糖蔗种面积171公顷，增加38公顷，增长28.57%；总产量9106吨，增长13.7%。水产品产量5530吨，增长9.5%。肉类总产量3723吨，增长15.4%。

【乡镇企业】 加强管理，确保乡镇企业总产值持续增长。1997年上半年，乡镇企业生产不正常，经济效益不佳，总产值比上年同期下降8.6%。区委区政府针对这一情况，加强对企业的领导和管理，使之恢复正常生产。同时采取试行股份合作制、完善承包制等措施，使乡镇企业生产经营情况得到迅速改善，保持了稳步增长的势头。年内全区乡镇企业发展到1292家，总产值达7354万元，比上年增长10.2%。

【工业】 强化工业主导地位，保持工业生产持续稳步发展。1997年，工业总产值24.5亿元，其中区属工业产值27448万元，比上年增长9.8%。上半年各工业企业受到市场影响较大，时间过半，任务完成不过半，下半年，区委区政府针对这一情况采取四条措施：(一)调整企业领导班子，整顿企业；(二)加强管理，坚持"抓大放小"的方针，把任务分解到生产单位；(三)大力发展新科技项目，增创新的经济增长点；(四)对项目实行跟踪服务，为企业排忧解难。由于措施落实，有力地促进了工厂生产、效益同步增长。三洋药业、华兴塑料等五家社会企业纳入管理范围后，增创产值2500万元，全区较好地完成了全年工业总产值任务。

【商贸业】 1997年，全区社会消费品零售总额59493万元，比上年增长7.6%。在规范市场管理，搞活集市贸易，促进商品流通方面取得了一定成绩。区政府及职能部门协助秀英工商分局对秀英小街夜市，长流市场乱摆卖，占道经营等不良现象进行整顿，杜绝了违章违法经营的现象；协助市场管理部门搞好农贸市场管理，妥善处理秀英猪肉经营业主罢市事件；筹办新海海鲜一条街项目。

【旅游业】 1997年，全区旅游项目的建设有了很大的进展。假日海滩度假村、华夏度假村，神州度假村可望在1998年年内建成开业；秀英古炮台、中华文化苑、西秀湾度假村正在加紧开工兴建。计划投资8亿元的省内大型旅游项目——华夏海洋世界落户秀英辖区内，正在兴建之中。

【财政】 1997年，全区财政收入7239万元，为预算的83.1%。比上年实际收入减收1387万元，减幅16.1%。上级补助收入342万元，与上年持平。财政支出3156万元，其中区财政支出2913万元，上级补助款拨出243万元，用区财力支出数进行对比分析，支出完成预算的95.3%，与上年同期对比增支126万元，增长5%。

【固定资产投资】 区属社会固定资产投资额2104万元，比上年增长5%，其中农田基本建设315万元，主要项目有：拜就水库工程120万元，大排涝护提防沙工程120万元，冬修水利工程65万元。

【外引内联】 区委区政府不断改善投资环境，加大招商力度。硬环境方面，抓好城乡建设和环境卫生管理；软环境方面，抓好"一转变两提高"(转变机关工作作风，提高办事效率，提高服务质量)，大力推行"窗口制"办公的好经验。同时，重新修订了秀英区《关于招商引资加快经济发展优惠政策》，有力地促进了外引内联工作的开展。全年通过招商引资新上项目11个，其中区属企业3个，乡镇企业8个，全年实际到位资金36449万元，完成年计划的104%。

【开发区】 秀英永桂工业开发区位于海口市中心组团西部，东距秀英港6公里，南倚工业大道连接海榆西线高速公路，北靠海榆西线公路。开发区规划用地面积为133.3公顷，首期开发60.8公顷，是秀英区发展工业的重要区域，自1993年1月2日开发区奠基以来，共引进项目12个，项目资金10395万元。开发区范围内已完成"三通一平"，建成厂房8200平方米。1997年引进项目3个：(一)海南华康制药厂，计划投资5000万元，年产值1亿元，年利润3000万元。目前正在投建之中；(二)海南海新机电设备厂，投资1200万元，将于1998年年内投建；(三)海口灵珊苦丁茶厂，投资50万元，当年建成投产。开发区自办项目1个：海口洁宝日用化工厂，主要生产二氧化氯消毒剂。投资500万元，计划年产值1000万元，年利润200万元。1997年底建成，1998年3月正式投入批量生产。

城乡建设

【市政建设】 年内，对长流镇长生路进行扩建和改造，拆迁203户，107间房屋。全长1100米，宽50米的长生路全面铺设成水泥路面，路旁两边种上花草，使长流镇的市容市貌焕然一新。农村规划工作和新农村建设取得新的进展。在完成全区21个村镇规划的基础上，长流镇富教新村和式金新村的建设进入实际实施阶段。筹建中的金鼎大道，办妥全部建设相关手续。市政府下达的工业大道两旁植树300株、庆龄大道植树200株的任务全部完成。

【市容综合治理】 年内，秀英以整治市容市貌为重点的爱国卫生活动取得了显著的成绩。在整治"三乱"(乱摆卖、乱搭建、乱张贴)中，全区先后出动1300人次上街道宣传和刷除乱张贴的广告，清理卫生死角。全区共拆除乱搭建房屋220间，面积500平方米；清理卫生死角9处，清理垃圾600车，2000吨，填补平整场地1850平方米，投入土方1000立方米；设立秀英小街停车场3处；依法处罚乱摆卖152人次，罚款2000元，清理没有正当手续的外来人员660人，彻底清理位于向荣路的一个"盲流村"，场地被综合利用。此外，完成改水改厕的农户占全区农户的96%。灭鼠、灭蟑、灭蚊、灭蝇工作取得显著成效。全区爱国卫生工作经省检查验收达标，受到好评。

社会事业

【教育】 巩固和发展"两基"达标成果，教育工作上新的台阶。全区适龄儿童入学率99.9%，比上年增加一个百分点；适龄少年入学率87.5%；小学生辍学率为零；初中在校生辍学率为0.18%，控制在省下达城市2%以下的指标内；小学生毕业率100%；初中生毕业率97.6%；初中升学率80%。此外，多名学生和教师在海口市、海南省和全国为区争得荣誉。

【文化】 抓好文化市场的繁荣和整顿。春节、椰子节举办了一系列的歌舞、卡拉OK等活动，组织100多人的威风锣鼓队，100多人的农民艺人民乐演奏团参加椰子节庆祝活动，"七.一"举办了庆香港回归暨"七.一"文艺晚会，国庆节举行升国旗仪式。全区30个村委会文化室和广播室巩固率100%，促进了农村精神文明建设的发展。

【体育】 农村体育活动健康开展。春节、椰子节组织了一系列的篮、排、乒乓球赛、拔河、长跑等活动。组织100人参加市八运会火炬接力跑。组织200多人参加市八运会开、闭幕式。

【卫生】 经过健全各级卫生保健体系，人民健康质量有了明显提高。全区十四个农村卫生室运转正常。长流卫生院门诊大楼建设完工，即将交付使用。大力开展卫生法规宣传和从业人员培训、体检工作。对全区食品、公共场所实施卫生监测,监督率100%。

【计划生育】 紧紧围绕人口计划目标开展工作,纯女户节育工作取得历史性的突破,促进了"四术"的全面完成,人口计划执行情况良好,计生工作局面由被动变为主动。为此,省计生现场会在本区召开。全区全年完成"四术"2686例,其中结扎和一孩上环1959例,占任务的105.32%;人口出生率13.23‰;计划生育率80.82%;多孩控制率8.12%;自然增长率10.03‰;农村纯女户结扎190例,占任务的190%;征收计划生育费375人次,33.7万元。

【人民生活】 1997年,农民人均纯收入3052元,比上年增加32元。大部分农民进入温饱阶段,少部分农民达到小康水平。

【社会保障】 全区建立完善农村社会养老保险机构和农保专业队伍,农村养老保险覆盖率(以村为单位)90%,投保总人数32200人,投保金额总数1758.6万元,60岁以上的老人已有1266人开始领取养老金。

(邓柔刚　蔡勤)

(责任编辑:吴孙兆)

社会经济统计资料

183/215

统计公报

海口市统计局关于1997年国民经济和社会发展的统计公报

（1998年2月25日）

1997年，全市人民在市委、市政府的正确领导下，积极推进结构调整和两个根本性转变，稳中求进，适度加快经济发展，国民经济初步呈现出高增长、低通胀的运行态势，结构和效益有所改善，经济综合实力进一步增强，社会各项事业稳步发展，城市整体服务功能继续提高。但经济发展中的结构性矛盾和企业生产经营困难状况仍未得到根本性缓解，经济增长的质量和效益仍有待提高。

一、综合

国民经济稳中有进，经济增长速度适度加快，经济综合实力进一步增强。据测算，1997年全市国内生产总值达104.58亿元，按可比价格计算，比上年增长7.1%，增速比上年提高5.5个百分点。其中，第一产业增加值2.73亿元，增长7.3%；第二产业增加值26.53亿元，增长7.6%；第三产业增加值75.32亿元，增长6.9%。

二、农业

种植业获得较好收成。蔬菜产量再创历史新纪录，粮食、糖蔗产量平稳回升。

主要农产品产量如下：

	1997年	比上年增长%
粮食	10320吨	22.8
#稻谷	8510吨	24.3
油料	471吨	—13.3
糖蔗	9106吨	13.7
蔬菜	108777吨	6.7
#郊区	76692吨	7.6

林业生产取得新成绩。全年造林面积54.87公顷，比上年增长1.53倍。护林防害工作继续加强，全年未发生森林火灾及森林病、虫、鼠害，森林覆盖率有所提高。

畜牧业生产卓有成效。主要畜禽产品产量和生猪年末存栏头数明显增加。

主要畜禽产品产量和牲畜年末存栏头数如下：

	1997年	比上年增长%
肉类	15972吨	48.2
#猪肉	12604吨	53.7
禽肉	3069吨	27.8
牛奶	138吨	109.1
禽蛋	3100吨	2.5
牛年末存栏头数	10945头	—14.2
猪年末存栏头数	98796头	19.8
羊年末存栏头数	2505头	—13.3

渔业生产稳定增长。全年水产品产量11621吨，比上年增长6%。其中，海水产品产量9743吨，增长5.1%；淡水产品产量1878吨，增长10.5%。

农业生产物质装备呈现出一些新变化。年末农业机械总动力4.26万千瓦，比上年末下降9.4%；农用载重汽车282辆，下降5.7%；渔用机动船562艘，增长11.3%。全年农用化肥施用量（按折纯量计算）1746吨，比上年下降2.9%；农村用电量612.61万千瓦时，下降28%。农田有效灌溉面积1286公顷，比上年下降1.8%。

乡镇企业稳步发展。全年乡镇企业完成产值15.04亿元，实现税利1.63亿元，分别比上年增长10.8%和8.3%。

三、工业和建筑业

工业生产平稳增长。全年完成工业增加值13.79亿元，按可比价格计算，比上年增长13.1%，其中，乡及乡以上工业企业完成增加值13.20亿元，增长13.4%。

从乡及乡以上工业生产发展看，1997年我市工业生产呈现如下几个特点：一是重工业增长快于轻工业。轻工业完成增加值8.91亿元，增长8.5%；重工业完成增加值4.29亿元，增长23.8%，快于轻工业15.3个百分点。二是国有工业加快增长，集体工业下降明显，其他工业平稳增长。国有工业增长34.2%，集体工业下降52.1%，其他工业增长3.2%。三是产销衔接状况进一步好转。全年工业产品销售率达95%，比上年提高3.7个百分点。

受市场供求关系变化的影响，主要工业产品产量有升有降。

主要工业产品产量如下：

	1997年	比上年增长%
聚脂切片	6.51万吨	48.0
罐头	14.92万吨	—5.0
无酒精饮料	16.59万吨	0.7
化学纤维	1.69万吨	30.0
配混合饲料	5.08万吨	—32.4
糖	4226吨	45.7
彩色电视机	5500台	—20.3
轮胎外胎	31.24万条	6.6倍
汽车	2413辆	19.7
发电量	14.6亿千瓦时	—3.9

扭亏增盈工作见成效，经济效益有所提高。据对市属35家工业企业（国有17家，股份制4家，改制3家，兼并9家，资产重组2家）统计，1997年底，亏损企业9家，比上年底减少21家，亏损面由上年底的71.4%下降到20.9%；亏损企业亏损总

额1580.1万元，比上年底减亏1.98亿元，下降92.6%；盈利企业盈利总额4941万元，比上年底减少1420.9万元，下降22.3%。盈亏相抵，利润总额由上年底净亏损1.5亿元转为净盈利3360.9万元。此外，工业企业资产负债率下降，资产质量提高。

建筑业生产平稳回升。1997年，全市建筑业完成增加值12.74亿元，按可比价格计算，比上年增长2.3%。全年房屋建筑施工面积477.75万平方米，竣工面积120.45万平方米，比上年增长8.4%，其中住宅面积75.12万平方米。

四、固定资产投资

固定资产投资规模有所控制。全年全社会完成固定资产投资59.34亿元，比上年下降6.8%。分经济类型看，国有经济投资28.80亿元，增长12.7%；集体经济投资8567万元，下降30.3%；城乡个人投资5178万元，下降23.9%；其他经济投资29.17亿元，下降19.5%。按投资方向看，基本建设投资49.21亿元，占投资总量的82.9%，下降0.3%；更新改造投资4.21亿元，增长55.7%；房地产开发投资4.86亿元，下降51.6%；其他投资1.06亿元，下降31.8%。

新开工项目有所减少，在一定程度上避免了重复、盲目建设。全年基本建设和更新改造施工项目420个，其中新开工项目213个，比去年减少18个；全部建成投产和交付使用的项目200个，其中基本建设大中型项目2个：海南镀锡薄板厂、海南亚太酿酒有限公司(啤酒厂)。

基本建设和更新改造新增的主要生产能力和效益有：年产镀锡薄板10万吨，年产啤酒6.5万吨，汽车购置187辆，5000吨位船舶购置1艘，飞机购置8架，宾馆、酒店、招待所客房826间，办公用房4.06万平方米，商业营业用房2.65万平方米，城市自来水日供水能力5万吨，城市公交车辆购置110辆，城市道路扩建长度16公里、扩建面积59万平方米，城市排水管道辅设长度9公里，城市永久性桥梁1座等。

五、交通和邮电

交通运输在激烈竞争的市场中发展，水运、民航客货周转量持续较快增长。

各种运输方式完成的客货周转量和吞吐量如下：

	1997年	比上年增长%
货物周转量(亿吨公里)	233.07	2.2
公路	1.54	—7.2
水运	231.06	2.3
民航	0.47	17.9
旅客周转量(亿人公里)	39.09	2.6
公路	11.34	—18.4
水运	2.42	51.3
民航	25.33	12.0
港口货物吞吐量(万吨)	952	—5.5

邮电业加快发展，通信传输手段进一步普及。全年完成邮电业务总量8.82亿元，比上年增长30.1%，增速比上年提高19.8个百分点。全年新增住宅电话用户5979户，年末达108639户，比上年末增长5.8%；移动电话新增用户48313户，年末达83940户，增长1.36倍。年末全市拥有长途交换机容量3万路端，电话机总容量31.3万门，比上年末增长7.6%。

六、国内贸易和市场物价

消费品市场货源供应充裕，商品价格和居民消费心理稳定，销售平稳增长。全年社会消费品零售总额达60.13亿元，比上年增长9.2%，扣除价格下降因素，实际增长9.5%。按行业划分，批发零售贸易业和餐饮业零售额分别下降0.8%和6.7%，制造业和其他行业零售额分别增长11.7%和39.6%；按经济类型划分，集体经济零售额下降21.5%，国有经济、私营经济、联营经济、个体经济、股份制经济、外商投资经济、港澳台投资经济和其他经济零售额依次增长7.4%、52.7%、14.8%、2.6%、7.1%、9.9%、6.1%和24.2%。

集贸市场成交活跃，全年成交额32.14亿元，比上年增长39.2%，扣除农产品成交价格下降因素，实际增长46.2%。

市场物价基本稳定。全年居民消费价格比上年上涨1.3%；商品零售价格比上年下降0.3%，这是我市商品零售价格自1990年以来首次出现下降局面。

各类价格比上年上涨幅度(%)

1、商品零售价格	—0.3
2、居民消费价格	1.3
食品	—3.7
衣着	8.8
家庭设备、用品	0.4
医疗保健	4.7
交通、通讯	0.0
娱乐、教育、文化用品	9.3
居住	5.7
服务项目	10.2
3、农产品成交价格	—4.8

七、对外经济和旅游业

外贸出口回升明显。据海口海关统计，全年口岸进出口总额10.62亿美元，比上年减少2.45亿美元，下降18.7%。其中，进口总额8.0亿美元，下降27.2%；出口总额2.62亿美元，增长26.1%。

实际利用外资平稳回升。全年实际利用外资5.27亿美元，比上年增长7.2%。其中，外商直接投资2.96亿美元，对外借款2.31亿美元，分别增长8.5%和5.5%。全年共审批“三资”企业156家，合同协议总投资1.81亿美元，其中合同外资1.42亿美元。外资投资结构继续优化，利用外资质量进一步提高。全年“三资”企业主营业务收入40.47亿元，比上年增长81%；实交税金及附加费8542.4万元，增长4.8%；出口创汇6713.8万美元，增长37.3%，创历史最好水平。

旅游业平稳发展。1997年，我市涉外宾馆（酒店）接待过夜旅游者首次突破200万人次，达210.06万人次，比上年增长8.9%。从客源构成看，国内旅客192.91万人次，增长8.6%；国际旅游者17.15万人次，增长13%。全年涉外宾馆（酒店）平均开房率59.8%，比上年提高1.4个百分点。全年旅游营业总收入12.79亿元，比上年增长6.9%。其中，涉外宾馆(酒店)营业收入8.2亿元，与上年基本持平；非涉外宾馆(酒店)营业收入1亿元，增长11.1%；旅行社业务收入3.59亿元，增长25.1%。

八、金融和保险业

金融形势基本平稳，市级金融机构各项存贷款稳定增加。1997年末我市金融机构各项存款余额229.18亿元，比年初增加11.93亿元，增长5.5%；各项贷款余额200.95亿元，比年初增加18.76亿元，增长10.3%，快于存款增速4.8个百分点。现金回笼有所减少。全年市级国家银行现金收入448.82亿元，现金支出436.56亿元，分别比上年增长29.1%和31.1%。收支相抵，现金净回笼12.26亿元，比上年减少回笼2.6亿元，下降17.5%。

保险业务量有所下降。全年保险公司承保总额2050.78亿元，比上年下降2.7%，保费收入4.38亿元，下降10.2%，其中财产险保费收入2.38亿元，人身险保费2.00亿元。全年保险公司共处理财产赔案5034件，支付赔款1.28亿元，为3437人给付人身险赔款405万元。

社会保障事业加快发展，社会保险制度进一步完善。1997年末市级单位参加养老、工伤保险的职工9.79万名，参加离退休费社会统筹的1.94万名，共有3.67万名职工和离退休人员参加医疗费统筹。农村社会养老保险工作顺利开展，年内有4200人参保。

九、科技、教育、文化、卫生和体育

科技队伍基本稳定。1997年末市属国有企事业单位共有各类专业技术人员9721人，全市国有独立自然科学研究机构25个，从事科技活动人员690人，其中科学家和工程师287人。专利技术工作进展顺利，全年市级受理专利申请4项，授权专利14项。

教育事业继续发展。全年普通高校招收学生1329人，在校学生4713人，与上年基本持平；中等职业技术学校在校生11721人，增长11%；普通高中在校生7720人，增长5.4%。全市已实现“普九”教育，初中和小学在校生分别为22497人和64229人，学龄儿童入学率达到100%。成人教育有新进展，成人高等学校和中等专业技术学校在校生分别比上年增长7.8%和4.5%。

文化艺术事业有新发展。全年市级单位共有226件文学艺术作品在国家及省级刊物上发表或参展，我市编排的大型文艺节目《海风吹来的歌》被中央电视台采录播放，创作的现代琼剧《恨深情长》被推荐为第五届中国戏剧节的参选节目。全年引进省外艺术表演团体34个，组织举办“琼剧演出周”和群办琼剧团汇演活动，丰富了市民的文化生活。年末全市共有专业艺术表演团体6个，广播电台3座，电视台2座，广播和电视人口覆盖率均达100%。全年出版各类杂志335.75万册，图书3014.53万册，发行各类报纸18387万印张。

卫生医疗事业稳步发展。年末全市共有各类医疗机构147个，医疗病床4697张，专业卫生技术人员6108人，其中医生2520人，护师、护士2330人。卫生防疫工作继续加强，全年无甲、乙类传染病暴发流行，传染病发病率控制在2%左右，儿童计划免疫“四苗”接种率均超过国家规定的标准。

体育事业取得新成绩。1997年我市运动员参加全国各项体育竞赛，获得金牌11枚，银牌2枚，铜牌3枚；参加世界和亚洲帆板锦标赛，各获得银牌1枚。在省级比赛中，我市少年运动员获得金牌68枚，银牌21枚，铜牌25枚，有5人10次破10项省少年纪录，2人3次破全国少年纪录。年内成功地举办了我市历史上规模最大的运动会kk海口市第八届运动会，承办或协办全国、全省四项单项体育竞赛。群众体育活动蓬勃开展，全年举办了各种大型的群体竞赛和群体表演活动30次，参加人数达4.57万人次。全市中小学已全面施行《国家体育锻炼标准》，合格率达85.5%。

十、人民生活和环境保护

居民实际收入水平有所下降。据抽样调查，1997年，由于下岗职工增多，就业人口减少，家庭负担系数加大等原因，城镇居民收入有所减少，全年人均可支配收入和消费支出分别为6589元和5171元；郊区农民人均纯收入3052元，比上年略有增长。

城乡居民储蓄存款稳定增加。1997年末我市城乡居民储蓄存款余额达154.17亿元，比年初增加17.3亿元，增长12.6%。其中，城镇居民储蓄存款余额148.59亿元，郊区农民储蓄存款余额5.58亿元，分别增长12.3%和23%。

城乡居民居住条件继续改善。据抽样调查，1997年我市城镇居民人均居住面积14.8平方米，比上年增加1.8平方米；郊区农民人均住房面积18.5平方米，增加1.3平方米。

职工工资收入稳中有升。1997年末全市各类职业介绍所23家，全年市级单位新安排就业人员1.85万人。年末全市职工人数24.84万人，全年职工工资总额21.20亿元，比上年增加0.56亿元；职工年平均工资8470元，比上年增长4.3%，扣除物价因素，实际增长3%。

社会福利事业稳步推进。1997年末市社会福利院床位700张，收养165人；乡镇敬老院3个，床位59个，收养59人。全年城乡各种社会救济对象得到国家救济的有8185人。城镇社会服务网络初步形成，已建立4个社区服务中心，16个社区服务站，367个便民利民服务点。

城市环境保护工作得到加强。全年完成污染治理项目6个，新增废气处理能力7800立方米/时，废水处理能力150吨/时，工业废水排放达标率为83.1%，比上年提高1.2个百分点。建成区烟尘控制覆盖率仍保持100%。

十一、人口

控制人口增长取得明显成效。全年人口出生率13.5‰，人口死亡率3.21‰，人口自然增长率10.29‰，这三项指标分别比上年下降0.47、0.20和0.27个千分点。年末全市常住人口61.73万人，比上年末增加1.34万人，其中户籍人口51.41万人，增加1.48万人。

注：公报中国内生产总值和各产业增加值按现行价格计算，增长速度按可比价格计算。

海口市统计局关于1988—1997年国民经济和社会发展的统计公报

（1998年4月1日）

1988—1997年是海口市历史上国民经济和社会发展速度最快、规模最大的时期。1988年4月，海南建省办经济特区，海口成为全国最年轻的省会城市，从此踏上了起飞的征途。十年来，全市人民在历届市委、市政府的正确领导下，积极把握机遇，充分发挥政策优势，深化改革，开拓进取，团结奋斗，取得令人欣喜的成绩，城市面貌发生引人瞩目的巨大变化。昔日娇小的海口，今日已大步跨入了“中国城市综合实力50强”的行列。这十年，海口所取得的成绩主要表现为：**城市综合实力显著增强，整体经济迈上新的台阶；各项改革取得重大突破，全方位、多层次、宽领域的对外开放格局已经形成；多种成分并存、多元化发展的社会主义市场经济体制正在建立；基础产业、基础设施得到长足发展，投资环境趋于完善；社会主义精神文明建设成绩显著，社会全面进步；人民群众得到实惠，生活水平明显提高。**

国民经济和社会发展中存在的主要问题是：海口经济受投资的牵动和制约程度较大，因此，一个时期随着房地产降温，宏观调控的加强，国民经济发展出现较大起伏；在激烈的市场竞争中，部分企业生产经营困难，效益下降；部分居民家庭实际收入水平下降，生活尚有困难。

一、总体发展

国民经济快速增长，综合实力显著增强。建省十年，海口国民经济翻了两番多，全市国内生产总值由1987年的8.89亿元，增加到1997年的104.58亿元，按可比价格计算，增长4.7倍，年均递增19%。其中第一产业由0.39亿元增加到2.73亿元，年均递增5.0%；第二产业由2.28亿元增加到26.53亿元，年均递增20.2%；第三产业由6.22亿元增加到75.32亿元，年均递增18.3%。全市人均国内生产总值由4328元增加到17127元，按可比价格计算，年均递增11.4%。随着国民经济的快速发展，财政收入大幅增加，财力显著增强。全市财政收入由1987年的0.65亿元增加到1997年的13.68亿元，增长20倍，年均递增35.6%；人均财政收入由209元增加到2215元，增长9.6倍，年均递增26.6%。十年间，财政收入累计达89.44亿元，是建省前37年的8.6倍。

宏观经济效益得到改善。全社会劳动生产率由1987年的5429元增加到1997年的26392元，按可比价格计算，年均递增8.9%。其中第一产业劳动生产率由1386元增加到10787元，年均递增5.9%；第二产业劳动生产率由4208元增加到24419元，年均递增12.1%；第三产业劳动生产率由7641元增加到28819元，年均递增5.2%。全市财政收入占国内生产总值的比重，由1987年的7.3%提高到1997年的13.1%。

二、农业

农业投入力度加大，生产持续发展，结构得到调整。1988—1997年，市财政用于支援农业生产的支出累计达1.88亿元，农业的基础地位得到加强。种植业内部结构得到调整，“菜蓝子”工程建设速度加快。十年间，粮食、油料种植面积减少2672公顷，蔬菜种植面积则增加2631公顷，鲜活商品生产基地已初具规模，蔬菜、禽畜、水产品产量连年刷新纪录。

主要农产品产量如下：

	1997年	1988—1997年 年均递增%
粮食	10320吨	—1.9
油料	471吨	—4.0
糖蔗	9106吨	—6.1
蔬菜	76692吨	8.2
猪牛羊肉	12903吨	26.6
禽肉	3069吨	6.1
禽蛋	3100吨	31.7
水产品	11621吨	10.4

造林绿化工作成绩显著。十年间，人工造林面积累计达848公顷。造林质量不断提高，森林防火、防病虫害工作得到加强，乱砍伐林木现象也得到有效制止，森林覆盖率由1987年的16.1%上升到1997年的26.5%。

农业现代化装备水平明显提高，生产条件进一步改善。1997年末，全市农业机械总动力4.26万千瓦，比1987年末增长26.8%；其中渔业机械动力0.56万千瓦，增长10.5%。1997年末，农用载重汽车282辆，比1987年末增加112辆。1997农村用电量613万千瓦时，比1987年增长1.8倍。

农村经济发展较快。十年间，农村非农行业产值年均递增38%，乡镇企业总收入年均递增27%，1997年分别达到15.53亿元和14.33亿元。

三、工业和建筑业

工业建设步伐加快，生产发展后劲增强。十年间，发展了一大批骨干企业，乡及乡以上工业企业由1987年的210家增加到1997年的345家，其中大型企业增加17家，中型企业增加39家。1997年末，全市独立核算工业企业共拥有固定资产原值85.92亿元，比1987年末增加80.62亿元。全市工业增加值由1987年的1.49亿元增加到1997年的13.79亿元，按可比价格计算，增长3.1倍，年均递增15.1%。

主要工业产品产量如下：

	1997年	1988—1997年 年均递增%
聚脂切片	6.51万吨	———
罐头	14.92万吨	49.4
无酒精饮料	16.59万吨	42.5
化学纤维	1.69万吨	13.7
配混合饲料	5.08万吨	38.9
中成药	4166吨	24.4
彩色电视机	5500台	—6.5
轮胎外胎	31.24万条	5.9
汽车	2413辆	———
发电量	14.6亿度	41.9

企业改革取得初步成效。十年来，以资产重组、股份合作、兼并转让、委托运营、产权交易为主要形式的工业企业改革取得重大突破，已先后有26家市属国有企业进行了改组、改制。近两年，市委、市政府进一步加大工业结构的调整力度，努力推进企业增资减债、减员增效的进程，取得了较好成效。1997年市属国有工业一举扭转了前两年持续大幅度亏损的局面，总体效益出现了回升势头。据对市属35家国有工业企业统计，1997年企业盈亏相抵后，由上年的净亏1.5亿元，转为净盈利3361万元。

建筑业生产迅速提高。建筑业增加值由1987年的0.79亿元增加到1997年的12.74亿元，按可比价格计算，年均递增27.4%。十年累计房屋建筑施工面积4885万平方米，累计竣工房屋面积1226万平方米。

四、固定资产投资

固定资产投资大幅度增加。十年间，全市社会固定资产投资累计达497.89亿元，是建省前35年的24.8倍；累计新增固定资产312.79亿元。固定资产的大量投入，壮大了城市经济实力，为今后的发展奠定了坚实的物质基础。

投资结构得到改善。十年间，用于能源、运输邮电以及市政公用事业等基础产业和基础设施的投资累计达92.36亿元，占同期全市基本建设投资的31%。为了尽快形成较强的社会生产力，在大规模进行城市基础设施建设的同时，加快工业的发展步伐。十年来，全市工业建设投资累计达75.07亿元，占全市基本建设投资的25.2%。

重点工程建设喜结硕果。十年来，全市基本建设建成投产的项目累计达976个，先后建成投产的骨干工程和重点项目有：海口火电厂、海口机场扩建、海口港两个万吨级泊位、海口邮电通讯系统工程、海口管道燃气工程、显示管厂、帘子布厂、绵纶布厂、镀锡薄板厂、聚酯切片厂、亚太啤酒厂以及永庄水厂、地面水厂等。

新增一大批生产能力，增添了经济发展后劲。十年间，固定资产投资新增加的生产能力及工程效益主要有：发电装机容量40.33万千瓦，110万伏以上输电线路84公里，城市道路163公里，独立公路桥梁9座，城市永久性桥梁21座，民用飞机12架，港口吞吐能力60万吨，长途通讯光缆1155公里，市内电话自动交换机28.35万门，长途电话自动交换设备4.54万路端，微波线路726公里，年产合成纤维聚合物6万吨，年产啤酒6.5万吨，年产镀锡薄板10万吨，煤气日生产能力5万立方米，石油气储备能力0.24万吨，自来水日供水能力75.42万吨。

五、交通运输和邮电通讯

运输基础设施建设加快，运输能力增强，运输量全面增长。十年间，全社会货物运输量和旅客运输量年均递增分别为16.8%和12.3%。

各种运输方式完成的周转量和吞吐量如下：

	1997年	1988—1997年年均递增%
货物周转量(亿吨公里)	233.07	55.4
公路	1.54	0.3
水运	31.06	67.4
民航	0.47	53.0
旅客周转量(亿人公里)	39.09	18.1
公路	11.34	6.9
水运	2.42	12.7
民航	25.33	40.1
港口货物吞吐量(万吨)	952	13.4

邮电通讯快步发展，业务量迅速扩大。十年间，邮电业务总量增加了79.2倍，1997年达到8.82亿元，年均递增55%；电话装机容量由0.57万门发展到31.3万门，电话机总数由0.83万部增加到23.94万部。无线寻呼、移动电话从无到有，1997年末用户已分别达到22.54万户和8.39万户。

六、国内贸易和市场物价

市场繁荣活跃，销售逐年增长。1997年，社会消费品零售总额60.13亿元，比1987年增长9.8倍，扣除物价因素，实际年均递增13.1%；集市贸易成交额32.14亿元，实际增长11.3倍，年均递增28.5%。十年间，全市共增加了1.06万个零售贸易网点和54个集贸市场，1997年分别达到1.45万个和73个。

这十年，特别是近几年，消费品市场的主要特点，一是商品供应丰富，呈现出供大于求的"买方市场"格局；二是居民消费心理稳定，消费行为趋于理性；三是消费结构发生了新的变化，消费质量和档次有所提高，旺销的商品主要集中在名优和具有较高科技含量的家电等耐用消费品上；四是非国有经济发展迅速，比重上升。十年间，非国有经济年均递增16.6%，占社会消费品零售总额的比重由1987年的46.8%上升到1997年的71%，其中个体经济所占比重由15%上升到26.4%。

市场物价在增加有效供给的基础上稳步回落。十年来，市委、市政府重视郊区农业的发展，大力加强"米袋子"、"菜篮子"工程建设，市场有效供给增加；同时加强物价监控工作，并采取了一系列有效的措施，使市场物价经历了大幅上扬后逐步回落，近两年持续在低位运行，在全国35个大中城市中一直处于较低水平。1997年商品零售价格比上年下降0.3%，农产品成交价格下降4.8%，居民消费价格上升1.3%。十年间，商品零售价格涨幅为210%，年均上升12.1%；居民消费价格涨幅为250%，年均上升13.4%。

七、对外经济和旅游业

对外贸易活跃，利用外资成绩斐然。十年来，外贸口岸进出口总值累计达110.44亿元，1997年达到10.62亿元。比1987年增长4.7倍，年均递增19%；累计批准外商投资项目6061个，实际利用外资40.06亿元，是建省前利用外资总和的118倍。投资的来源日益广泛，投资领域不断扩大，技术含量不断提高。1997年末，全市实有外资企业780家。

旅游业兴旺发达，旅游设施日趋完善。十年间，全市新增加涉外宾馆酒店67家，1997年末达到77家，当年接待过夜游客210.06万人次，比1987年增长5.6倍，年均递增20.8%。其中接待国际旅游者17.15万人次，年均递增8.2%，国内游客192.91万人次，年均递增23.2%。1997年旅游营业收入12.79亿元，比1987年的0.84亿元增长了14.2倍，年均递增31.3%。

八、金融和保险业

金融业迅猛发展。海南建省后，海口经济建设高速度发展，推动了金融业的迅速崛起，一个以国有商业银行为主体，辅之以各种社会金融机构的多层次、多功能、外向型的金融体系已经形成。十年来，海口金融业在基本建设、生产和流通等各个领域中发挥了重要的作用，已经成为经济建设的重要支柱。1997年末市级金融机构吸收的各项存款达229.18亿元，比1987年增加221.62亿元，增幅为27.1倍；各项贷款200.95亿元，比1987年末增加190.66亿元，增幅为18.5倍。

保险事业快步推进。1997年，全市保险公司完成承保额2050.78亿元，实现保费收入4.38亿元，分别比1988年增长33.5倍和23.3倍。社会保障制度改革取得成效，全市现已全面推行养老、失业、工伤、医疗等社会保障制度，农村社会养老保险工作也已顺利开展。

九、科技、教育、文化、卫生和体育

科技事业不断得到发展。科技队伍

扩大，市级政府系统企事业单位各类专业技术人员由1987年的3945人增加到1997年的9721人。科研成果丰硕。十年来，市级单位共取得科技成果326项，有138项科技项目获得国家、省、市科技进步奖；其中"天然椰子汁饮料的研制及技术开发"项目获得国家星火一等奖。

教育事业发展加快。1997年，全市普通高校在校生4713人，比1987年增长97.8%；中等职业技术学校在校生11721人，增长4.8倍；在校中学生30217人，增长33.2%。在校小学生和在园幼儿也分别增长1.3倍和1.7倍。全市已实现"普九"教育，学龄儿童入学率连年达到100%。

文化艺术事业健康繁荣。十年来，市财政加大投入，迅速改善文化基础设施，兴建、整修一批人文景观，组建海口新华书店，开办了海口晚报、海口电视台。1997年出版各类杂志336万册、图书3015万册，发行各类报纸1.84亿印张，比1987年增长89.7%。

体育竞技水平提高。十年来，我市运动员参加国际地区性比赛共获得金牌5枚，银牌3枚；参加全国性比赛获得奖牌59枚，其中金牌24枚。群众体育活动蓬勃发展。1997年全市体育活动人口达13万人。全市中小学已全面施行《国家体育锻炼标准》，施行面达标合格率1997年为85.5%。

十、卫生事业和环境保护

卫生事业稳步发展，医疗条件得到改善。1997年末，全市共有各类医疗机构147个，其中医院21个，比1987年增长50%；拥有病床4697张，增长54.2%；有卫生技术人员6108人，其中医生2520人，护师护士2330人，分别增长46.3%和72.7%。

医疗设备先进，技术水平提高。1997年末，全市拥有三甲标准的医院5所。医疗急救水平提高，市急救中心成立以来，抢救危重病人成功率达95%以上。

十年来，全市预防保健和卫生监督监测工作不断得到加强，各种传染病的预防控制取得明显成效，儿童"四苗"覆盖率和免疫成功率连年超过国家规定标准。

环境保护工作取得可喜成绩。海南建省后，海口市环境基础建设不断得到加强，环境保护工作得到规范化、法制化管理，全市环境在净化空气、防止污染等方面取得较好成绩。全市烟尘控制区覆盖率持续达100%，城市气化率达99.86%，噪声达标区覆盖率达62.4%。城市环境质量保持良好状态，大气质量多年处于全国重点城市前茅，先后荣获"全国环境综合整治优秀城市"、"全国环保十佳城市"称号。

十一、人口和人民生活

控制人口增长取得明显成效。据人口抽样调查，全市人口出生率由1987年的18.02‰下降为1997年的13.5‰，人口死亡率1997年为3.21‰，人口自然增长率由13.34‰下降为10.29‰。1997年末，全市常住人口61.73万人，其中户籍人口51.41万人，比1987年增加20.24万人。

劳动就业人数增加。1997年末全市从业人员39.36万人，比1987年增加22.55万人。其中职工人数24.84万人，增加13.01万人；个体从业人数3.56万人，增加2.59万人。

居民收入水平提高。1997年，全市职工工资总额21.20亿元，比1987年增长11.6倍，年均递增28.9%；职工年平均工资由1987年的1449元增加到1997年的8470元，增长4.8倍，年均递增19.3%。据抽样调查，城镇居民人均可支配收入由1987年的1118元增加到1997年的6589元，增长4.9倍，年均递增19.4%；郊区农民人均纯收入由783元增加到3052元，增长2.9倍，年均递增14.3%。

居民生活环境进一步改善。1997年与1987年相比，城镇居民人均居住面积由7平方米增加到14.9平方米，郊区农民人均居住面积由15.1平方米增加到18.5平方米，人均铺装道路面积由4平方米增加到13.7平方米，人均公共绿地面积由2.7平方米增加到8.5平方米，每万人拥有的公共交通车辆由3标台增加到24标台，每万人拥有的零售商饮业网点由146个增加到277个。

注：公报中国内生产总值和各产业增加值按现行价格计算，增长速度按可比价格计算。

社会经济统计资料

国民经济主要指标

指　　标	单位	1987年	1990年	1995年	1996年	1997年
一、人口						
年底常住人口	万人	32.72	42.18	58.67	60.39	61.73
年底户籍人口	万人	31.17	37.04	48.30	49.93	51.41
二、年底社会从业人员	万人	16.82	21.25	41.81	39.88	39.36
#职工人数	万人	11.83	15.53	24.94	24.70	24.84

指　　标	单位	1987年	1990年	1995年	1996年	1997年
三、国内生产总值	亿元	8.89	27.15	93.77	98.87	104.58
国内生产总值指数(以87年为100)	%	100	184.9	522.6	531.0	568.7
四、工业总产值(当年价)	亿元	5.72	15.08	59.73	64.23	70.01
工业总产值指数(以87年为100)	%	100	199.6	664.1	706.7	801.3
五、农业总产值(当年价)	亿元	0.49	1.23	2.95	3.73	4.20
农业总产值指数(以87年为100)	%	100	128.2	178.8	193.5	211.5
六、运输邮电 社会货物周转量	亿吨公里	2.84	4.46	211.14	227.99	223.07
社会旅客周转量	亿人公里	7.40	14.99	36.10	38.10	39.09
港口货物吞吐量	万吨	267	519	964	1007	952
邮电计费业务总量	亿元	0.11	0.63	6.15	6.78	8.82
七、社会固定资产投资总额	亿元	4.15	19.52	62.09	63.68	59.34
基本建设	亿元	2.62	13.64	32.63	49.38	49.21
更新改造	亿元	1.33	1.30	2.86	2.70	4.21
房地产开发	亿元	3.92	24.84	10.05	4.86	
城乡集体	亿元	0.06	0.25	0.33	0.87	0.54
城乡个人	亿元	0.14	0.4	1.43	0.68	0.52
八、国内商业						
社会消费品零售总额	亿元	5.58	12.53	49.90	55.08	60.38
城乡集市贸易成交额	亿元	0.87	2.29	15.85	23.09	32.1
九、外经外贸 1、新签协议合同	宗	10	151	286	197	156
#客商协议合同	宗	10	142	286186	156	
协议合同总投资	亿美元	0.11	1.17	9.57	3.61	1.81
#客商合同投资	亿美元	0.11	0.87	6.76	1.90	1.43
实际利用外资	亿美元	0.02	1.63	6.13	4.92	5.27
#客商直接投资	亿美元	0.02	0.74	4.33	2.73	2.96
2.外贸口岸进出口总值	亿美元	1.86	6.37	12.49	13.07	10.62
进口总值	亿美元	1.49	4.46	10.15	10.99	8.00
出口总值	亿美元	0.37	1.91	2.34	2.08	2.62
十、旅游 涉外宾馆接待游客人数	万人次	31.82	36.56	150.27	192.82	210.06
#境外游客	万人次	7.80	8.27	15.51	15.18	17.15
旅游营业收入	亿元		0.65	10.27	11.97	12.79
十一、财政 财政收入	亿元	0.65	2.21	14.20	13.39	13.68
上划中央收入	亿元			3.27	3.32	3.35

指　　标	单位	1987年	1990年	1995年	1996年	1997年
地方收入	亿元	0.65	2.21	10.93	10.07	10.33
财政支出	亿元	0.48	1.47	8.01	8.40	8.00
十二、金融 银行存款年末余额(市级)	亿元	8.16	23.19	121.30	126.79	154.41
银行贷款年末余额(市级)	亿元	10.29	22.73	74.62	79.90	135.57
城乡居民储蓄存款余额	亿元	3.42	16.12	113.92	136.87	154.17
十三、职工工资 职工工资总额	亿元	1.68	4.45	20.60	19.72	21.20
#国有单位	亿元	1.42	3.72	15.58	14.53	15.12
职工平均工资	元	1449	2921	8205	8162	8470
#国有单位	元	1581	3119	8455	8352	8554
十四、人民生活 城镇居民人均可支配收入	元	1112	2005	7235	7272	6589
城镇居民人均消费支出	元	979	1812	5801	5401	5171
郊区农民人均纯收入	元	783	1781	3013	3021	3052
郊区农民人均消费支出	元	590	1118	1893	1550	1539
十五、物价指数(以87年为100) 商品零售价格指数	%	109.5	99.3	108.7	102.9	99.7
居民消费价格指数	%	109.7	100.6	110.8	105.0	101.3
农产品成交价格指数	%	108.4	92.7	109.3	99.5	95.2
十六、教育文化卫生 普通高等学校在校学生数	人	2383	3196	4658	4721	4713
中等专业学校在校学生数	人	1176	2837	5853	6782	7935
技工学校在校学生数	人	859	937	1451	1656	1137
普通中学在校学生数	万人	2.27	1.77	2.60	2.87	3.02
小学在校学生数	万人	2.81	3.82	5.50	5.94	6.42
图书出版量	万册			2343	2719	3015
杂志出版量	万册			278	201	336
报纸出版量	亿印张			1.80	1.75	1.84
医院病床数	张	2870	3826	4313	4545	4270
卫生技术人员数	人	4322	5164	6210	6085	6108
#医生	人	1658	2327	2523	2467	2441

海口市国民经济主要指标占全省比重

指　　标	单　位	全　省	海　口　市	海口市占全省比重（%）
一、年末户籍人口	万人	724.53	51.41	7.1
#非农业	万人	181.46	42.28	23.3
二、从业人员	万人	341.65	39.36	11.5
三、国内生产总值（当年价）	亿元	389.52	104.58	26.8
四、工农业总产值（当年价）	亿元			
工业总产值	亿元	231.04	70.01	30.3
农业总产值	亿元	234.86	4.20	1.8
五、运输邮电 社会货物周转量	亿吨公里	289.28	223.07	77.1
社会旅客周转量	亿人公里	111.17	39.09	35.2
港口货物吞吐量	万吨	1473	952	64.6
邮电计费业务总量	亿元	15.80	8.82	55.8
六、固定资产投资总额	亿元	167	59.34	35.5
#基本建设	亿元	126	49.21	39.1
更新改造	亿元	7.5	4.21	56.1
房地产开发	亿元	7.9	4.86	61.5
七、社会消费品零售总额	亿元	133.41	60.38	45.3
八、外贸口岸进出口总值	亿美元	19.49	10.62	54.5
进口总值	亿美元	10.59	8.00	75.5
出口总值	亿美元	8.90	2.62	29.4
九、实际利用外资	亿美元	11.21	5.27	47.0
十、涉外宾馆接待游客人数	万人次	791.69	210.06	26.5
#境外游客	万人次	41.28	17.15	41.5
十一、地方财政收入	亿元	31.65	5.36	16.9
财政支出	亿元	48.48	8.00	16.5
十二、人民生活 职工工资总额	亿元	58.09	21.20	36.5
职工平均工资	元	5664	8470	(+)2806
城镇居民人均可支配收入	元	4850	6589	(+)1739
郊区农民人均纯收入	元	2382	3052	(+)670
城乡居民储蓄存款余额	亿元	362.61	154.17	42.5

指　　标	单　位	全　省	海　口　市	海口市占全省比重（%）
十三、物价				
零售物价指数	%	99.3	99.7	（＋）0.4
居民消费价格指数	%	100.8	101.3	（＋）0.5
十四、教育卫生				
普通高等学校在校学生	人	12783	4713	36.9
中专学校在校学生	人	12582	7935	63.1
普通中学在校学生	万人	34.29	3.02	8.8
小学在校学生	万人	111.36	6.42	5.8
卫生机构数	个	2595	147	5.7
#医院	个	485	30	6.2
卫生技术人员数	人	32458	6108	18.8
#医生	人	12652	2441	19.3
病床位	张	21704	4697	21.6
#医院	张	20777	4270	20.6

人民物质文化生活情况

指　　标	单　位	1987年	1990年	1995年	1996年	1997年
就业						
每一城市就业者负担人口	人	1.81	1.83	1.75	1.83	1.92
每一农村劳动力负担人口	人	1.84	1.92	1.81	1.86	1.84
收入						
城市居民人均可支配收入	元	1112	2005	7235	7272	6589
基尼系数		0.19	0.19	0.27	0.29	0.24
郊区农民人均纯收入	元	783	1781	3013	3021	3052
职工平均工资	元	1449	2921	8205	8162	8470
消费						
城市居民人均消费支出	元	979	1812	5801	5401	5171
#食品支出	元	573	1078	3121	3030	2877
恩格尔系数	%	58.6	59.5	53.8	56.1	55.6
郊区农民人均消费支出	元	590	1118	1893	1550	1539
储蓄						
城乡居民储蓄存款年末余额	亿元	3.42	16.12	113.92	130.15	154.17
人均储蓄存款余额	元	1095	3821	19417	21552	24975

指　　标	单　位	1987年	1990年	1995年	1996年	1997年
住房 城市人均住房面积	平方米	15.1	16.3	19.7	17.2	18.5
农村人均住房面积	平方米	7.0	8.5	12.6	13.0	14.8
交通、邮电 每万人拥有公共车辆	标台	3	5	12.3	21.8	24.0
每万人拥有出租汽车	辆	8	45	69	62	80
每百人拥有电话机	部	2.6	7.3	51.3	49.7	46.6
零售商业、饮食业 每万人拥有网点	个	146	189	200	284	332
每万人拥有人员	人	782	1038	1108	1298	1430
城建设施水平 家庭用气普及率	%		20	99.8	99.8	99.9
人均日生活用水量	升	389	451	329	343	320
人均拥有道路面积	平方米	4	7.8	12.3	12.4	13.7
人均公共绿地面积	平方米	2.7	2.2	8.3	8.4	8.5
文化教育卫生 城市每百户拥有彩色电视机	台	46	54	102	109	114
农村每百户拥有彩色电视机	台	6	33	46	78	79
学龄儿童入学率	%	99.9	99.9	100	100	100
每万人拥有在校大学生	人	76.5	86	97	95	92
每万人拥有在校中专生	人	38	77	121	136	155
每万人拥有在校中学生	人	766	633	735	789	810
每万人拥有在校小学生	人	901	1030	1130	1189	1249
每万人拥有医生	人	53	63	52	49	47
每万人拥有医院床位	张	92	103	89	91	83

注：1. 基尼系数是指居民之间收入差异程度，小康标准值为0.30—0.35。

2. 恩格尔系数是指居民食品支出占生活费支出的比重，小康标准值为47%—49%。

国内生产总值及指数

年　　份	国内生产总值	第一产业	第二产业	第三产业	人均国内生产总值(元)
绝对数(万元)					
1985	74420	2903	20516	51001	2620
1986	71403	3483	20357	47563	2421
1987	88909	3907	22806	62196	2906

年　　份	国内生产总值	第一产业	第二产业	第三产业	人均国内生产总值(元)
1988	139755	8552	37765	93438	4328
1989	218984	9058	59238	150688	6378
1990	271500	9458	70814	191228	7402
1991	370702	9169	88999	272525	8591
1992	793657	9370	163068	621219	16898
1993	834258	12986	291859	529413	15955
1994	882925	16633	308703	557589	15660
1995	937711	19264	277101	641346	16075
1996	988686	24920	257007	706759	16608
1997	1045806	27313	265302	753191	17127
指数(以上年为100)					
1986	95.5	114.4	95.6	94.6	92.1
1987	118.3	104.8	115.7	120.3	114.0
1988	122.5	112.4	140.9	114.7	116.1
1989	122.5	99.6	116.2	127.0	118.8
1990	123.2	109.9	120.7	125.0	115.4
1991	141.6	91.8	136.3	135.9	120.4
1992	183.8	102.2	163.3	192.8	168.9
1993	103.9	100.7	148.2	91.6	93.4
1994	103.5	109.4	103.9	103.2	96.0
1995	101.0	111.1	89.7	107.0	97.6
1996	101.6	107.9	95.1	104.3	99.6
1997	107.1	107.3	107.6	106.9	104.4

工农业总产值年均增长速度

单位:%

时期	工农业总产值	农业总产值	工业总产量	轻工业	重工业
“一五”	19.3	2.0	22.7	22.5	23.2
“二五”	2.5	0.1	2.8	1.4	7.3
1963k1965	20.5	11.1	21.4	22.5	18.3
“三五”	10.4	16.3	9.9	8.1	14.9
“四五”	13.4	1.2	14.5	10.0	23.4
“五五”	0.7	—4.4	1.0	2.6	—1.8
“六五”	12.5	14.0	12.4	14.2	8.6

时期	工农业总产值	农业总产值	工业总产量	轻工业	重工业
“七五”	14.2	6.9	25.0	28.6	13.7
“八五”	26.2	6.9	27.2	23.4	37.5
1953k1997	13.6	5.1	14.4	14.0	15.1
1979k1997	17.2	8.6	17.7	18.6	15.0
1988k1997	22.5	8.1	23.1	22.3	24.3

全市从业人员

单位：人

指　　标	1987年	1990年	1995年	1996年	1997年
一、社会从业人员	168167	212544	418062	398839	393638
1. 职工	118278	155297	249373	246969	248448
国有经济单位职工	89976	121177	179686	174621	171752
城镇及集体经济单位职工	25323	23453	28085	25498	23875
其他各种经济类型单位职工	2979	10667	41602	46850	52821
2. 其他从业人员			1107	687	1672
3. 城镇私营企业从业人员			86816	69081	63402
4. 城镇个体从业人员	9711	14838	36868	36868	35645
5. 乡村从业人员	40178	42409	43898	45234	44471
二、按三次产业分的社会从业人员					
第一产业	29609	30451	24199	26345	27228
第二产业	54231	67302	112314	116917	102461
第三产业	84327	114791	281549	255577	263949

分行业从业人员

单位：人

指　　标	1987年	1990年	1995年	1996年	1997年
总计	168167	212544	418062	398839	393638
1. 农、林、牧、渔业	29609	30451	24199	26345	27228
2. 采掘业			773	218	61
3. 制造业	44927	53342	62513	61491	59842
4. 电力、煤气反水的生产和供应业			4981	5347	5879
5. 建筑业	9200	12335	44047	49861	36679
6. 地质勘查业、水利管理业	104	1625	2387	1788	1556
7. 交通运输、仓储及邮电通信业	15633	17100	26106	26163	28220

指标	1987年	1990年	1995年	1996年	1997年
8. 批发和零售贸易、餐饮业	34979	48073	145704	118046	110352
9. 金融、保险业	1738	3247	7976	9483	9401
10. 房地产业			9065	8274	10275
11. 社会服务业	6898	13904	36759	40567	45513
12. 卫生、体育和社会福利业	4016	5134	7151	7492	7784
13. 教育、文化艺术及广播电影电视业	6545	8993	11723	11344	12630
14. 科学研究和综合技术服务业	724	1023	3786	2902	3985
15. 国家机关、政党机关和社会团体	9315	13051	18861	16861	20751
16. 其他行业	4479	4266	12031	12657	13482

分行业职工工资总额和平均工资

指标	1987年	1990年	1995年	1996年	1997年
一、工资总额(万元)	16825	44540	205964	197234	211968
1. 农、林、牧、渔业	210	459	1079	1628	2080
2. 采掘业			446	29	35
3. 制造业	5112	13246	32967	34399	35329
4. 电力、煤气及水的生产和供应业			6279	7624	8659
5. 建筑业	1217	3363	40959	30232	24417
6. 地质勘查业、水利管理业	21	590	1804	1275	1144
7. 交通运输、仓储及邮电通信业	2547	5225	23924	24038	27792
8. 批发和零售贸易、餐饮业	3167	8313	31833	22024	22484
9. 金融、保险业	282	972	8518	12293	12984
10. 房地产业			8243	7627	10202
11. 社会服务业	888	3946	9972	15760	18420
12. 卫生、体育和社会福利业	691	1909	7119	7555	8682
13. 教育、文化艺术及广播电影电视业	1044	2071	11426	11586	13919
14. 科学研究和综合技术服务业	113	298	3661	2860	3603
15. 国家机关、政党机关和社会团体	1533	4148	16552	16547	20278
16. 其他行业			1182	1757	1940
二、平均工资(元)	1449	2921	8205	8162	8470
1. 农、林、牧、渔业	1047	1999	5261	8657	6712
2. 采掘业			9350	7521	9211
3. 制造业	1247	2338	6067	5770	6438
4. 电力、煤气及水的生产和供应业			13114	12619	15093
5. 建筑业	1773	3565	8286	6297	6746

指标	1987年	1990年	1995年	1996年	1997年
6.地质勘查业、水利管理业	2019	3686	7667	7079	6822
7.交通运输、仓储及邮电通信业	1883	3713	11945	9945	12165
8.批发和零售贸易、餐饮业	1261	2771	6713	6140	6212
9.金融、保险业	1788	3286	11780	14125	13933
10.房地产业			9391	9219	9671
11.社会服务业	1472	3041	7561	6913	7390
12.卫生、体育和社会福利业	1759	4630	10192	10838	11246
13.教育、文化艺术及广播电影电视业	1644	2764	9996	9619	11194
14.科学研究和综合技术服务业	1654	3331	9973	8690	9494
15.国家机关、政党机关和社会团体	1711	3114	9088	10280	10206
16.其他行业			10378	12924	11645

全部工业企业营业单位数

单位:个

指标	1987年	1990年	1995年	1996年	1997年
全部工业企业			1057	1072	985
城乡合作、个体和村办工业			733	747	643
乡及乡以上工业	207	239	324	325	342
一、按经济类型分					
国有经济	95	111	127	126	115
中央企业				7	7
地方企业				119	108
#县属企业				2	2
集体经济	102	98	73	72	68
#乡属企业	19	21	6	4	6
私营经济			5	7	21
联营经济	9	23	17	14	18
股份制经济			10	10	12
外商投资经济	1	2	24	25	33
中外合资经营	1	2	15	13	18
中外合作经营			1	4	4
外商独资经营		1	8	8	11
港、澳、台投资经济		5	66	69	66
与大陆合资经营		1	41	39	38
与大陆合作经营			8	9	7

指　　标	1987年	1990年	1995年	1996年	1997年
港、澳、台独资经营	4	17	21	21	
其他经济					9
二、按轻重工业分					
轻工业	122	146	169	185	203
以农产品为原料				105	119
以非农产品为原料				80	84
重工业	85	93	155	140	139
采掘工业				2	1
原料工业				17	16
加工工业				121	122
三、按企业规模分					
大型企业	2	15	18	17	
中型企业	5	21	44	35	44
小型企业	202	216	265	272	281

工　业　总　产　值

（现行价）

单位：万元

指　　标	1987年	1990年	1995年	1996年	1997年
全部工业	57164	150777	597277	642262	700133
城乡合作、个体和村办工业	1670	5387	27535	31889	31655
乡及乡以上工业	55494	145390	569742	610373	668478
一、按经济类型分					
国有经济	42677	115012	292221	278454	270155
中央企业			667	4699	4823
地方企业			291555	273755	265332
＃县属企业			173	168	228
集体经济	5383	7026	22546	33078	16281
＃乡属企业	308	529	1078	484	637
私营经济			1418	2021	7195
联营经济			21306	16035	21371
股份制经济			89744	118470	118229
外商投资经济	162	348	51275	62107	75430
中外合资经营	162	300	34526	46601	55422
中外合作经营			6308	5784	6666
外商独资经营		48	10441	9722	13342
港、澳、台投资经济		2596	90830	99702	105268

指　　标	1987年	1990年	1995年	1996年	1997年
与大陆合资经营		300	39576	31360	30027
与大陆合作经营			38868	40237	42490
港、澳、台独资经营		2296	12386	28105	32751
其他经济			402	506	54548
二、按轻重工业分					
轻工业	40313	108706	349148	459333	451286
以农产品为原料			245571	303336	344876
以非农产品为原料			103577	155997	106411
重工业	15181	36684	220594	151040	217192
采掘工业				196	720
原料工业			108821	59354	108728
加工工业			111773	91490	108392
三、按企业规模分					
大型企业		17617	296189	372905	335542
中型企业	13685	84128	130369	99182	201870
小型企业	41809	43645	143184	138286	131067

工　业　总　产　值
（不变价）

单位：万元

指　　标	1987年	1990年	1995年	1996年	1997年
全部工业	70711	140650	468367	498567	565617
城乡合作、个体和村办工业	2046	5387	20651	27596	21743
乡及乡以上工业	68665	135263	447716	470971	543874
一、按经济类型分					
国有经济	49145	103743	206237	188587	234911
中央企业			659	3014	3742
地方企业			205579	185573	231169
#县属企业			198	118	133
集体经济	6102	7152	22532	22729	12013
#乡属企业		296	442	551249	345
私营经济			1358	1158	4057
联营经济	13126	21296	12991	7874	13570
股份制经济			61903	98322	117077
外商投资经济	292	363	44072	50837	61691

指　　标	1987年	1990年	1995年	1996年	1997年
中外合资经营	292	323	27827	37832	45187
中外合作经营			5593	5141	6113
外商独资经营		40	10652	7864	10391
港、澳、台投资经济		2709	98100	101211	50259
与大陆合资经营		313	73174	69396	23364
与大陆合作经营			12806	14451	14009
港、澳、台独资经营		2396	12120	17364	12886
其他经济			523	253	50296
二、按轻重工业分					
轻工业	52865	104545	306281	378295	375591
以农产品为原料			182201	199403	232568
以非农产品为原料			124080	178892	143023
重工业	15800	30718	141435	92676	168283
采掘工业				86	41
原料工业			40981	20153	78201
加工工业			100454	72437	90042
三、按企业规模分					
大型企业		10091	212513	270009	272577
中型企业	21926	83762	121429	111627	182425
小型企业	46739	41410	113774	89335	88872

农林牧渔业总产值及构成

年　　份	总　计	农　业	林　业	牧　业	渔　业
当年价(万元)					
1987年	4908	2598	77	1144	1089
1988年	11223	5930	86	2648	2559
1989年	11893	6229	94	2918	2652
1990年	12300	5732	123	3025	3420
1991年	12831	6090	150	3040	3551
1992年	14063	6999	159	3202	3703
1993年	19539	9700	167	5347	4325
1994年	25930	12552	248	6865	6265
1995年	29536	12793	290	9377	7076
1996年	37335	17263	218	12834	7020
1997年	41953	17188	156	17821	6788

年份	总计	农业	林业	牧业	渔业
90年价(万元)					
1987年	7601	4078	90	2005	1428
1988年	9174	4217	74	2412	2471
1989年	9283	4064	85	2542	2592
1990年	10146	4188	111	2498	3349
1991年	9811	3676	138	2533	3464
1992年	10422	4219	151	2417	3635
1993年	10983	3798	141	3288	3756
1994年	12442	3572	161	3987	4722
1995年	13591	3590	161	5075	4765
1996年	14708	3424	125	6666	4493
1997年	16835	3522	134	9054	4124
构成(%)					
1987年	100	52.9	1.6	23.3	22.2
1988年	100	52.8	0.8	23.6	22.8
1989年	100	52.4	0.8	24.5	22.3
1990年	100	46.6	1.0	24.6	27.8
1991年	100	47.4	1.2	23.7	27.7
1992年	100	49.8	1.1	22.8	26.3
1993年	100	49.6	0.9	27.4	22.1
1994年	100	48.4	0.9	26.5	24.2
1995年	100	43.3	1.0	31.7	24.0
1996年	100	46.2	0.6	34.4	18.8
1997年	100	40.9	0.4	42.5	16.2

全社会固定资产投资基本情况

指标	1987年	1990年	1995年	1996年	1997年
一、投资总额(万元)	41548	195233	620897	636810	593397
1、按报表种类分					
基本建设	26247	136385	326308	493790	492102
更新改造	13267	13021	28605	27041	42112
房地产开发	—	39150	248430	100477	48618
集体所有制单位	585	2527	3260	8654	5388
城镇	487	1932	1089	5361	3558
农村	98	595	2171	3293	1830

指　　标	1987年	1990年	1995年	1996年	1997年
城乡个人	1449	4150	14294	6848	5177
城镇	362	1681	6051	2181	1459
农村	1087	2469	8243	4667	3718
2、按构成分					
建筑安装工程	24125	128808	453763	340945	360758
设备、工器具购置	9447	52205	100669	230699	178403
其他费用	7976	14220	66465	65166	52436
3、按工程用途分					
农林牧渔业	—	—	3882	1507	9375
工业、建筑业	—	—	103082	108609	118137
商业、运输邮电业	—	—	151983	182316	143511
住宅	8254	48987	183556	102496	80076
其他	178394	241882	242298		
二、房屋建筑面积(平方米)					
施工面积	920533	2605707	7481902	5507359	4777461
#住宅	372093	1247982	3694235	2401009	1964136
竣工面积	521098	1164206	1134343	1110900	1204466
#住宅	251552	672745	821414	802328	751164
三、商品房销售额(万元)	—	14112	82950	22618	31799
商品房销售面积(平方米)	—	106845	284305	108036	127110
四、新增固定资产(万元)	35722	164691	368041	472320	476440
基本建设	20574	127732	254673	337958	376228
更新改造	13391	8122	48199	20483	27392
镇集体	235	2655	—	1453	1887
房地产开发	—	21437	49284	103735	62198
农村集体	73	595	1591	1843	3558
城镇私人	362	1681	6051	2181	1850
农村私人	1087	2469	8243	4667	3327

国民经济各行业固定资产投资

单位:万元

指　　　标	1987年	1990年	1995年	1996年	1997年
总　　　计	41548	195233	620897	636810	593397
一、农、林、牧、渔、水利业	2265	4654	10847	2099	6130
二、采掘业	—	—	—	—	600
三、制造业	11085	26343	82403	104032	101268
四、电力、煤气及水的生产供应业	4465	27923	28148	20518	27686
五、建筑业	—	763	1535	536	9288
六、地质勘查业、水利管理业	145	231	—	461	1061
七、交通、运输仓储及邮电通信业	4967	23779	81243	175943	107147
八、批发和零售贸易、餐饮业	4968	9193	22035	13082	37140
九、金融、保险业	3469	8700	14765	7021	33683
十、房地产业	114	39544	249246	118167	62600
十一、社会服务业	4534	29488	61164	119499	136292
十二、卫生、体育和社会福利业	481	2448	9028	5814	9083
十三、教育、文化艺术及广播电影电视业	1983	8173	23053	19199	18823
十四、科学研究和综合技术服务业	20	1433	927	6359	3170
十五、国家机关、政党机关和社会团体	2143	9179	29948	36913	33532
十六、其他行业	909	3382	6555	7167	5894

国民经济各行业基本建设投资

行　　　业	1987年	1990年	1995年	1996年	1997年
总　　　计	26247	136385	326308	493790	492102
1. 农、林、牧、渔、水利业	1048	1743	2217	1247	2533
2. 采掘业	—	—	—	—	600
3. 制造业	4479	15516	57548	100719	78684
4. 电力、煤气及水的生产和供应业	4410	27923	27398	19980	26533
5. 建筑业	—	697	1440	190	6783
6. 地质勘查业、水利管理业	145	231	—	461	1061
7. 交通运输、仓储及邮电通信业	3717	21675	77662	152543	90607
8. 批发和零售贸易、餐饮业	2394	8132	21431	9206	35384
9. 金融、保险业	3469	8650	13849	7021	33683
10. 房地产业	114	394	816	14220	13765

11. 社会服务业	1963	28771	60817	119422	134380
12. 卫生、体育和社会福利业	111	2395	9026	5502	8833
13. 教育、文化艺术及广播电影电视	1940	8000	22873	19147	18606
14. 科学研究和综合技术服务业	20	1433	927	6359	3170
15. 国家机关、政党机关和社会团体	2084	9179	29905	36615	33511
16. 其他行业	353	1646	399	1158	3969

国民经济各行业更新改造投资

单位：万元

行　　业	1987年	1990年	1995年	1996年	1997年
总　　计	13267	13021	28605	27041	42112
一、农、林、牧、渔、水利业	3	—	—	—	—
二、制造业	6370	10284	24687	3313	22397
三、电力、煤气及水的生产和供应业	55	—	522	418	1143
四、建筑业	—	—	—	—	—
五、地质勘查业、水利管理业	—	—	—	—	—
六、交通运输、仓储及邮电通信业	1163	1583	3394	23047	16296
七、批发和零售贸易、餐饮业	2574	384	—	—	—
八、金融、保险业	—	—	—	—	—
九、房地产业	—	—	—	—	—
十、社会服务业	2571	717	—	—	1900
十一、卫生、体育和社会福利业	370	53	2	263	165
十二、教育、文化艺术及广播电影电视业	—	—	—	—	211
十三、科学研究和综合技术服务业	—	—	—	—	—
十四、国家机关、政党机关和社会团体	59	—	—	—	—
十五、其他行业	102	—	—	—	—

社会消费品零售总额

指　　标	1987年	1990年	1995年	1996年	1997年
社会消费品零售总额	55791	125344	499046	550759	603789
一、按经济类型分					
国有经济	29706	55463	158851	162320	149221
集体经济	8752	17380	22132	30852	24230
私营经济			6024	7256	11082
联营经济	2086	9647	6641	5642	6476

指　　标	1987年	1990年	1995年	1996年	1997年
个体经济	8698	27036	149860	154453	158524
股份制经济			32596	36276	65515
外商投资经济			12969	13531	14871
港澳台投资经济			7041	8637	9165
其他经济	6549	15818	102935	131792	164705
二、按行业分					
批发零售贸易业	36956	84501	318839	325794	325581
餐饮业	5051	14889	64670	65290	56228
制造业	3936	5986	2759	3325	3716
其他	3299	4150	33524	40892	57559
农民对非农业居民	6549	15818	79254	115458	160705

对外贸易进出口总额

单位：万美元

年　份	进出口总额	进　口	出　口
1987	18636	14892	3744
1988	45863	36070	9793
1989	76618	63713	12905
1990	63654	44588	19066
1991	85073	65661	19412
1992	100268	76570	23698
1993	180508	163103	17405
1994	190611	171021	19590
1995	124894	101508	23386
1996	130667	109891	20776
1997	106215	80018	26197

实际利用外资

单位：万美元

年　份	实际利用外资	客商直接投资	中外合资	中外合作	外商独资	对外借款	商品信贷
总　计	412777	289047	92716	19125	177206	123421	309
1983—1987	3755	3075	486	2589		300	
1988	2956	2956	577	622	1757		
1989	13003	7857	3181	547	4129	5146	
1990	16299	7388	3298	731	3359	8911	

1991	17347	12768	8530	2493	1745	45709	
1992	37037	32837	13638	3643	15556	4200	
1993	88644	73278	26708	1594	44976	15366	
1994	70966	48704	7968	852	39884	22262	
1995	61263	43348	9329	4575	29444	17915	
1996	49185	27264	1091	2293	16059	21921	
1997	52702	29572	8089	1186	20297	23130	

涉外宾馆(酒店)接待旅游人数

单位:人次

指　　标	1987年	1990年	1995年	1996年	1997年
总　　计	318155	365579	1502711	1928159	2100581
一、国际旅游者	77991	82662	155060	151781	171468
1. 外国人	15349	15161	35063	33917	37563
日本	2023	2932	5431	7049	9564
菲律宾	134	91	183	—	240
新加坡	5403	4342	5800	6793	7666
泰国	1657	2384	1772	2070	1453
印尼	167	115	505	—	573
美国	1328	1237	3218	2309	1890
加拿大	324	223	826	533	614
英国	593	349	639	511	473
德国	476	496	411	886	669
法国	365	287	894	430	414
意大利	127	116	869	799	380
俄罗斯			135		264
澳大利亚	389	317	636	480	414
新西兰	118	38	50		60
其他	2245	2140	13694	12057	12889
2. 华侨	745	1469	2726	1048	562
3. 港澳同胞	61897	56652	45631	35058	49938
4. 台湾同胞			71640	81758	83405
二、国内旅客	240164	282917	1347651	1776378	1929113

财政收入和支出

单位：万元

指　　标	1987年	1990年	1995年	1996年	1997年
财政收入合计	6532	22087	141976	133936	136751
一、上划中央收入			32708	33237	33491
二、地方收入	6532	22087	109268	100699	103260
#市级收入			58149	56335	53640
1、工商税收	6941	19783	43215	40806	41907
2、农牧业税和耕地占用税	72	332	4131	2388	823
3、企业所得税	526	1761	3992	3243	2751
4、国有企业上缴利润		79	14	50	4
5、国有企业计划亏损补贴	—1153	—2363	—4239	—2895	—2407
6、专项收入	45	209	3560	3624	
7、国家能源交通重点建设基金收		331	334	31	
8、国家预算调节基金		683	700	35	
9、其他收入	101	1272	6442	9053	10562
财政支出合计	4815	14607	80130	84021	80024
1、基本建设支出	1247	6530	21287	20840	22062
2、支援农村生产支出			2470	3226	1411
3、企业挖潜改造支出			3130	157	72
4、城市维护费			8880	10544	8760
5、文教卫生事业费	1394	2815	13736	14274	12911
6、其他部门事业费			1903	3037	6473
7、行政管理费	629	1827	9642	9698	8988
8、公检法支出			6727	7451	7720
9、价格补贴支出	693	801	1205	5086	1106
10、其他各类支出	852	2697	11150	9708	4136

市级国家银行存、贷款余额

单位：万元

指　　标	1987年	1990年	1995年	1996年	1997年
一、年末存款余额	81569	231904	1213016	1267936	1544147
＃财政存款	8003	16278	5630	2318	5249
企业存款	34431	97109	536560	546945	708234
城镇储蓄存款	31312	106421	629667	685727	779138
农村存款	2273	3867	20283	21555	36717
二、年末贷款余额	102942	227291	746230	799000	1355721
＃企业贷款	94835	158982	594342	615725	818395
＃工业	32634	69339	230395	252422	288474
商业	32116	76247	120383	217228	239000
农业贷款	3750	12419	41301	43687	78531

教育事业

指　　标	单位	1987年	1990年	1995年	1996年	1997年
一、高等学校						
学校数	所	1	2	2	2	2
毕业生数	人	230	1411	1302	1211	1294
招生数	人	594	972	1301	1302	1329
在校学生数	人	2383	3196	4658	4721	4713
教职工数	人	1303	1201	1072	1117	1278
＃专任教师	人	455	552	472	505	506
二、中等专业学校						
学校数	所	7	9	13	13	13
毕业生数	人	303	782	1452	1672	1670
招生数	人	469	1077	2490	2548	2995
在校学生数	人	1176	2837	5853	6782	7985
教职工数	人	456	669	1142	1153	1213
＃专任教师	人	217	378	553	578	588
三、技工学校						
学校数	所	3	4	3	3	3
毕业生数	人	185	335	613	702	389
招生数	人	403	385	437	489	370

指　　　标	单位	1987年	1990年	1995年	1996年	1997年
在校学生数	人	859	937	1451	1656	1137
教职工数	人	175	282	84	93	93
#专任教师	人	77	135	51	62	56
四、普通中学						
学校数	所	20	20	27	27	27
毕业生数	人	7603	6192	7044	7547	8359
招生数	人	6345	6717	9829	10002	10607
在校学生数	人	22692	17676	25985	28691	30217
教职工数	人	1733	1764	2182	2462	2545
#专任教师	人	1248	1300	1771	1975	2019
五、职业中学						
学校数	所	4	4	3	3	3
毕业生数	人	170	558	373	599	711
招生数	人	491	661	859	738	862
在校学生数	人	1159	2011	2206	2266	2317
教职工数	人	88	192	269	294	311
#专任教师	人	66	156	224	220	245
六、小学						
学校数	所	95	95	102	102	101
毕业生数	人	4633	4819	7777	8406	8512
招生数	人	5635	6628	10285	11576	12847
在校学生数	人	28076	38200	55016	59375	64229
教职工数	人	1573	1692	2642	2926	3241
#专任教师	人	1352	1530	2358	2580	2810
七、幼儿园						
幼儿园数	所	72	82	143	153	161
在园幼儿	人	11371	14120	21462	20434	30647
教职工数	人	659	889	1906	1961	2943

卫 生 事 业

指　　　标	单位	1987年	1990年	1995年	1996年	1997年
机构数	个	222	208	153	171	147
#医院	个	14	16	22	29	30
病床数	张	3047	4026	4463	4877	4697
#医院	张	2870	3826	4313	4545	4270

指　　标	单位	1987年	1990年	1995年	1996年	1997年
工作人员数	人	5903	6858	8432	8437	8512
卫生技术人员数	人	4322	5164	6210	6085	6108
#中医师	人	160	237	298	236	229
西医师	人	1182	1859	2132	2157	2139
医士	人	316	231	93	74	73
护士	人	1069	1017	766	832	873
助产士	人	99	53	70	61	75
药剂士	人	189	176	104	98	95
平均每千人有卫生技术人员数	人	13.86	13.94	12.85	12.20	11.88
平均每千人有医院床位数	张	9.21	10.33	8.93	9.10	8.31

文化艺术、体育、广播电视事业

单位:个

指　　标	单位	1987年	1990年	1995年	1996年	1997年
电影放映单位	个	39	46	70	47	51
#电影院(场)	个	9	9	6	26	26
电影放映场次	场	16885	22712	15835	19233	11779
电影观众	万人	890.81	1033.86	367.23	257.27	96.31
艺术表演团体	个	3	6	6	2	6
文化事业机构数	个				12	12
文化馆	个	1	1	1	1	1
全国体育比赛获奖牌数	枚	5	6	12	8	16
金牌	枚	1	2	3	4	11
银牌	枚	3		5	2	2
铜牌	枚	1	4	4	2	3
公共图书馆	个	1	1	1	1	1
公共图书馆总藏量	千册		167	232	263	265
图书出版印数	万册			2343	2719	3015
杂志出版印数	万册			278	201	336
报纸出版印数	万印张	9660	7253	17990	17467	18387
博物(纪念)馆	个	3	1	1	1	1
广播电台	座	1	2	2	2	3
电视台	座	1	2	2	2	2

居民消费价格指数

单位：%

类别及名称	以上年价格为100		
	1995年	1996年	1997年
居民消费价格指数	110.8	105.0	101.3
1、食品类	113.1	104.4	96.3
2、衣着类	103.8	100.5	108.9
3、家庭设备及用品	108.3	101.2	100.4
4、医疗保健	109.1	111.8	104.7
5、交通和通讯工具	100.2	99.6	100.0
6、娱乐教育文化用品	108.1	109.4	109.3
7、居住	116.5	107.1	105.7
8、服务项目	112.4	109.9	110.2

零售价格指数

单位：%

类别及名称	以上年价格为100		
	1995年	1996年	1997年
商品零售价格指数	108.7	102.9	99.7
1、食品类	114.0	104.9	97.9
2、饮料、烟酒类	100.8	102.5	93.1
3、服装、鞋帽类	103.6	100.4	108.2
4、纺织品类	111.5	104.7	107.4
5、中、西药品类	110.4	112.0	104.3
6、化妆品类	153.8	102.1	103.1
7、书报、杂志类	128.3	148.6	132.1
8、文化体育用品类	104.1	102.6	100.1
9、日用品类	113.4	102.0	101.3
10、家用电器类	100.7	96.2	98.4
11、首饰类	99.2	99.7	99.1
12、燃料类	115.1	94.8	105.4
13、建筑装璜材料类	89.0	97.0	93.1
14、机电产品类	95.7	96.2	97.4

城镇居民家庭抽样调查基本情况

指　　标	单位	1987年	1990年	1995年	1996年	1997年
一、调查户数	户	100	100	100	100	100
二、平均每户家庭人口	人	4.28	4.17	3.85	3.87	3.77
三、平均每户就业人口	人	2.36	2.28	2.20	2.12	1.96
四、平均每户就业面	%	55.17	45.76	57.21	54.76	51.92
五、平均每人可支配收入	元	1112.00	2004.60	7234.76	7271.57	6589.26
六、平均每人现金收入	元	1155.08	2143.59	8902.36	8246.43	7544.04
1.实际收入	元	1117.80	2008.60	7237.50	7275.71	6624.09
#生活费收入	元	1042.20	1863.24	6669.96	6673.32	5989.35
2.借贷收入	元	37.28	134.99	1664.86	970.73	919.95
#提取储蓄款	元	18.39	128.86	1407.39	718.98	753.93
七、平均每人现金支出	元	1159.98	2060.00	8195.38	8002.61	6819.23
1.实际支出	元	1023.84	1917.36	7007.08	6496.24	6012.08
#消费性支出	元	978.60	1812.00	5801.28	5401.34	5171.13
2.借贷支出	元	136.14	142.64	1188.30	1506.37	807.15
#存入储蓄款	元	102.59	109.66	1077.36	1369.81	593.79
八、平均每人居住面积	平方米	7.04	8.45	12.63	13	14.85
九、平均每户净存款	元	372.79	—60.37	—1268.48	2516.49	—604.00
十、平均每户年末手存现金	元	424.28	891.76	5097.60	4912.72	3458.37

城镇居民家庭人均生活费收入和消费性支出
（按收入水平分组）

单位：元

指　　标	1987年	1990年	1995年	1996年	1997年
一、人均生活费收入	1042.20	1863.24	6669.96	6673.32	5989.35
最低收入户	518.28	936.60	2533.80	2357.01	3041.48
#更低收入户	466.56	794.52	2252.76	2123.56	2666.74
低收入户	613.20	1227.84	3435.00	3408.71	3486.49
中等偏下户	745.44	1434.36	4623.48	4396.61	4515.26
中等收入户	912.48	1720.20	6316.44	6175.18	5721.91
中等偏上户	1108.68	2162.88	8248.08	8363.57	7342.52
高收入户	1356.24	2697.36	10280.40	11050.02	9499.28
最高收入户	1611.12	3398.76	14169.36	14790.90	10698.58

指　　标	1987年	1990年	1995年	1996年	1997年
二、人均消费性支出	978.60	1812.00	5801.28	5401.34	5171.13
最低收入户	544.92	1022.16	2311.80	2368.84	2863.93
#更低收入户	512.64	866.40	2192.52	2389.46	2777.24
低收入户	558.48	1480.08	3039.12	3092.08	3285.77
中等偏下户	699.60	1488.84	4542.60	4139.32	3703.02
中等收入户	940.08	1641.00	5094.24	5162.50	4791.70
中等偏上户	1053.72	2169.24	7047.72	6322.46	5959.69
高收入户	1311.84	2409.60	7735.56	7836.17	8922.87
最高收入户	1335.36	2805.60	13517.16	11283.64	9572.59

农民家庭人均纯收入和总支出

单位：元

指　　标	1987年	1990年	1995年	1996年	1997年
纯收入	783	1781	3013	3021	3052
1、按来源分					
集体统一经营中得到的收入	13	8	378	358	361
从经济联合体中得到的收入					
家庭经营收入	703	1002	1981	1965	1976
其他非生产性收入	67	771	654	698	715
2、按性质分					
生产性收入	716	1008	2373	2352	2439
农业生产性收入	558	756	1474	1468	1547
非农业生产性收入	158	252	899	884	892
非生产性收入	67	773	640	669	686
总支出	892	1671	3032	2249	2356
1、家庭经营费用支出	222	418	763	448	597
2、购置生产性固定资产支出	48	12	11	12	13
3、缴纳税款	13	23	17	14	14
4、上交集体的承包任务			3	1	1
5、生活费支出	590	1118	1893	1550	1539
6、其他非生活性支出	19	100	345	224	192
(1)寄给和带给在外人口	1	5	40	40	39
(2)赠送农村以外亲友	5	19	33	61	38
(3)其他支出	13	76	272	123	115

（责任编辑：郑齐温）

文献法规选编

217/258

文　　献

高举邓小平理论伟大旗帜 为实现我市跨世纪宏伟目标而奋斗

——在中国共产党海口市第九次代表大会上的报告

蔡　长　松

（1998年4月14日）

同志们：

现在，我代表中共海口市第八届委员会向大会作报告。这次大会的主题是：全面贯彻党的十五大和省第三次党代会精神，回顾过去五年的工作，明确今后五年的任务，在以江泽民同志为核心的党中央和省委的领导下，高举邓小平理论伟大旗帜，动员全市各级党组织、广大党员和人民群众，为实现我市跨世纪宏伟目标而奋斗。

一、过去五年的回顾

中共海口市第八次代表大会以来的五年，是海口市发展史上不寻常的五年。五年来，我们在省委的正确领导下，以邓小平理论和党的基本路线为指导，牢牢把握“抓住机遇、深化改革、扩大开放、促进发展、保持稳定”的大局，带领全市人民努力奋斗，实现了我市国民经济和社会各项事业持续发展，实现了城市建设的历史性跨越，为跨世纪的发展奠定了较为坚实的基础。

国民经济在调整中发展，人民生活水平不断提高。五年来，我们注意研究和把握经济发展中带方向性、战略性的重大问题，适时采取针对性措施，集中精力调整经济结构，使国民经济在困难的条件下保持了平稳发展。1996年扭转国内生产总值增长速度下滑势头，1997年实现了稳中求进、适度加快发展的要求，国内生产总值达104.58亿元，比1996年增长7.1%。经过两年的结构调整，产业结构趋于合理。第三产业发展更加健康，商贸、旅游、金融、保险、运输邮电等产业迅速崛起，对全省经济发展的服务带动作用进一步增大。第二产业持续稳定增长，工业的主导地位进一步增强。1997年，全市工业总产值达70亿元，比1992年增长近1倍。第一产业走上了城郊型农业发展新路，“菜篮子”工程取得明显成效。五年来，我市完成固定资产投资375.65亿元，增强了全市经济发展的后劲。人民生活水平和生活质量稳步提高，城镇居民人均生活费收入增长1倍多，郊区农民人均纯收入增长近1倍。物价涨幅大幅度回落，人民群众得到真正实惠。城乡居民的居住条件和生活环境有较大改善，低收入居民、困难企业职工和特困人员的基本生活得到保障。

经济体制改革逐步深化，对外开放继续扩大。五年来，我们不失时机地实施了一系列改革的重大举措，初步建立了社会主义市场经济体制框架：转换企业经营机制，积极推进国有企业公司制改造，股份合作制成为中小企业、乡镇企业及农村集体经济的主要改革形式；加快培育和发展各类市场，形成了门类比较齐全的市场体系；积极转变政府职能，实行政企分开，依法行政，“小政府、大社会”的行政管理体制初步形成；全面实行养老、失业、工伤、医疗等保险制度和住房制度改革，初步建立起社会保障体制；特别是抓住机遇，积极、大胆、稳妥地开展优化资本结构工作，先后对29户市属国有工业企业实施了兼并、破产、拍卖和改制，取得了良好的经济效果。共盘活存量资产6.6亿元，新增工业投入3.5亿元，消除和转移企业不良债务13.1亿元，安置破产兼并企业职工6552人，减少亏损企业22家。1997年，市属国有工业企业较1996年增盈18360万元，结束了连续三年亏损的局面。五年来，我们坚持以改革促开放，以开放促发展，努力拓宽招商引资渠道，加强对外经济、技术、文化交流合作，对外开放迈出新步伐。实际利用外资达32亿美元，一批基础设施项目利用国外政府贷款取得突破性进展。保税区、开发区迅速发展，成为我市新的经济增长点。

城市面貌发生巨大变化，城市管理水平逐步提高。五年来，我们坚持加强城市建设和管理，城市面貌日新月异。先后新建、改建、扩建一批骨干交通设施，形成较为完善的交通网络；建成了一大批市政公用设施，供电、供水、供气和邮电通信能力显著提高；兴建了万绿园、滨海公园、金牛岭公园，人均公共绿地面积、绿化覆盖率步入全国重点城市的先进行列。城市管理不断加强。建立健全城市管理法规体系，制定、修改地方法规和行政规章27个。大力开展文明素质教育，增强了市民城市意识和遵纪守法的自觉性。先后开展了以海秀东路、南大立交桥等为重点的环境综合整治，开展了旨在解决城市汽车废气、噪音污染和乱搭建、乱摆卖、乱张贴等现象的专项整治，市容市貌明显改观。我市的空气和饮用水质量在全国35个重点城市中名列前茅。几年来先后荣获“全国卫生城市”、“全国环境综合整治优秀城市”、“全国环境综合定量考核十佳城市”称号。

精神文明建设向前推进，社会事业全面发展。五年来，我们坚持以提高市民文明素质和城市文明程度为目标，加强社会主义精神文明建设。深入学习邓小平理论，广泛进行爱国主义、社会主义、集体主义教育，加强社会公德、职业道德、家庭美德建设，涌现出一批体现时代精神的先进典型和许多见义勇为的英雄人物。群众性精神文明创建活动深入开展，海秀东路、苍东村被确定为全国文明示范街和示范村。民兵预备役建设得到加强，军警民共建活动成绩突出，连续三次获“全国双拥模范城”称号。在市直机关先后开展了以严肃工作纪律和“转变机关作风，提高工作效率、提高服务质量”为主要内容的机关建设，积极推行直接办理制、窗口服务制、社会服务承诺制三项办事制度，机关作风有了明显改变，工作效率、服务质量有较大提高。大力实施“科教兴市”发展战略，科技成果商品化、产业化进程不断加快。教育优先发展战略得到进一步落实，以素质教育为主要内容的教育、教学改革成果显著，基础教育、职业教育、成人教育得到进一步发展，办学条件、教师住宅条件明显改善。文艺创作、新闻出版、广播影视、社会科学、体育事业等健康发展。医疗卫生设施不断完善，全民健身运动广泛开展，市民健康水平进一步提高。计划生育工作卓有成效。资源节约、环境保护、海洋管理、技术监督、防震减灾工作有了较大进展。

*民主法制建设步伐加快，依法治市深入人心。*五年来，我们始终把坚持和完善人民代表大会制度、共产党领导的多党合作和政治协商制度放在民主政治建设的重要位置。充分发挥人大的职能作用，加大地方立法力度，加强对“一府两院”的监督。人民政协的政治协商、民主监督和参政议政作用得到较好发挥，加强同民主党派、无党派爱国人士的合作共事，爱国统一战线得到巩固和发展。广泛调动工、青、妇以及科协、文联、侨联、工商联、残联等群众团体和社会各方面的力量，在全市形成了抓改革、促发展、保稳定的强大合力。“二五”、“三五”普法和地方性法规普及工作深入开展。全民法制意识不断增强，依法治市水平进一步提高。进一步强化社会治安综合治理，依法严厉打击各种犯罪活动，深入持久地开展扫黄打非、禁赌禁毒等专项斗争，社会治安明显好转，保持了社会秩序稳定。

*党的建设进一步加强，执政水平显著提高。*五年来，我们坚持围绕党的基本路线，聚精会神抓好党的建设。加强理论学习，深入开展党性、党风、世界观、人生观、价值观教育，党员干部队伍的思想政治素质不断提高，贯彻执行党的基本路线的自觉性进一步增强。整顿农村后进党支部，进一步提高了基层党组织的凝聚力和战斗力。积极探索企业党建新路子，企业党组织的政治核心作用日益加强。机关、学校、街道党的建设进一步改善。加强各级领导班子建设，适时调整和不断优化班子群体结构，增强领导现代化建设的能力。坚持和健全党的民主集中制，决策的科学化、民主化水平不断提高。坚持干部“四化”方针和德才兼备原则，加快培养和选拔跨世纪的优秀年轻干部。改革用人机制，公开选拔机关和企事业单位的领导干部，考试录用一批公务员和公开招聘居委会干部。加大党风廉政建设和反腐败工作的力度。抓好领导干部廉洁自律，规范了领导干部的从政行为；严肃查处违法违纪案件，惩治了一批腐败分子；狠刹部门和行业不正之风，解决了群众反映的一些突出问题。坚持标本兼治，强化约束机制，党风政风逐步好转。深入基层调查研究，为人民群众办好事办实事，密切了党群关系，提高了党的执政水平和威望。

过去的五年，我市克服种种困难，经济社会发展都取得了一定的成绩。五年的奋斗历程，使我们获得许多有益的启示和深刻的体会，主要是：

*一定要积极探索切合实际的发展思路。*几年来，根据我市的实际情况，我们先后提出了“三年调整经济结构”、“依法治市、环境综合整治”、“以两个提高、两个塑造为目标加强精神文明建设”、“一转变两提高”加强机关文明建设等方面的工作思路，这些思路的实施，对我市克服困难，走出低谷，加快发展起到了关键性作用。实践告诉我们，只有立足社会主义初级阶段的基本国情，坚持从实际出发，不断探索切合实际的发展思路，才能开创海口现代化建设的新局面。

*一定要抓住机遇，大胆实践。*我们紧紧抓住“优化资本结构试点”这个难得机遇，迅速行动，敢于实践，大刀阔斧地推进这项改革，国有资本结构得到优化，开创了我市工业经济发展的新局面。实践证明，只要审时度势，善于抓住机遇，看准了的事就大胆地试，大胆地闯，大胆地干，把加快改革和发展的紧迫感同科学务实的精神结合起来，即使在困难的条件下，也能有所作为。

*一定要营造一个良好的投资环境。*我们始终把环境建设做为促进经济发展的重要条件来抓。坚持不懈地进行依法治市、环境综合整治，深入开展“一转变两提高”活动，狠刹部门和行业不正之风，加强廉政建设，抓好社会治安综合治理，搞好文化建设，使我市的投资环境得到改善，增强了对投资者、旅游者的吸引力。实践使我们认识到，只有在搞好软、硬环境建设上下功夫，才能保证经济持续、快速、健康发展。

*一定要始终不渝地坚持两手抓，两手都要硬。*我们始终坚持一手抓物质文明建设，一手抓精神文明建设；一手抓经济建设，一手抓民主法制建设；一手抓改革开放，一手抓打击犯罪和惩治腐败。在集中力量进行经济建设时丝毫也不忽视精神文明建设，在部署精神文明建设时始终围绕经济建设这个中心来进行。实践证明，只有坚持两手抓，两手都要硬，才能既加快改革开放和现代化建设的步伐，又能实现社会全面进步。

*一定要有一个和衷共济的领导班子和一支真抓实干的高素质干部队伍。*几年来，中央和省委的精神之所以能够在我市顺利贯彻，我市各项重大决策之所以能顺利实施，关键在于市委“一班人”的团结一致，关键在于四套班子以市委为核心，同心同德，共同奋斗，关键在于有一支事业心强、求真务实、真抓实干、敢作敢为的干部队伍。实践证明，坚强有力的领导班子和高素质的干部队伍是我们领导好一个地方工作的决定性因素。

在实事求是地估价五年工作成绩的同时，我们更要清醒地看到，我市的经济和社会发展还存在着不少困难和问题：经济增长速度偏低；城市建设和管理还存在一些薄弱环节；依法治市水平需要进一步提高；党风、政风和社会风气尚有不少需要解决的问题；基层党组织建设和党员干部的教育亟待加强。我们必须高度重视这些问题，采取切实措施，认真加以解决。

二、跨世纪的奋斗目标和主要任务

在新世纪即将到来之际，海口的发展面临着新的机遇和挑战。我们必须以高度的政治责任感和历史使命感，以更加积极主动的姿态，抓住机遇而不可丧失机遇，开拓进取而不可因循守旧，大力推进海口改革开放和现代化建设，以崭新的面貌跨入21世纪。

*今后五年工作的指导思想是：*高举邓小平理论伟大旗帜，深入贯彻党的十五大和省第三次党代会精神，坚持党在社会主义初级阶段的基本路线和纲领，解放思想，实事求是，坚持稳中求进，加快经济发展的方针，大力推进体制创新、产业升级和扩大开放，加强文化建设，坚持依法治市，全面推进党的建设的新的伟大工程，为把我市建设成为具有热带风光、滨海特色的外向型国际性城市而奋斗。

*今后五年经济社会发展的目标和主要任务是：*国内生产总值年均增长10%，到2002年，国内生产总值达200亿元，人均国内生产总值2.86万元，进入全国发达城市行列。加大体制创新力度，完成国有企业改革任务，建立现代企业制度；形

成功能完善、统一开放、竞争有序的市场体系;建立办事高效、运转协调、行为规范的行政管理体系;社会保障制度和分配制度日趋合理,建立较为完善的社会主义市场经济体制。进一步理顺产业关系,促进产业升级,初步形成具有比较优势和海口特色的经济结构。完善全方位、多层次、宽领域的对外开放格局,加大招商引资力度,提高对外开放水平。强化城市建设和管理,形成较为完善的社会中介服务网络和城市交通、通讯网络,增强中心城市的综合服务功能。以“两个提高、两个塑造”为目标,搞好文化建设,加快实施科教兴市和可持续发展战略。加强民主法制建设,深入开展依法治市。全面加强党的建设,不断提高执政水平。逐步形成规范有序的社会环境,团结和谐的人际关系,健康向上的社会氛围,整洁卫生的市容市貌,城市生态环境进一步改善,经济、社会、环境协调发展,人民生活水平和生活质量进一步提高。

为了实现今后五年我市经济社会发展目标,我们一定要注意以下几个问题:

必须坚持一切从实际出发。要从我们现在处于并将长期处于社会主义初级阶段这个最大实际出发,以邓小平理论和十五大精神为指导,以“三个有利于”为根本标准,解放思想,实事求是,增强经济特区意识,大胆探索,勇于实践,打破一切束缚生产力发展的条条框框,把国民经济搞上去。

必须发扬争创一流的精神。海口是省会城市,是海南经济特区的窗口,经济和社会各项事业的发展,在全省有举足轻重的影响。因此,我们有责任,也有义务把海口各方面的工作做得更好,争取走在全省的先进行列。我们要以“不求最大,但求最好”为准则,树立起不甘平庸、争创一流的信心和勇气,努力把群众的思想、行动引导到争创一流的实际工作中来,在产品质量、经济效益、城市建设和管理、人民生活质量等方面,争创全国一流水平。

必须保持较高的发展速度。要实现我市奋斗目标,提高人民生活水平,解决各种社会问题,必须保持一个较高的增长速度。我市是一个发展中的城市,经济总量小,但发展潜力和上升空间很大。只要我们积极推进两个根本性转变,把经济增长的巨大潜力发挥出来,就能加快经济发展,走出一条既有较高效益又有较高速度的新路子。

必须坚持可持续发展战略。要把可持续发展纳入经济社会的中长期规划,作为衡量发展质量、发展水平和发展进程的标准。要实现资源的优化配置,坚持资源开发和节约、保护并举,努力提高资源利用率,切实做到经济效益、社会效益和环境效益的统一。要把环境保护、计划生育作为实施可持续发展战略的重要环节来抓,加强环境保护和人口目标管理,实现经济建设和生态环境协调发展。

必须保持社会的稳定。我市正处在改革的攻坚阶段,经济社会生活中出现的许多新矛盾、新问题,很容易形成引发社会不稳定的因素。各级党委和政府要高度重视信访工作,认真倾听群众呼声,耐心细致地做好群众工作,积极稳妥地解决经济社会生活中的实际问题,正确处理好新形势下的人民内部矛盾。强化社会治安综合治理,确保社会稳定,为我市改革开放和经济建设创造一个安定、祥和的社会环境。

三、积极推进体制创新,巩固和完善社会主义市场经济体制

未来五年,我们要在巩固原来体制改革成果的基础上,增创体制新优势,以建立现代企业制度为重点,以优化资源配置为中心,进一步完善社会主义市场经济体制及其运行机制。

继续调整和完善所有制结构,积极探索多种分配方式。要大胆探索公有制的多种实现形式,大力发展股份制、股份合作制、中外合资、中外合作等混合所有制经济,要把发展非公有制经济作为我市一个重要的经济增长点,鼓励和引导个体、私有、外商独资等非公有制经济快速发展,推动多种经济成份平等竞争、竞相发展。要鼓励一部分人通过诚实劳动和合法经营先富起来,鼓励技术、管理、资本等生产要素参与收益分配,特别要鼓励和支持科技人员以技术、科研成果入股等方式参与收益分配。

继续抓紧优化资本结构工作,加快建立现代企业制度。坚持“改革、改组、改造,加强管理”的国有企业改革方针,打好国有企业改革攻坚战,再用一年左右的时间,基本完成国有工业企业优化资本结构任务。并在二至三年时间内,基本完成国有商业企业的优化资本结构工作。深化产权制度改革,对国有企业实行公司制改造,建立和完善公司法人治理结构,转换企业经营机制,使其成为充满生机与活力的市场竞争主体。贯彻“抓大放小”的方针,对全市国有资产实行战略性重组,采取多种形式,放开搞活国有小企业;通过市场机制扶优扶强,促进骨干企业适度进行低成本扩张,逐步形成规模大、素质高、效益好、实力强的企业集团。

完善市场体系,进一步发挥市场配置资源的基础性作用。在强化商品市场流通功能的同时,要重点发展各类要素市场,在更高层次、更大范围发挥市场配置资源的作用。要适应国家金融体制改革的要求,稳步发展资本、货币和保险市场,特别要重视发展证券、产权等资本市场,促进资本在更大范围的自由流动和优化配置;完善劳动力市场,满足劳动者就业和再就业的需要,满足企业对技术人才和熟练劳动力的需要;建立企业家评价、流动的市场机制,促进企业管理水平的提高;培育和发展技术、信息市场,重点开发新兴工业、热带农业和旅游等信息;努力启动房地产市场,加快城镇住房商品化、货币化进程。

深化“小政府、大社会”的行政管理体制改革,完善适应市场经济的行政运行机制。进一步转变政府职能,把不应由政府承担的职权,切实转移给企业、市场和各类社会中介机构。从理顺部门管理体制入手推进政府机构改革,进一步合并专业经济部门和相近职能部门,加强综合经济部门和执法监督部门,增强政府监督管理和调控经济的能力。按照国家所有、分级监管、企业自主经营的要求,建立新型的国有资产管理、监督和营运体系,实现国有资本的企业化经营和市场化配置。要把政府职能转变、机构改革与办事制度改革结合起来,继续推行以“三制”为代表的各项新型办事制度,不断提高政府办事效率。深化人事制度改革,健全公务员的约束和激励机制,建设一支高素质的公务员队伍。

进一步完善社会保障体系,维护社会稳定。目前,社会保障的最大任务就是搞好就业和再就业工程,切实保障劳动者的合法权益,保障下岗职工的生活。凡有一定劳动技能的下岗职工,要积极引导和帮助其再就业,使其发挥所长,多做贡献;身体健康而劳动技能不足的,要组织技术培训,帮助其走上新的工作岗位;确无劳动能力的,要妥善安排,保障其基本生活需要。要认真做好与全国养老保险制度的统一并轨工作,进一步完善医疗和失业保险。完善社会保险基金的管

理和监督制度，规范各类社会保险基金的运作、管理和使用。健全城市居民最低生活水平保障制度，完善必要的社会救济和社会福利制度。

四、大力推动产业升级，培育、壮大具有比较优势和特色的支柱产业

未来五年，要在完成三年经济结构调整任务的基础上，进一步落实全省“一省两地”的发展战略，理顺经济关系。坚持市场导向，依靠科技进步，壮大我市优势产业，加大产业升级力度，提高国民经济的整体素质和竞争能力。

*调整和优化产业结构，巩固和壮大具有比较优势的支柱产业。*根据我省资源、区位优势和我市作为省会城市的特点，按照发挥比较优势的原则和“有所为、有所不为”的要求，继续强化工业的主导地位，加快发展旅游业和商贸业，努力将我市建成新兴工业城市、热带旅游基地和区域性商贸中心。行业发展也要因地制宜，突出重点。工业要重点发展食品饮料、医药化工、汽车制造、橡胶制品、化纤纺织等行业；旅游业要重点发展度假休闲和商务旅游，实现变旅游通道为旅游基地的目标；商贸业在满足市内消费需求、方便群众生活的同时，要服务全省新兴工业、热带农业的发展，走贸工结合、贸农结合、贸贸联合的路子，把我省、我市的工、农业产品推向国内外市场，在服务中加快自身的发展；农业要实现集约化、产业化，增加总量，丰富品种，培育名牌，大力发展无公害蔬菜，形成农副产品生产、加工、销售相结合的生产经营体系；房地产业要采取切实可行的办法盘活存量，消化空置的商品住宅，降低商品房市场价格，落实鼓励群众购房的各项优惠政策，扩大房地产消费需求。

*加大产业升级力度，促进经济增长方式的转变。*根据我市产业发展水平和特点，推动产业升级首先要运用现代技术改造和提高传统产业，增加传统产业的技术含量，提升传统产业的档次。农业、工业、旅游、商贸等产业，都要加大科技投入，采用现代生产技术和经营方式，提高技术水平、产业素质、产品品质和经济效益。产业升级更要大力发展高新技术产业，要从海口的实际出发，突出生物工程、电子信息、海洋工程和生态环境保护等产业重点，集中力量建设技术新、附加值高、市场容量大的新兴产业群。要克服我市科技创新能力不足的弱点，狠抓科技人才、科技成果的引进和利用，抓住科技成果产业化这一关键环节，加快我市高新技术产业的发展步伐。已引进的高新技术项目，要跟踪最新技术发展，掌握市场变化趋势，搞好产品升级换代，不断提高市场竞争力。要充分发挥我市体制优势，实行各项优惠政策，不断改善高新技术产业的投资和发展环境，使我市成为高新技术产业发展壮大的沃土。

*加快保税区、开发区发展步伐，加速建设大规模、高水平的产业基地。*要抓紧搞好各园区的功能开发，加大招商引资力度，利用区内较好的基础设施和有利政策，千方百计引进一批好项目，并加快项目建设进度；市内新上马的项目应向保税区、开发区适度集中，发挥规模效应，避免投资分散；各园区要加强领导班子和职工队伍建设，建立高效率的运转机制；政府各职能部门要进一步搞好对“两区”的服务，帮助各园区做好招商引资和开发建设工作，使其真正成为我市经济发展的支柱。

五、不断扩大对外开放，实现利用外部资源、外部市场的新突破

必须坚定不移地推进以海口保税区为“龙头”的对外开放，大力发展外向型经济，进一步提高利用外资的水平和质量，加大开拓外部市场的力度，加强对外贸易和经济技术合作，完善全方位、多层次、宽领域的对外开放格局。

*加大招商引资力度，实现利用外资的新突破。*要运用资本运营的方式，通过出让部分国有企业股权、转让国有资产产权等方式吸引外来投资。加强重点行业、大型项目的招商工作，建立高素质的职业化项目招商队伍，精心做好项目招商的前期准备工作，每年拿出一批有吸引力的项目对外招商。拓展与国内外权威中介机构的联系，吸引有实力、有信誉的公司到我市投资办实业。加大以境外融资为主要形式的间接利用外资力度，积极有效利用外国政府贷款。进一步简化办事手续，提高工作效率和服务水平，加强对落户我市的外来企业的跟踪服务工作，及时帮助外来企业解决各种问题，发挥优秀外来企业的示范效应，吸引更多的外来投资。

*积极拓展国内外市场，实现利用外部市场的新突破。*适应经济发展的新形势，开拓市场应成为我市对外开放的一个战略重点。要积极拓展国内市场。工业要培育和发展名优产品，扶持一批技术含量、附加价值高、市场需求量大的产品，迅速推向国内市场，提高市场占有率。要充分发挥我市热带旅游的优势，采取有效措施，搞好旅游促销工作，大力开拓国内旅游市场。商贸业要不断拓展产品销售渠道，积极在全国大中城市开辟我省、我市工、农业产品销售窗口，扩大产品市场覆盖率。要积极拓展国际市场。大力发展出口加工企业，扶持出口创汇企业，建立出口产品基地，发展有特点、有竞争力的名优产品，努力扩大出口商品量。实施市场多元化战略，在巩固发展现有的香港、日本、东南亚、美国市场的同时，大力开拓南美、非洲、东欧和西欧市场。特别要调动一切积极因素扩大对港、对台贸易，加强琼港、琼台经济技术合作，借助港、台的优势，拓展国际市场。

六、坚持建、管并举，强化城市综合服务功能

建省以来，海口城市建设发展很快，在快速发展过程中，一直在探索城市管理问题；现在，我市已进入继续加强城市基础设施建设与强化城市管理并举的新阶段。要坚持经济建设、环境建设协调发展的方针，以改善投资环境和居民生活环境为目标，以创建国家环保模范城市、国家卫生城市、世界健康城市等为动力，在推进和完善城市建设的同时，进一步理顺城市管理体制，切实加强城市管理，提高城市基础设施的综合效益，增强中心城市的综合服务功能。

*继续加强城市基础设施建设。*加强道路桥梁建设，完善外环道路网络，形成我市城乡之间以及和周边地区之间相互衔接、互为依托、共同发展的格局。世纪大桥等桥梁工程要加快建设步伐；抓紧实施市政基础设施项目，搞好供水和排水、排污网络的建设，加快垃圾处理场的建设，切实搞好南渡江防洪大堤工程；进一步改善城市生态环境，对海甸溪特别是美舍河进行综合治理，实现河水返清的目标；加强对海洋、海滩的管理和保护工作；搞好城区绿化建设，提高城市绿化、美化水平。

*坚持不懈地开展环境综合整治。*环境综合整治是符合我市实际的一项重要城市管理措施，必须长期坚持下去。以市容市貌、环境卫生、交通秩序为主要内容，加大对标志性建筑、主要道路、主要商业街、临街半拉子工程和景观路线的综合整治力度。要根据不同时期最突出而又带普遍性的问题，有的放矢地开展专项整治，做到治理一项，达标一项，巩

固一项。环境综合整治工作要统一部署，分步实施，点面结合，整体推进。

强化城市管理的立法、执法工作。要不断建立和完善城市管理的法律规章，保证城市的各项管理有法可依，有章可循。根据精简、统一、效能的原则，建立一支统一指挥、执法严明、行为规范的城市管理综合执法队伍，不断提高依法行政和依法管理的水平，做到有法必依、违法必究、执法必严。要结合各类争创活动，广泛、深入、持久地开展城市管理法规的宣传教育，增强市民法制观念，使城市管理建立在市民知法、守法的基础上，由行政约束变成市民的自觉行动。

进一步理顺城市管理体制。要逐步形成市政府统一规划和协调，市、区、街道（乡镇）分级管理的体制。按照管理"重心下移，立足基层"的思路，坚持以块为主、条块结合的原则，除少数关系全局，需要由市统一管理的以外，其余基本上应实行属地管理，赋予各区、街更大的管理权限和管理责任，重视和发挥街道办、居委会等基层组织的重要作用。要解决同一件事多级管理的问题，减轻基层负担；要革除同一件事多头管理的弊端，划清城市管理部门之间的职责，避免交叉扯皮误事。充实调整管理机构，建立统一规划、部署、协调、指挥的高效运作的管理与监督机制。要多渠道增加对城市管理的投入，运用先进的管理技术和管理手段，逐步实现城市管理装备的现代化。

七、繁荣社会主义文化，提高市民文明素质和城市文明程度

必须按照十五大关于有中国特色社会主义的文化建设的总体部署，以"两个提高、两个塑造"为目标，努力提高全市人民的思想道德素质和科学文化素质，培养有理想、有道德、有文化、有纪律的市民，为我市的发展与进步提供强大的精神动力、智力支持和良好的文化环境。

要努力在全社会形成共同理想和精神支柱。必须始终不渝地用邓小平理论武装全党，教育干部和群众，增强建设有中国特色社会主义的自觉性和坚定性。对海南经济特区来说，最重要是树立和实践邓小平提出的"把海南岛好好发展起来是很了不起"的理想和信念。深入开展爱国主义、集体主义、社会主义教育，把个人的理想和建设有中国特色社会主义的共同理想统一起来，把个人的追求和社会责任统一起来。进一步开展社会公德、职业道德、家庭美德建设，特别要重视青少年的思想道德建设，做到教育和管理双管齐下。要在全社会树立艰苦奋斗、大胆探索的创业精神，倡导自强不息、乐于奉献的时代风尚，培育与特区相适应的具有求真务实、开拓进取的文化精神，形成扶贫帮弱、和睦友爱的人际关系和文明礼貌、遵纪守法的社会风气。

要继续实施"科教兴市"发展战略。要切实把教育摆在优先发展的战略地位。进一步巩固和提高"两基"成果，全面推进素质教育；不断调整教育结构，适应经济发展的要求，满足人们日益增长的对教育的需要；深化教育管理体制、办学体制和教学领域改革，提高教育质量和办学效益；鼓励和引导社会力量办学，规范办学行为；多渠道筹措教育经费，加大教育投入，加快教育基础设施建设；加强师资队伍建设，改善教师工作和生活条件。要努力在全市形成学科学、用科学、爱科学的良好社会风气，消除愚昧，反对封建迷信。要创造条件引进高水平的科技人才，鼓励创办多种所有制形式的科技企业，建立以企业为主体的技术创新机制。

要大力发展文学艺术、新闻出版、广播电视等事业。坚持"为人民服务、为社会主义服务"的方向，贯彻"百花齐放、百家争鸣"的方针，弘扬主旋律，提倡多样化。继续开展"五个一工程"活动，创作出一批既具有经济特区特色又反映时代脉搏的、思想性和艺术性相统一的优秀作品。新闻宣传工作，要坚持团结、稳定、鼓劲和正面宣传为主的方针，把握正确的舆论导向。舆论监督要注意方式，着眼于解决问题，促进改革、发展和稳定。深化文化体制改革，完善文化经济政策，优化文化资源配置，培育和发展文化产业。加强文化体育基础设施建设，形成多渠道投入机制，完善海口体育馆的配套设施，建好广播电视大厦、歌剧院和图书馆，积极筹建海口展览中心。文化体育设施要在加强管理、保证社会效益的前提下，鼓励面向市场，提高经济效益，实现良性循环。

要营造良好的社会文化环境。要深入持久地开展群众性精神文明创建活动。结合行业特点和实际，把深入开展"讲文明、树新风"活动和开展创建文明城市、文明乡镇、文明行业以及争创各类国家级先进城市活动紧密结合起来，不断充实活动内涵、丰富活动形式，注重实效。城市要重点抓好文明街道的创建，农村要突出抓好反对封建迷信，倡导科学、健康、文明的生活方式。军警民共建活动要以"军民团结、共建椰城"题词为动力，力争第四次荣获全国双拥模范城称号。继续加强民兵预备役和国防后备力量的建设。从今年起，要在全市市直机关开展创建现代文明机关活动，使干部队伍素质和机关运行机制与社会主义市场经济体制相适应，逐步把我市机关建设成为依法行政、办事公开、管理规范、廉洁高效的现代文明机关。积极开展群众性文化、体育活动和爱国卫生运动。要继续组织好"文化下乡"，积极开展小型分散、丰富多彩、健康向上的群众性文化活动。一手抓繁荣，一手抓管理，进一步净化社会主义文化市场。开展全民健身运动，提高市民身体素质。提高医疗水平，加强医德建设，进一步改善农村卫生条件。坚持计划生育，实现优生优育。

八、加强民主法制建设，巩固和发展稳定的政治社会环境

要坚持四项基本原则，继续推进政治体制改革，加强民主法制建设，保持和发展社会稳定的良好局面。

健全民主制度。要从民主选举、民主决策、民主管理和民主监督的各个环节入手，拓展民主政治的领域、内容、形式和渠道。进一步坚持和完善人民代表大会制度，支持和保证各级人大及其常委会依法行使宪法和法律赋予的各项职权，要把我市改革和发展的重大决策同立法工作结合起来；进一步坚持和完善共产党领导下的多党合作和政治协商制度，不断推进政治协商、民主监督、参政议政的规范化、制度化，重大决策要广泛听取人民政协、各民主党派和社会各界人士的意见；加强同民主党派的合作共事，巩固和发展最广泛的爱国统一战线；重视和加强工会、共青团、妇联等群团组织作为党联系群众的桥梁纽带作用；要认真贯彻党的宗教政策、侨务政策，调动和保护好华侨、华人投资开发的积极性。加强和扩大基层民主。健全职代会、居委会和村委会等基层组织，实行民主选举，充分发挥它们在民主政治建设中的作用；实行政务、财务公开，进一步健全民主监督制度；开展民主评议，结合"创三优"和创建现代文明机关活动，深入开展基层评议机关、市民评议服务单位的活动，促进办事效率和服务水平的提高。

强化依法治市。要加强和完善立法工作，提高立法质量，特别要抓好加强城

市管理、规范市场行为、完善产权交易、保障可持续发展方面的法律法规建设。政府机关要坚持依法行政，严格依照法定的职权和程序处理行政事务，逐步把行政行为纳入法制轨道。坚持严格执法、公正司法，坚决纠正有法不依、执法不严、违法不究的现象，继续深化司法改革，保证司法机关独立公正行使审判权和检察权，严肃查处以言代法、干预司法部门独立办案的行为。加强执法监督，实行执法责任制和评议考核制，建立健全冤案、错案责任追究制度。抓好“三五”普法工作，把普及法律知识和提高法制观念纳入精神文明建设总体规划。领导干部要带头学法、知法、守法，增强法制观念和依法办事的能力，教育、引导广大市民自觉运用法律来保障自身合法权益。

*搞好社会治安。*要继续坚持“打防结合，预防为主”的方针，对社会治安实行综合治理。要根据不同时期的治安状况，采取各种适宜的形式，毫不放松地从重从快严厉打击严重刑事犯罪活动，对犯罪分子形成强大的威慑力量。各级党委要进一步加强对政法工作的领导，建立一支高素质的政法队伍，充分发挥政法机关的职能作用。以创建安全文明小区为突破口，全面落实社会治安综合治理的各项措施，落实五级治安联防。要把严打、严防、严管和严治紧密结合起来。要坚决扫除黄、赌、毒等社会丑恶现象，净化社会环境和社会风气。

九、加强党的建设，全面实施新的伟大工程

要按照新的伟大工程的总目标，坚持从严治党的方针，全面加强党的建设，不断提高领导水平、执政水平和防腐拒变的能力，把我市各级党组织建设成为高举邓小平理论伟大旗帜，站在改革开放的最前列，能够经受住各种考验、开创现代化建设新局面的坚强领导核心。

*切实加强党的思想建设，坚定不移地用邓小平理论武装全党。*要在全市掀起学习邓小平理论的新高潮，努力在全党形成认真学习、民主讨论、积极探索、求真务实的风气。要系统地学习邓小平理论，完整、准确地把握这个理论的科学体系，领会其基本观点和精神实质。要坚持和发扬理论联系实际的学风，学以致用，不断提高思想理论水平和解决实际问题的能力，提高执行党的基本理论、基本路线的坚定性和自觉性，提高整个党员队伍的思想政治素质。采取多种形式加强党员干部的世界观、人生观、价值观教育和党性锻炼，大力提倡“讲学习、讲政治、讲正气”，使广大党员和干部自觉抵制各种消极腐败现象的侵蚀，保持政治上的清醒和坚定。

*加强领导班子建设，培养和造就高素质的干部队伍。*要以提高政治素质为重点，进一步加强各级干部的思想政治和业务培训。各级干部要学习和掌握唯物辩证法，按客观规律办事，把中央、省的方针政策同本市本部门的实际结合起来，创造性地开展工作。要坚持全心全意为人民服务的宗旨，甘当人民公仆，密切联系群众，关心群众疾苦，真心实意为群众办好事办实事；虚心向群众学习，尊重群众的首创精神，从群众中汲取智慧和力量。要认真贯彻执行民主集中制的原则，进一步完善集体领导和个人分工负责相结合的制度，健全议事规则，实行民主、科学决策，拓宽领导班子成员之间正常沟通的渠道，增进领导班子的团结。选拔干部必须贯彻“四化”方针和德才兼备原则，坚持任人唯贤，反对任人唯亲，防止和纠正用人上的不正之风。要把群众公认是坚决执行党的路线、政绩突出、清正廉洁的干部及时选拔到领导岗位上来，决不能让那些背离党的路线、贪图私利、弄虚作假、跑官要官的人进入领导班子。要深化干部人事制度改革，扩大民主，推进交流，加强监督，引进竞争机制，促进优秀人才脱颖而出，保持各级领导班子和整个干部队伍的生机和活力。培养和选拔大批优秀年轻干部，重视培养妇女干部和非共产党员干部。要把党政干部、科技人才、企业经营人才三支队伍结合起来，建设、造就一支能够担当跨世纪领导重任的干部队伍。进一步加强老干部工作，更好地发挥老干部的作用。

市级领导干部，在我市改革开放和现代化建设进程中，负有重要的领导责任。要按照高标准、严要求的原则，加强市级领导班子建设。要忠于党和人民的事业，珍惜人民赋予的权力，自觉履行应尽的义务。要切实加强学习，不断提高自身素质。要善于管全局、抓大事，处理重大事情要进行科学、民主决策，提高驾驭社会主义市场经济和领导现代化建设的能力。

*加强党的基层组织建设，充分发挥战斗堡垒作用。*要突出抓好街道、社区和农村基层党组织建设，努力探索适合城市管理体制特点的街道、社区党建新路子，建立健全街道、社区党的基层组织，围绕加强城市管理、社区服务、社会稳定以及发展街道经济等工作，发挥街道、社区党组织的领导核心作用。巩固农村、企业基层组织建设整顿成果，继续抓好以党支部为核心的组织建设，进一步发挥基层组织在两个文明建设中的核心作用。要改进各类新的经济组织和社会组织中党组织的活动形式和工作方法，保持党组织的凝聚力和战斗力。机关、学校等基层党组织要从各自的实际出发，加强和改进自身建设。进一步加强对党员的教育、管理和监督，关心并管理好破产、兼并、重组企业的党员。按照“坚持标准、保证质量、改善结构、慎重发展”的方针，进一步做好发展党员工作，不断壮大党的队伍。

*加强党风廉政建设，深入开展反腐败斗争。*反腐败是关系党和国家生死存亡、人心向背的重大政治问题。要加大反腐败斗争力度，把反腐败斗争与改革开放和经济发展结合起来，与民主法制建设、精神文明建设结合起来，同各项业务工作统一部署，统一落实，统一检查，统一考核。坚持党委统一领导，党政齐抓共管，纪委组织协调，部门各负其责，依靠群众支持和参与的反腐败领导体制和工作机制，认真落实党风廉政建设责任制。坚持标本兼治、综合治理的方针，以教育防范为主，加强监督，关口前移，从源头上遏制腐败；通过深化改革，探索从体制、机制、法制等方面遏制腐败的路子，铲除腐败现象滋生蔓延的土壤。要把反腐败斗争同纯洁党的组织结合起来，坚决查处大案要案，依法惩处腐败分子；继续纠正部门和行业不正之风，加强执法监察工作；各级领导干部要认真执行廉洁自律的有关规定，既要管好自己，又要带好一班人。要坚持厉行节约，制止奢侈浪费，倡导廉洁奉公、艰苦奋斗的党风政风；坚决克服官僚主义、形式主义、弄虚作假等不良现象，大力倡导身体力行、求真务实的作风。各级党委和政府要加强对纪检监察工作的领导，强化纪检监察机构的职能作用，加强纪检监察干部队伍建设。各级党组织要把维护政治纪律作为从严治党的重要任务认真抓好，坚决维护中央的权威，确保政令畅通。

同志们，我们正处在世纪之交的关键时期，历史赋予我们的任务光荣而艰巨，我们的事业前程似锦，我们的未来充满希望。我们一定要高举邓小平理论伟大旗帜，紧密地团结在以江泽民同志为核心的党中央周围，在省委的领导下，解放思想，振奋精神，抓住机遇，开拓进取，夺取我市改革开放和现代化建设的新胜利，以崭新的风貌阔步迈向二十一世纪！

政府工作报告

——1998年4月18日在海口市第十二届人民代表大会第一次会议上

海口市市长　曾浩荣

各位代表：

本届政府任期已满五年。现在，我代表市人民政府向大会报告过去五年的工作，对今年的工作提出建议，请予审议，并请政协各位委员提出意见。

一、过去五年工作的回顾

第十一届人民代表大会召开以来，在省委、省政府和市委领导下，在市人大及其常委会、市政协和各民主党派支持监督下，市政府高举邓小平理论的伟大旗帜，突出改革开放，大力调整和优化经济结构，强化依法治市改善投资环境，全面推进社会各项事业发展，经过全市人民的共同努力，我市的经济建设、城市建设和社会各项事业取得了新的成就。

五年来，经济结构调整大见成效，经济实力进一步增强。在国家宏观调控的情况下，市政府把发展经济的重点放到了经济结构调整上，突出重点发展工业、巩固加强农业和优化提高第三产业的思路，以调整促发展，实现了稳中求进，适度加快发展的基本要求。1997年，国内生产总值达到104.58亿元，按可比价格计算，比1996年增长7.1%，比1992年增加25.21亿元。人均国内生产总值达到1.71万元，居全国省会城市前列。五年来，工业在国民经济中的主导地位明显增强。1997年，全市工业总产值达到70亿元，比1992年增长99.2%，年均增长14.8%。罐头厂、制药厂、咖啡厂、饮料厂等一批老企业，通过改革和改造一跃成为全国行业的重点企业；13万吨啤酒厂、10万吨镀锡薄板厂、彩色石英地板厂、龟鳖丸生产线、中富塑料包装瓶厂等一批新企业建成投产，形成了新的工业生产能力；100万张多媒体光盘、海脉素、模糊控制器、子午线轮胎等一批机电、制药、橡胶工业项目正加紧施工。特别是近两年在优化企业资本结构的推动下，市属工业结束了连续三年亏损的局面，工业企业风险承受能力、债务偿还能力和对财税增长的贡献能力大大增强，资产负债率大幅度下降，工业经济运行质量有很大提高，我市工业对经济发展的支撑能力进一步增强。五年来，我市农业进一步发展，1997年全市完成农业总产值4.2亿元，比1992年增长60.7%，年均增长10%。尤其是以"菜篮子"工程为主的城郊型农业成绩显著，1997年全市蔬菜总产量达到10.9万吨，水产品总产量11621吨，肉类总产量15972吨，禽蛋总产量3100吨，分别比1992年增长71.5%、52.7%、2.8倍和17.6倍。1997年，全市乡镇企业总产值达到15.5亿元，比1992年增长3.1倍，年均增长31.8%。五年来，在房地产业大幅度萎缩的情况下，商贸、旅游、邮电、交通运输和金融保险等保持较快发展，第三产业进一步得到优化和提高。果菜、粮食、农副产品、生产资料和人才、劳务市场以及房地产、金融证券和信息等高档有形市场得到进一步发展和规范。生生百货、乐普生商厦、望海楼第一百货商场、DC商业城等一批成规模的零售商业建成营业；海景湾、文华、黄金、宝华和新温泉等一批高档宾馆投入运营。1997年与1992年相比，全市社会消费品零售总额增长1.5倍；全市接待国内外游客增长80.1%，旅游营业收入增长59.8%；全社会货物周转量增长1.3倍；邮电业务总量增长3.8倍。进入国家宏观调控后的五年，是我市经济发展较为困难的时期，进行及时有力地经济结构调整，使我市三大产业结构趋于合理，避免了经济大起之后的大落，带来了海口经济发展新的增长点和后劲。我市在1992年跨入中国城市综合实力"50强"的基础上，经济综合实力进一步增强。

改革开放继续深入和扩大。五年来，在国家宏观调控的情况下，我们面临新的发展机遇和重大挑战，始终把改革开放作为推动我市经济、社会快速发展的根本动力，不失时机地实施了一系列改革开放重大举措：进一步完善符合国际惯例的企业直接登记制度，创造了多种经济成份竞相发展的局面；放宽外商投资范围和领域，放宽企业经营限制，形成了全方位开放的格局；转变企业经营机制，大力推行企业股份改造，改革国有资产运营体制，进行企业资本结构优化和组合，加快了现代企业制度的建立；大力发展农业和乡镇企业股份合作经济，开创了农村经济发展的新形式；加快培育和建立商品市场以及各类要素市场，适应社会主义市场经济要求的市场体系进一步完善；转变政府职能，进行机构改革，实行国家公务员制度，强化依法行政，推行直接办理制、窗口服务制和社会服务承诺制，"小政府，大社会"管理模式得到进一步充实和提高。全面推行社会养老、失业、工伤、医疗等保险制度，改革住房制度，社会保障体系基本形成，特别是我市在全国最早实行最低生活线保障制度，对人均月收入低于170元的居民，市政府给予补贴，使市民能享受最低生活标准，体现了党和政府的关怀，对稳定社会也起到了很好的作用。所有这些改革开放的举措，对于发展和完善社会主义市场经济，营造良好的投资环境起到了重要作用，有力地促进了我市对外全面开放和经济社会的持续健康发展。现在我市已拥有各类企业2万多家，其中外资企业6061家，外资企业产值已占全部工业产值的26.5%，出口产品占全市工业出口额的85%。五年来，我市实际利用外资32.27亿美元，占到全省实际利用外资的51%，是建省十年外商对海口总投资的80.6%。世纪大桥、污水处理厂、垃圾处理场、美舍河综合整治工程等一批基础设施项目利用外国政府贷款取得了突破性进展。利用外资所形成的固定资产是全市五年固定资产的36%。

特别是近两年我们抓住优化企业资本结构试点城市的机遇，依据"鼓励兼并，规范破产，下岗分流，减员增效，实行职工再就业"的主导思想，对国有工业企业的兼并、破产、减员增效和职工安置工作全面展开。截止1997年底，我市国有工业企业已破产9户，兼并12户，改制4户，减员增效2户，国有企业转制面达到63%。通过优化资本结构的改革，全市盘活资产6.6亿元，消除不良债务10.51亿元，转移不良债务2.56亿元，新增工业投入3.5亿元，搞活20户企业，消灭亏损企业21户。

城市建设大规模推进，管理水平有

很大提高。五年来，市政府突出改善投资环境，始终把加强城市基础设施建设，提高城市管理水平作为重点工作常抓不懈。这五年，是海口大规模展开城市基础设施建设的五年。新建了庆龄大道、工业大道及西延线、疏港大道、海秀大道、城西路、青年路，扩建了海榆西线、白龙路、人民路、长堤路、海秀东路、机场路等，全市新建、扩建、改造道路近119公里。建成了南大立交桥和16座人行天桥。新建、扩建了永庄水厂和米铺水厂，新增地面水日供水能力25万吨，待今年下半年米铺水厂二期工程完成后，完全可以从建省前100%用地下水实现100%用地面水的突破。白沙门污水处理厂已动工兴建，要求在今年内污水处理工程完工，同时按照先地下后地上的原则，全面铺设污水管网，现在除少数路段外已基本形成了全市污水主干管网，完全可以实现与污水处理厂配套。城市燃气管道系统已大部分完成。供电工程建成了17座变电站所，完成了城市消防基础设施的改造工程。城市绿化取得突破性进展，全市大搞植树造林、种花、种草，建成了占地1300亩的万绿园、占地1700亩的金牛岭公园和占地870亩的滨海公园。1997年，绿化覆盖率达到40%，比1992年提高了13个百分点；人均公共绿地从92年的6.1平方米增加到8.4平方米。邮电通讯能力显著提高，市内电话、移动电话、无线寻呼和主线等四大电信指标普及率均居全国省会城市之首。这五年，可以说是城市建设整体大规模推进的五年。城市道路、桥梁、供水、供电、供气和邮电通讯、城市绿化等基础设施不断完善，疏通拓宽了城市东西出口路，拉开了城市的骨架。城市房屋建筑总面积从1992年的1200万平方米增到了1997年的2100万平方米，建成区由30平方公里增加到42平方公里。海口市已基本形成现代化滨海城市的雏形。

在大规模高标准推进城市建设的同时，市委、市政府进一步强化依法治市环境综合整治，在城市卫生、城市交通、市容市貌和做文明市民方面制定了一系列城市管理配套法规和措施，建立健全了城市综合执法队伍，强化综合治理，创造了城市卫生、市容市貌、绿化美化的良好形象。海口市连续两次获得“全国城市环境综合整治十佳城市”、“全国城市环境综合整治优秀城市”、“全国卫生城市”。海口经济发展了，城市扩大了，但环境质量没有下降，在全国37个重点城市环境综合整治定量考核中海口市名列第三位。最近，国家环境监测总站公布，海口市大气环境质量在全国大中城市名列第一。

社会事业和精神文明建设同步发展。过去的五年，是我市对社会各项事业投资最大的五年，也是我市社会事业取得重大进步的五年。教育是社会各项事业发展的重点，五年政府用于教育的总投入达8.13亿元，占同期财政支出的18.89%。全市中小学校完成了规范改造，新建、改造学校111所，全市学校通过了国家“两基”达标验收；新建教师村和教师宿舍，建成教师住宅22万平方米，我市被评为全省教职工住房先进市；教育质量进一步提高，1997年全市学龄儿童入学率达到100%，初中入学率98.9%，高中入学率83.5%，高考入围率66.7%，比全省平均水平高出29个百分点。同时，成人教育、职业教育、社会力量办学也有很大发展。五年来，科技事业有明显进步，1997年全市科研和科技开发机构发展到近百家，各类专业技术人员达到9730人，比1992年增长29.6%。五年取得科技成果175项，91项获科技进步奖，150项获专利授权，科技进步对国民经济增长的贡献率已达35%以上。五年来，卫生事业也有较快发展，1997年全市有各类医疗机构147个，引进一批医疗专业技术人员，新增一大批先进医疗设备，预防保健、医疗水平有较大提高。市政府把改善农村医疗和乡级以上医院达标上档作为重点，基本完成了各乡镇卫生院和市人民医院的新建、扩建和改造，市人民医院进入了“三甲”医院行列，全市3/5的医院科室医疗、医教设备和管理水平达到三级医院的标准，我市被世界卫生组织定为“健康城市”试点之一。民政事业得到进一步加强，初步改造了殡葬场，建成了具有较高水准的福利院，使孤寡老人、孤残儿童得到了很好的安置。五年来，新建和改造的海口新华书店、群众艺术馆、体育馆、体育场投入使用，电视、广播、报社工作条件有明显改善，社会办文化蓬勃发展，文化市场管理进入法制化轨道。群众性体育活动广泛开展，竞技体育有新的进步，第三届城运会我市取得二金三银和团体99.99分的好成绩。依法加强人口管理，建立全市人口婚育档案，计划生育工作步入规范化、正常化管理轨道，1997年全市计划生育率达到87.8%以上，出生率比全省低5.68个千分点，人口自然增长率比全省低3.27个千分点。精神文明建设进步显著，精神文明三分之一工程取得成效，全市涌现一批文明单位和文明户，“双拥模范城”获得三连冠。廉政建设进一步加强，查处了一批违法违纪案件。“一转变两提高”专项整治活动，为转变机关作风，提高工作效率和服务质量起到了很大的推动作用，树立起了机关良好形象。大力进行社会治安综合治理，强化群防群治和“严打”活动，社会治安严峻形势有了明显好转。基层组织建设进一步健全，街道办事处(乡镇)、居委会(村委会)得到充实加强，各区政府创造性地开展工作，为推进我市改革开放和现代化建设发挥了重要作用。五年来，市政府提请省、市人大批准，颁布62个管理法规和行政规章，通过各级政府各部门得到认真贯彻和实施，我市社会法制和各项管理措施进一步健全和加强。

同时，外事、侨务、司法、人民武装、民族、宗教等工作取得了新的成绩。

人民生活水平稳定提高。五年来，我市的消费品市场，无论农副产品和日用商品，供应充裕，物价稳定。尤其是“菜篮子”自给量大幅度增加，副食品物价逐年回落，近几年全市商品零售价格一直是全国35个大中城市涨幅最低的城市之一。1997年，全市职工平均工资8470元，比1992年增加4020元，年均增长13.7%；城市居民人均可支配收入达到6589元，比1992年增加3474元，年均增长16.2%；郊区农民人均纯收入3050元，比1992年增加1484元，年均增长14.2%。1997年末，城乡居民储蓄存款余额达到154.17亿元，比1992年末增长2.9倍，年均递增31%；居住条件改善，在全部完成4200套解困房的基础上，修建安居房(含在建)40.74万平方米。政府并根据住房和生活双困户的情况，从去年开始修建双困户出租屋267套，即将完工投入使用。城镇居民人均居住面积从1992年的7.2平方米增加到14.86平方米，农民人均居住面积也有明显增加。随着城市基础设施的改善，人民群众饮水难、行路难、乘车难、买菜难、上学难等问题得到根本解决。虽然近两年我市下岗职工较多，就业负担加重，但由于社会保障制度进一步加强，物价大幅度下降，加上政府对困难职工和居民实行最低生活线保障，进行及时救济和补贴，确保了人民生活水平稳定提高，人民群众的生活质量和环境明显改善。

回顾五年来我市经济社会发展的历程，我们在顺利完成"八五"计划提出的各项任务和目标的基础上，综合经济实力进一步增强，为今后的发展奠定了坚实的物质基础；社会主义市场经济主框架已建立，对外开放的大格局已经形成，创造了今后发展的体制优势；城市基础设施不断完善，为今后的发展提供了良好的环境；基层组织和政权建设进一步健全，奠定了今后加快发展的社会基础。更重要的是，在改革与发展的实践中我们的干部队伍日渐成熟，人民群众的整体素质有很大提高，积累了建设经济特区的经验。这是加快推进我市今后改革与发展的重要保证。过去的五年，我们经历过经济发展高潮，也经历了经济发展的谷底，在经过经济超常规发展以后，特别是经过房地产热以后，在宏观经济调控的情况下，我们克服了种种困难，终于平稳地走出了谷底，实现了经济的全面回升。所有这些成绩的取得都是来之不易的，是全市军民共同努力和社会各界大力支持的结果。在此，我代表市人民政府向为海口发展做出贡献的全市各族人民、驻市军警部队、港澳台同胞、海外侨胞、国际友人及各界朋友，表示衷心的感谢并致以崇高的敬意！

在肯定成绩的同时，我们必须清醒地看到存在的问题和困难：我市的经济基础还比较薄弱，经济总量还较小，适度加快经济增长和提高经济运行质量压力较大；经济结构调整虽然取得一定成效，但面临的任务还相当繁重；部分国有企业效益差，社会企业困难多，改善和增进微观经济效益的工作难度还很大；建设资金缺乏，生产流动资金短缺。这些都是制约我市经济发展的重要因素。同时，社会就业和再就业负担加重，政府机关办事效率和服务质量有待进一步提高。这些问题都需要我们认真对待，在今后工作中努力加以解决。

二、1998年政府工作建议

1998年，是全面贯彻落实党的十五大精神的第一年，是实施"九五"计划推进改革开放和现代化建设的重要一年，也是承前启后的一年。按照刚刚结束的中共海口市第九次代表大会对各项工作的统一部署，本届政府经过认真研究，并征求了各方面的意见，就今年的政府工作提出建议。

我市1998年政府工作的总体要求是：**全面贯彻落实党的十五大精神，坚持稳中求进，适度加快发展的方针，加快经济结构调整步伐，突出工业发展主导地位，加强农业基础，优化提高第三产业；坚持深化改革扩大开放，突出优化资本结构和资本运营，加大国有企业改革力度，扩大融资引资；继续加强依法治市环境综合整治，以创建国家卫生城市、国家环保模范城市等活动为重点，进一步改善投资环境，推进城市建设；依靠科技进步，狠抓重点项目，培育新的经济增长点；加强精神文明建设，全面推进社会进步，努力提高人民群众生活质量和水平。**

1998年我市经济与社会发展的主要目标为：**国内生产总值115亿元，增长8.5%。其中第一产业增加值增长6.5%，第二产业增加值增长9.8%，第三产业增加值增长8.1%。工业总产值78亿元，增长12%；农业总产值4.5亿元，增长7%；全社会固定资产投资64亿元，增长8.2%；财政收入14亿元，增长2.3%；社会消费品零售总额70亿元，增长16.4%；进出口总额11.5亿美元，增长8.3%；实际利用外资5.4亿美元，增长2.5%；物价指数升幅控制在3%以内；人口自然增长率控制在10.2‰以内。**

为实现和完成我市1998年经济社会发展的奋斗目标和任务，要重点抓好以下几方面的工作：

(一)以企业改革为中心，推进和完善其他各项改革

改革是我们经济特区的工作主题，也是海口经济社会发展的根本动力。要继续坚持以改革促开放，以改革促经济发展。要从建立和发展社会主义市场经济的基本要求出发，学会通过深化改革去解决经济发展中出现的困难和问题，通过深化改革促进我市体制创新、优势创新。今年我市改革的重点是：

第一，坚持公有制实现形式多样化和多种经济成份共同发展，积极鼓励和支持发展非公有制经济。建省以来，我市民营企业、股份企业、合资合作企业不断增加，非公有制经济也取得显著发展，实行多种经济成份并存，海口是走在全国前头的地区之一，也是我们吸引投资的优势。在公有制实现形式多样化和多种经济成份共同发展方面，我们积累了很多宝贵经验。要进一步解放思想，更新观念，在公有制形式实现多样化特别是发展非公有制经济方面，政策上要进一步放开，待遇上一视同仁，领域进一步扩大。要使非公有制经济从单一的企业经营向社会公有、公共领域扩展，包括供水、污水处理等城市基础设施和公共领域都可放开发展非公有成份。国有企业要改变企业单一的公有制，重点从资本结构、产权结构改革上下功夫，建立具有新的活力和竞争力的国有资产运营新机制。

第二，加快优化企业资本结构步伐。1998年是优化工业企业资本结构试点的第三年，要精心组织，解决好前两年实施的破产、兼并、减员增效企业的终结核销，同时把今年计划破产、兼并企业的工作抓好，力争基本消灭市属国有工业企业亏损。1998年，要把国有商贸企业的改革作为重点，全面铺开商贸企业的优化资本结构工作。坚持"放小扶优"的方针，实行商贸企业产权重组。二轻系统、供销社系统所属集体企业，也要实施产权重组，大力优化资本结构。

第三，坚持抓大放小。抓大放小，对海口来说主要是放小的问题。除少数市属国有大企业外，其他国有企业能放则尽量放下去。"放"就是要从资产所有制关系上放下去，改变国有甚至是公有的性质；"放"就是要从经营管理上放下去，政府不再对这些企业承担经济责任。要深入调查研究，逐一进行分析和规划，采取更加灵活的措施实行分类指导，只要有利于企业发展、有利于职工安置的改革办法，我们都可以进行尝试。要制定"放小"的政策，特别是商贸小企业，一无场地二无资金的情况比较普遍，只要是政府管的国有资产，不管属哪个部门管理都可以考虑拿出来进行变卖、改组、重组和安置职工。

第四，积极推进各项配套改革。要围绕企业改革，做好社会保障制度的改革，下力气搞好安置下岗职工和待业人员的就业、再就业工程，建立适应社会主义市场经济发展的就业制度、社会福利制度和社会救济制度；加速实现政企分开步伐，制定国有资产管理法规和规章，建立有效的国有资产监管营运机制；启动消化房地产业，盘活房地产的存量资本；深化人事制度改革，继续下放权力；以普遍推行"三制"(直接办理制、窗口服务制、社会承诺制)为基础进行制度创新，建立工作责任追究制和承诺赔偿制，进一步提高机关工作责任心和办事效率。

特别要提出的是政府部门的机构改革今年将在全国展开，由于我市建省以来实行“小政府，大社会”管理体制，为政府部门机构改革顺利实施创造了十分有利的条件。根据海口实际情况，我们将采取大稳定、小调整的方法，进一步精简机构，简政放权，增强服务功能，切实把政府的职能转变到宏观调控、社会管理和公共服务方面来。

（二）进一步调整经济结构，提高经济总量和运行质量

1998年，要把经济结构调整的重点放在三大产业内涵结构的调整上，以提高经济效益为中心，提高经济质量，扩大经济总量。今年我市经济结构调整要突出两个方面：一是抓后劲。结构调整是经济长远发展的基础，也是经济发展的推动力。根据我市经济总量较小的实际，我们既要通过经济结构调整促进经济发展，又要坚持在发展经济中调整经济结构。这就要求我们要从我市产业方向和优势出发，有目的、有重点地促成一批具备长远发展、市场广阔和竞争力较强的大项目。只有这样才能使海口在迅速增加经济总量的同时保持比较合理的经济结构。二是抓提高。几年的结构调整已打下了我市经济今后良性发展的基础，进一步进行结构优化，就是要抓提高。抓提高就是要加速产品更新换代和产业升级，抓提高就是要努力提高三大产业的技术含量，抓提高就是要抓管理，通过改革、改组、改造和加强管理提高经济效益，提高经济运行质量。

要继续把提高和突出工业在国民经济中的地位和比重作为经济结构调整的重点，要充分体现“抓大放小”和扶优扶强的原则，培育优势产品，促进产品上档升级，提高企业自身的新技术、新产品开发能力。进一步加快支柱产业的培育，重点发展汽车、食品、橡胶制品、医药、新兴建材等具有优势和潜在优势的产业。

要围绕“菜篮子工程”发展城郊型农业，重点是提高个体生产经营规模，提高专业化生产水平，要培养农村种植、养殖专业大户。“菜篮子”工程要注重抓基地化生产，推广应用滴灌、大棚生产技术，大力发展无公害蔬菜生产。积极发展现代化农业，大力开发技术含量高、经济效益好的种植业和养殖业，走农业集约化道路。要因地制宜，贸工农相结合，全面发展乡镇企业。

优化提高第三产业，重点是加快发展旅游业和进一步消化房地产业。要加快水族馆、华夏广场等重点旅游项目建设，增加旅游景点，开设海口周边游等新的旅游项目，大力发展商务旅游和开发旅游商品，加强旅游市场管理，提高旅游服务质量和水平，争取我市进入全国第一批优秀旅游城市。要进一步落实住房按揭购房入户和返还交易环节税的政策，鼓励个人买房。可以把发展渡假旅游和盘活房地产结合起来，利用闲置房搞自助式渡假公寓。鼓励半拉子工程改变设计功能，把房地产业的主要方向引导到经济适用房的开发和住宅建设上来。鼓励发展信息产业，逐步联通各类信息系统。进一步加强市场建设，尤其是加快大型特色市场建设，逐步形成面向全省和周边地区的市场优势。

（三）突出重点项目，抓好融资引资，培育新的经济增长点

要继续把抓重点项目、大项目摆到重要议事日程上来，作为长期推动我市经济发展的新的经济增长点抓紧抓好。一是除了现有重点项目外，要以我市产业政策为导向，坚持高标准、高起点，选择一批新的重点项目。各级政府各部门和企业要立足海南，结合实际，规划一批重点招商项目，尤其是确定一批重点工业项目和旅游项目，有计划、有目的地进行招商。二是要改变单纯以土地进行招商融资引资的形式，可以以技术项目进行招商，以资产运营进行招商，以股份合作进行招商，或进行行业、专业性招商。特别是开发区要以更加灵活的招商引资措施，开辟新的融资引资渠道。三是实行重点项目和招商责任制，各级政府各部门要把抓重点项目和招商引资落实到单位和人头，部门领导要分工负责，抓好项目的前期准备、招商筹资到项目实施的全过程。所有政府部门都应为招商引资开绿灯，严禁设关设卡和乱收费。对引进项目和资金有突出贡献的直接个人，要按引资比例给予重奖。四是要加强重点招商引资项目的跟踪服务，加快项目实施，进一步提高资金的投入速度和使用效益。加强对港、澳、台经济交流与合作，开辟多方渠道，疏通各种关系，争取更大的投资。

海口保税区是对外开放的重要窗口，也是招商引资的重点。要注意发挥保税区的政策优势，采取灵活的办法，扩大招商，吸引更多的项目。已经确定的项目要抓紧实施，早日建成早日见效。政府各部门以及海关、商检、银行等都要为保税区的招商引资创造条件，共同为保税区的繁荣而努力。

（四）以创建为动力，进一步强化依法治市环境综合整治

1998年，是我市各种创建活动进入关键的一年。国家环保模范城市、环境综合整治十佳城市和优秀城市、国家卫生城市、国家园林城市、国家优秀旅游城市等六项创建活动进入评比考核，我们必须以创建国家先进城市为目标，把迎接检查化为全市人民的实际行动，把依法治市环境综合整治推向新的高潮。要加快硬件项目的建设，计划、城建部门已确定了27个建设项目，这些项目都是今年创建评比必须完成的项目，要根据轻重缓急有计划、有步骤地实施，特别是污水处理厂和垃圾处理场要作为重点抓紧抓好。实施绿化美化工程，加强绿化管理，全面对市区主干道和小街小巷绿化美化情况进行检查，重点对龙华路、工业大道、疏港大道、滨海大道街景进行绿化美化和美舍河一期工程整治。小街小巷的绿化美化要紧密结合治理脏、乱、差和消灭卫生死角，使小街小巷的卫生、绿化和环境状况有一个大的改观。要加大依法治市的力度，继续抓好治理脏乱差，抓好治理三乱和交通噪音、尾气污染专项整治。进一步加大已出台的城市管理法规的宣传力度，继续开展群众性执法宣传教育活动，增强市民法制观念，全面落实各项法规和规章。加强执法队伍建设，充分发挥街道、居委会的作用，完善各项管理措施，做到统一执法，严格执法，文明执法。进一步加强村镇规划工作，抓好城乡结合部村镇规划的编制，开展村容村貌整治，加快农村城市化进程。切实加强土地管理，严格控制农村乱占耕地，提倡节约用地。深入开展爱国卫生运动，确保迎检指标达标。

我市创建委员会及其办公室是我市各项创建活动统一筹划、统一部署、统一协调、统一指挥的职能部门，要精心组织好各项创建工作。要将各项目标和分数进行具体细化，落实到每一个部门和基层单位，并进行模拟打分检查考核，强化工作目标责任制，确保各种创建活动目标的实现。

（五）推进社会事业和精神文明建设全面发展

深入实施“科教兴市”战略，加强国内外科技交流，在工业、农业及各领域都要重视科技开发与应用，引进和推广一批新技术、新成果，特别要加快高新技术产业化，促进我市产业升级。继续抓好各种科技示范基地和科技重点项目的推广服务工作，进一步提高科学技术在经济增长中的比重。

要高标准、高质量实施九年义务教育，认真抓好职业教育和成人教育，大力推进素质教育，全面提高教育质量。关心教师的工作和生活，加强教师队伍建设。多渠道筹措教育资金，鼓励社会、企业、个人办学，加强薄弱学校建设，进一步完善教育基础设施，继续改善办学条件。

加快实施《健康城市规划》，以"2000年人人享有保健"为目标，以提高医疗技术水平和服务质量为中心，对各级医院开展达标建设，努力提高城市卫生健康水平。进一步加强预防保健，完善农村三级预防保健网，继续改善农村医疗条件，降低传染病发病率。

坚持一手抓扫黄，一手抓繁荣，进一步活跃群众性文化活动，鼓励文艺创作，办好文化团体，下力气狠抓一批文艺精品，丰富市民文化生活。依法加强文化市场管理，促进文化市场健康发展。广泛开展群众性体育活动，增强人民体质，努力提高竞技体育水平。要创造条件完善文化体育设施，不断满足人民日益增长的精神文化需要。

坚持不懈抓好计划生育工作，加强计划生育法制建设，严格"一票否决"，要把计划生育指标管理切实转到计划生育对象管理上来，促进我市计划生育工作走上规范化、法制化轨道。

坚持"两手抓，两手都要硬"，要把加强社会主义精神文明建设与经济建设放在同等重要位置上抓紧抓好。我们要把精神文明建设与改善投资环境密切结合在一块，精神文明与人类现代文明联系在一起，拓展和开辟我市精神文明建设的新内容、新形式，在全市大力开展创建现代文明机关活动，树立海口新的形象。要继续深入开展双拥共建和做文明市民、创文明单位活动，巩固发展双拥共建成果，争取我市成为国家文明城市。要加强爱国主义、集体主义、社会主义和艰苦创业精神教育，树立海口人跨世纪新的精神风貌。加强社会公德、职业道德和家庭伦理道德教育，净化社会风气，创造新型市风，全面提高广大市民的守法守纪和道德修养。进一步强化社会治安综合治理，严厉打击各种违纪违法犯罪活动，创造祥和、安定、文明的社会秩序。继续加强政府机关廉政建设，强化行政执法监察工作，坚决纠正部门和行业不正之风，严惩腐败分子。巩固发展我市"一转变两提高"专项整治成果，推进精神文明建设再上新台阶。

外事、侨务、对台事务、民政、司法、民族、宗教、防震减灾等工作要有新的发展。

(六)关心群众生活，努力提高人民的生活质量和水平

要把关心群众生活，提高市民的生活质量和水平作为政府工作的根本出发点。要注意倾听群众呼声，体察群众疾苦，认真及时地解决好群众关注的"菜篮子"、物价、住房、供水、供电、交通、医疗、社会治安和就业等热点、难点问题。今年要重点抓好就业再就业工程，要把就业再就业作为"一号工程"、"一把手工程"，由各级政府主要领导亲自抓，要以块为主，建立起市、区、办事处、居委会四级管理和服务网络。一方面要千方百计扩大就业门路，以发展新兴行业和服务行业，兴办第三产业，开拓就业渠道；另一方面要加强劳动力市场管理，按照"先市内后市外，先省内后省外"的原则进行安置，对外来劳动力实行总量控制，必须确保本市待业人员和下岗职工的安置岗位，力争使我市失业率控制在最低限度。要及时解决低收入水平的生活困难户的问题，继续做好残疾人、孤寡老人、农村五保户和城市救济户的生活保障。进一步完善由居委会、办事处到区、市的困难户的救济保障网络，对于人民群众因天灾人祸、意外事故所造成的突发性和暂时性困难，给予充分的关心和帮助，切实保障人民群众的基本生活权益。对政府投资兴建的双困房出租屋，要做好安置工作。要加强调查研究，认真解决好群众来信、来访，继续办好市长专线电话，密切注意群众反映的热点问题，采取措施加以解决，为人民群众办实事、办好事，努力提高人民群众的生活质量和水平。

(七)加强计划、财政工作

计划工作要按照突出宏观性、战略性和政策性的要求，把重点放在研究发展战略、制定重大政策、搞好大的平衡和抓好重点项目上。要加强对经济运行的跟踪监测和分析，制定实施经济结构战略性调整规划，对发展中出现的新矛盾、新问题要及时研究及时提出对策及时解决。要进一步加强计划工作的针对性和指导性，定下来的计划项目和资金要严格执行计划，在资金的调剂和运用方面，要确保重点计划项目的实施。对市财力安排的基本建设项目，要严格控制投资规模，严格控制预算，一旦确定，不能超支更不能随意超规模。目前，我市财政形势相当紧张，必须保证财税收入和财政收支平衡。加强税收征管，在堵塞漏洞的同时，各级政府部门要加强协调配合，注意培育和涵养税源，大力组织财税收入，确保全年财政收入预算的完成。要严格控制财政支出，压缩非生产性开支。严格执行《预算法》，部门经费包干到底，超支不补。要坚持收支两条线，加强预算外资金的管理和使用。要建立健全基建项目预算审核、决算核消、支出稽查工作制度，各有关部门都要切实负起责任，把好预算、拨款、决算等关口，要把有限的资金用在刀刃上，确保重点工程。各级各部门要有艰苦创业思想，在各种活动和工作中讲求节约、禁止大手大脚，坚决把财政支出压下来。

(八)转变作风，狠抓落实

今年，要在去年政府机关广泛开展"一个转变，两个提高"的基础上，大力进行创建现代文明机关活动，包括机关作风建设、思想道德建设、廉政建设和业务素质建设等诸多方面，是对我们推行"三制"的进一步发展和提高。创建现代文明机关要强化整章建制，完善制度，规范管理；要讲求办事公开化、制度化、程序化；要创造高效灵活、严谨规范的工作程序。各级政府机关要树立朝气蓬勃、健康向上的精神风貌，不断提高机关工作人员的事业心和责任感，以简便、公开、快捷的办事原则，创造一个良好的投资环境，塑造政府机关良好的形象。

各级政府机关要以创建现代文明机关为动力，狠抓工作落实。这是创建现代文明机关的关键，也是我们工作的关键。政府机关要坚决克服主观主义、官僚主义和形式主义，要深入基层、深入群众，了解真实的情况，把党和国家的各项方针政策不折不扣贯彻下去，把各项工作落到实处，严禁弄虚作假和做表面文章。今年，要继续实行工作目标责任制，要把工作目标和任务逐级分解，层层落实 做到任务分解，分级负责，责权分明，严格考核奖惩。要加强各项工作任务的催办查办和督办，对有令不行、有禁不止、不负责任的人和事，要坚决进行处理，追究责任，确保政令畅通。

各级政府机关要坚持党的领导，必须坚定不移地贯彻党中央、国务院和省委、省政府的方针、政策和意图，必须在市委的统一领导下，服从党委的决议和决定。要自觉接受人大监督、指导，广泛开展民主协商，虚心听取政协、各民主党派、人民团体和各界人士的意见，切实把协商纳入决策程序。认真办理和答复、落实人大、政协的议案、提案和批评建议，把政府和各部门的工作做得更好。

各位代表，历史即将迈进二十一世纪，面对改革攻坚和开创新局面的艰巨任务，我们一定要认真贯彻党的十五大精神，高举邓小平理论伟大旗帜，团结和依靠全市人民，同心同德，开拓进取，扎实工作，把我市的改革开放和现代化建设推向新阶段。

关于海口市1997年国民经济与社会发展计划执行情况和1998年计划(草案)的报告

——1998年4月18日在海口市第十二届人民代表大会第一次会议上

海口市计划局局长　黄行光

各位代表：

我受市政府的委托，向大会报告海口市1997年国民经济与社会发展计划执行情况和1998年计划安排草案，请予审议，并请政协各位委员和其他列席代表提出意见。

一、1997年计划执行情况

1997年，我市按照市委、市政府年初确定的经济工作方针，加快结构调整，大力推进以优化资本结构为重点的各项改革，积极培育新的增长点，国民经济呈现加快回升的良好态势，比较圆满地完成了全年的各项任务。据统计，全年国内生产总值完成104.58亿元(当年价)，按可比价计算比上年增长7.1%。其中：第一产业完成增加值2.89亿元，增长10.4%，第二产业完成26.53亿元，增长9.3%，第三产业完成75.16亿元，增长6.2%。

(一)工业在调整中加快发展，经济效益明显提高。优化资本结构进展顺利。至97年底，共对22户企业实施了破产、兼并、减员增效等优化重组，盘活资产6.6亿，消除债务10.51亿，转移债务2.56亿，新增工业投入3.5亿。工业发展速度加快。全年工业总产值70亿元(现行价)，比上年增长14.2%，工业增加值13.66亿元，增长13.1%，工业产品销售率95%，比上年提高3.7个百分点。国有工业重焕生机，企业走出了困境，其他经济类型工业平稳增长，工业经济运行趋于稳定和正常。发挥地方资源优势的医药、食品饮料和橡胶化学工业发展势头良好，形成了以海罐、海药、橡胶五厂、养生堂、优美内衣、东洋水产和富达磁电等为代表的一批优势企业、骨干企业(集团)；亚太啤酒、海宇镀锡等一些技术含量高的大型项目开始投产，工业发展后劲增强。工业扭亏增盈见成效，经济效益有较大改善。97年底，市属35家工业企业亏损9家，比上年减少21家，亏损面由71.4%降到20.9%；利润总额由上年净亏1.5亿转为盈利3360.9万元，结束了1995年以来连年净亏损的局面。

全年邮电业务总量完成8.82亿元，增长30.1%。年末电话装机容量、市话普及率、移动电话用户等均有较大幅度的增长。邮电通信业整体水平进一步提高。

(二)“菜篮子”普遍增产，农村经济稳步发展。前几年市委、市政府对“菜篮子”工程大量投入，使“菜篮子”工程基础稳固，渐成规模，加上全年没有大的自然灾害影响，风调雨顺，农业生产获得了好收成。全年农业总产值完成4.2亿元(当年价)，比上年增长14.5%。“菜篮子”普遍增产，蔬菜总产量达10.9万吨，增长6.7%，肉类总量1.597万吨，增长48.2%，禽蛋总量3100吨，增长2.5%，水产品总量1.16万吨，增长6%。农民人均纯收入3052元，比上年略有增加。乡镇企业全年完成产值15.04亿元，增长10.8%。

(三)投资结构得到调整，资金来源进一步多元化。全年全社会固定资产投资完成59.34亿元，比上年下降6.8%。下降的直接原因主要是：海南航空公司和海南高速公路公司两家合计减少投资近10亿。虽然全社会投资数量下降，但结构得到优化。投资额的82.9%投向基本建设，更新改造投资增长了55.7%；投资向大项目和工业项目集中，海宇镀锡板、亚太啤酒、赛格大厦等均为超亿元大项目，房地产中住宅投资也日趋活跃。扩大企业直接融资，资金来源进一步多元化。先后有罗牛山、管道燃气等股份公司上市，从资本市场获取资金4亿多；海药、海德转让7000多万国有股权，获得资金1.66多亿元；国有企业破产、兼并和改制也增加了新的资金来源。据统计，全年通过各种形式的资本营运共从资本市场直接融资近10亿。这是我市大胆创新投融资机制，发展资本市场，扩大直接融资的成功尝试。

(四)消费品市场保持平稳，市场物价继续回落。市场货源充裕，全年实现消费品零售总额60.13亿元，增长9.2%，扣除价格因素，实际增长9.5%。从行业看，批发零售贸易、餐饮业略有下降，制造业和其他行业增长较快；从经济类型看，个体经济和其它经济类型增长较快。物价涨幅继续回落。全年消费品零售价格指数为99.7%，居民消费价格指数为101.3%，分别比上年下降3.2和3.7个百分点，已回落至“八五”以来最低点。

(五)出口大幅增长，利用外资明显回升。全年口岸进出口总值10.62亿美元，比上年下降18.7%。其中，进口总值8亿美元，下降27.2%；出口总值2.62亿美元，增长26.1%。在出口中，地产品增长较快，加工贸易大幅增长，“三资”企业继续成为我市出口创汇的中坚力量。优美内衣、东洋水产、市五矿公司、富达磁电、橡胶五厂等企业成为出口创汇大户。

全年实际利用外资5.27亿美元，比上年增长7.2%，止住了95年以来连年下滑的局面。外商投资结构继续优化。被列为省、市重点的投资超亿元外引内联大项目中，亚太啤酒厂、海宇镀锡板厂、文华大酒店等已建成投产，大华多媒体电脑光盘项目已进入设备调试阶段，华夏海洋世界、子午线轮胎等项目正在加紧施工前的资金落实工作。利用国外贷款取得积极进展。罗牛山肉联厂已于今年元月建成投产，市中心区供水项目已进入工程收尾阶段，污水处理厂项目正加紧施工；世纪大桥利用外资方案、美舍河综合整治项目申请利用韩国政府贷款495万美元、爱婴医院改用西班牙政府贷款300万美元、垃圾处理场改用瑞典政府贷款496万美元已获国家计委批准。

旅游业发展势头见旺。97年我市围绕创建“中国优秀旅游城市”，加快旅游产业开发和行业管理，取得良好效果。全年涉外宾馆接待旅游者210万人，增长8.9%，旅游营业总收入12.79亿元，增长6.9%。

(六)财政收入完成计划,金融形势相对平稳。全年财政收入13.68亿元,比上年增长2.1%,完成年度计划。财政收入的结构有所改善。工业对财政的贡献大幅增加;旅游服务业对稳定财源的作用继续增强。金融机构存贷款稳定增加,年末各项存款余额229.18亿元,比年初增长5.5%;各项贷款余额200.95亿元,增长10.3%。

(七)依法治市成绩显著,各项事业稳步发展。依法治市促进了城市基础设施建设的完善与配套。全年完成城市建设投资3.129亿元。主要完成了以长堤路扩建为重点的道路工程和以南大桥整治为重点的综合整治工程13009万元;以完善城市供排水设施的配套工程17540万元。科技工作重点做好实施项目的跟踪服务,一批高新技术项目进展顺利。制药厂的"生白素的研究与开发"项目,产品已通过国家卫生部组织的验收。教育事业全面发展,教学质量明显提高。全市高考入围率66.7%,创历史最好成绩。教育结构进一步优化,职业技术教育招生占普通高中的比例达55.3%。办学条件继续改善,市十中、七中、十八小、十二小教学楼、流水坡教师村、十一小住宅楼工程已基本竣工,秀英区"双基达标"通过了省评估验收。群众性文化体育活动蓬勃开展。成功地举办了市第八届运动会,组团参加国内外大型比赛,共获得金牌11枚,银牌4枚,铜牌25枚,体育竞技水平得到提高。卫生医疗以防疫为重点,全年计划免疫相应传染病发病率均控制在2%左右,儿童计划免疫"四苗"接种率超过国家标准;市人民医院通过三甲标准评审,全市卫生医疗条件进一步改善。计划生育工作取得好成绩。全年人口出生率为13.5‰,人口自然增长率为10.29‰,均在计划控制范围内。

1997年经济社会发展的情况表明,我市经济已呈现出加快发展的趋势,改变了经济低速增长的局面;产业结构调整初见成效,新的支柱产业开始形成;以优化资本结构为中心的企业改革有突破性进展,工业企业效益显著提高;资本运营成绩突出,从资本市场直接融资大幅增加。这些特点,既是我市经济基本摆脱低速运行的困境、步入适度加快发展轨道的重要标志,也是几年来市委、市政府把握机遇、正确领导实施决策,狠抓结构调整取得的积极成果,并将成为促进我市加快发展的积极因素。

在肯定成绩的同时,我们也清醒地看到,我市经济运行中还有一些突出的矛盾和问题,主要是结构调整的任务还很艰巨。工业结构调整尚未完成;商业结构调整还未开始,商业效益低下、历史包袱沉重,结构调整的难度大;房地产沉淀的资金和积压的房产没有解决。房地产"半拉子"工程多,部分居民住房偏紧和商品房大量积压同时并存,虽然去年出台了一些政策,但收效并不明显;由于房地产沉淀资金多,造成银行和非银行金融机构的不良资产仍呈上升趋势,银行信贷资金紧张,企业缺少银行在生产和流动资金方面的支持。这些矛盾和问题,必须引起高度重视,在今后的工作中着力加以解决。

二、1998年经济社会发展调控目标和主要任务

今年是我市"九五"计划承先启后的关键一年。市委市政府提出,今年我市经济工作的总体要求是:**认真贯彻党的十五大、中央经济工作会议和省第三次党代会精神,坚持稳中求进、适度加快发展的方针,继续推进经济体制改革和经济增长方式的转变,加大经济结构调整力度,加快改革开放步伐,创造更加良好的经济发展环境,提供更加良好的经济发展条件,力争我市1998年国民经济增长速度与经济效益达到和超过全国平均水平,促进社会全面进步。**

根据上述要求,1998年我市国民经济和社会发展计划安排主要目标如下:

——**国内生产总值115亿元,增长8.5%,其中,第三产业增加值82.8亿元,增长8.1%;**

——**零售物价指数升幅控制在全国平均3%以内;**

——**工业总产值78亿元,增长12%;**

——**农业总产值4.5亿元,长7%;**

——**全社会固定资产投资64亿元,增长7.9%;**

——**财政收入14亿元,增长2.3%;**

——**社会消费品零售总额70亿元,增长16.4%;**

——**进出口总额11.5亿美元,增长8.3%;**

——**实际利用外资5.4亿美元,增长2.5%;**

——**人口自然增长率10.2‰。**

市级财力预算内计划暂按2.5亿安排。按照"保重点、保竣工、保投产"的原则,适度增加对生产性项目投资,支持企业改革和结构调整,继续优化投资结构,提高有限资金的使用效益。初步安排城建资金8000万元,农口部门560万,教育部门3000万,宣传部门1890万,文体部门312万,卫生部门1556万,政法部门1500万,民政部门500万,科技部门720万,机关和社会事业团体3899万,其他项目2563万元。

城市建设投资仍执行滚动计划。初步安排21762万元(含计划偿还历年工程欠款7000万元)。主要围绕创建国家卫生城市、国家环保模范城市,重点安排以海府路人行道整治、长堤路扩建配套工程和海秀中路、海垦路、白龙路整治为重点的市政整治建设项目2579万元;以贯通机场路和滨海大道南侧扩建工程为重点的市政续建工程1475万元,安排世纪大桥、美舍河整治等新建工程配套资金1500万元,安排污水和垃圾处理等基础设施工程8863万元。

上述目标,经本次人民代表大会审议批准后,我们将认真抓好落实。

1998年国民经济和社会发展的主要任务有以下几个方面:

(一)大力调整工业结构,继续强化工业的主导地位。

今年工业结构调整,要突出优化资本结构与企业技术创新、资本运营相结合,加快产品结构、行业结构调整,集中力量,扶优扶强,促进生产要素向优势产业集中,支撑全市工业经济的有效增长,继续提高工业经济在国民经济中的地位。计划实现工业总产值78亿元,增长12%,工业增加值15.2亿元,增长11.4%。为确保这一目标的实现,重点要抓好几项工作。一是以存量吸引增量,加速骨干企业资本扩张和优势产品市场扩张,继续加快医药、饮料食品、橡胶化工等优势行业的发展,促进生产要素向优势行业集中,优化工业行业结构。二是以名牌产品、优势企业为依托,以资产为纽带,加快发展企业集团,尽快形成规模优势。在椰树、海药、金盘等企业的基础上,发展制药、饮料和机械等企业集团。通过资本存量的合理调整,积极调整企业组织结构,壮大企业规模,向规模要效益。三是以骨干企业为主体,以创名牌、争市场为目标,依靠科技进步,加快产品结构调整。对名牌产品或市场占有率较高的优势产品要继续加以扶持。鼓励企业开发新产品和技术创新,培植一批"名优特新”产品，以此带动整个工业水平的提高。四是抓好重大工业项目建设。列入今年重点建设的工业项目有8个，要千方百计保证项目按进度实施。

（二）加快发展商贸、旅游业，提高第三产业层次和水平。

旅游业要发挥热带旅游的优势，重点发展会务旅游、商务旅游和休闲度假旅游；发展旅游产业体系，丰富旅游层次，规范旅游业管理，全力争取我市进入“中国优秀旅游城市”行列，在实施变旅游通道为旅游基地战略中取得实质性的突破。

商贸业要抓住扩大优化资本结构试点范围的机遇，重点抓好商贸企业改革工作，增强国有商贸企业活力；要在现有商业设施和大型商贸企业的基础上，抓紧组建和发展几个大型综合性商业企业集团；大力发展以连锁经营、配送中心和商业代理制等为重点的新型流通组织形式和服务方式，扩大批零业务范围和区域，提高商业流通的组织化程度和规模效益。

商贸、旅游两个产业关联度高，要努力做到形成优势互补、相互促进，从而提高第三产业层次和水平。计划实现第三产业增加值82.8亿元，增长8.1%。

（三）发挥城郊农业优势，努力提高“菜篮子”生产的集约化水平。

计划实现农业总产值4.5亿元，增长7%；农业增加值3.2亿元，增长6.5%；乡镇企业总产值4.96亿元，增长7.7%（按新的统计口径）。蔬菜总产量10.9万吨，与上年持平；肉类总产量1.72万吨，增长8%；蛋品总产量3200吨，增长3%；水产品总量1.2万吨，增长3.2%。今年“菜篮子”建设的重点是保持产量稳步增长，积极改善品种结构，增强均衡上市能力，丰富市场供应，保持副食品价格的稳定。要注意防止“菜贱伤农”事情发生，保护菜农的积极性。

（四）加大投资力度，突出重点建设。

初步安排全社会固定资产投资规模64亿元，增长7.9%。新开工、续建和投产大项目有：东艺氧化钴、大华多媒体光盘、罗牛山屠宰冷冻加工厂、聚脂切片熔体直纺、子午线轮胎、海脉素、圣宝生物制品、海富制药、华康制药等规模较大、技术含量较高的工业项目；华夏海洋世界、假日海滩水世界等重点旅游项目；世纪大桥、垃圾处理场、污水处理厂、供水工程、爱婴医院、海口商业广场、美舍河整治、海南国信专用船等利用外资的基础设施及公益事业项目。同时，抓好南渡江防洪工程列入国家政府贷款计划项目及其他项目的前期工作。

积极筹措建设资金。抓住国家增加固定资产投资，增加银行贷款的有利时机，搞好重点项目申报工作，争取有一批项目能够列入国家投资计划；对于我市基础较好的医药、饮料食品和橡胶化工业，要选好技术改造项目，争取纳入国家“双加”贷款项目。积极鼓励非国有经济、个体、私营实体投资。加大招商引资力度，继续积极有效利用外国政府、国际金融组织的优惠贷款；抓住东南亚和东亚金融动荡后，欧美投资者有可能转向我国的机遇，结合优化资本结构，大胆尝试“以资源换技术、以产权换资金、以市场换项目、以存量换增量”的办法，放开手脚吸引外商直接投资和国内投资。今年计划实际利用外资5.4亿美元，增长2.5%。

（五）积极开拓市场，拓宽消费领域，培育新的增长点。

工业要加大新产品开发力度，用好的产品去开发市场需求。旅游业要推广寰岛泰得、金海岸罗顿等酒店的做法，鼓励旅游企业以不同形式，加盟国际、国内酒店连锁管理集团，加强对国内外旅游市场的开拓；商贸业要服务“一省两地”战略，工商联手、工贸结合，整体向全省、内地和国外市场开拓；要大力发展信息网络，开发信息市场，加快我市信息产业化进程；积极发展对外贸易，努力扩大出口规模。通过开拓市场，加强行业管理，全面提高企业效益。市属国有工业今年要基本消灭亏损企业，全行业效益也要明显改观。

活跃房地产是今年开拓市场的重点。要以落实市政府出台的相关政策为基础，以激活住宅二级市场为中心，扩大需求和抑制供给双管齐下。在完善住房公积金提取和加快公房出售进度的同时，抓紧制定政策，在放开住房二级市场这个关键环节有所突破。同时，搞活房地产交易，用足购房入户政策，对契税实行“先征后返、即征即返”；落实银行按揭贷款，扩大按揭成数，延长按揭期限。要协调好规划、土地、房产、房改、财税等方面的关系，尤其是灵活把握房产交易环节有关政策的实施。为促进住宅市场商品化和房地产业复苏，今年起，对机关、行政事业单位筹资建房，不立项，不审批，不补贴，鼓励购买商品房。

（六）抓好“依法治市”和综合创建，加强精神文明建设，促进经济社会协调发展。

以创建国家卫生城市、国家环境保护模范城市等为中心，抓好世纪大桥、垃圾处理场、污水处理厂等项目建设，进一步增强城市基础设施的配套功能；搞好美舍河、海甸沿江一路整治、万绿园整治以及亮丽工程等市政重点整治项目，进一步治理城市“三乱”，提高城市综合管理水平。

深入开展群众性精神文明创建活动，提高城市文明程度。继续坚持爱国主义、集体主义、社会主义教育，加强社会公德、职业道德、家庭美德建设，提倡为人民服务的道德风尚。广泛开展创文明机关活动，努力把“一转变两提高”引向深入，推动我市精神文明建设再上新台阶。

进一步加快各项社会事业的发展。认真落实市委市政府《关于科教兴市决定》，办好高新技术产业开发区，抓好外向型的星火技术项目和产品的开发。继续深化教育体制改革，大力发展职业技术教育，进一步提高教育水平；按照《海口市健康城市发展规划纲要》的要求，进一步搞好医疗卫生设施改造和建设，形成布局合理、形式多样的医疗服务网络。要层层落实目标管理责任制，强化依法管理，把计划生育工作同提高人口素质结合起来。积极实施全民健身计划，大力开展群众性体育活动。继续加强文化市场的建设和管理，形成健康、繁荣、有序的文化市场，促进新闻、广播电视事业发展，不断满足人民群众对文化生活的需求。要在发展经济的基础上，努力增加职工的实际收入，逐步提高人民生活水平。

三、突出体制创新，提高开放水平，加快产业升级步伐，全面完成1998年经济社会发展的各项任务

目前，我市经济正步入一个新的发展阶段，加快发展的条件很多，我们要采取有效措施，确保今年国内生产总值8.5%以上的增长速度，实现市委、市政府提出的“稳中求进，适度加快发展”的总体要求。

（一）突出体制创新，完善市场经济体制，形成充满活力的新机制。

继续深入优化资本结构。列入1998年优化资本结构计划的工业企业有9家，要认真做好破产、兼并和减员增效工作。

初步确定10家商贸企业为改革试点。针对商贸企业资产资金少和受政策局限的实际，研究出台深化商贸企业改革的具体实施办法，加大"放小扶优"工作力度。

加快放小步伐。鼓励和支持联合兼并、分块经营、分立重组、赎卖转让、变现资产、注资承债等多种方式，通过加快组建股份制、股份合作制企业，彻底放开放活小企业，放掉劣势企业。发挥我市非国有经济在商贸行业的优势，积极鼓励混合经济参与国有商贸企业的改革，实现公有制的多种实现形式。

放手发展非公有制经济。在财政、税收、金融、物价和法规等方面，消除不同所有制经济之间的政策差异，创造有利于非公有制经济发展的外部环境。研究制定不同所有制经济的发展领域、发展重点及发展途径的规划，推动非公有经济进行二次创业，增强我市经济发展的活力。

推进和完善各项配套改革。重点抓好国有资产经营管理公司的建立和运作，逐步建立有效的国有资产管理、监督和营运机制，计划、财政、审计等部门要对国有控股(参股)上市企业募股、扩股资金的使用方向、使用效益加强监督，避免资金挪作他用。进一步完善社会保障体系，重点抓好职工的就业再就业安置工作，解决好困难职工的生活问题，确保社会稳定。

(二)拓展思路，放宽领域，提高对外开放水平。

增强全方位对外开放意识，落实国民待遇，改善投资环境，促进利用外资稳步增长。继续完善对外资企业的服务程序，努力做到以最少的环节、最高的效率，提供最优的服务，注重从银行融资、海关税赋、财政税收等多方面落实国民待遇；大力发展以服务于外商投资的咨询、顾问、中介等行业；逐步开放内销市场，对符合国家产业政策、技术先进的外资企业产品，给予尽可能大的内销比例；充分利用国家对高新技术进口设备、技术免征关税、进口环节增值税的政策，鼓励外资投向基础产业和高技术产业。

实施以质取胜和市场多元化战略，进一步优化进出口结构。简化生产企业进出口经营权申报手续，大力发展出口加工企业，扶持出口创汇企业，培植出口产品基地；引导增加出口信贷，加快出口企业退税，促进优势产品出口；进一步深化外贸体制改革，全面推行外贸代理制，推进生产企业自营出口，增强竞争力；鼓励扩大对外工程承包和劳务输出，巩固原有市场，开拓新兴市场。

根据国家"有步骤地推进服务业的对外开放"的方针，大胆尝试放宽允许外资进入的领域和方式。除法律、法规禁止外资经营的行业和商品外，其他行业和商品允许外资企业经营；经行业行政主管部门批准，允许外商试办特殊行业经营；为促进商贸业的发展，允许利用外资发展上规模、高水平的商贸业，鼓励外资参与国有商贸业的资产重组；为扩大旅游促销渠道，探索外资旅行社以适当方式进入我市旅游业的途径。

(三)转变增长方式，加快产业升级步伐。

加快发展优势行业，尤其是要进一步增强工业、旅游、商贸业三大产业的支柱地位，善始善终完成我市三年结构调整的任务。通过加快产业升级，全面提高国民经济的整体素质和运行质量，实现增长方式的转变，从根本上增强海口经济的总体实力和发展后劲。

积极发展高新技术产业。推动产业升级的关键在于实现产业技术升级。要加强引进和消化吸收先进技术改造传统产业，提高优势产业的技术水平，集中力量发展名优特新产品，形成独具特色的产业规模经济。着眼于我市跨世纪发展的需要，发展高新技术产业的重点应放在医药生物工程技术，电子信息技术和海洋、生态环保工程等方面。要建立科技投入体制与机制，形成以政府投入为引导、企业投入为主体、吸引社会资金和外资为补充的科技投入体系。

借助保税区的政策优势和特殊功能，通过加强内引外联，扶持一批高新技术骨干企业，尽快形成规模经营，带动全市高新技术产业发展；精心引进和培育高新技术名牌产品，特别是自己拥有知识产权的名牌产品，为我市高新技术产业发展建立可靠的技术依托和产品储备。以海口国际科技工业园、保税区为试点和起点，积极支持、鼓励引导发展科技风险投资，加速我市高新技术产业化进程。

(四)加强和改进宏观经济管理，为促进我市经济适度加快发展营造良好环境。

积极发挥产业政策的导向作用，推动产业结构调整。衔接"一省两地"的产业发展战略，加紧制订产业、产品投资指导目录及实施办法。对于优先发展的产业，政府在资金、税收、进出口等方面进行适当扶持，在用地上实行优惠，在用汇与引资上提供便利；对鼓励发展的产业，通过综合补偿、适当免税让利给予支持；对允许发展的产业，完全由市场竞争决定，政府加强服务；对于限制发展的产业，则从立项、规划和报建等方面实施源头控制。

继续加强重点建设项目的信息管理工作，确保投资项目质量。加紧研究论证一批新的技术起点高、带动能力强、规模经济效益显著的项目，搞好前期工作 积极争取补充进国家或省的投资计划。加紧出台我市重大建设项目管理办法。凡在海口的重大项目，不论其所有制形式，不论其投资方式，都应纳入我市重点项目建设计划，受到重视与支持。

强化对市级财政建设资金的规范化管理。凡财政预算安排的属于基本建设用途的各种资金，要纳入全市固定资产投资计划管理，统筹安排，严格审计监督。坚持把政府用于建设的各项资金集中管理，集中使用，规范资金使用方向。对具有一定经济效益的项目，均要实行资金有偿使用制度。属于股权投资的，要明晰产权，按股分红、分利，确保国有资产的保值增值。

继续加强对经济运行的监测监控。及时发现和解决热点难点问题。今年将重点对工业、商贸、金融等行业进行调查研究，提出行业调整、改革和加快发展的具体意见。

各位代表，1998年我市经济和社会发展的任务十分艰巨。我们要认真贯彻落实党的十五大会议和省、市党代会精神，在市委、市政府的领导下，进一步抓住机遇，团结奋进，开拓创新，努力克服前进中的困难，全面完成1998年经济社会发展的各项任务，为我市跨世纪发展奠定坚实的基础！

谢谢各位代表！

关于1997年海口市财政预算执行情况和1998年财政预算(草案)的报告

——1998年4月18日在海口市十二届人民代表大会第一次会议上

海口市财政局局长　高荣瑞

各位代表：

我受市政府的委托，向大会提出1997年预算执行情况及1998年预算草案的报告，请予审议，并请市政协各位委员提出意见。

一、1997年预算执行情况

1997年，在市委、市政府的正确领导下，我市人民高举邓小平理论伟大旗帜，深入贯彻党的十五大精神，实现了稳中求进，适度加快经济发展方针的总体要求，经济发展速度明显加快，产业结构调整初见成效，新的支柱产业开始形成，国有企业改革有突破性进展，资本运营成绩突出，工业企业效益显著提高，对财政的支撑能力增强，为财政预算的顺利执行创造了条件，我市财政预算执行的情况总体是好的。1997年我市财政总收入136,751万元，完成预算101.1%，比上年增收2,815万元，增长2.1%。财力为83,720万元，比上年增长2.6%。财政支出83,702万元，完成预算101.7%，比上年增长2.6%。收支相抵，结余18万元。以上数据在决算编成报省批复后，可能会有一些变化。

1、1997年全市(含区)预算汇总完成情况

——经常性预算收入71,226万元，为年度预算的102.8%，比上年的68,737万元增收2,489万元，增长3.6%。主要收入项目完成的情况是：(一)各项税收29,452万元，为年度预算的102.5%。其中，工商税收26,120万元，为年度预算的99.8%；农业税及契税581万元，为年度预算的193.7%；企业所得税2,751万元，为年度预算的122.3%。(二)国有企业上缴收益4万元。(三)计划亏损补贴—2,407万元，为年度预算的77.7%。(四)其他收入(主要是罚没收入和行政性收费收入及其他杂项收入)10,401万元，为年度预算的102%。(五)税收返还28,551万元。(六)上级经常性补助收入5,207万元。(七)上年结余18万元。

——经常性预算支出47,612万元，为年度预算的103%，比上年增长2.6%。主要支出项目完成的情况是：(一)事业发展和社会保障支出25,248万元，为年度预算的105.8%。主要包括：农林水气象事业费667万元，为年度预算的100%；文教事业费9,017万元，为年度预算的100%；科学事业费268万元，为年度预算的100%；抚恤和社会救济费1,967万元，为年度预算100%；工交商事业费212万元，为年度预算的100%；其他部门事业费6,473万元，为年度预算的127.4%(主要是对工商局和房产局行政性收费返还2,043万元)；卫生事业费3,894万元，完成预算100%；行政事业单位离退休经费2,750万元，完成预算100%。(二)国家政权建设支出17,122万元，为年度预算的100%，其中：行政管理费8,988万元，为年度预算的100%；公检法支出7,720万元，为年度预算的100%；武警支出414万元，完成预算100%。(三)价格补贴支出1,106万元，为年度预算的100%。(四)其他支出4,136万元，为年度预算的100%。经常性预算收支相抵，结余23,614万元，转入建设性预算。

——建设性预算收入36,108万元，为年度预算的100%，比上年下降4.3%。主要收入项目完成情况是：(一)经常性预算结余结转23,614万元。(二)专项建设性收入12,494万元，为年度预算的95.7%，主要包括：城市维护建设税7,851万元，为年度预算的95.7%；耕地占用税241万元，为年度预算的80.3%；排污费382万元，为年度预算的152.8%；教育附加费3,451万元，为年度预算的93.3%；国有土地有偿出让收入158万元，为年度预算的79%；上级专项补助收入411万元。

——建设性预算支出36,090万元，为年度预算的100%，比上年下降4.3%。主要项目完成情况是：(一)基本建设支出20,641万元，为年度预算的100%。(二)简易建筑费50万元，为年度预算的100%。(三)支援农村生产支出1,411万元，为年度预算的100%。(四)城市维护费支出10,167万元(含冲转专项借款1,200万元)，为年度预算的100%。(五)科技三项费100万元，为年度预算的100%。(六)专项支出3,721万元(其中教育附加费3,521万元，排污费200万元)，为年度预算的100%。建设性预算收支相抵，结余结转18万元。

2、1997年市本级(不含区)财政收支预算完成情况

——经常性预算收入59,626万元，为年度预算的103.2%，比上年增长4%。主要收入项目完成情况是：(一)各项税收23,057万元，为年度预算的103.3%。(二)企业收益4万元。(三)企业亏损补贴—2,407万元，为年度预算的77.7%。(四)其他收入(主要是罚没收入和行政性收费收入及其他杂项收入)10,146万元，为年度预算的99.5%。(五)税收返还23,601万元。(六)上级经常性补助收入5,207万元。(七)上年结余18万元。

——经常性预算支出37,349万元，为年度预算的103.6%，比上年增长8.4%。主要支出项目的完成情况是：(一)事业发展和社会保障支出19,847万元，为年度预算的107%。主要包括：农林水气象事业费552万元，为年度预算的100%；文教事业费5,680万元，为年度预算的100%；科学事业费256万元，为年度预算的100%；抚恤和社会救济费1,967万元，为年度预算的100%；工交商事业费212万元，为年度预算的100%；其他部门事业费5,987万元，为年度预算的127.6%(主要是对工商局和房产局行政性收费返还2,043万元)；卫生事业费3,297万元，为年度预算的100%；行政事业单位离退休经费1,896万元，为年度预算的100%。(二)国家政权建设支出13,559万元，为年度预算的100%。主要包括：行政管理费6,149万元，为年度预算的100%；公检法支出6,996万元，为年度预算的100%；武警支出414万元，为年度预算的100%。(三)价格补贴支出1,106万元，为年度预算的100%。(四)其他支出2,837万元，为年度预算的100%。经常性预算收支相抵，结余22,277万元，转入建设性预算。

——建设性预算收入34,771万元，为年度预算的100%；比上年下降2.7%。主要收入项目完成的情况是：(一)经常性预算结余结转22,277万元。(二)专项建设性收入12,494万元，为年度预算的95.7%。主要包括：城市维护建设税7,851万元，为年度预算的95.7%；耕地

占用税收入241万元，为年度预算的80.3%；排污费收入382万元，为年度预算的152.8%；教育附加费收入3,451万元，为年度预算的93.3%；国有土地有偿出让收入158万元，为年度预算的79%；上级专项补助收入411万元。

——建设性预算支出34,753万元，为年度预算的100%，比上年下降2.7%。主要支出项目完成的情况是：(一)基本建设支出20,068万元，为年度预算的100%。(二)简易建筑费50万元，为年度预算的100%。(三)支援农村生产支出1,411万元，为年度预算的100%。(四)城市维护建设费支出9,403万元(含冲转专项借款1,200万元)，为年度预算的100%。(五)科技三项费100万元，为年度预算的100%。(六)专项支出3,721万元(其中教育附加费3,521万元，排污费200万元)，为年度预算的100%。建设性预算收支相抵后，结余结转18万元。

各位代表，1997年的财政收入走出下滑的低谷，呈现出止跌回升的好势头，财政支出结构进一步得到优化。从财源结构上看：一是工业发展势头较好，以优化资本结构为中心的国有工业企业改革有了突破性进展，全市盘活资产6.6亿元，消除不良债务10.5亿元，转移不良债务2.6亿元，新增工业投入3.5亿元，搞活20户企业，消灭亏损企业21户，结束了国有工业企业连续三年的亏损。同时，通过各种途径安排职工再就业6,552人。一批重点项目相继开工和建成投产，形成了我市新的经济增长点。1997年我市工业总产值比上年同期增长14.2%，工业企业提供的增值税和消费税收入达11,822万元，比上年同期增长44.4%。其中亚太啤酒、养生堂、三叶制药等新增项目分别增收310万元、381万元和450万元；二是交通运输和邮电通讯业继续呈现良好的发展势头。1997年邮电业务总量比上年增长28.5%。来自交通运输和邮电通讯业提供的营业税15,798万元，比上年同期增收1,659万元，增长11.7%；三是规范行政性收费取得成效。1997年，财政部门继续加大管理力度，罚没收入和行政性收费收入均纳入预算管理，全年入库数达7,088万元，按可比口径计算，比上年增长20%。

从财政支出方面看，由于实施适度从紧的财政政策，我市非生产性支出增长过快的势头进一步得到控制，1997年，在我市财力不很充裕和资金调度非常困难的情况下，基本保证了政权机关的正常运转和重点建设项目的资金投入以及各项事业发展的需要。

我市财政状况发生的积极变化，一是有市委、市政府和人大对财政工作的重视和支持。新年伊始，市委蔡书记就召开有关会议进行部署，及时作出"大抓收入是今年财政工作的重中之重"的指示。人大常委会、财经工委定期听取财政预算执行情况的汇报，并提出了许多建设性的建议；二是财税部门在加强工作协调的同时，取得了区级政府的大力协助。1997年，由市领导主持，有财政、国税、地税等部门参加的征收联席会议制度，由税务部门牵头，区政府组织力量配合的税法宣传、税款代征、税源清查、打击抗税等协税、护税活动均取得了较为明显的效果；三是各级财政部门坚持零基预算，从"需要和可能"、"保重点、压一般"的原则出发，认真审核各项支出，合理安排各单位的经费，实行包干使用，从预算源头把紧支出口子；四是在纪检、监察、财政和审计部门的大力支持配合下，我市各部门认真贯彻落实《中共中央、国务院关于党政机关厉行节约，制止奢侈浪费行为的若干规定》的精神，财政监督工作得到进一步加强，节约和压缩了开支。1997年我市在人、车、会、电话等消费性支出和非经营性建设项目支出的压缩方面都有明显的成效，全市党政机关公务接待费比上年下降28%，会议费比上年减少120万元，下降24%，处理不符合规定住宅电话和移动电话分别为532部和391部，收回资金106.8万元，执行通话费限额，超额自负，一年节约经费230万元，缓建办公楼2栋，缓修5栋，节省支出2,000万元。

我市财政工作虽然取得一定成绩，但是仍然面临较多困难和问题：一是企业欠税现象和外迁现象仍呈上升趋势，应引起政府和有关部门的重视；二是旅游、旅社、娱乐业效益差，1997年所提供的营业税比上年减少1,208万元，下降35.2%；三是房地产业启动缓慢，1997年建筑安装业提供的营业税比上年减少1,249万元，下降16.8%；四是国有商业银行和非银行金融机构不良贷款过大所隐含的金融风险也给财政收支带来一定压力；五是财政供给的范围过宽，大揽大包的现象在一定程度上仍然存在；六是财政监督的执行力度不够，单位设"小金库"的现象仍然存在。这些问题需要在今后的工作中切实加以研究解决。

二、1998年全市财政预算草案

安排执行好1998年的财政预算，有利于我市国民经济的持续、健康发展。1998年我市财政工作的指导思想是：高举邓小平理论伟大旗帜，落实党的十五大精神，贯彻稳中求进、适度加快经济发展的方针，继续深化财政体制改革，促进生产发展，加强税收征管，增加财政收入，实行适度从紧的财政政策，严格控制财政支出，满足各方面资金的基本需要，实现收支平衡。总的原则是：支持经济发展，巩固基础财源，壮大主体财源，开辟新兴财源，在财源建设方面实现新的突破；依法治税，进一步强化征管，在组织财政收入方面实现新的突破；厉行节约，反对奢侈浪费，在调整财政支出结构，提高财政资金使用效益方面实现新的突破。

1998年海口市财政总收入计划安排140,000万元，比上年增长2.4%。其中省和中央收入89,374万元，比上年增长2.5%，市级收入50,626万元，比上年增长2.2%。预计当年财力85,310万元(含税收返还及补助)，比上年增长1.9%。安排当年支出85,292万元，比上年增长1.9%。其中：区级支出12,133万元，比上年增长4.6%；市本级支出73,159万元，比上年增长1.5%。收支相抵后，结余18万元。下面根据我市当年预算所得财力的情况，按照复式预算的编制方法，分别报告1998年全市和市本级财政预算草案以及有关情况。

(一)1998年全市(含区)预算草案

——经常性预算收入安排72,359万元，比上年增长1.6%。主要收入项目汇总情况是：(一)各项税收30,774万元，比上年增长4.5%。(二)国有企业上缴收益50万元。(三)国有企业计划亏损补贴—3,000万元，比上年增长24.6%。(四)其他收入(含罚没及行政事业性收费)10,262万元，比上年下降1.3%。(五)税收返还29,257万元，比上年增长2.5%。(六)上级经常性补助收入4,998万元。(七)上年结余18万元。

——经常性预算支出安排48,575万元，比上年增长2.1%。主要支出项目汇总情况是：(一)事业发展和社会保障支出26,155万元，比上年增长3.6%。其中：农林水气象事业费667万元，与上年持平；文教事业费9,600万元，比上年增长6.5%；科学事业费368万元，比上年增长37.3%；抚恤和社会救济费2,000万元，比上年增长1.7%；工交商事业费220万元，比上年增长3.8%；其他部门事业费6,500万元，比上年增长0.4%；卫生事业费4,000万元，比上年增长2.7%；行政事业单位离退休经费2,800万元，比上年增长1.8%。(二)国家政权建设支出17,220万元，比上年增长0.6%。其中：行政管理费9,000万元，比上年增长0.1%；公检法支出7,800万元，比上年增长1%；武警支出420万元，比上年增长1.4%。(三)价格补贴支出1,100万元，比上年下降0.5%。(四)其他支出4,100万元，比上年下降0.9%。经常性预算收入和支出相抵，结余23,784万元，转入建设性预算。

——建设性预算收入安排36,735万元，比上年增长1.6%。主要收入项目汇总情况是：(一)经常性预算结余转入23,784万元。(二)专项建设性收入12,951万元，比上年增长3.7%。其中：城市维护建设税8,200万元，比上年增长4.5%；耕地占用税100万元，比上年下降58.5%；专项收入4,082万元，比上年增长6.5%；国有土地使用权有偿出让收入158万元，与上年持平；上级补助收入411万元。

——建设性预算支出安排36,717万元，比上年增长1.6%。主要支出项目汇总情况是：(一)基本建设支出25,000万元(含支农和教育专款安排，具体计划由计划局报告)，与上年持平。(二)城市维护费支出11,317万元，比上年增长11.1%。(三)科技三项费150万元，比上年增长50%。(四)排污费支出200万元，与上年持平。(五)简易建筑费50万元。收支相抵后结余18万元。

(二)1998年市本级(不含区)财政预算草案

——经常性预算收入60,226万元，比上年增长1%。主要收入项目安排情况是：(一)各项税收24,269万元，比上年增长5.3%。(二)国有企业上缴收益50万元。(三)企业亏损补贴—3,000万元，比上年增长24.6%。(四)其他收入(含罚没及行政事业性收费)10,007万元，比上年下降1.4%。(五)税收返还23,884万元，比上年增长1.2%。(六)上级经常性补助4,998万元。(七)上年结余18万元。

——经常性预算支出安排37,969万元，比上年增长1.7%。主要支出项目安排的情况是：(一)事业发展和社会保障支出20,542万元，比上年增长3.5%，其中：农林水气象费547万元，比上年下降0.9%；文教事业费6,102万元，比上年增长7.4%；科学事业费353万元，比上年增长37.9%；抚恤和社会救济费2,000万元，比上年增长1.7%；工交商事业费220万元，比上年增长3.8%；其他部门事业费5,990万元，比上年增长0.1%；卫生事业费3,390万元，比上年增长2.8%；行政事业单位离退休经费1,940万元，比上年增长2.3%。(二)国家政权建设支出13,580万元，比上年增长0.2%。其中：行政管理费6,090万元，比上年下降1%；公检法支出7,070万元，比上年增长1.1%；武警支出420万元，比上年增长1.5%。(三)价格补贴支出1,100万元，比上年下降0.5%。(四)其他支出2,747万元，比上年下降3.2%。经常性预算收支相抵结余22,257万元，转入建设性预算。

——建设性预算收入安排35,208万元，比上年增长1.3%。主要收入项目安排情况是：(一)经常性预算结余转入22,257万元。(二)专项建设性收入12,951万元，比上年增长3.7%。其中：城市维护建设税8,200万元，比上年增长4.5%；耕地占用税100万元，比上年下降58.5%；专项收入4,082万元，比上年增长6.5%；国有土地使用权有偿出让收入158万元，与上年持平；上级补助收入411万元。

——建设性预算支出安排35,190万元，比上年增长1.3%。主要支出项目安排的情况是：(一)基本建设支出25,000万元(含支农和教育附加专款安排，具体计划由计划局报告)，与上年持平。(二)城市维护费9,790万元，比上年增长4.1%。(三)科技三项费用150万元，比上年增长50%。(四)排污费支出200万元，与上年持平。(五)简易建筑费50万元。收支相抵后结余18万元。

为了便于各位代表审议，现将预算草案编制中的有关问题作些说明。

三、关于收支预算的有关说明

1、关于收入预算

总的说来，我市98年经济发展的有利因素在增多，预计财政收入略有增长。其理由是：一是增值税将有所增长，98年预计工业总产值77亿元，增长10.5%，如亚太啤酒、养生堂等大中型企业产值将有大幅度增长，预计工业环节增值税增收1,300万元；消费品零售总额70亿元，增长12.9%，预计商业环节增值税增收215万元；二是营业税将有所增长，98年预计固定资产投资66亿元，增长10%，世纪大桥、子午线轮胎等一批重点基建项目的投资将带动建筑安装营业税的增加，预计建筑安装营业税增收800万元；预计98年接待旅游人数将达260万人，增长13%，旅游收入14亿元，增长12%，预计增加税收700万元；交通、邮电、旅游、服务业发展继续看好，预计增收税收1,500万元。

但是，我市经济受制约的因素仍然很多，具体表现在：一是我市经济的物质基础仍较脆弱，企业组织和产品都存在结构性问题，产业层次低，产品技术含量低，缺乏主导产业、支柱产业和名牌产品的强有力支撑，企业抗风险能力低，经济效益差，所有这些都将制约企业所得税的增加。二是在适度从紧的财政金融政策的环境下，资金紧缺将继续制约我市财政经济的发展。三是巨额的房地产沉淀资金的盘活仍需一段时间。因此，财政收入增长比例确定在2.4%，比较切合实际，既有利于调动各方面的积极性，也有利于争取主动。

2、关于市本级支出预算

根据预算，1998年市本级的可用财力比上年增加1,057万元，但是全年总的增支因素计5,822万元(其中增人增资、调整工资等工资性的增支1,473万元，市民最低生活保障增支300万元，对保税区的投入325万元，弥补省市算帐缺口增支3,575万元，其他增支149万元)，而减支因素仅2,371万元(其中冲转专项借款减少1,200万元，轮胎厂欠税减少1,171万元)。增支因素比减支因素多3,451万元，资金安排困难很大。按照市领导关于财政工作要有全局和长远观念以及既保吃饭又要建设的指示精神，为了实现收支预算平衡，在预算安排上，我们在保证工资福利社会保障和必要的公务费需要的前提下，根据国家的有关政策，对支出结构作了一定的调整，适当压缩和取消一些专项支出，其中压缩设备购置、修缮费等公用经费计1,561万元，压缩外事费、接待费等各项专项预留资金710万元。同时，为了克服单位资金使用苦乐不均的现象，对有预算外资金收入的单位，采取统收统支的安排资金方法，实行综合财政预算管理。通过支出结构的调整，既保证了机关职能的正常资金需要，又能使基本建设资金保持上年水平。

四、关于1998年的主要工作

1、拓宽思路，努力培植财源。

我市近两年来，财政资金供给困难，主要原因是经济基础薄弱，主体财源没有优势，经不起宏观调控的考验，财政收入下降。为了促进财政收入的快速增长，必须拓宽思路，努力培植财源。今年，各级财政部门要从以下几方面做好培植财源工作。一是在财政预算资金安排上，要保证国有企业改革的顺利推进，要按照产业结构调整和资本运营的要求，在资产评估、资产处置、将“拨”改“贷”资金转为国家资本金以及税收返还等政策上予以支持和引导，确保我市今年优化资本结构任务的完成。同时要帮助企业强化财务管理，降低成本，提高效益，扭亏增盈，把潜在的财力资源变成现实的收入能力，巩固原有的财源。二是充分发挥财政的导向作用，面向广阔的资金市场，依托财政资金和信誉，依托国有资产，多渠道、多层次筹集资金，加大对企业新技改的投入，振兴我市工业，培植主体和支柱财源。三是继续支持我市新兴三产向更高层次发展，一方面要进一步做好清理乱收费工作，减轻企业负担，给企业创造宽松的环境，一方面对三产的发展继续研究给予优惠政策，促使我市新兴的交通运输、金融证券、保险、旅游、信息咨询以及技术、劳务、产权转让、文化市场业等附加值高的三产上水平、上档次，促进财政收入的增长。四是想尽一切办法，因势利导，采取优惠政策，以启动住房消费性投资和经营性投资为突破口，推动整个房地产消化存量，调整结构，适度发展，走出低谷，使房地产真正成为我市经济发展的增长点。

2、采取有力措施，确保收入预算的完成。

1998年，我市经济受制约的因素仍然很多，也没有明显的大的经济增长点，但预算收入安排比上年增加2.4%，要圆满完成任务必须加强税收征管，通过不懈的努力，才能实现。因此，各级财税部门要采取以下措施：一是继续加强征管领导，坚持征管工作财税联席会议制度，定期汇报和总结税收征管经验，及时研究和解决税收征管中存在的问题。二是认真编制月征收计划、保证税收均衡入库。三是落实征收目标责任制，按照责、权、利挂钩的原则，把征收指标层层分解到各征收单位和个人。四是继续结合清理预算外资金工作，把已纳入预算管理的收费及时追缴入库，通过以上措施，争取超额完成今年预算收入任务。

3、严格控制财政支出，确保收支平衡。

今年，我市可支配财力增长甚微，但刚性支出增长较快，严格控制财政支出显得更为重要。为了使支出控制在许可范围之内，财政部门一是要在年初预算时，采取“零基预算法”，坚持人员经费按编制和现行供给标准，定员定额核定，公务经费按单位人数、业务量、职责范围等情况进行审核评定，其他经费按需要与可能的原则进行确定，这样将一年的经费合理安排给各单位，实行包干使用。二是实行适度从紧的财政政策，严格压缩各项开支。为了弥补政策性的支出增长，今年的预算安排是在保证工资、福利、社会保障和必要的公务费的前提下，适当压缩部分人、车、会等消费性经费和取消一些专项支出。三是严格执行“一支笔”的审批制度，即对不可预料的开支，按照政府规定的权限实行专人审批，并在事后进行单项核销。四是严格预算外资金的计划管理，有预算外资金的单位，年初要编好收支计划，报财政部门审批，财政部门在执行过程中，根据计划和收入进度以及单位需要，认真审核拨付，保证预算外资金专款专用。各部门要树立起过紧日子的思想，发扬勤俭节约，反对奢侈浪费的精神，切实加强单位支出管理，保证收支平衡。

4、整顿财经秩序，规范财务管理，提高财政管理水平。

根据我市财政管理存在的问题，今年在整顿财经秩序、规范财务管理方面着重抓好以下几项工作：

①根据省财税厅关于整顿会计秩序，加强会计管理工作精神，进一步健全“海口市建帐监管工作中心”，规范单位帐薄管理，提高会计工作质量，杜绝“多套帐”和“帐外帐”行为。特别是根据财政部的要求，从1998年1月1日起，我国开始实行新的行政事业会计和财务制度，各级财政部门要切实抓好执行工作。

②按照财政部等部门《关于继续清理检查预算外资金工作的通知》精神，进一步做好预算外资金的清理和管理工作，使预算外资金全面实现收支两条线管理，分配和使用符合国家的要求，从源头杜绝乱收费行为。

③做好整顿注册会计师事务所工作。注册会计师事务所要进行一次整顿和检查，加强对其监督管理，确实建立起公平、公正的社会中介市场。

5、继续深化国有资产管理体制改革，进一步完善国有资产营运和监管机制。

财政国资部门在全面完成国有企业、集体企业清产核资工作的基础上，要继续参与和支持优化资本结构工作，完成全年国有企业改革任务；加快向企业派出监事会代表，切实履行监管职责；抓紧筹建资产经营投资公司，培育产权市场，完善营运体系，促使资产合理流动；进一步落实国有资产保值增值目标，制定国有资产保值增值奖励办法，落实与法人代表签订《国有资产责任书》，并规范考核评价管理体系；加强国有资产收益收缴工作，维护国有资产权益，增加财政收入。

6、继续做好消化粮食政策性挂帐工作。

一是加大宣传力度，使市民了解消化粮食挂帐对社会经济发展的积极作用，主动自觉上缴。二是加大征收力度，在抓紧征收机关、企业单位人员应负担的消化资金的同时，还要配合粮食部门做好城市居民应负担的粮食消化资金。

7、加强精神文明建设，促进勤政廉政。

财政部门加强精神文明建设，首先是要结合财政工作实际，认真学习贯彻十五大精神，以邓小平理论武装自己的头脑，分析和解决财政改革与经济发展的实际问题，进一步开拓财政工作的新局面。二是要继续贯彻市委、市政府“一转变、两提高”专项整治的工作方针，使人人做到自律到位，责任到位，工作到位，在管钱工作中，遵纪守法，戒奢从俭，戒贿从廉，戒怠从勤，进一步推进机关的廉政勤政建设。

同志们，1998年的财政工作任务很重，我们要紧密团结在以江泽民同志为核心的党中央周围，深入贯彻党的十五大、市第九次党代会、市第十二届人大一次会议和市经济工作会议精神，统揽全局，精心部署，团结协作，狠抓落实，艰苦奋斗，开拓前进，确保今年的财政预算和各项工作任务圆满完成。

法规　规章

海口市土地管理规定

海口市人民政府令
(1997年1月20日
海口市人民政府发布)

第一章　总　则

第一条　为了加强土地管理，合理开发、利用和依法经营土地，促进社会经济发展和城乡建设，维护土地所有者和使用者的合法权益，根据《中华人民共和国土地管理法》、《中华人民共和国城市房地产管理法》和《海南经济特区土地管理条例》等有关法律、法规，结合本市实际情况，制定本规定。

第二条　本市行政区域内的土地，由市政府实行统一规划、统一征用、统一开发、统一出让、统一管理。

各级人民政府应当认真贯彻执行十分珍惜和合理利用每寸土地、切实保护耕地的基本国策，制止乱占耕地和滥用土地的行为。

第三条　市土地管理部门主管本市城乡土地的统一管理工作，负责对本规定的实施。

区、乡(镇)人民政府按照市政府赋予的职权负责辖区内的土地管理工作。

计划、规划、城建、房产、农业等有关部门，应当在各自的职责范围内协同土地管理部门，做好土地管理工作。

第四条　对在保护耕地、合理开发利用土地资源和有关科研工作等方面成绩显著者以及同土地管理违法行为作斗争中表现突出者，人民政府应给予表彰和奖励。

第二章　土地权属管理

第五条　集体所有的土地，由市土地管理部门组织权属调查，报市政府批准，核发《集体土地所有证》。

单位使用的国有土地，由市土地管理部门组织权属调查和审核，报市政府批准，核发《国有土地使用证》。

个人使用的国有土地，由区人民政府组织权属调查并提出意见，经市土地管理部门审核，报市政府批准，核发《国有土地使用证》。

集体土地建设用地，由区人民政府组织权属调查并提出初审意见，经市土地管理部门审核，报市政府批准，核发《集体土地建设用地使用证》。

第六条　未开发、利用的国有土地，由市土地管理部门登记造册，统一管理。

第七条　依法需要改变土地所有权、土地使用权或者因依法买卖、转让地上建筑物、附着物等而使土地使用权转移的，必须向原登记的土地管理部门申请变更登记，经市政府批准，更换土地证书。

依法需要设定涉及土地他项权利的，应当到土地管理部门办理他项权利登记。

第八条　土地所有权或者土地使用权有争议的，由当事人协商解决；协商不成的，由市、区、乡(镇)人民政府按照分级负责、就地解决的原则处理：

(一)在乡(镇)范围内，农村居民之间的土地纠纷，由乡(镇)人民政府处理；

(二)在区范围内，农村居民与农村集体经济组织之间、跨乡(镇)的农村居民之间、城镇居民之间的土地纠纷，由区人民政府处理；

(三)单位(含农村集体经济组织)之间，城镇居民与单位之间和跨区的土地纠纷，由市人民政府处理。

当事人对人民政府的处理决定不服的，可以在接到处理决定书之日起15日内向上一级人民政府申请复议，也可以在接到处理决定书之日起30日内向人民法院起诉。

第三章　土地的开发、利用和保护

第九条　本市土地利用总体规划由市土地管理部门会同规划等有关部门编制，经市计划主管部门综合平衡后，由市政府审查同意并按规定报经批准实施。

土地的开发、利用必须符合市土地利用总体规划和城市总体规划。

第十条　各项建设用地和土地开发复垦项目实行土地利用总体规划审核制度。市土地管理部门根据土地利用总体规划对建设用地和土地复垦的用途进行审核，并签署规划审核意见。

第十一条　土地征用、开发、出让实行年度计划管理制度。年度计划由市土地管理部门提出，经市计划主管部门综合平衡后，按规定程序报经批准后实施，并向社会公布。

第十二条　市土地管理部门应会同有关部门根据土地利用总体规划划定基本农(菜)田保护区，报市政府批准后实施。

基本农(菜)田保护区的耕地在保护期内不得征用，不得撂荒，不得改为非耕地。确因国家建设需要征用基本农(菜)田保护区耕地或将耕地改为非耕地的，应当征求有关主管部门意见，按有关法律、法规规定的审批权限和程序报经原批准机关批准，并按规定缴纳菜田基地开发基金和耕地占用税费。

第十三条　实行耕地保护领导任期目标责任制。各级人民政府应当把基本农(菜)田建设、保护和管理工作作为政府领导任期目标责任的重要内容，由上一级人民政府监督实施。

市土地管理部门会同市有关部门根据市政府批准的基本农(菜)田保护方案拟订耕地保护指标，报经市政府批准后，下达各区、乡(镇)人民政府。

第十四条　单位或个人承包经营的农业用地和依法确定给个人使用的自留地，应当按照规定的用途使用，不得擅自挖塘、建房、建窑、建坟、采矿、采石、挖砂、取土，或者进行其他毁坏土地的行为。

第十五条 成片开发土地的基础设施建设，由市政府统一组织实施，可采取下列方式：

（一）市政府直接投资开发建设；

（二）市政府委托企业投资开发建设。开发后的土地，由市政府统一出让，可按合同约定划出一定面积的土地，补偿开发企业的投资和利润。

第四章 土地征用

第十六条 征用本市行政区域内的集体所有土地由市政府统一进行，土地征用工作由市土地管理部门负责实施；其他任何组织、单位和个人均不得直接征用集体所有土地。

各区、乡（镇）人民政府及有关部门应协同市土地管理部门完成征地工作。

被征地单位或个人应当服从国家建设和社会经济发展的需要，支持和配合做好征地工作。

第十七条 按照土地利用总体规划确定的综合开发用地可以实行连片征用；按照规定程序批准的建设项目用地，应当根据项目批准文件及总体设计一次申请批准，按项目征地，不得化整为零越权审批。分期建设的项目，应分期征地，不得先征待用。

市政府可依法对集体所有土地实行有计划预征。

第十八条 按项目征用土地，依下列程序办理：

（一）建设单位和个人持人民政府有关建设项目的批准文件和《建设用地选址通知书》，向市土地管理部门提出用地申请；

（二）市土地管理部门对用地申请进行审核，拟定征地工作方案，报经市政府同意后，书面通知申请人和被征地单位，并发出征地通知书；

（三）市土地管理部门会同区、乡（镇）人民政府与被征地单位对拟征土地进行调查勘测，确认土地权属和土地利用状况，确定土地面积和界址；

（四）市土地管理部门会同有关部门与被征地单位确定征地补偿和安置方案；

（五）市土地管理部门按照征地批准权限报经市政府批准后，根据批准文件落实征地有关事项。

第十九条 《征用土地补偿协议书》由市土地管理部门和被征地单位双方法定代表人签名盖章，其他任何单位和个人不得签订《征用土地补偿协议书》。

第二十条 被征地单位应当在接到征地通知书之日起30日内，配合市土地管理部门办理征地有关手续，逾期不办理的，市政府可依照有关规定做出征地决定。被征地单位对征地决定有异议的，可在接到征地通知书之日起15日内向上一级人民政府申请复议或直接向人民法院起诉。在规定期限内既不申请复议也不起诉又不履行征地决定的，由市政府申请人民法院强制执行。

第二十一条 国家（含省、市）重大建设项目急需征用土地的，市政府应当及时处理土地权属纠纷，作好土地征用工作。

土地纠纷时间较长、涉及面广、情况复杂，经多次调解不成，及时处理确有困难的，由市土地管理部门报经市政府批准后，可先行征用。在实施征地前，市土地管理部门应会同争议各方对争议土地权属纠纷解决后，有关争议范围土地的征地补偿费等各项费用，由市土地管理部门向土地所有权单位支付。

第二十二条 征用集体所有土地应按规定支付土地补偿费、青苗和附着物补偿费、安置补助费，补偿标准由市政府根据国家、省的有关规定，结合本市实际制定。

征地补偿费由市土地管理部门统一收取，按征地协议约定期限汇入被征地单位在指定银行开设的征地补偿费专户。

未按征地协议约定向被征地单位付清征地补偿费的，土地仍属集体所有，市土地管理部门不得出让。

第二十三条 按项目征地的，建设单位或个人应在向市土管理部门提出用地申请之日起30日内，预付拟征土地的补偿费总额的50%。拟征土地未获批准或因国家重大政策调整以及其他正当原因不能征用的，市土地管理部门应当计息退还预付款；土地征用后，建设单位或个人放弃受让土地使用权的，预付款不予退还；市土地管理部门与建设单位或个人签订土地使用权出让合同后，预讨款可抵充部分土地使用权出让金。

第二十四条 预征土地的征地补偿费根据征地地协议签订时的有关补偿标准和地上建筑物、附着物的实际情况确定。

市土地管理部门应在签订预征协议后30日内将征地补偿费总额的30%付给被征地单位，其余在两年内付清；两年内未付清的部分，按同期物价增长指数计算拨付。开发需要使用土地时，市土地管理部门应提前30日将剩余的征地补偿费付给被征地单位。

第二十五条 预征的土地，在开发前仍由被征地单位及其成员耕种，不得撂荒，不得栽种多年生长农作物和修建永久性建筑物。

开发建设需要使用土地时，市土地管理部门应提前60日通知被征地单位及其成员限期清除地上建筑物、附着物。未在限期内清除的，由建设用地单位或个人处置，对其地上建筑物和附着物不再补偿，而对种植的农作物可作适当赔偿。

第二十六条 征地补偿费由被征地单位在指定的银行专户存储。

征地补偿费中除属于个人的青苗和附着物的补偿费由被征地单位如数付给本人外，其余的征地补偿费由被征地单位统一管理使用，主要用于发展乡（镇）村集体企业和农副业生产，进行农用土地开发和农田基本建设，不得私分或挪作他用；安置补助费可以按照一定比例，划给自谋职业者作为就业补助和转入社会保障部门作为不能就业人员的生活保障费。

在征得村民同意和乡（镇）人民政府批准后，被征地单位可将部分征地补偿费用于兴建公共设施、兴办公益事业。擅自将征地补偿费用于非生产性开支的，乡（镇）人民政府应及时予以纠正。

第二十七条 土地被全部征用的或土地虽未被全部征用，但人均耕地不足0.02公顷的，被征地单位农业户口全部转为非农业户口。

征用土地后，被征地单位人均耕地在0.02以上的，按征地前人均耕地面积计算，将与被征土地面积相应的农业户口转为非农业户口。

第二十八条 被征地农业户口转为非农业户口，由村民委员会按征地协议确定的数量提出方案，经村民代表大会讨论同意，经乡（镇）人民政府和市土地管理部门审核并报市政府批准后，由公安、粮食等有关部门给予办理转户、粮食关系等手续。

第二十九条 征地后，剩余劳动力

的生产、生活出路的问题，经协商可以采取下列方式之一解决：

（一）由市土地管理部门统筹，将所征土地10%的国有土地使用权出让给被征地单位，出让金免交；

（二）由用地单位安排就业的，应在出让合同中载明用地单位安置被征地农民就业的条件、人数和期限；未安排就业前，用地单位应按不低于本地最低生活费标准1.5倍的标准支付生活补贴；

（三）由被征地单位提出申请，经区、乡人民政府审核，报市政府批准，可从所征该农村集体经济组织土地进行出让所获收入中划出部分资金，给予扶持兴办企业。但不得超过该集体经济组织被征用土地出让所获收入的地方留成部分的10%。

按前款第（二）项办理时，属采取协议方式出让国有土地使用权的，用地单位按所征土地面积支付全额的征地补偿费、耕地占用税、菜地开发基金、土地管理费外，其他费用按90%支付；属采取招标、拍卖方式出让国有土地使用权的，由市政府另行规定。

第三十条 农村集体经济组织将依法批准使用的集体所有非农建设用地与他人合作、联营兴办企业的，应到市土地管理部门办理用地手续。联营、合作后农村集体经济组织所持有股份不得转让。联营、合作期届满，由农村集体经济组织无偿收回土地使用权。

农村集体经济组织用征地被补偿费发展生产、安置劳动力就业确有困难的，经向市土地管理部门申请报市政府批准，可依法将该集体所有的非农建设用地的部分征为国有后出让给他人，但不得超过依法批准给该集体所有的非农建设用地的30%。土地使用权出让金返还给该农村集体经济组织。

第三十一条 用地单位在施工中因堆放材料需要临时用地的，应向市土地管理部门提出申请，经批准后，与有关单位签订临时用地协议，并按规定支付补偿费和有关土地使用费。临时使用土地的期限不得超过二年，不得建设永久性建筑物，使用期满，应及时归还土地，并负责恢复土地生产条件，或支付相应的复耕费用。

第五章 国有土地使用权出让、租让、转让、出租、抵押和划拨

第一节 国有土地使用权出让

第三十二条 国有土地使用权（以下简称土地使用权）由市政府统一出让，市土地管理部门负责实施。

第三十三条 土地使用权出让一般可以采取协议、招标和拍卖方式；国家安居工程用地或国家明文规定的特殊用地可以由政府按权限批准划拨。

除城市基础设施用地、国家扶持的普通居民住宅用地、国家机关、部队用地和文化、教育、卫生、体育、科研等非营利性用地以及经市政府批准可以采取协议方式出让的工业用地外，其他用地应采取招标、拍卖方式出让，或经市政府批准，也可采取双方协议的方式。

协议出让土地使用权价格不得低于按国家规定确定的最低价。

第三十四条 以招标、拍卖方式出让土地使用权的底价和以协议方式出让土地使用权的价格，由市土地管理部门根据基准地价，结合拟出让地块的条件、出让年限和土地供需情况等因素确定。

第三十五条 土地使用权出让合同由市土地管理部门与土地使用者签订。

土地使用者应当从出让合同生效之日起10日内，支付土地使用权出让金总额的10%作为定金，余额应在90日内付清。土地使用者未按照出让合同约定期限付清土地使用权出让金的，从逾期之日起每日加收未付部分1‰的违约金；逾期达90日仍未付清的，市土地管理部门有权解除合同，定金不予退回。并可请求违约赔偿，地上建筑物以及其他附着物限期拆除。

土地管理部门应当按照出让合同约定的期限和条件向土地使用者提供土地使用权。未按照土地使用权出让合同约定期限和条件向土地使用者提供土地使用权的，从逾期之日起每日按照已收土地使用权出让金额1‰付给土地使用者违约金；逾期达90日仍未提供土地使用权的，土地使用者有权解除出让合同，要求返还土地使用权出让金和双倍的定金，并可请求违约赔偿。

第三十六条 土地使用者需要改变出让合同约定的土地用途和规划要求的，应当先取得市城市规划行政主管部门的许可后报市政府批准，再由市土地管理部门按照职责权限进行审核并报经市政府批准，签订土地使用权出让合同变更协议或重新签订土地使用权出让合同，并按规定缴纳经调整的土地使用权出让金。

第二节 国有土地使用权租让

第三十七条 本办法所称国有土地使用权租让（以下简称土地使用租让）是指市政府代表国家将国有土地使用权在一定年限内租赁给土地使用者，由土地使用者按年向国家支付土地使用权租让金的行为。

土地使用权租让最高年限不超过15年。

土地使用权租让由市土地管理部门审核并报市政府批准。

第三十八条 土地使用租让，应当签订书面形式的租让合同。

第三十九条 土地使用权租让合同，由市土地管理部门与土地使用者签订。

土地使用者应当按租让合同的约定支付定金和当年的土地使用权租让金；未按租让合同的约定支付定金和当年土地使用权租让金的，市土地管理部门有权解除合同，收回土地使用权，并可请求违约赔偿。

市土地管理部门应当按租让合同的约定提供租让的土地；未按租让合同约定提供租让的土地使用权的，土地使用者有权解除合同，请求返还土地使用权租让金和双倍的定金，并可请求违约赔偿。

第四十条 土地使用租让金标准，依据市场物价指数和地价调整指数以及国家的产业政策，由市土地管理部门拟订，报市政府批准后执行。

土地使用权年租让金标准每二年调整一次。

第四十一条 土地使用者按下列规定支付定金：

（一）租让期在5年以下（含5年）的，按签订租让合同当年租让金标准的1倍支付。

（二）租让期在5年以上、10年以下（含10年）的按签订租让合同当年租让金标准的2倍支付；

（三）租让期在10年以上、15年以下（含15年）的，按签订租让合同当年租让金标准的3倍支付。

第四十二条 土地使用权租让金的管理和使用，参照法律、法规有关土地使用权出让金管理、使用的规定执行。

第四十三条 土地使用权租让期间，土地使用者应按租让合同约定的用途和条件使用土地。土地使用者需改变租让合同约定的土地用途和规划要求的，应当先取得市城市规划行政主管部门的许可后报市政府批准，再由市土地管理部门按照职责权限进行审核并报市政府批准，签订租让合同变更协议或重新签订土地使用权租让合同，并按规定缴纳经调整的土地使用权租让金。

第四十四条 土地使用者不得将租让的土地使用权转让、抵押和用于建房出售。

第四十五条 土地使用权租让后，土地使用者按照租让合同的约定完成项目投资总额25%以上，或者将成片土地开发形成建设用地条件的，经征得市土地管理部门同意，可将租让的土地使用权转租。

租让的土地使用权转租的，转租入与承租人双方应签订书面形式的转租合同，转租期限不得超过土地使用权租让的剩余期限，土地使用权转租合同不违背租让合同的规定，转租人应继续履行土地使用权租让合同约定的义务。

土地使用权租让期间，土地使用者与他人联营、合作使用租让的土地的，视为转租。

第四十六条 土地使用权租让期间，土地使用者因迁移、兼并、收购、破产、解散、撤销等原因停止使用土地的，由市政府无偿收回租让的土地使用权，并可依照本办法的规定予以租让或者依法出让。

第四十七条 市政府对租让的土地使用权在租让合同约定的使用年限届满前不收回；在特殊情况下，根据社会公共利益的需要，可以依照法定程序提前收回，并根据土地使用者开发、利用土地的实际情况，给予相应补偿。

第四十八条 土地使用权租让期间，土地使用者可以申请将租让的土地使用权转为出让的土地使用权。由市土地管理部门根据土地使用者的申请报经市政府批准后，与土地使用者重新签订土地使用权出让合同。原租让合同自土地使用权出让合同签订之日起自行解除。

第四十九条 土地使用权租让期届满，土地使用权由市政府无偿收回。

土地使用权租让期届满，土地使用者需继续使用土地的，应当在届满前一年申请续租。准予续租的，应当重新签订土地使用权租让合同。

第三节 国有土地使用权转让、出租、抵押

第五十条 土地使用者可以将依法取得的国有土地使用权进行转让、出租、抵押，其地上建筑物、其他附着物应当同时转让、出租、抵押。

地上建筑物、其他附着物转让、出租、抵押的，其使用范围内的土地使用权应当同时转让、出租、抵押。

第五十一条 转让国有土地使用权，必须具备下列条件：

（一）已签订土地使用权出让合同，并付清全部土地使用权出让金；

（二）持有《国有土地使用证》；

（三）已按出让合同规定的条件和期限完成项目投资总额的25%以上；属成片开发的土地应形成工业或其他建设用地条件；

第五十二条 具有下列情形之一的，视为土地使用权转让：

（一）以土地使用权作为出资条件，与他人举办联营企业、股份制公司的；

（二）一方提供土地使用权，另一方或多方提供资金合作开发土地，并按照比例分成的；

（三）以土地使用权抵债的；

（四）企业被收购、兼并导致土地使用权全部或部分转移给新的权利人的。

第五十三条 转让、出租、抵押国有土地使用权，当事人双方应当签订书面合同。

土地使用权转让、出租、抵押合同签订之日起10日内，当事人双方应当依照有关规定办理登记手续。市土地管理部门应在10日内作出是否予以登记的答复并通知当事人，不予登记的，应当说明理由。当事人有异议的，可向上一级机关申请复议或向人民法院起诉。

未按前款规定办理登记手续的，土地使用权转让、出租、抵押行为无效。

第五十四条 转让土地使用权时，涉及地上建筑物、其他附着物产权转移的，当事人双方应在办理土地使用权变更登记手续后15日内到市房产管理部门办理地上建筑物、其他附着物产权转移手续。

转让房屋所有产权时，当事人双方应在办理房屋所有产权变更登记后15日内持变更后的房屋所有权证到市土地管理部门申请办理土地使用权变更登记手续。

第五十五条 转让土地使用权，转让方应委托具有资格的地产评估机构对土地使用权价格进行评估。评估结果必须经市土地管理部门确认；改建或新设股份有限公司的地价评估结果的确认按国家有关规定执行。

国有企业土地资产的评估结果由市土地管理部门做初步确认后，再移送国有资产管理部门做终极确认。

对地价评估结果行使确认事权的行政主管部门应当出具地价评估结果确认书。

第五十六条 土地使用权转让、出租后，需要改变土地使用权出让合同约定的土地用途和规划要求的，依照本规定第三十六条的规定办理。

第五十七条 预售商品房的，商品房预售人应当在商品房预售合同签订之日起30日内，到市土地管理部门办理商品房预售合同登记备案手续。

第五十八条 土地使用权抵押涉及地上建筑物、其他附着物的，市土地管理部门应在办理土地使用权抵押登记手续后10日内通知市房产管理部门备案。

市房产管理部门在办理房屋产权抵押登记时，应于登记后10日内通知市土地管理部门备案。

第五十九条 抵押关系履行期届满，抵押权人未受清偿的，可以与抵押人协议以抵押的土地使用权受偿；协议不成的，抵押权人可以向人民法院提起诉讼。

市土地管理部门应当根据抵押当事人双方的共同申请或法院的判决、裁决依法处分抵押的土地使用权。

第六十条 处分抵押的土地使用权所得，按下列顺序分配：

（一）支付处分费用；

（二）扣缴有关税费；

（三）按抵押登记或确认的先后顺序向抵押权人清偿债务；

（四）剩余款额归还抵押人。

第六十一条 通过处分抵押的土地使用权或地上建筑物、其他附着物而取得土地使用权的，当事人必须在处分之日起15日内到市土地管理部门办理土地使用权变更登记。

第四节 划拨土地使用权管理

第六十二条 划拨土地使用权是指1988年2月13日《海南土地管理办法》施行之前，土地使用者通过各种方式依法无偿取得的国有土地使用权或1988年2月13日以后政府特别批准划拨的土地。

第六十三条 以营利为目的使用划拨土地使用权的，采取下列方式实行有偿使用：

（一）按年收取土地使用费；

（二）国家以划拨土地使用权入股；

（三）办理土地使用权租让手续，按年收取土地使用权租让金；

（四）补办出让手续，按规定补交土地使用权出让金。

第六十四条 划拨土地使用权发生下列情形之一的，土地使用者必须向市土地管理部门提出申请，报经市政府批准后，办理土地使用权出让手续，按评估标定地价的40%补交土地使用权出让金：

（一）转让土地使用权的；

（二）因房屋及附着物出售、赠与等原因导致土地使用权发生转移的；

（三）以土地使用权及地上建筑物、附着物抵债的；

（四）以土地使用权作为出资条件与他人举办联营企业、股份制公司的（国家按第六十三条第二项规定以划拨土地使用权入股参与企业的除外）。

第六十五条 出租划拨土地使用权，出租人必须事先向市土地管理部门提出申请，报经市政府批准；出租人应按租金总额的40%向市土地管理部门缴纳土地收益金。

房屋所有权人将以划拨方式取得使用权的国有土地建成的房屋出租的，出租人必须按第五十三条规定办理登记手续，并按规定向市土地管理部门缴纳租金中所含的土地收益。

第六十六条 抵押划拨土使用权的，抵押人必须事先向市土地管理部门提出申请，由市政府批准。抵押人应委托具有资格的地产估价机构对土地使用权价格进行评估，抵押担保的债权价值不能超过评估地价的60%。

处分抵押的划拨土地使用权时，应当先扣缴处分所得的40%作为补交土地使用权出让金。

第六十七条 市政府根据城市建设发展和实施城市规划的需要，可以依法无偿收回划拨土地使用权。无偿收回划拨土地使用权时，其地上建筑物、附着物的拆迁和补偿，依照有关法律、法规执行。

第六十八条 使用划拨土地使用权的单位，因其迁移、撤销、解散、破产或者其他原因停止使用土地的，由市政府无偿收回土地使用权。

第六十九条 政府组织旧城改造时，改造区域内的划拨土地使用权由市政府无偿收回。收回的土地，由市土地管理部门组织或委托具有资格的地产评估机构进行评估，确认土地使用权价格后，通过出让方式提供给开发者，开发者承担的拆迁、安置房和基础设施建设等方面的费用，可从土地使用权出让金中扣除。

第六章 集体所有土地使用权出让、转让和出租

第七十条 集体所有土地使用权出让、转让、出租或者农村集体经济组织用于自办企业、与他人举办联营企业、股份制企业，应当有利于稳定以家庭联产承包责任制为主的农业生产经营体制。

第七十一条 集体所有土地使用权出让、出租或者以此用于自办企业、与他人举办联营企业、股份制企业的，由农村集体经济组织向市土地管理部门提出书面申请，经土地管理部门会同乡（镇）、区人民政府审核后，报市政府批准。

集体所有土地使用权出让或者出租用于农业生产的，按照下列权限报请批准：耕地13公顷以下，其他土地33公顷以下，由市政府批准，超过限额的，报省人民政府批准；农村集体经济组织以此用于自办企业或者与他人举办联营企业、股份制企业用于非农业建设的，按照下列权限报请批准：耕地（含水田、旱田、菜地、园地、鱼塘）6.5公顷以下，其他土地13.5公顷以下，由市政府批准，超过限额的，报省人民政府批准。

市政府批准的各类土地总和，每宗不得超过第二款规定中的其他土地的最高限额；超过限额的，应当报省人民政府批准。

集体所有土地使用权不得出让或者出租用于非农业建设。

第七十二条 集体所有土地使用权出让、出租或者农村集体经济组织以此用于自办企业、与他人举办联营企业、股份制企业，必须同时具备下列条件：

（一）土地权属合法、界址清楚；

（二）土地用途符合规划；

（三）原已承包的，解除了承包合同，并对承包人的投入给予合理的补偿。

第七十三条 集体的所有土地使用权出让或者以土地使用权与他人举办联营企业、股分制企业的最高年限为50年；集体所有土地使用权出租最高年限为5年。

第七十四条 农村集体经济组织出让、出租土地使用权或者以土地使用权与他人举办联营企业、股份制企业应当签订合同，并在合同签订后10日内到市土地管理部门办理登记。

第七十五条 集体所有土地使用权出让、出租或者以土地使用权与他人举办联营企业、股份制企业期限届满，由农村集体经济组织无偿收回土地使用权和基础设施，地上建筑物、其他附着物依照合同的约定处理或者无偿收归集体所有，并由市土地管理部门办理注销登记。

第七十六条 集体所有土地使用权受让人、承租人应当依照土地使用权出让合同或者出租合同规定的用途使用土地。转让、转租后不得改变土地用途。

以集体所有土地使用权与他人举办联营企业、股份制企业用于农业生产的，应当依照合同规定用途使用土地。需要改变用途的，必须按照批准权限报请原批准机关批准。

第七十七条 转让或者转租集体所有土地使用权的当事人应当签订合同，并在合同签订后10日内到市土地管理部门办理登记。

集体所有土地使用权转让时，土地使用权出让合同规定的权利、义务随之转移。分割转让土地使用权时，不得违反土地使用权出让合同的约定。

集体所有土地使用权转租时，必须征得出租人同意；出租人应当继续履行原土地使用权出租合同。

第七十八条 集体所有土地使用权因转让、转租而增值的，转让人和转租人应当按照增值额的10%向农村集体经济组织交纳增值费。

第七十九条 集体所有土地可以由单位或个人承包经营，从事农业生产。

土地承包经营权可以依法转让、转包。

土地承包经营权可以继承。

第七章 农村居民建房用地管理

第八十条 农村居民建房用地，应符合土地利用规划和村镇建设规划，应

使用原有的宅基地、村内空闲地和荒地、荒坡；严格限制占用耕地。

提倡对符合规划的旧房进行改造，兴建多层住宅。

第八十一条 申请安排宅基地应当服从乡（镇）村建设规划。根据城市规划和乡（镇）村规划需要搬迁的村庄和拆迁户而不能继续使用原有旧宅基地的，可以在编制好的乡（镇）村建设规划范围内予以安排新的宅基地。原村庄或拆迁户使用的土地由政府统一组织开发。

未编制好乡（镇）村建设规划的村庄，一律不予安排宅基地。

第八十二条 符合下列情形之一农户、非农户，可以申请安排宅基地：

（一）原有住房根据规划需要拆迁的；

（二）人均住房面积在20方米以下，现有住房不宜改建、扩建的；

（三）居住拥挤，确需分居组建新家庭，现有住房不宜改建扩建的；

（四）经批准回原籍落户定居的人员，没有住房居住的。

第八十三条 农村居民建房用地面积标准由市土地管理部门提出，报经市政府批准后执行。

第八十四条 对农村居民建房用地实行计划管理。由市土地管理部门根据村镇建设规划确定的总用地规模和农村经济发展以及人口增长情况制订农村居民建房用地年度计划，报市政府批准执行。各区、乡（镇）人民政府根据农村居民建房用地年度计划和各村的具体情况组织实施。

第八十五条 农村居民建房用地，在符合村镇规划的前提下，按下列规定办理用地审批手续：

（一）使用原宅基地的，经村民委员会核准，由乡（镇）规划所提出初审意见后，土地使用者向乡（镇）土地所提出申请，由乡（镇）人民政府批准，报区土地管理部门备案；

（二）使用村内空闲地的，经村民委员会同意后，由乡（镇）规划所提出初审意见，土地使用者向乡（镇）土地所提出申请，经乡（镇）人民政府作出初审意见后，由区人民政府审核，报市土地管理部门批准；

（三）使用耕地的，经村民委员会同意后，由乡（镇）规划所提出初审意见，土地使用者向乡（镇）土地所提出申请，经乡（镇）人民政府初审，并报经区人民政府和市土地管理部门复审后，由市政府批准；占用耕地的，经批准使用之后，应按规定缴纳青苗和附着物补偿费。

第八十六条 申请使用宅基地经依法批准后，土地使用者应在批准后30日内向区土地管理部门提出登记申请，并按第五条第四款的规定取得《集体土地建设用地使用证》后，方可使用土地。

凡未经依法进行土地登记领取《集体土地建设用地使用证》的，规划部门不予办理报建手续。

第八十七条 农村居民建房使用的宅基地属于集体所有的，任何人不得擅自将宅基地进行转让。

出售、赠与住房给他人，由此造成土地使用权转移的，应当到原登记机关办理土地使用权变更登记手续，并向农村集体经济组织交纳土地收益。

第八章 法律责任

第八十八条 违反本规定，未经批准（登记），或采取欺骗手段骗取批准（登记）征用、占用土地，非法出让、租让、转让、出租、抵押土地使用权或者以土地使用权与他人举办联营企业股份制企业的，按非法占用土地处理，其批准（登记）文件及有关协议、合同一律无效，并依照法律、法规责令退回非法占用的土地，限期拆除或者予以没收地上新建的建筑物和其他附着物，处以罚款。

违反本规定，超越权限或滥用职权非法批准出让、出租集体所有土地使用权的，批准文件及有关协议、合同一律无效；国家建设需征用该土地时，依法责令退回非法占用的土地，其非法占地所兴建的建筑物和其他附着物不予补偿，并限期拆除；对直接责任人或单位主管人员由其上级机关或监察机关给予行政处分。

第八十九条 违反本规定，未经批准（登记），擅自出让、租让、转让、出租、抵押土地使用权，或以联营、合作为名倒卖土地使用权证、批准文件和用地图纸的，按非法买卖土地处理，其有关协议、合同及其他文件、图纸一律无效，并依法收回土地使用权，限期拆除或者没收地上新建的建筑物和其他附着物，没收其非法所得，处以罚款。

第九十条 土地使用者违反土地出让合同或用地批准文件的规定，擅自改变土地用途的，依法责令依照原规定用途使用土地，并处罚款；拒不改正的，依法收回土地使用权。

第九十一条 违反本规定，未经批准或采取欺骗手续骗取批准而将耕地改为非耕地的，依法责令限期恢复土地原貌，并处罚款。

第九十二条 违反本规定，未经批准，擅自挖塘、建窑、建坟、采矿、采石、挖砂、取土的，依法责令停止违法行为，限期拆除地上建筑物、其他设施，恢复土地原貌，并处罚款。

第九十三条 违反本规定，未经批准（登记），或者采取欺骗手段骗取批准（登记），非法转让、出租、抵押划拨土地使用权的，依法没收非法所得，并处罚款，土地使用权由市政府收回。

第九十四条 土地管理部门工作人员或者其他国家机关工作人员在土地管理工作中，滥用职权、徇私舞弊、索贿受贿的，由所在单位或上级机关给予行政处分；构成犯罪的，由司法机关依法追究刑事责任。

第九十五条 阻挠或者破坏征地工作，妨碍土地管理部门工作人员执行公务的，由公安机关依照《中华人民共和国治安处罚条例》处罚。

第九十六条 当事人对行政处罚决定不服的，可以在接到处罚决定通知书之日起15日内，向作出处罚决定机关的上一级机关申请复议或者向人民法院起诉；当事人逾期不申请复议，也不向人民法院起诉，又不履行处罚决定的，由作出处罚决定的机关申请人民法院强制执行。

第九章 附 则

第九十七条 本规定由海口市土地管理局负责解释。

第九十八条 本规定自颁布之日起施行。

海口市公共场所卫生管理办法

（1997年10月10日海口市第十一届人民代表大会常务委员会第二十七次会议修改通过1997年10月24日海南省第一届人民代表大会常务委员会第三十二次会议批准修改）

第一条 为创造良好的公共场所卫生条件，预防疾病，保障人体健康，根据国家有关法律、法规，结合本市实际，制定本办法。

第二条 本办法适用于本行政区域内的下列公共场所：

（一）宾馆、饭店、旅店、招待所；

（二）公共浴场（室）、理发店、美容厅（店）；

（三）影剧院、录像厅（室）、游艺厅（室）、游艺厅（室）、歌舞厅、音乐厅、咖啡店、酒吧、茶座；

（四）体育场（馆）（含室内射击场、球场、溜冰场）、游泳场（馆）、公园；

（五）展览馆、博物馆、美术馆、图书馆、文化馆（室）；

（六）商场（店）、书店（室）；

（七）候诊室、候车（机、船）室、公共交通工具；

（八）其他公共场所。

第三条 公共场所卫生实行统一领导，分级管理。

市、区卫生行政部门是同级人民政府管理公共场所卫生的主管部门。市、区卫生防疫机构负责本行政区域内公共场所卫生的监测、监督。

第四条 新建、改建、扩建的公共场所必须进行预防性卫生监督。建设项目的防护设施必须与主体工程同时设计、施工，竣工险收合格后，方可投入使用。公共场所卫生行政主管部门参与对公共场所建设项目卫生防护设施设计的评审。

公共场所实行国家规定的“卫生许可证”制度。“卫生许可证”由区以上卫生行政部门签发，每二年审核一次。住宿、饮食、净身美容等涉及人体健康的公共场所经营单位必须取得“卫生许可证”后，方可开业。

违反本条第一款规定，擅自新建、改建、扩建者，处以二千元以下的罚款。违反本条第二款规定，未取得“卫生许可证”擅自营业或者不办理审核手续的，处以一千五百元以下的罚款。

第五条 宾馆、饭店、旅店、招待所、酒吧、茶座、公共浴场（室）、理发店、美容厅（室）、游泳场（馆）等公共场所直接为顾客服务的人员，每年必须到区以上卫生防疫机构进行一次健康检查、其他公共场所直接为顾客服务的人员，每二年进行一次健康检查。

公共场所直接为顾客服务的人员，应当接受每二年一次的卫生知识培训。持有“健康合格证”并经卫生知识培训合格者，方能上岗。

患有痢疾、伤寒、病毒性肝炎、活动期肺结核、化脓性或者渗出性皮肤病以及其他传染性疾病者，治愈前不得从事直接为顾客服务的工作。

违反本条第一、二款规定，经教育、警告仍不改正者，按每人处二百元罚款。违反本条第三款规定，责令立即将患有第三款所列的疾病者调离直接为顾客服务的岗位，并按每人处二百元罚款。

第六条 公共场所经营单位必须做好场所水质的卫生管理，自备水源与二次供水水质必须获得卫生防疫机构颁发的“合格证”方能使用。

违反前款规定，责令停止使用，限期整改；仍不改正者，责令停业整顿并处五百元以上三千元以下的罚款。

第七条 公共场所使用的空调器进风口应当设在室外，空调器过滤材料应定期清洗和更换，无明显积尘。

公共场所的卫生间应当保持清洁，无异味，无积水，应当有自然通风管井或者机械通风装置，便器无粪迹尿垢。

违反本条第一、二款规定，经教育、警告仍不改正者，处二百元以上二千元以下的罚款。

第八条 歌舞厅、音乐厅、影剧院、录像厅、体育馆、图书馆、博物馆、美术馆、商场（店）、书店（室）、候车（船、机）室等公共场所应当设置明显的禁止吸烟的标志。

严禁在公共场所非吸烟室吸烟。

违反本条第一款规定的，给予警告，限期整改；若逾期不改正者，处五百元的罚款。违反本条第二款规定的，给予批评教育或者警告。态度蛮横，拒不接受劝告者，处五十元以上一百元以下的罚款。

第九条 公共场所的主管部门必须建立公共场所卫生管理制度，配备专职或兼职卫生管理人员，对所属经营单位（包括个体经营者，下同）的卫生管理在人员、物资、经费方面提供必要条件，并对其卫生状况进行经常性检查。

第十条 经营单位应当负责所经营的公共场所的卫生管理，建立卫生管理制度，对本单位的从业人员进行卫生知识培训和考核。

违反前款规定，经教育、警告仍不改正者，处五百元以上二千元以下的罚款。

第十一条 宾馆、饭店、旅店、招待所必须符合下列卫生要求：

（一）设有工作间、洗消间、杂物间；

（二）被套、枕套、床单等床上用品保持清洁，宾馆、高级饭店每日更换，其他旅店一客一换，长住客每周一换。

（三）公用茶具、脸盆、脚盆、拖鞋用后洗净、消毒；

（四）无洗浴设施的客房，每床备有明显标志的脸盆和脚盆。

违反前款规定，经教育、警告仍不改正者，处五百元以上四千元以下的罚款。

第十二条 理发店、美容厅（店）必须符合下列卫生要求：

（一）有消毒设施和消毒制度。配备足够数量供消毒周转使用的理发工具、用具和毛巾。刀具、胡刷用后及时消毒，毛巾做到一客一换一消毒。理发用的毛巾与烫发、染发用的毛巾分开。刀具、胡刷、毛巾不得检出大肠菌群和金黄色葡萄球菌，毛巾细菌总数每25平方厘米不超过500个；

（二）有明显标志供头癣等皮肤传染顾客专用的理发工具，用后及时消毒并单独存放；

（三）烫发、染发场所有机械通风装置；

（四）从业人员操作时穿工作服，清面时戴口罩。

违反前款规定，经教育仍不改正者，处以一百元以上二千元以下的罚款。

第十三条 影剧院、录像厅必须符合下列卫生要求：

（一）场次间隔不少于30分钟，其中空场不少于10分钟；

（二）观众厅座位在800个以上的有机械通风装置；

（三）立体影剧院供观众使用的眼镜，每场使用后用紫外线消毒或者使用一次性眼镜。

违反前款规定，责令限期改进；逾期改进；逾期仍不改正者，处五百元以上二千元以下的罚款。

第十四条 歌舞厅、音乐厅、游艺厅必须符合下列卫生要求：

（一）有机械通风装置；（二）有消毒设施，使用的茶具、饮具、面巾做到一客一消毒；

（三）舞厅内禁止使用紫外线灯和滑石粉，舞厅、音乐厅禁止使用有害观众健康的烟雾剂。

违反前款规定，经教育、警告仍不改正者，处五百元以上二千元以下的罚款。

第十五条 商场（店）必须符合下列要求：

（一）营业面积大于800平方米的商场（店），有机械通风装置；

（二）大、中型商场（店）有公共厕所，设置果皮箱，大型商场设有顾客休息室；

（三）出售农药、油漆、化学试剂有单独售货室。

违反前款规定，视情节轻重，限期整改，或者处五百元以上三千元以下的罚款，直至停业整顿。

第十六条 游泳场（馆）必须符合下列卫生要求：

（一）人工游泳池水余氯每升0.4—0.6毫克，化合性余氯每升在1.0毫克以上；

（二）人工游泳池池水细菌总数每毫升不超过1000人，总大肠菌群每升不超过18个，海水游泳场海水总大肠菌群每升不超过10000个；

（三）池水浑浊度不高于5度；

（四）禁止出租游泳衣裤。

违反前款规定，经教育、警告仍不改正者，视情节轻重，处五百元以上三千元以下的罚款，直至停业整顿。

第十七条 候车（船、机）室必须符合下列卫生要求：

（一）禁止将有碍公共场所卫生的物品携入；

（二）按旅客流量，设相应数量水冲式厕所。男厕每80人设大便器，小便器一个，女厕每50人设便器一个。厕所设有洗手池；

（三）厕所、盥洗室按时湿式清扫。废弃物日产日清，设置果皮箱、痰盂等卫生设施，并保持清洁；

（四）有专人负责健康教育，有固定宣传卫生知识宣传栏，定期更新宣传内容。

违反前款规定，经教育、警告仍不改正者，处五百元以上二千元以下的罚款。

第十八条 公共场所因不符合卫生标准和要求造成危害健康事故的，必须妥善处理，并及时报告卫生行政部门。

违反前款规定，造成危害健康事故者，依照国家有关规定处罚。

第十九条 市、区卫生行政部门设立公共场所卫生监督员。卫生监督员必须经省卫生行政部门考核同意后，由市、区卫生行政部门报同级人民政府批准发给证书。

第二十条 卫生监督员应当文明执法，对公共场所进行现场检查时，必须佩带“中国卫生监督”证章，出示监督证件。经营者有权拒绝无有效证件人员的检查。

第二十一条 卫生监督员对公共场所进行现场检查，索取有关资料，经营单位不得拒绝或者隐瞒。卫生监督员对所提供的技术资料有保密的的责任。

违反前款规定，拒绝卫生监督者，视情节轻重，给予警告或者处以六百元以下的罚款。

第二十二条 市、区卫生行政部门管理人员和卫生监督员必须忠于职守，依法办事，对玩忽职守，滥用职权，收受贿赂的，由所在单位或者上一级主管机关给予行政处分。构成犯罪的，由司法机关依法追究刑事责任。

第二十三条 卫生行政部门实施行政处罚必须下达处罚决定书。罚款必须开具由财政部门统一印制的票据，罚款一律上缴国库。吊销“卫生许可证、由原发证单位批准。

第二十四条 当事人对行政处罚决定不服的，可以在接到处罚决定书之日起十五日内，向作出处罚决定机关的上一级机关申请复议，也可以直接向人民法院起诉。但对公共场所卫生质量控制的决定必须立即执行。对处罚决定逾期不申请复议，也不向人民法院起诉，又不履行处罚决定的，由作出处罚决定的机关向人民法院申请强制执法。

第二十五条 本办法未列入的项目、指标、标准，按国家有关规定执行。

第二十六条 本办法的具体应用问题由海口市人民政府负责解释。

第二十七条 本办法自公布之日起施行。

海口市基本菜田保护条例

（1997年10月10日海口市
第十一届人民代表大会常务委员会
第二十七次会议修改通过
1997年10月24日海南省
第一届人民代表大会常务委员会
第三十二次会议批准修改）

第一条 为了加强基本菜田的建设、保护和管理，稳定发展蔬菜生产，保障城镇居民的蔬菜供应，根据《中华人民共和国土地管理法》、《中华人民共和国农业法》、国务院《基本农田保护条例》和有关法律、法规的规定，结合本市实际情况，制定本条例。

第二条 本条例所称基本菜田，是指根据一定时期城市人口对蔬菜的需求而确定的长期不得占用的菜田。

本条例所称基本菜田保护区，是指为对基本菜田实行特殊保护而依照法定程序划定的区域。

第三条 各级人民政府应当把基本菜田建设、保护和管理工作作为政府领导任期目标责任制的重要内容，由上一级人民政府监督实施。

市蔬菜行政主管部门主管基本菜田的建设、保护和管理工作。

计划、农业、财政、水利、土地管理、城市规划、环境保护等部门按照各自的职责，协同做好基本菜田的建设、保护和管理工作。

第四条 基本菜田保护区面积按本市人口平均不少于20平方米的标准，由土地管理部门会同蔬菜行政主管部门、城市规划部门根据城市总体规划和土地利用规划的要求划定，报市人民政府批准并明文公告。

市土地管理部门应当会同蔬菜行政主管部门、城市规划部门对基本菜田保护区按块绘图，登记建档，并设立保护标志。

第五条 后备菜田由蔬菜行政主管部门会同农业部门按不少于基本菜田总面积10%的比例在适合种植蔬菜的农田中划定。因人口自然增长和征用土地造成人均占有基本菜田面积减少的，应及时在后备菜田中补足。

蔬菜行政主管部门应当对后备菜田的土地和设施进行改造，并有计划地逐年增加种植蔬菜的面积。已种植蔬菜的后备菜田视为基本菜田，按本条例的规定实行保护。

第六条 各级人民政府应当将基本菜田和后备菜田建设纳入国民经济和社会发展计划，合理安排。在扶持基本菜田建设保护菜农利益方面，应当采取以下措施：

（一）各级财政逐年增加对基本菜田建设的资金投入；

（二）对菜田的排灌、道路、供电等基础设施建设给予适当的补贴

（三）建立蔬菜生产风险保障机制，对签订产销合同的蔬菜实行最低保护价，对因自然灾害等原因造成的损失给予适当的补偿。

第七条 基本菜田建设应当符合以下要求：

（一）交通便利；

（二）排灌方便；

（三）土壤适宜种植蔬菜；

（四）附近无污染源；

（五）稳产高产。

第八条 基本菜田必须常年种植蔬菜，不得荒芜。未经市人民政府批准，任何单位和个人不得改种其他农作物或改作他用。

第九条 基本菜田保护区一经划定，任何单位和个人不得擅自改变或占用。国家和省、市重点建设项目确实无法避开基本菜田保护区，需要征用基本菜田的，必须按土地管理的法律法规规定，向市土地管理部门提出申请，经市蔬菜行政主管部门签置意见后，报市人民政府常务会议审批。征用面积在6.5公顷以上的，报省人民政府审批。

第十条 征用基本菜田实行先补后征，由市土地管理部门会同蔬菜行政管理部门、农业部门按征用1公顷补1.5公顷的标准，在后备菜田中补足新菜田后方可征用。

第十一条 征用基本菜田须缴纳新菜田开发建设基金和所征菜田附属生产设施的投资补偿费。

新菜田开发建设基金，由市人民政府确定缴纳标准，市土地管理部门按季度汇交市财政，实行专户储存，专款专用。

第十二条 新菜田开发建设基金主要用于新菜田开发建设。

新菜田开发建设基金的使用，由市蔬菜行政主管部门提出计划，经市财政部门审核后报市人民政府批准。

第十三条 任何单位和个人不得侵占或损坏基本菜田的基础设施和园艺栽培设施。

在基本菜田保护区或其周边地带施工的建设单位，在开工前必须采取有效措施，保护菜田及其基础设施。因施工导致菜田的种植条件恶化或影响基础设施发挥正常功能的，建设单位应当在协定期限内修复或给予补偿。

第十四条 基本菜田保护区附近不得新建有可能污染菜田的工程项目，其防护相隔距离参照工业污染防护距离的规定由市环境保护部门测定。

第十五条 菜农必须严格遵守农药使用管理规定，不得在蔬菜生产中使用国家禁止使用的农药和化学物品。

任何单位和个人不得在基本菜田保护区内建窑、建房、建坟或者擅自挖沙、取土、采石、采矿以及堆放、倾倒和排放有害物质。

第十六条 在基本菜田的建设、保护、管理工作中做出显著成绩的单位和个人，由市人民政府或者市蔬菜行政主管部门给予表彰和奖励。

第十七条 违反本条例规定，占用基本菜田保护区土地的，由市土地管理部门按非法占用土地处理。

第十八条 依法批准使用基本菜田保护区土地的建设项目，一年内不能动工兴建而又可以耕种并收获的，应当保持耕地现状，由原耕种单位或个人继续耕种，也可以由建设单位组织耕种；一年以上未动工兴建而闲置的，由土地建设管理部门收取相当于土地使用权出让金20%的耕地闲置费；连续两年未动工兴建的，由市土地管理部门报市人民政府批准，依法收回土地使用权，注销土地使用证。

第十九条 承包经营基本菜田的单位和个人，非因自然灾害及其他不可抗力而弃耕撂荒的，由乡镇人民政府令限期复耕复种，弃耕撂荒菜田连续满6个月的，由区人民政府按每平方米3元以上5元以下的标准收取撂荒费；弃耕撂荒超过一年以上的，由农村集体经济组织收回其土地承包经营权。

第二十条 擅自将基本菜田改种其他作物或改作他用的，由市蔬菜行政主管部门责令其限期恢复原状，并视情节轻重，可处以每平方米3元以上5元以下的罚款。

第二十一条 挖沙、取土、采石、采矿等毁坏基本菜田的，由市蔬菜行政主管部门责令其限期恢复原状，并视情节轻重，可处以每平方米10元以上15元以下罚款。

第二十二条 毁坏或者擅自移动基本菜田保护区标志的，由市蔬菜行政主管部门责令其限期恢复原状，并视情节轻重，可处以100元以上500元以下的罚款。

第二十三条 侵占或者毁坏基本菜田基础设施园艺栽培设施的，由市蔬菜行政主管部门责令其限期退还或者修复设施，赔偿经济损失，并视情节轻重，可处以100元以上1000元以下的罚款。

第二十四条 在基本菜田保护区内堆放、倾倒和排放有害物质或在蔬菜生产中使用国家禁止使用的农药和化学物品的，由市蔬菜行政主管部门会同市环境保护部门按有关法律、法规处理。

第二十五条 蔬菜行政主管部门和其他有关部门的工作人员，在基本菜田建设、保护和管理工作中有徇私舞弊、玩忽职守等行为的，依照有关法律、法规处理。

第二十六条 违反本条例，情节严重，构成犯罪的，由司法机关依法追究刑事责任。

第二十七条 当事人对按本条例规定作出的行政处罚决定不服的，可以在接到处罚决定书之日起15日内，向作出处罚决定机关的本级人民政府或者上一级主管机关申请复议，也可以直接向人民法院起诉。当事人逾期不申请复议，也不向人民法院起拆，又不履行处罚决定的，由作出处罚决定的机关申请人民法院强制执行。

第二十八条 非基本菜田保护区的零星菜田的保护管理，参照本条例执行。

第二十九条 本条例具体应用的问题由市人民政府负责解释。

第三十条 本条例自公布之日起施行。

海口市燃气管理条例

（1997年10月10日海口市
第十一届人民代表大会
常务委员会第二十七次会议通过
1997年12月12日海南省
第一届人民代表大会常务委员会
第三十三次会议批准）

第一章 总 则

第一条 为加强燃气行业管理，规范燃气经营行为，维护燃气用户和经营企业的合法权益，保障城市燃气的正常供应和安全使用，促进城市燃气事业的发展，根据国家有关规定，结合本市实际，制定本条例。

第二条 本条例所称燃气是指供城市生活、生产使用的液化石油气、天然气、人工煤气、混合气及其它气体燃料。

第三条 本市行政区域内燃气的规划、建设和储存、输配、经营、使用及其管理，适用本条例。

第四条 燃气的生产、储存、输配、经营和使用，必须贯彻“安全第一，预防为主”的方针。

第五条 市燃气主管部门负责本行政区域内燃气行业管理工作。

劳动部门负责燃气的安全监察。公安消防部门负责燃气的消防监督。规划、城建、环保、物价、技术监督等部门根据各自职责，协同做好燃气的管理工作。

第二章 规划与建设

第六条 燃气的发展应当纳入城市总体规划及国民经济和社会发展计划。燃气专项规划由燃气主管部门会同规划部门组织编制。编制燃气专项规划时，应当征求劳动、公安消防、环保等有关部门的意见。

第七条 新建、改建、扩建的燃气工程，必须符合市燃气事业发展规划。经燃气主管部门会同有关部门审查批准后，方可按基本建设程序办理。

第八条 管道供气规划区域内的新建、改建、扩建项目，旧城改造和新区开发，应当按照燃气专项规划配套建设管道燃气设施，并与主体工程同时设计、同时施工、同时竣工验收。

管道供气区域内的高层民用建筑，应当有计划地安装使用管道燃气。

第九条 燃气工程设计、施工、安装等单位必须具有相应资质证书，并向燃气主管部门登记备案后方可从事相应的业务活动。

第十条 新建、改建、扩建的燃气工程项目必须遵守以下规定：

（一）工程建设采用的设备、材料、零部件及安全附件等，必须符合国家规定的质量标准；

（二）工程质量必须由具备相应资质的质量监督机构负责监督；

（三）工程竣工验收由燃气主管部门会同规划、公安消防、劳动、环保等有关部门进行。经验收合格的，建设单位应将完整的竣工验收资料提交城建档案馆及有关部门存档备查。未经验收或验收不合格的，不得交付使用。

第十一条 燃气工程建设资金可以按照国家有关规定采取多种渠道筹集。管道燃气的主干管道设施，由政府或者管道燃气经营企业投资；庭院管网、室内管道，由业主或者产权人投资。

第三章 经营管理

第十二条 管道燃气实行统一经营。瓶装燃气实行多家经营，总量控制。

第十三条 燃气经营企业必须具备以下条件：

（一）有长期（不少于五年）稳定、符合标准的燃气来源；

（二）有符合国家规定的储存、输配、充装和残液回收等设施；

（三）有符合相应资格条件专业技术人员和管理人员，操作工人须经过安全培训，持有相应的上岗证；

（四）有健全的安全管理规章制度和安全保证体系；

（五）有与经营规模相适应的自有资金；

（六）国家有关部门规定的其它条件。

第十四条 经营燃气业务必须办理下列手续：

（一）向工商行政管理部门申领营业执照；

（二）向公安消防部门和劳动部门分别申请消防安全许可证和压力容器使用登记证；

（三）向燃气主管部门申请资质审查，经初审合格后，报省建设行政主管部门核发燃气企业资质证书。

燃气经营企业设立瓶装燃气分销网点，还须向燃气主管部门申领燃气分销网点许可证。

燃气企业资质证书和燃气分销网点许可证实行年审制度。未经年审或年审不合格的，不得继续从事燃气经营活动。

第十五条 燃气经营企业的停业、分立、合并、终止，营业场所及其他重大事项的变更，应向燃气管理部门办理核准或备案手续。

第十六条 燃气经营企业应当向燃气主管部门及时报送有关报表，并按省财政和物价部门批准的标准缴纳燃气管理费。

第十七条 在燃气经营活动中，禁止下列行为：

（一）个体工商户经营燃气；

（二）伪造、涂改、出租、转借或转让燃气企业资质证书和燃气分销网点许可证；

（三）向无燃气经营有效证件者提供气源；

（四）销售无燃气经营有效证件者供给的燃气；

（五）燃气汽车加气站从事其它用途的加气充装。

第十八条管道燃气经营企业不得拒绝给供气区域内符合供气和用气条件的用户供气。

第十九条 管道燃气经营企业和燃气用户应当根据平等自愿、协商一致的原则签订供用气合同。

第二十条 燃气价格和燃气服务项目收费标准的确定和调整，由燃气主管部门审核，报市物价部门批准后公布执行。

第二十一条 燃气经营企业应当保证燃气质量、管道燃气压力流量和瓶装燃气充装允差量等指标符合国家规定的标准。

第二十二条 管道燃气经营企业应当保证安全、稳定供气，不得无故停气。因供气设施计划检修需要停止供气时，应当提前七天通知用户或者公告；因供气设施临时检修需要停止供气时，除紧急通知外，应当提前二十四小时通知用户；连续停止供气四十八小进以上的，应当采取措施保障用户的生活用气。引起停止供气的原因消除后，应当尽快恢复供气。恢复供气之前也应及时通知用户。

第二十三条 燃气经营企业应当建立用户档案，设置并公布维修、抢修、抢险电话，实行专人值班，昼夜服务。

第四章 用气管理

第二十四条 使用管道燃气应当向管道燃气经营企业提出开户申请，并办理有关用气手续。

第二十五条 管道燃气用户变更用户名称、扩大用气范围、改变燃气用途和安装、改装、拆迁固定的燃气设施、管线、调压装置、计量表具时，应向管道燃气经营企业申请办理有关手续。

第二十六条 管道燃气用户应当按到气费通知单之日起十日内到指定银行缴纳气费，逾期未缴的，每逾期一日，加收3‰的滞纳金；逾期二个月不缴的，管道燃气经营企业有权中止供气。

第二十七条 用户有权对燃气经营企业的收费和服务质量向燃气主管部门和物价管理部门投诉。燃气主管部门和物价部门对用户投诉的事项应及时查处，并将查处情况通知投诉用户。

第二十八条 禁止盗用管道燃气。

擅自开启计量检定机构加封的燃气计量装置封印，或者故意使燃气计量装置不准、失效的，以盗用燃气论处。

第二十九条 用户使用燃气时，不得有下列行为：

(一)擅自拆修钢瓶角阀或调压阀；

(二)擅自处理瓶内残液、自行进行钢瓶之间倒罐；

(三)擅自改换钢瓶检验标记或瓶体漆色；

(四)用火、热水或其它热源直接对钢瓶加热；

(五)与其它明火炉灶同处混用；

(六)无理阻挠管道燃气经营企业维修燃气设施。

第五章 安全管理

第三十条 燃气经营企业必须建立安全责任制，配置必要的安全设备。燃气经济企业的法定代表是本单位安全管理的第一责任人。

第三十一条 燃气经营企业应向用户提供安全用气手册，加强对用户的安全宣传和教育。

第三十二条 管道燃气设施的安全管理和维护保养由管道燃气经营企业统一组织实施。燃气设施的维修保养及更换设备的费用，由产权人各自负担。

第三十三条 燃气经济企业在钢瓶充装过程中，必须严格执行国家有关安全规定。

(一)使用的钢瓶必须按照劳动部门规定的周期进行定期检验，不得给过其未检测的钢瓶或者不合格钢瓶充装燃气；

(二)对残液量超过规定的钢瓶，必须进行清残处理；

(三)对出站钢瓶必须进行复检，合格后贴上充装合格证；未贴合格证的，不得出站；

(四)禁止违反安全标准超量充装钢瓶；

(五)禁止从液化石油气罐车上直接向钢瓶充装液化石油气。

第三十四条 燃气生产、储存、输配系统的动火作业必须向燃气管理部门和消防部门申报，取得动火证后方可实施。在动火作业时，必须在作业点周围采取保证安全的隔离措施和防范措施。

第三十五条 燃气经营企业应当设置专职抢修队伍，配备通讯器材、抢修设备、防护用品及巡检抢修专用车辆。

第三十六条 燃气经营企业应当制定燃气设施及管网的巡检制度和各类突发事故的抢险预案，抢险预案应报燃气主管部门和劳动、公安消防等部门备案。

第三十七条 在燃气管道及设施附近进行施工，有可能影响燃气管道及设施安全的运营的，施工单位须事先通告管道燃气经营企业，经双方制定保护方案并报公安消防部门审核同意后方可施工。由此发生的费用由施工单位承担。

由于施工不当造成燃气管道及设施损坏的，施工单位应当协助管道燃气经营企业采取相应的措施进行抢修，并赔偿由此造成的经济损失。

第三十八条 燃气码头、气源厂、充装站、供气点及燃气输配设施，应当设置符合国家规定的警示标志。任何单位和个人不得移动、覆盖、涂改、拆除和损坏燃气警示标志。

第三十九条 禁止在燃气管道及设施上修筑建筑物、构筑物，搭棚、挖坑取土或堆放物品。

第四十条 禁止在随桥架设的燃气管道上跨设缆线及在铺设燃气管道的江河底附近取沙、抛锚。

第四十一条 禁止燃气运输车辆在机关、仓库、商场、影剧院、医院、学校附近一百米内和人员稠密区停靠。中途停车时，在周围五十米内不得有明火，驾驶员和押运员不得同时离车。

第四十二条 任何单位和个人发现燃气险情或事故，应当立即向相关的燃气经营企业报警。燃气经营企业接到报警后应当立即按抢险预案进行抢险，同时将情况报告燃气主管部门和劳动、公安消防等部门。险情严重需要实行人员疏散、封锁交通、切断电源、断绝火源的，公安、交警、城建供电等有关部门必须予以协助。

第四十三条 燃气经济企业组织抢修燃气设施时，对影响抢修作业的其它财产可以采取应急措施。但事后应及时恢复原状，并按规定补办手续。给他人财产造成损失的，由燃气经营企业负责赔偿。燃气经营企业予以赔偿后，有权向造成抢修事故的责任者追偿。

第四十四条 民用燃气器具必须经燃气主管部门指定的合法检测机构对其气源适配性进行检测，符合本市燃气使用要求的，方可销售。

燃气经营企业不得强制用户购买其指定的燃气器具。

第六章 法律责任

第四十五条 违反本条例第七条、条九条规定的，由燃气主管部门责令改正，限期补办手续，并处以一万元以上三万元以下的罚款。

第四十六条 违反本条例第十条第(三)项规定，使用未经验收或验收不合格的燃气工程设施的，由燃气主管部门责令停止使用。并处以一万元以上三万元以下的罚款。

第四十七条 违反本条例第十四条第一款规定未取得燃气企业资质证书经营燃气或者违反该条第二款、第三款规定的，由燃气主管部门责令停止违经营，没收违法所得，并处以一万元以上三万元以下的罚款。

第四十八条 个体工商户违反条例十七条第(一)项规定经营燃气的，由燃气主管部门责令停止违法经营，没收违法所得和违法经营设备，并处以三千元以上一万元以下的罚款；情节严重的，处以一万元以上三万元以下的罚款。

第四十九条 违反本条例第十七条第(二)项、第(三)项、第(四)项、第(五)项规定的,由燃气主管部门责令停止违法行为,没收违法所得,并处以三千元以上一万元以下的罚款;情节严重,处以一万元以上三万元以下的罚款。

第五十条 违反本条例第十九条、第二十一条、第二十二条规定的,由燃气主管部门责令改正,给予警告,并处以一万元以上三万元以下的罚款。

第五十一条 违反本条例第二十五条规定的,由燃气主管部门责令改正,并处以五百元以上三千元以下的罚款。

第五十二条 违反本条例第二十八条规定,盗用管道燃气的,由燃气主管部门责令停止违法行为,追缴气费,并处以五百元以上三千元以下的罚款;情节严重的,处以三千元以上一万元以下的罚款;构成犯罪的,依法追究刑事责任。

第五十三条 违反本条例第三十三条、第三十四条、第三十九条、第四十条规定的,由燃气主管部门责令改正,并处以三千元以上一万元以下的罚款;情节严重的,处以一万元以上三万元以下的罚款。

第五十四条 违反本条例第三十八条规定的,由燃气主管部门责令改正,并处以五百元以上三千元以下的罚款。

第五十五条 违反本条例第四十一条规定的,由市燃气主管部门责令改正,给予警告,并处以二百元以上五百元以下的罚款。

第五十六条 违反本条例第四十四条规定销售燃气器具的,由燃气主管部门责令停止销售,并处以一万元以上三万元以下的罚款;情节严重的,处以三万元以上七万元以下的罚款。

第五十七条 对破坏、盗窃城市燃气设施或者阻碍燃气管理人员依法执行公务的,由公安机关依照《中华人民共和国治安管理处罚条例》予以处罚;构成犯罪的,依法追究刑事责任。

第五十八条 燃气主管部门的工作人员违反本条例规定,玩忽职守、滥用职权、徇私舞弊的,由所在单位或监察部门给予行政处分;构成犯罪的,依法追究刑事责任。

第五十九条 当事人对行政处罚不服的,可在接到处罚决定书之日起十五日内,申请行政复议或者向人民法院提起行政诉讼。当事人逾期不申请行政复议,也不提起行政诉讼,又不履行处罚决定的,作出处罚决定的机关可以申请人民法院强制执行。

第八章 附 则

第六十条 本条例具体应用中的问题由海口市人民政府负责解释。

第六十一条 本条例自公布之日起施行。一九九二年十月十二日由市人民政府颁布的《海口市燃气管理暂行规定》同时废止。

海口市禁止生产和销售假冒伪劣商品条例

(1997年6月25日海口市第十一届人民代表大会常务委员会第二十五次会议修改通过 1997年7月31日海南省第一届人民代表大会常务委员会第三十次会议批准修改)

第一章 总 则

第一条 为禁止假冒伪劣商品的生产和流通,保护商品生产者、销售者、用户和消费者的合法权益,维护社会主义市场经济秩序,根据国家有关法律、法规的规定,结合海口市的实际情况,制定本条例。

第二条 本条例适用于在海口市行政区域内从事商品生产、销售以及为商品生产、销售提供条件和服务的单位与个人。

第三条 区以上工商行政管理部门和技术监督行政管理部门负责本行政区域内查处假冒伪劣商品的工作,其他有关行政管理部门在各自的职责范围内依法查处假冒伪劣商品。

第四条 属下列情形之一者为假冒伪劣商品,禁止生产和销售:

(一)失效、变质的;

(二)掺杂使假、以假充真、以旧充新、以次充好的;

(三)国家明令淘汰的;

(四)冒用他人注册商标的;

(五)伪造、冒用他人商品的产地、厂名、名称、生产日期、生产批号和产品标准代号的;

(六)不依规定标明商品的产地、厂名、生产日期、警示标志等内容的;

(七)冒用认证标志、名优标志等质量标志的;

(八)无产品合格证的;

(九)国家有关法律、法规规定为假冒伪劣商品的。

第五条 禁止为生产、销售假冒伪劣商品提供下列条件和服务:

(一)代印代制假冒商标标识、认证标志、名优标志、铭牌和包装物的;

(二)仓储、运输的;

(三)提供广告宣传服务的;

(四)提供物资、资金、帐户、场地和设备的;

(五)提供其他条件和服务的。

第二章 监督管理

第六条 工商行政管理部门和技术监督行政管理部门在查处生产、销售假冒伪劣商品活动中的分工:

(一)在生产、流通领域中,凡属产品质量责任问题,均由技术监督行政管理部门查处,工商行政管理部门予以协助;

(二)在市场管理和商标管理中,发现生产、销售掺假产品、冒牌产品的违法行为,由工商行政管理部门查处,技术监督行政管理部门予以协助;

(三)在市场上倒卖、骗卖劣质商品的行为,凡是工商行政管理部门发现的,由工商行政管理部门查处,需要技术监督行政管理部门协助的,技术监督行政管理部门予以协助;凡是技术监督行政管理部门发现的,由技术监督行政管理部门查处,需要工商行政管理部门协助的,工商行政管理部门予以协助。

第七条 工商行政管理部门和技术监督行政管理部门在查处生产、销售假冒伪劣商品活动时,依法行使下列职权:

(一)调查、询问当事人和有关人员;

(二)查封、扣押假冒伪劣商品;

(三)查封、扣押用于生产假冒伪劣商品的工具、设备、原团料和其他物品;

(四)查阅、提取有关证明文件;

(五)法律、法规规定的其他职权。

前款行使第二项、第三项职权时,须

经区以上工商行政管理部门或技术监督行政管理部门行政首长批准，并制定决定书。

第八条 工商行政管理部门和技术监督行政管理部门在接到生产、销售假冒伪劣商品违法行为的举报后，应立即进行审查，符合立案条件的，应当予以立案。

第九条 案件的处理决定应在立案之日起3个月内作出，对于重大、疑难的案件，经区以上工商行政管理部门或技术监督行政管理部门行政首长批准可以延长，但延长时间不得超过3个月。

第十条 行政执法人员在查处假冒伪劣商品案件时，至少应有2人参加，并应向当事人出示有关公务证件。

第十一条 行政执法人员依法调查、收集有关证据材料，对当事人正当的技术秘密和商业秘密，应当予以保密。

第十二条 工商行政管理部门和技术监督行政管理部门对涉嫌假冒伪劣的商品进行查封、扣押时，应将查封、扣押决定书送达当事人，并开具查封、扣押清单，交当事人签名，当事人不在场拒绝签名的，行政执法人员应当邀请见证人在查封、扣押清单上签名。被查封、扣押的商品，应在5日内送国家法定的质量检验机构进行检验。

第十三条 对产品质量的监督检查以抽查为主要方式。抽查的范围主要为可能危及人体健康和人身、财产安全的产品。抽查结果应当公布。

第十四条 根据工商行政管理部门和技术监督行政管理部门的委托，国家法定的质量检验机构应对送检的商品进行检验，检验结论应在15日内作出。因检测技术条件限制，不能在规定期限内作出检验结论的，经区以上技术监督行政管理部门行政首长批准可以延长，但延长时间不得超过3个月。

经检验不属假冒伪劣商品或逾期未作出检验结论的，工商行政管理部门和技术监督行政管理部门应当立即解除查封、扣押。

第十五条 工商行政管理部门和技术监督行政管理部门对假冒伪劣商品生产者、销售者以及为之提供条件和服务的单位和个人，应当建立档案管理制度。

第十六条 用户和消费者因假冒伪劣商品受到损害的，有权向工商行政管理部门和技术监督行政管理部门以及保护消费者权益的社会组织投诉，有关部门或社会组织应当负责处理。

第十七条 任何单位或个人均有权向有关部门举报生产、销售假冒伪劣商品的行为。对举报有功人员应给予奖励。

有关部门应当为举报人保密，必要时公安机关应当采取措施保护举报人的安全。

第三章 罚 则

第十八条 违反本条例，生产假冒伪劣商品的，责令停止生产，没收全部假冒伪劣商品和销售收入以及有关工具、设备、原材料和其他物品，并处以违法所得1倍以上5倍以下的罚款，没有违法所得的，处以5万元以下的罚款；情节严重的，由工商行政管理部门依照国家有关法律、行政法规规定吊销企业营业执照；或依照本条例规定吊销个体营业执照。

第十九条 违反本条例，销售假冒伪劣商品的，责令停止销售，没收全部假冒伪劣商品和违法所得，处以违法所得1倍以上5倍以下的罚款，没有违法所得的，处以5万元以下的罚款；情节严重的，由工商行政管理部门依照国家有关法律、行政法规规定吊销企业营业执照；或依照本条例规定吊销个体营业执照。

第二十条 违反本条例，生产、销售下列假冒伪劣商品的，责令停止生产、销售，没收全部假冒伪劣商品的销售收入以及有关工具、设备、原材料和其他物品，处以违法所得1倍以上5倍以下的罚款，没有违法所得的，处以10万元以下罚款，情节严重的，由工商行政管理部门依照国家有关法律、行政法规规定吊销企业营业执照；或依照本条例规定吊销个体营业执照：

（一）假冒伪劣食品、饮料、酒、化妆品、药品、医疗器械、医用卫生材料等危及人体健康的；

（二）假冒伪劣电器、压力容器、易燃易爆物品等危及人身、财产安全的；

（三）假冒伪劣化肥、农药、兽药、种子、水泥、钢材等重要生产资料的。

第二十一条 非法代印代制假冒商标标识、认证标志、名优标志、铭牌和包装物的，责令停止印刷，没收上述物品及印刷工具、设备，没收所得服务费，并处以违法所得1倍以上5倍以下的罚款，没有违法所得的，处以5万元以下的罚款，情节严重的，由工商行政管理部门依照国家有关法律、行政法规规定吊销企业营业执照，或依照本条例规定吊销个体营业执照。

前款违法行为侵犯注册商标专用权的，依照《中华人民共和国商标法》及其他有关规定处理。

第二十二条 为假冒伪劣商品提供保管或运输服务的，没收所得保管费或运输费，处以所得保管费或运输费1倍以上5倍以下的罚款，可以责令停止整顿，情节严重的，由工商行政管理部门依照国家有关法律、行政法规规定吊销企业营业执照；或依照本条例规定吊销个体营业执照。

第二十三条 为假冒伪劣商品提供广告代理、设计、制作、发布服务的，责令停止违法行为，消除影响，没收所得服务费，并处以所得服务费1倍以上5倍以下的罚款，情节严重的，由工商行政管理部门依照国家有关法律、行政法规规定吊销企业营业执照或广告经营许可证；也可依照本条例规定吊销个体营业执照。

第二十四条 为他人生产、销售假冒伪劣商品提供物资、资金、帐户、场地、设备和其也条件的，责令停止提供服务，没收所提供的物资、资金和设备，没收所得服务费，并处以违法所得1倍以上5倍以下的罚款，没有违法所得的，处以5万元以下的罚款，情节严重的，由工商行政管理部门依照国家有关法律、行政法规规定吊销企业营业执照；或依照本条例规定吊销个体营业执照。

第二十五条 对生产、销售假冒伪劣商品者，除依据本条例的规定予以处罚外，并可给予在其场所显著位置悬挂“假冒伪劣商品生产者”或“假冒伪劣商品销售者”警示标志10日的处罚。

警示标志由工商行政管理部门和技术监督行政管理部门共同制定。

第二十六条 单位从事生产、销售假冒伪劣商品以及为生产、销售假冒伪劣商品活动提供服务的，除依本条例的规定予以处罚外，对单位的法定代表人或主要负责人处以1万元以下的罚款，并由有关部门给予行政处分。

第二十七条 当事人对处罚决定不服的，可在收到处罚决定之日起15日内，向上一级行政管理机关申请复议或直接向人民法院起诉。当事人对复议决定不服的，可以收到复议决定书之日起15日内，向人民法院起诉。

第二十八条 工商行政管理部门和技术监督行政管理部门所作出的生效处

罚决定或复议决定，当事人在规定期限内没有自动履行的，可申请人民法院强制执行，或依法强制执行。

第二十九条 违反本条例规定，构成犯罪的，由司法机关依照《中华人民共和国刑法》追究其刑事责任。

第三十条 对检举人、证人进行打击报复、拒绝、阻碍行政执法人员依法执行公务，应当给予治安管理处罚的，由公安机关依照《中华人民共和国治安管理处罚条例》进行处罚；构成犯罪的，由司法机关依法追究其刑事责任。

第三十一条 工商行政管理部门和技术监督行政管理部门以及其他有关行政管理部门的执法人员滥用职权、故意刁难、乱扣乱罚、玩忽职守、徇私舞弊、敲诈勒索、贪污受贿、支持和纵容、包庇生产、经销假冒伪劣商品的，应给予行政处分。构成犯罪的，由司法机关依法追究其刑事责任。

第四章 损害赔偿

第三十二条 违反本条例，给他人人身或财产造成损害的，有关当事人可以向生产者要求赔偿，也可以直接向销售者要求赔偿，属于生产者的责任，销售者已赔偿的，销售者有权向生产者追偿；属于销售者的责任，生产者已赔偿的，生产者有权向销售者追偿。

第三十三条 因假冒伪劣商品造成人身损豁的，侵害人应当支付医疗费、治疗期间护理费、因误工减少的收入等费用；造成残疾的，还应当支付残疾者生活自助具费、生活补助费、残疾赔偿金以及由其抚养的人所必需的生活费用。

因假冒伪劣商品造成死亡的，侵害人应当支付丧葬费、死亡赔偿金以及由死者生前抚养的人所必需的生活费等费用。

第三十四条 因假伪劣商品造成损害要求赔偿的诉讼时效期间为2年，自当事人知道或应当知道其权利被侵害之日起计算。

第五章 附　则

第三十五条 本条例所称“以上”“以下”包括本数。

第三十六条 本条例由海口市人民代表大会常务委员会解释。

第三十七条本条例自1994年1月1日起施行。

海口市经济合同管理办法

（1997年6月25日海口市第十一届人民代表大会常务委员会第二十五次会议修改通过1997年7月31日海南省第一届人民代表大会常务委员会第三十次会议批准修改）

第一章 总则

第一条 为了加强经济合同监督管理，保护经济合同当事人的合法权益，促进社会主义市场经济的健康发展，根据《中华人民共和国经济合同法》及有关法律法规，结合本市实际情况，制定本办法。

第二条 本办法适用于平等主体的法人、其他经济组织、个体工商户相互之间，为实现一定的经济目的，明确相互权利义务关系而在本市行政区域内订立或履行的经济合同。

第三条 市工商行政管理部门是本市经济合同的监督管理机关，其他有关部门依据法律、法规规定的职责，协助合同监督管理机关对经济合同进行监督管理。

第二章 管理部门的职责

第四条 工商行政管理部门管理经济合同的职责：

（一）宣传、贯彻有关经济合同的法律、法规；

（二）监督经济合同的订立和履行，组织开展“重合同、守信用”活动；

（三）鉴证经济合同；

（四）调解经济合同纠纷；

（五）查处利用经济合同进行的违法行为；

（六）办理企业动产抵押物登记；

（七）制定经济合同管理的规章制度，推行经济合同示范文本；

（八）履行法律法规规定的其他职责。

第五条 各级行业主管部门管理经济合同的职责：

（一）建立健全经济合同管理制度、管理机构，并配备专（兼）职人员负责本系统经济合同的管理；

（二）宣传、贯彻有关经济合同法律、法规；

（三）依法调解本系统经济合同纠纷；

（四）培训经济合同管理人员和有关业务人员。

第六条 企事业单位管理经济合同的职责：

（一）设立经济合同管理机构或配备专（兼）职人员负责本单位的经济合同管理工作；

（二）建立健全经济合同的签约审批、文本和印鉴使用等经济合同管理制度；

（三）依法订立和履行经济合同，定期自查本单位经济合同的订立和履行情况；

（四）协商解决经济合同纠纷

第三章 管理的内容

第七条 签订经济合同，除即时清洁合同外，应当采用书面形式。

第八条 经济合同的示范文本，由工商行政管理部门统一印制。

签订经济合同使用的《法定代表人证明书》和《法人授权委托证明书》由工商行政管理部门统一印制；经核准登记注册的企业法人的法定代表人，由工商行政管理部门统一制发附有照片的《法定代表人证明书》

第九条 经济合同依法成立，即具有法律约束力。当事人必须全面履行合同规定的义务，任何一方不得擅自变更或解除合同。

第十条 代订经济合同，必须事先取得委托人的授权委托书，并根据授权范围以委托人的名义签订。

第十一条 当事人一方可向对方给付定金，经济合同履行后，定金应当收回，或者抵作价款。

给付定金的一方不履行合同的，无权请求返还定金；接受定金的一方不履行合同的，应当双倍返还定金。

定金的数额，国家有规定的，按国家

规定办理；允许合同双方当事人约定的，从其约定，但定金的最高额不得超过合同总价款的20％。

第十二条 经济合同当事人一方要求保证的，可以由具有担保能力的保证人担保。被保证的当事人不履行义务的，按照约定由保证人履行或者承担连带责任；保证人履行义务后，有权向被保证的当事人追偿。

第十三条 经济合同的当事人或者第三人，可以提供一定的财产作为担保合同履行的抵押物。

第十四条 当事人以本办法第十五条规定的财产抵押时，应当办理抵押物登记，抵押合同自登记之日起生效。

第十五条 办理抵押物登记的部门如下：

（一）以无地上定着物的土地使用权抵押的，为市土地管理部门；

（二）以城市房地产或者乡（镇）、村企业的厂房等建筑物抵押的，为市政府规定的部门；

（三）以林木抵押的，为市林木主管部门；

（四）以船舶、车辆抵押的，为市交通运输管理部门；

（五）以企业的设备和其他动产抵押的，为市工商行政管理部门。

第十六条 企业租凭经营合同，应当明确规定租赁期限、租金的数额或比例、债权债务的承担、租赁收入的分配、违约责任、争议的解决方式等条款。

第十七条 企业承包经营合同，应当明确规定承包形式、承包期限、上交利润或减少亏损的数额、债权债务的承担、技术改造任务、留利的使用、违约责任、争议的解决方式等条款。

第十八条 联营合同，应当明确规定联营项目、建设规模、联营期限、投资总额、注册资金、出资期限和方式、各方的权利和义务、盈亏分配比例及风险的承担、期满财产处理、违约责任、合同的变更或解除、争议的解决方式等条款。

联营合同中有关劳动、人事、财务、税收等事项，根据有关法律、法规的规定执行。

第十九条 经济合同的当事人一方将合同的权利义务转让给第三人的，应当取得对方的同意并签订合同转让书，依照法律规定应当由有关机关批准的合同，需经原批准机关批准。原经鉴证的合同应当报鉴证机关备案。

第二十条 经济合同的鉴证或者公证实行自愿原则。当事人签订合同后，可以向工商行政管理机关要求鉴证或者向公证机关要求公证。

第四章 经济合同争议的处理

第二十一条 经济合同发生纠纷时，当事人可以通过协商或者调解解决。当事人不愿通过协商、调解解决或者协商调解不成的，可以依据合同中约定的仲裁条款或者事后达成的书面仲裁协议，向仲裁机构申请仲裁。当事人没有在合同中订立仲裁条款事后又没有达成仲裁协议的，可以向人民法院起诉。

第二十二条 经济合同当事人向仲裁机构申请仲裁，应当从其知道或应当知道权利被侵害之日起2年内提出，超过期限的，不予受理。但债务人愿意承担债务的不受时效限制

第五章 违法经济合同的查处

第二十三条 经济合同当事人不得采用下列欺诈手段骗取财物：

（一）伪造经济合同的；

（二）盗用、假冒他人名义签订经济合同的；

（三）虚构主体资格的；

（四）虚构货源或者合同标的物的；

（五）故意交付部分货物（货款）骗取全部货款（货物），或者骗取货款（货物），拒不交付货物（货款）的，

（六）无正当理由中止履行合同，不退还所收定金、质量保证金、履行保证金、预付款、材料款等费用，或者拒不支付加工费的；

（七）利用虚假广告和信息，诱人签订合同骗取中介费、立项费、培训费等费用的；

（八）其他利用合同欺诈对方当事人的。

公民、法人或者其他组织认为受到前款所述的欺诈行为侵害，向工商行政管理机关申请查处合同欺诈行为时，应当提供必要的证据。

第二十四条 经济合同当事人不得采取下列手段危害国家利益、社会公共利益和他人利益：

（一）利用合同违反国家指令计划的；

（二）利用合同倒卖国家禁止或者限制流通物资的；

（三）双方恶意串通，危害国家利益、社会公共利益和他人利益。

（四）其他利用合同危害国家利益、社会公共利益和他人利益的。

第二十五条 法人或者其他组织不得为他人实施本办法第二十三条、第二十四条规定的违法行为提供证明、执照、印章、帐户、凭证以及其他便利条件。

第二十六条 违反本办法第二十三条规定的，由工商行政管理机关责令退回所骗财物，处1千元以上3万元以下罚款；有违法所得的，予以没收。

第二十七条 违反本办法第二十四条规定的，由工商行政管理机关责令停止违法行为，处1千元以上3万元以下的罚款；有违法所得的，予以没收；造成损失的，予以赔偿；构成犯罪的，依法追究刑事责任。

第二十八条 违反本办法第二十五条规定的，由工商行政管理机关责令停止违法行为，处1千元以上3万元以下罚款；有违法所得的，予以没收。

第六章 附则

第二十九条 涉外经济合同的管理，按照《中华人民共和国涉外经济合同法》执行。

第三十条 本办法自公布之日起施行。

海口市电信通信线路保护规定转金

（1997年6月25日海口市第十一届人民代表大会常务委员会第二十七次会议修改通过 1997年7月31日海南省第一届人民代表大会常务委员会第三十次会议批准修改）

第一条 为了加强对电信通信线路设施的保护，确保电信通信安全畅通，根据有关法律、法规，结合本市实际情况，制定本规定。

第二条 本规定所称电信通信线路

设施包括：

（一）架空线路——电杆、电线、电缆、光缆、线担、撑脚、隔电子、拉线、帮椿及其它附属设施；

（二）埋设线路——地下、水底、海底管道电缆、光缆及电缆、光缆管道、管孔、人孔（含人孔盖）、手孔、无人值守载波增音站、电缆充气站、标石、水线标志牌及其它附属设施；

（三）无线线路——微波站、微波无源反射板、无线收发讯天线、移动通信基站、微波和卫星地面站的天线、天线馈线杆塔、导线及其它附属设施。

第三条 海口市电信部门，经省邮电管理部门授权，管理本市的电信通信工作。电信部门应当加强电信通信线路设施的安全检查工作。

第四条 各级人民政府应当加强对辖区内电信通信线路设施保护工作的领导，电信通信设施遭受严重损坏时，应当及时组织力量协助电信部门进行抢修。

第五条 任何单位和个人都有保护电信通信线路设施的责任，有权检举揭发和制止破坏电信通信线路设施的行为。

第六条 城市总体规划和各开发区的总体规划必须包括电信通信线路设施建设规划，并按有关规定预留电信通信线路设施建设用地。

第七条 电信部门应当于每年年底之前将下一年度新建或者改造电信通信线路设施的计划报计划部门，由计划部门统一安排。

计划部门应当于年初将本年度新建、改建道路、桥梁、地下通道和进行园林绿化建设的计划通知电信部门；电信部门应当据此做出电信通信配套管线建设计划，并送计划部门。

第八条 新建改建道路、桥梁、地下通道，或者进行园林绿化建设时，规划部门必须把电信通信线路设施建设列入规划，电信部门必须及时做出电信通信线路设施建设设计。城建、园林绿化部门负责协调有关单位同步进行施工。电信通信线路设施工程建设单位必须具有电信通信工程施工资格。

第九条 电信通信线路设施维护需要开挖城市道路的，由电信部门按规定向城建部门办理审批手续，施工后应当及时恢复路面。城建和交通管理部门应当积极配合。

第十条 新建、改建楼房必须按邮电部门颁布的电信通信设计标准预留电话线路交接架间、预埋电信通信暗管及预设室内电信通信管线。其电信通信管线设计必须报经电信部门审核，并列为验收项目。

第十一条 禁止下列危及电信通信线路设施安全的行为：

（一）在危及电信通信线路设施安全的范围内进行爆破，堆放易燃、易爆物品；

（二）在地下电缆、光缆两侧各3米内挖沙取土，钻探、堆放巨重物品、垃圾、矿碴，倾倒腐蚀性液体，或者设置厕所、粪池、牲畜圈、沼气池等可能导致电缆、光缆腐蚀的建筑；

（三）在电杆、拉线、塔架周围3米内挖沙取土，或者在地下电缆、光缆、架空线路两侧各2米内、天线区域周围2米内搭棚建房；

（四）在地下电缆、光缆、架空线路两侧（市区外各2米内、市区内各0.75米内植树）；

（五）向电杆、明线、隔电子、架空电缆、光缆、天线、天线馈线及其它线路附属设施射击、抛掷杂物，摇晃拉线或者在电杆拉线上栓牲畜；

（六）在电杆、拉线、天线、天线馈线杆塔、支架及其它附属设施上搭挂电灯线、电力线、广播线，或者在电信通信线路上搭挂广播喇叭和收音机、电视机天线及其它物品；

（七）擅自打开交接箱、分线箱、分线盒，或者通过其它方式在用户电话线上私自搭接电话线路、安装电话机或者其它通信终端设备；

（八）擅自将普通电话线改作中继线，或者将电信部门批准专门用途的中断擅自改作其它用途；

（九）其它危及电信通信线路设施安全的行为。

第十二条 在电信通信线路沿线附近建筑施工、农田建设、植树造林、砍伐树竹、运输超高大物件、架设线路、敷设管道和进行水下作业等，如有可能危及电信通信线路设施安全，应当事先取得电信部门同意，并采取技术防范措施以后方可动工；如需要迁改、拆除电信通信线路设施的，必须事先征得电信部门同意，并承担所需费用。

第十三条 从事以下作业的，必须符合国家有关技术安全要求和技术标准，并通知电信部门共同采取技术防范措施：

（一）在水底、海底电缆、光缆附近进行水下作业，可能危及电缆、光缆安全的；

（二）在电信通信线路设施附近架设或者交叉布设输电线路、其它通信线路、广播线路，敷设下水道或者输水、煤气管道，可能危及电信通信线路设施安全的；

（三）在电信通信线路设施附近树立金属旗杆、设置无线电或者其它可能干扰电信通信信号的电气设备的；

（四）修剪、砍伐树木，可能危及电信通信线路设施安全的。

第十四条 在市区或者市郊建造高层建筑时，应当按照城市规划要求，避开国家一、二级微波通信干线通道的净空控制范围。

第十五条 架设、敷设电信通信线路或者绿化植树时，必须注意保持线路和树木之间的规定距离。

树木自然生长可能危及电信通信线路安全时，电信部门有权要求管护单位或者个人进行修剪；管护单位或者个人拒绝修剪的，电信部门可以自行修剪。确实需要伐除树木的，电信部门应当按有关规定办理手续；情况紧急时，可以先行伐除，事后向林业部门或者园林绿化部门报造，说明理由并及时补办有关手续。

第十六条 严禁盗窃破坏电杆、电线、电缆及其他通信线路设备。废品回收部门收购废旧电信通信线路器材时，必须查验并留存出售单位出具的证明，发现盗卖、变卖电信通信线路器材的非法行为或者可疑线索，应当及时向公安部门或者电信部门报告。

第十七条 进行电信通信线路设施建设或者抢修的大型工程车和简易车，交通管理部门应当开具证明允许进入市区。电信部门抢修电信通信线路设施的车辆或者应急通信车辆需要通过道口，或者需要逆行、在人行道上行驶以及禁停地段停放时，交通管理部门在确保安全的前提下应当予以优先放行，准许通行和停放。

第十八条 对在保护电信通信线路设施中有下列表现之一的单位或者个人，由市人民政府或者电信部门给予表彰或者奖励：

（一）发现隐患及时报告或者及时排除险情的；

（二）协助电信部门维护和抢修电信通信线路设施的；

（三）制止或者检举揭发破坏电信通信线路设施行为的，以及协助公安、电信部门侦破案件的。

第十九条 违反规定第十一条、第十二条、条十三条，损坏通信线路，危害通信安全的，由电信部门责令其按国家有关规定，承担修复费用和赔偿经济损失，可以处以经济损失赔偿金1倍以上3倍以下的罚款；违反治安管理的，由公安机关依照《中华人民共和国治安管理处罚条例》的规定处罚；构成犯罪的，由司法机关依法追究刑事责任。

第二十条 违反本规定第十四条，阻碍通信畅通的，同电信部门责令其按国家有关规定赔偿经济损失；造成严重后果的，由城市规划管理部门依照《海口市城市规划条例》的规定对责任人予以处罚。

第二十一条 违反本规定第十六条，盗窃通信线路设备的，由公安部门依照《中华人民共和国治安管理处罚条例》的规定处罚；情节严重，构成犯罪的，由司法机关依法追究其刑事责任；非法收购通信线路器材的，由工商行政管理部门没收非法收购的器材，并处以非法收购器材原价1倍以上5倍以下的罚款，可以责令停业整顿；情节严重的，依照国家有关法律、行政法规规定吊销企业营业执照，或者依照本条例规定吊销个体营业执照。

第二十二条 电信通信工作人员玩忽职守，致使电信通信线路设施遭受损害，或者造成通信阻断的，由电信部门视其其情节轻重，给予经济处罚或者行政处分；构成犯罪的，由司法机关依法追究其刑事责任。

第二十三条 当事人对行政处罚决定不服的，可以自接到处罚决定通知书之日起15日内向作出处罚决定机关的上一级主管机关申请复议；当事人对复议决定不服的，可以自接到复义决定书之日起15日内向人民法院起诉。当事人也可以自接到处罚决定通知书之日起15日内直接向人民法院起诉。当事人逾期不申请复议，也不向人民法院起诉，又不履行处罚决定的，由作出处罚决定的机关申请人民法院强制执行。

第二十四条 本市管辖范围内的公用、专用电信通信线路的保护均适用本规定。

第二条 本规定的具体应用问题由海口市人民政府负责解释。

第二十六条 本规定自公布之日起施行。

海口市财政周转金管理办法

（1997年7月23日
海口市人民政府发布）

第一章 总 则

第一条 为了实现财政周转金的规范化、科学化管理，提高财政周转金的使用效益，支持我市经济发展培植财源，增加财政收入，根据国家财政部《地方财政周转金管理暂行办法》的规定，结合我市实际，制定本办法。

第二条 海口市财政周转金是指由市财政局管理、按照有偿使用、有借有还的原则周转使用的财政资金。

第三条 市财政周转金的管理必须遵循国家财政部的关于“控制规模，限定投向，健全制度，加强监督”的指导方针。

第四条 市财政局根据市人民政府确定的社会经济发展规划及产业政策对市财政周转金进行管理。

第二章 财政周转金的主要来源及使用范围

第五条 市财政周转金的来源包括：

（一）市本级财政预算支出中，按国家财政制度规定安排的有偿使用资金。

（二）从上级财政部门借入的财政周转金。

（三）借用单位归还的周转金本金、周转金占用费和存款利息。

第六条 市财政周转金的使用范围主要包括：

（一）支持农业开发和农村经济发展；

（二）支持教育、科研、文化、卫生等事业的发展；

（三）支持企业技术改造和高新技术产品开发以及商业网点开发、市场建设，帮助企业解决资金临时性周转困难；

（四）适合财政周转金支持的其他项目。

第三章 财政周转金的管理原则

第七条 财政周转金必须实行“统一管理、统一制度、统一计划、统一开户、统一核算”的原则。

第八条 财政周转金的投放必须坚持拾遗补缺，注重社会、经济效益的原则。

第四章 财政周转金的管理方式

第九条 市财政局为市财政周转金的主管部门和委托部门。市财政周转金的投放与回收，主要由市财政局的业务部门负责。财政周转金的投放，要严格按程序办理。

第十条 财政周转金的投放必须通过指定银行以委托贷款的形式办理。

第十一条 指定银行为财政周转金的受托部门，应按有关规定，负责财政周转金委托贷款业务。

第十二条 市财政周转金委托指定银行贷款后，市财政局不再直接办理贷款业务，但必须建立严格的内部管理办法和考核制度，在受托金融机构的配合下，最大限度的保证财政周转金的安全与增值。

第五章 财政周转金的使用形式

第十三条 市财政周转金实行定向委托贷款方式。定向委托贷款是指财政周转金的来源、投向、利率、风险由市财政负责。受托金融机构接受委托后，按市财政局要求依商业银行办理贷款的手续办理贷款，按贷款金额的一定比例收取手续费，并负责催收本息。

第十四条 市财政周转金借款的程序：由借款单位向市财政局提出申请报告、可行性研究资料，经评估、论证报市人民政府批准立项后，由市财政局向指定银行下达委托贷款通知单，指定银行按市财政局指定的金额、期限、利率等借款条件划转贷款；指定银行负责向借款单位催收本息，并将收回的本息划到市财政局的周转金帐户。

第十五条 财政周转金贷款严格执行《中华人民共和国担保法》，对借款单位，要实行贷款担保制度。发生经济纠纷，按法律程序办理。

第十六条 财政周转金的借款期限，应根据扶持项目的性质和实现效益的时间确定，一般为1—3年。

第六章 占用费的收取

第十七条 财政周转金占用费的收取，应遵循低率、优惠原则，对不同行业实行差别费率（农业月3‰，工业月4‰）。

第十八条 财政周转金的占用费按月计算，按季收取。每季度最后一个月的20日为结费日。

第十九条 逾期未还的财政周转金，应加收一定比例的占用费。

第七章 财政周转金的核算与监督

第二十条 业务费的开支标准和范围。业务费开支总额不得超过当年本级占用费收入的5%，主要用于具体业务所必需的开支，如项目评估、专家咨询、购置凭证帐册等，不得用于发放奖金、补贴，不得用于职工福利。业务费开支年初要编报计划，年终要编报执行情况，各项支出要严格审批。

第二十一条 市财政局负责财政周转金管理的业务部门，年初编制财政周转金收支计划，年终编制周转金年度报表。年度计划和年度报表由市财政预算部门审核汇总，经市人民政府审批后报上级财政部门备案。市财政局应加强对财政周转金的核算，做到手续完备，帐目清楚，内容真实，结算准确。对周转金呆帐要定期清理，并按规定的程序审批核销。

第二十二条 财政监督部门要会同有关业务部门加强对财政周转金的日常监督管理，规定严格的审批权限和审批程序，根据周转金实际运用效益等情况进行监督检查。

第二十三条 指定银行应定期向市财政局提交财政周转金运用情况报告，并接受市财政局的监督检查。

第八章 附 则

第二十四条 各区财政周转金的管理，可参照本办法执行。

第二十五条 本办法由市财政局负责解释。

第二十六条 本办法自颁布之日起施行。

海口市户外广告管理办法

（1997年4月10日
海口市人民政府发布）

第一章 总 则

第一条 为了加强对本市户外广告的监督管理，维护市容市貌整洁美观，促进户外广告业健康发展，根据《中华人民共和国广告法》、《广告管理条例》及《户外广告登记管理规定》等法律法规规章，结合本市实际情况，制定本办法。

第二条 凡在本市行政区域内从事户外广告活动的单位和个人，均适用本办法。

第三条 本办法所称户外广告包括：

（一）利用建筑物、构筑物、空间设置的路牌、霓红灯、电子显示牌（屏）、灯箱、条幅、充气物、模型等广告；

（二）利用交通工具（包括各种水上漂浮物和空中飞行物）设置、绘制、张贴的广告；

（三）以其他形式在户外设置、悬挂、张贴的广告。

第四条 设置、发布户外广告，必须遵守国家法律、法规的规定，符合美化城市的要求，不得影响城市景观、绿化、风景名胜和交通、消防安全。

第五条 市工商行政管理局是本市户外广告的登记和监督管理机关，负责对从事户外广告活动的单位和个人实施监督管理。

城管、园林、城建、公安、规划等有关部门在各自的职责范围内协助工商行政管理部门做好监督管理工作。

第二章 发布标准

第六条 广告的内容必须真实、健康、清晰、明白，符合《中华人民共和国广告法》的规定，不得欺骗和误导消费者。

第七条 广告中使用的语言、文字、计量单位等，必须符合国家法定标准和规范。

第八条 国家机关和文物保护单位周围的建筑控制地带以及区以上人民政府禁止设置、绘制、张贴户外广告的区域，不得设置、绘制、张贴广告。

第九条 户外广告的安装设置必须符合下列要求：

（一）距离十千伏高压导线净距不得小于1.5米；

（二）距离低压导线或电话线净距不得小于0.5米；

（三）广告的用电设施，必须符合供电部门有关规定；

（四）广告的安装应牢固安全，破损、陈旧、脱色的应及时维修翻新，到期的应及时拆除；

（五）根据美化市容的需要必须配置广告霓虹灯的，应当按照政府有关部门的规定予以安装。

第十条 经批准设置的户外路牌广告、条幅广告、大型灯箱广告和墙壁绘制广告，必须在其右下角标明户外广告登记证号和经营者名称及发布日期。

第三章 审批和管理

第十一条 凡经营户外广告的单位和个人，必须向工商行政管理机关申请领取营业证照，取得广告经营权后方可经营。

第十二条 发布户外广告，必须向工商行政管理机关申请办理登记手续。未经工商行政管理机关登记，任何单位和个人不得发布。

第十三条 申请户外广告登记，应当具备下列基本条件：

（一）依法取得与申请事项相符的经营资格；

（二）拥有相应户外广告媒体的使用权；

（三）广告发布的地点和形式符合《海口市城市户外广告布点规划》；

（四）国家法律、法规规定的其他条件。

第十四条 凡办理户外广告登记，应当向工商行政管现机关提出申请，填写《户外广告登记申请表》，并提交下列证明文件：

（一）营业执照或广告经营许可证；

（二）广告合同；

（三）广告设计效果图；

(四)场地使用协议;

(五)广告设置地点,应依本办法第十五条的规定办理并提交有关部门出具的批准文件;

(六)政府有关部门对发布非广告信息的批准文件。

第十五条 户外广告的设置地点必须经市城市管理部门批准。属于下列情况之一的,由市有关部门根据有关法律、法规和规章的规定审查后,报市城市管理办公室办理批准文件:

(一)在城市公共绿化地内设置户外广告的;

(二)临时占用城市道路设施设置户外广告的;

(三)属在机场净空控制区内的限高建筑物顶部或利用氢气充气物、漂浮物和飞行物设置户外广告的;

(四)设置单板面积为50平方米以上的广告或永久性、半永久性构筑物广告的。

第十六条 发布下列内容的户外广告,应当向工商行政管理机关提交有关批准文件:

(一)标明质量标准的商品广告,应当提交省或市标准化管理部门或质量检验机构的证明;

(二)标明获奖的商品广告,应当提交本届、本年度或数届、数年度连续获奖的证书,并在广告中注明获奖级别和颁奖部门;

(三)标明优质产品的商品广告,应当提交政府颁发的优质产品证书,并在广告中标明授予优质产品称号的时间和部门;

(四)标明专利权的商品广告,应当提交专利证书;

(五)标明注册商标商品广告,应当提交商标注册证;

(六)实施生产许可证的产品广告,应提交生产许可证;

(七)文化、教育、卫生广告,应当提交上级行政主管部门的证明;

(八)其他各类广告,需要提交证明的,应当提交政府有关部门或其授权单位的证明;

(九)属政治性户外广告,应经有关主管部门审核后,由工商行政管理部门按规定办理。

第十七条 户外广告登记申请,应当在广告发布三十日前提出。工商行政管理机关对证明、文件齐备的予以受理,在七日内作出批准或不予批准的决定,并书面答复申请人。

经审查符合规定的,由工商行政管理机关核发《户外广告登记证》。申请人取得登记证后方准发布。

第十八条 户外广告必须按核准登记的内容、地点、形式、规格、时间发布,不得擅自更改。

第十九条 已经批准,但需要延长时间或变更其他登记事项的,应当向原登记机关申请办理变更登记。文件和证明齐备后,登记机关应当在七日内作出准予变更登记或不予变更登记的决定,并书面答复申请人。

第二十条 户外广告登记后,三个月内未予发布的应当向原登记机关申请办理注销登记。

第二十一条 举办有企业赞助的大型文化、体育、公益活动,需要设置临时户外广告的,必须委托有广告经营权的经营者承办,并办理户外广告登记手续。

第二十二条 单位和个人张贴各类广告,应当到工商行政管理机关办理登记手续,然后在工商行政管理机关专门设置的公共广告栏内张贴。

公共广告栏,由市工商行政管理部门会同市规划管理部门统一规划,由市工商行政管理部门统一设置和管理。

第四章 法律责任

第二十三条 违反本办法第六条、第八条、第九条、第十条规定的,由广告监督管理机关责令限期改正,并处一千元以上五千元以下罚款。

第二十四条 违反本办法第十二条,未经登记擅自发布户外广告的,由广告监督管理机关没收非法所得,处一千元以上五千元以下罚款,并限期拆除;逾期不拆除的,强制拆除,其费用由发布者承担。

第二十五条 违反本办法第十五条,户外广告的设置地点未办理批准手续的,由市城市管理部门或有关管理部门依据相关法规规定予以处罚。

第二十六条 违反本办法第十八条,擅自违反登记事项发布户外广告的,由广告监督管理机关责令停止发布广告;情节严重的,注销登记证,并处以一千元以上五千元以下罚款。

第二十七条 违反本办法第二十条的,由广告监督管理机关注销登记证。

第二十八条 违反本办法第二十一条的,由广告监督管理机关没收非法所得,并处以一千元以上五千元以下罚款。

第二十九条 违反本办法第二十二条的,由广告监督管理机关处以五千元以下罚款。

第三十条 违反本办法其他规定的,按《中华人民共和国广告法》、《广告管理条例》、《广告管理条例施行细则》、《户外广告登记管理规定》处理。

第三十一条 广告监督管理机关的工作人员玩忽职守,滥用职权,徇私舞弊的,给予行政处分。构成犯罪的,依法追究刑事责任。

第三十二条 当事人对处罚不服的,可以在收到处罚决定之日起十五日内向作出处罚决定的机关的上一级机关申请复议,也可以在收到处罚决定书之日起十五日内直接向人民法院起拆。逾期不申请复议、不起拆又不履行的,由作出处罚决定的机关依法强制执行或申请人民法制强制执行。

第五章 附 则

第三十三条 本办法由海口市工商行政管理局负责解释。

第三十四条 本办法自发布之日起施行。

海口市城市绿化条例

1997年8月6日海口市
第十一届人民代表大会常务委员会
第二十六次会议修改通过
1997年9月26日海南省
第一届人民代表大会常务委员会
第三十一会议批准修改

第一章 总 则

第一条 为加强城市绿化规划、建设和管理,促进城市绿化事业的发展,改善生态环境,美化生活环境,增进居民身心健康,根据国家有关法律、法规,结合本市实际情况，制定本条例。

第二条 本条例适用于本市城市规划区内公共绿地、单位附属绿地、居民区绿地、防护绿地、生产绿地、风景林地和风景名胜区绿地的绿化规划、建设和管理。

第三条 市、区、乡(镇)人民政府应当将绿化工作纳入国民经济和社会发展计划，并组织全民义务植树运动和经常性绿化活动，提高城市绿化水平。

第四条 机关、团体、部队、学校、企业、事业单位和具有劳动能力的公民都应当履行绿化城市和保护绿化义务。

任何单位和个人有权对损毁树木、破坏绿地及绿化设施的行为进行举报和制止。

第五条 城市绿化工作实行统一规划，分级管理。市城市绿化行政主管部门主管全市绿化工作；区、乡(镇)人民政府的城市绿化行政主管部门主管辖区内的绿化工作。城市郊区的林木管理，仍由林业部门依照林业法规的有关规定执行。

第六条 鼓励开展城市绿化科学研究工作和推广绿化先进技术。对在城市绿化工作和绿化科学研究工作中作出显著成绩的单位和个人，由市、区、乡(镇)人民政府给予表彰奖励。

第二章 规划和建设

第七条 城市绿化规划，由市城市绿化行政主管部门根据城市总体规划组织编制，报市人民政府批准。

第八条 城市绿化规划应当根据本市的实际和发展需要，借鉴国内外先进经验，充分利用本市热带滨海特色和历史文化遗址等自然、人文条件，突出以椰子树为基调的热带植物景观，坚持社会效益、经济效益和环境效益相统一的原则，合理布局，城乡一体，形成完整的绿化体系。

第九条 公共绿地和居住区绿地的建设，应当以植物造景为主，选用适合本地自然条件的树木花草，并适当配置喷泉、假山、雕塑等景物；街道绿化建设应当注重遮荫防尘、减弱噪声、装饰街景、美化市容；沿海及河岸边应当营造绿化防护林带或风景林带，注重防风、防潮、防汛和防止水土流失。

第十条 城市建设必须按照城市总体规划和国家规定确保绿化用地。到本世纪末，本市绿地指标基本达到国家"园林城市"的标准，城市绿化覆盖率不少于35%，绿地率不少30%，人均公共绿地不少于7平方米。

城市各类建设项目绿化用地占建设用地面积的比例规定为：

(一)新开发区、新建居住区和建筑面积二万平方米以上的宾馆、酒店、体育馆以及文化娱乐设施等大型公共建筑不低于35%，高级居住区不低于40%。

(二)工业企业、交通枢纽、仓储商业中心等不低于25%；产生有害气体及污染的工厂不低于30%，并要根据国家标准建设防护林带；学校、医院、休疗院(所)、机关、团体、部队等单位不低于35%。

(三)市区主干道不低于25%，次干道不低于15%，一般街道不低于10%。

(四)市人民政府确定的旧城成片改造区和一般零星添建工程及配套建设的小型公共建筑设施，可以低于上述规定指标五个百分点。

(五)市区内河两旁、海滨地段等的防护林带应有30米以上宽度。

(六)苗圃、草圃、花圃地面积占建成区总面积的2%以上。

(七)各类公园绿地率参照国家建设部制定的《公园设计规范》执行。

第十一条 建设项目绿地率少于规定指标5个百分点以上的，必须重新修改规划方案；个别建设工程项目绿地率达不到规定标准又确需进行建设的，必须经市城市绿化行政主管部门审查签置意见，市规划管理部门审核，报市人民政府批准，并按缺额的绿地面积缴纳绿化补偿费，由城市绿化行政主管部门安排易地绿化。

第十二条 园林绿化规划设计、园林绿化工程施工，应当委托持有相应资格证书的设计单位和施工单位承担。

第十三条 下列建设项目的园林绿化规划设计，应当委托乙级以上园林规划设计单位承担：

(一)区级以上公园，大型体育场所和文化娱乐场所；

(二)居住人口一万人以上或者面积10公顷以上的居住区；

(三)建筑面积二万平方米以上的饭店、宾馆；

(四)大型工业区以及绿地率在40%以上的。

第十四条 本条例第十三条所列城市绿化建设工程的设计方案，由市城市绿化行政主管部门审查签置意见，经市规划管理部门审核后，报市人民政府审批。未经批准，不得施工；需要改变方案的，必须报经原批准机关批准。

建项目的附属绿化工程的设计方案，应当与主体工程同时报批。

第十五条 各项新建、改建、扩建工程项目和开发住宅区项目的基本建设投资，应当包括配套的绿化建设投资。

第十六条 建设项目的附属绿化工程应当在主体工程竣工后五个月内完成。附属绿化工程完工后，必须经城市绿化行政主管部门验收合格并办理验收手续后，方可交付使用。

第十七条 单位附属绿地的绿化规划和建设。由单位自行负责。

城市公共绿地的绿化建设，由城市绿化行政主管部门负责，依照城市基本建设程序组织实施。

第三章 保护和管理

第十八条 任何单位和个人不得擅自改变城市绿地和绿化规划用地的使用性质，不得改变绿化规划用地的地形、地貌、水体和植被。

第十九条 禁止非法占用城市绿地，已被占用的应当限期归还

项目建设确需占用城市公共绿地的，必须向城市绿化行政主管部门提出申请，报经市政府批准。占用单位必须先营造与占用绿地面积相等的绿地或者按规定缴交绿地占用费后方准占用。

临时占用绿地的，必须经市城市绿化行政主管部门批准，占用地绿地如有损坏，占用单位必须及时采取措施加以补救。

第二十条 树木所有和保护管理责任的划分：

(一)国家投资或者发动群众义务劳动在公共绿地、干道绿化带、风景名胜区和防护林带内种植的树木花草，归国家所有，由城市绿化行政主管部门保护和管理。

(二)单位在辖区内种植的树木花草，归该单位所有，并由其保护和管理。

(三)居民、村民在自家庭院种植的树木花草，归种植人所有，并由其保护和管理。

(四)苗圃、草圃、花圃等归经营者所有，并由其保护和管理。树木权属有协议的，按照协议执行。

第二十一条 城市绿化行政主管部门和绿地管理单位应当建立、健全管理制度，加强对城市绿化的养护管理，保持树木药草繁茂和绿化设施完好。

城市绿化行政主管部门应当加强对古树名木的保护和管理。对古树名木应当统一建立档案和标志。生长在公共绿地内的古树名木由城市绿化行政主管部门负责保护和管理；散生在各单位和居民、村民庭院内的古树名木，由该单位或者居民、村民负责保护和管理，城市绿化行政主管部门负责监督、检查和技术指导。

第二十二条 严格控制砍伐或者移植城市区内的树木。确需砍伐或者移植的，必须制订补植计划或者移植后的养护管理措施，向市城市绿化行政主管部门提出申请，经审查批准，领取准伐证或者准移证后方可进行。

第二十三条 建设单位和施工单位应当对施工现场内的树木、绿地以及城市绿化设施等进行严格保护。直接影响公共绿地的，在建设项目工程施工前，建设单位必须向城市绿化行政主管部门办理有关保护手续，并按所保护范围内园林绿化总价值缴交绿化保护保证金。工程竣工后，经城市绿化行政主管部门检查，园林绿化未受损坏的，退还保证金；损坏的，扣除赔偿费。

第二十四条 不得擅自在城市公共绿地内设置商业、服务业摊点和广告等。确需设置的，由市城市绿化行政主管部门签署意见，报市人民政府批准。

第二十五条 禁止下列损坏城市绿化及其设施的行为：

（一）倚树盖房、搭棚或者占用绿地；

（二）在街道树木和绿化带范围内设置对树木和绿化带有严重污染的营业摊点；

（三）在草坪和绿化带内堆放物品、乱扔废弃物以及焚烧杂物；

（四）在草坪和绿化带内行车、停车；

（五）踩踏草坪、钉拴刻划树木，攀折花果和损坏绿地；

（六）损毁古树名木、园林小品及附属设施；

（七）擅自在城市绿地内采集植物标本、果实、种子和捕猎；

（八）其他损坏城市园林绿化及其设施的行为。

第二十六条 电力、电讯、建筑、市政、煤气等管理部门因施工或者维护管线的安全使用而需要修剪、伐除树木的，必须与城市绿化行政主管部门协商，办理批准手续。因不可抗力原因致使树木倾倒危及管线安全使用时，管线单位可以先行修剪或者砍伐，但必须及时报告城市绿化行政主管部门和绿地管理单位。

第四章　法律责任

第二十七条 对违反本条例有下列行为之一的，由城市绿化行政主管部门给予处罚：

（一）违反本条例条十四条的规定，未经批准或者未按批准设计方案擅自进行园林绿化工程施工的，除由城市绿化主管部门责令停止施工、限期改正外，对建设单位处以绿化工程总造价百分之五的罚款；

（二）未按本条例第十六条规定的期限完成绿化工程的，对建设单位处以绿化工程总造价百分之五的罚款；

（三）毁林开荒，破坏绿化带或者苗圃的，除赔款损失外，并外以损失价值五倍的罚款；

（四）非法侵占城市绿地的，或者虽经批准临时占用绿地但逾期未退还的，除责令限期退还和赔偿损失外，并按占用绿地每平方米每天处以十元人民币的罚款；

（五）对擅自改变城市绿地使用性质的，责令限期改正，逾期不改正的，按本条第五项的规定处罚；

（六）伤损古树名木致死的，对责任人或者责任单位处以该古树名木同等价值的罚款；盗伐古树名木的，除没收其树木归还所有者外，并处以该古树名木价值两倍的罚款；

（七）擅自砍伐市区内树木的，除责令责任者自备苗木在城市绿化行政主管部门指定地点栽活三倍的树木外，并按所砍伐树木价值处以三倍的罚款；

（八）盗伐市区内林木的，除没收其林木、工具和用具外，责令责任者自备苗木在城市绿化行主管部门指定地点栽活十倍的树木，并按所盗伐林木价值处以七倍的罚款。

第二十八条 违反本条例造成林木、花草和绿化美化设施所有人经济损失的，应当给予赔偿。

违反治安管理规定的，由公安部门依照《中华人民共和国治安管理处罚条例》给予处罚；构成犯罪的，由司法机关依法追究刑事责任。

第二十九条 城市绿化行政主管部门的工作人员玩忽职守、滥用职权、徇私舞弊、索贿受贿的，由其所在单位或者上级主管机关给予行政处分；构成犯罪的，由司法机关依法追究刑事责任。

第三十条 违反本条例第二十五条规定的，由城市绿化行政主管部门根据情节轻重给予警告或者处以五十元以下罚款；造成损失的，责令赔偿。

第三十一条 对违反本条例的行为给予处罚的，须以书面通知当事人。当事人对处罚决定不服的，可以自接到处罚决定书之日起十五日内，向作出处罚决定机关的上一级机关申请复议；当事人也可以直接向人民法院起诉。逾期不申请复议，也不向人民法院起诉，又不履行处罚决定的，由作出处罚决定的机关申请人民法院强制执行。

第五章　附　则

第三十二条 本条例具体应用的问题由海口市人民政府解释。

第三十三条 本条例自公布之日起施行。1990年1月12日海口市人民政府发布的《海口市园林绿化管理规定》同时废止。

（责任编辑：黎小梅）

人 物

259/271

政　治　人　物

蔡长松

蔡长松，中共十五届中央委员会候补委员，中共海南省委副书记、海口市委书记。1941年11月出生，汉族，湖南望城人，大学学历，1965年9月参加工作，1965年11月加入中国共产党。1962年9月至1966年9月就读于湖南师范学院政治教育系。1966年9月至1968年4月毕业待分配。1968年4月至1969年3月在湖南省长

沙有色金属学校任教。1969年3月至1970年9月在湖南省湘西金矿中学当负责人。1970年9月至1975年9月，先后任湖南省湘西金矿革委会办公室、党委办公室副主任、主任。1975年9月至1978年3月，任湖南省湘西金矿办公室主任。1978年3月至1983年8月，担任湖南省常德地区工业学大庆办公室负责人，常德地区经委科技科、秘书科副科长、科长，地区经委副主任。1983年8月至1984年12月，任湖南省常德地委组织部副部长、知工办主任。1984年12月至1988年5月，任湖南常德地委委员、组织部部长。1988年5月至1989年6月，任湖南省常德市委副书记。1989年6月至1992年7月任湖南省常德市市长、市委副书记。1992年7月至1996年1月，调任海南省委常委、省委组织部部长、省长特别助理。1996年2月起，任中共海南省委副书记、中共海口市委书记、海口警备区党委第一书记。1998年4月，当选再任现职。

王法仁

王法仁，中共海口市委副书记、海口市市长。1947年10月出生，汉族，海南省海口人，大专学历，高级经济师，1968年11月参加工作，1971年8月加入中国共产党。1968年11月至1981年8月，在广东省国营东升农场（1969年11月至1974年9月为广州军区生产建设兵团一师四团）工作，先后担任工人、文书、干事、领导核心

小组成员、副场长。1981年9月至1984年8月，在华南热作学院农经系进修。1984年9月至1988年7月，在广东省海南农垦局工作，先后担任海南农垦工业公司经理、副局长（党委委员）。1988年7月至1997年12月，在海南省农垦总局（总公司）工作，先后担任副局长（副总经理）、党委委员，局长（总经理）、党委委员，党委书记兼局长（总经理），其间于1996年4月至7月，在中央党校地厅级干部进修班学习。1998年1月，担任海口市委副书记、副市长。1998年4月，当选为海口市委副书记、海口市市长。先后当选为中共十五大代表、第八届和第九届全国人大代表、第二届和第三届中共海南省委委员。

余行恭

余行恭，中共海口市委副书记。1946年4月出生，汉族，湖北武汉人，1978年9月加入中国共产党。1964年至1969年就读北京农业大学。1970年至1980年，在贵州省兴义县农业局农推站任技术员。

1980年至1983年，先后任贵州省兴义县农业局副局长、局长。1983年至1986年，调任中共黔西南州委书记助理、常委、副州长。任职期间，曾在中央党校中青班学习。1986年至1991年调任贵州省农村经济委员会副主任、党组副书记，省委农工部副部长。1991年调往海南省，任海南省农业厅副厅长、党组成员兼省农村合作经济管理局局长。1996年至1997年任农业厅副厅长、党组成员兼省乡镇企业管理局局长、党组书记。1997年至1998年先后任海南省人民政府副秘书长、办公厅党组成员、巡视员。1998年4月，当选为中共海口市委副书记。

王绥雄

王绥雄，中共海口市委副书记、组织部部长。1951年生于海南省琼山市，汉族，硕士学位，1969年参加工作，1970年加入中国共产党。1969年起历任战士、排长、干事。1976年至1985年调任海南军区政治部干部处干事、副处长、离退休干部

办公室主任（正团级）。1985年至1991年先后任陆军第132师政治部副主任、党委副书记，军区政治部干部处处长（上校军衔）等职。其间1986年至1988年在海南教

育学院中文系学习。1991年7月转到地方工作，任中共海口市委组织部副部长。1993年5月当选为中共海口市委委员、常委兼中共海口市委组织部部长。其间1993年至1995年在职参加华中理工大学硕士研究生班学习。1998年4月当选为中共海口市委副书记，兼任中共海口市委组织部部长。

符　兴

符兴，中共海口市委副书记。1951年生于海南省文昌市，汉族，大学学历。1970年参加工作，1971年加入中国共产党。1972年到1975年就读华南师范大学，

毕业后到海南师专任教。其间1981年至1982年在中央党校自然辨证法研究班学习。1983年至1991年，调往海南省委党校任教，先后任教研室副主任、副教育长（正处）、校委、马克思主义哲学副教授等职。1991年10月到海口市人民政府挂职，任市政府副秘书长。1993年5月，任中共海口市委常委兼任中共海口市委宣传部部长。1998年4月，当选为中共海口市委副书记。

李鸿儒

李鸿儒，中共海口市委常委、市纪律检查委员会书记。1949年2月出生，汉族，海南万宁人，1982年11月加入中国共产党，1969年8月参加工作，大学学历。1969年于广州医士学校毕业后，到海南行政区寄生虫研究所从事医务工作。1980年至1988年，先后在海南行政区公署文教

办公室、海南行政区人民政府办公厅任科员、副科长、科长、副处长。1988年8月起，任中共海南省纪律检查委员会办公室副主任、主任、省纪律检查委员会副秘书长、秘书长。1996年5月，担任中共海口市委常委、市纪委书记。1998年4月当选再任现职。

林伟伦

林伟伦，中共海口市委常委、海口警

备区司令员。1948年7月出生，广东丰顺人，1969年2月参加工作，同年12月加入中国共产党，大学学历。1969年起历任战士、排长、连长、营长、团参谋长、旅长。1993年5月至今任海口警备区司令员，大校军衔。1998年4月当选为中共海口市委常委。

冷晓明

冷晓明，中共海口市委常委，海口市副市长。1953年生于辽宁大连，汉族，工商管理硕士，高级工程师。1970年参加工作，1980年加入中国共产党。1976年到

1980年就读于鞍山钢铁学院冶金系，1980年至1987年在鞍钢工作，曾任鞍钢矿山设计院工程师、工程科副科长、党总支书记、团委副书记、党委办主任，鞍钢党委干部部科长、鞍钢党委组织部干部处副处长等职务。1987年起历任辽宁盖县副县长，海城市委常委、常务副市长，鞍山市铁西区区委书记、区人武部党委书记，鞍山市副市长。期间1990年至1993年就读于天津大学工商管理专业、获工商管理项士学位。1996年12月任海口市副市长。1998年4月当选为中共海口市委常委、海口市副市长。

高锦全

高锦全，中共海口市委常委、市委秘书长。1949年8月生，汉族，海南琼山人，在职研究生学历。1968年2月从海口参军入伍，1969年2月加入中国共产党。1968年起，历任战士、班长、代理政治指导员、干事、政治教导员等职。其间1975年2月至1975年8月在广西桂林军政干部学校学习；1978年至1980年在解放军南京政

治学校学习。1970年至1976年在榆林要塞陆军政治部工作，1981年至1984年调任陆军187医院内科系统教导员、内科系统党支部书记。1984年调海南军区后勤

部工作，任部党委委员。1984年至1990年先后任海南军区后勤部政治处副主任、主任、部整党办公室主任等职务。其间1985年至1987年参加海南教育学院中文大专班学习。1988年至1990年参加海南大学国际贸易大专班学习。1990年转到地方工作，先后任海口市粮食局副局长、局机关党委书记、局长、党组书记等职务。其间1994年至1995年参加中央党校领导干部专修班学习；1995年至1997年参加中山大学应用社会学研究生班学习。1996年至1998年调任中共海口市委秀英区委书记、区人武部党委第一书记。1998年4月当选为中共海口市委常委兼市委秘书长。1998年当选省三届党代表，省二届人大代表。

谢文明

谢文明，1956年9月生，满族，吉林省吉林市人，硕士学位，1975年7月参加工

作，1976年加入中国共产党。1978年至1983年于吉林省吉林市公安局工作。1983年至1985年在吉林师范学院政治系学习。1985年至1988年调任吉林省吉林市船营公安分局副局长、局党委委员。1988年调往海南省，先后任公安厅办公室科长、省总工会办公室副主任、主任、党支部书记。1993年至1997年调任海口市人民政府正处级副秘书长。1997年任中共海口市新华区委副书记、区人民政府区长。1998年4月当选为中共海口市委常委，兼任中共海口市委宣传部部长。

温度生

温度生，海口市人大常委会主任。1937年11月生于广东紫金，汉族，1960年10月加入中国共产党，1957年至1962年就读西北大学，毕业后分配到太原重型

机器厂工作。历任科长、厂长办公室副主任、党委办副主任、主任、党委常委、组织部部长等职。1984年调任山西省人事厅副厅长、党组副书记兼厅纪检组组长、厅机关党委书记。1991年调任中共海口市委副书记。1997年8月至1998年4月，任中共海口市委副书记兼市人大常委会党组书记。1998年4月当选为海口市人大常委会主任。

朱德华

朱德华，海口市人大常委会副主任。1948年生于海南琼山，汉族，1968年参加工作，1969年加入中国共产党。1968年至1983年，历任战士、班长、干事等职。1983年至1987年，先后任海口市人武部副政委、政委。其间1984年至1987年在海南师范学院学习。1987年至1992年，任中共海口市委委员、常委、市人武部政委。1993年至1998年3月，调任海口市长流新区管

委会副主任，市长流组团开发建设总公司总经理、法人代表。1998年4月，当选为海口市人大常委会副主任。

曲大利

曲大利，海口市人大常委会副主任。1947年生于山东蓬莱，1976年参加中国共产党，大学学历，工程师，高级经济师。1970年于重庆大学毕业后，分配到江苏

无锡县工作，先后任钢铁厂技术员、科长、助理工程师，冶金工业公司副经理，钢铁厂副厂长兼带钢厂厂长等职。1983年至1991年，调任无锡县经委副主任、县委常委、副县长兼县经委主任、党委书记、县委副书记、县长。1991年调往海口市，任市人民政府副市长。1993年至1998年，任中共海口市委委员、海口保税区管委会主任、工委书记（副厅级）。1998年4月，当选为海口市人大常委会副主任。

王光兴

王光兴，海口市人大常委会副主任、市椰树集团总裁兼党委书记。1940年7月生于海南琼山，汉族，1972年6月参加中国共产党，1957年起参加工作。1957年7月至1958年在海口市工人文化宫任业务

美工。1958年至1970年在海口罐头厂任美工、文书、团委书记。1970年至1971年在海口罗牛山五七干校任资料员。1971年至1979年在海口罐头厂任车间主任、工会副主席、企业管理工作副组长、政工办主任。1979年至1981年在海口市轻工业局从事企业管理工作。1982年至1984年在海口市饮料厂任党总支书记、厂长。1985年1月至12月任海口市电子公司党委书记兼代总经理。1986年1月起至今任海口罐头厂党委书记、厂长、椰树集团有限公司董事长、总经理、党委书记。1990年至今任海口市人大常委会副主任。

杨少华

杨少华，海口市人大常委会副主任。

1942年8月生于广东揭西，汉族，1966年7月参加工作，1979年2月加入中国共产党。1961年至1966年在中山大学数学系读书。1968年8月至1970年3月在广东潼湖部队农场工作。1970年至1973年在海口市十二中任教。1973年至1984年在海口市教育局当干事。1984年起任中共海口市委宣传部副部长。1986年任中共海口市委宣传部副部长兼市文联主席。1987年6月任中共海口市委组织部副部长。1991年11月任海口市人事局局长。1995年3月任海口市人事劳动局局长。1997年3月至今，任海口市人大常委会副主任。

王先裕

王先裕，海口市人大常委会副主任。1946年7月出生，汉族，海南琼海人，1966年12月入党，1964年8月参加工作。历任海军航空兵部队四团一中队战士、四中队军械师，海航八师政治部干事、秘书。

1977年在海军航空兵部队加来修理厂任副政委。1978年至1983年在南航工程部任政治协理员。1983年至1990年任南航政治部群联处副处长、处长。1990年至1993年任海军雷达六团代政委、海军航空兵第八师副政治委员（大校军衔）。1993年转业地方工作，任海口市直属机关工委书记。1998年4月当选为海口市人大常委会副主任。

黎传安

黎传安，海口市人大常委会副主任。1943年4月生，海南琼山人，汉族，1963年8月参加工作，1973年6月加入中国共产党。1963年8月至1985年7月先后在海南军区南岛中学、市十四小、市一中任教。1975年8月至1982年8月任海口二中、四

中副校长。1982年9月至1984年7月就读华南师范大学干部专修科教育专业。1984年8月至1989年11月任中共海口市委组织部青干科副科长、科长。1989年12月至1991年4月，任海口市博爱区副区长、振东区筹备组工委副书记。1991年5月至1998年3月先后任中共振东区委副书记、区常务副区长、区人大常委会主任。1998年4月，当选为海口市人大常委会副主任。

郑绍儒

郑绍儒，海口市人民政府副市长、市政法委书记。1947年出生，汉族，广东省潮阳市人，1984年加入中国共产党。1968年11月当知青下乡到海南中坤农场当工人，后担任文书、统计员工作。1974年10月在该农场第一中学任教。1978年10月至1981年7月在海南师专中文系读书。

1981年7月至1984年10月在海南行政区公署办公室综合科工作。1984年12月任海南行政区政府办公厅秘书处副科长。

1988年5月至1990年9月任海南省政府办公厅第二秘书处副处长、处长。其间曾到国务院特区办在南开大学举办的沿海开放城市领导干部培训班进修学习。1990年任中共海口市委秘书长兼市委办公室主任。1993年5月至1997年任中共海口市委常委兼市委秘书长。其间1993年2月至1995年12月在华中理工大学在职研究生班学习，获法学硕士学位。1997年2月任海口市副市长。1998年4月当选为海口市人民政府副市长、市政法委书记。

吴毓俊

吴毓俊，海口市人民政府副市长。1947年11月生于海南琼山，汉族，大学学历，高级经济师。1965年至1970年就读中南矿冶学院，毕业后先后到海口市化工二厂、冶炼厂当技术员。1975年至1982年

任海口市机械工业局党委秘书、助理工程师。1982年至1993年，先后任海口市计划委员会副主任、党组成员，市计划统计局副局长、党组成员。其间1987年5月至1990年3月兼任海口纺织印染厂厂长、党委书记。1993年8月任海口市计划统计局局长、党组书记。1995年3月任海口市计划局局长、党组书记。1997年1月任中共海口市新华区委书记、区人武部党委第一书记。1998年4月当选为海口市人民政府副市长。

袁秀梅

袁秀梅，海口市人民政府副市长。1952年8月生于江苏沭阳，汉族，在职研究生学历，1985年2月入党，1969年3月参加工作。1969年至1971年，任江苏省生产建设兵团十一团排长、干事、副连长。1971年至1973年在上海华东纺织工学院读书。1973年至1977年任淮阴合成纤维厂化验室负责人。1977年至1978年调到镇江市社教工作队搞整顿。1979年到1985年先后任镇江恒顺酱醋厂副厂长、

省调味副食品科技情报站站长兼杂志总编。其中1983年至1985年在无锡轻工业学院学习发酵工程专业。1985年至1986年调任江苏省商业厅省蔬菜公司科长。1986年至1991年任江苏省商业厅科技基建工业处副处长。1991年调往海南省，任省经济合作厅国内项目处负责人。1991年至1995年，任海口市经济合作局局长、党组书记。其间1993年至1996年在职参加中央党校领导干部本科班学习。1995年至1998年任海口市市长助理兼市经济合作局局长、党组书记。其间1996年至1998年，在职参加中科院研究生院市场经济专业研究班学习。1998年4月当选为海口市副市长。

唐　凯

唐凯，海口市人民政府副市长。1955

年5月生，汉族，贵州息烽人，硕士学位，1972年加入中国共产党，1969年底参加工作。历任战士、班长。1975年至1977年，在核工业部二院成品档案室工作。1977年至1980年就读清华大学建筑系。1981年至1982年任核工业部二院九室技术员。1982年至1985年在清华大学建筑学院攻读硕士研究生，1985年获硕士学位。1985年至1991年先后任建设部城市规划司科员、城市规划处副处长。1991年7月调任海口市城市规划局局长、党组书记。1998年4月当选为海口市人民政府副市长。

黄行光

黄行光，海口市人民政府副市长兼市发展计划局局长。1949年12月生，汉族，海南海口人，硕士学位，1968年参加工作，1969年加入中国共产党。1968年起，历任战士、班长、排长、副连长、参谋、

副处长、部长等职。1987年至1991年先后任海南军区后勤部战勤处副处长、处长兼海南军区企业局局长、党委书记。1991年转到地方工作，任海口市城建局副局长、党组副书记、人防办副主任。其间1992年至1994年兼任海口市节水办公室主任。1995年至1997年任海口市财政局副局长、市国资局局长（正处级）、市企业工委副书记。1997年4月调任海口市计划局局长、党组书记。其间1996年至1998年在职参加中南财经大学工商管理硕士研究生班学习。1998年4月当选为海口市人民政府副市长，兼市发展计划局局长。

林道芸

林道芸，海口市人民政府副市长。1947年11月生于海南文昌，汉族，民革委

员，1968年12月参加工作。1968年至1978年在定安县中瑞农场当工人、教师。1978年至1981年就读琼台师范大专班。1981年至1990年在海口市十一中任教。1990年至1992年任海口市工商局广告管理所所长、广告科副科长。1992年至1993年任

民革海口市委主委、海口市新华区副区长。1993年至1997年，任海南省政协委员、民革海南省委副主委、海口市政协常委、民革海口市委主委、市新华区副区长。1998年4月，当选为海口市人民政府副市长。

陈　斌

陈斌，海口市政协主席。1940年1月生，汉族，广东遂溪人，1958年12月加入中国共产党，1966年毕业于清华大学，同年参加工作。曾在部队锻炼过两年。1970年到北京半导体器件一厂工作，担任过

技术员、工程师、技术科副科长。1981年调任湛江无线电一厂厂长、湛江电子公司副经理、党委副书记兼经理。1983年至1986年，任中共湛江市委副书记兼湛江经济技术开发区管委会主任、党组书记。1986年，调任中共海口市委常委、副书记。1990年至1997年担任中共海口市委副书记兼市政协主席、党组书记。1998年4月，再次当选为海口市政协主席。

王若娴

王若娴，海口市政协副主席兼海口市市委统战部部长。1946年10月生于海南省海口市，汉族，大学学历，经济师，1970年12月参加中国共产党。1968年11月至1979年12月在广东省国营南俸农场

（广州军区生产建设兵团二师一团）工作，先后任正副连长、正副指导员、政治处副主任、农场党委副书记。1980年1月至1982年8月任海口市郊委妇联主任。1982年9月至1984年7月在华南工学院管理工程系读书。1984年7月至1988年6月任海口市新华区政府副区长。1988年7月至1991年4月任海口市新华工贸开发公司总经理。1991年5月至1997年2月任海口市妇联主席、党组书记。1997年3月至1998年5月任海口市政协副主席。1998年6月至今任海口市政协副主席兼海口市委统战部部长，市政协党组副书记。其间：1990年9月至1992年12月在职就读中央党校函授学院党政管理本科班。

林策良

林策良，海口市政协副主席。1937年1月出生于广东省潮安县，汉族，1982年加入中国民主促进会。1962年于华南师范学院物理系毕业，被分配到海口市海南华侨中学任教。1984年任该校教导处主任。1985年起任该校副校长。现任民进海口市委会主委、民进海南省委会副主委、民进中央委员。1990年起，任政协海口市委员会副主席，1998年4月，当选再

任现职。1988、1998年任政协海南省委员会委员，1993年任政协海南省委员会常委。

芮锡森

芮锡森，海口市政协副主席。1946年9月出生于海口，汉族，1987年12月加入中国民主建国会。1966年8月至1978年3月在市红星食品厂当工人、化验员。

1978年至1982年在华南工学院微生物工程专业学习。1982年至1992年在市饮料厂工作，曾任副厂长、高级工程师。1992年11月任海口市秀英区副区长。1995年任中国民主建国会海口市委主委。1997年任海南省委副主委。1997年任海口市政协副主席，1998年任省人大常委。1998年4月当选再任现职。

程　鹏

程鹏，海口市政协副主席。1947年10月出生于山西省（晋冀鲁豫解放区），蒙古族，硕士学位。1985年10月加入中国共产党。1973年至1976年就读于北京师范

大学中文系。毕业后，到北京市朝阳区幸福村中学任教。1978年至1988年在中科院研究生院当教员、编辑。1989年任轻工

部办公厅调研室副主任。1991年起，先后任海口市人民政府副秘书长、秘书长。1998年4月当选为海口市政协副主席。

吴伟雄

吴伟雄，海口市政协副主席、市农工贸（罗牛山）股份公司董事长兼总经理。1956年12月生，汉族，湖北黄梅人，硕士学位，农业部授予高牧研究员，1977年9月加入中国共产党，1972年9月参加工作。1974年至1977年在华中农学院畜牧专业学习。1977年至1984年，先后任湖北龙感湖农场牧蜂场副场长、场长、书记等职。1985年至1991年，任湖北龙感湖农场党委委员、副场长。1991年调任海口市罗牛山农场场长、党委书记。1992年起，任海口市农工贸（罗牛山）股份公司董事长兼总经理、罗牛山农业综合开发管委会主任等职。其间1993年至1996年在职参

加天津大学管理系工商管理专业研究生班学习。1998年4月，当选为海口市政协副主席。

林方略

林方略，海口市政协副主席。1957年6月生于海南文昌，汉族，大学学历，1990年6月加入致公党。1975年5月至1977年11月在屯昌县乌坡广播站工作。1977年12月至1982年12月在海南省医学院读书。1983年调往市人民医院，任该院外科第一副主任，现任副院长。1997年2月任致公党海口市委副主委。1998年4月当选为海口市政协副主席。

陈天柱

陈天柱，海口市政协副主席。1942年7月生于浙江平湖，汉族，大学学历，1984年加入农工党。1960年至1966年就读清

华大学土木建筑工程系。毕业后分配到青海光明化工厂工作，曾任助工、工程师。1982年至1992年任安徽省建筑设计院高级工程师。1992年调往海口市，任市自来水公司设计研究所所长。1998年4月当选为海口市政协副主席。

模范人物、专家人物

韩宇东

韩宇东，农工党中央委员、农工党海南省委主委，全国政协委员、海南省政协常委，海南省人大代表、海口市人大代表。1942年12月生，汉族，广西合浦人，1967年毕业于中山大学高分子化学专业，高级工程师，1988年加入农工党。

1968年9月至1979年12月在海口市制药厂任技术员。1979年12月至1984年2月往泰国探亲，留居泰国，在P. D化学公司任工程师。1984年6月任海口市制药厂厂长、高级工程师。1992年11月至1998年4月任海药实业股份有限公司董事长兼总经理。担任厂长职务后，善于经营管理，敢于改革创新，使海口市制药厂产值、税利连续六年翻倍。1989年被评为全国劳动模范，荣获归国华侨十佳企业家提名，全国特殊贡献专家，享受国家特殊津贴；1990年被评为医药行业优秀企业家，获省科技进步特等奖、省科技进步先进工作者；1996年获海南省科技进步一等奖。

吴伟雄

吴伟雄，海口市国营罗牛山农场场长、党委书记，罗牛山农业综合开发区主任，海口农工贸（罗牛山）股份有限公司董事长兼总经理。1956年12月出生，1977年毕业于华中农业大学。1991年调入海口市国营罗牛山农场，负责筹建现代化三万头瘦肉型猪场、现代化万头迪卡猪场、30万只蛋鸡场、屠宰厂等十多个大型项目。畜牧科技创国内领先水平，把一个

连年亏损的农场改造成为重点发展以畜牧业为主的农、工、贸等综合开发的初具规模的科技型、外向型、集团化企业，建成海南省最大的“菜蓝子”工程基地、种苗供应基地、活大猪及乳猪出口基地、以畜牧业为主的农业科技示范基地。其多年从事畜牧业的科研、管理和生产工作，多项科研成果获国家级、部省级科技成果奖。被授予国家级中青年有突出贡献专家、全国畜禽养殖最佳企业家、全国勇于开拓创新十佳青年、全国劳动模范，海南省十大功勋企业家。享受国家特殊津贴。

韩玉玲

韩玉玲，海南省海口市第九小学党支部书记。出生于1940年12月，海南省文昌县人，归侨，大专毕业，中共党员，小学特级教师，中学高级教师，国家特贴专家。1963年8月参加工作，1978年任海口九小校长兼党支部书记。从事教育工作多年来，大胆改革，开拓创新，率先在全国走集资办学之路，实现了教学手段和管理手段现代化。在利用电教优势，增大教学容量，提高教学效果的同时，大力开辟第二课堂，充分发挥学生的个性特长。1994年获“首届全国少儿管乐友谊赛”优胜奖；同年获“全国第二届中小学生歌咏（录像）比赛”一等奖。为海南省填补了两项空白。为了较好地实施素质教育，韩玉玲组织协调，建立了学校、家庭、社会“三位一体”的素质教育网络，设立了部队、公安、工厂、农场、老干所等六个校外教

育网点。把学校办成“培养聪明才智的学园，发展个性特长的乐园，陶冶美好情操的花园”。海口九小被国家教委确认为《全国中小学现代教育技术实验学校》、《中国名校》并载入光荣史册。韩玉玲因教育工作突出，1993年被评为“全国教育系统劳动模范”；1994年被评为“全国侨界十杰”；1995年被授予“全国先进工作者”、“中国十大女杰”称号；1997年选为中共十五大代表。

傅映柏

傅映柏，海口市第27小学校长，秀英区人大常委会副主任。1941年生，辽宁省大连市人，大学文化程度，小学特级教师，1956年参加教育工作。其任校长职务多年来，带领全校师生坚持正确的办学方向，努力探索面向二十一世纪的教育教学之路，取得成功的经验。把德育放在教育工作的重要位置，结合实际，开展德育整体实验，建立起“学校、家庭、社会”三位一体的教育网络；建立起学工、学农、学军、传统教育、自我服务锻炼五大

德育基地；形成了教育内容系列化、教育方法科学化、教育途径网络化、教育管理制度化的教育工作新体系。高度重视教

学研究。在狠抓基础、开发智力、培养能力、减轻学生负担等方面进行了教育实验，取得了丰硕的教学成果。27小学被确定为全国教育科学"九五"规划国家重点项目"教育与发展"实验学校；获得"全国德育先进校"、"全国小学德育实验校"等28项国家级殊荣，并作为《中国名校》被载入教育史册。傅映柏因对教育科学贡献重大，被评为"全国教育系统劳动模范"、"全国优秀校长"、"全国未成年人保护杰出公民"。

王翰龙

王翰龙，海南世知印刷工业有限公司董事长、总经理。1952年生，汉族，贵州遵义人，大学文化程度，高级工程师，1970年9月参加工作，1985年加入中国共产党。1987年奉命到海口速溶咖啡厂参

与我国第一家速溶咖啡生产企业的筹建工作，任该厂总工程师、副厂长，主持开发了我国第一代和第二代速溶咖啡及系列产品。1995年调任海口市印刷厂厂长。在其领导下，该厂的改制工作顺利进行，于1997年6月与北京市世界知识印刷厂进行股份合作组建海南世知印刷工业有限公司，任董事长兼总经理。该公司已甩掉了原海口印刷厂多年的亏损帽子，成为我省最大最具竞争力的印刷联合企业。多年来，王翰龙研究开发了多项国家级、省级科研成果。其中《速溶咖啡生产工艺》获海南省科技成果二等奖；《速溶咖啡工艺和应用研究》获省政府科技成果二等奖、海南建省以来十大科技成果奖。开发了海南地瓜酒、海马酒等多种热带作物产品。是海口市专业技术拔尖人才、海南省优秀专家，享受国家特殊津贴。

叶　茂

叶茂，海南金鹿实业有限公司董事长、总经理、党委书记。1959年10月出生，中共党员，高级工程师。1982年—1992年任海南机械厂技术员、车间副主任、助理工程师、技术副厂长，完成设计、指导制造项目多项。其领导设计的"压力容器制造技术和香茅的提炼成套设备"项目获

得海口市科技进步二等奖，并被授予1988年国家级新产品；设计的"一次性直型乳胶手套生产成套设备"项目，获海南省、海口市科技进步奖。1992年2月调任金鹿公司现职。任职期间，实施科学管理，深化企业改革，短期内使企业扭亏增盈。完成开发项目四项，其开发研制"特种耐磨焊条"获1993年中国新科技成果、专利技术、专利产品博览会金奖；研究"耐磨药芯焊丝"项目被授予国家级新产品。多次被评为海口市工业技术进步先进个人；被授予"全国合理化和技术改革活动积极分子"及"中国机械工业青年科技专家"称号。是海口市专业技术拔尖人才，海南省"十大杰出青年企业家"。

邱建起

邱建起，海德纺织实业股份有限公司总工程师。1940年生，海口市人，大学学历，高级工程师。1964年毕业后到一机部上海热工仪表科学研究所工作。1965年调往一机部重庆自动化仪表研究所担任技术员、工程师、课题组组长。1981年10月至1985年任海口市工业研究所二程师、副所长。1986年1月至1992年任海德涤纶厂车间主任、副厂长兼总工程师。

1992年12月至1997年7月任海德纺织实业股份有限公司副总经理兼涤纶一厂长。参加工作多年来，主要从事DDZ型电动单元组合仪表、集散型控制系统的研制、推广应用和涤纶高速纺丝的生产技术管理。参加研制的科研成果获国家级、省市级奖项多个。其研制的"纺前着色生产涤纶有色丝"获海南省科技进步三等奖、海南省首届中青年科技奖。是海口市专业技术拔尖人才，享受国家特殊津贴。

刘锦华

刘锦华，退休干部。1927年生，中共党员，1956年于中医大卫生系毕业后分配到海口市卫生防疫站工作。1987年晋升为副主任医师，历任防疫科科长 1993年正式退休后，继续受聘海口市人民政府爱国卫生督察员、市妇儿健康服务中心副主任等职。工作刻苦钻研，积极收集资料，开展多项科研活动，为作好疾病预防，保障人民健康，积累了宝贵的科研数

据和丰硕的科研成果。为海口市基本消

灭涤虫病，控制登革热以及计划免疫的白喉、小麻、麻疹等多种传染病的发生和流行。先后在各类医学刊物上发表论文10多篇，获奖多项。多次获海口市"三八红旗手"、"优秀知识分子"称号。1993年被授予享受政府特殊津贴卫生专家。同年被评为海口市退休干部先进个人以及海南省先进老人等荣誉称号。

何照芳

何照芳，海口市西区粮油供应公司副经理。生于1950年7月，海南省海口市人，中共党员。1969年参加工作。1971年调往海口市红湖粮店当保管员。1976年调到海口长堤粮店当售粮员、门市部副主任、主任。1993年调入海口市西区粮油

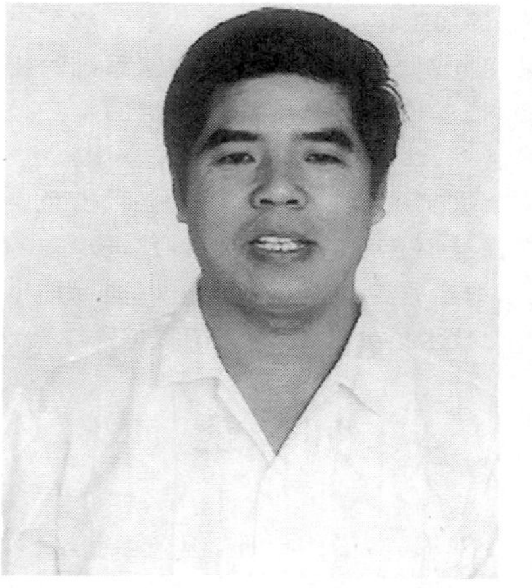

供应公司当保卫干事。1997年担任该公司副经理。其十多年如一日，出满勤，干满点，在粮油供应的第一线辛勤工作，在艰苦工作面前，以身作则，任劳任怨，当好带头人。多次带领职工为离退休干部、为残疾人义务送粮，为人民做出无私的奉献。20余年来，其先后被评为省、市粮食系统优秀售粮员；被授予海口市模范工作者和市两个文明建设先进个人、优秀党员称号；1985年被评选全国工会十大代表；1989年当选为"全国劳动模范"；先后两次当选为全国城镇助残先进代表。曾是海口市第七、八、九届政协委员；海口市第七、八、九届人大代表和海南省第一届人大代表。

陈育明

陈育明，海口市琼剧团团长，国家一级演员，著名琼剧表演艺术家。中国戏剧家协会会员，海南省戏剧家协会主席。海口市剧协名誉主席。1937年10月出生，海南省文昌市人，中共党员。1952年考进"新群星琼剧团"，开始了他的舞台艺术生涯。先后在广东琼剧院、海口琼剧团担当主要演员，演出剧目五百多出，成功地

塑造了众多的艺术形象。其中塑造《泪血樱花》中的秦滔，获海南区"百花奖"表演一等奖。曾10多次率团赴泰国、新加坡、马来西亚、香港、澳门等国家和地区演出，受到港澳台同胞和国外华侨的高度赞誉，被称为"海南省首席小生"。他的个人琼剧演唱专辑获得中国唱片第三届"金唱片奖"。由于表演艺术成就和领导工作政绩突出，被评为海南省有突出贡献的优秀专家、省劳动模范。享受国家特殊津贴。他的艺术经历已收入《中国当代文艺家名人录》、《中国戏剧家、电影家名人辞典》、《中国文艺家传集》与《国际华裔著名艺术家辞典》。

黄庆萍

黄庆萍，国家一级演员，海口市琼剧团副团长，中国戏剧家协会会员。1946年8月出生，海南省海口市人，享受国家特殊津贴。自1963年参加琼剧艺术表演工

作以来，对琼剧唱腔和表演进行大胆革新，创造了自己独特的表演艺术风格，誉满琼州，并成为东南亚各国及港、澳、台地区最受喜爱的琼剧表演艺术家。其表演基本功厚实，戏路子宽，旦角艺术全面，曾在现代剧"红色娘子军"中扮演吴清华，传统戏"梁山伯与祝英台"中扮演祝英台等近百个剧目的重要角色。多次领衔主演出访多个国家和地区，深受海外侨胞的高度评价。为使琼剧后继有人，亲自录制琼剧唱腔示范音带，以帮、传、带在实践中培养青年演员，为琼剧事业做出贡献。曾先后获得省戏曲汇演"百花奖"及海南优秀民族艺术展演"椰花奖"。

白　云

白云，海口市琼剧团男演员队副队长，国家二级演员，中国戏曲家协会会员。享受国家特殊津贴。海南省文昌市人，1948年3月出生于越南西贡，1962年参加工作，1987年加入中国民主促进会。

多年从事舞台艺术工作，先后表演粤剧、

琼剧，参加和主演近50个琼剧剧目，成功地塑造了许多个性鲜明，生动感人的舞台艺术形象。代表作有：古装戏“凤冠梦”中扮演沈少卿、“刁蛮公主”中饰演父皇；“秦香莲后传”中主演陈冬哥等众多剧目人物形象。其表演艺术功底扎实，音质宽厚，表演自然大方，戏路广可塑性强，除演小生外，文武、生、净、末都演得很出色。多次随团出访香港、澳门、台湾、新加坡等多个国家和地区，深受国内外观众的高度赞誉。1992年获海南省首届优秀民族艺术展演优秀演员“椰花奖”；1994年获省专业文艺团体汇演“优秀演员奖”。其艺术成就已载入《中国当代文艺家辞典》、《中国文艺家传集》、《中国文房四宝专家与文学艺术家传集》。

陈素珍

陈素珍，海口市琼剧团女队副队长，高一级演员。享受国家特殊津贴。1961年3月生，1976年参加工作，1988年加入中国共产党。多年来，坚持党的文艺方针，严格要求自己，不断提高自己的鉴赏能力和业务水平。在艺术舞台上饰演了30多个性格迥异的人物形象。在饰演娇蛮可掬的“凤霞公主”，塑造善良的渔女“春娘”，饰演聪敏灵气的闺秀“张榴花”等都在细致、逼真、优美、韵味方面苦下功夫。曾多次随团赴泰国、马来西亚、新加坡、香港等国家和地区访问演出，获较高评价。其1987年在古装琼剧“丘浚变奏”中

饰龙小姐获广东省第二届艺术节演员表演三等奖；1992年在“红彩错”中演榴花，获海南省首届国际椰子节优秀演员“椰花奖”；1995年在“喜团圆”中饰孙淑琳，获海南省专业琼剧调演“优秀演员奖”；1995年以海南话独唱节目“海口好”参加海南省民族民间文艺调演，获“优秀演员奖”。

杨桂雄

杨桂雄，海口市环卫局振东队队长。1953年生，中共党员。从事环卫工作20多年来，曾参加扫街、掏粪、开垃圾车等工

作，担任垃圾场场长和清洁队队长。自1986年来，由于工作表现突出，多次受到市政府及主管部门奖励。1990年被记功一次；1991年起多次被评为海口市“优秀党员”；同年被授予海口市劳动模范；1994年被评为海南省劳动模范；1996年获得“全国五一劳动奖章”。

（责任编辑：史雪颖）

附　　录

273/275

插 页 索 引

海口市自来水公司

奖牌集锦

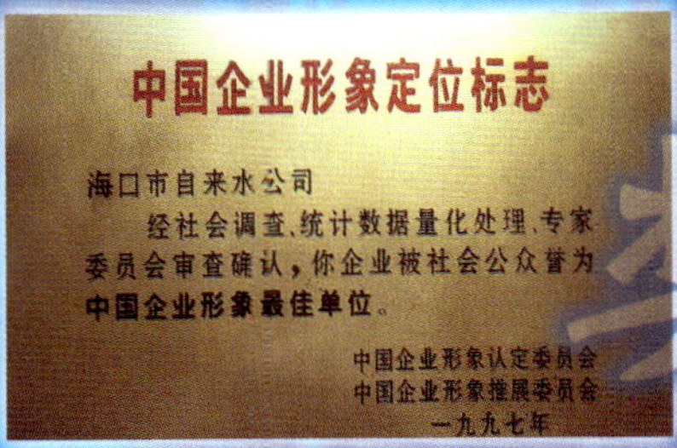

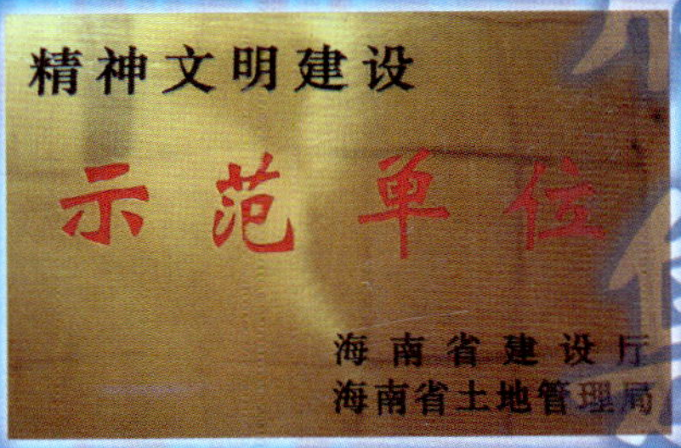

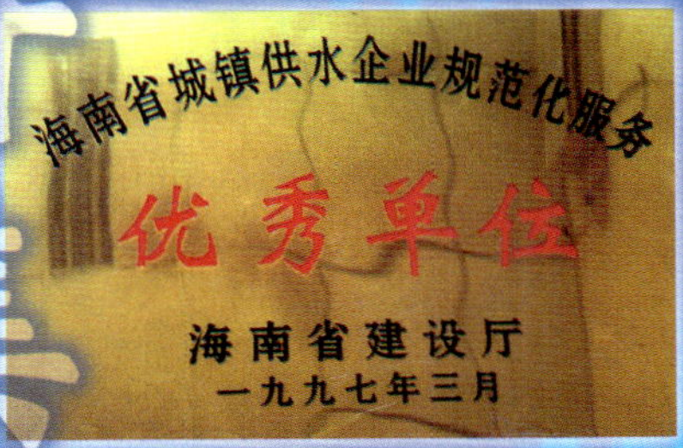

海口市自来水公司是中型供水企业，始建于1958年8月，1962年3月正式投产，投产当年月供水量1700立方米，取地下水源。到1987年建省前，日供水量达6.7万立方米，固定资产808.10万元，1988年建省办大特区，海口市的供水建设进入了一个崭新的发展时期。从1988年至1997年，在海口市委、市政府的重视和支持下，城市供水建设共投入资金4亿元。供水水源从单一的地下水源发展到地下水源和地表水源两种，供水厂从建省前的2间发展到7间，其中建成日产7.5万立方米的地表水厂1间；并扩建地表水厂二期工程，日增加供水量16.5万立方米。现在，日供水能力达48万立方米，供水范围从建省前的20平方公里扩大到51.53平方公里，用水普及率达到100%，固定资金近2亿元。1997年海口市自来水公司取得了物质文明和精神文明双丰收。荣获中国企业形象认定委员会、中国企业形象推展委员会授予的"中国企业形象最佳单位"，荣获建设部授予的"精神文明建设先进单位"、"精神文明建设示范单位"和"海南省城镇供水企业规范化服务优秀单位"，省统计局、省工业厅授予的"96海南工业企业50强"称号。

省委副书记、省长汪啸风，省委副书记、常务副省长王厚宏，副省长于迅，市长王法仁等省、市领导到市自来水公司视察工作

海口市烟草专卖局

海南省烟草公司海口市公

国家烟草专卖局局长倪益瑾（左五）在省、市烟草专卖局领导陪同下到海口检查工作

国家烟草专卖局副局长郁源培到海口市烟草专卖局视察工作

云南昆明卷烟厂厂长郑天一（右）前来参加海口市烟草专卖局（公司）挂牌仪式

Yancao Zhu

海口市烟草专卖局、海南省烟草公司海口市公司于1997年4月经国家烟草专卖局批准成立，属海南省烟草专卖局（公司）和海口市人民政府双重领导。其成立标志着海口市烟草专卖管理正式纳入全省专卖统一管理轨道。自成立以来，加大专卖管理力度，整顿卷烟市场，疏通流通渠道，使海口卷烟市场初步实现了规范化管理。现拥有固定资金1000多万元，经济效益居全省烟草行业前茅。

局长（经理）：孙斌

地址：海口市华海路15-3号3至5楼

电话：(0898)6754245 6757755

传真：(0898)6758956

理(法人代表)孙斌

办公室一角

局领导班子成员在一起研究工作

海口市环境卫生管理局

海口市环境卫生管理局是海口市政府主管全市环境卫生的职能部门。主要职责是：贯彻实施国家以及省市有关环境卫生行业的方针、政策和法律、法规；依法制定和实施环境卫生的管理规章，负责全市环卫设施的规划、建设和管理，负责市区生活垃圾、工业垃圾、粪便的清运和处理以及建筑垃圾的处理等工作。全局共有职工2200多人，局机关有六个科室，下属五个基层单位，有专业技术人员131人。

该局成立于1989年12月。1992年初，新的领导班子上任伊始，就点燃了环卫局内部改革的“三把火”；在用工制度方面，以招临时工为主，抛掉了以往用工制度带来的财政、福利等包袱，既减轻了政府的财政负担，又保持了环卫队伍的年轻活力；在管理制度方面，把过去那种松散、落后、派工式的管理方式，改为定人、定岗、定任务、定时间、定标准的“五定”制度，彻底改变过去那种“三分之一人在演戏，三分之一人在看戏，三分之一人在休息”的消极局面；在工资制度方面，将所有职工工资分为四个档次，把工资奖金全部贯彻到各个档次部位，把环卫职工的工作质量、效率和工资挂起钩来，坚持按劳分配，打破平均主义，极大地调动了广大环卫职工的积极性。

几年来，该局马不停蹄地向国家卫生城市的目标冲刺，在市委、市政府的关心支持下，克服了种种困难，赢得环卫事业的超常规发展：改建了浮灵水垃圾填埋场，使我市生活垃圾填埋达到无害化处理的要求；筹建了一座占地1200亩，使用期限25年以上的集无害化、减量化、资源化为一体的垃圾综合处理场；新建了垃圾转运站30座，公厕24座，改建公厕25座，比原来的容量扩大了几倍甚至十几倍，达到了国家建设部规定的标准。

此外，该局还大力引进社会资金，共同开发环卫设施上层空间，共建设七幢综合楼，解决了近300套住房，环卫职工安居乐业，士气高昂，发扬“宁愿一人脏换来万人洁”的精神，默默地奉献着，使街道脏乱差、卫生死角随处是的海口市展现了新颜，逐渐成为全国卫生达标城市、全国卫生城市。1995年环卫局被国家建设部授予先进单位称号，近年来多次受到市委、市政府的表彰。

海口市社会保障局
一切为了人民大众

海口市
社会保障局
老有所养
病有所依

总经理、法人代表宋祎（左二）

海口市
中大置业总公司

海口市中大置业总公司是海口市人民政府直属国有企业，主营旅游项目开发经营、工业投资、市政建设、高科技、工业项目开发、房地产开发等，总公司属下有多家全资子公司和参股、控股公司。公司自1992年10月成立以来，先后完成了一批大项目：投资4300万元的假日海滩已建成营运3年，目前是省内游客最多旅游景点之一；年产10万吨的水泥厂1997年8月1日投产；滨海高层区市政基础设施之一、二期工程；市金东南商住小区的修建性详规及中大新城商住小区的征地、设计和报建工作；高19层的中天大厦1997年4月18日开工；桥板小区的拆迁、改造和土地开发工作已 完成50%，建成了2万平方米住宅；占地3000亩的金沙湾滨海度假村详规设计，征地工作全面开始，并已投资2000余万元进行基础设施开发。公司成立5年来，逐年稳步发展，目前拥有3.4亿元人民币总资产。公司全体同仁立志发扬“团结拼搏，开拓进取”的企业精神，愿与各界人士、港澳同胞及海外侨胞真诚合作，为海南特区的开发建设做出贡献。

总经理（法人代表）：宋祎

地址：海口市金贸区国贸大道王府大厦2层

电话：8511579 8510767

传真：8511577 8531694

邮编：570125

总公司总经理、法人代表陆云飞（右）
党委书记陈晓平一起研究工作

海口市
城市建设开发总公司

紫荆花园项目

紫荆花园位于金融贸易区填海区，西侧与海口港相邻，东与万绿园相望，北临大海，南靠滨海大道，交通十分便捷。附近有金贸中小学、图书馆、医院、邮电、银行、商业网点、酒店等服务设施，小区内有大型绿化花园，大面积的绿地给予你幽雅的生活、憩息环境，实为居住的最佳选择。

紫荆花园1区占地50亩，2区占地120亩。小区由7到16层的住宅楼组成 采用庭院式设计；优美的主体造型，巨大的花园空间，把中国式的园林风格搬到了现代的海边都市。

楼宇采用全框架结构，体型设计有利于减低建筑成本，减轻居民负担。户型以三室二厅、二室二厅为主，户型多样，服务多种家庭类型，户户都有自然通风采光，适应海南气候。小区自备发电机组，保证主户全日水电供应正常，电视电话、电脑区域网络、煤气管道等配套设施齐全，车位充足，24小时保安服务，使每个居民都有家园感、归宿感、自豪感。

公司地址：海口市龙昆北路22-1号

电话：6777859 传真：6774946

海南民生燃气股份有限公司

董事会合影

海南民生燃气（集团）股分有限公司前身为海南石化煤气公司，成立于1991年9月，主要从事液化石油气的专业化经营，为结束海南无气化燃料的历史做出特殊的贡献。

1992年经海南省股分制试点领导小组办公室批准，以募集方式设立规范化股份制企业。发起人为海口市煤气管理总公司、海南华银国际信托投资公司、海口海甸岛房地产开发总公司、海南新远实业公司、海南立森实业有限公司等八家企业。1997年7月，经中国证监会批准，公司获准发行上市5000万股。现公司总股本12700万股，总资产达到6亿多元。1996年度，公司在海南省工业企业50强排名中，按利税总额名列第十二位，按销售收入名列第二十位。1997年度，公司实现利税总额5721万元，比上年增长96.13%。

经过几年的开发建设，公司在城市燃气经营和燃气工程开发方面已取得可喜成绩。截止1997年底，公司在海口管道燃气工程方面的投资已达到3亿元，海口市煤气工程主体部分已基本完成，已建成两座气源厂，敷设燃气管网130多公里，覆盖海口市区面积达80%以上。此外，配套的长流油气基地亦已进入全面施工阶段，液化气储存站首期工程已基本建成并投入使用，油气专用码头及油库首期工程已开工，预计1998年内可建成并投入使用。以上工程的建成弥补了海口市在城市管道燃气基础设施及配套工程上的多项空白，极大地改善了海口市的能源结构。

公司将充分把握住股票上市所带来的良好机遇，坚持"发展燃气事业，造福海南人民"的宗旨，致力基础，服务民生，为海南省基础设施的开发建设和经营管理作出更大的贡献，以更优异的成绩回报广大股民。

董事长：李兆丰

名誉董事长：刘广林

总经理：祁农

公司地址：海南省海口市海甸四东路民生大厦

电话总机：86-898-6270066

传真：86-898-6255636

邮政编码：570208

公司名誉董事长刘广林（左）、总经理祁农

储气设备

海口市公共汽车公司一角

乘客在等待乘车

海口市
公共汽车公司

建省办经济特区十年来，海口市公共交通建设取得长足发展，仅海口市公共汽车公司就拥有客运车辆302辆，比建省前增加了4倍多，固定资产增加到3727.6万元，比建省前增加7倍多，市区、市郊线路增加到19条，营运线路长度达416公里，增加了约1倍，年客运量达2604万人次，比建省前增长56%。全市基本上实现马路和公交车同步增长，有马路就有公交车，大大方便了市民的生活与工作，活跃了城乡经济，使海口市以往的“乘车难”成为历史。

海口市公共汽车公司经理李秀和在安置下岗职工再就业经验交流会上发言

海口市公共汽车公司公交车辆不断更新，一批老旧差的公交车被“退役”，取而代之的是车型新、美观大方、载客量多、功率大的新型公交车。1993年起先后在市区五条主要线路上实行“无人售票”形式；为执行市政府关于建设健康城市的决定，1997年在第15线路上把20辆车改装为无污染的燃气车；1997年底，中外合作的20辆空调大巴投入线路运营，满足了不同层次乘客的乘车需要。

总经理(法人代表)：林斯浩

海口市 航运公司

海口市航运公司成立于1958年，系海口市交通运输局的直属企业。公司现有职工104人，主要经营水陆客货运输、汽车出租、码头装卸、船舶汽车维修及配件等业务的综合性企业。

“海口一号”和“海口三号”船是该公司自己制造的，航行于琼州海峡，往返于海口秀英港、新港、广东海安港之间航线。该船设二个全空调封闭式客舱，还备有电视机、录像机。该船设计合理，造型美观，航行稳定性好，航速快，抗风能力强，乘坐舒适，装车方便，是目前琼州海峡行车渡船中比较先进的船舶之一。公司热忱欢迎国内外客户垂询、光顾、合作。

总经理(法人代表)：林斯浩

地址：海口市龙华一横路正华大厦三楼

电话：6211898

公司办公室一角

“海口三号”

房改办全体人员在学习，左五为主任邢才安

海口市

住房制度改革办公室

海口市房改办于1993年开始运作，正式成立于1996年7月，为副处级事业单位，设有综合指导科，住房基金管理科、经济适用房开发科三个科室，属下设有住房基金管理中心。海口市房改办主要负责房改政策的拟订、报批和实施工作；综合平衡公有住房租金改革和住房公积金的规划、计划工作；管理市房改出售公房工作和住房资金的归集、使用、管理以及负责市经济适用房的规划、开发、建设和有关经济适用房对象的资格认定工作。

海口市住房制度改革起步晚、任务重，在市委、市政府领导的高度重视和大力支持下，房改工作取得了长足的进步。在学习各省市先进经验的同时，结合海口地区的实际，先后出台《海口市出售公有住房办法》、《海口市住房公积金暂行办法》、《海口市公有住房租金改革暂行办法》等房改政策、法规，大大促进海口市住房制度改革，得到了国务院、省房改办的高度评价。1997年9月，全国政协房改和国家安居工程检查组来海口市检查工作时指出：海口市房改工作很有特色，“言语不多，工作实在”，许多方面悄悄地走在全国的前列。据统计，全市累计出售公有住房17850套，建设面积138万平方米，回收购房款4.82亿，占可供出售公有住房的91%，全市已有659家单位建立了住房公积金制度，归集率达63.3%；安居工程和经济适用房建设从95年至97年完成投资11.5亿元，竣工面积103.93万平方米；96年海口市被国务院住房制度改革领导小组、省房改办授予“房改先进城市”光荣称号；97年被省房改办评为省“安居工程先进单位”。

根据江泽民同志在党的十五大报告中对房改工作提出的“建立城镇住房公积金，加快改革住房制度”的要求，我们将重点抓好如下工作：一、提高住房公积金缴交率，规范住房基金的管理，实行住房公积金专款专户管理办法，加快住房实物分配向货币化分配转化的步伐。二、建立公有住房二级流通市场和规范物业管理市场，为住房走向商品化、社会化搞好配套改革。三、继续搞好安居工程建设及经济适用房审查、报批工作。四、加强房改宣传力度，让全社会都来了解房改，关心房改，支持房改，参与房改。

市房改办于沿江五路兴建的“安居工程”

所法人代表(负责人)郑万新

海口市

房产评估管理所

中华人民共和国建设部审定海口市房地产评估管理所为壹级评估所。

该所是事业单位，全所十九人，房地产估价师八名，资产评估师一名，工程师一名，房地产估价员二名，助理工程师一名，助理会计师二名，助理经济师一名。海口市房地产评估管理所是海口市房产管理局属下行使管理房地产交易过户价值评估的职能部门，承办海口市区域内的房地产交易、商品房、赠与、交换等涉及政府税费收入及由政府给予当事人补偿或赔偿费用的房地产估价业务，以及受当事人委托的其他房地产估价业务。

1997年办理房屋交易过户评估3332宗，交易建筑面积70.2万平方米，交易金额19.06亿元。

所负责人：郑万新

副所长：毛运家

地址：海口市海甸二西路海房新村

电话：6264436　　6264435　　6268841

所负责人郑万新(左一)与副所长毛运家(左二)一起研究工作

海口市建筑工程定额管理站

海南省建设标准定额站海口分站

海口市建筑工程定额管理站站长陈华明主持召开1997年海口地区建设工程造价研讨会

在1997年海口地区建设工程造价研讨会上，省建设标准定额站站长余庆祺（左）和海口市城建局局长符史美（右）作专题讲话

海口市建筑工程定额管理站是1994年成立的事业单位，同时挂牌海南省建设标准定额站海口分站。机构设有：工程造价定额管理部、造价信息预算部、办公室等。其主要职责是：负责海口地区建设工程造价定额的管理工作；监督核查海口地区建筑工程估、概、预、结算或标底、中标价是否合理，参与工程的招标工作；配合省定额站对海口地区工程造价专业人员进行培训，完成省定额站和海口市城建局下达的工程造价管理工作。

海口市工程预算咨询服务中心系海口市建筑工程定额管理站的下设单位。该中心热情为广大客户提供各种工程造价预（结）算咨询服务。

地址：海口市南航东路南侧万华路江南花园乙单元201室

电话：6748310 6723771

法人代表（经理）：林唐明

海口市房产劳动服务公司

海口市房产劳动服务公司公司系海口市房产管理局所属的企业。主要业务范围：旅馆业、房地产信息服务、贸易、劳务等，现经营管理海口房产大厦。

1997年9月开张营业的海口房产大厦位于海口市繁华路段—龙华路24号。交通十分便利，大厦按星级标准设计装修，配有各种现代设施，拥有豪华客房50余间、大型美容美发中心、餐厅、会议室及商务中心，并可以承办车船、机票订购、旅游度假等服务项目。

“宾客至上，微笑服务”是大厦的服务宗旨。海口房产大厦是您最佳的商住、旅游、休闲度假的好地方。我们热诚欢迎阁下光临本大厦，并竭诚为您提供一个温馨舒适的环境和优质的服务。

地址：海南省海口市龙华路24号

电话：(0898)6229303　邮编：570102

传真：(0898)6229303-6188

海口房产大厦

1998
海口年鉴

市妇幼保健院院长阮国涛

美国进口全自动生化分析仪

海口市

妇幼保健院

海口市妇幼保健院位于海口市解放东路繁华的闹市中心，始建于1951年。一家以妇幼保健、妇产科、小儿科为重点的专科医院，担负着海口地区妇女儿童保健任务，是全市妇幼保健工作的业务指导和技术培训中心。1995年9月通过国级爱婴医院评估，荣获国家级爱婴医院称号。

医院技术力量雄厚，全院职工240多人，其中高级职称11人，中级职称45卫生技术人员占总人数85%。医院年门诊量10万余人次，住院病人5000人次。

医院拥有飞利浦SD800多功能彩色超声诊断系统、德国西门子乳腺诊断仪、国惠普多参数胎儿监护仪、美国惠普除颤监护仪、婴儿急救呼吸机、胎心音监护美国产全自动生化分析仪、NAD2A麻醉机、儿童智商测试仪等先进设备。是全省唯开展经阴道彩色多普勒超声检查的医院，并正开展正孕妇氧吧、门诊胎心监测、儿眼科、小儿口腔科等新的项目。

医院按二级甲等妇幼保健院的标准设有妇幼保健部、门诊部、临床部。妇幼健部设有妇保、儿保、智测、预防接种、婚前检查及孕妇学校等服务科室；门诊设有急诊科、儿科、妇产科专家门诊，实行24小时就诊制，开展一条龙服务；临部设有妇科、产科、小儿科、共有病床128张，其中母婴同室温馨病床15张，新儿病床6张，并设有新生儿重症监护病室。妇科开展各种妇科肿瘤手术、并对不症、妇科内分泌疾病有独到的治疗方法；产科深受全市人民信赖，以熟练技术、富经验正确处理各种正常产和难产；儿科多年来对各种小儿内科疾患进行临床研尤其对新生儿疾病和遗传疾病、代谢疾病有着丰富的治疗经验；妇幼保健部几年为13万名妇女和17万名儿童进行健康保健，使历年全市妇幼卫生质量指标均达到家标准，并在省内首家开展孕产妇和儿童系统管理，推行了两个系统管理保健保制。

为发展海口市妇幼保健事业，适应形势的发展，满足广大妇女儿童的保健需经市政府批准，医院将在振东区白龙乡中丹村兴建一座集医疗、保健、康复于一的拥有250张床位和全套国外进口设备的专科医院——海口爱婴医院。不久，一现代化、规范化、程序化的医院必将成为海南人民所喜爱的妇女儿童保健医疗服中心。

院长：阮国涛
地址：海口市解放东路15号
电话：院办公室 6222121
妇幼保健部 6226060
妇产科 6214122
儿科 6214123

爱婴医院设计效果图

海口市卫生防疫站

海口市卫生防疫站是海口市重点卫生防疫机构。设有办公室、防疫科、计免科、食品卫生科、公共卫生科、学校卫生科、虫媒消杀科、检化科等13个科室，担负着全市繁重的卫生防疫监督、监测、传染病控制、计划免疫、化验、卫生宣传、培训科研等任务。

海口市卫生防疫站因工作成绩显著，先后获得“海口市卫生系统先进单位”、“海口市精神文明先进单位”、“海口市社会治安综合整治先进单位”、“海口市文明单位”、“海南省卫生防疫站先进集体”、“海南省科技工作先进单位”、“全国‘二·五’普法先进单位”，“全国卫生防疫站先进单位”，“全国卫生系统先进单位”等一系列荣誉。1997年该站通过了地级一等卫生防疫站的评审。

上图：海口市卫生防疫站书记邢小芬（左一）、副站长陈圣端（左二）、蔡义田（左三）在一起商讨防疫工作

右图：市防疫站工作人员陪同上级有关领导到基层检查工作

海口市中医院

海口市中医院领导班子成员在研究工作，自左至右为副院长丁程龙、院长周文雄、党总支书记谢贤仁、副院长罗亲伟

海口市中医院是海南省建立最早的两所综合医院之一。院址在文明中路，住院病床100张，集中医、中西医结合医疗、康复、科研、教学于一体。

设有文明中路、博爱北路、海甸二西路、机场东路、国贸大道等五个门诊部。开设有内科、骨伤科、外科、妇科、针灸理疗、肛肠科、眼科等临床科室，并拥有500毫安X光机、日产B超、心电图、脑地形图、自动生化分析仪等一批现代化医疗设备。

该院中医、中西医结合技术力量雄厚，正式职工191人，其中高级职称8人，中级职称39人。各级技术人员努力挖掘中国传统医学的精华，积极使用现代医学的新技术、新方法。突出中医特色，致力于中西医结合，有效地提高诊疗水平。积极开展科技活动，总结经验，撰写论文，92-94年有5篇论文获选赴新加坡参加国际性中医学术会议交流。

海口市中医院全体职工决心团结一致，以科学的态度，实事求是的精神，全心全意为广大群众服务。

医院地址：海口市文明东中路113号

电话：6222957　6221809

院长：周文雄（法人代表）

邮编：570203

中医院大楼外景

卫生部授予三级甲等医

海口

省、市领导到市医院视察工作，前排右起为省卫生厅厅长陆清，原省委书记、省长阮崇武，省委副书记、市委书记蔡长松，海口市人民医院院长史克珊

海口市人民医院座落于海口市海甸岛中部的海康路。占地面积12万平方米，总建筑面积8万余平方米，绿化面积占40%，是一家集医疗、保健、教学、科研为一体的拥有500 张病床的现代综合性医院。

1. 一流的设备。该院拥有东南亚第一台德国西门子全身彩色CT，德国西门子1.0核磁共振系统，美国1250mA双C臂血管数字减影系统等一大批省内一流的先进设备，设备总资产为8287万元人民币。

2. 雄厚的技术力量。医院的技术力量雄厚，拥有博士生导师、教授、主任医师等高级职称83人，中级职称200人。

3. 优美的环境。医院十分重视院容院貌建设，绿化面积达40%以上，院内树影婆娑，绿茵铺地，曲径通幽，花香扑鼻，景致怡人。1997年被海口市爱国卫生运动委员会评为“海口市单位(居民区)卫生最佳单位”。同年被海口市卫生局评为“海口市疫情报告先进单位”。

4. 合理的收费。院领导一贯十分注重物价计量和合理收费问题，1997年分别被授予省、市物价计量最佳单位。

5. 优质的服务。医院紧紧围绕“以病人为中心”这一主题，开展优质服务。开展医风医德、思想职业道德教育，推出了开放式挂号、导诊、医院大堂监理、文明用语、便民措施等一系列举措，深受社会各界人士的广泛赞誉。1997年被国家卫生部、省卫生厅确定为“全国样板医院”；被海口市卫生局评为“海口市卫生系统白求恩流动杯先进单位”；被海口市总工会评为“海口市女工委员会先进单位”；被海口市妇女联合会评为“巾帼文明示范岗”；1997年被海口市树立为市精神文明建设的样板单位。

地址：海口市人民大道43号

电话：(0898)6251000

邮编：570208

1

3

海口市急救中心120车队

人民医院

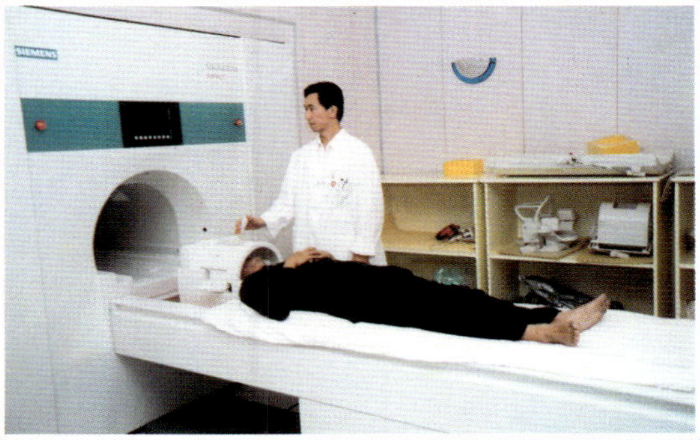

引进东南亚第一台德国西门子全身彩色CT正在为病人服务

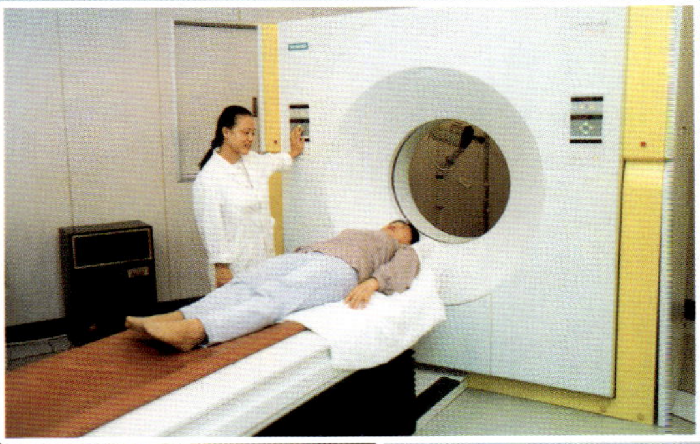

购置的德国西门子1.0核磁共振系统正在为病人服务

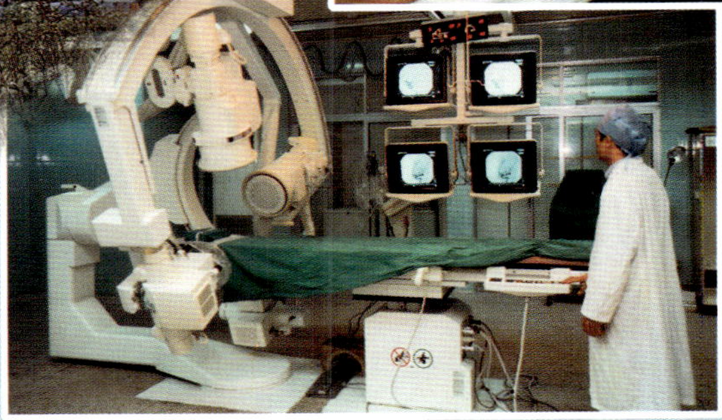

. 位于海甸岛北部的门诊部大楼
. 内科大楼
. 外科大楼
. 三星级宾馆装修的保健中心

引进的美国1250mA双C臂血管数字减影系统投入临床使用

海南养生堂药业有限公司董事长钟琛与省、市领导合影

海南养生堂药业有限公司是近年在中国崛起的一家现代化高科技的著名企业。她不仅继承和保存了几千年来中华民族的国粹——中华医学养生文化优良传统，而且把现代化科技应用于中药的研制事业上，产生了全新一代产品，受境内外广大消费者的厚爱。养生堂在美国设有分公司（国药养生堂美国公司）。

海南养生堂药业有限公司办公楼

养生堂龟鳖丸是养生堂的主导产品之一，首创100%全龟全鳖合用，运用超低温冷冻粉碎工艺制成，具有养生滋补和辅助治疗双重功效，不含任何添加剂和激素。

朵而胶囊是养生堂的另一主导产品，参照中药传统古方—当归补血汤，再创造性地增配了养颜珍品珍珠和全鳖制成，具有以内养外、补血养颜的功效，促使周身肌肤细腻、红润、富有光泽。

海南养生堂药业有限公司

董事长：钟琛

地址：海口市金盘工业区金牛路6号

电话：0898-6811918

传真：0898-6816112

董事长钟琛陪同省、市领导视察养生堂药业有限公司

校长林燕珠（右三）组织学校领导班子成员讨论秋季招生工作

原外交部部长、中国福利会主席黄华与龙华小学李杨（左一）合影留念

学校领导与优秀学生座谈，勉励学生发奋努力，再创辉煌

海口市 龙华小学

龙华小学于 1997年8月与九小正式脱钩独立办学。一年来，在上级领导的支持和帮助下，学校全面贯彻党的教育方针、大力推行素质教育，学生在德、智、体、美、劳等方面得到全面发展，并取得了一定成绩，今年毕业考试，语文、数学成绩优异，学生参加海中选拔试获海口市区第一、第二、第六、第十名的好成绩。

李杨同学荣获全国第三届宋庆龄书画奖学金。学校办学规模越来越大，学生从原来的几百名增加到1600名，教职工从原来的十多名增加到60名，教学班已发展到22个。

学校电脑室

龙华小学风貌

海口市第二十五小学

学校领导班子在研究工作，中为校长兼书记陈吉寅

海南省政协主席陈玉益到学校考察工作

王厚宏、罗素兰等省、市领导到学校视察工作

海口市第二十五小学创建于1964年，校园面积4600平方米。全校共有教职工126人，42个教学班，学生3478人，是目前海口市办学规模最大的学校。

近几年来，学校积极推行素质教育，逐步形成“合格＋特长”的办学特色，教学质量跃居全市前茅。1997年度毕业会考中，考上省市中重点中学的人数占全市录取考生的三分之一强，六年级学生在参加“全国华罗庚杯”数学邀请赛海口赛区复赛中，获一等奖6人、二等奖17人、三等奖47人，是全市获奖最多的学校。在第26届国际儿童画展中，获金牌、银牌各2枚、铜牌6枚；在参加日本第27届国际儿童画展中，又有16人荣获金奖。在海口市首届青少年文化艺术节中，获校园文艺竞赛小学组舞蹈表演一等奖。学校先后被评为“市教研先进集体”、“市课题实验先进集体”，“全国校园歌曲、集体舞推广先进集体”、“全国少年儿童迎97香港回归大型系列活动先进集体”，“市十佳联谊学校”和“全国手拉手活动先进单位”等。

教学设备齐全、先进的音乐室

校园一角

海口年鉴 编者心語

主编娄东风：实事求是，精益求精

副主编彭大宗：字斟句酌复沉吟，点点心血化墨痕，
两鬓染霜终不悔，笑看椰城换新容。

邱家彬：精心策划，提高年鉴编纂质量，
为海口经济建设服务。

卢智斌：贵在坚持，不断出新

叶能勋：以求实、创新、奋进的精
再创年鉴事业的辉煌

黄树权：年鉴编纂，应处其实，
而在于尚，奉献读者，
求德无悔。

高萍：秉笔纂年鉴，胸中存方正，
心血付枣梓，无悔抒人生。

郑齐温：愿为《海口年鉴》编辑水
平迈上新台阶继续努力

史雪颖：荟萃社会信息，服务经济建

吴孙兆：博取众家精华，规范年鉴编纂

马晓红：愿《海口年鉴》为您发挥
潜能做贡献

黎小梅：尽职尽责，当好编辑

洒廷雄：为《海口年鉴》确有重大借鉴价值而秉笔